高速铁路施工技术
（轨道工程分册）

中铁二局股份有限公司　卿三惠 等　编著

中国铁道出版社有限公司

2019年·北京

内 容 简 介

《高速铁路施工技术》系列丛书，分为《概论分册》、《路基工程分册》、《桥梁工程分册》、《隧道工程分册》、《轨道工程分册》、《“四电”工程分册》、《施工测量分册》、《工程试验与检测分册》8个分册出版。

《高速铁路施工技术（轨道工程分册）》主要介绍高速铁路轨道的结构构造及轨道的制造、运输、铺设、精调施工技术、质量检测与控制标准等内容。轨道结构的界面限定为路基基床表层以上、桥梁桥面混凝土保护层以上、隧道仰拱混凝土层以上的工程实体。重点突出CRTSⅠ型、CRTSⅡ型双块式无砟轨道，CRTSⅠ型、CRTSⅡ型、CRTSⅢ型板式无砟轨道，板式无砟道岔、长枕埋入式无砟道岔施工技术；有砟轨道及道岔施工技术；无缝线路施工技术；轨道施工组织方案等。

该书理论联系实际，论述深入浅出，内容系统完整，可作为铁路施工企业员工的技术培训教材，也可供高速铁路施工、设计、科研人员及大专院校土木工程专业的师生学习和参考。

图书在版编目（CIP）数据

高速铁路施工技术·轨道工程分册/中铁二局股份有限公司，卿三惠等编著.—北京：中国铁道出版社，2013.11（2019.7重印）

ISBN 978-7-113-17389-0

Ⅰ.①高… Ⅱ.①中…②卿… Ⅲ.①高速铁路－铁路施工②高速铁路－轨道（铁路）－铁路施工 Ⅳ.①U238

中国版本图书馆CIP数据核字（2013）第232377号

书　　名：高速铁路施工技术（轨道工程分册）

作　　者：中铁二局股份有限公司　卿三惠　等

责任编辑：王　健　　**电话：**010-51873065　　**电子信箱：**jianjia51@sina.com

封面设计：崔丽芳

责任校对：龚长江

责任印制：郭向伟

出版发行：中国铁道出版社有限公司（100054，北京市西城区右安门西街8号）

网　　址：http://www.tdpress.com

印　　刷：北京铭成印刷有限公司

版　　次：2013年11月第1版　　2019年7月第2次印刷

开　　本：787 mm×1 092 mm　1/16　**印张：**33.75　**字数：**850千

书　　号：ISBN 978-7-113-17389-0

定　　价：93.00元

主 编 简 介

卿三惠，男，1956年生，贵州省息烽县人，工学博士，教授级高级工程师，国家注册土木工程师。1982年～2006年在中铁二院工程集团有限公司从事铁路工程勘察设计25年（其间任院副总工程师8年），2006年至今任中铁二局股份有限公司总工程师。历经南防、南昆、黎湛、株六、水柏、黔桂、渝怀、遂渝、达成、大丽、玉蒙、滇藏、京津、京沪、武广、广珠等新（改）建铁路的前期研究、勘察设计及施工实践，长期致力于工程勘察设计技术与结合工程的科学试验研究，多项成果获国家、省（部）级奖励，为铁路的事业技术进步作出了积极的贡献。

勘察设计：《水柏铁路北盘江大桥工程地质勘察》获铁道部工程勘察一等奖及国家银奖；《渝怀铁路圆梁山隧道工程地质勘察》、《黔桂铁路工程地质勘察》、《高烈度地震区铁路工程地质与环境地质综合选线》获省（部）工程勘察一等奖；《水柏铁路选线设计》、《时速200公里遂渝铁路路基工程设计》分获省（部）工程设计一、二等奖。

科技研究：《京津时速350公里铁路线路工程技术及应用》获铁道部科学技术特等奖；《时速350 km高速铁路CRTSⅡ型板式无砟轨道施工技术及关键设备研究》、《海底隧道钻爆法施工关键技术》、《富水砂卵石地层土压平衡盾构施工关键技术》、《大跨径曲线梁非对称外倾式钢箱拱桥施工关键技术》获省（部）科技进步一等奖；《客运专线独塔斜拉连续刚构组合桥施工关键技术》、《客运专线无砟轨道制造与施工成套设备及工艺研究》、《遂渝铁路一次铺设跨区间无缝线路轨道关键技术试验研究》、《超深埋大断面隧道群施工关键技术》、《特殊环境修建复杂洞室群地铁车站整体洞桩法施工关键技术》获省（部）科技进步二等奖；《红层软岩地区建造时速200公里客货共线铁路路基关键技术》、《超浅埋地铁大断面长距离水平冻结施工技术》、《高压富水地层超深埋特长隧道施工技术》、《城市地下互通立交隧道群施工技术》、《高瓦斯特长隧道建设关键技术》获省（部）科技进步三等奖。

学术成就：公开发表科技论文30余篇，对山区铁路选线设计、工程地质及水文地质勘察、岩溶和软弱地基处理、滑坡或边坡工程治理、复杂地质隧道灾害防治、高速铁路设计与施工、路基填料试验等技术问题进行了有益的研究和探索；主编出版《西南铁路工程地质研究与实践》、《土木工程施工工艺》（包括路基路面、桥梁、隧道及地铁、铺架与"四电"、房建五个分册)、《高速铁路隧道工程施工技术指南》、《铁路隧道施工安全技术规程》、《工程项目管理标准化手册》,参编出版《铁路路基填筑连续压实控制技术规程》、《铁路混凝土支架法现浇施工技术规程》、《CRTSⅡ型板式无砟轨道施工质量验收标准》、《高速铁路地基处理手册》、《铁路工程声屏障施工技术指南》等技术专著、规范、标准、手册;研发国家级工法 5 项、省(部)级工法 10 项;获国家授权发明专利 12 项、实用新型专利 5 项。

社会荣誉:2000 年以来,先后荣获"全国铁路火车头奖章"、"四川省工程勘察大师"、"四川省学术和技术带头人"、中建协和中施协"全国技术创新先进个人"、中国中铁总公司"突出贡献中青年专家"和"十一五科技创新标兵"等社会荣誉。

《高速铁路施工技术》系列丛书编委会

序

高速铁路是当今世界的一项重大技术成就，它集中反映了一个国家铁路线路结构、列车牵引动力、高速运行控制、高速运输组织和经营管理等方面的技术进步，也体现了一个国家的科技和工业水平。高速铁路是社会经济发展的必然产物，有利于促进国家或地区间城市一体化发展进程，在经济发达、人口密集的地区经济和社会效益非常显著。高速铁路以其速度快、安全性好、正点率高、全天候运行、舒适方便、输送能力大、能耗低、污染轻等一系列技术优势，已成为世界许多国家和地区旅客运输发展的共同趋势。

20 世纪 60 年代以来，高速铁路在日本、德国、法国、意大利、西班牙、韩国等发达国家蓬勃兴起。截止 2012 年底，全世界高速铁路运营里程总长 24 000 km，分布在 20 个国家和地区。列车的最高试验速度从 1964 年 10 月世界上第一条高速铁路日本东海道新干线达到 210 km/h 后也在不断被刷新。1981 年 2 月法国 TGV 达 380 km/h；1988 年 5 月德国 ICE 最高试验速度达 406.9 km/h；1990 年 5 月 18 日法国 TGV-A 型高速列车最高试验速度达 515.3 km/h；2007 年 4 月 3 日法国 TGV-V150 超高速列车最高试验速度达 574.8 km/h，创造了有轨列车瞬间最高试验速度的世界纪录。这些瞬间高速(最高试验速度)说明轮轨技术是可以高速的，但不能真正运行。我国高速铁路建设过程中，从安全、可靠、适用、经济四个指标进行研究的结果表明，决定高速铁路运营速度的路基、桥梁、隧道和线路结构应按 350 km/h 的标准建设和配置机车，验收速度应按额定速度的 110%验收；从经济运营角度分析，根据空气动力学试验，250 km/h 是高速铁路的经济速度。因此，我国城际铁路一般按该速度进行建设。

20 世纪 90 年代以来，中国政府致力发展高速铁路，开展大规模的高速铁路试验研究。大体经历三个历史进程：

1997 年～2007 年，实施既有线改造和六次大提速。通过既有线改造和六次大提速，掌握了 200～250 km/h 高速铁路修建技术，使全国旅客列车最高运行速度从 120 km/h 以下提高到 200 km/h 以上的既有线路营业里程达到 6 003 km。

1999 年～2007 年，新建 160～200 km/h 试验线。1999 年 8 月开工建设秦沈客运专线，2002 年 11 月 27 日"中华之星"列车在该线上试验最高速度 321.5 km/h，2003 年 10 月 12 日按200 km/h开通运营；2002 年 11 月开工建设客货共线遂渝铁路，2005 年 5 月"长白山"列车在该线上试验最高速度 234 km/h，2006 年 4 月 1 日按 200 km/h 开通运营。2007 年 4 月 18 日，新建广深铁路三、四线采用"和谐号"动车组按 200 km/h 开通运营，成为我国第一条客货分线，实现完全公交化的城际客运专线。

2004 年以来，全面新建 250 km/h 和 350 km/h 高速客运专线。2004 年 1 月

国务院发布《中长期铁路网规划》,并于2008年进行调整,确定了“到2020年建设高速客运专线16 000 km以上”的发展目标。从此,中国铁路拉开了以“四纵四横”客运专线和城际快速客运系统为重点的大规模高速铁路建设序幕。2005年6月开工建设中国第一条250 km/h客货共线铁路合宁铁路,2008年4月按200~220 km/h开通运营;2005年7月4日开工建设中国第一条350 km/h的京津城际高速铁路,2008年6月24日和谐号动车组在该线上最高试验速度394.3 km/h,2008年8月按300 km/h开通运营;2011年1月中国CRH380BL型和谐号动车组在350 km/h的京沪高速铁路线上创造了中国铁路无砟轨道列车的最高试验速度487.3 km/h,2011年6月按300 km/h开通运营,标志着中国高速铁路技术已步入国际先进水平。其中长距离、温差大、无缝轨道技术处于世界领先水平。

截止2012年底,中国已建成高速铁路运营里程9 356 km,在建高速铁路长度达12 700 km,居世界第一。

中国铁路按照“安全、可靠、适用、经济、先进”的技术方针,通过原始创新、集成创新和引进消化吸收再创新,在工程建设、高速列车研制、列车运行控制、系统集成、运营维护、客运服务等技术领域实现了重大突破,形成具有自主知识产权的高速铁路技术标准体系,全面掌握了高速铁路设计、施工、运营、维修等关键技术,实现了具有世界先进水平的客运动车组、施工装备的国产化。目前,中国已成为世界上高速铁路发展最快、运营里程最长、运营速度最高、在建规模最大、系统技术最全、集成能力最强的国家。

为总结高速铁路的建设经验,中铁二局股份有限公司组织国内铁路技术专家及工程技术人员,在全面系统地总结我国高速铁路试验研究及建设实践的基础上,广泛吸收世界高速铁路建设的先进技术,精心编著完成的具有中国特色的《高速铁路施工技术》系列丛书,终于出版了。

该丛书理论联系实际,论述深入浅出,内容系统完整,图文并茂,展现了当今高速铁路施工的最新技术及应用前景,具有较高的理论和实用价值,可以引领我国的高速铁路建设。

借本丛书出版之际,谨以此序向多年来为我国高速铁路建设作出突出贡献的广大科技人员,以及为本丛书的出版付出辛勤劳动的各位编审人员表示感谢。

我将本丛书推荐给从事高速铁路设计、施工、科研、教学等工作的人员和广大非专业读者。相信本丛书的出版,将有助于推动我国高速铁路施工技术的不断进步,实现国富民强之本。

中国工程院院士 王梦恕

2013年5月

前　言

2004年1月，国务院发布《中长期铁路网规划》，并于2008年进行调整，确定了“到2020年建设客运专线16 000 km以上”的发展目标。从此，中国铁路拉开了以“四纵四横”客运专线和城际快速客运系统为重点的大规模高速铁路建设序幕。截止2012年底，中国已建成高速铁路运营里程9 356 km，在建高速铁路12 700 km，成为世界上高速铁路发展最快、运营里程最长、运营速度最高、在建规模最大、系统技术最全、集成能力最强的国家。

为总结我国高速铁路的建设经验，中铁二局股份有限公司组织国内铁路技术专家及工程技术人员，在全面系统总结我国高速铁路试验研究及建设实践经验的基础上，广泛吸收国外先进技术，精心编著而成《高速铁路施工技术》系列丛书。

全套丛书包括《概论分册》、《路基工程分册》、《桥梁工程分册》、《隧道工程分册》、《轨道工程分册》、《“四电”工程分册》、《施工测量分册》、《工程试验与检测分册》共8个分册。

1.《概论分册》，主要介绍高速铁路的概念、作用、技术经济优势、主要技术特征；高速铁路基础设施（线路、路基、桥梁、隧道、轨道）的特点；国内外高速铁路的成就与发展趋势，重点突出我国高速铁路的技术创新成果及应用前景；高速铁路的系统集成、技术体系和技术标准体系等内容。

2.《路基工程分册》，主要介绍高速铁路路基的结构构造、技术标准及施工技术，重点突出地基处理、路堤填筑、路堑开挖、路基过渡段、路基支挡结构、路基边坡防护、路基防排水、路基堆载预压、路基沉降观测与评估等的施工工艺、质量检测及控制标准等内容。

3.《桥梁工程分册》，主要介绍高速铁路桥梁的结构构造、技术标准及施工技术。重点突出桥梁基础与墩台、预应力混凝土简支梁、连续梁、结合梁以及拱桥、斜拉桥、组合桥等桥式结构；钻孔灌注桩、钢围堰、预应力混凝土简支梁预制与架设、节段预制拼装、连续梁悬臂施工、原位支架法及移动模架施工、转体施工、无支架缆索吊装施工、大跨度桥梁施工监控、桥梁支座、桥面附属工程等的施工工艺、质量检测及控制标准等内容。

4.《隧道工程分册》，主要介绍高速铁路隧道的结构构造、技术标准及施工技术。重点突出隧道洞口工程、开挖与支护、二次衬砌、防排水、附属构筑物、辅助坑道，施工通风与防尘、超前地质预报、施工监控量测，不良地质与特殊岩土隧道、明挖隧道、TBM隧道、盾构隧道等的施工方法、施工工艺、质量检测及控制标准等内容。

5.《轨道工程分册》,主要介绍高速铁路轨道的结构构造及轨道的制造、运输、铺设、精调施工技术、质量检测与控制标准等内容。轨道结构的界面限定为路基基床表层以上、桥梁桥面混凝土保护层以上、隧道仰拱混凝土层以上的工程实体。重点突出CRTSⅠ型、CRTSⅡ型双块式无砟轨道,CRTSⅠ型、CRTSⅡ型、CRTSⅢ型板式无砟轨道,板式无砟道岔、长枕埋入式无砟道岔施工技术;有砟轨道及道岔施工技术;无缝线路施工技术;轨道施工组织方案等。

6.《"四电"工程分册》,主要介绍高速铁路"四电"系统集成的概念、程序、内容、模式、主要原则和措施、接口管理、RAMS管理、EMC技术管理、风险管理、系统兼容性和匹配性、集成试验和环境保护方案;重点突出高速铁路通信、信号、牵引供电系统施工技术及电力系统供电技术,包括系统构成、关键施工技术、质量控制要点与相关接口施工、试验与检测技术等。

7.《施工测量分册》,主要介绍高速铁路施工测量体系;精密测量控制网施工复测与加密测量;路基、桥梁、隧道工程施工控制测量及竣工测量;施工期间建筑物变形监测;轨道控制网测量、各类轨道板铺设施工测量、工程竣工测量;测量仪器设备配置的基本要求等。重点突出各工序环节的测量内容、方法、技术要点及质量检验、控制标准等内容。

8.《工程试验与检测分册》,主要介绍高速铁路试验与检测的主要技术标准及施工中混凝土、路基、桥梁、隧道、无砟轨道、无缝线路的试验检测技术,重点突出高速铁路区别于普通铁路对原材料的特殊技术要求与相应的试验检测方法,以及混凝土、无缝钢轨等结构实体的试验检测等内容。

本丛书理论联系实际,内容系统完整,工程实例丰富,展现了当今高速铁路施工的最新技术及推广应用前景,可作为铁路施工企业员工的技术培训教材,也可供高速铁路设计、施工、科研人员及大专院校土木工程专业师生学习和参考。

本丛书编撰过程中,引用了大量的参考文献资料,特向原作者个人和单位表示感谢。由于编者水平所限,书中难免存在疏漏和不足之处,恳请读者批评指正,以便不断完善。

中铁二局总经理 [签名]

2013年5月于成都

目　录

1 概　述

1.1 轨道工程技术发展状况

1.1.1 世界高速铁路轨道工程技术发展状况

自 1964 年日本建成世界第一条高速铁路东海道新干线以来，高速铁路从无到有，已经发展到日本、法国、德国、西班牙等十多个国家，运营里程达 24 000 km，最高行车速度 300 km/h 以上。与此同时，世界很多国家和地区正在制定并实施高速铁路建设规划。

作为率先修建高速铁路的日本、法国、德国，无疑是轨道工程技术最高水平的代表。法国有砟道床轨道、日本新干线板式无砟轨道、德国双块式和博格板式无砟轨道都是目前最为成熟、稳定、先进的轨道结构形式，都有相当长的运营经验，无论是设备和材料生产技术，还是工程建造技术，都代表着世界高速铁路轨道工程最高的发展水平。

1.1.2 中国高速铁路轨道工程技术发展状况

"客运高速，货运重载"一直是我国铁路建设和发展的方向。我国 20 世纪 80 年代提议修建高速铁路，1998 年国家"十五"规划提出建设高速铁路，2004 年开始大规模修建高速铁路。

我国高速铁发展大致经历了三个阶段：

一是选定条件较好的既有线(如京哈、京广线)进行提速改造，通过多次提速改造，铁路客运列车时速由 120 km 逐渐提升到 140 km、160 km、200 km、250 km。

二是修建时速 160 km 的广深准高速铁路、时速 200 km 的秦沈客运专线。

三是实施中长期铁路网规划，引进国外高速铁路先进技术，修建"四纵四横"高(快)速铁路网和城际铁路网，形成了时速 200 km、250 km、300 km、350 km 等不同等级的高速铁路网。

通过消化、吸收、再创新，我国形成了中国特色的高速铁路技术体系。

为提高铁路运营速度和安全性，我国自 20 世纪 50 年代开始陆续开展无缝线路的研究与应用。20 世纪 80 年代以前，无缝线路的研究与应用仅局限于部分线路的区间，铺设的数量较少；20 世纪 90 年代以后特别是经过既有线 6 次大提速和时速 200～350 km 高速铁路的建设，我国无缝线路铺设里程大增，主要干线及新建干线铁路均采用了跨区间无缝线路技术。线路养护及整道也逐步实现了由手工、小型机械到大型机械养修的跨越，干线铁路养护的大型机械化作业达到 90%以上。

为提高无缝线路的整体稳定性，我国发展和应用了以Ⅲ型混凝土枕、弹条Ⅱ～Ⅴ型扣件、60 kg/m 的 500 m 长钢轨、大号码无缝道岔组成的跨区间无缝线路，采用特级或一级道砟道床。

1.2 轨道工程的分类

我国高速铁路轨道按结构主要分为轨道、道岔和无缝线路,如图 1-1 所示。

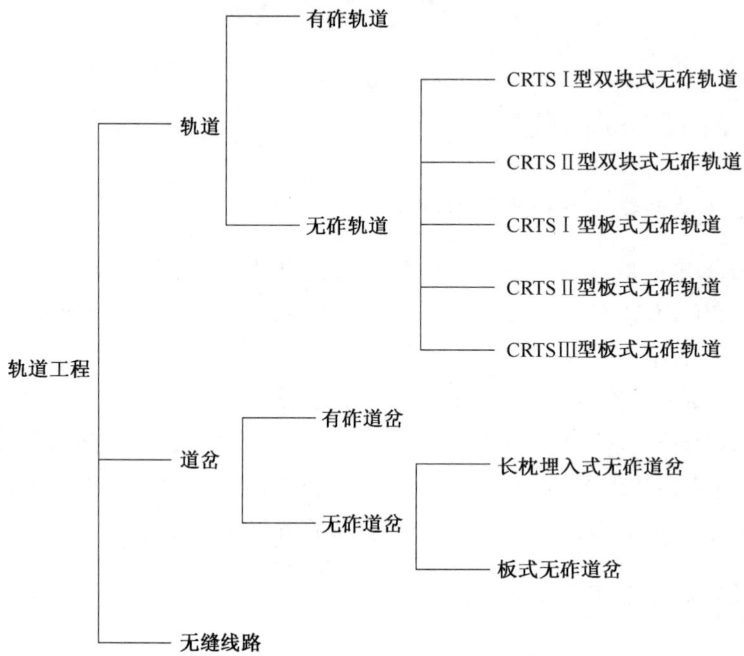

图 1-1　轨道工程分类

1.3 轨道工程的特点

1.3.1 轨道结构的作用

轨道结构在铁路结构中作为引导列车车辆运行、直接承受并传递列车荷载至轨下基础结构的重要部分,需要具有足够的强度、平顺性、稳定性和耐久性,更需要有固定的几何形态,才能保证列车安全、平稳、不间断地运行。在高速铁路条件下,由于高速行车引起的动荷载作用加大,以及高速铁路对行车的安全性、舒适度及平稳性的更高要求,轨道结构及其相关部件与普通铁路比较而言,其力学性能、使用性能和组合结构的性能,都必须具有更高的几何形态保持能力和结构抗破坏能力。

1.3.2 轨道结构的特点

1. 无砟轨道结构特点

无砟轨道在结构设计和组成上具有明显的层状结构特点,无砟轨道主体结构通常分为底座(或支承层)、轨道板(或道床板)两层。对于板式无砟轨道而言,两层之间还有水泥乳化沥青砂浆(或自密实混凝土)充填层。主体结构之下为其联系的桥梁、路基、隧道等线下结构物。无砟轨道之上则是扣件系统和钢轨。此外,在不同的无砟轨道结构或结构层之中,还存在多种连接、接口关系，如限位装置或连接件等。各种无砟轨道结构如图 1-2～图 1-6 所示。

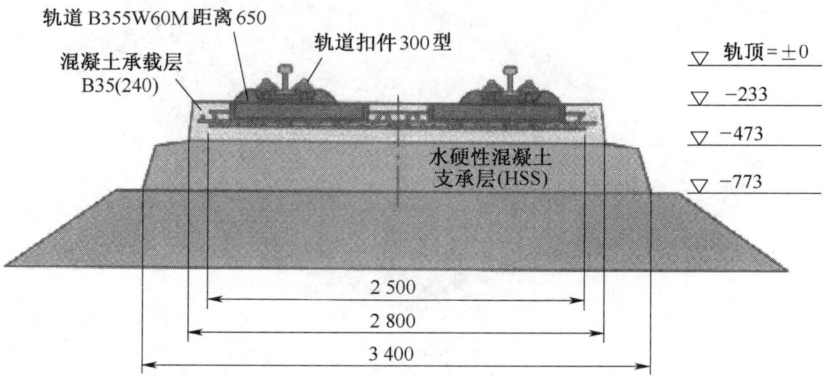

图 1-2 CRTSⅠ型双块式无砟轨道结构(单位:mm)

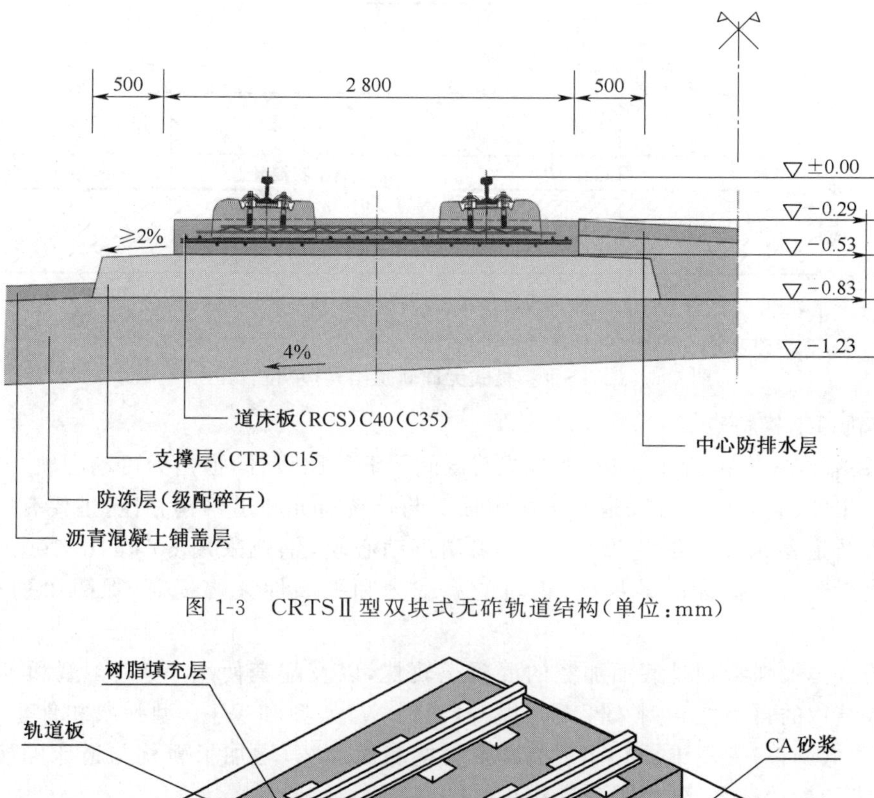

图 1-3 CRTSⅡ型双块式无砟轨道结构(单位:mm)

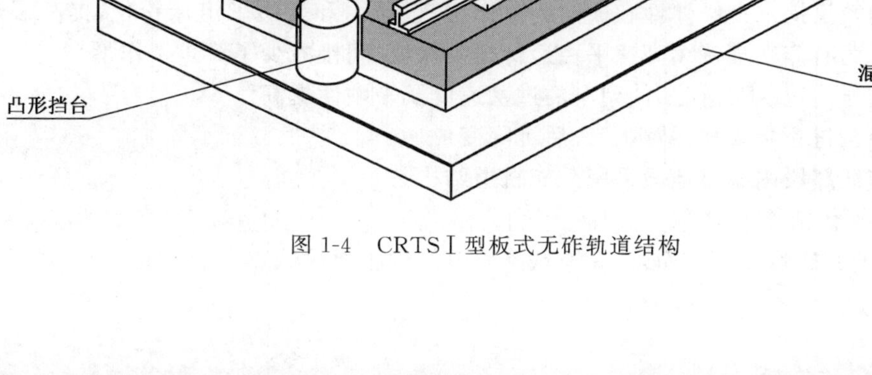

图 1-4 CRTSⅠ型板式无砟轨道结构

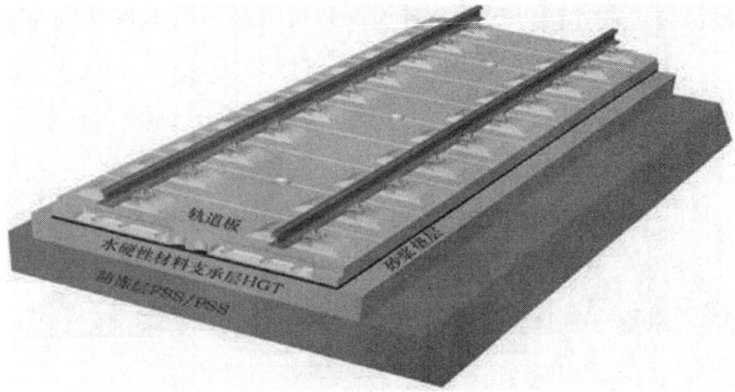

图 1-5 CRTSⅡ型板式无砟轨道结构

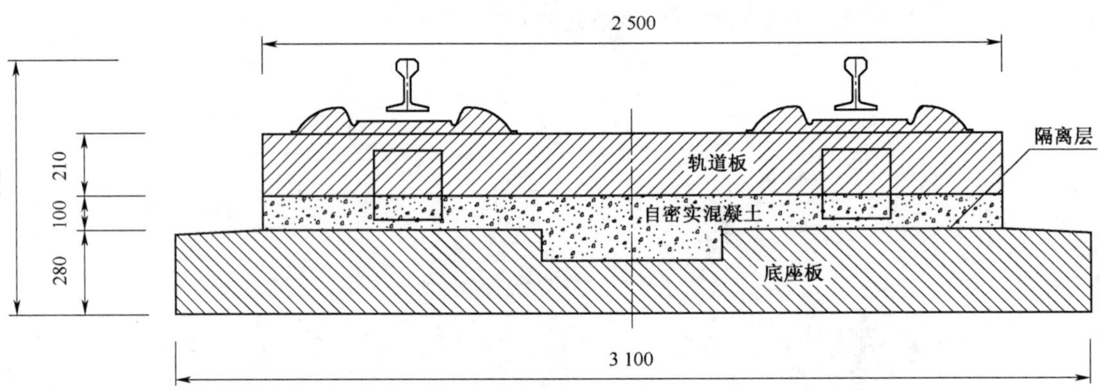

图 1-6 CRTSⅢ型板式无砟轨道结构(单位:mm)

2. 有砟轨道结构特点

高速铁路有砟轨道包括线路和道岔,按跨区间无缝线路设计,道岔为可动心轨。轨道结构主要由钢轨、扣件、混凝土轨枕及道砟道床组成。与传统有砟轨道结构相比,主要有以下特点:

(1)钢轨及道岔采用无缝化设计,道岔采用可动心轨,钢轨采用 60 kg/m 100 m 定尺钢轨,加上钢轨制造及焊接标准的提高,钢轨的承载力和平顺性大幅提高,保障了列车的高速运行。

(2)采用整体加强特别是底面加宽的混凝土轨枕,以及配套使用了 WJ-4 型和 WJ-5 型弹条扣件,轨道结构的自稳性和耐久性大幅提升,同时 WJ-4 型和 WJ-5 型弹条扣件也有利于轨道的方向和高低调整,方便维护。而且混凝土轨枕底面加宽,增加了轨枕与道床的接触面积,减少了对道床的振动荷载,延缓了道床粉化。

(3)采用强度、耐磨性、颗粒级配更好的一级或特级碎石道砟道床,加强了道床结构及密实度,既保证了向轨道提供良好弹性和横向约束作用,也减少和延缓了道床粉化,提高了轨道平顺性及耐久性,为有砟轨道持续高速平稳运行提供保证,间接减少了维护工作量。

(4)采用大号高速铁路道岔,使列车的过岔速度及平顺性提高。

(5)线下结构进一步加强,减少了工后沉降变形。

(6)在有砟线路段内隧道地段采用无砟轨道结构。

3. 轨道结构优缺点

相对于传统有砟轨道结构而言,高速铁路轨道结构主要优缺点见表 1-1。

表 1-1 高速铁路轨道结构优缺点

结构型式	优 点	缺 点
无砟轨道	良好的轨道稳定性、连续性和平顺性，使用寿命长；结构耐久性好，维修工作量少；可避免高速行速下有砟轨道的道砟飞溅；有利于适应地形选线，减少线路的工程投资。 无砟轨道具有低结构高度、结构稳定、维修量少、无道砟飞溅、弹性均匀和耐久性好的特点。 可减轻桥梁二期恒载，降低隧道净空；荷载特性、振动特性和车辆的平稳性都较好；维护费用比有砟轨道低	初期建设投资大；一旦基础变形下沉，修复困难，改进的可能性受到限制；无砟轨道不宜在黏土深路堑、松软土路堤或地震区域铺设；无砟轨道噪声水平比有砟轨道高；混凝土无砟轨道为刚性承载层，当达到承载强度极限时将产生断裂，并引起轨道几何尺寸的突然变化和难以预见的恶化
有砟轨道	对环境的适应能力强，能有效克服基础变形的影响；出现问题易修复，且修复时间短；局部缺陷的修复费用低；噪声低，降噪措施容易；初期投资规模小	轨道结构的稳定性和平顺性不易保持；维护工作量大且费用高；列车在高速运行状态下易发生道砟飞溅

1.3.3 高速铁路轨道工程施工特点

高速铁路轨道工程施工技术的选择和运用，主要由轨道设计的结构特点和使用的功能特性所决定，除具备土木工程的一般特点外，在施工质量控制、施工工艺和施工组织等方面还具有独自的特点，见表 1-2。

表 1-2 高速铁路轨道工程施工特点

施工特点	无砟轨道	有砟轨道
施工工艺及质量控制	持续的精度控制过程。为实现轨道结构的高平顺性，无砟轨道施工必须将严格的精度控制贯穿于施工全过程：一是保持精度控制基准的统一性和连续性，建立 CPⅢ测量控制网作为轨道铺设和运营维护的控制基准，统一作为无砟轨道的底座铺设、轨道铺设、道床浇筑、轨道调整等的定位依据；二是保持精度控制的可靠性和施工效率，选择先进的测量技术和设备作为保证精度控制的可靠性和施工效率的有效途径，采用“自由设站，后方交会”测量方法和轨道板快速精调标架、轨道几何状态测量仪等设备，持续保证测量的相对精度和绝对精度以提高轨道结构高平顺性。	持续的精度控制过程。为实现轨道结构的高平顺性，施工引入线下结构沉降变形评估和 CPⅢ测量控制网及精密测量技术，并将精度控制贯穿于施工全过程：一是保持精度控制基准的统一性和连续性，建立 CPⅢ测量控制网作为轨道铺设和运营维护的控制基准，为道床预铺、轨道铺设、大机整道、轨道精调等提供定位依据；二是保持精度控制的可靠性和施工效率，选择先进的测量技术和设备作为保证精度控制可靠性和高效率的有效途径，采用“自由设站，后方交会”测量方法和轨检小车等设备，同时采用精度更高的大型捣固机械，从而持续保证了测量的相对精度和绝对精度，提高了对轨道结构高平顺性的有效控制。

续上表

施工特点	无砟轨道	有砟轨道
施工工艺及质量控制	混凝土施工量大、工艺要求严格。无砟轨道结构以钢筋混凝土道床替代碎石道床,施工工艺需要围绕量大且要求严格的混凝土结构的浇筑进行质量控制。一是无砟轨道主体结构应满足不少于60年的设计使用寿命要求,混凝土的配合比试验、原材料试验、混凝土集中生产等环节都必须按照耐久性要求进行质量控制。二是混凝土结构的耐久性要求对混凝土的浇筑及养护温度、坍落度等工作性能指标进行严格的控制。 与施工工艺相对应,无砟轨道质量控制突出了结构层分层控制的特点。一是各结构层间按自下而上的顺序,层层验收,以下保上,如板式无砟轨道只有严格控制了底座的表面高程精度才能控制水泥乳化沥青砂浆层的浇筑厚度。二是严格控制各结构层的界面连接,注重施工细节,统筹不同专业。三是严格各工序间交接验收	材料、工艺要求严格。结构高精度和耐久性首先在材料选择上有所保证,并通过严格的工艺予以实现。一是定尺钢轨,扣件系统,混凝土轨枕,碎石道砟加工的材质、精度等较以往大幅提高,特别是采用100 m定尺钢轨减少钢轨焊接接头数量、扣件系统实现毫米级调整、道砟等级提高减少道床粉化等因素。二是对钢轨、轨枕、道砟等材料从进场运输、存放、吊装、铺设等提出严格要求,尤其为避免钢轨变形、轨枕破损、轨枕螺栓孔失效等采取了严格的施工措施,确保施工材料按合格指标使用。三是从基础验收、测量放样、轨道铺设、大机整道、轨道精调等全过程采用精密测量技术,保证有砟轨道的高精度。四是严格执行上道工序不合格,下道工序不施工,特别是底砟摊铺及碾压不合格不得铺轨、整道不合格不得焊轨和锁定无缝线路等严格控制措施,避免了施工和质量控制的随意性。五是全过程采用数控、自动或大型成套施工设备,包括长轨群吊、长钢轨或枕轨混装运输列车、长轨铺轨机组、道床碾压设备、大型整道机组、移动闪光焊机、钢轨或道岔打磨列车等,实现设备保工艺、工艺保质量
劳动力组织	1. 专业配合范围广、层次高 无砟轨道各结构层间关系复杂,涵盖路基、桥梁、隧道、轨道、电务及通信信号各专业,需要不同专业人员的参与、协调和配合,以及不同专业间进行交接验收等。 2. 劳动力技术水平要求高 无砟轨道施工是多种新技术的集成体系,机械化、自动化、信息化程度高,在施工理念、技术标准、操作水平、检验验收等环节对施工人员都有较高要求。 3. 劳动力配置类型多、要求高 无砟轨道施工需要完成混凝土预制或浇筑、水泥乳化沥青砂浆现场生产及浇筑、轨道部件运输及装卸、高精度测量、钢轨铺设及焊接等,作业工种多样且包含大量特殊工种	1. 专业配合范围广、层次高 高速铁路有砟轨道各结构层间关联关系复杂,涵盖路基、桥梁、隧道、轨道、电务及通信信号各专业,需要不同专业人员的参与、协调和配合。 2. 劳动力技术水平要求高 高速铁路有砟轨道施工是多种新技术的集成体系,专业化、机械化、自动化、信息化程度大幅提升,在施工理念、技术标准、操作规程、检验验收等环节对施工人员都有更高要求。 3. 劳动力配置类型多、要求高 高速铁路有砟轨道全过程采用机械化施工,需要完成混凝土轨枕预制、长钢轨焊接、轨道部件运输及装卸、高精度测量、道床铺设、长轨铺设、大型机械整道、轨道精调、钢轨焊接及无缝线路锁定、钢轨预打磨等专业施工,使用了大量需经高技能培训的特殊工种

续上表

施工特点	无砟轨道	有砟轨道
施工材料供应	无砟轨道结构复杂，大量采用新型材料，因而施工材料来源渠道多、品种多样化。各种施工材料特性不一，对应不同的原材料技术指标和产品技术条件，试验和检测内容复杂、形式多样。此外，不同施工材料对存放、运输和成品保护也有不同要求	与传统有砟轨道相比，高速铁路有砟轨道结构复杂，对材料要求更高，因而施工材料来源渠道多、品种多样化。各种施工材料特性不一，对应不同的原材料技术指标和产品技术条件，试验和检测内容复杂、形式多样。此外，不同施工材料对存放、运输和成品保护也有不同要求
施工设备配置	1.施工设备种类多 为满足无砟轨道高精度的铺设标准，按照“以设备保工艺，以工艺保精度”的指导思想，无砟轨道铺设大致采用4大类设备。 (1)混凝土(水泥乳化沥青砂浆)生产和浇筑设备：混凝土拌和站、混凝土运输车、滑模摊铺机、辊轴摊铺机、水泥乳化沥青砂浆搅拌车、轨行式混凝土浇筑机、预应力钢筋数控张拉系统、混凝土自动温控养护系统等。 (2)材料运输及装卸设备：轮胎式或轨行式龙门吊、汽车吊、轨道板运输车、双块式轨枕散铺机、道岔平移台车、长轨推送车、移动式闪光焊机、长钢轨铺轨机组等。 (3)轨道精调设备：双块式轨排粗调机、双块式螺杆支撑调节架、轨道板快速精调标架及精调器等。 (4)测量设备：轨道板快速精调系统、道岔板精调系统、轨道几何状态测量仪(轨检小车)、全站仪、电子水准仪。 2.施工设备需要机械功能匹配、尺寸匹配、功效匹配 由于大量通用设备、专用设备和特种设备在施工中同步使用，所以各设备间要做到机械功能匹配、尺寸匹配、功效匹配。如：混凝土浇筑设备与混凝土运输车间工效要相匹配以保证混凝土的连续浇筑；轨道板快速精调标架与轨道几何状态测量仪、全站仪要相匹配以保证测量精度的持续可靠。 3.施工设备的空间调配、作业面布置按综合物流的要求统筹安排 无砟轨道施工工序繁多，流程复杂，工序作业时间和空间交叉，工序流水控制等因素使得施工人员、施工设备和作业内容之间关系复杂，施工组织难度大，协调要求高。因此，施工设备的空间调配、作业面布置必须按综合物流的要求统筹安排，协调运行	1. 施工设备种类多 为满足无砟轨道高精度的铺设标准，按照“设备保工艺，工艺保精度”的指导思想，高速铁路有砟轨道铺设大致采用4大类设备。 (1)高精度测量设备：轨检小车、全站仪、电子水准仪。 (2)轨道运输设备：铁路平板、长轨运输列车、长轨及轨枕混装运输列车、内燃机车、内燃轨道车、K型石砟漏斗车等。 (3)材料运输及装卸设备：除上述轨道运输设备外，还有自卸汽车、平板汽车、汽车吊、轨行式龙门吊、长轨群吊等。 (4)主要施工设备：摊铺机、装载机、压路机、有砟轨道长轨铺轨机组、轨排铺轨机、大型整道机组、长轨推送车、移动式闪光焊机、铝热焊机，钢轨或道岔打磨列车。 2. 施工设备需要机械功能匹配、尺寸匹配、功效匹配 由于大量通用设备、专用设备和特种设备在施工中同步使用，所以各设备间需要做到机械功能匹配、尺寸匹配、功效匹配。如：道砟运输设备与道床摊铺及碾压设备工效相匹配；长轨及轨枕混装运输列车要与铺轨机组相匹配；大型整道机组作业精度要与轨道技术标准相匹配。 3. 施工设备的空间调配、作业面布置按综合物流的要求统筹安排 有砟轨道施工尽管工序繁多，流程复杂，但作业方向、作业流程明确。如道床预铺及碾压作业、铺轨作业、整道作业、无缝线路焊轨作业、轨道精调作业等。 4. 施工点多线长，轨道运输及施工干扰，安全压力大 高速铁路有砟轨道一个施工标段往往几百公里，铺轨基地要与既有线运输相协调，而且铺轨施工往往是高速铁路工程建设的标志性工程，有着承上启下的意义，工期压力大。工程线行车组织，既要保证材料运输，又要保证后续的线下附属、补砟整道、钢轨焊接、轨道精调等作业，施工组织难度大，协调工作多，安全压力大。因此，施工设备的空间调配、作业面布置必须按综合物流的要求而统筹安排，协调运行，既要确保工期，更要确保安全

2 CRTS Ⅰ型双块式无砟轨道施工技术

2.1 CRTS Ⅰ型双块式无砟轨道轨枕预制技术

2.1.1 概 述

CRTS Ⅰ型双块式轨枕属于非预应力轨枕，轨枕通过钢筋桁架连接，生产和检测设备精度要求高，质量控制和管理过程要求严格。为保证轨枕在生产过程中不变形，保持轨枕外形及尺寸，CRTS Ⅰ型双块式轨枕采用环形生产线法工厂化预制，通过岗位人员操作设备和工序传递来完成产品的生产。该生产方法有相对封闭的工艺流程，实行生产倒班制度，场区保护、消防、安全、绿化环保设施等相对固定。

2.1.2 结构设计

CRTS Ⅰ型双块式轨枕由两个混凝土块组成，两个混凝土块通过钢筋桁架相互连接形成一个整体。两个混凝土块表面各设置 1 个承轨台，左右对称布置。钢筋桁架伸出混凝土块两侧，在道床安装时通过与道床混凝土的良好连接形成整体道床结构。根据所选用扣件系统的不同，CRTS Ⅰ型双块式轨枕分为无挡肩式和有挡肩式两种形式，无挡肩轨枕与 WJ-7 型扣件配套使用，有挡肩轨枕与 WJ-8 型扣件配套使用。标准有挡肩式 CRTS Ⅰ型双块式轨枕外形结构如图 2-1 所示。

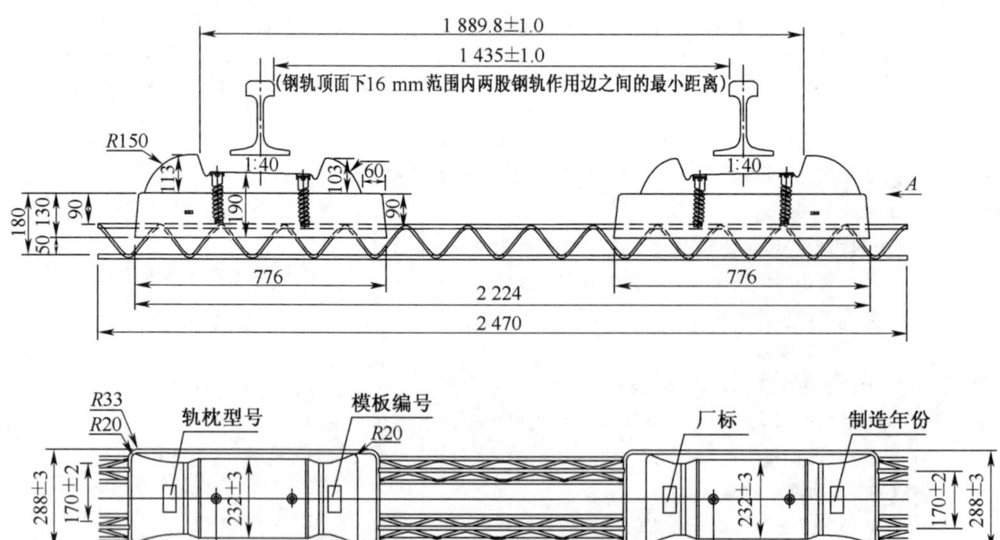

图 2-1 CRTS Ⅰ型双块式轨枕外形结构(标准有挡肩式)(单位:mm)

CRTSⅠ型双块式轨枕混凝土采用强度等级为C60的高性能混凝土，钢筋桁架采用CRB550级钢筋，相关材料及工艺要求符合《客运专线铁路双块式无砟轨道双块式混凝土轨枕暂行技术条件》(科技基〔2008〕74号)的规定。

2.1.3 制枕场规划及建设

2.1.3.1 设置原则

CRTSⅠ型双块枕预制场的设置应结合1个或多个工程项目的工程量统筹考虑，轨枕场位置通常考虑拟供应范围的中间位置附近，地势平坦开阔，靠近公路交通要道并与施工便道相连。若条件许可，预制场可利用废弃厂矿、预制场、规划用地或取弃土场等，以减少土石方量、节约用地、节约投资。此外，还应考虑材料进出场、水电供应等因素。

CRTSⅠ型双块枕预制生产工效主要受模具控制，考虑养护、中转、运输、检测、设备检修和保养等因素，每套模具占用时间约为11～12 h，每月可按25 d有效工作日计。

一般情况下，预制场的最优供应半径为60～100 km，同时预制场还应考虑2～4个月产量的存放场地。

2.1.3.2 预制场总体规划

按生产工艺原理，CRTSⅠ型双块枕预制生产区总体规划应结合工程工期及场地情况尽量做到工序顺畅，物流合理，生产规模满足工程工期，适度预留长远发展余量。一个功能完整的CRTSⅠ型双块枕预制场一般包括生活办公区、混凝土拌制区、钢筋加工车间、轨枕生产车间、轨枕存放区等区域，寒冷地区还应在轨枕生产车间设置轨枕缓存区。本章以中铁二局集团兰新铁路鄯善轨枕预制厂为例介绍轨枕预制场规划。

生产厂房108 m长，双跨共42 m宽，左右分为钢筋加工车间和轨枕生产车间。轨枕车间厂房跨度根据钢筋生产线、轨枕回模辊道、蒸汽养护通道、通道宽度及钢结构防风等综合因素考虑，跨度设计为21 m。钢筋加工车间内配备1条冷轧钢筋生产线、1台5 t桥式单梁起重机、桁架钢筋焊接机和数控弯箍机各1台；轨枕生产区内配备1条轨枕生产线、4台5 t桥式单梁起重机(轨顶离地面相对高程均为7.2 m)和1套蒸汽养护自动测温系统；厂房采用实腹式钢结构排架厂房，总建筑面积为4 540 m^2。轨枕生产车间外侧为轨枕存放区，采用一台16 t/40 m的门式悬臂龙门吊负责码垛及装车，满足最大存枕390 000根。

2.1.3.3 轨枕预制场建设

1. 生产量设计

CRTSⅠ型双块轨枕模型周转时间以混凝土强度发展(即蒸养时间)为主，加上从脱模开始到钢筋及预埋件安装、混凝土浇筑成型时间2 h，总体上模型周转时间控制在12 h左右。以1个轨枕场年产30万根轨枕，每套模型一次生产4根轨枕，每个月有效生产时间为25 d计算，则需要配置125～130套模型。

2. 办公生活区

根据轨枕场的生产规模，轨枕场按照工厂化要求设置组织机构，需要修建生活及办公区。

3. 混凝土拌和站

混凝土拌和站的布置应以混凝土的运输距离最近为原则，减小混凝土的运输量，确保混凝土的连续供应。轨枕生产是工厂化作业，受外部环境的干扰相对较小，因此必须考虑整体布局,拌和站宜靠近车间布料口侧;当轨枕采用的干硬性混凝土在短距离内(不超过 25 m)宜采用传输皮带输送,较为经济,也能减小混凝土的性能指标损失。原材料应采用封闭的料仓,北方地区还应考虑原材料冬季保温或加温措施。砂石料仓应满足混凝土半个月内的供应,冬季生产时还应有备用料仓可满足 3 个月的储料能力。

4. 生产厂房

轨枕生产厂房采用钢结构形式,四周进行封闭,规格为 108 m×42 m×10.5 m,厂房跨度为 21 m,立柱间距为 6 m,钢架立柱基础为扩大钢筋混凝土基础,立柱采用工字钢,立柱间采用 C 型槽钢斜向连接成整体,桁架采用剪刀架进行张拉锁定,以保证结构的稳定性。

5. 钢筋加工车间

轨枕钢筋加工车间设置有钢筋冷轧生产线、钢筋桁架自动焊接生产线、箍筋生产线、原材料存放区、半成品存放区和轨枕缓存区等 6 个区域,进场钢筋存放在冷轧生产线端部,依次经过钢筋加工设备成流水作业加工成半成品。

桁架钢筋生产线和箍筋弯曲机直接锚固在地面,地面硬化厚度不小于 18 cm。桁架钢筋的循环水池容水量不小于 12 m^3,在焊接机附近的地面下设置,既可以保证循环水正常回流到水池,又能达到冬季保温,夏季降温的效果。车间的用电量大,主要是因为桁架钢筋的瞬间电流达到 800 kVA,必须离配电房不超过30 m。车间的电缆沟、排水沟沿四周墙壁砌筑,并设置活动盖板方便检查。

6. 轨枕加工车间

根据双块式轨枕的机组流水法生产工艺,单条生产线优化配置,采用一条回模辊道,走行桁车为5 t/19.5 m、走行线长度 108 m,地面采用 18 cm 厚的 C15 混凝土进行硬化处理,运输通道及养护房地面硬化厚度为 20 cm。设置流水传送辊道,钢模从养护坑吊运到脱模横移滑道上,通过横移滑道将钢模移到翻模机上,实现产品脱模。产品由成品输送辊道进行输送,钢模由脱模辊道传送到喷隔离剂辊道,再传送到钢筋入模辊道,由横移滑道传送到浇筑振动辊道,振动后传送到清边辊道,最后由行车吊运到养护坑,顺利实现一个循环的流水作业。

轨枕生产车间根据轨枕的施工工艺形成环形的通道,车间的回模运输辊道靠近半成品钢筋堆放区,不需钢筋的二次搬运,节省了生产线的一条运输通道;布料机设置在靠拌和站端部,且与拌和站的大门成一条直线,混凝土的运输距离最节省,运输方便。布料机、蒸汽养护通道及翻转脱模装置中心线共线布置,保证每个工序更好的衔接。车间端部可作为轨枕的缓存养护区,很好的利用了车间的有效空间。

7. 轨枕存放区

轨枕预制场设置存枕能力一般应达到至少 3 个月的存放量,考虑到工地存放条件的局限性,一般设计在 20 万根以上。

轨枕存放区采用龙门吊和叉车结合的方式进行轨枕存放。采用龙门吊存放时最高存放不超过 12 层,采用叉车存放时最高存放则不超过 8 层。

龙门吊基础采用倒 T 形混凝土扩大基础,存枕场采用平地机刮平,并洒水碾压密实,可满足轨枕直接在垫木上进行存放的要求,施工简单,成本低。

2.1.4 制枕原材料

CRTSⅠ型双块式混凝土轨枕为无预应力构件,主体材料主要采用 C60 高性能耐久性混凝土、HRB550 低碳热轧光圆盘条钢筋和低碳冷拨钢筋，其中混凝土配合比可以使用水泥等级不低于 P·O42.5、聚羧酸减水剂、碎石规格 5～20 mm、掺和料可为复合型掺和料或单掺矿粉及粉煤灰，同时满足技术条件和施工工艺要求。

轨枕生产辅助材料包括：防腐油脂、预埋套管、绝缘卡、脱模剂等。

2.1.5　生产工艺流程

2.1.5.1　工艺特点

(1)轨枕预制工艺为工厂化生产，生产设备自动化程度高。

(2)轨枕混凝土等级 C60，对原材料的质量要求高，拌制的混凝土为干硬性高性能混凝土。

(3)进场钢筋为非标直径低碳热轧圆盘条，必须经过冷轧机进行冷轧才能进行钢筋桁架及箍筋的制作。

(4)轨枕采用冲击方式脱模，对钢模的刚度要求高，承轨台壳体整体冲压成型，且符合生产线的流水操作。

(5)轨枕养护采用蒸汽养护，能缩短混凝土的养护时间，提高模型的周转。

2.1.5.2　工艺流程

CRTSⅠ型双块式轨枕生产采用机组流水法，蒸汽养护工艺和通道式养护围护结构采用 4×1 联轨枕钢模，生产节奏为 4 min/模。双块式轨枕生产工艺流程如图 2-2 所示。

2.1.5.3　关键工序

钢筋冷轧及桁架钢筋生产，模型检测及预埋套管安装，混凝土浇筑及蒸汽养生为其关键工序。

2.1.6　过程控制标准

2.1.6.1　模型质量控制

模型应具有足够的强度、刚度和稳定性，应能够保证双块式轨枕各部形状、尺寸及预埋件的准确位置。模型的制造允许公差为成品轨枕允许公差的 1/2。

2.1.6.2　桁架钢筋质量控制

钢筋桁架应采用电阻点焊接成型机械加工，箍筋可采用钢筋网焊接成型机械加工，钢筋焊接的工艺、参数、质量、验收等应符合《钢筋焊接及验收规程》(JGJ 18)的规定。

钢筋表面的油渍、漆污、水泥浆和用锤敲击能脱落的浮皮、铁锈等应清理干净。钢筋加工在常温下进行，钢筋弯折应利用机具一次成型，不得进行回复操作。钢筋桁架的尺寸允许偏差应满足表 2-1 的要求。

2.1.6.3　混凝土耐久性

不应使用具有碱—碳酸盐反应活性或砂浆棒膨胀率(快速法)大于 0.20％的碱—硅酸反应活性的骨料；当骨料的砂浆棒膨胀率为 0.10％～0.20％时，混凝土碱含量不应超过 3 kg/m^3，且应采取抑制碱—骨料反应的技术措施。

300 次冻融循环：动弹模量≥60％，重量损失率≤5％。

混凝土的电通量应小于等于 1 000 C。

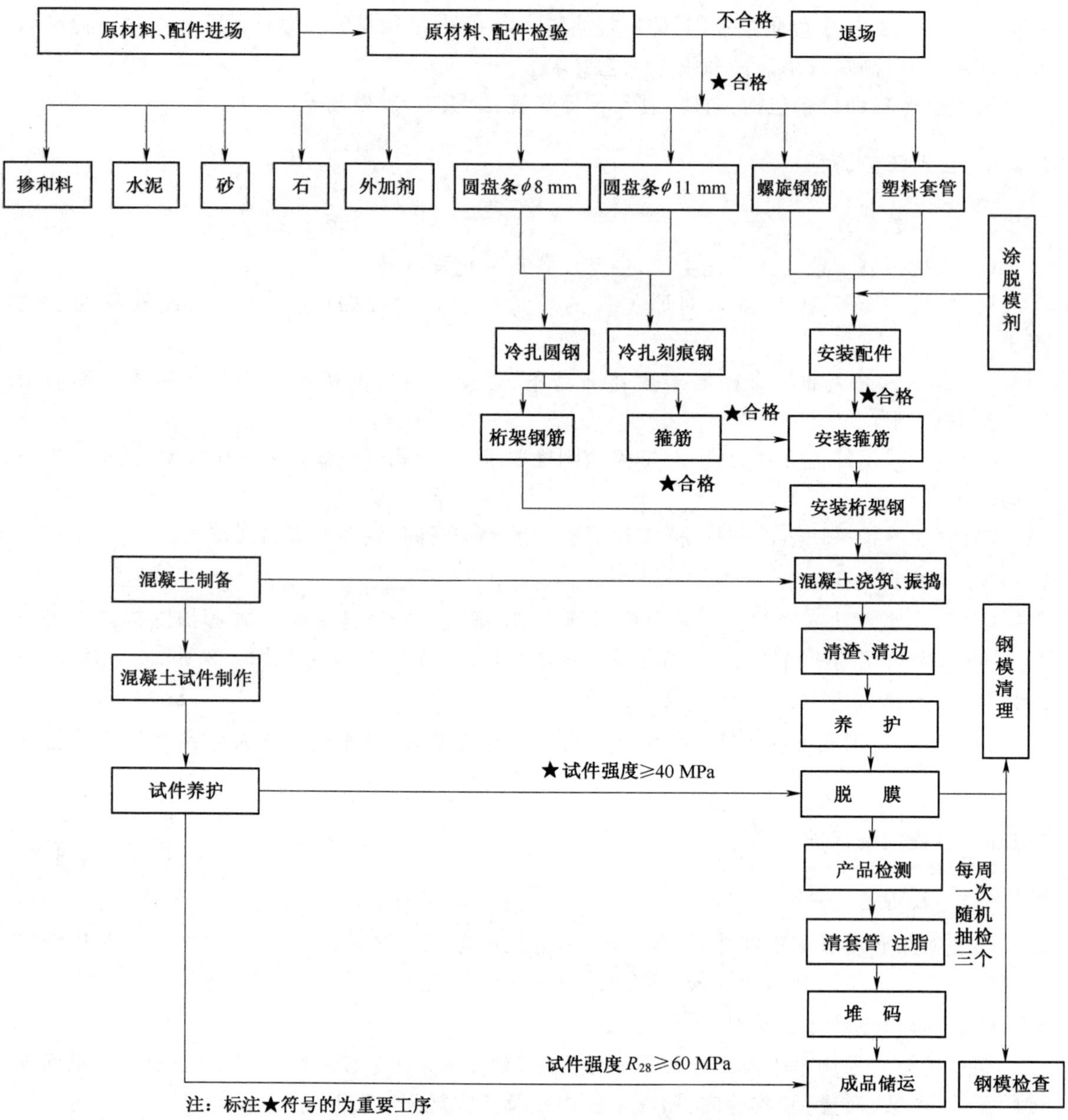

图 2-2　CRTSⅠ型双块式无砟轨道双块式混凝土轨枕施工工艺流程

对混凝土拌和物性能满足要求的试拌配合比进行早期抗裂性能对比试验。

2.1.6.4　预埋套管抗拔力

预埋套管抗拔力应符合《客运专线扣件系统暂行技术条件》(科技基〔2007〕207 号)的相关要求,抗拔力不小于 60 kN,持荷 3 min,试验后观察其周围没有可见裂纹,允许有少量砂浆剥离。

2.1.6.5　成品轨枕质量

成品 CRTSⅠ型双块式轨枕外观质量应符合表 2-2 的规定。

表 2-1 钢筋桁架的尺寸允许偏差要求

序号	检查项目	检查项别	允许偏差值(mm)	日常检查数量
1	钢筋桁架上下弦间距	B2	±2	每班三次,每次 2 榀
2	钢筋桁架长度	B2	±5	
3	钢筋桁架宽度	B2	±2	
4	波形筋位置及扭曲	B2	±2	
5	波形筋翘曲	B2	≤2	
6	开焊或松脱	A1	不允许	全检

表 2-2 成品 CRTSⅠ型双块枕外观质量允许偏差

序号	检 查 项 目	检验项别	允许偏差(mm)	每批检查数量	
				出厂检验	型式检验
1	承轨槽部位表面缺陷(气孔、粘皮、麻面等)	B2	长度≤10;深度≤2	全检	20 根
2	其他部位表面缺陷(气孔、粘皮、麻面等)	C	长度≤50;深度≤5	全检	20 根
3	承轨面与挡肩裂纹,双块式轨枕侧面与横截面平行的裂纹	A	不允许	全检	20 根
4	预埋套管内堵孔数	A	不允许	全检	20 根
5	双块式轨枕棱角破损和掉角	C	长度≤50	全检	20 根

成品 CRTSⅠ型双块枕的外形尺寸应符合表 2-3 的规定。

表 2-3 CRTSⅠ型双块枕外形尺寸允许偏差

序号	检 查 项 目		检验项别	允许偏差(mm)	每批检查数量	
					出厂检验	型式检验
1	钢筋桁架上弦距双块式轨枕顶面距离		B2	±3	10 根	20 根
2	双块式轨枕长度		C	+4 −2	10 根	20 根
3	各断面高度		C	±3	10 根	20 根
4	承轨部位双块式轨枕顶部宽度		C	±3	10 根	20 根
5	保持轨距的两套管中心距	配 WJ-8 配件	B1	±1.5	10 根	20 根
6	同一承轨槽的两相邻套管中心距	配 WJ-8 配件	B1	±0.5	10 根	20 根
7	预埋套管距轨槽面 120 mm 深处偏离中心线距离		B1	2	10 根	20 根
8	预埋套管的凸起高度		B1	0.0 −0.5	10 根	20 根
9	承轨面表面平整度		B1	1/150	10 根	20 根
10	两承轨面间相对扭曲		B1	<0.7	10 根	20 根
11	配 WJ-8 配件	两承轨槽外侧底脚间距离	B1	+2.0 −1.0	10 根	20 根
		同一承轨槽底脚间距离	B2	+1.5 −0.5		
		承轨槽底脚距套管中心距离	B2	±0.5		
		轨底坡(100 mm 范围内)	B2	±0.5	10 根	20 根

2.1.7 轨枕生产

2.1.7.1 配合比管理

根据当地原材料,试验室进行试配并将耐久性试件送至有资质的检测机构进行检验。一般情况下严格执行配合比,当砂石料含水率变化时,需调整配合比。原材料来源改变时,重新做配合比试验。试验室每班下达配合比通知单。

2.1.7.2 混凝土制备

混凝土配合比设计试验应满足混凝土结构性能和工艺性能的要求,并经工艺试验确定。施工时还应根据砂石料含水率的实际情况,调整施工配合比。

混凝土正式生产时应对拌和站进行验收,计量设备、原材料质量、操作人员培训及持证上岗等应是验收的重点。

混凝土搅拌应依据"先水泥、砂石料,后加水,再加外加剂"的顺序依次投料搅拌,出仓后的混凝土应严格控制其入模温度。混凝土通过中转仓经电瓶车或运输汽车运输到布料机。

2.1.7.3 模型清理

将轨枕模具壳体之间和挡浆夹上残留的混凝土用刮刀和空气压力喷枪进行清理,不得有混凝土残留物。发现模型标识牌损坏时,应及时进行修理。标识牌不全的模型不得投入使用。

2.1.7.4 喷涂脱模剂

模型清理干净后,工作面必须保持干燥,用自动喷雾器在模具上喷涂脱模剂,喷嘴应对准模型上方,脱模剂应调整成雾状而非线滴状,目测模具是否完全被脱模剂喷射完好。

脱模剂喷涂完后,使用油漆刷在凹槽处抹蜡,如果脱模剂喷涂过多,可用清洁的抹布进行去除。

2.1.7.5 钢筋桁架生产

CRTSⅠ型双块式轨枕钢筋主要由钢筋桁架和箍筋组成。钢筋桁架断面为三角形,通过成套钢筋加工生产线制作而成(图 2-3)。钢筋桁架生产主要包括钢筋冷轧、数控弯曲、桁架自动焊接等工序,主要配件如定距夹、螺旋筋、套管等使用外购成品。

光面圆钢等线材,通过冷轧生产线进行放线、除磷、拨丝粉润滑、轧制、应力消除、收线等工序,轧制成带肋三面刻痕的螺纹钢筋。冷轧后,钢筋直径一般减少 1 mm。

箍筋采用 ϕ10 mm 冷轧钢筋,通过对数控弯箍机编程,根据箍筋图纸调出程序,面板上显示箍筋形状,开机进行自动弯箍,人工收集箍筋后再点焊、码垛(图 2-4)。

通过电脑控制桁架焊接控制面板技术参数,将冷轧好的螺纹钢筋经桁架焊接自动化生产线的放线、调直、折波后,由自动电阻焊接机组焊接成型。该流程可自动定长剪切,自动收集钢筋桁架。之后,由桁吊将成品钢筋桁架吊至半成品区整齐码放。

2.1.7.6 预埋套管安装

利用模型上橡胶定位轴将预埋管套定位,将螺旋筋固定在套管上,在套管橡胶定位轴上拧紧套管,操作时尽可能地拧到模具壳体的底部,确保套管被紧紧地拧到套管支撑上。对那些由于磨损不能再紧紧地固定套管的套管支撑杆,要及时进行更换。螺旋筋安装如图 2-5 所示。

图 2-3 桁架钢筋生产线

图 2-4 数控弯曲机

图 2-5 螺旋筋安装

图 2-6 箍筋安装

2.1.7.7 钢筋安装

桁架钢筋采用自动焊接机加工完成，挡肩加强筋与箍筋应在专用胎膜上通过焊接连接成型。安装时将组装好的钢筋组件放入模型承轨槽内，每个承轨槽内安放一个，并通过绝缘卡将"W"形钢筋与桁架钢筋上弦钢筋连接。桁架钢筋可直接放入模具的缩口内，箍筋与挡肩钢筋定位完成后，桁架钢筋与模具缩口的相对位置应准确，90°旋转模型中部的桁架钢筋固定夹，对桁架钢筋的垂直方向进行固定，防止混凝土施工过程中桁架钢筋上浮。箍筋安装如图 2-6 所示，桁架安装如图 2-7 所示，桁架固定如图 2-8 所示。

图 2-7 桁架安装

图 2-8 桁架钢筋固定

2.1.7.8 挡浆夹安装

安装挡浆夹时先检查挡浆夹是否干净,对有混凝土残留的和个别变形的挡浆夹及时清理,不得使用。每套模型共应安装 32 个挡浆夹,不得漏放,挡浆夹的槽口卡入上弦钢筋,与承轨槽壳体密贴,挡浆夹安装如图 2-9 所示。

2.1.7.9 混凝土浇筑及捣固

混凝土浇筑系统采用混凝土拌和站+中转料斗+1 台布料机+2 套振动台浇筑系统,采用一套独立的搅拌、浇筑系统配置,浇筑振动在 4 min 内完成一模。

混凝土浇筑采用带 4 根螺旋卸料杆的布料机分别向模型壳体内布料,布料至少分两层,边布料边振动,如图 2-10 所示。

图 2-9 挡浆夹安装

图 2-10 混凝土浇筑

混凝土布料完第一层后,振动台开始工作,低频振动,同时继续第二层布料。为取得理想的振捣效果,振动台的振动参数为①35 Hz(45 s);②50 Hz(50 s);③35 Hz(45 s),根据此参数设置振动台振动频率和振动时间,能使混凝土的密实度和气泡现象得到很好的控制,如图 2-11 所示。

振动过程中采用测距规检测钢筋桁架与轨枕混凝土底部的距离,以控制混凝土厚度。振动完成后,适时从模型预存辊道上拔出挡浆夹,收集清洗后以备下一循环使用;挡浆夹拔出后,采用刮刀铲除从挡浆夹处溢出的混凝土浆。

当昼夜平均气温低于 5 ℃或最低气温低于-3 ℃时,采取保温措施,按冬期施工办理。

浇筑完毕,将电源切断,将搅拌机、布料机及中转料斗等混凝土容器冲刷干净,清理水池,清扫场地。

2.1.7.10 拆卸配件、清渣、清边

振动完成后从模型预存辊道上拔出挡浆夹(图 2-12),挡浆夹及时清理并进入下一循环。

2.1.7.11 试件的制作和养护

(1)制作试件的混凝土必须按随机的原则取样,每组试件必须用同一罐混凝土,取样后应立即制作。

(2)每班制作 4 组强度试件,分别用于轨枕脱模抗压强度、7 d 抗折强度及 28 d 抗压强度;每隔半个月制作 1 组弹性模量试件,用于 28 d 弹性模量的检测。

(3)每组试件应注明班次、日期,试件应在每班开工 3 罐后制作。

图 2-11 混凝土振捣

图 2-12 拆卸挡浆夹

(4)试件应随同轨枕一起养护,脱模后检验 28 d 强度的试件放在标养室,两阶段总的养护时间为 28 d。

2.1.7.12 混凝土养护

为加快模型的周转,减少轨枕养护时间,轨枕养护采用蒸汽养护。轨枕混凝土浇筑捣固完成后,通过钢模运输滚轮进入养护棚,在钢模运输滚轮上的钢模堆放按 5 层堆放,由液压顶推装置将钢模运入养护通道。

在静养空间内,轨枕处于自然的环境温度,混凝土浇筑后在 5 ℃～30 ℃的环境中静置 2～3 h 后方可升温;在升温空间,每组轨枕每间隔 40 min 向右移一次并逐渐升高温度,升温速率小于 15 ℃/h,升温区的末端与恒温区的温差不得大于 5 ℃;在恒温空间,轨枕处于稳定的温度环境中,恒温时枕芯温度应不大于55 ℃,温度的稳定范围不大于±5 ℃,每组轨枕经过恒温区的时间为 6 h;在降温空间,每组轨枕每间隔40 min向右移一次,逐渐降低温度,降温速率不大于 15 ℃/h,轨枕出养护通道时,其表层温度与环境温度的温差小于15 ℃。双块式轨枕养护如图 2-13 所示。

2.1.7.13 轨枕脱模

(1)当轨枕混凝土强度达 40 MPa 以上时,试验室下达脱模通知单,开始进行脱模;脱模时双块式混凝土轨枕混凝土芯部与表层、表层与环境温差均应小于 15 ℃。

(2)通过桥式桁车将养护通道出口处的模具单独吊起放在缓存辊道,如图 2-14 所示。

(3)松开桁架固定夹,旋转 90°转到两桁架钢筋的中间位置,如图 2-15 所示。

(4)多功能小车运送模具至脱模翻转机,在翻转之前要用保护装置将模具内的轨枕加以保护。

(5)提升翻转机夹住模具升起并翻转 180°之后,将模具放下,松开锁紧装置,开始进行抖动式脱模,模具翻转如图 2-16 所示。

(6)模具下落到位后,气囊工作,顶杆顶起模具后迅速放气,模具自由下落撞击脱模平台,通过 3～4 次撞击完成脱模过程(图 2-17)。气囊工作的次数直接关系到脱模时间的长短,生产过程中气囊工作次数越少,所消耗时间越短。

2.1.7.14 轨枕自然养护

轨枕脱模后,采用叉车转入轨枕存放区进行自然养护(图 2-18)。室内外温差超过 15 ℃时应在缓存区降温后方可移到存放区养护。

图 2-13 双块式轨枕养护

图 2-14 模具缓存

图 2-15 松开桁架固定夹

图 2-16 模具翻转

图 2-17 轨枕脱模

图 2-18 叉车转运轨枕

2.1.7.15 轨枕出库

(1)轨枕经质检人员检验合格后,轨枕上部区域印上日期章及检验章方可进行码垛,轨枕每 5 根一排,码垛 4～5 层,如图 2-19 所示。

(2)出库的轨枕用 100 mm×100 mm×1 560 mm 的垫木隔开,上下层垫木要对齐并尽量放在桁架支点下。

(3)合格品和待检品要有明确的标志以示区别,入库后应按指定地点、批次分别堆放,不得混放。

(4)检验员进行外观检测时，如发现承轨槽处有瑕疵或产品尺寸检查不合格时，应及时停止使用该模型并进行模型维修，不合格产品标示并分别存放。

2.1.7.16　产品吊装、储存

(1)产品吊装采用专用吊具，如图 2-20 所示。

图 2-19　轨枕码垛

图 2-20　轨枕吊装专用吊具

(2)轨枕储存和堆放可采用平整地面或条形基础方式，地基承载力在 150 kPa 以上。轨枕采用龙门吊码放时堆放高度不超过 12 层，采用叉车码放时不超过 8 层，根据生产时间、轨枕类型分别存放，如图 2-21 所示。

轨枕采用平放堆码方式，枕底朝下，每层码放轨枕 5 根，层与层之间承轨槽外侧部位必须放置支承方木至少 2 根，且上、下位置对齐。

2.1.7.17　产品运输及卸车

(1)厂内运输采用叉车进行，产品装车按照“先入先出”进行发货。

(2)轨枕采用平板汽车运输，如图 2-22 所示，运输时层与层之间用两根垫木支垫，垫木应上、下对齐，支点位置在轨下正中。轨枕场内配有专用吊具，在装、卸车时利用专用吊具将轨枕两端预留螺纹钢筋水平起吊，每次吊运不超过 5 层。轨枕在装卸和运输过程中严禁碰、撞、摔、掷，严禁吊运轨枕中部。

图 2-21　成品轨枕存放

图 2-22　轨枕运输

(3)装车前进行最后检查,以避免有任何损坏的轨枕运往工地。对不合格的轨枕进行维修或报废处理。

(4)在施工现场不具备专用吊具时可以使用简易吊具卸车。采用简易吊具时,宜单层装吊。

2.1.8 资源配置

2.1.8.1 劳动力配置

根据工期要求、实际试生产情况、岗位工作量以及机械设备自动化程度,可以灵活采取两班制或者三班制生产。

管理人员组织见表2-4。生产及辅助人员配置见表2-5。

表2-4 管理人员组织表

序号	工种	人数	主要工作内容
1	场长	1	全面主持轨枕场工作
2	总工程师	1	负责生产技术工作;负责建场工作
3	设备副经理	2	负责设备管理工作
4	书记	1	负责党务、工会、后勤工作
5	工程部长	1	负责生产技术,主管工程部
6	安质部长	1	负责安全、质量工作;主管安质部、试验室
7	物资设备部长	1	主管设备的选型、采购和物资订购,主管物资设备部
8	总会兼计财部长	1	负责计划、财务管理
9	办公室主任	1	负责行政办公、文件资料管理、接待工作
10	工程部	4	负责技术管理、生产指挥调度,协调与各部门的工作;验工计价
11	计财部	2	负责成本控制、合同管理、财务管理和生产计划
12	物资部(含司机)	4	负责材料采购和管理
13	安质部	3	负责质量、安全和技术资料管理;负责与监理工程师的联络
14	试验室(含主任)	4	负责试验检验及生产过程控制、产成品检验等工作
15	办公室	2	负责治安、保卫工作及行政事物、食堂、司机、文化娱乐的管理及对外接待联络工作
合计		28	

表2-5 生产及辅助人员组织表

序号	工种	每班人数	主要工作内容
1	钢筋加工	10	桁架2人,螺旋筋2人,箍筋加工2人,码垛2人,运输2人
2	天车司机	1	桁架厂房内原材料、成品运输
3	叉车司机	1	原材料、桁架成品倒运
4	清模	1	清理模型
5	喷脱模剂	1	清理模型
6	配件安装	4	钢桁架2人,螺旋筋、箍筋、预埋套管安装等2人
7	混凝土搅拌	4	装载机1人,搅拌机1人,看灰1人,上灰1人

续上表

序号	工种	每班人数	主要工作内容
8	混凝土浇筑	5	混凝土浇筑 1 人，振动成型等 4 人
9	卸配件	1	
10	入窑	1	吊装钢模
11	养护	1	温度控制、记录
12	脱模	2	脱模机 1 人，吊装 1 人
13	安装扣件	2	安装扣件、成品码垛等
14	成品	5	挂钩 2 人，装运 2 人，司机 1 人
15	叉车司机	2	成品倒运
16	维护	3	钳工 1 人，电器 1 人，钢模维修 1 人
17	生产调度	2	轨枕 1 人，钢筋 1 人
18	叉车司机	1	原材料配件运送
19	天车司机	2	灌造前后模型及配件吊运
20	锅炉	2	蒸汽供应
21	安全保卫	5	生产区门卫 2 人，看守 1 人，巡逻 2 人
22	食堂后勤	8	员工 3 人，民工食堂 3 人，生活区卫生 1 人，门卫看守 1 人
合计		64	

2.1.8.2　主要设备机具配置

工艺装备配置的基本原则：符合工艺要求，满足生产效率，各工序能力平衡且环保节能。

CRTSⅠ型轨枕生产线除符合上述基本原则外，还具有自动化程度高，采用新技术、新装备等特点。轨枕生产线的生产主要设备配置见表 2-6。

表 2-6　主要设备配置

序号	名称	规格型号	单位	数量	备注
1	水准仪	光学	台	1	
2	碎石清洗设备	50 m^3/h	台	1	
3	自动布料机	—	台	1	
4	变配电	800 kVA	套	2	
5	发电机	350 kVA	套	1	
6	试验设备	—	套	1	
7	锅炉	4 t	个	1	
8	混凝土搅拌站	HZS90	个	1	
9	桥式走行桁车	LD5(5 t×19.5 m)	台	5	
10	16 t/40 m 龙门吊	台	台	1	
11	叉车	CDCP60，5 t	台	3	
12	装载机	ZL50D	台	1	
13	电子汽车衡	SCS-150T (3.4 m×18 m)	台	1	

续上表

序号	名称	规格型号	单位	数量	备注
14	箍筋弯曲机 12 d 型	—	台	1	
15	冷轧生产线	—	条	1	
16	桁架钢筋生产线	—	条	1	
17	轨枕生产线	—	条	1	
18	自动温控系统	—	个	1	
19	钢模	4×1	套	140	

2.1.9 质量安全控制要点

2.1.9.1 质量控制要点

(1)对进场的原材料控制是成品质量的控制源头,混凝土用粗细骨料的含泥量、烧失量及碱含量等指标必须经试验检测合格后方可使用,套管、预埋件、钢筋的外观质量和力学性能均满足规范要求。

(2)轨枕钢模的壳体部位必须采用整体冲压成型,模具刚度满足工艺要求,且尺寸误差不大于成品轨枕检测误差的1/2,新加工的模型要逐一检查,使用过程定期检查合格。

(3)轨枕混凝土配合比的配制,除满足耐久性的要求外,各项性能指标还应符合工艺要求,其中胶凝材料不能超过 480 kg/m^3,含气量控制在 3%。

(4)钢筋加工采用数控钢筋生产线设备,钢筋不能出现烧伤。

(5)混凝土采用混凝土振动台分不同频率进行振动密实,振动分三次进行,保证混凝土外观不出现气泡。

(6)混凝土养护采用数控系统控制蒸养室,按照不同阶段进行升降温养护,提高混凝土早期强度且不产生表面裂纹。

(7)轨枕脱模是通过脱模机在气囊的冲击下进行,必须保证轨枕表面与环境温差不超过15 ℃。

(8)轨枕在脱模以后,轨枕表面温度与室外温度相差超过 15 ℃时,要进行缓存区养护,避免表面裂纹产生。

2.1.9.2 安全控制要点

(1)轨枕生产车间必须有防风、降保温措施。

(2)轨枕生产机械化作业程度高,应加强人员的培训。

(3)生产车间桥式起重机较多,每台桥式起重机都应设有限位感应装置,应定期或不定期检查吊钩装置,吊装过程挂钩要牢固。

(4)轨枕生产线设备采用气动功能,空压机管焊接要牢固,不得出现气管破裂气体伤人。

(5)生产车间对蒸养管道要采取防烫措施,气阀要抵抗高温的能力,避免人员烫伤。

(6)轨枕进入养护通道时,轨枕模具要堆放整齐,防止行走过程倾翻。

(7)轨枕脱模过程中,人要与翻转装置保持安全距离,操作人员应随时关注翻转装置的运转,翻模过程必须要保持锁紧装置安放到位。

(8)轨枕存放高度不宜超过 12 层,一般未进行硬化的地面宜控制在 10 层以内,避免堆放不当出现倾覆现象。

(9)成品出厂采用悬臂龙门吊进行装车,装车码垛不超过5层。

2.2 CRTSⅠ型双块式无砟轨道施工技术

2.2.1 概　　述

CRTSⅠ双块式无砟轨道采用有辅助轨的施工方式,在底座施工完成并达到道床铺设条件后,利用工具轨替代长钢轨将单块的双块式轨枕组装成轨排并使用螺杆调节器等支撑装置和调整系统将其架立在底座上,前后经过轨排组装及粗调、钢筋绑扎和模板安装、轨排精调、浇筑道床混凝土等工序形成整体无砟轨道结构。

CRTSⅠ型双块式无砟轨道施工工法主要有机组法、排架法和轨排框架法三种。三者的主要区别是:机组法由成套的机械化工装施工,专用设备多,设备工装一次性投入费用大;而轨排框架法主要采用轨排框架(刚性框架)+简易工装进行施工;排架法则直接采用工具轨组装轨排+支撑架系统进行施工。鉴于国内施工任务划分不一、工期较紧和人工费用相对较低的特点,普遍采用的还是排架法和轨排框架法施工。当然,随着相关技术的发展,在排架法和轨排框架法施工中,钢轨及轨枕运输、散铺、轨排精调、混凝土浇筑、材料转运等也都采用了机械化施工设备。本节主要介绍排架法施工,附带介绍机组法和轨排框架法施工的特点。

2.2.2 结构设计

CRTSⅠ双块式无砟轨道结构从上至下由钢轨、扣件、CRTSⅠ双块式轨枕、道床板、支承层组成,路基上、桥涵上、隧道内CRTSⅠ双块式无砟轨道结构分别如图2-23~图2-25所示。

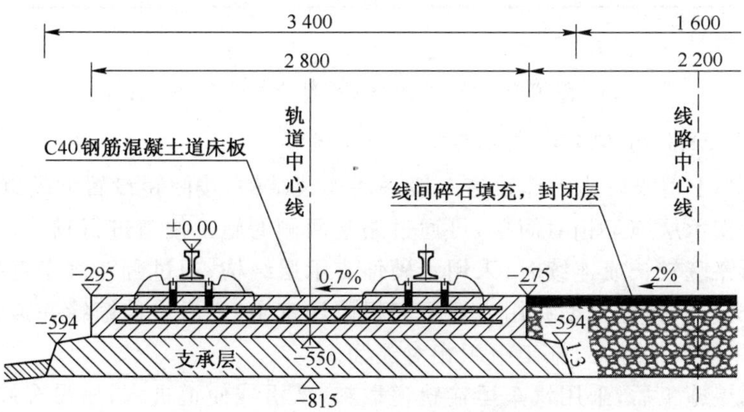

图2-23　路基上直线、曲线段无砟轨道横断面(单位:mm)

2.2.3 施工工艺流程

当线下工程(路基、桥梁、隧道及过渡段)主体施工完成且沉降变形经评估满足无砟轨道铺设条件后,即可开始CRTSⅠ型双块式无砟轨道混凝土支承层或底座施工。路基地段混凝土支承层不含钢筋,直接与路基基床表层相连;桥梁地段设底座结构与桥梁相连,底座由C40钢筋混凝土连续浇筑而成,底座设凹台及隔离层与道床板连接;隧道地段不设底座,道床板直接与隧道仰拱相连。混凝土支承层或底座浇筑完成且强度达到75%后,便可开展道床板施工。

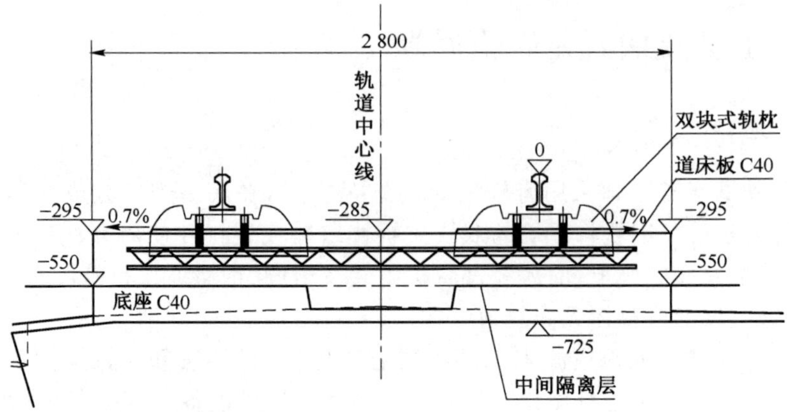

图 2-24　桥涵上直线、曲线段无砟轨道横断面(单位:mm)

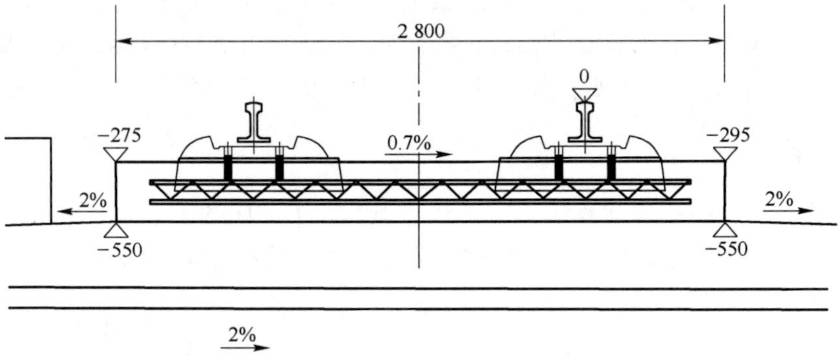

图 2-25　隧道内直线、曲线段无砟轨道横断面(单位:mm)

2.2.3.1　路基上CRTSⅠ型双块式无砟轨道施工流程

路基上CRTSⅠ型双块式无砟轨道一般采用连续结构,按间距设置伸缩缝。

路基混凝土支承层施工相对简单,可通过路基两侧的施工便道进行物流运输,也可直接在路基面运输。当路基较长或连续时,采用水硬性支承层结构,通过翻斗汽车直接运输水硬性材料至工地,摊铺机一次摊铺成型并用光轮压路机碾压密实,之后设伸缩缝并覆盖养护。路基长度较短时,则采用模筑法施工,施工组织相对灵活。

混凝土支承层施工后,采用汽车运输轨道散料,从沿线便道进入,用吊车卸放在线路两侧,人工配合机械在已经施工的混凝土支承层上铺设工具轨轨道,轨检小车测量,支架法调整轨道就位,精调后关模浇筑道床板混凝土。有条件时,一般按双线同步同向推进施工。

2.2.3.2　桥梁上CRTSⅠ型双块式无砟轨道施工流程

桥梁上CRTSⅠ型双块式无砟轨道一般采用单元结构,单元长度为梁跨长度,但每个单元均不跨越梁缝。桥梁上CRTSⅠ型双块式无砟轨道施工最大的问题在于物流运输,有条件的地方需要沿线路修建贯通便道,通过便道运输和吊装将物料机具运送到桥面上。跨河、跨路或其他便道无法到达的地段,采用桥上运输车或龙门吊进行物料机具的转运。

底座及道床板结构均采用模筑法施工，按工序呈流水作业。

2.2.3.3 隧道内CRTSⅠ型双块式无砟轨道施工流程

隧道内CRTSⅠ型双块式无砟轨道不设底座结构，道床板直接浇筑在隧道仰拱之上，但最大的困难是施工照明、安全保证和物流通道问题。为确保施工进度和质量，隧道内CRTSⅠ型双块式无砟轨道优先采用轨排框架法施工，特殊条件下经比选也可采用排架法施工。施工时，根据隧道及斜井(或横洞)出入口数量规划施工作业面，通过汽车运输材料或轨排进洞，由远及近分工序依次开展施工。考虑物流组织的困难，一般按将轨排组装材料、钢筋材料及混凝土材料等分开组织运输，以形成合理工序。

2.2.4 施工物流组织

CRTSⅠ型双块式无砟轨道施工根据施工工序及作业面划分开展物流组织。一般修建从施工基地经既有公路至施工现场的运输通道，有条件的地方尽量设置沿线路的贯通便道；长桥地段需要设置上下桥梁的人行步梯或采用龙门吊、汽吊、塔吊等作为材料及机具上下的通道；隧道地段则主要结合隧道进出口、应急通道或施工斜井、横洞设置物流通道。混凝土供应、轨枕及钢轨存放等结合作业面划分按一定间距设置临时基地生产或存放，临时基地同时规划人员居住、材料存放及加工、机具维修等功能用地。

施工现场结合路桥隧结构物特点，采用人工、龙门吊、汽吊或输送泵进行材料运输及机具转运等。

当施工工期不紧时，在双线地段也可按“先施工一线，再施工另一线”的方式分别进行物流组织。当施工第一线时，可利用另一线按单向运输作为物流通道，这样可最大限度地减少第一线施工物流组织的难度，降低设备资源配备。施工第二线时，再采用上述物流组织方案。

2.2.5 关键设备及工装

2.2.5.1 液压散枕装置

液压散枕装置主要用于装夹轨枕，并能进行散枕、布枕和轨枕码放等作业的专用设备。其结构主要由回转联接机构、伸缩梁、夹持梁、轨枕夹紧器、定位机构与液压系统等组成，可安装于轮胎式或履带式挖掘机铲头铰接处使用，也可安装于轮胎式可变跨龙门吊使用，如图2-26所示。

图2-26 液压散枕装置

液压散枕装置可一次抓取5根轨枕,并能按线路设计参数将轨枕均匀散布在线路指定位置上。液压散枕装置主要技术参数见表2-7。

表2-7 液压散枕装置主要技术参数

项目名称	性能参数	项目名称	性能参数
散枕间距(mm)	288～650	五根枕间距误差(mm)	±20
夹枕(松枕)时间(s)	5	偏离中线误差(mm)	±5
散枕时间(s)	10	回转角度	360°
两根枕间距误差(mm)	±5		

2.2.5.2 螺杆精调器

螺杆精调器是CRTSⅠ型双块式无砟轨道施工必不可少的施工工具,主要用于轨排的固定、粗定位和最终定位,以及钢轨方向、高度及水平的调整。其结构由托轨板、底板、调节螺母、中心销、螺杆等组成,如图2-27所示。

螺杆精调器主要技术参数见表2-8。

图2-27 螺杆精调器

表2-8 螺杆精调器主要技术参数

项目名称	性能参数	项目名称	性能参数
螺杆长度(mm)	根据轨道高度选择	螺杆竖向调整角度(°)	±6
轨道中心线调整范围(mm)	±30	超高范围(mm)	0～180
竖向调整范围(mm)	±55	最大荷载(kg)	不小于800

2.2.5.3 轨排粗调机

轨排粗调机一般由5台或3台粗调机、1台内燃发电机组成一个机组,可自动实现轨排的提升、横移、侧倾等3个自由度的调整。轨排粗调机粗调到位后,使用螺杆精调器支撑和固定轨排,轨排粗调机如图 2-28 所示。

图 2-28　轨排粗调机

轨排粗调机主要技术参数见表 2-9。

表 2-9　轨排粗调机主要技术参数

项目名称	性能参数	项目名称	性能参数
轨排调整精度(方向、高低、水平)(mm)	±3	曲线外轨调高最大行程(mm)	200
吊起调高最大行程(mm)	400	横向调整最大行程(mm)	±200

2.2.5.4　轨道几何状态测量仪(简称“轨检小车”)

轨检小车是主要用于检测静态轨道几何状态的测量设备,包括电测传感器、便携式计算机、智能测量机器人等先进检测和数据处理设备,可检测轨道的高低、水平、扭曲、轨向、轨距等轨道几何参数,如图 2-29 所示。

图 2-29　轨道几何状态测量仪(简称“轨检小车”)

轨检小车一般由手推式轨检小车和分析软件包两大部分组成,既可单独测量轨道水平、轨距等相对几何参数,也可配合智能全站仪来实现平面位置和高程的绝对定位测量。测量作业完成后,轨检小车系统能产生轨道几何测量的综合报告。用户可根据需要定义报表的输送界面,选择性的输出轨道位置、轨距、水平、轨向(短波和长波)、高低(短波和长波)等轨道几何参数。

2.2.5.5 组合式轨排框架

组合式轨排框架采用钢轨及型钢加工而成,融轨道及支撑架于一体,主要部件包括轨道式排面、支腿、轨向锁定器等。组合式轨排框架以榀为单元,每榀长度为 6.25 m 或 12.5 m,可安装 10 块或 20 块双枕式轨枕,如图 2-30 所示。

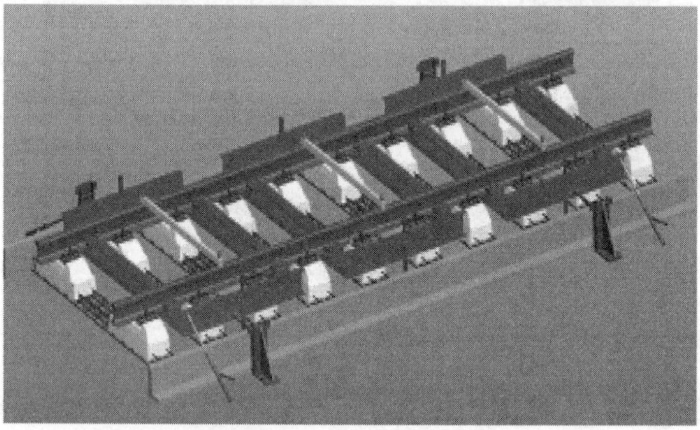

图 2-30 组合式轨排框架

组合式轨排框架主要技术参数见表 2-10。

表 2-10 组合式轨排框架主要技术参数

项目名称	性能参数	项目名称	性能参数
排架轨距(mm)	1 435±0.2,变化率<1%,可调	对称支承块外铁座间距(mm)	1 896±0.2
高低及水平调整量(mm)	+100 −50	排架总重量(kg)	2 450
轨底坡坡度	1∶40	外形尺寸(mm)	6 250×2 700×650(910)或 12 500×2 800×650(910)
相邻轨枕间距(mm)	625±5 或 600±5,可调		

2.2.6 主要临时工程

CRTSⅠ型双块式无砟轨道施工主要临时工程包括:生产基地、运输道路、施工用电以及长桥地段上桥通道等。

生产基地主要包括管理及生产员工生活驻地、轨枕及钢轨存放场、钢筋加工场、混凝土搅拌站、其他机具及材料加工及存放场等,生产基地的每个部分可集中设置也可分开设置,主要是根据现场条件以方便施工和管理为前提。生产基地规划根据作业面划分、施工进度及物流成本等因素综合设置,最远运输距离一般控制在 15 km 以内。

运输道路包括正式道路和新建便道,新建便道最好能紧靠线路贯通设置,以满足机具、工装及材料等直接到达工地。运输道路除满足运输车辆运行、交会及卸车作业的要求外,还应考虑在新建道路上有其他施工可能的影响。同时,隧道地段施工时,还应考虑与斜井、下料口的连通。施工便道还应充分考虑运量需求、冬雨季影响、防排水等因素。

施工用电作为临时工程主要在隧道内施工时使用，为保证隧道内照明需要，一般结合隧道前期施工及后期的其他施工，需要统一布置贯通的照明线或动力线，尽量将施工时的内燃动力设备改为用电设备，以减少施工废气排放和保障施工人员安全。

在长大桥梁地段，为方便人员上下，一般按2～3 km间距设人行通道。特殊地段，还需利用龙门吊、升降平台等设置物料及机具上下的通道。

2.2.7 原材料

CRTSⅠ型双块式无砟轨道结构所用材料主要包括：桥梁及过渡段底座采用C40钢筋混凝土结构，路基段底座则采用水硬性材料或C15素混凝土，钢筋包括热轧光圆钢筋和热轧带肋钢筋两种规格，其中混凝土配合比可以使用水泥等级不低于P·O42.5、聚羧酸减水剂、碎石规格10～40 mm均匀级配、细骨料为中粗砂或机制砂、复合型掺和料或单掺矿粉及粉煤灰，同时满足技术条件和施工工艺要求。钢轨扣件及工具轨与设计规格一致。

CRTSⅠ型双块式无砟道床施工辅助材料包括：接地端子、嵌缝胶、养护剂、绝缘卡（或绝缘胶垫）、脱模剂、伸缩缝材料、土工布等。

2.2.8 施工工艺

2.2.8.1 质量标准

1. 混凝土模型质量控制

不论混凝土底座还是道床板，模具板及支架材料应有足够的强度、刚度、稳定性和平整度，且安装稳固牢靠、接缝严密、不得漏浆，模板与混凝土的接触面要清理干净并涂刷隔离剂，模板内的积水和杂物应清理干净。支承层或底座、凸（凹）台、道床板等模板安装允许偏差应符合《高速铁路轨道工程施工质量验收标准》（TB 10754）的相关规定，其中预埋件和预留孔道留置等应做好与相关接口工程的衔接。

当采用摊铺机施工支承层时，摊铺机引导线控制点放设应满足：放设间距直线段不大于10 m、曲线段一般为5～7 m，定位允许偏差平面5 mm、高程±3 mm，引导线张拉到位后控制点的相对允许偏差平面5 mm、高程±2 mm。

2. 底座或道床钢筋质量控制

钢筋的制作、加工和焊接、绑扎除符合设计及铁路混凝土工程的要求外，接地端子和绝缘卡或绝缘垫片等材料应满足设计和产品技术条件的要求。道床钢筋绝缘电阻值测试等满足设计要求。

钢筋网片的绑扎安装应做好模型的协调，保证结构混凝土保护层厚度符合设计要求。

3. 结构混凝土质量控制

结构混凝土采用高性能混凝土，混凝土质量除满足结构性能要求外，还应满足施工工艺的要求。混凝土原材料、配合比设计、搅拌及施工养护应满足《铁路混凝土工程施工质量验收标准》（TB 10424）的相关规定，外形尺寸、表面裂纹及排水坡等应符合设计要求。混凝土拆模后，结构表面应密实、平整、颜色均匀，不得有露筋、蜂窝、孔洞、疏松、麻面和缺棱掉角等缺陷。

4. 隔离层及弹性垫层

隔离层及弹性垫层材料应符合设计及相关技术条件要求。隔离层应铺贴平整、无破损，弹性垫层及凹槽侧面应粘贴牢固、顶面及底座表面平齐，所有接缝处及边沿无翘起、空鼓、皱褶、脱层或封口不严等缺陷。除此之外,隔离层及弹性垫层的基底处理应平整清洁、干燥,无空鼓、空洞、蜂窝、麻面、浮渣、浮土和油污。

5. 轨排组装及调整

双块式轨枕及扣件的规格、型号及质量应符合设计要求及相关技术条件的要求。轨排组装用工具轨应使用与正线轨型相同的新钢轨,工具轨应无磨损、变形、损伤及毛刺等缺陷。若采用轨排框架,则轨排框架应有足够的强度、刚度和稳定性,其材料质量及结构尺寸应符合施工工艺的要求,并方便安装拆卸及混凝土浇筑。

精调完成后的轨排应部件完整、组装正确、扭力达标,其轨道几何尺寸允许偏差应符合《高速铁路轨道工程施工质量验收标准》(TB 10754)的相关规定。

2.2.8.2 工艺特点

CRTSⅠ型双块式无砟轨道实行多工序流水作业施工,采用现浇混凝土无砟道床。轨道铺设时以钢轨面及轨道中心作为施工控制的基准面和基准线,使轨道铺设施工误差近似于"零"。但由于受轨道部件、螺栓精调器以及轨排框架的制造及组装误差、测量误差以及后期混凝土施工扰动的影响,不可避免地会产生轨道几何误差,再加上物流组织及工程质量实现的特点,综合构成了 CRTSⅠ型双块式无砟轨道施工工艺的特点。

1. 排架法施工

排架法施工设备工装制造简单,专用设备配置较少,施工一次性投入少,施工组织灵活,尤其有利于工期紧、施工作业面多以及桥梁及路基交替较多和站线轨道等不利于机械化作业地段的施工。

与其他类型无砟轨道施工相同,施工质量需要从原材料、设备配置、施工测量、精调工装加工及安装精度控制、混凝土浇筑等各环节进行系统控制。

CPⅢ测量控制网的建立、高精度轨检小车的正确使用为高精度轨道线形的实现提供了重要的技术保障。

2. 轨排框架法施工

采用轨排框架组装双块式轨枕并按榀进行铺设和精调,将双块式轨枕"点—线"施工变为轨道板"板—线"施工,减少了工具轨的使用。轨排框架法有利于提高轨道组装速度和精度,方便了轨排物流的运输组织。

采用轨排框架组装双块式轨枕与人工现场组装轨排相比,轨道几何的精度容易保证。

轨排框架的强度、刚度和稳定性以及加工精度对轨道几何影响较大,因此,有效控制轨排框架加工精度和加强日常维护及检查是确保轨道铺设精度的一项重要工作。

3. 机组法施工

按多工序流水作业特点配备一系列机械化、自动化程度高的成套设备,施工一次性投入大、效率高、质量可靠。

主要施工设备包括:散枕机、随车吊、粗调机、模板安装机、模板拆卸车、混凝土浇筑机、轨道运输车等。这些施工设备可根据现场条件单独配置或组合配置。

2.2.8.3 工艺流程

采用排架法施工 CRTSⅠ型双块式无砟道床施工工艺流程如图 2-31 所示。

2.2.8.4 排架法主要工序工艺

1. 沉降评估及 CPⅢ测量控制网测设评估

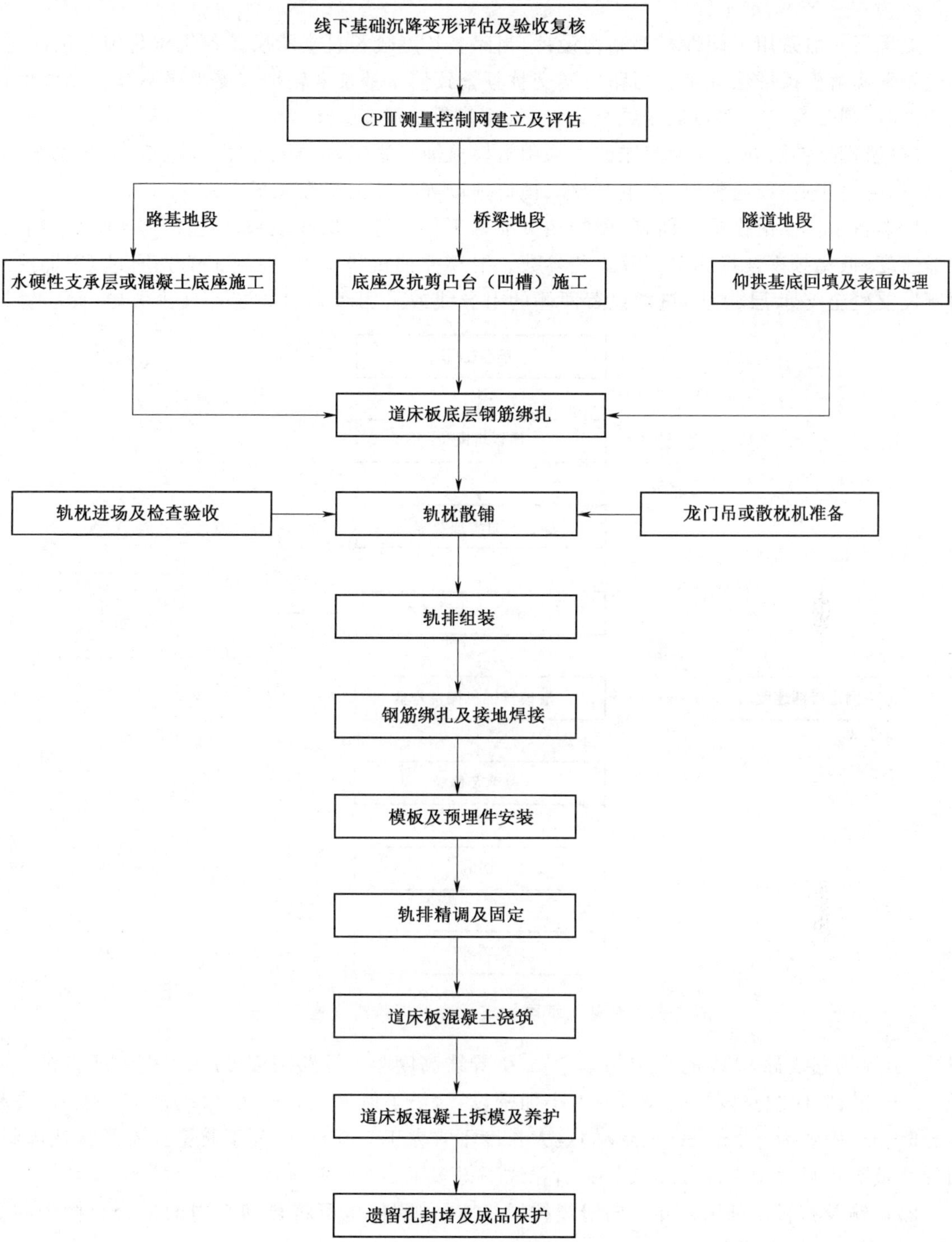

图 2-31　CRTSⅠ 型双块式无砟道床施工工艺流程(排架法施工)

无砟道床施工前由建设单位组织，设计、施工、监理单位参加，对结构物沉降变形观测进行分析评估，确认符合《客运专线铁路无砟轨道铺设条件评估技术指南》(铁建设〔2006〕158 号)要求后方可进行无砟轨道施工。

2. 路基上支承层施工

支承层一般采用水硬性材料结构设计,当路基长度较长且支承层具备机械化施工条件时,可优先采用滑模摊铺法施工。当路桥隧交替频繁致使路基长度较短或支承层不具备机械化施工条件时,则改为C15素混凝土结构设计,采用模筑法施工。

(1)滑模摊铺法施工。滑模摊铺法采用滑模摊铺机施工,主要工作内容包括:准备工作、运输布料、滑模作业、拉毛整修、养生、切缝、销钉埋设等。施工流程如图2-32所示。

1)准备工作。滑模施工前,应做好相关准备工作。通过试验段检验施工配合比及摊铺机摊铺速度、振捣频率及捣固深度等工艺参数。滑模摊铺机施工时,在施工前先通过CPⅢ控制网测设混凝土支承层中线,进而设置两侧的引导线或采用激光引导装置直接引导(此装置昂

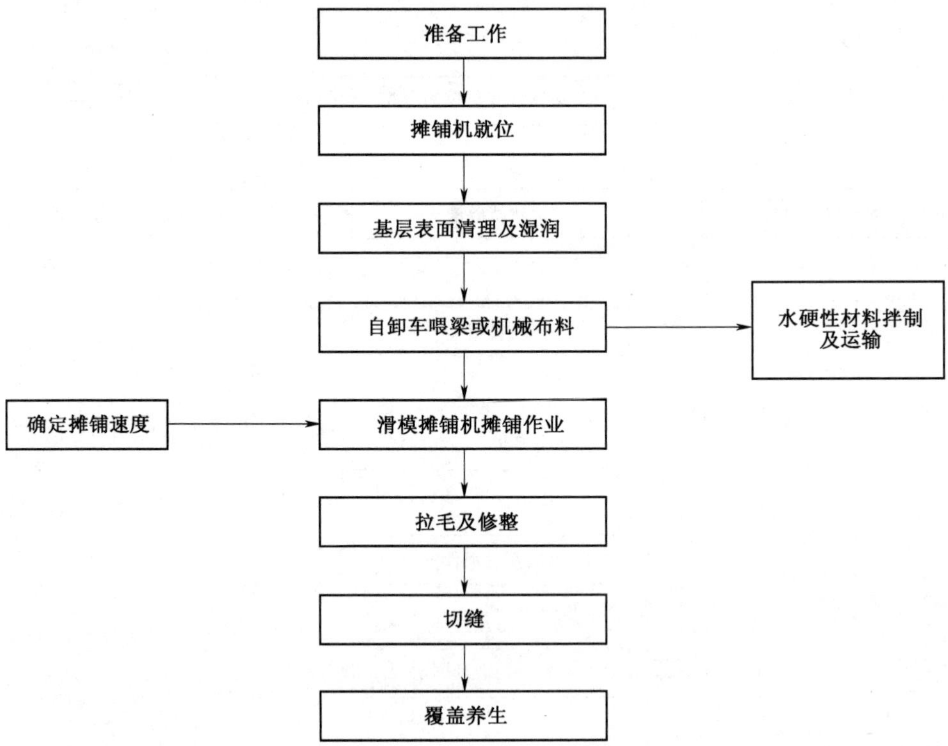

图2-32 路基上水硬性支承层滑模摊铺法施工流程

贵)。引导线到线路中线的距离为3.5 m,引导线高度距设计路基面60 cm,引导线桩纵向间距10 m,平、竖曲线路段视曲线半径大小加密设置,最小值为2.5 m;引导线桩定位限差,高程为±5 mm,中线为±2 mm;引导线的最大长度不宜大于500 m,以利于质量控制及方便卸料。引导线接头不得大于1 cm,每100 m引导线不得多于2个接头。

2)运输及布料。利用自卸车向滑模摊铺机直接喂料,也可将自卸车内的混合料倾倒在基床表面,利用挖掘机配合布料。

3)摊铺作业。首次摊铺前,应对摊铺机位置、几何参数和机架水平度进行调整。然后空机挂线行走5~10 m,经多次确认无误后方可开始摊铺。

摊铺5 m后,检测摊铺支承层的高程、厚度、中线、横坡度等指标,合格后可继续施工。

滑模摊铺机应匀速连续摊铺,不得随意停机或改变摊铺速度。摊铺速度可根据供料情况、

混凝土性能和施工地段确定，一般控制在 1.5～1.8 m/min。供料不充分、混凝土坍落度偏小、捣固性能不良和曲线地段可适当降低摊铺速度。

滑模摊铺时采用双夯捣固机，频率宜高不宜低，不得出现漏振、过振现象。施工中禁止停机调整高程、中线及横坡等。

4)拉毛整修。滑模施工后，在水硬性材料初凝前完成拉毛处理，拉毛深度 1～2 mm。表面及边角有缺陷的部分应进行修补处理。

5)养护。支承层铺设后，及时覆盖洒水养护，洒水量要保证支承层表面始终处于湿润状态，养护时间不少于 7 d，湿度较小或气温较低时延长养护时间。

6)切缝。支承层达到设计强度的 30%时进行切缝施工，以释放表面应力。切缝深度不小于厚度的 1/3，宽度控制在 5～8 mm，气温低于 20 ℃时，切缝距离不大于 5 m；气温大于 20 ℃时，切缝距离不大于 4 m。切缝后，及时将残留在切缝内的泥浆等用高压水冲洗干净。

7)销钉埋设。在过渡段范围内的路基支承层上按设计标出销钉位置，根据钻孔深度及孔径，选择合适的钻杆垂直于支承层表面钻孔。钻孔完成后，用高压风进行清孔，填充植筋胶，将销钉植入孔内。埋设好的销钉在 12 h 内不得碰撞。

(2)模筑法施工。模筑法施工相对简单，工作内容主要包括：施工准备、模板安装、混凝土运输及浇筑、拆模、养护。

1)准备工作。路基线下工程验收及沉降评估完成后，复测表面高程。超过允许值时，应按相关规定进行处理。施工放样出支承层边线，每隔 10 m 打上钢钎，并在钢钎上用红油漆标上支承层顶面高程位置。

2)模板安装。根据放样出的边线，安装两侧模板，并检查复核模板位置和高程。模板安装稳定牢靠，接缝严密，模板表面涂刷脱模剂，并清除模型内积水、杂物。

3)混凝土运输与浇筑。混凝土采用混凝土罐车运输，根据现场条件可直接由混凝土罐车通过滑槽就近卸入模型内，也可采用混凝土输送泵或汽车泵泵送入模。混凝土入模后，人工配合将混凝土摊铺平整，用振动棒振捣混凝土，之后再采用振动梁和刮尺振动并提浆整平。混凝土初凝前，对表面进行拉毛处理。模筑法施工混凝土支承层如图 2-33 所示。

混凝土浇筑时，应严格控制入模温度，应在确保施工工艺的前提下尽量降低坍落度。超高段施工时，坍落度宜控制在 100～120 mm，以防止混凝土向内侧漫流。

4)其他。混凝土浇筑完成后应及时覆盖洒水养护，洒水量应保证支承层表面始终处于湿润状态，拆模时间不小于 3 d，养护时间不少于 7 d，湿度较小或气温较低时增加养护时间。混凝土终凝后 12 h 内应完成切缝。切缝要求与摊铺法施工相同。

3. 桥梁上底座施工

桥梁上底座采用钢筋混凝土结构，模筑法施工，底座及凹槽或凸台采用人工一次立模成型。主要作业内容包括：施工准备、桥面及防水处理、钢筋绑扎、模板安装、混凝土运输及浇筑、养护及拆模、切缝。施工工艺流程如图 2-34 所示。

(1)施工准备。桥梁主体工程及二次恒载施工完成后，进行桥梁沉降及变形评估，确认达到混凝土底座施工条件。在正式工程施工前，进行工艺性试验。

(2)桥面及防水处理。复测桥面高程，对存在问题地段按设计要求处理。

对梁面进行清理、修补和找平处理，之后进行桥面防水施工，在涂刷处理剂前，保持桥面干燥，用滚筒刷均匀地将处理剂涂刷在桥面混凝土上，厚度 0.2 mm 左右，每平米处理剂用量应不小于 0.4 kg。

图 2-33 模筑法施工混凝土支承层

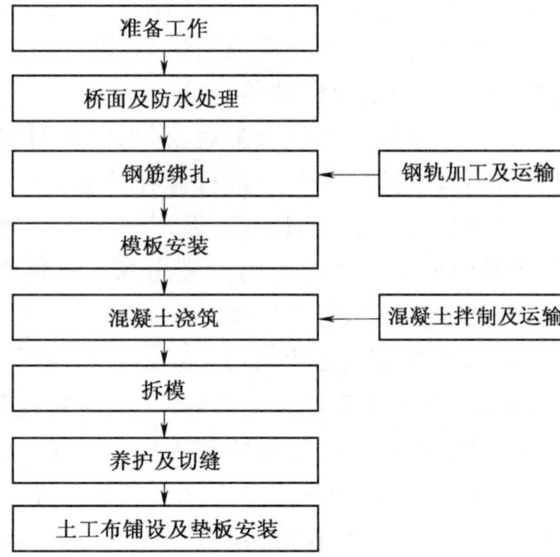

图 2-34 桥梁上钢筋混凝土底座施工流程

桥面基层处理完毕后按照设计要求用热熔法铺设防水卷材,两幅卷材纵横向间搭设宽度不小于 10 cm,梁体接缝处封边宽度不小于 10 cm。铺设完后的防水卷材的表面应平整,无破损和空鼓,搭接处及周边不翘起,无过熔烧焦等。桥面防防水卷材铺设如图 2-35 所示。

(3)钢筋绑扎。钢筋在生产基地内预加工,使用时通过汽车将钢筋散料运输到施工现场。

钢筋网采用焊接绑扎,钢筋间距及保护层厚度应满足设计要求。桥面凸台或凹槽钢筋及保护层钢筋绑扎一起施工。桥面钢筋绑扎如图 2-36 所示。

图 2-35 桥面防水卷材铺设

图 2-36 桥面钢筋绑扎

(4)模板安装。底座模板采用可调高组合式钢模板。根据放样出的边线安装两侧模板,调整钢筋网以保证保护层厚度,检查复核模板位置和高程。模板安装应稳定牢靠、接缝严密、模板表面涂刷脱模剂。并清除模型内积水、杂物。

(5)混凝土运输及浇筑。当底座表面设置凹槽时,底座一次浇筑成型。当底座表面设置凸台时,则需先浇筑底座,再浇筑凸台。

混凝土应由搅拌站集中拌制，通过罐车运输到现场，根据现场条件采用直接卸入模板或泵送入模，人工配合均匀摊铺，用振动棒振捣密实，使用铝合金刮尺刮平，之后人工抹面。道床板范围之外设2%向外的横向排水坡。待混凝土初凝后，对道床板范围内的底座表面进行纵向拉毛，拉毛深度1～2 mm。底座混凝土浇筑如图2-37所示。

当底座混凝土强度达到70%后，方可浇筑凸台混凝土。施工时，应严格控制凸台的顶面高程和与线路的垂直度(即超高地段应考虑倾斜)。

(6)混凝土养护、拆模及切缝。与路基上混凝土支承层施工相同。

(7)底座表面土工布铺设及凸台(凹槽)垫板安装。当底座及凸台混凝土强度达到70%以上后进行底座表面土工布铺设及凸台(凹槽)垫板安装。土工布铺设应平整无褶皱，无破损，接缝采用对接，不可重叠(图2-38)。根据凸台或凹槽尺寸加工并安装橡胶垫板及泡沫板，用丁基胶带封闭所有间隙(图2-39)。在之后的轨排组装及道床板混凝土施工过程中，应注意对土工布及凸台(凹槽)垫板安的保护。

图2-37 底座混凝土浇筑

图2-38 桥面底座上土工布铺设

图2-39 底座凹槽安装弹性垫板

4. 隧道内底座施工

隧道内CRTSⅠ型双块式无砟道床一般直接施作在隧道仰拱的基底回填层上，但在正式施工之前，需要对道床板范围内的底座表面进行凿毛处理并清理。凿毛采用风镐或凿毛机，质量要求为:平面的见新度不小于 75%,立面深度不小于 5 mm,并尽量保证表面有凹凸关系。之后,用高压水枪和钢丝刷将混凝土碎片、浮渣、尘土及其他杂物清理干净。

5. 道床板施工

(1)道床板施工前准备。道床板施工前对支承层、混凝土底座或隧道内基底回填层表面进行验收、测量,确认满足铺设无砟轨道道床板的要求。

对 CPⅢ测量控制网进行复核,确认成果满足无砟轨道道床板施工的要求。根据 CPⅢ测量控制网对线路中线进行放样,原则上按直线 10 m、曲线 5 m 的间距设置中心桩,再根据中心桩放样模板安装的边线,同时测设模板安装及轨排粗调时所用的中线及高程控制桩。

加工制作道床板组合式可调高钢模板,钢模板应有足够的强度、刚度和稳定性。钢模板一般按 3 m 左右长度分块,超高地段按分块设计,并对模板进行验收检查。

进行工艺试验,根据试验结果并结合工期安排、作业面划分配备施工机具、设备等,确保其完整、齐全,以保证施工过程的连续性。

完成混凝土配合比设计及工艺试验,确定混凝土搅拌站及混凝土供应方案。做好工具轨、钢轨扣件、双块式轨枕及其他物资的供应保障,应对进场物资进行检查验收。

当施工现场运输条件较差时,可提前将工具轨及双块式轨枕等转运到线路旁边进行临时存放。存放要求:一是双块式轨枕平放,堆放层数不超过 5 层,且在轨枕承轨槽位置加垫方木;二是钢轨顺直正放。

(2)道床板底层钢筋绑扎。在生产基地按设计进行钢筋预加工,通过汽车将散料运输到现场,进行铺设。绑扎之前,先检查和修正土工布及凸台(凹槽)垫板铺设质量。

首先按设计间距铺设道床板底层纵向钢筋,再布置横向钢筋,同时在纵横向钢筋搭接处设置绝缘卡,并用塑料带绑扎牢固,如图 2-40 所示。

钢筋布置时,应注意钢筋在纵向搭接时搭接量的要求,每根钢筋的搭接量应不小于 700 mm,两根相对钢筋搭接距离应不小于 1 000 mm,钢筋搭接要用绝缘材料卡进行连接绝缘。

(3)轨排组装。根据现场条件,采用跨线龙门吊或轮胎式挖掘机配合液压散枕器沿线路方向按设计间距进行双块式轨枕散铺,如图 2-41 所示。采用液压散枕器散枕,原则上同组轨枕间距误差应控制在 5 mm 范围内,两组轨枕间距误差应控制在 10 mm 范围内,两组轨枕间左右偏差应控制在 10 mm 内,且轨枕散布需平顺且垂直于轨道中线。当现场条件不具备液压散枕器散枕时,也可采用人工散枕。

图 2-40 道床板底层钢筋绑扎

图 2-41 双块式轨枕散铺

桥梁地段布置轨枕前先放置垫木或铁架,以保证轨枕不直接压在凸台或钢筋上。之后,方正轨枕使其与线路中线垂直,并确保轨枕之间间距偏差不超过 5 mm。对轨枕进行清洁,确保承轨槽及预埋螺栓孔无杂物。

使用龙门吊或汽吊或人工散铺工具轨。用于轨排组装的工具轨应提前检查,检查的内容应包括:工具轨线形平直、轨头无损伤,轨端 2 m 范围内向上翘曲≤0.4 mm/2 m、向下翘曲≤0.2 mm/2 m、水平方向≤0.6 mm/2 m;钢轨端部和距之 1 m 的横断面之间的相对扭曲度不应超过 0.45 mm。工具轨散铺就位前应彻底清洁,保证工具轨底部及侧沿干净。

散铺时,两相邻工具轨间轨缝值按 8 mm 控制且不超过 10 mm,否则会影响轨排调整和连接夹板安装。按设计要求正确安装轨枕扣件,扣件紧固采用内燃或电力扭力扳手,同一节点上钢轨两侧的扣件应按设计扭矩同时紧固,以确保工具轨底部侧面和轨距挡块之间、轨距挡块和轨枕挡肩之间、轨距挡块和承轨台之间"三点密贴"。

轨排组装完成后,通过撬棍或其他方式将轨排拨到设计中线位置,中线偏差在 1 cm 以内。之后对轨距、轨枕位置、轨枕间距等进行检查,其中轨距允许偏差为±1 mm,轨枕间位置及间距允许偏差为 5 mm。

(4)轨排粗调。安装螺杆精调器。轨排组装完成并拨到设计中线位置后,在每隔 3 根(曲线半径小于600 m 地段每隔 2 根)轨枕之间的钢轨外侧对称安装一对螺杆精调器托盘(精调螺杆在粗调顶升基本到位时安装)。螺杆精调器托盘应安装在中间位置,以保证可向两侧移动,可满足向两侧最大各移动 25 mm。桥梁地段需要安装横向拉杆的位置,可适当将螺杆精调器错开安装。螺杆精调器安装如图 2-42 所示。

轨排粗调。对照中线及高程控制桩,沿线路按 4 m 间距安装内燃粗调机或齿条式起道机将轨排抬高至设计高程位置,齿条式起道机按左右对称布置。粗调时应使轨排中线及高程尽量接近设计值,以减少精调时的内部应力并提高精调效率。之后,在螺杆精调器托盘上安装精调螺杆,精调螺杆安装时套上 PVC 管,以方便混凝土浇筑后精调螺杆的拆除。采用螺杆精调器顶升轨排并将轨排粗调就位,拆除粗调机或起调机。轨排粗调如图 2-43 所示。

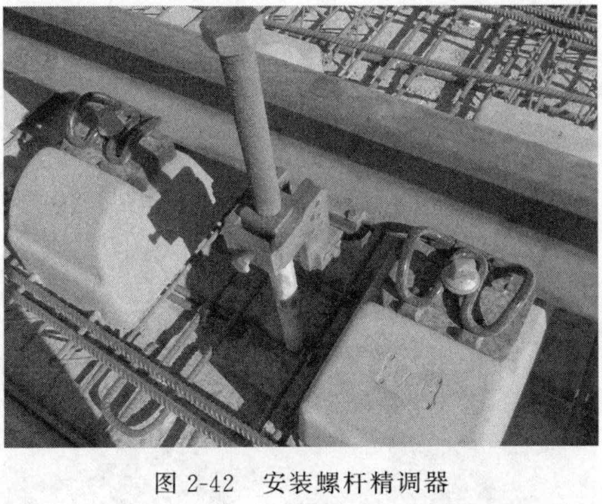

图 2-42 安装螺杆精调器

图 2-43 轨排粗调

(5)钢筋绑扎及接地焊接。轨排粗调完成后,铺设横向钢筋和上层纵向钢筋。绑扎底层钢筋时在纵横向钢筋交叉处、纵向钢筋与轨枕桁架下层钢筋交叉处以及纵向钢筋搭接处设置绝缘卡,并用塑料带绑扎牢固,如图 2-44 所示。钢筋绑扎时,必须确保钢筋保护层厚度和钢筋间距,当钢筋与螺杆精调器相碰时,可适当调整钢筋间距或位置。道床板底层钢筋应保证有每平方米不少于4~6块高强度砂浆垫块垫实。

道床板钢筋绑扎完成后,应进行绝缘性能测式,钢筋间绝缘电阻值不得小于2 MΩ。

按照施工图进行接地钢筋和接地端子的焊接,如图2-45所示。接地钢筋焊接时,单面焊接长度不小于200 mm。焊接接地端子时,接地端子端头应紧贴纵向模板。在路基较短,没有设置接触网基础的情况下,路基段接地端子可在靠近桥台处设置,通过接地钢缆与桥台处的接地端子连接,并入桥梁接地系统,但并入后形成的接地单元应满足不大于100 m的要求。

图2-44 塑料绝缘扎带绑扎钢筋

图2-45 接地端子焊接

(6)模板及预埋件安装。双块式无砟道床板模板采用分块式组合钢模板设计,分为横向模板和纵向模板。模板进场后,应进行拼装检查,之后采用汽车运输到工地。利用人工或小平车进行纵向转运到位,模板安装前应进行整修和除锈,清除道床板范围内的杂物、灰尘和污物。

桥梁上底座设计有横向施工缝,需要安装横向模板。每处横向模板由3块拼接组成。先安装中间块,最后安装两边块。使用固定钢条嵌入模板底面凹槽,相邻模板间部分销接、拼接严密,顶部设钢盖板,如图2-46所示。

通过龙门吊或人工将模板就位,固定上下拉条,间隔布置三角形模板支腿,并在支承层或底座表面钻孔安装膨胀螺栓以固定支腿进而固定模板,如图2-47所示。个别非标跨度桥梁或

图2-46 桥梁上横向模板

图2-47 固定模板

道岔前后地段，使用竹胶板作为调整模板。之后根据高程控制桩调整模板高度，并对模板底部进行封锁，检查模板密贴、平齐及垂直，在模板内侧标注道床板混凝土顶面高程位置。

模板安装完成后，应对模板的中线及宽度进行检查。

(7)轨排精调及固定。轨排精调，首先采用轨检小车测量轨排的轨道几何状态并计算偏差值，再根据偏差值通过调整螺杆精调器和侧向支撑螺杆将轨排调整到设计中线及高程位置，之后“再测量，再调整”，直到轨排的轨道几何状态达到合格要求。

1)轨道几何状态测量的原理。按“自由设站、后方交会”的测量方式完成全站仪的定位，将全站仪置于轨道中线附近位置，通过观测前后4对固定于线路两侧的CPⅢ测量控制网基点上后视棱镜，通过自由平差、计算确定全站仪所处的空间位置，即完成全站仪设站。若改变设站位置，则必须交叉观测前后两对观测点。

全站仪完成设站后，对置于待精调轨排轨道上的轨检小车顶端棱镜进行自动跟踪和测量。全站仪将测得的轨检小车顶端棱镜的空间坐标数据传输回轨检小车。轨检小车接收观测数据，通过配套软件，计算轨检小车所处位置的轨道平面、高程及水平、超高、轨距等数据，并将所处位置轨道几何形位的偏差值通过显示屏显示，以指导轨排精调。

2)轨道几何状态测量的注意事项。为保证测量速度和精度，用于轨道精调的全站仪应具自动搜索、跟踪、计算和传输数据的功能，测量精度应不低于1″、1 mm+2 ppm。

轨检小车及全站仪应定期进行校正，以保证其状态稳定，数据检测准确。

全站仪应尽量靠近轨道中线，其镜头高度应与轨检小车顶端棱镜和CPⅢ点后视棱镜尽量处于同一平面。同时，全站仪应置于待后视CPⅢ点的中间位置。

轨检小车进行数据采集时，应放置在轨道上，将轨检小车走行部活动端置于轨道超高侧，并设置线路几何形位及小车棱镜、CPⅢ点后视棱镜的参数，之后按离全站仪的位置由远及近地走行，自动测量轨道轨距、超高、水平位置，并接收全站仪观测数据。

同时，为方便所测量轨道几何数据的识别，现场应对每根轨枕进行编号，并将编号标注在轨枕承轨台表面。轨检小车进行数据采集时，也应对照每根轨枕的编号进行数据的编号和标识。

3)轨排精调。中线调整，螺杆调节器托盘位置一般都为轨排的横向调整设置了专门的横向调整螺杆，使用双头调节扳手调整横向调整螺杆，即可实现轨排的左右移动，即实现对轨道中线的调整。轨排中线调整应缓慢进行，一般按前后3个点联动调整，在超高地段则通过侧向调整螺杆或地锚进行调整。

高程调整。用专用扳手旋转竖向精调螺杆，即可上下调整轨排高度，即实现对轨道高程的调整，粗调后顶面高程应略低于设计高程。调整螺杆时要缓慢进行，调整后用手检查螺杆是否受力，如未受力则检查相邻螺杆状态，同时拧紧螺杆，确保螺杆均匀受力。轨道高程调整按左右股分开进行，因此也同时完成了轨道水平的调整。

接头联测顺接控制。在前次已浇筑混凝土地段，预先紧固一根轨排扣件，采用轨检小车复测，偏差在允许范围内，即可采用自动补偿功能进行调整。未浇筑地段，由于设站(全站仪转站)误差导致前后两段连续精调存在偏差，偏差≤2 mm，采用动态补偿功能对偏差予以调整。因此，各作业面的接头必须进行联测，先浇筑混凝土地段，由现场精调人员采用电子道尺、精调小车准确测定轨道偏差后，交由后续联测段精调人员。当后续段混凝土施工距先施工地段100 m时，要求接头处双方必须对已浇筑段进行联测，采用精调小车复核已浇筑段至少一根轨排(提前上紧扣件),在允许偏差范围内,采用手动补偿功能进行调整。轨排精调如图 2-48 所示。

4)轨排固定。双块枕轨排竖向固定由螺杆精调器支撑和轨排重力作业自行固定,横向固定则需要通过地锚或侧向支撑完成。

路基地段采用地锚型钢固定,在对应安装螺杆精调器的位置靠轨枕外侧设置一处。

桥梁及隧道地段采用侧向支撑确保轨排稳定。侧向支撑一端固定在防撞墙或水沟边墙上,另一端锁定在工具轨上,侧向支撑如图 2-49 所示。

图 2-48 轨排精调

图 2-49 桥梁段双块枕轨排固定

5)轨道几何状态检查。轨排精调应逐根轨枕进行。当一遍精调完成后,应及时对轨排进行固定。并使用轨检小车逐根轨枕检查轨道几何状态,形成已精调轨排的完整轨道几何状态,对超标点进行复查并调整。之后,再用轨检小车全部检查,当轨排轨道几何状态全部合格后,方可打印精调成果,经相关单位联合检查合格后,方可进行混凝土浇筑。

精调完成后的轨排,应设限界绳和明显标识,严禁无关人员行走和扰动。

(8)道床板混凝土浇筑。道床板混凝土利用搅拌站拌制,通过混凝土罐车运输到现场,通过浇筑机或汽车泵浇筑。施工过程中除了严格控制混凝土拌制及浇筑质量外,还应避免对轨排产生扰动。

1)施工准备。根据天气条件确定适合的施工时机,应避免烈日暴晒、雨淋及寒冷天气对混凝土质量的影响,避免局部气温导致的轨排内应力增加及混凝土开裂,必要时应采取特殊的施工措施。

施工前,还应做好以下方面的工作:

①清理浇筑面上的杂物,喷水湿润支承层或底座,洒水润湿后的水硬性支承层上不得有积水。为确保轨枕与新浇混凝土的结合良好,需在浇筑前 6 h 内在轨枕表面洒水 3～4 次,并注意对轨枕底面进行喷水湿润。

②用防护罩覆盖轨枕、扣件。检查螺杆精调器的螺杆是否出现悬空,隔离套是否装好。

2)混凝土运输。混凝土运输能力应结合施工工艺、施工进度、运输距离、道路条件及车辆配备、混凝土施工性能等因素综合考虑。其中,混凝土施工性能的设计和应用应作为混凝土施工的一项重要内容。

混凝土运输采用混凝土搅拌罐车,运输过程中应保证混凝土不发生离析、漏浆、严重泌水及坍落度损失过多等现象,运输到浇筑地点的混凝土应保持良好的施工性能。

运输到工地的混凝土,应每车检查坍落度、含气量及温度等指标,对不满足施工要求的混凝土应坚决清退不用。

3)混凝土浇筑。混凝土运输到现场后,通过汽车泵、溜槽、输送泵(又称地泵或拖泵)、龙门吊+吊斗、浇筑机等灌入道床内。不论采用哪一种浇筑方式,混凝土布料都应均匀进行,并逐个轨枕盒依次向前浇筑,让混凝土从轨枕块下漫流至下一轨枕盒,当混凝土量略高于设计高程后,前移到下一轨枕盒进行浇筑,如图2-50所示。

图 2-50 浇筑道床板混凝土

混凝土布料到位后,采用 4 根插入式捣固棒配合捣固,4 根捣固棒的布置为钢轨外侧各 1 根和钢轨内侧 2 根。捣固时,捣固棒可按"并列式"、"交错式"移动,以避免漏振,还应与轨枕、螺杆精调器、模板保持一定距离,以免撞碰并扰动轨排和模板。

4)抹面及清洗。混凝土振捣完成后,采用高程控制尺检查混凝土面的高程是否满足设计要求,并及时修整、抹平混凝土面。混凝土入模后半小时内用木抹完成粗平,1 h 后再用钢抹精平,在初凝前最后对道床板表面至少二次整平、收光,直到混凝土终凝。抹面完成后,及时清刷钢轨、轨枕和扣件。

混凝土抹面时严禁洒水,并应防止过度操作影响混凝土表面质量。

5)施工缝设置。如出现机械故障等原因浇筑过程中断,应根据设计要求,在最后的两根轨枕中间设置施工缝。施工缝的设置采用金属网,以使施工缝表面粗糙,确保新老混凝土之间有足够的黏结力。接缝处的横向钢筋位置挪向浇筑混凝土侧。如中断时间超过 72 h(或时间不到 72 h,但温度变化较大),应另外增设 4 排共 16 根销钉和 U 形钢筋加强。

(9)道床板混凝土拆模及养护。侧模应在道床混凝土强度达到 2.5 MPa(7 h)以上,且表面及棱角不宜因拆模而受损伤时,方可拆除。道床混凝土强度达到 5 MPa(9 h)后,方可松开或拆除轨排工具轨和支撑架,当施工环境温差变化较大时,应及时松开或拆除轨排工具轨和支撑架,以免温差变化导致混凝土开裂。道床混凝土未达到设计强度 75%之前,严禁在道床上行车或碰撞轨道部件。

混凝土拆模宜按立模顺序逆向进行,不得损伤混凝土,当模板与混凝土脱离后,方可拆卸、吊运模板。模板拆除后,应及时找出接地端子。

混凝土振捣完成且抹面后,应及时对混凝土暴露面使用篷布或塑料布进行覆盖,尽量减少暴露时间,防止表面水分蒸发导致混凝土表面开裂。

混凝土去除表面覆盖物或拆模后,对混凝土采用土工布覆盖并洒水保湿养护 14 d。

混凝土浇筑后,应避免与流动水接触,也应避免隧道漏水直接冲刷在新浇筑道床混凝土上。当养生强度达到要求,应全面清理道床表面,铲除多余灰渣,将各部位清扫干净。轨枕块表面不得有任何残留物,尤其要注意的是清理过程中严禁灰渣掉入轨枕螺栓孔内。

(10)遗留孔填充及成品保护。在取出精调螺杆之后,遗留孔洞应使用高强无收缩砂浆及时填充封堵。

已建成的道床板表面应清洁、美观、无污染,无磕碰。扣件松动、模板拆除时应避免扰动轨排和避免混凝土受到损伤。当拆模导致混凝土损伤或其他缺陷时,应及时修复。

道床板施工完成后,应加强成品保护,在路基边坡附属、桥面系或其他施工中应避免对道床板造成二次污染。

2.2.8.5 轨排框架法主要工序工艺

1. 概述

与排架法施工相比,轨排框法施工主要区别在轨排的组装、精调上不同,其他施工则是相同的。为此,轨排框架法主要工序工艺只介绍轨排组装、轨排运输及粗铺、轨排精调、轨排框架拆除等。

2. 轨排组装

轨排框架在正式使用前,需要进行试组装并进行工艺试验,工艺试验重点为轨排框架组装及拆卸的便捷性、轨排组装的轨道几何状态保证、无砟道床施工过程中轨排框架及轨道几何的稳定性和可靠性。

轨排组装可根据现场条件在施工基地内集中组装或在隧道内现场组装。轨排组装在专门的组装平台上进行,组装平台由两根纵梁组成,两纵梁上按设计轨枕间距焊接布置轨枕卡槽。双块式轨枕通过人工或龙门吊按顺序摆放于组装平台上,并按间距分开摆正,之后龙门吊再将轨排框架移于组装平台上方并正确对位;通过人工微调和安装轨枕扣件,即可组装形成整榀的轨排。

扣件组装时顺序及注意事项:安装前清除螺栓孔内杂物和积水,螺栓螺纹应清洁并涂抹专用油脂;将螺栓旋入螺栓孔内,用手试拧螺栓,看是否能顺利旋进,若出现卡住现象,则调整后重新对准、旋入;正确调整扣件部件,并用电动扳手按规定扭矩上紧螺栓,扣件与轨枕顶、钢轨底必须密贴;最后复查此轨排的螺栓安装质量及轨枕间距。

3. 轨排运输及粗铺

将组装好的轨排用专用平板车运输到预定地点定位铺设,专用平板车装载应不大于 3 层。

道床板底座预先测放轨排粗铺控制点和钢筋、模板安装边线。在轨排粗铺前,应完成底层钢筋摆放和绑扎,之后即可粗铺轨排。

轨排运输到现场后,轮胎式铺板龙门吊按顺序吊装轨排转运至铺设位置,再配合人工准确粗铺就位。在轨排落至道床底座前,在支撑螺栓上加装 PVC 管。为减少后期精调工作量,轨排粗铺精度应达到高程-10 mm～0、中线± 10 mm。充分利用相邻的两轨排轨枕间距允许误差,调整轨缝。

龙门吊粗铺轨排之后,应再根据轨排粗铺控制点,利用轨排框架上的竖向和横向调整装置,将轨排尽量调到设计中线及高程位置。

4. 轨排精调

轨排粗铺完成后，进行钢筋绑扎及接地焊接，并检测钢筋绝缘性能。之后，方可进行轨排精调，轨排精调时配合测量与精调操作同步进行。

轨排精调结束后，在浇筑道床混凝土之前，应再次采用轨道几何状态测量仪对轨道状态进行检查，确认轨排精调成果满足要求后，方可浇筑混凝土。

5. 轨排框架拆除

道床板混凝土浇筑施工与排架法施工基本一致，施工时应加强对轨排框架的防护，避免混凝土污染轨排框架，混凝土捣固时捣固棒应避免碰撞轨排框架及轨枕。

混凝土浇筑完成且达到一定强度后，应首先松开轨排框架支撑螺栓螺柱支腿 1～2 mm，然后松开轨枕扣件，按照设计拆除顺序拆除轨排框架和模板。最后经过确认扣件全部松开后，龙门吊吊起轨排框架运至轨排组装区清理待用，进入下一循环施工。施工时需要安排专人负责对拆卸的模板、轨排框架及配件等用毛刷进行清洁处理，配件集中储存在集装筐中，以备下次使用。

2.2.9 资源配置

2.2.9.1 劳动力配置

双块式无砟轨道施工通常采取架子队组织模式，根据工作面情况分成若干班组，通常底座或支承层施工与轨排组装及道床板施工分开组织，按照工序实行平行作业。各工序人员相对固定，推行专业化管理。

1. 管理人员组织

双块式无砟道床一般以作业队为单位设置管理机构，负责多个作业面的技术管理和施工组织。管理人员组织见表 2-11。

表 2-11 管理人员组织表

序号	岗位或工种	人数	主要工作内容
1	作业队队长	1	全面主持双块式无砟道床施工组织工作
2	技术负责人	1	负责生产技术工作;负责建场工作
3	作业队副队长	2	负责设备、物资及施工生产管理工作
4	工程技术室	3	负责生产技术、施工测量
5	安全质量室	2	负责安全、质量;主管安质、工程试验
6	物资设备室	4	负责设备及物资供应
7	办公室	5	负责治安、保卫工作及行政事物、食堂、司机、文化娱乐的管理及对外接待联络工作
8	工程调度	2	负责生产指挥调度，协调对外关系
合计		20	

2. 生产人员组织

每个作业工序，工地负责人、工班长、技术人员和专兼安质人员由正式员工担任，且持上岗证上岗。以下工序按路基及桥梁上日进度 120 双延米、隧道内日进度 100 双延米配置劳动力。

(1)底座及支承层施工。路基上水硬性支承层采用摊铺法施工,单作业面生产人员配置见表2-12。

表 2-12　水硬性支承层摊铺法施工单班生产人员配置(单作业面)

序　号	岗位或工种	人数	备　　注
1	现场负责人	1	
2	现场技术人员	1	
3	专职安全员	1	
4	运输总指挥	1	
5	质检员	2	含试验
6	测量工	5	放样,检测
7	摊铺机司机	2	
8	设备操作司机	2	洒水车、挖掘机司机各1人
9	普工	7	整修3人、切缝2人、养护2人
10	混凝土罐车司机	6	
11	其他配合	10	下部清理、设备维护等
合计		38	

桥梁上钢筋混凝土底座施工采用模筑法施工,钢筋在基地内下料,加工后运输到工地现场绑扎。除钢筋外,路基上混凝土底座施工与桥梁上钢筋混凝土底座施工人员配置相同。施工人员配置见表2-13。

表 2-13　混凝土底座施工单班生产人员配置(单作业面)

序　号	岗位或工种	人数	备　　注
1	现场负责人	1	
2	现场技术人员	1	
3	专职安全员	1	
4	运输总指挥	1	
5	质检员	2	含试验
6	测量工	5	放样,检测
7	钢筋加工	32	
7.1	钢筋下料	4	
7.2	钢筋弯制	5	
7.3	钢筋半成品运输	15	
7.4	钢筋绑扎	8	
8	模板安装及加固	15	
9	混凝土浇筑	8	不含混凝土运输
10	养护、拆模及模板整修	15	
合计		113	

注:桥梁上钢筋混凝土底座与道床板之间的中间层施工生产人员配置调到双块式道床板施工中。

(2)双块式道床板施工。双块式无砟道床板施工单作业面生产人员配置见表 2-14。

表 2-14 双块式无砟道床板施工单班生产人员配置(单作业面)

序　号	岗位或工种	人数	备　　注
1	现场负责人	1	
2	现场技术人员	1	
3	专职安全员	1	
4	质检员	1	
5	测量工	4	
6	中间隔离层铺设	6	
7	钢筋加工及运输	30	含作业面清理
8	底层钢筋绑扎	6	
9	轨枕运输及散铺	6	不含运输车操作司机
10	铺设工具轨、组装轨排	12	
11	安装螺杆精调器,轨排粗调	6	
12	钢筋绑扎及接地焊接	20	
13	模板安装	11	
14	轨排精调	6	
15	混凝土浇筑	16	
16	混凝土抹面及养生	10	
17	试验检测	2	
18	其他	20	
合计		159	

2.2.9.2 主要设备机具配置

施工设备及机具按作业面配置,生产能力符合上述进度指标要求。

(1)底座及支承层施工。路基上水硬性支承层采用摊铺法施工,主要设备及机具配置见表 2-15。

表 2-15 路基上支承层摊铺法施工主要设备及机具配置

序号	设备及机具名称	规格及型号	单位	数量	备　　注
1	摊铺机	高马科	台	1	
2	光面压路机	25 t	台	1	
3	胶轮压路机	25 t	台	1	
4	混凝土运输车		台	—	
5	洒水车		台	1	
6	混凝土切割机		台	1	
7	全站仪		台	1	含作业面清理
8	电子水准仪		台	1	

桥梁上钢筋混凝土底座采用模筑法施工,除钢筋外,与路基上混凝土底座施工一致。主要

设备及机具配置见表 2-16。

表 2-16 混凝土底座施工主要设备及机具配置

序号	设备及机具名称	规格及型号	单位	数量	备　注
1	组合钢模板	可调高	双延米	800	
2	混凝土罐车	8 m^3	台	6	
3	混凝土泵车		台	2	也可为输送泵
4	洒水车		台	1	
5	插入式捣固棒		台	6	
6	混凝土振动梁		台	1	
7	全站仪		台	1	含作业面清理
8	电子水准仪		台	1	

(2)双块式道床板施工。双块式无砟道床施工以排架法施工为主,主要设备及机具配置见表 2-17。

表 2-17 排架法施工双块式无砟道床主要设备及机具配置

序号	设备名称	型号	单位	数量	备　注
1	液压散枕机	SZJ	套	1	配合一台 0.8～1.0 m^3轮胎式挖掘机
2	随车吊		台	1	
3	螺杆精调器		套	3 000	200 m/d
4	粗调机	RP1500	套	1	含 1 台全站仪
5	轨检小车	GRP1000 或 GEDO	台	1	含 1 台全站仪
6	模板	定制钢模	双延米	1 000	
7	工具轨	U71Mn(k)60 轨	双延米	1 200	25 m
8	混凝土浇筑设备		套	1	含汽车泵或输送泵
9	篷布	4 m 宽	延米	300	
10	汽车吊	25 t	台	2	
11	混凝土罐车		台	12	
12	拌和站		套	1	供应能力 40 m^3/h
13	洒水车		台	1	
14	钢筋加工设备		套	1	含焊接设备
15	螺杆紧固器		台	8	
16	空压机		台	1	
17	微型货车	500 kg	台	4	
18	全站仪		台	1	
19	电子水准仪		台	1	
20	轨检小车		台	1	含全站仪
21	精调标架		套	1	含全站仪

当采用轨排框架法施工时,主要设备及机具的变动为:按施工进度每作业面配 6.25 m 长

轨排框架 80 榀。

2.2.10 质量安全控制要点

2.2.10.1 质量控制要点

(1)认真做好线下结构沉降变形及 CPⅢ测量控制网评估，与施工各方共同验收线下结构几何尺寸。对不满足无砟轨轨道施工的，不存侥幸。

(2)无砟轨道技术、质量控制点多，精度要求高，关联性、综合性和系统性强，加强技术培训、选用具有施工经验的专业化技能队伍是保证无砟轨道工程质量的一个重要前提。

(3)加强设备配置和管理，特别是测量仪、精调用工装设备，务必保证其精度和良好状态，正确使用。

(4)对进场的原材料控制是成品质量的控制源头，混凝土用粗细骨料的含泥量、烧失量及碱含量等指标必须试验检测合格，工具轨、钢轨扣件、预埋件、钢筋、土工布及隔离层材料等外观质量和力学性能均满足规范要求。

(5)做好工艺性试验，混凝土配合比及施工工艺、精调工艺等都应建立工艺试验制度，按照工艺试验、试验段、先导段的顺序逐步验证推广。

(6)严格施工过程控制，抓好原材料及周转材料储存、保养，严格轨排拼装质量检查，混凝土浇筑中加强对轨排的防护，保证整体道床板混凝土拌制、浇筑、振捣、抹面和养护质量。

(7)精调好轨道后，尽早浇筑混凝土。浇筑混凝土前，如果轨道放置时间超过 24 h，或环境温度变化超过 15 ℃，或受到外部条件影响，必须检查确定是否需要重新调整。

(8)加强成品保护，拆模过程避免损伤混凝土，加强对扣件螺栓孔的封闭和保护。施工结束后，严禁其他施工二次污染道床表面。

2.2.10.2 安全控制要点

(1)按要求配足安全生产要求，确保安全管理体系正常运转。

(2)做好经常性的安全教育和技术培训，设备操作人员和特殊工种持证上岗。

(3)加强对施工机具设备、临时设施的例行检查和强行保养，确保设备及临时设施安全可靠。

(4)施工基地、运输道路、作业面布置科学合理，物流顺畅，临空、临边作业防护措施到位。

(5)施工用电严格执行五线三相制和一机一闸制，做好漏电保护，电线外皮不能破损，不能超负荷用电，严禁私拉乱接，违规用电。

(6)吊装作业时，应有专人进行指挥，要经常检查钢丝绳、吊钩、夹具等的安全状况，吊臂下及吊装范围内严禁站人。拆装、起吊工具轨时，必须使用专用吊具并平稳操作，防止工具轨变形和轨枕损坏。吊装时应防止损坏上部的接触网线。

(7)物料堆码牢靠。夜间施工时照明充分。

(8)季节性防火、防风、防洪、防雷击和防冰雪灾害措施到位。

2.2.10.3 环境保护控制要点

(1)废弃混凝土及水泥浆液必须按照规定集中统一处理，严禁随意排放污染环境。

(2)施工作业时要对所有生活和生产废水经过过滤、沉淀后集中处理。施工营地设置集中垃圾收集地，设专人管理，经无害化处理后排放，定期填埋，严禁就地焚烧。对营地生活垃圾

(包括施工废弃物)集中装运至指定垃圾处理场处理。对不能处理的垃圾拉到设有处理设施的厂处理。

(3)严格按照使用要求检修和保养发动机,使用合格的燃料油,以提高发动机的燃烧和工作质量,减少发动机废气对环境的污染。

(4)经常检查各种油液管路和接头,发现泄露、渗漏及时更换或维修。对擦洗机械后的油液和更换下来的废润滑油、废液压油分类回收,利用。

(5)针对施工过程中产生的噪声,对动植物和人体损害均较大,为了保护环境,应尽量减少噪声污染。机械设备使用低噪声发动机。

3 CRTSⅡ型双块式无砟轨道施工技术

3.1 CRTSⅡ型双块式无砟轨道轨枕制造技术

3.1.1 概　　述

CRTSⅡ型双块式轨枕生产制造原理主要是根据旭普林双块式施工原理，CRTSⅡ型双块式轨枕制造与 CRTSⅠ型双块式轨枕制造相比，从模具结构及调整、混凝土浇筑、轨枕养护到轨枕检测各项工序基本相同，故本节只对其重点工序和关键工序进行阐述。

与 CRTSⅠ型双块式轨枕制造相同，CRTSⅡ型双块式轨枕也采用环形生产线法工厂化预制，通过工序传递完成产品生产，有相对固定的工艺流程，实行分班作业制度，有相应的场区保护、消防、安全、绿化环保设施等相对固定。

3.1.2 结构设计

CRTSⅡ型双块式轨枕采用强度等级为 C60 的高性能混凝土，桁架钢筋采用 CRB550 钢筋，箍筋采用 HRB335 钢筋，网片钢筋采用 HPB235 钢筋，扣件系统为 WJ-8 型扣件系统。CRTSⅡ型双块式轨枕构造如图3-1所示，实物如图 3-2 所示。

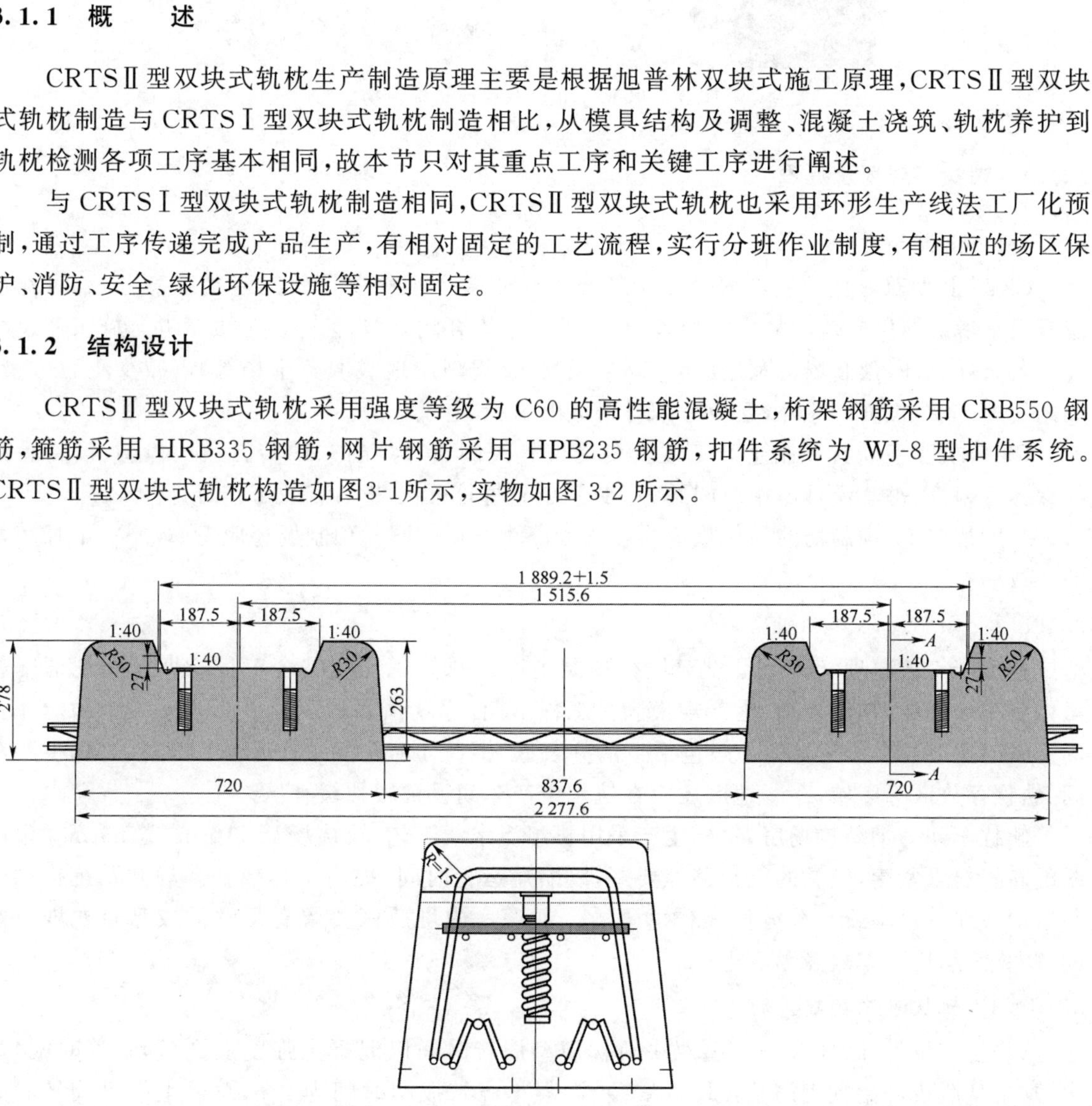

图 3-1　CRTSⅡ型双块式轨枕构造(单位：mm)

图 3-2 CRTSⅡ型双块式轨枕实物

3.1.3 制枕场规划及建设

3.1.3.1 设置原则

CRTSⅡ型双块枕预制场的设置应结合1个或多个工程项目的工程量统筹考虑,轨枕场位置通常考虑拟供应范围的中间位置附近,地势平坦开阔,靠近公路交通要道并与施工便道相连。若条件允许,预制场可利用废弃厂矿、预制场、规划用地或取弃土场等,以减少土石方量、节约用地、节约投资。此外,还应考虑材料进出场、水电供应等。

CRTSⅡ型双块枕预制生产工效主要受模具控制,考虑养护、中转、运输、检测、设备检修和保养等因素,每套模具占用时间约为11~12 h,每月可按25 d有效工作日计。

一般情况下,预制场的最优供应半径为60~100 km,同时预制场还应考虑2~4个月产量的存放场地。

3.1.3.2 预制场总体规划

按生产工艺原理,CRTSⅡ型双块枕预制生产区总体规划应结合工程工期及场地情况尽量做到工序顺畅,物流合理,生产规模满足工程工期,适度预留长远发展余量。一个功能完整的CRTSⅡ型双块枕预制场一般包括生活办公区、混凝土拌制区、钢筋加工车间、轨枕生产车间、轨枕存放区等区域,寒冷地区还应在轨枕生产车间设置轨枕缓存区。

轨枕车间为钢结构场房,轨枕生产采用机组流水线工艺,轨枕场长110 m、宽23 m。生产线的布置要求紧凑,模具的行走路程要短,以缩短运行时间,提高工作效益。静载及抗拔试验装置应放在有吊车或叉车方便操作的地方。在厂房内堆放区要留有足够的成品轨枕堆放空间,防止因运输叉车故障影响生产。

3.1.3.3 轨枕预制场建设

(1)生产量设计。CRTSⅠ型双块轨枕模型周转时间以混凝土强度发展(即蒸养时间)为主,加上从脱模开始到钢筋及预埋件安装、混凝土浇筑成型时间为2 h,总体上模型周转时间控制在12 h左右。以1个轨枕场年产30万根轨枕,每套模型一次生产4根轨枕,每个月有效生产时间为25 d,则需要配置125~130套模型。

(2)办公生活区。根据轨枕场的生产规模,轨枕场按照工厂化要求设置组织机构,需要修建生活及办公区。

(3)混凝土拌和站。混凝土拌和站的布置应以混凝土的运输距离最近原则,减小混凝土的运输量,确保混凝土的连续供应。轨枕生产是工厂化作业,受外部环境的干扰相对较小,必须考虑整体布局,拌和站宜靠近车间布料口侧;当轨枕采用的干硬性混凝土在短距离内(不超过25 m)宜采用传输皮带输送较为经济,也能减小混凝土的性能指标损失。原材料应采用封闭的料仓,北方地区还应考虑原材料冬季保温或加温措施。砂石料仓应满足混凝土半个月内的供应,冬季生产时还应有备用料仓可满足3个月的储料能力。

(4)生产厂房。轨枕生产厂房采用钢结构形式,四周进行封闭,钢架立柱基础为扩大钢筋混凝土基础,立柱采用工字钢,立柱间采用C型槽钢斜向连接成整体,桁架采用剪刀架进行张拉锁定,以保证结构的稳定性。

(5)钢筋加工车间。轨枕钢筋加工生产线采用自动流水线加工生产所有轨枕所需要的钢筋,如钢筋桁架、箍筋、螺旋筋、定距夹子等。钢筋加工生产线配备有冷轧带肋钢筋生产线设备、钢筋桁架生产线设备、数控弯箍机等。

(6)轨枕加工车间。配备钢模型、模型输送辊道、混凝土灌注设备、振动台、养护通道、钢模运输车、翻模机、轨枕传送辊道、模型清理间、扣件安装台位、链式传送机等。钢模型采用4×1联短模式,养护通道应具有自动控温系统来控制养护温度。根据生产任务和工期要求,确定模型数量,合理布置生产线,轨枕生产线单线纵联走行长度不宜超过120 m。厂房跨度宜为18 m或16 m天车跨度,厂房内宜留6~7 m宽的纵向通道,单排厂房长度不宜超过250 m。

(7)轨枕存放区。轨枕存放面积应充分满足存放时间及工期要求,地面采用条形基础或混凝土硬化。

3.1.4 制枕原材料

CRTSⅡ型双块式混凝土轨枕为无预应力构件,主体材料主要采用C60高性能耐久性混凝土、CRB550低碳热轧光圆盘条钢筋和低碳冷拔钢筋,其中混凝土配合比可以使用水泥标号不得小于52.5号、碎石规格5~25 mm、掺和料可为复合型掺和料或单掺矿粉及粉煤灰,同时满足技术条件和施工工艺要求。

轨枕生产辅助材料包括:防腐油脂、预埋套管、绝缘卡、脱模剂等。

3.1.5 生产工艺流程

3.1.5.1 工艺特点

(1)轨枕预制工艺为工厂化生产,生产设备自动化程度高。

(2)轨枕混凝土等级C60,对原材料的质量要求高,拌制的混凝土为干硬性高性能混凝土。

(3)进场钢筋为非标直径低碳热轧圆盘条,必须经过冷轧机进行冷轧才能进行钢筋桁架及箍筋的制作。

(4)轨枕采用冲击方式脱模,对钢模的刚度要求高,承轨台壳体为整体冲压成型,且符合生产线的流水操作。

(5)轨枕养护采用蒸汽养护,能缩短混凝土的养护时间,提高模型的周转效率。

3.1.5.2 工艺流程

CRTSⅡ型双块式轨枕生产采用机组流水法,蒸汽养护工艺和通道式养护围护结构采用

4×1 联轨枕钢模,生产节奏为 4 min/模。双块式轨枕生产工艺流程如图 3-3 所示。

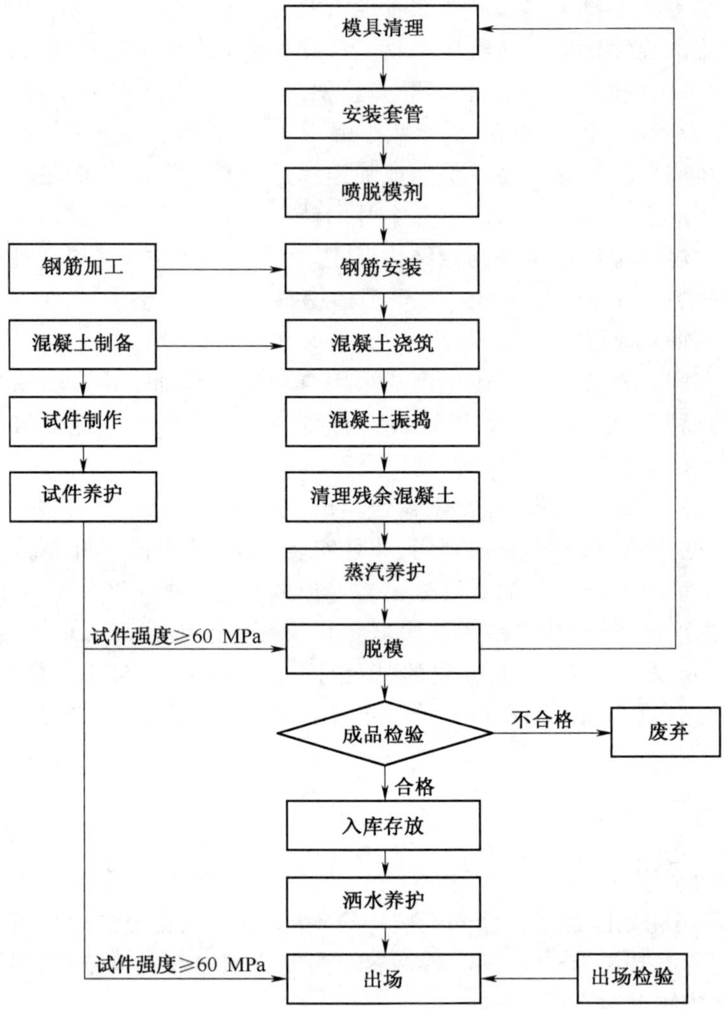

图 3-3 双块式轨枕生产工艺流程

3.1.5.3 关键工序

钢筋冷轧及桁架钢筋生产,模型检测及预埋套管安装,混凝土浇筑及蒸汽养生为其关键工序。

3.1.6 过程控制标准

3.1.6.1 模型质量控制

模型应具有足够的强度、刚度和稳定性,应能够保证双块式轨枕各部形状、尺寸及预埋件的准确位置。模型的制造允许公差为成品轨枕允许公差的 1/2。

3.1.6.2 桁架钢筋质量控制

钢筋桁架应采用电阻点焊接成型机械加工,箍筋可采用钢筋网焊接成型机械加工,钢筋焊接的工艺、参数、质量、验收等应符合《钢筋焊接及验收规程》(JGJ 18)的规定。

钢筋表面的油渍、漆污、水泥浆和用锤敲击能脱落的浮皮、铁锈等应清理干净。

钢筋的加工在常温下进行，钢筋弯折应利用机具一次成型，不得进行回复操作。

钢筋桁架的尺寸允许偏差应满足表 3-1 的要求。

表 3-1　钢筋桁架的尺寸允许偏差

序号	项　目		允许偏差值
1	钢筋品种、级别、规格		符合要求
2	钢筋制作允许偏差(mm)	同一桁架 N2 钢筋的外侧间距	±1
		同一桁架 N1 与 N2	±1
		波形钢筋波长	±1
		桁架钢筋的长度	±5
		桁架上下弦钢筋的平行度	2
		网片钢筋间距	±2
		N5 钢筋长度	±2
3	钢筋安装允许偏差	预埋套管安装	垂直紧固
		N4 钢筋和桁架钢筋连接	符合要求

3.1.6.3　混凝土耐久性

不应使用具有碱—碳酸盐反应活性或砂浆棒膨胀率(快速法)大于 0.20%的碱—硅酸反应活性的骨料；当骨料的砂浆棒膨胀率为 0.10%～0.20%时，混凝土碱含量不应超过 3 kg/m^3，且应采取抑制碱—骨料反应技术措施。

300 次冻融循环：动弹模量≥60%，重量损失率≤5%。

混凝土的电通量应≤1 000 C。

对混凝土拌和物性能满足要求的试拌配合比进行早期抗裂性能对比试验。

3.1.6.4　预埋套管抗拔力

预埋套管抗拔力应符合《客运专线扣件系统暂行技术条件》(铁科技函〔2006〕248 号)的相关要求，抗拔力不小于 60 kN，持荷 3 min，试验后观察其周围有没有可见裂纹，允许有少量砂浆剥离。

3.1.6.5　成品轨枕质量(外观质量)

(1)轨枕混凝土上表面要求光滑平整，不允许有长度大于 15 mm、深度大于 5 mm 的气孔、粘皮、蜂窝麻面等缺陷。

(2)其余表面不允许有长度大于 30 mm、深度大于 10 mm 的干灰堆垒和夹杂物。

(3)不得有肉眼可见裂纹。

(4)上部圆角不允许掉角或破损，底部棱角破损的长度不允许大于 25 mm。

(5)尺寸精度满足设计图纸及技术条件的规定。

(6)每个钢轨支承面的倾斜度与设计值 1∶40 的偏差不大于±0.5 mm/150 mm。

(7)两个钢轨支承面的相对扭转不大于±0.7 mm/(1 510 mm×100 mm)。

(8)采用旭普林无砟轨道专用施工设备施工时，两个轨枕块之间内侧的净距与设计值 837.6 mm 的偏差不大于±1.5 mm。

3.1.7 轨枕生产

3.1.7.1 配合比管理

根据当地原材料,试验室进行试配并将耐久性试件送至有资质的检测机构进行检验。一般情况下严格执行配合比,当砂石料含水率变化时,需调整配合比。原材料来源改变时,重新做配合比试验。试验室每班下达配合比通知单。

3.1.7.2 混凝土制备

混凝土配合比设计试验应满足混凝土结构性能和工艺性能的要求,并经工艺试验确定。施工时还应根据砂石料含水率的实际情况,调整施工配合比。

混凝土正式生产时应对拌和站进行验收,计量设备、原材料质量、操作人员培训及持证上岗等应是验收的重点。

混凝土搅拌应依据"先水泥、砂石料,后加水,再加外加剂"的顺序依次投料搅拌,出仓后的混凝土应严格控制其入模温度。混凝土通过中转仓经电瓶车或运输汽车运输到布料机。

3.1.7.3 模型清理

对返回的模具依次进行模具清理,涂脱模剂,安装套筒,安装钢筋桁架、钢筋桁架固定等。通过倾斜清理台下方的液压装置将倾斜辊道顶起,操作人员即可对固定在清理台上的模具实施清理工作。将模具壳体之间和缩口部位上残留混凝土用气动锤除去,用刮刀和空气压力喷枪对模具的壳体和套管定位轴上的螺丝部分进行清理。套管定位轴的螺丝位置不能残留混凝土,如果残留混凝土会造成套管拧不到模具壳体的底部,从而造成套管不能安放到位,影响套管的安装精度。在模具清理过程中,操作人员同时要注意观察模具标志牌是否损坏,如有损坏,应及时进行修理或者更换,对于标志牌不全的模具不得投入使用。

3.1.7.4 喷涂脱模剂

模型清理干净后,工作面必须保持干燥,用自动喷雾器在模具上喷涂脱模剂,喷嘴应对准模型上方,脱模剂应调整成雾状而非线滴状,必须保证被喷面干燥。目测脱模剂是否喷涂均匀,如有喷漏应再次喷涂,如喷涂过多可用清洁棉纱除去。

3.1.7.5 钢筋桁架生产

CRTSⅡ型双块式轨枕配筋主要由钢筋桁架和箍筋组成。钢筋加工生产线包括钢筋冷轧、箍筋制作、桁架焊接、原材料及成品存放区。桁架由天车吊至存放区,通过天车或叉车将箍筋及桁架运输至轨枕配件安装台位。钢筋桁架生产与CRTSⅠ型双块式轨枕相同。

3.1.7.6 预埋套管安装

在模型面上精确加工扣眼,通过丝扣连接使扣眼中心与螺杆中心在同一圆心上,使用高塑性、高强度橡胶钉通过丝扣紧密地连接在一起,然后拧紧塑料套管,使塑料套管与模型密贴。在脱模时利用橡胶的塑性、轨枕的自重和施加外加力把橡胶钉和塑料套管分离。

3.1.7.7 钢筋安装

把焊接好的网片钢筋和U形筋放入轨槽板内,安装时注意U形筋方向;安装桁架钢筋到模具的缩口内,注意桁架钢筋与模具缩口的相对位置是否准确。用专用卡子固定桁架钢筋和U形钢筋,注意定位的准确和牢固,保证桁架钢筋与U形钢筋隔开不少于2 mm;用桁架固定夹固定桁架钢筋;安装挡浆夹,将挡浆夹的垂直面朝向模具腔的内侧,弯曲面朝向模具腔外侧。

钢筋入模和固定是一个比较耗时间的过程，一般安排4个人在模具的两侧同时安放，才能保证4 min的流水节拍。安放桁架钢筋如图3-4所示。

图3-4 安放桁架钢筋

3.1.7.8 混凝土浇筑及捣固

控制混凝土入模温度在5 ℃～30 ℃范围之内。制备好的混凝土通过输送皮带输送到布料机内，专人控制布料机向模具中分两层浇筑混凝土，布料的过程中尽量使各部位布料均匀、适量；卷个别部位布料不到位，可手动调节单独的布料口进行补料。混凝土浇筑完第一层后，振动台开始工作，低频振动，同时继续第二层布料。混凝土振动的后期，模具边角难免会产生欠或者超的情况，操作人员根据模具中嵌板高度来添加或铲除混凝土进行细微调整。生产过程中用测距规来检测混凝土面高度与桁架钢筋高差，保证轨枕底面钢筋保护层厚度不小于25 mm。

3.1.7.9 拆卸配件、清渣、清边

浇筑完成后的模具在停放处拔出挡浆夹，拔出挡浆夹时要用抹子压住混凝土面防止混凝土松动；拔出后的挡浆夹放入水池中清洗，清洗干净的挡浆夹晾干后运到安装挡浆夹工位，投入下次使用。漏浆用刮刀等工具弄松并尽量清理干净，这些工序完成后由操作人员将模具用天车调运到运模小车上。为监控混凝土质量，每班次做三组混凝土试件，其中一组混凝土试块跟随第一个运模小车进入养护通道。

3.1.7.10 试件的制作和养护

(1)制作试件的混凝土必须按随机的原则取样，每组试件必须用同一罐混凝土，取样后应立即制作。

(2)每班制作4组强度试件，分别用于轨枕脱模抗压强度、7 d抗折强度及28 d抗压强度；每隔半个月制作1组弹性模量试件，用于28 d弹性模量的检测。

(3)每组试件应注明班次、日期，试件应在每班开工3罐后制作。

(4)试件应随同轨枕一起养护，脱模后检验28 d强度的试件放在标养室，两阶段总的养护时间为28 d。

3.1.7.11 混凝土养护

为提高模型的周转，减少轨枕养护时间，轨枕养护采用蒸汽养护。轨枕混凝土浇筑捣固完成后，通过钢模运输滚轮进入养护棚，在钢模运输滚轮上的钢模按5层堆放，由液压顶推装置将钢模运入养护通道。

在静养空间内,轨枕处于自然的环境温度,混凝土浇筑后在5 ℃~30 ℃的环境中静置2~3 h后方可升温;在升温空间,每组轨枕每间隔40 min向右移一次并逐渐升高温度,升温速率小于15 ℃/h,升温区的末端与恒温区的温差不得大于5 ℃;在恒温空间,轨枕处于稳定的温度环境中,恒温时枕芯温度应不大于55 ℃,温度的稳定范围不大于±5 ℃,每组轨枕经过恒温区的时间为6 h;在降温空间,每组轨枕每间隔40 min向右移一次,逐渐降低温度,降温速率不大于15 ℃/h,轨枕出养护通道时,表层温度与环境温度的温差小于15 ℃。蒸养室如图3-5所示,混凝土养护如图3-6所示,钢丝绳牵引机构如图3-7所示。

图3-5 蒸养室

图3-6 混凝土养护

图3-7 钢丝绳牵引

3.1.7.12 轨枕脱模

模具通过牵引装置由蒸养通道中拉出,试验人员检测抗压试块强度,试件强度不小于40 MPa即可进行脱模。操作人员用天车吊模具至预备辊道上,松开桁架固定夹旋转90°转到两桁架钢筋的中间位置。多功能小车运送模具到翻转脱模装置,在翻转之前要用保护装置将模具内的轨枕加以保护,翻转180°后,下部的支撑结构将轨枕支住后,撤除保护装置,通过冲击完成脱模。

3.1.7.13 轨枕入库存放

轨枕由成品输送辊道纵移至成品吊装区。进行检验盖章后，对合格品、废品分区堆码存放。用小龙门吊进行堆码，叉车运输到轨枕存放区存放。

轨枕应按批次分别存放，不合格的轨枕应单独存放。轨枕的存放场地应坚固平整，并具有良好的排水系统。

用叉车按5×5形式堆码存放。5层中最下层垫木用150 mm×150 mm硬质杂木垫条，其余各层之间垫100 mm×100 mm的硬质杂木垫条，垫条在每块混凝土块的正中(承轨槽正中)，且上下各层垫木对齐，防止桁架受力扭曲，垫木伸出长度也应大致相等，保持整齐，如图3-8所示。

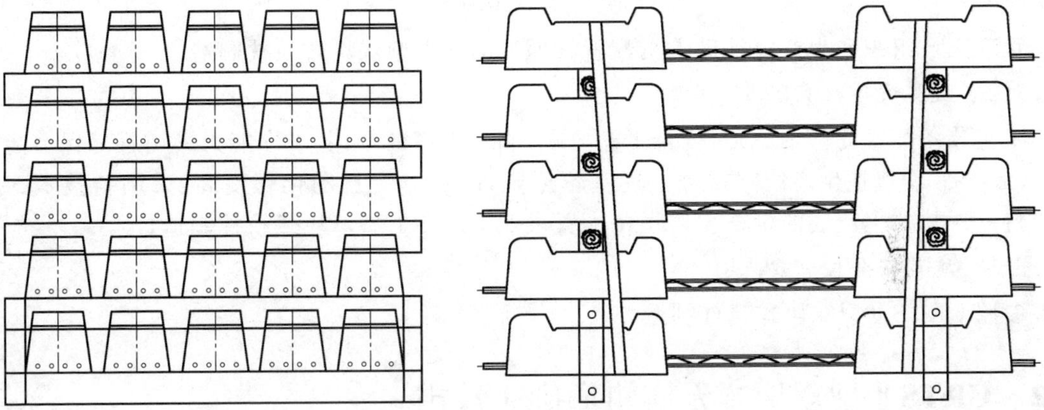

图3-8 轨枕存放

3.1.7.14 轨枕养护、储存

(1)轨枕养护。轨枕脱模后应对轨枕洒水保湿养护3 d。洒水以能保持混凝土表面潮湿为度。在养护棚内对轨枕进行集中洒水养护，便于管理，可以保证轨枕24 h不间断保持湿润。

(2)轨枕的储存和堆放。轨枕储存和堆放可采用平整地面或条形基础方式，地基承载力150 kPa以上。轨枕采用龙门吊码放，堆放高度不超过12层，采用叉车码放不超过8层，根据生产时间、轨枕类型分别存放。轨枕采用平放堆码方式，枕底朝下，每层码放轨枕5根，层与层之间承轨槽外侧部分必须放置支承方木至少2根，且上、下支承位置对齐，如图3-9所示。

3.1.7.15 轨枕出场

经检查合格的轨枕才允许装车出厂。用钢带将轨枕捆扎打包。打包要求整齐紧固。轨枕装卸时用叉车装卸，严禁碰、撞、摔、掷，运输时应固定良好，严禁碰撞，并防止轨枕在运输中变形扭曲。

3.1.8 资源配置

3.1.8.1 劳动力配置

根据工期要求、实际试生产情况、岗位工作量以及机械设备自动化程度，可以灵活采取两班制或者三班制生产。

图 3-9　轨枕存放

管理人员组织和生产及辅助人员配置参照 CRTSⅠ型双块式轨枕制造。

3.1.8.2　*主要设备机具配置*

工艺装备配置的基本原则:符合工艺要求,满足生产效率,各工序能力平衡且环保节能。

CRTSⅡ型轨枕生产线除符合上述基本原则外,还具有自动化程度高、采用新技术、新装备等特点。轨枕生产线的生产主要设备配置参照 CRTSⅠ型双块式轨枕制造。

3.1.8.3　*质量安全控制要点*

参照 CRTSⅠ型双块式轨枕制造。

3.2　CRTSⅡ型双块式无砟轨道施工技术

3.2.1　概　　述

CRTSⅡ型双块式无砟轨道是 1974 年在旭普林铺设的一种轨枕埋入式无砟轨道结构形式,其研发初衷是寻求一种高度机械化的施工方法,以解决雷达轨枕埋入式无砟轨道传统施工带来的进度慢、成本高的问题。CRTSⅡ型双块式无砟轨道是在现场混凝土道床板浇筑以后,通过振动方式将轨枕"振入"到新鲜混凝土中,使轨枕与道床板成为一个整体结构。此时的混凝土必须具有一定的密度,只能将轨枕"振"入其中,而不允许轨枕靠重力"沉"入其中。CRTSⅡ型双块式无砟轨道不需要雷达型无砟轨道中采用的工具轨,代之以刚度很大的钢构架。钢构架两端支承在横梁上,每根横梁支承在 2 个支腿上。由于对构件之间所有接触面均进行了高精度机械加工,在精确测量并对支腿进行调整以后,就能保证轨枕的最终位置。施工效率一般可达到 150～200 m/8 h。

3.2.2　结构设计

CRTSⅡ型双块式无砟轨道结构由支承结构、现浇道床板、钢轨和扣件系统组成。支承结构路基上为水硬性支承层,桥梁上为混凝土保护层(含凸台),隧道内为混凝土垫层;道床板为 C40 钢筋混凝土结构;轨枕采用 CRTSⅡ型双块式轨枕,由两个普通配筋的混凝土块,通过桁架钢筋连接而组成;钢轨采用 T60 高速轨。

轨枕除上部与钢轨接合以外,其他部分与下部的混凝土承载板浇筑成整体。通过预制混凝土轨枕内桁架钢筋和向外伸出的附加钢筋，轨枕与下部承载板形成一个共同受力的钢筋混凝土结构。

路基上 CRTSⅡ型双块式无砟轨道断面结构如图 3-10 所示，桥上 CRTSⅡ型双块式无砟轨道断面结构如图 3-11 所示，隧道内 CRTSⅡ型双块式无砟轨道断面结构如图 3-12 所示。

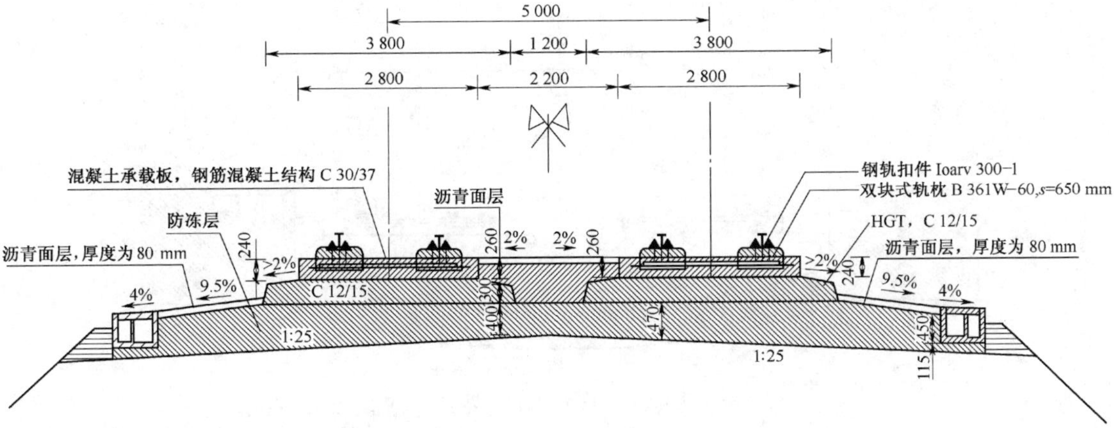

图 3-10 路基上 CRTSⅡ型双块式无砟轨道断面(单位：mm)

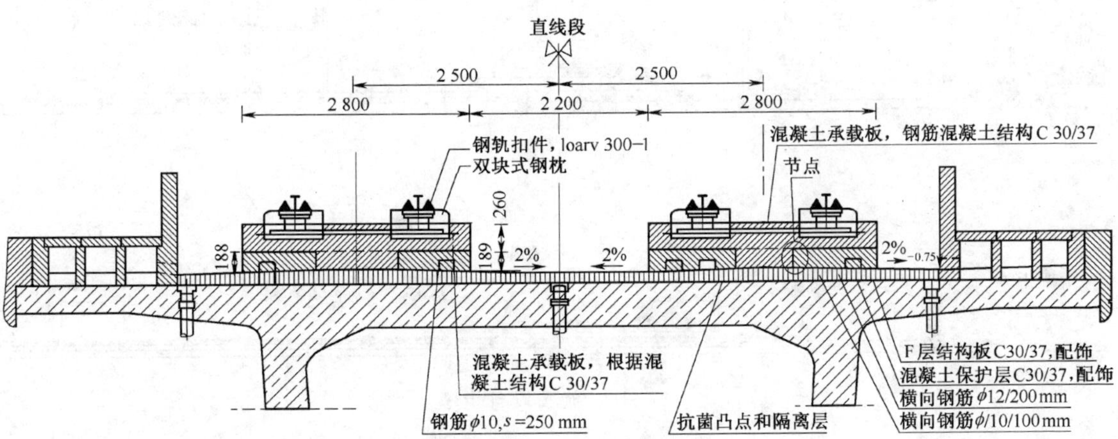

图 3-11 桥上 CRTSⅡ型双块式无砟轨道断面(单位：mm)

3.2.3 施工工艺流程

3.2.3.1 施工工艺

支承层施工完成后，首先进行精确的测量并安装支撑柱，使轨枕能精确地安放；其次进行道床板配筋、混凝土浇筑及振捣；然后采用专用施工设备，以每 5 根轨枕为一组，通过刚度较高、尺寸精确的框架组装成一个安装单元，通过高频振动嵌入到尚未凝结的道床板混凝土中；最后进行混凝土后期养护和安装钢轨并焊接成无缝线路。

混凝土由专门的混凝土运输车运送，混凝土承载板浇筑、捣实、高精度地施工且按要求进行表面刮光。混凝土浇筑如图 3-13 所示，施工设备步序如图 3-14 所示，支撑脚横梁轨枕框架

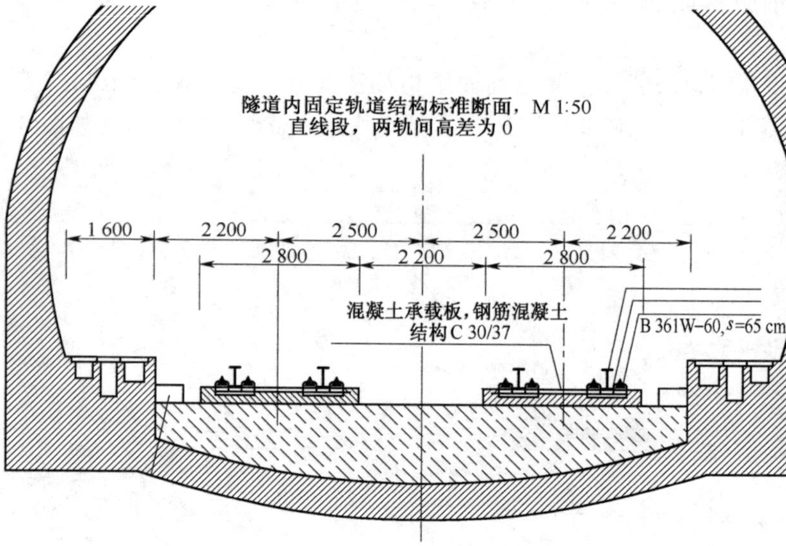

图 3-12 隧道内上 CRTSⅡ型双块式无砟轨道断面(单位:mm)

关系如图 3-15 所示。

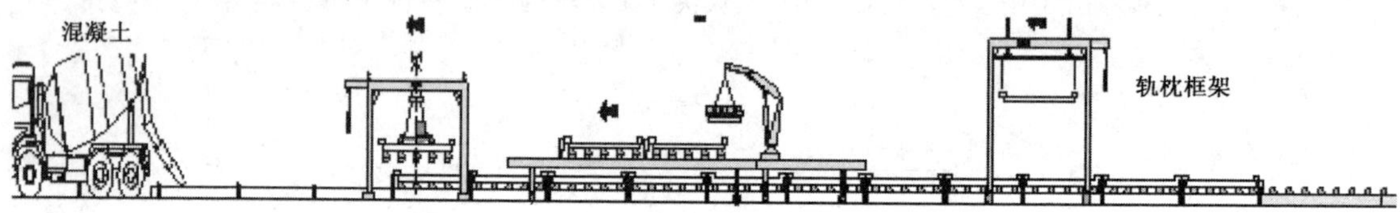

图 3-13 混凝土浇筑

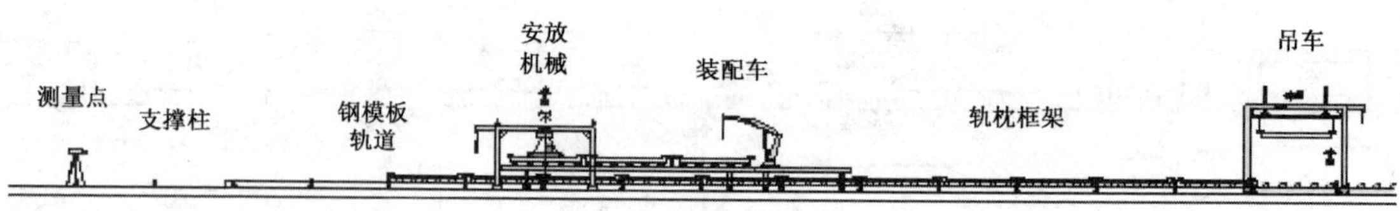

图 3-14 施工设备步序

3.2.3.2 工艺流程

路基、桥梁、隧道内 CRTSⅡ型双块式无砟轨道施工工艺流程如图 3-16～图 3-18 所示。

3.2.4 施工控制要点

3.2.4.1 设备限界要求

根据理论计算，无砟轨道施工设备与隧道侧沟及桥梁防撞墙之间的净空为 20 mm，曲线超高地段为15 mm，施工时必须保证净空符合要求，否则，将影响施工设备的通行。在隧道侧沟及桥梁防撞墙施工时应适当加宽 10～30 mm。

3.2.4.2 支承层混凝土

支承层混凝土施工必须满足平整度及强度的要求，保证钢模板轨道及支撑脚安装到位后能够保持平整、不松动，从而保证轨枕位置符合设计及技术标准要求。

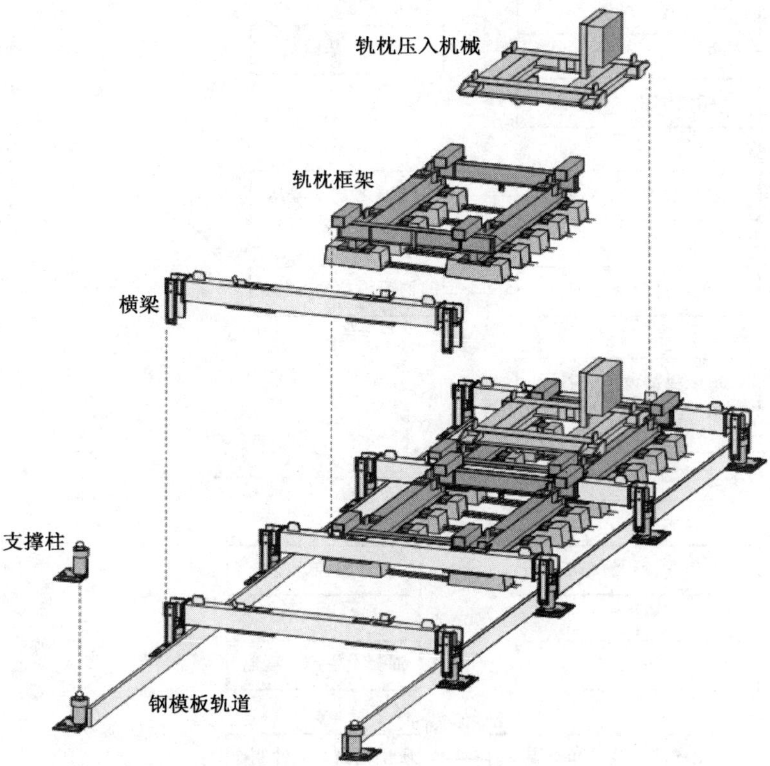

图 3-15 支撑脚横梁轨枕框架关系

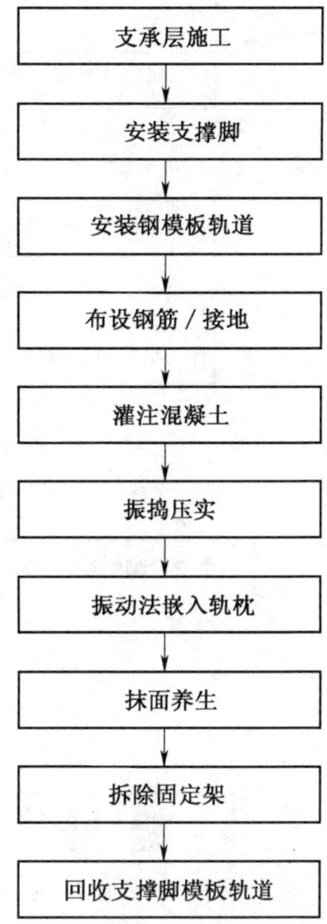

图 3-16 路基上 CRTSⅡ型双块式无砟轨道施工工艺流程

3.2.4.3 支撑脚安装位置

支撑脚安装时,要使用合适的尼龙塑料锚栓,要求锚栓的抗拔力不小于 10 kN。同时,施工单位要按照要求配备相应的六角螺钉、螺钉和垫圈。钻孔时,孔径要与锚栓直径匹配,不能太大。

3.2.4.4 支撑脚的精调

测量人员在支撑脚精调后,一定要将支撑脚的竖向锁定螺丝拧紧,确保支撑脚在施工荷载作用下不会下滑。同时,还必须拧紧支撑脚顶部上面纵向和横向定位板的螺丝,确保支座位置的稳定。在这个过程中,需要检查螺钉的长度是否正确,一旦发现有问题的螺钉要立即更换。

支撑脚球形棱镜顶面调整范围为 0～40 mm,现场操作时调整范围应控制在 20 mm 以内,超过部分应通过调整地脚螺栓的方法进行对位,保证支撑脚中心与设计位置尽量重合,避免施工过程中施工设备与支撑脚发生摩擦或相撞,影响施工精度或损坏支撑脚。

3.2.4.5 钢模板轨道安装

钢模板轨道安装之前,先将模板与混凝土的接触面清理干净,并涂上隔离剂。模板安装必须稳固牢靠,接缝严密,不得漏浆。模板混凝土必须清理干净并涂刷隔离剂。浇筑混凝土前模型内的积水和杂物应清理干净,经检查符合要求后即可开始下一道工序。

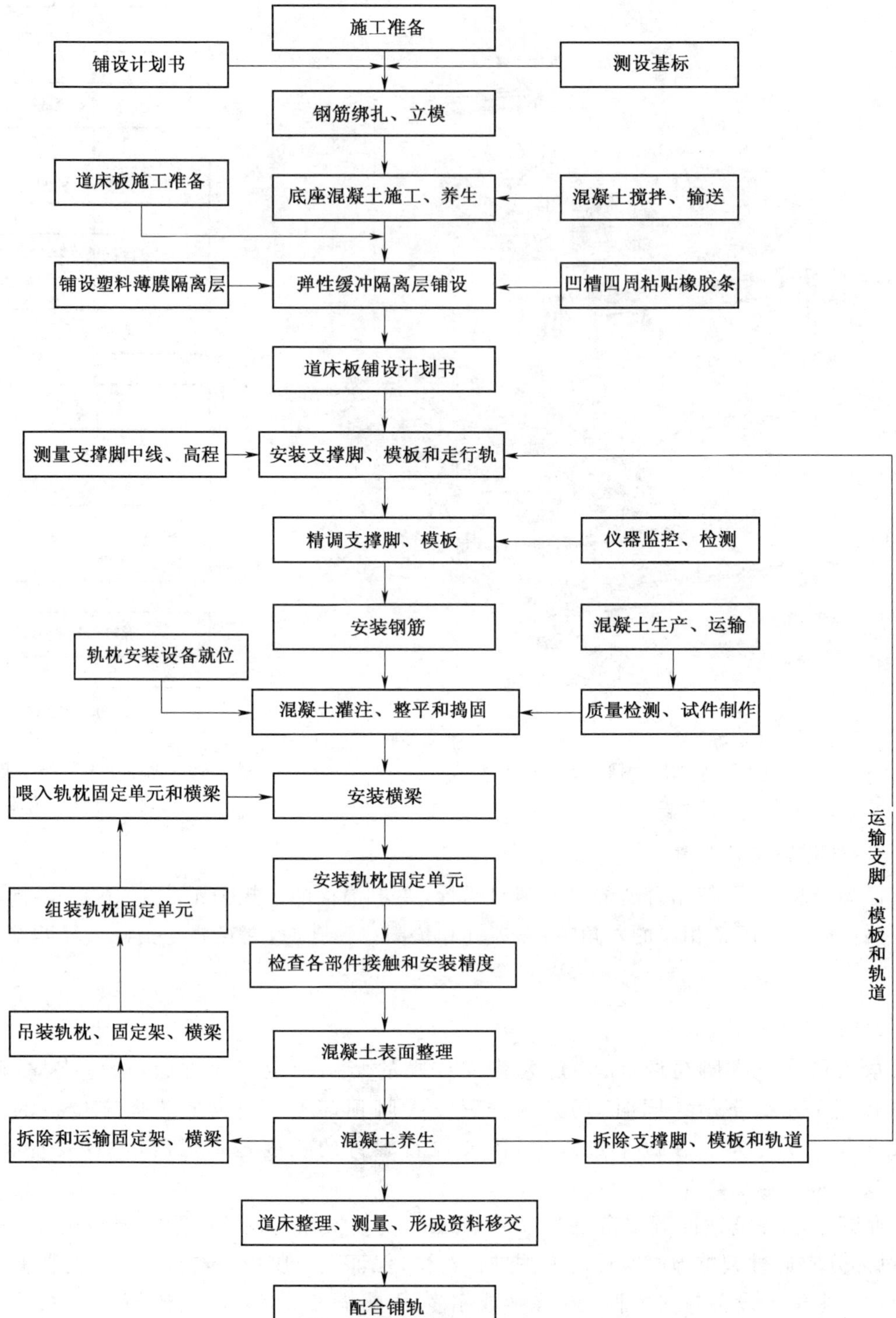

图 3-17　桥上 CRTSⅡ型双块式无砟轨道施工工艺流程

3.2.4.6　道床板钢筋的铺设

在铺钢筋之前,首先需要清洁钢筋表面,如灰尘、油污等,否则会影响钢筋与混凝土之间的

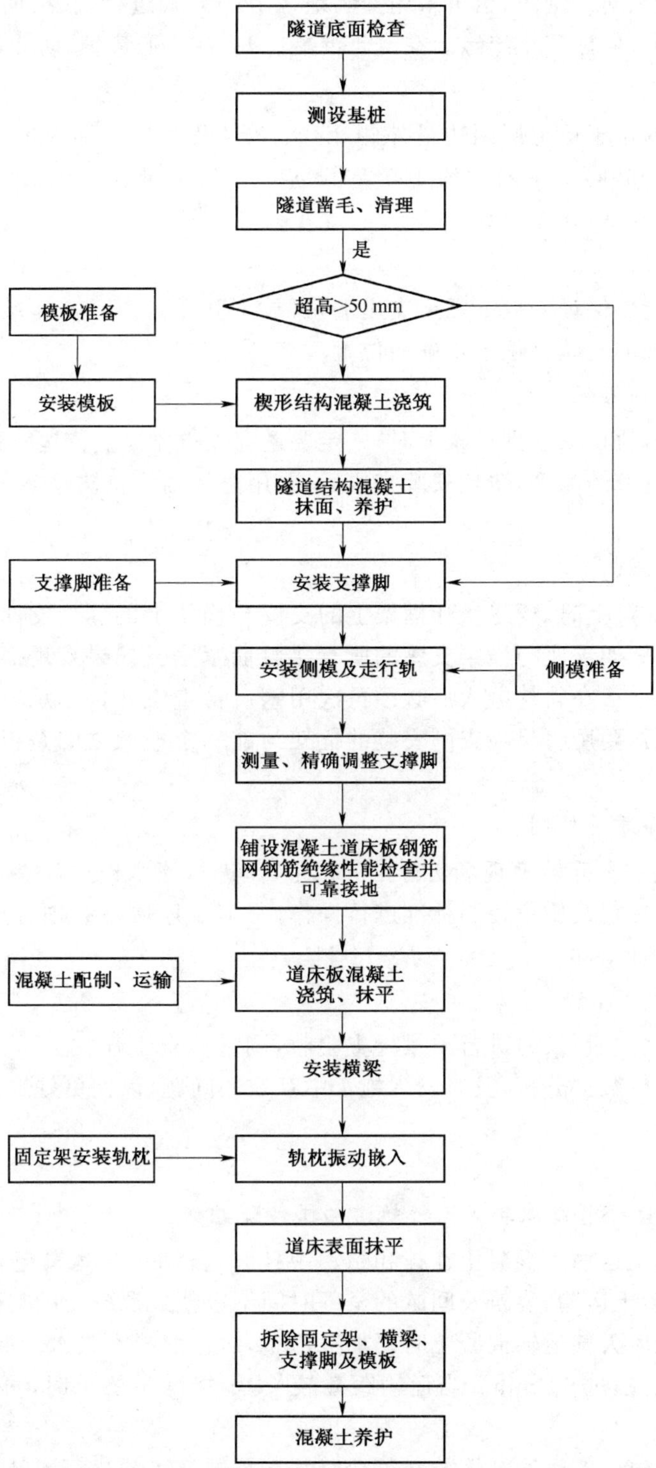

图 3-18 隧道内 CRTSⅡ型双块式无砟轨道施工工艺流程

握裹力。混凝土道床板钢筋的铺设,必须在以后浇筑混凝土的双块式轨枕的区域内留出空间,保证不会影响轨枕压入到混凝土中。

纵向、横向钢筋之间的绝缘,也可采用安装绝缘卡的方式进行,在横向钢筋与纵向钢筋的交接处安装好绝缘卡,保证完全绝缘。在浇筑混凝土时,应小心谨慎,防止破坏绝缘卡。

3.2.4.7 接地钢筋

将道床板结构内位于最上层两边最外侧 2 号、18 号及 9 号筋共 3 根纵向钢筋(620 mm)作为接地钢筋相连。纵向上每隔大约 100 m 设置一个绝缘绑扎节点,纵向钢筋之间相互绝缘,搭接长度不小于 600 mm。

3.2.4.8 横梁的安装

安装横梁时一定要保证先放下固定支座端,再放下和锁定活动支座端。工作人员必须用肉眼检查和确认两端的支座已位于正确的位置。

3.2.4.9 安装轨枕到框架

在组装单元上将轨枕安装到框架上时,一定要遵守先拧紧固定支座一侧的道钉,然后再拧紧活动支座一侧的道钉的顺序,轨枕安装完成后,要用塞尺确认轨枕每个承轨面与框架的连接紧密。

3.2.4.10 框架的安放

将框架安放到横梁上时,要尽量让框架上的支座与横梁上的球形支座中线一致。轨枕振入后,要用塞尺检查框架支座与横梁支座的所有接触面紧密。如果发现振捣过程中有可能出现道钉松动的情况,那么在轨枕振入后必须再次用塞尺检查轨枕每个承轨面与框架是否接触紧密。框架安装完后,要用直尺检查刚安装的框架与前一个框架之间是否存在横向错动或者不该有的折角。

3.2.4.11 严格工序质量控制

CRTSⅡ型双块式无砟轨道现场实行工厂化生产,进行流水作业,必须严格控制每道工序施工质量,按照操作规程及质量控制标准进行操作,每道工序质量必须合格,通过控制工序质量达到控制施工质量的目的。

3.2.4.12 测量检查

无砟轨道施工完成后,及时进行质量检查验收,测量检查工作尤为重要,对已完段落应及时进行测量检查,进行数据分析,及时发现施工中存在的问题,以便更好地指导下一步的施工。

3.2.5 物流组织

3.2.5.1 路基上 CRTSⅡ型双块式无砟轨道施工物流组织

(1)支承层混凝土运输。混凝土在拌和站集中拌和,自卸汽车运输至施工现场,保证施工过程连续进行。混凝土运输、浇筑及间歇的全部时间不应超过混凝土的初凝时间。

高温、日照和大风天气运输混凝土时要加盖篷布,防止混凝土失水。混凝土拌和后到开始浇筑的时间间隔不得超过 60 min。当运输距离较长,不能满足要求时,可在混凝土中加入缓凝剂延长初凝时间。

(2)轨枕运输。轨枕的运输与摆放必须在路基支承层施工前进行。轨枕在厂内按照 3×5 形式捆扎好,运输车运输到安装地点,采用 16 t 汽车吊卸车。轨枕按间距 9.81 m 摆放在线路两侧,摆放时底部及轨枕层间放置 10 cm×10 cm 方木,轨枕放置在两侧路肩上(木方垫在轨枕下,使其平稳)。路基上运输车卸完轨枕后,通过施工便道离开。

轨枕摆放时要避开控制基桩，并满足测量的通视要求。

(3)钢筋运输。纵向钢筋长度为 9 m，根据混凝土道床板中钢筋的用量按每捆 18 根捆好，放在两轨道之间存放。钢筋要用方木支垫，防止钢筋污染。

按照两条轨道的钢筋用量摆放钢筋，在第二条轨道施工时不再进行钢筋运输。

运输钢筋同时，将横向钢筋捆扎运送到施工现场，按照需要分布好。

(4)道床板混凝土运输。混凝土在拌和站内集中拌和，搅拌运输车运输。混凝土采用先浇筑一线后浇筑二线的方法。

钢模板轨道和支撑脚的纵向运输，在施工一线时，沿着第二条轨道行驶，绕过施工地点，到达第一条轨道施工最前端进行卸货。卸完货后，车辆驶向下一入口离开轨道，通过其他施工道路重新到达施工段末端。

在进行第二条轨道施工时，施工最前端的钢模板轨道和支撑脚的运输，由回收单元完成。回收单元(轮胎式)行驶在第一条轨道上，由车载起重机吊装钢模板轨道和支撑脚，运输到第二条轨道施工最前端，将钢模板轨道和支撑脚卸下。

(5)燃油供应。设备油箱容量可供应 24 h 使用。施工过程中配备 1 台加油车，供现场加油使用。加油时尽量选择在一个工作班结束、交班时进行，并加强防火安全工作。

3.2.5.2 桥上 CRTSⅡ型双块式无砟轨道施工物流组织

保护层施工完毕后，保护层与底座的连接门形筋是凸出的。因此，底座施工完成之前，所有钢筋、双块式轨枕，只能在混凝土保护层的中部用小型车运输。钢筋也是按设计需要存放于线路中心处，轨枕布设在梁的两侧，支垫平稳。

3.2.5.3 隧道内 CRTSⅡ型双块式无砟轨道轨道施工物流组织

(1)轨枕运输、摆放。轨枕在厂内按照 3×5 形式捆扎好，运输车运输到安装地点，采用 16 t汽车吊卸车。轨枕按间距 9.81 m 摆放在隧道两侧，摆放时底部及轨枕层间放置 10 cm×10 cm 方木，轨枕放置在两侧电缆槽盖板上(方木垫在轨枕下，使其平稳)。隧道内运输车卸完轨枕后，前行至隧道进口处调头，然后原路返回。

(2)钢筋运输。根据混凝土道床板中钢筋的用量，在隧道出口处钢筋存放场地内，将长度为9 m 的纵向钢筋按每捆 18 根、长度为 2.7 m 的横向钢筋按每捆 13 根捆好，然后通过运输车运到施工现场，采用 16 t 汽车吊卸车，在线间位置按间距 8.4 m 平行于线路走向存放，钢筋下方用短方木支垫，防止被污染。隧道内卸完钢筋后，运输车前行至隧道进口处调头，然后从原路返回。

(3)混凝土运输。拌制合格的混凝土装入运输车后，沿施工便道运至浇筑地点。隧道内施工右线时用左线作为运输通道，直接浇筑，再前行至进口掉头。施工左线时采用混凝土巡回车在隧道出口转运。

3.2.6 关键设备及工装

使用的主要施工机具见表 3-2。

表 3-2 主要施工机具

序号	施工机具	型 号	数 量
1	混凝土巡回车	ZAM-CS-02	1
2	混凝土压实车	ZAM-CC-03	1

续上表

序号	施工机具	型　号	数　量
3	轨枕安装单元	ZAM-VU-01	1
4	轨枕装载单元	ZAM-SU-02	1
5	拆卸单元	ZAM-DU-01	1
6	回收单元	ZAM-MP-03	1
7	固定架	ZAM-R-325	35
8	横梁	ZAM-T-280	36
9	支撑脚	ZAM-F-750	300
9a	承载板	ZAM-F-750 Base o	300
9b	承载板	ZAM-F-750 Base 12	300
10	边模	ZAM-S-325	400
10a	桥上连结段模板	ZAM-S-325 Gap280	50
11	支撑脚基础结构	ZAM-S-750 Spacer110	300
12	边模基础结构	ZAM-S-325 Spacer110	400
13	人工安装调整装置	ZAM-A-H55	100

专用设备及附属工机具、设备组成部分见表 3-3。

表 3-3　专用设备及附属工机具

序号	设备名称	数量	备　注
1	钻孔模具	4	供支撑脚及边模使用
2	支撑脚安装调试机具	2	
3	浇筑前支撑脚手工精定位机具	1	
4	专用轨道测量装置	1	配置磁偏仪,以测定支撑脚浇筑前的准确度
5	横梁及固定架精定位厚度仪	2	
6	专用扳手(电动)	2	用于扣件松紧,具有可调扭矩控制
7	机夹具	1	用于 5 对双块轨枕提升
8	支撑脚用推车	2	
9	测量专用推车—GEDO 系统	1	
10	视距仪/支撑脚专用调整器	3	
11	铺钢轨前测量控制专用调整器	2	
12	球形反射镜	2	
13	扣件松动电扳手	2	
14	设备组装工具及附属设施	1	

其他辅助设备、工机具见表 3-4。

表 3-4 其他辅助设备、工机具

序号	设备名称	型　号	单位	数量	备　注
1	汽油发电机	5 000 W	台	2	钻锚栓孔供电
2	汽车起重机	QY16	辆	1	物流中卸车
3	混凝土罐车		辆	若干	混凝土物流
4	混凝土输送泵		台	1	混凝土物流
5	简易洒水车		辆	1	洒水
6	钢筋弯曲机	GWJ-40	台	1	钢筋加工
7	钢筋切断机	GJ40	台	1	钢筋加工
8	钢筋对焊机		台	1	钢筋加工
9	交流电焊机	BX2-500 小型	台	1	电焊用
10	角磨机	MOD802303	台	2	修理
11	冲击钻	HDA229	台	4	锚栓孔
12	钻　头	ϕ12 mm、ϕ14 mm、ϕ20 mm	个	各 2	锚栓孔
13	手打气筒	塑料气筒	台	2	锚栓孔
14	插入式振动器	HZ-50	台	4	混凝土施工
15	平板振动器		台	1	混凝土施工
16	混凝土切割机		台	2	支承层切缝用
17	木工圆锯机	MJ105	台	1	
18	千斤顶		台	2	
19	木(铁)抹子		把	各 10	抹面、压光用
20	撬杆		根	10	
21	铁锹		把	10	
22	铁锤	6 磅	把	5	
23		8 磅	把	2	
24	铝合金靠尺	2.8 m	把	2	抹面用
25	梅花扳手		套	1	
26	活动扳手	375	套	1	
27	大扭距扳手		套	2	
28	潜水泵	QW50-20-7-0.75	台	1	
29	施工线绳		m	300	
30	墨斗		个	2	
31	探照灯	TD25-1500A	个	4	

检测用具见表 3-5 所示。

表 3-5 检测用具

序号	设备名称	型　号	单位	数量	备注
1	Trimble 全站仪	S6 机器人	台	2	1″级
2	Leica 水准仪	DNA03	台	2	0.01 mm

续上表

序号	设备名称	型　号	单位	数量	备注
3	坍落度测定仪		台	1	试验
4	含气量测定仪		台	1	试验
5	钢板尺	200 mm、500 mm、1 000 mm	把	各 3	检测用
6	轨距尺		把	5	
7	水平尺		把	2	
8	普通塞尺		把	4	
9	楔型塞尺		把	2	
10	直角尺	不锈钢	把	4	
11	钢卷尺	5 m	把	若干	
12	50 m 钢卷尺		把	1	
13	电阻测量仪		台	1	钢筋网导电检测

3.2.7 主要临时工程

根据标段内无砟轨道现场施工实际情况及交通状况，为保证施工的管理有序，节约施工临时用地，实现资源共享，施工现场一般利用原有的线下工程设一个施工基地和若干个混凝土供应站。

3.2.8 主要原材料

CRTSⅡ型双块式无砟轨道每千米道床板主要材料用量见表 3-6。

表 3-6　主要原材料表

项目名称	钢筋用量(t)/规格				C40 混凝土用量	双块式轨枕(根)
	$\phi10$	$\phi12$	$\phi16$	$\phi20$		
路基	—	—	6.521	47.266	625	1 529
隧道	—	—	6.521	47.262	708	1 529
桥梁	5.698	1.577	7.173	43.066	655	1 529

3.2.9 主要质量标准及检测

3.2.9.1 底座或支承层施工质量控制及检测

(1)尺寸偏差。每隔 30 m 检测 3～4 点。顶面高程偏差：－15～5 mm。

(2)表面平整度：4 m 长段落内，结构表面的不平整性不能超过 10 mm。

(3)厚度：所有测量点的平均值不能低于设计值的 10%，同时每个测量值都不能低于设计值 25 mm。

(4)顶面高程偏差超限的处理措施：大于＋5mm：凿除多余部分或进行机器打磨处理。－15～－40 mm：调整道床板钢筋保护层垫块的高度。－41～－60 mm：调整道床板钢筋保护层垫块的高度，并增加道床板上层钢筋。小于－60 mm：再浇筑一层混凝土，直至结构达到设计高度。

3.2.9.2　道床板施工质量控制及检测

1. 模板

(1)模板安装必须稳固牢靠，接缝严密，不得漏浆。模板与混凝土的接触面必须清理干净并涂刷隔离剂。浇筑混凝土前，模型内的垃圾和杂物应清理干净，模板及预留孔位置、尺寸应符合设计要求，检查时采用观察和尺量。

(2)模板安装允许偏差应符合表3-7的规定。

表3-7　道床板模板安装允许偏差

序　　号	项　　目	允许偏差(mm)	备　　注
1	顶面高程	±5	均为模板内侧面的允许偏差
2	宽度	±5	
3	中线位置	2	

检验数量：施工单位每个加密桩处检查一次。

检验方法：测量。

2. 支撑脚

支撑脚应质地坚固，并能精确可调。混凝土支承层或底座施工完成后，在线路中心线两侧，直线段每隔3.27 m安放支撑脚；曲线段两支撑脚中心线连线与线路中心线切线保持垂直，外侧两支撑脚距离为3.27 m，内侧两支撑脚距离小于3.27 m。

精调定位后的支撑脚顶点三维空间位置偏差不应大于0.5 mm。支撑脚安装允许偏差及检验方法见表3-8。

检验数量：施工单位、监理单位全部检查。

表3-8　支撑脚安装允许偏差及检验方法

序　　号	检 查 项 目	允许偏差(mm)	检 验 方 法
1	相邻支撑脚轴线平面位置	0.5	全站仪
2	支撑脚顶部高程	±0.5	水准仪

3. 钢筋

钢筋铺设前，将表面油污、浮土、铁锈等杂物清理干净。钢筋铺设数量、钢筋间距及保护层厚度应符合设计要求。纵横向钢筋接点间绝缘性能应满足设计要求，并按设计要求可靠接地。钢筋绑扎的允许偏差见表3-9。

表3-9　钢筋的绑扎允许偏差

序　　号	项　　目	允许偏差(mm)
1	钢筋间距	±20
2	钢筋保护层厚度	$^{+10}_{0}$

检验数量：施工单位每施工段至少抽检10处。

检验方法:观察、尺量。

4. 混凝土

混凝土浇筑前应将底面浇水润湿,以利界面结合。混凝土入模温度应该为 5 ℃～25 ℃。混凝土应由统一的拌和站集中供应,运输车运输,每车混凝土均做坍落度检查,坍落度应满足设计要求。最小水泥含量为 350 kg/m^3,水灰比不能超过 0.45。混凝土拌制过程中,应对混凝土拌和物的坍落度进行测定,测定值应符合理论配合比的要求。混凝土拌和物的入模含气量应满足设计要求。混凝土施工缝的界面应与线路中心线垂直,施工缝宜设在设计伸缩缝处,不得随意留置施工缝。道床板混凝土初凝前后应采取喷雾保湿养护措施。

允许偏差:顶面高程允许偏差－10～20 mm。低于设计厚度的最大值为 5 mm。混凝土道床板施工完成后,表面收缩裂缝相隔 2～2.5 m,裂缝宽度小于 0.5 mm。混凝土道床板外形尺寸允许偏差见表 3-10。

表 3-10 混凝土道床板外形尺寸允许偏差

序 号	检查项目	允许偏差(mm)
1	顶面宽度	±10
2	中线位置	2
3	道床板顶面与承轨台面相对高差	5
4	平整度	3(1 m 尺量)

检验数量:施工单位每 20 m 检查一处。

检验方法:尺量。

5. 轨枕

轨枕铺设允许偏差及检验方法见表 3-11。

表 3-11 轨枕铺设允许偏差及检验方法

序 号	检查项目	允许偏差	检验方法
1	轨枕间距	框架内±5 mm,框架间±30 mm	尺量
2	相邻轨枕承轨台中心高差	0.5 mm	水准仪
3	轨枕承轨台底坡	1/35～1/45	专用量具
4	每轨两承轨台相对翘曲度	1 510 mm×100 mm 范围内四点误差<0.7 mm	专用量具

检验数量:施工单位每施工段抽检 10 根;监理单位平行检验数量为施工单位检查数量的 10%。

3.2.10 施工工艺

3.2.10.1 施工复测

无砟轨道施工前,必须对线下工程进行全面评估,确保无砟轨道铺设后工后沉降满足平顺度要求。

3.2.10.2 CPⅢ施工基标测量

1. 精密基标控制网设计

(1)路基上布设CPⅢ施工基标。路基上施工基标精密控制网应沿线路纵向布置(间距宜为60 m),若布设在线路两侧的接触网支柱上,其间距应根据接触网设计距离的实际情况而灵活布置,但最大不得超过80 m。左右侧相对两点之间允许最大的里程差为1 m。如果接触网支柱未安装,可在接触网的大(小)里程端设计牛腿基础,并预埋ϕ200 mm的临时钢筋混凝土CPⅢ基标桩代替接触网支柱,并高出路肩1.4 m。控制基标点位布设时应高出设计轨顶面不少于35 cm,布设(可预埋或钻孔锚固)M8×25 mm的螺栓(内螺栓孔径为8 mm),用螺帽拧紧。安装棱镜时在螺栓上拧上直径为12 mm的专用测量连接螺栓。

(2)桥上布设CPⅢ施工基标。桥上基标控制网分布于线路的两侧,沿线路纵向分布间距宜为60 m,控制基标点应设置在线路两侧防撞墙的内侧(亦可设置在外侧,埋设高度便于观测通视即可)低于上表面10 cm处,并应设置在桥梁变形量最小部位(即垂直于梁缝两端的桥梁基座位置处的防撞墙上),以保证其稳固定性,以满足其精度要求。

(3)隧道内布设CPⅢ施工基标。隧道施工基标精密控制网应沿线路纵向两侧每隔60 m布设1对控制基标。两侧相对的两点之间允许的最大的里程差为1 m;点位设置位于隧道两侧电缆槽外侧混凝土墙上,埋设高度为混凝土表面下10 cm处。

2. CPⅢ测量

(1)CPⅢ平面测量。CPⅢ基标精密控制网测量使用全站仪自由设站,采用后方交会法进行施测。

(2)CPⅢ基桩网与CPⅠ/CPⅡ平面控制网的衔接测量。CPⅢ施工基桩控制网平面观测完成后,并通过专业测量软件进行内业数据计算严密平差并合限后,再与CPⅠ或CPⅡ控制网进行联系测量,把CPⅢ基标控制网并入高级控制网中。

在路基和桥上的CPⅢ控制网衔接测量时,如果能直接观测到线路附近经复测并合限的CPⅠ网或CPⅡ网控制点,在三个不同设站点进行边角联系测量(观测困难时不得少于两个设站),并且在每个站点同时观测CPⅢ基标点不得少于2×3个,衔接测量回数不得少于两个。

当与CPⅠ、CPⅡ控制点不能通视或观测距离太远时,根据施工现场具体情况以及通视条件,需要在适当位置设置辅助点,通过辅助点与CPⅠ或CPⅡ控制网进行衔接测量。测放辅助点时需进行不少于两个测回的观测。为保证CPⅢ基桩网的测量精度,目标点之间的最大视距不得大于150 m。

对于隧道内的无砟轨道线路施工段,应与线下测量控制网相连接。在桥梁上,需考虑温度变化而产生的纵向位移影响。如果桥梁发生了位移,需重新测量CPⅢ基标。在CPⅢ控制基标之间,还需进行横向距离测量。测量采用双测回法,得出结果并做出比较。平面控制测量测距中误差为±3 mm。

CPⅢ施工基标精密控制网网点观测完成后,通过专业软件对测量数据进行严密平差。测量成果应上报,经监理工程师审批合格后方可使用。

(3)CPⅢ高程测量。CPⅢ施工基标精密控制网网点高程测量采用精密水准测量方法进行,往返测量并起闭于二等水准基点。测量完成后进行严密平差,平差计算按《高速铁路工程测量规范》(TB 10601)精密水准测量的规定执行。

3.2.10.3 梁面(隧底)处理

桥梁、隧道地段在无砟轨道施工前,应对结合部位进行凿毛处理,清除桥面保护层预埋钢筋上的浮灰,并用高压水、高压风清洗干净。在开始道床板混凝土施工前两天开始洒水湿润隧道基底面,但不得积水,以使混凝土硬化时的水分不会被下部结构吸收。

3.2.10.4　路基上支承层或桥面底层凹板施工

(1)路基上支承层施工前2个月,必须在试验室对路基支承层用水硬性材料进行配方试验,确保其强度、弹性模量等性能指标达到设计要求。支承层采用滑模摊铺机摊铺,水硬性材料利用工作面附近的搅拌站集中拌和,载重卡车运输,挖掘机辅助卸料。载重卡车利用路基基床表层或已施工完成的支承层顶面作为运输通道。支承层用水硬性材料必须保证最终收缩率大于100%。滑模摊铺机宜带有走行控制装置和制导装置,施工时采用2台全站仪对混凝土摊铺机上基准点定位。滑模摊铺机也可由两侧的缆线进行导向,导向缆线必须每10 m用钢钉固定,并按支承层顶面设计高程控制缆线高度。施工中线偏差控制在±5 mm,顶面高程控制在−15～5 mm。摊铺过程中,对支承层顶面高程、边缘厚度、中线、横坡度等参数进行复核测量,确保所摊铺的支承层精度控制在施工偏差范围内。滑模摊铺机摊铺每天可摊铺600 m(单线),需2名工人做准备工作,1名司机,3～4名工人配合工作。

支承层每隔5 m必须沿横向设置缺口,缺口深度为支承层高度的1/3,约10 cm。此缺口可直接由滑模摊铺机后面配置的切缝机在刚刚铺设的支承层上自动切割,也可由人工在支承层硬化后利用圆锯加工,但该项工作必须保证在支承层铺设后12 h内完成。如人工锯缝,则一个缺口约用时0.5 h,每天需设置缺口120个,按每天工作10 h计算,需要6个小组,每个小组配2名工人,1把圆锯,并配备粉笔、刷子、尺等工具。为加强支承层与道床板混凝土的有效黏结,需在混凝土初凝前对支承层顶面进行刷毛。刷毛可利用设置在摊铺机后部的专用刷毛机械进行,也可自制专用毛刷人工进行。

混凝土支承层每浇筑10～12 m后,立即喷洒混凝土养护剂,终凝后使用棉垫覆盖3 d,洒水养护。3 d内禁止车辆或其他设备在表面开行。该项工作需4个工人进行,并配备喷洒工具、棉垫和水管等。

(2)桥面底层凹板施工。底层凹板长度需根据梁跨具体设计,以保证底层凹板在梁缝处断开,一般控制在6.4 m左右,凹板间设置100 mm的缝隙。按底层凹板设计位置,确定模板安装位置和高程,安装端模板和侧模板。侧模板与防撞墙撑连接。端模板同凹槽成型模板配合设计,端模板上设置与侧模板的连接装置,并考虑桥梁横坡坡度变化,凹槽成型模板与端模上设置可调联结装置,以满足曲线地段的模板安装要求,如图3-19所示。

图3-19　底座侧模板和凹槽模板施工

桥面底座板分段施工(图 3-20),混凝土采用罐车运输,泵送入模 ,机械振捣,端部凹槽部位应振捣密实,木抹抹平混凝土初凝后及时覆盖洒水养护。待混凝土强度达到 5 MPa 后,拆除模板。

图 3-20 底座分段施工

3.2.10.5 钢筋和轨枕运输

支承层或底层凹板达到一定强度后(7 d 后),由于此时没有轨排妨碍,运输条件较好,用卡车运送道床板钢筋和双块式轨枕。

轨枕的运输与摆放必须在路基、桥梁底座施工前(隧道内可在底座施工后)进行。轨枕在厂内按照 3×5 形式捆扎好,运输车运输到安装地点,采用 16 t 汽车吊卸车。轨枕按间距 9.81 m 摆放在施工段两侧,摆放时底部及轨枕层间放置 10 cm×10 cm 方木,隧道内轨枕放置的两侧电缆槽盖板上,路基段放置在两侧路肩上(采用木方垫在轨枕捆下,使其平稳)。隧道内运输车卸完轨枕后,前行至隧道进口处调头,然后原路返回;路基上运输车卸完轨枕后,通过施工便道离开。轨枕摆放时要避开控制基桩,并满足测量的通视要求。桥上轨枕摆放如图 3-21 所示。

纵向钢筋长度为 9 m,根据混凝土道床板中钢筋的用量按每捆 18 根捆好,放在两轨道之间存放。钢筋要用方木支垫,防止钢筋污染。按照两条轨道的钢筋用量摆放钢筋,在第二条轨道施工时不再进行钢筋运输。运输钢筋同时,将横向钢筋捆扎运送到施工现场,按照需要分布好。

3.2.10.6 铺设隔离膜

道床板钢筋铺设前,清扫底层凹板表面,按设计要求铺设隔离薄膜并粘贴固定在底座上。隔离层接缝处采用胶条密封。隔离层薄膜应向外伸出约 5～10 cm,道床板施工结束后,将隔离膜沿着边剪齐。

隔离层应铺贴平整,无破损,搭接处及边沿无翘起、空鼓、皱折、脱层或封口不严等缺陷,搭接量符合设计要求。隔离薄膜铺设完成后,对凹槽侧面进行处理,刷胶粘贴橡胶条弹性材料,并用木槌敲打使其粘贴牢固,如图 3-22 所示。

3.2.10.7 安装支撑脚

支撑脚主要由以下部分组成:下部为锚固底板,垂直于线路方向可进行±50 mm 范围的

图 3-21　桥上摆放好的轨枕

图 3-22　铺设好的隔离层

调整;中间部分为 ϕ130 mm 可自由伸缩的圆柱体,可进行竖向调整,圆柱体上部为双层滑板,可实现纵向±50 mm 范围和横向±10 mm 范围内的调整;顶部为一个高精度加工的测量基准器,基准器上可安装定位珠、测量棱镜或全站仪。

支撑脚的安装由人工完成,配备相应的冲击电钻及电动扳手,测量队辅助施工。在道床板两侧的支承层顶面或桥梁保护层顶面,沿线路中心线每隔 5 根轨枕间距安放一对支撑脚,曲线段内外两支撑脚连线与线路中心线垂直。支撑脚在支承层上钻孔后用螺栓固定。首先由测量队测量放样支撑脚的安装位置,将支撑脚底部中心的位置在隧道基底面放样准确,射钉器打入钉子作为标记。利用钻孔模具放样固定支撑脚用的套管钻孔位置,钻孔位置放样准确后,采用冲击钻钻孔并清除钻孔内的尘土,安装螺栓套管。对准套管位置摆放支撑脚,上套管螺钉并拧紧,将支撑脚固定在下部的结构层上(图 3-23)。

图 3-23　支撑脚安放

因支承层两侧带有一定的横坡,支撑脚下部需放置楔形垫块,以保证支撑脚与下部基础顶面垂直。支撑脚是双块式轨枕的安装基准,安装工作需谨慎进行,确保支撑脚调整量不超出可调范围。

支撑脚粗调:松开支撑脚的所有制动螺栓,调整完后由测量人员紧固。粗调通过全站仪测量和专用调整工具进行,调整支撑脚顶部球心位置,三维坐标与设计值的偏差控制在 3 mm 以内。

3.2.10.8　安装侧模板

支撑脚安装完成后,安装侧模板。每节侧模板约 3 m 长,安装在相邻两个支撑脚之间,且与支撑脚相互分离，防止施工过程中振动使支撑脚位置发生偏移，最终影响轨枕的几何位置。侧模板之间设置联结板，联结板位于支撑脚内侧，与支撑脚不能有任何接触。每节侧模板外侧设置5个支撑脚，路基地段支撑脚下部放置楔形垫块，以保证侧模板与下部基础顶面垂直，支撑脚上设置走行轨固定件，铺设供无砟轨道施工设备走行的工具轨。工具轨长度同侧模板一致，联结板处设置联结走行轨。侧模板应每隔一定距离在下部基础上设置锚固点，确保模板安装牢固。

钢模板轨道安装同支撑脚安装一样，通过套管螺钉固定在隧道基底面上，由人工完成，配备冲击电钻及电动扳手等相应工具，测量队辅助施工。

(1)标准模板轨道的安装调整。在支撑脚位置放样准确后，钻取安装支撑脚用套管孔，同时用钻孔模具钻取安装标准模板轨道用的套管孔，并将孔内的尘土清理干净后安装套管。对准套管位置摆放标准模板轨道，调节标准模板底部的螺旋使模板与混凝土的接触面处于垂直状态，使模板安装符合设计及规范要求。模板位置及垂直度调节完成后，上套管螺钉并拧紧，将标准模板固定在下部的结构层上，如图3-24所示。

(2)连接模板与连接钢轨的安装。标准模板及支撑脚安装完成后，安装连接模板及连接钢轨。将连接模板放置在两相邻的标准模板之间的内侧位置，通过插销与标准模板相固定。连接轨道一头为活动端，一头为固定端。先将活动端与标准模板轨道连接，然后将固定端通过插销与标准模板轨道连接，如图3-25所示。通过以上作业将模板轨道安装调整达标，即可进行下道工序，进行道床板钢筋的铺设施工。

图3-24 模板轨道锚固

图3-25 安放好的侧模板

3.2.10.9 支撑脚精调

侧边模板及走行轨安装完成后，测量并精确调整支撑脚位置。支撑脚采用专用的测量定位系统进行测量。支撑点有一个固定支撑端和一个活动支撑端。固定支撑端可以确定位置和高度，活动支撑端可以根据轴线的距离来确定高度。固定支撑端在将来用于确定基准钢轨的一侧，在曲线内是超高的钢轨一侧。将全站仪架设在线路两侧的基标点上，通过全站仪测量，将支撑点调节到设计位置。在任意一个支撑脚上安装测量棱镜(测量棱镜与定位珠精确同心)，测设该棱镜中心的精确位置。测量数据通过无线传输到附近的计算机中，由计算机计算出支撑脚换算偏差值并通过无线传输到现场测量员的数据显示屏上(数据显示屏放置在一辆手推车上)。测量员根据测量仪器在显示屏上显示的数据，利用支撑脚上的竖向、纵向、横向3个方向的调整丝杠精确调整测量棱镜的空间位置，使其位置偏差不超过0.5 mm。该支撑脚精调完成后,利用另外一台全站仪进行重复测量,测量结果必须具有很好的重复性。为减少数据处理工作量,其他支撑脚测量调整时,将全站仪安装在已精调完成的支撑脚上,测量其他支撑脚位置,调整方法同上。

全站仪在固定点网的设置,与CPⅢ的8个自由定位的目标点进行连接,如图3-26所示。

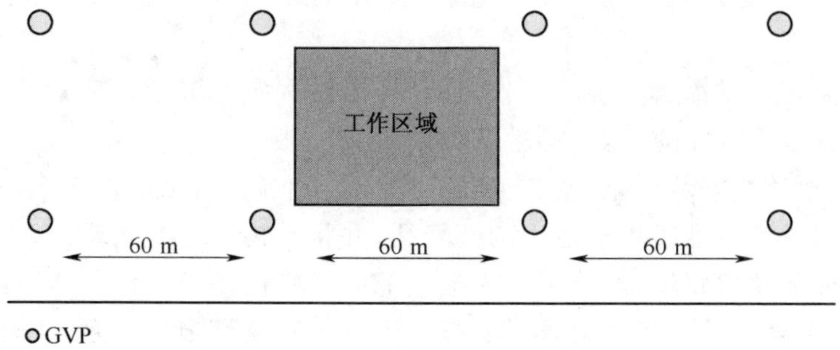

图3-26　施工现场固定点分布情况

如图3-26所示,固定点测量工作在灰色工作区域内,这对全站仪定位的精确度很重要,必须消除掉视线上的障碍物。如果视线上的障碍物不能被消除,必须在CPⅢ控制网内进行其他的标记。为了将支撑脚安装在设计位置上,先在一个未安置好的、位于固定支撑端一侧的支撑脚上安装全站仪,然后自由定位。在固定支撑端一侧支撑脚的延长线上安装全站仪,也应该遵循精确度的要求。

全站仪利用附加的支撑板固定在支撑脚上。经过超高段时,为了平衡倾斜度使用有平衡三角垫块的支座板。

安装过程:在每个支撑脚的位置,固定支撑端一侧,支撑点的位置可以粗略的按照每侧与轴线的距离误差为±5 mm设置,高度应该较精确,即以±0.5 mm为限;在活动支撑端一侧,支撑点的位置应该粗略的按照每侧与轴线的距离误差为±5 mm设置,超高(由于考虑到单侧轴线距离)以±0.5 mm为限。通过全站仪的目标追踪系统,可以得到球状棱镜的三维坐标,并且持续显示出位置、边距和高度与设计值的偏差。已知支撑点的剩余偏差必须小于0.5 mm。每次变更全站仪测量定点后,最后的3到5对支撑脚都要重新测量。

在道床板混凝土施工之前对支撑脚进行最后一次检测,用专用检具对一对支撑脚球形支座中心的距离、超高情况进行检测;通过固定端一侧的正矢,对5～7个前后的支撑脚位置进行检测。检测合格后可进入下道工序,进行道床板的混凝土施工;检测不合格返回支撑脚精调,由测量人员利用全站仪对支撑脚重新精调。支撑脚调整如图3-27、图3-28所示。

3.2.10.10　道床板钢筋铺设

支撑脚精调完成后,安放道床板钢筋。道床板钢筋绑扎时,应根据设计要求采取相应的绝缘措施(如纵横向钢筋采用塑料夹块绝缘)。隧道内直接在隧道底板上施工道床板。曲线地段在道床板上设置曲线超高,钢筋铺设时,上层钢筋网考虑超高,下层钢筋网保持水平布置。

1. 道床板钢筋铺设

所有钢筋在钢筋加工场地内进行下料制作,然后运送至现场进行铺设施工。道床板钢筋主要有:在道床板内通长布置的上、下两层共18根钢筋(隧道曲线超高段为20根);在上、下两层纵向钢筋中间,布设间距654 mm的横向钢筋;道床板结束端门形钢筋;在路隧过渡段与隧道变形缝布设道床板锚固钢筋。

图 3-27　支撑脚现场调整

图 3-28　调整后的支撑脚

首先布设钢筋的钢筋撑件，支撑整个钢筋网架，然后铺设下层纵向钢筋、间距 654 mm 的横向钢筋、上层纵向钢筋及结束端门形钢筋。所有纵横向钢筋交接处，采用绝缘卡及尼龙扎带进行绝缘绑扎固定，避免电流在钢筋网架内形成闭合回路。接着布设道床板的锚固钢筋，将道床板锚固在隧道下部结构层上。

2. 道床板接地施工

(1)接地钢筋铺设。结构内位于最上层两边最外侧 2 根筋(1 号和 18 号)及 9 号筋，共三根纵向配筋，作为接地钢筋相连。

纵向上每隔大约 100 m 的长度设置为一个段落，段落与段落之间的纵向接地钢筋采用绑扎搭接，同其他纵向钢筋搭接一样处理。同一段落的纵向接地钢筋通过焊接相连，接地钢筋铺设如图 3-29 所示。

(2)扁平钢条铺设。在段落内综合接地的位置(约 50 m 处)布设一块横向扁平钢条与三根纵向接地钢筋相连，连接之处采用焊接处理，如图 3-30 所示。横向扁平钢条与其他的钢筋的接触采用绝缘处理。

图 3-29　接地钢筋铺设

图 3-30　扁平钢条铺设

(3)接地端子的安装。接地端头与横向钢条采用焊接相连，钢条的长度恰好使接地端头抵在钢模板内侧，并垂直于钢模板轨道。若纵向接地钢筋布设在道床板的结构缝断开，那么在缝前后各设置一个接地端子，与最外侧的 1 根接地钢筋焊接，避免在同一段落内形成闭合回路。

道床板结构缝两端接地端子稍后可以通过接地桥互相连接来实现同一段落内接地钢筋的导电性。接地端头的螺栓孔内塞满海绵,防止后续施工时有混凝土浆渗入孔内,接地端子安装如图3-31所示。

(4)钢筋绝缘情况检测。钢筋铺设及接地处理完成后,检查道床板相互绝缘的钢筋以及相互连通的接地钢筋的导电性能,保证满足ZPW-2000轨道电路的相关要求,钢筋绝缘检测如图3-32所示。检测合格后即可进入下道工序,进行道床板混凝土的施工。

图3-31　接地端子安装

图3-32　钢筋绝缘检测

3.2.10.11　道床板混凝土施工

混凝土浇筑前,洒水湿润下部基础表面,以保证新旧混凝土的最佳黏结效果。混凝土运输罐车倒车至模板轨道前端,将混凝土放进浇筑车料仓内,沿模板轨道运送到浇筑地点并浇筑到模板内,或者混凝土运输罐车直接将混凝土倒入模板内。浇筑车返回到模板轨道前端,继续运送混凝土。混凝土压实单元就位,用随机配置的2个振动棒振捣混凝土,通过刮板将混凝土表面刮平。如图3-33~图3-37所示。

图3-33　混凝土运输

图3-34　浇筑车浇筑混凝土入模

在混凝土浇筑后1 h左右,在水泥浆体硬化前对混凝土进行二次振捣。消除前面振捣过程中由于混凝土下沉与钢筋脱离而产生的空洞和裂缝,排除混凝土内因泌水在粗骨料及水平筋下部产生的水分和空隙,提高混凝土与钢筋的握裹力及混凝土的密实度、均匀性和抗渗性。

混凝土振捣密实、后续轨枕嵌入施工完成后,混凝土表面会产生变形,对混凝土表面进行

图 3-35 混凝土泵送入模

图 3-36 混凝土表面机械刮平

图 3-37 混凝土表面人工刮平

初次抹平，达到要求的横截面形状及平整度要求。混凝土初凝前进行二次抹面和压光，在混凝土与轨枕交接之处，由混凝土往轨枕块方向进行钩边。

抹面完成后即可进入下道工序，进行混凝土的养护。

3.2.10.12 安放横梁

铺设车、安装单元和拆卸单元是 CRTSⅡ型双块式无砟轨道系统中的主要施工设备。铺设车主要功能是安放横梁和嵌入轨枕框架。铺设车上设置横梁升降装置（起重能力 5 kN，升降高度 4.0 m）、轨枕框架升降装置（起重能力 50 kN，升降高度 2.0 m）和 2 个电动卷扬机（起重能力 25 kN，升降速度 9.8 m/min）。铺设车行车速度 0～36 m/min。铺设车安装 1 根横梁和 1 套轨枕框架共用时 10 min。

安装单元的主要功能是组装轨枕单元，同时作为拆卸单元和安装单元之间的物品转移平台。安装单元上设置小型吊车（吊车悬臂 9 m 时吊重能力 10 kN）、轨枕框架组装台和辊道系统。因铺设车、安装单元和拆卸单元都沿同一轨道走行，安装单元前后端要有一定的悬臂长度，保证铺设车和拆卸单元的顺利吊放。为配合铺设车工作进度，安装单元的循环时间也控制在 10 min、行驶速度控制在 40 m/min。

混凝土浇筑后，安装单元将后部的横梁吊放到安装单元前部，利用铺设车吊起加上人工配合将其安放在支撑脚上。横梁是横向连接两个支撑脚并承载轨枕框架的一个刚性构件，与支撑脚连接处是1个机械加工精度很高的凹槽,与轨枕框架连接处为2个机械加工精度很高的球面。横梁安放需谨慎进行,防止碰撞接触面,如图3-38所示。

3.2.10.13 轨枕框架组装

安装单元上的吊车将线路一侧的双块轨枕吊起,放置在轨枕框架组装台上,人工协助辊道系统按照规定间距布设轨枕,吊车将后方的轨枕框架吊放在双块式轨枕上,人工将轨枕通过扣件连接至轨枕框架上,一套轨枕框架可连接5根轨枕。轨枕框架和轨枕组装完成后,质检员检查轨枕与固定架的位置偏差,并做好记录。组装好的轨枕框架通过辊道输送到安装单元前端,供铺设车使用,如图3-39所示。

图3-38 横梁安放图

图3-39 轨枕框架组装

已吊取横梁和轨枕固定架的安装单元前行至混凝土新浇筑振捣密实的一个节段,先将横梁放置于节段前方的一对支撑脚上。横梁两端分别为固定端和活动端,红色的为固定端、绿色的为活动端。横梁红色的固定端安置在一对支撑脚中靠线路外侧的支撑脚上,绿色的活动端放置在线路内侧的支撑脚上。横梁与支撑脚的接触面为半球形吻合面。横梁的固定端与支撑脚吻合后不可动;活动端松开螺栓后可垂直于线路方向移动,以吻合活动端的支撑脚。

3.2.10.14 轨枕框架嵌入和抹平

铺设车行进至安装单元前端,吊起轨枕框架(轨枕已洒水湿润)前移至施工位置。铺设车根据横梁位置初步就位,利用轨枕框架升降装置将轨枕底面降至已浇筑的混凝土顶面,开启振动设备,通过振动法将定在轨枕框架上的轨枕缓慢嵌入到混凝土中,直至与横梁顶面的钢球面接触(图3-40)。利用塞尺检查轨枕固定架支座与横梁球形支座之间的密贴情况。同横梁一样,轨枕固定架也存在固定端和活动端,轨枕固定架一侧的两根支座为三角凹槽,另外一侧的两根支座为平面。轨枕固定架嵌入施工时,轨枕固定架固定端一侧安置在横梁的固定端一侧,活动端对应置于横梁的活动端一侧。轨枕固定架的方向在轨枕固定架安装的时候就需要摆放好。该工序是CRTSⅡ型双块式无砟轨道施工中最重要的一个环节。轨枕嵌入必须在混凝土初凝前完成。全面检查支撑脚、横梁、轨枕框架之间的接触面,确认后铺设车退回,人工使用铁耙子整理混凝土表面,并用木抹抹平。及时用塑料布覆盖,冬季采用厚棉垫覆盖养护,必要时搭设暖棚,养护时间不少于14 d。

3.3.10.15 拆卸及倒运

混凝土浇筑4～5 h后,将轨枕和轨枕框架分离,利用拆卸单元分别将轨枕框架和横梁吊运至安装单元后部。横梁和轨枕框架通过安装单元上的吊车和辊道移动至安装单元前部，供下一循环使用，如图 3-41 所示。

图 3-40　轨枕框架下放

图 3-41　轨枕框架拆卸

拆卸单元上设置横梁升降装置(起重能力 5 kN，升降高度 4.0 m)、轨枕框架升降装置(起重能力 20 kN，升降高度 2.0 m)和 2 个电动卷扬机(起重能力 10 kN，升降速度 9.8 m/min)。拆卸单元行车速度 3～36 m/min。循环时间 10 min。

3.2.10.16　*模板及支撑脚回收*

道床板混凝土经养生达到 70%的设计强度后，拆除道床板侧向模板、支撑脚及连接杆，并由回收单元运送到前面的施工位置进行再次组装。在施工第一条轨道时，后方支撑脚和模板轨道由回收单元装到运输车上运到前方安装位置；施工第二条轨道时，回收单元停放在第一条轨道上，支撑脚和模板轨道由回收单元通过第一条轨道越过施工地点运到前方安装位置。

3.2.10.17　*混凝土养护*

混凝土终凝后，及时覆盖土工布洒水保湿养护。轨枕框架拆除后，仍需对道床板混凝土保湿养护，总的养护时间应不短于 7 d。

3.2.10.18　*设备组装和转线*

在轨道起始端前准备大约 45 m 长的地段，铺设备用工具走行钢轨，按以下顺序依次组装各施工单元：混凝土浇筑车 ZAM-CS→压实单元 ZAM-CC→安装单元 ZAM-VU→装配单元 ZAM-SU→拆卸单元 ZAM-DU→回收单元 ZAM-MP。

在第一条轨道施工结束端前方铺设足够长的钢模板轨道，并在邻线上铺设相同长度的钢模板轨道。第一条轨道最后一个施工段落完成后，施工机械前行到钢模板轨道尽头，然后将各单元吊起，调头安放在第二条轨道上。吊装顺序为混凝土巡回车→压实单元→安装单元→装配单元。

拆卸单元暂不换位，由其将横梁和轨枕框架运送到装配车(在第二条轨道上)停放位置侧面，由装配车上的起重机起吊横梁和轨枕框架。待第一条轨道上的横梁和固定架全部拆卸完毕，再将拆卸单元移位到第二条轨道。

回收单元不移位，仍然在第一条轨道上运行，进行支撑脚和钢模板轨道的纵向运输。

3.2.11　资源配置

现场施工配备 10 个施工班组，共计 97 人，见表 3-12。

表 3-12 CRTSⅡ双块式无砟轨道单班施工人员配置表

序号	班组	人员
1	模板支撑脚安装班组	12
2	钢筋加工、铺设班组	20
3	支撑脚调整班组	8
4	混凝土振捣班组	8
5	混凝土抹面班组	24
6	轨枕固定架安装班组	10
7	固定架横梁回收班组	4
8	模板支撑脚倒运班组	6
9	湿润及养生班组	3
10	现场清洁班组	2

每个班组配备一名现场技术员。另外配备测量技术人员 16 名,进行支撑脚模板放样、支撑脚精调、支撑脚复核以及成型轨道的检查。

3.2.12 其　他

3.2.12.1 保证工程质量的主要技术措施

为保证质量目标的实现,满足全线无砟轨道施工质量目标的要求,施工中应严格按 ISO 9002 质量体系标准组织、实行质量目标管理,施工中尽量采用机械施工,以确保施工质量,同时在施工中制定保证实现质量目标的技术措施。成立工程 QC 攻关小组;按照全面质量管理体系标准,以全新的观念、全新的管理模式实施工程的质量体系管理工作;依靠科学管理和科技进步,不断推进新技术、新工艺、新材料、新设备的应用,不断提高施工工艺水平,进而提高和保证工程质量,确保质量目标的实现。

3.2.12.2 保证工程质量措施

强化质量意识,认真贯彻落实"百年大计、质量第一"的方针,把创优工作贯穿到施工生产的全过程。在施工队伍选配、机具购置、机构设置、施工方案、管理制度等方面紧紧围绕创优目标,以保证和提高工程质量为主线,全面组织优质生产。

3.2.12.3 安全目标、安全保证体系及主要技术措施

建立健全安全生产保证体系,制定安全目标,严格贯彻执行国家、行业、地方有关的法律法规和标准规范,制定并采取措施,以消除或避免人的不安全行为和物的不安全状态,使施工生产在安全、有序、受控的状态下进行,从而实现安全目标。

3.2.12.14 工期保证措施

开工熟悉设计文件,搞好复测,编制好实施性施工组织设计,搞好技术交底、物流准备;抓紧施工力量及时队伍到位。建立合理的机械保修、维修体系,保证施工机械的完好率,全方位保障施工生产。施工过程中,加强指挥与协调,定期召开工程分析会,根据存在的问题及时调剂力量、设备和器材,保证施工顺利进行。紧抓施工正规作业和标准化施工。

4 CRTSⅠ型板式无砟轨道施工技术

4.1 CRTSⅠ型混凝土轨道板预制技术

4.1.1 概　　述

CRTSⅠ型混凝土轨道板采用固定台座法工厂化预制，通过岗位人员操作设备和工序传递来完成产品的生产，实行分班作业制度，有相对固定的工艺流程、场区保护、消防、安全、绿化环保设施等。

CRTSⅠ型混凝土轨道板分为框架式非预应力轨道板、纵向预应力轨道板和整体式双向预应力轨道板三种类型。轨道板钢筋通过预扎胎具绑扎后置入整体式模型一次浇筑混凝土成型，其外形精度主要由模型实现，生产和检测设备精度要求高，质量控制和管理过程要求严格。

4.1.2 结构设计

CRTSⅠ型混凝土轨道板设计为钢筋混凝土平板结构，根据长度不同或用途不同分为P4962、P4856、P4856A、P3685、P4962A等5种标准板型和P5500、P4856B、P3685B等3种异形板型。轨道板宽度为2 400 mm，厚度190 mm，承轨台高于轨道板表面20 mm。轨道板及承轨台表面按平坡设计，每块轨道板根据长度的不同设置不同对数的承轨台。轨道板配筋及预应力采用对称布置，主要预埋件包括预埋扣件绝缘套管、轨道板起吊用套管、接地端子等。CRTSⅠ型混凝土轨道板外形结构如图4-1所示。

图4-1　CRTSⅠ型轨道板外形结构

CRTSⅠ型混凝土轨道板采用强度等级为C60的高性能混凝土，钢筋采用HRB335、Q235级钢筋，预应力钢棒，相关材料及工艺要求符合《客运专线铁路CRTSⅠ型板式无砟轨道混凝土轨道板暂行技术条件》(科技基〔2008〕74号)的规定。

4.1.3　轨道板预制场规划及建设

4.1.3.1　设置原则

CRTSⅠ型混凝土轨道板预制场的设置应结合1个或多个工程项目的工程量统筹考虑,就高速铁路无砟轨道工程而言,通常选在拟供应范围的中间位置附近,地势平坦开阔,靠近公路交通要道并与施工便道相连的位置。若条件许可,预制场可利用废弃厂矿、预制场、规划用地或取弃土场等,以减少土石方量,节约用地和投资。此外,还应考虑材料进出场、水电供应等。

CRTSⅠ型混凝土轨道板生产工效受制于模具配置,而模具配置又需要厂房及相关设备予以支持。轨道板生产用模具每套周转时间约为24 h,每月按28 d有效工作日计。

一般情况下,预制场的最优供应半径为60 km,同时还应考虑2～4个月产量的存放场地。

4.1.3.2　预制场总体规划

按生产工艺原理,CRTSⅠ型混凝土轨道板预制场总体规划应结合工程工期及场地条件尽量做到布局合理、工序明确、物流顺畅,生产规模满足工程工期并略有富余,适度预留长远发展余量。一个功能完整的CRTSⅠ型混凝土轨道板预制场一般包括生活办公区、混凝土拌制区、钢筋加工车间、轨道板生产车间、轨道板存放区等区域。本节以中铁二局成绵乐铁路新津轨道板预制厂为例介绍轨道板预制场规划。

新津轨道板预制场占地约80亩,紧临成都至乐山大件路布置,交通方便。轨道板预制场平面划分为生活办公区和轨道板生产区两大区域,其中生活办公区占地约12亩,包括办公区、住宿区、食堂及生活辅助区等;轨道板生产区占地约68亩,包括钢筋加工区、轨道板预制区、张拉封锚区、轨道板水养区、轨道板检测区、轨道板存放区、拌和站及生产辅助区等,其中钢筋加工房、轨道板生产车间、张拉封锚区、轨道板水养区等集中在主生产厂房内布置。轨道板生产区内各工序的物流衔接采用桥式起重机、平板车、运输车及龙门吊等完成,各区根据自身特点配备相应的生产机具。

轨道板预制主生产厂房为双跨整体结构,左右分为长54 m、宽18 m的钢筋加工车间和长102 m、宽42.5 m的轨道板生产车间。钢筋加工车间配1台5 t桥式单梁起重机。轨道板生产车间配4台10 t桥式单梁起重机、50套轨道板预制模型、2 t蒸汽锅炉、2套数控张拉系统。厂房采用实腹式钢结构排架厂房,总建筑面积为5 307 m^2。轨枕生产车间外侧为轨枕存放区,采用2台10 t/40 m的门式悬臂龙门吊负责轨道板吊卸及存放,满足最大存板8 000块。

4.1.3.3　轨道板预制场建设

(1)生产量设计。按照技术条件,CRTSⅠ型混凝土轨道板按混凝土强度发展(即蒸养时间)确定模型周转,而脱模开始到钢筋及预埋件安装、混凝土浇筑成型的时间大约为4 h,混凝土养护16 h,模型周转的理论时间为20 h。但考虑到劳动力组织及正常的生产组织,一般都按24 h单班作业考虑,故模型的周转时间为24 h。以一套模型每个月正常生产28 d计,即每套模型的月产量为28块。因此,轨道板预制场需根据供板量及工期确定模型配置数量。

(2)生活办公区。生活办公区在规划用地内尽量避开生产区设置。生活办公区主要包括办公室、会议室、员工宿舍、食堂和文化活动区等。此外,还应修建试验室、物资仓库等辅助房屋。

(3)混凝土拌和站。混凝土拌和站的布置应以混凝土的运输距离最近为原则,减小混凝土的运输量,确保混凝土的连续供应。轨道板预制生产是一个工厂化作业,受外部环境的干扰相对较小,必须考虑整体布局,拌和站宜靠近车间布料口侧。原材料应采用封闭的料仓,北方地区还应考虑原材料厂冬季保温或加温措施。砂石料仓应满足混凝土半个月内的供应,冬季应有备用料仓可满足 3 个月的储料能力。

混凝土拌和站设置在不考虑对外供应混凝土的前提下一般设置 90 或 120 型自动计量拌和站。

(4)主厂房。主厂房主要包括钢筋加工、轨道板预制、轨道板张拉、水养池和轨道板检测等。

钢筋加工区厂房结构采用钢构件,制板区端钢柱采用双牛腿,内置 5 t 桥式起重机进行钢筋、配件、预扎骨架的吊装。加工房内设 10 个钢筋预扎架,钢筋骨架采用桥式起重机吊装,用平板车运输至轨道板生产车间内。

轨道板预制区厂房结构采用钢构件,外侧采用钢板封闭,制板区与张拉、养护、检测区的桥式起重机中间钢柱采用双牛腿,制板区和钢筋加工区内采用 10 t 桥式起重机进行钢筋骨架、混凝土、轨道板等吊装作业。

轨道板张拉、养护、检测区也采用 10 t 桥式起重机进行轨道板的张拉、养护、检测等作业的吊装等。

(5)轨道板预制区。轨道板预制工艺设计为:混凝土用平板车通过运输通道汽运至轨道板生产线,10 t桥式起重机吊装混凝土料斗入模浇筑。轨道板混凝土浇筑完成后采用 2 t/h 蒸汽锅炉进行蒸汽养护,温控操作系统进行控制。蒸汽管道铺设在每个制板台座底部,蒸汽养护罩采用活动式钢管架外罩隔热篷布。

轨道板制板模型为台座式设计,采用钢筋混凝土基础,台座下部设蒸养管道,保证轨道板在混凝土浇筑后及时蒸养达到需求强度。模型之间设置纵向物流通道,以方便轨道板混凝土及钢筋骨架的运输。预制区内设 2 台 10 t 桥式起重机进行钢筋骨架、混凝土、轨道板及其他材料机具的吊装。

(6)轨道板张拉及养护区。轨道板张拉及养护区内配置 2 台 10 t 桥式起重机,可充分满足轨道板的张拉封锚、养护区的吊装、翻板作业等。

轨道板养护区设置 1 个养护池,轨道板吊装至水池内进行湿润养护,水池设置向外泄水孔,以便养护用水随时更换。养护池采用混凝土圈梁、砖砌立墙的形式。

(7)轨道板存放区。轨道板存放区的规划应结合工地其他的轨道板临时存放场、施工工期等全盘考虑,但至少应满足轨道板预制场正常生产 3 个月的存放能力。考虑到工地存放条件的局限性,一般设计在 5 000 块板以上。

轨道板存放区采用悬臂式龙门吊和汽车吊结合的方式进行轨道板存放。轨道板存放时按侧面立式存放在纵向的混凝土条型基础上,存放台位两端设置支挡。龙门吊基础采用倒 T 形混凝土扩大基础,存放区内采用平地机刮平,并洒水碾压密实。

(8)生产辅助区。轨道板场生活生产所需的电力供应由设在附近的 10 kV 高压线路引入,根据轨道板场各部分用电情况进行电线布置。为确保轨道板生产时电力的正常供应,轨道板场内备用 1 台 350 kW 发电机。

轨道板场用水一般采用打机井解决,生活用水采用外接自来水。为满足轨道板预制时蒸汽养护的需要,另设1台2 t的蒸汽压力锅炉。

4.1.4 轨道板制造工艺流程

4.1.4.1 工艺流程

CRTSⅠ型混凝土轨道板制造主要分为钢筋制作、混凝土制备、轨道板预制、预应力实施、轨道板养护等5个生产流程,工艺流程如图4-2所示。

4.1.4.2 主要工序

钢筋制作:钢筋采用钢筋预扎台座集中预扎、整体入模的方式;入模后在浇筑混凝土前进行绝缘性能检测,确认电阻大于2 MΩ。

模型安装:模型采用专业厂家生产的高精度钢模,模型外形尺寸允许误差为轨道板外形尺寸允许误差值的1/2。

混凝土制备及轨道板预制:轨道板场一般采用120型或90型拌和站制备混凝土,混凝土使用平板小车配合混凝土料斗方式运输进入制板车间,之后再用桥式起重机吊运料斗至轨道板模型位置进行混凝土浇筑作业。

预应力实施:混凝土强度达到40 MPa时进行脱模作业,通过车间内桥式起重机转运至轨道小车送入张拉封锚区,采用全自动数控张拉系统对轨道板进行预应力施工,预应力作业按设计要求先进行横向单边张拉后进行纵向两侧张拉。预应力施加完毕后进行封锚作业,采用强制搅拌机对封锚砂浆进行搅拌,采用空气锤进行封锚作业。

轨道板养护:混凝土浇筑完毕后采用自动蒸养系统进行养护,最高温度不超过45 ℃,轨道板芯部温度不超过55 ℃。张拉完成后进入水养阶段,水温不得低于5 ℃,养护时间不少于3 d。水养完成后将轨道板存放到存板区进行自然养护,时间不少于4 d。

4.1.4.3 关键工序

轨道板生产关键工序为:钢筋制作与绝缘检测、模型检测及预埋套管安装、混凝土浇筑、预应力实施和轨道板养护。

4.1.5 制板关键设备及工装

由于模型的周转主要受混凝土的浇筑、轨道板蒸汽养护及脱模环节的制约,因此,设备的优化和布置是生产线的设置重点。

4.1.5.1 轨道板预制台座(模型)

CRTSⅠ型混凝土轨道板预制台座按单块轨道板布置,包括模型台座和整体式钢模型。模型台座采用整体式钢筋混凝土基础,安装蒸汽管道和模型预埋件。整体式钢模型包括钢模具及附属部件,具有结构精密合理、性能稳定耐用、安全可靠、操作简单、维修方便的特点。轨道板预制台座及钢模型如图4-3所示。

整体式钢模型由固定式底模框架及底模、水平开合式侧模、附着式高频振动器及附属部件等组成,其主要特点如下:

(1)钢模底模框架采用H型钢及钢板焊成,具有良好的刚度、强度和稳定性,能满足轨道板预制高精度的要求,具有良好的使用寿命。

(2)自动定位销自动精准定位,实现轨道板快速、自动脱模。

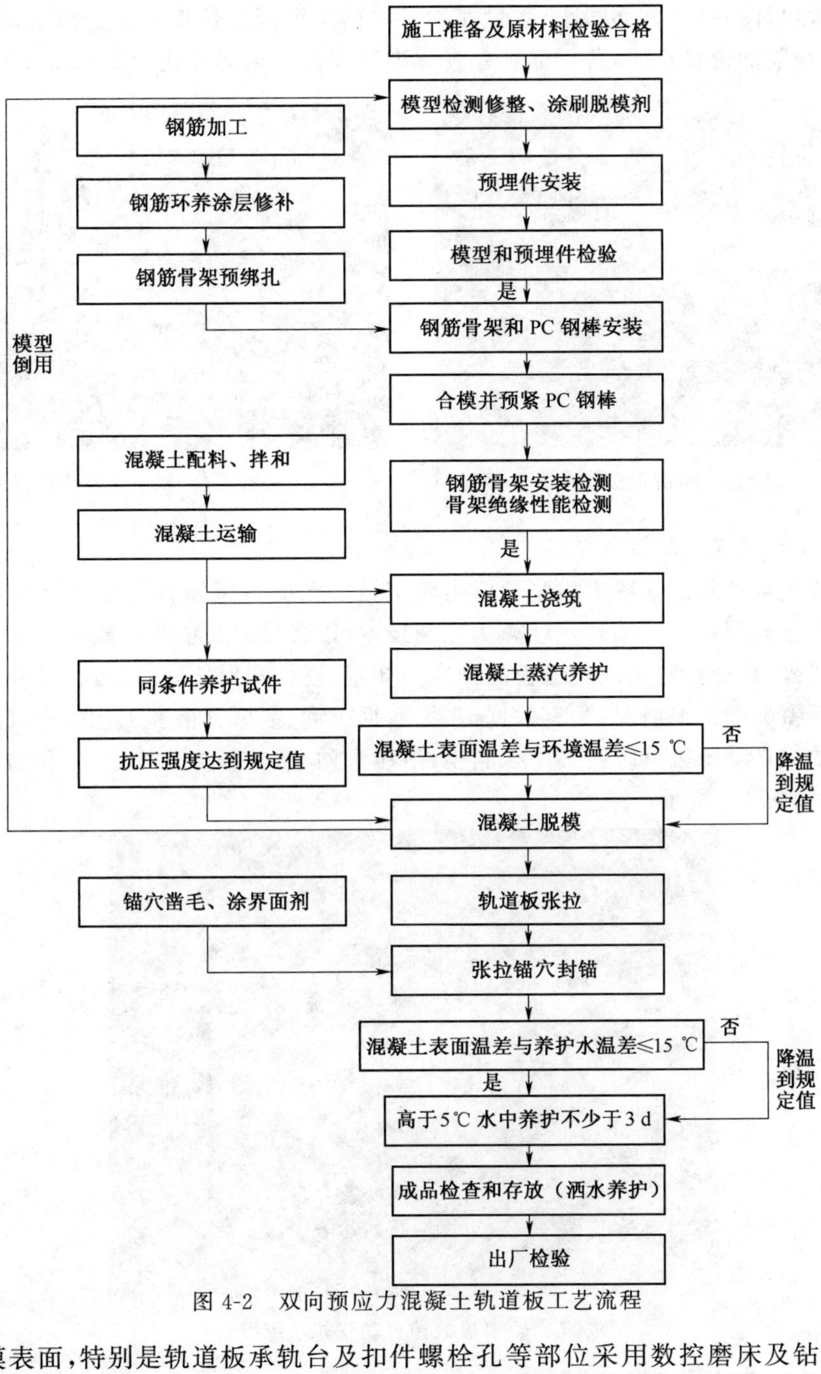

图 4-2 双向预应力混凝土轨道板工艺流程

(3)钢模表面，特别是轨道板承轨台及扣件螺栓孔等部位采用数控磨床及钻床加工而成，模型加工精度高，能满足轨道板预制过程不漏浆、成型精度高的要求。

(4)钢模采用销连接和螺栓连接，水平开合模，锁紧装拆方便，重复定位精度高。

(5)附着式振动器电控振动采用变频控制高频振动。

4.1.5.2 钢筋绑扎胎具

轨道板钢筋网片架在专用绑扎胎具上进行绑扎，钢筋绑扎胎具采用型钢制作，凸形挡台位置采用钢板制作成圆弧。绑扎胎具内设有钢筋定位槽或定位卡、综合接地端子定位孔，按照对应型号轨道板设计图纸的钢筋间距、数量在胎具内标识钢筋定位槽或定位卡和综合接地端子定位孔,保证钢筋的位置正确,各钢筋偏差在标准范围内。钢筋绑扎胎具如图 4-4 所示。

图 4-3 CRTSⅠ型混凝土轨道板预制台座及钢模型

图 4-4 轨道钢筋绑扎胎具

4.1.5.3 轨道板数控自动张拉系统

轨道板数控自动张拉系统为后张预应力轨道板的预应力钢棒自动张拉专用设备,该系统采用高精度传感器测量技术和现代计算机控制技术,以张拉载荷值为控制要素,以伸长值为校核指标,采用程序自动控制完成轨道板的预应力初张、终张和保压,并实时记录和显示张拉力、伸张值的实际情况和误差情况,具有数据记录、数据查询、数据分格和工艺参数修改等功能。

轨道板数控自动张拉系统由集中控制柜、液压泵站、数据采集元件(位移和力传感器)及同步油缸组成,如图 4-5 所示。

图 4-5 轨道板数控自动张拉系统设备

4.1.5.4 轨道板自动温控养护系统

轨道板自动温控养护系统可按多块板或单块板作为一个控制单元进行养护。该系统由温度传感器、电气控制柜(含计算机)、无线控制磁阀控制器及附属零件组成。操作时,电气控制柜通过无线采集模型内混凝土温度数据,再根据相应的磁阀控制器输出相应的控制信号来控制相应磁阀的开和动,从而实现根据不同温度自动供应蒸汽的目的。同时,电气控制柜还可对各模型内的所有温度数据进行自动记录,并在计算机上显示。

4.1.6 制板原材料

CRTSⅠ型混凝土轨道板预应力结构，主体材料为：C60高性能耐久性混凝土、低松弛预应力钢棒及锚具、环氧涂层钢筋、低碳热轧光圆盘条钢筋和热轧带肋钢筋。其中混凝土配合比可以使用水泥等级不低于硅酸盐或普通硅酸盐水泥和聚羧酸减水剂，规格5～20 mm碎石，掺和料为复合型掺和料或单掺矿粉及粉煤灰。材料须满足技术条件和施工工艺要求。

轨道板预制生产辅助材料包括：预埋套管、起吊套管、接地端子、封锚砂浆、绝缘卡、防腐油脂、脱模剂等。

4.1.7 制板质量标准

4.1.7.1 模型质量控制

模型应具有足够的强度、刚度和稳定性，应能够保证轨道板各部形状、尺寸及预埋件的准确位置。模型的制造允许误差为成品轨道板允许公差的1/2。模板支承基础应平整、坚实，不得因其不均匀下沉引起模型变形。

模型应进行日常检查和定期检查，检查结果应记录在模型运转记录表中。日常检查应每班进行，内容包括模型外观和平整度。每月进行一次定期检查，内容包括模型长度、宽度、厚度和平整度。

4.1.7.2 钢筋编组及预埋件安装质量控制

钢筋加工在常温下以不损害材质的方法进行，其弯折应利用机具一次成型，不得回复操作。钢筋骨架的绑扎在专用胎具上进行。

轨道板内钢筋位置的允许偏差应满足表4-1的规定。轨道板内所有预埋件应按设计准确安装并与模型牢固连接，确保混凝土振捣时不变位。轨道板内钢筋不得与预埋件相碰。

表4-1 轨道板内钢筋位置的允许偏差

序　号	检查项目	允许偏差(mm)
1	预应力钢筋	±1
2	非预应力钢筋	±5
3	箍筋间距	±10
4	钢筋保护层	5

4.1.7.3 混凝土耐久性

混凝土中应选用聚羧酸盐系减水剂及能提高混凝土早期强度及后期耐久性的掺和料；混凝土胶凝材料用料不应超过500 kg/m^3，水胶比不宜大于0.35，混凝土含气量不应大于3%。

试生产前应将所选用的材料制作混凝土试件进行耐久性试验，并确保由不同原材料带入混凝土内的总碱含量和总氯离子含量符合技术条件的要求。

混凝土配制、浇筑及养护的相关工艺应符合设计文件及技术条件的要求。

4.1.7.4 轨道板的预施应力

预应力施加应在混凝土强度和弹性模量达到设计值的80%以后进行。预应力钢棒张拉顺序应符合设计要求，横向预应力钢棒单向张拉，纵向预应力两端同步张拉。张拉锚固后，严禁采用电弧或气割切断预应力筋。

预应力钢棒张拉应按设计控制应力进行张拉,预施应力值应采用双控,以油压表读数为主、以预应力钢棒伸长值作校核。实际伸长值与设计伸长值的差值不得超过 1 mm,实测伸长值宜以 10%张拉力作为测量的初始点。

4.1.7.5 封锚砂浆的填压

封锚砂浆填压前,应采用所选用水泥、骨料、掺和料、聚合物等原材料制作砂浆抗渗性能、收缩性能试件各一组进行性能检测,并确保由不同原材料带入砂浆内的氯离子含量符合相关技术条件的要求。

4.1.7.6 减振型轨道板板下垫层的粘贴

减振型轨道板板底橡胶垫板、泡沫塑料板应按设计位置准确粘贴。橡胶垫板的粘贴应在预应力施加完成后进行,粘贴前应将轨道板粘贴面的浮浆、尘埃、油污等清除,使表面光滑平整。避免在阳光直射、雨、雪天气下作业。

板下橡胶垫层的粘贴应牢固可靠。黏结剂应涂布均匀,粘贴后用木槌、滚筒等压实密贴,在轨道板存放、运输、装卸和施工过程中不得脱离。

4.1.7.7 成品轨道板的质量要求

成品轨道板的质量标准及检测数量应符合表 4-2 的规定。

表 4-2 成品轨道板的质量标准及检测数量

序号	项目	质量标准	检测数量	备注
1	绝缘试验	符合《客运专线铁路 CRTSⅠ型板式无砟轨道混凝土轨道板暂行技术条件》(科技基〔2008〕74 号)标准	每 500 块为一检验批,每批检验 20%	▲
2	预防碱—骨料反应	碱—硅酸反应快速砂浆棒膨胀率不大于 0.2%;水泥碱含量不大于 0.6%;混凝土拌和物砂浆棒膨胀率不大于 0.10%	下列任一情况为一批,每批检验一次:①任何新选料源;②使用同厂家、同品种、同规格产品达一年者	▲
3	抗冻循环	混凝土的 56 d 龄期抗冻性应不小于 300 次	施工混凝土累计 20 000 m³ 为一批,每批检测一次	▲
4	抗氯离子渗透	混凝土电通量应小于 1 000 C	施工混凝土累计 20 000 m³ 为一批,每批检测一次	▲
5	抗裂性	不开裂	—	▲
6	轨道板混凝土强度	混凝土试件 28 d 强度不低于 69.9 MPa	每台班每拌制 100 盘且不超过 100 m³ 混凝土取样不少于一次,在浇筑地点随机抽样制作(150×150×150)mm 试件 5 组或 4 组	▲
7	脱模混凝土强度	脱模出板的强度不低于 40 MPa	同一台班每浇筑 12 块轨道板,取样制作(150×150×150)mm 试件 2 组	▲

续上表

序号	项　　目	质量标准	检测数量	备注
8	轨道板张拉弹性模量	轨道板张拉弹性模量不小于32.5 GPa	同一台班混凝土浇筑时每24块轨道板为一批，取一组张拉弹模试件	▲
9	轨道板28 d龄期混凝土弹性模量	轨道板28 d龄期混凝土弹性模量不小于36.5 GPa	每台班每拌制100盘且不超过100 m^3混凝土取样不少于一次，在浇筑地点随机抽样制作(150×150×300)mm试件1组	▲
10	构造筋保护层厚度	误差0～5 mm	全检	
11	轨道板全长	允许偏差±3 mm	每500块板为一批检测10块轨道板	
12	轨道板宽度	允许偏差±3 mm	每500块板为一批检测10块轨道板	
13	轨道板板厚度	允许偏差0～3 mm	全检	
14	预埋绝缘套管中心位置距板中心线	允许偏差±1 mm	全检	
15	预埋套管保持轨距的两套管中心距	允许偏差±1.5 mm	全检	
16	预埋套管保持同一铁垫板位置的两相邻套管中心距	允许偏差±1 mm	全检	
17	预埋套管歪斜(距顶面120 mm处偏离中心线距离)	允许偏差2 mm	全检	
18	预埋套管凸起高度	允许偏差－0.5 mm～0	全检	
19	标记线(板中心线)位置	允许偏差±1 mm	每500块板为一批检测10块轨道板	
20	板顶面四角的承轨面水平	允许偏差±1　mm	全检	
21	板顶面单侧承轨面中央翘曲量	允许偏差≤3 mm	全检	
22	板底面平整度	允许偏差≤5 mm/m	每500块为一批检测10块轨道板	
23	轨道板半圆形缺口直径	允许偏差±3 mm	每500块一批检测10块轨道板	
24	其他预埋件位置及垂直歪斜	允许偏差±3 mm	全检	
25	肉眼可见裂纹(预应力轨道板)	不允许出现裂纹	全检	
26	承轨部位表面缺陷(气孔、粘皮、麻面等)	允许偏差长度≤20 mm，深度≤5 mm	全检	

续上表

序号	项　目	质量标准	检测数量	备注
27	锚穴部位表面缺陷	不允许有裂纹、脱层、起壳等	全检	
28	其他部位表面缺陷(气孔、粘皮、麻面等)	允许偏差长度≤80 mm,深度≤8 mm	全检	
29	轨道板四角棱角破损和掉角	允许偏差长度≤50 mm	全检	
30	预埋套管内混凝土淤块	不允许	全检	▲
31	轨道板侧面漏筋	不允许	全检	▲
32	标识及编号	标志正确,无污染	全检	▲
33	预埋套管抗拔力	抗拔力不小于100 kN,周围没有可见裂纹,允许有少量砂浆剥离	每500块轨道板为一检验批,从每批外形尺寸和外观质量抽检的10块轨道板中任意抽取1块轨道板,再任意抽取的轨道板上任意抽取3个套管进行试验	▲

注:表中备注为▲的,表示为质量控制关键项。

4.1.8　施工工艺

CRTSⅠ混凝土轨道板预制主要分模型工程、钢筋工程、混凝土工程、预应力工程、锚穴封锚、轨道板吊运及存放等部分。

4.1.8.1　模型工程

模型是形成轨道板外形并保证其精度的重要工装,不仅要求制造质量好、精度高、方便操作、方便维护,而且还必须加强管理,严格使用、维护并经常检查。新制模型正式启动前,更应进行专项验收检查。

1. 模型合模安装前检查

(1)模型安装前应检查模型承轨台平整度,基础立柱支撑完好程度;立柱预埋螺杆间距、预留高度是否满足要求,丝口是否完好。

(2)检查模型板面是否平整、光洁、并清除模板上的灰渣;检查振动器支架及模板焊缝处是否有开裂破损,如有均应及时补焊。

(3)应检查模型预埋件是否安装齐备,定位销是否松动,定位销与模型面板间隙是否在允许范围内,模型接缝是否严密。

(4)模板与混凝土接触面应涂脱模剂,脱模剂严禁使用废机油、废柴油;涂刷脱模剂时应注意少而均匀,做到不漏涂而板面又不积聚。

(5)检查模型定位销槽是否齐全、完好,脱模、顶升装置是否就位,标识牌安装是否正确无误。

(6)检查基础预埋件位置是否正确,预埋件螺栓是否松动。

2. 模型安装

模型安装主要由以下几部分组成:

(1)侧模安装:侧模除锈→清除接缝处及表面灰渣→分别向内滑动侧模→组装各节模板并

拧紧螺栓→检查侧模安装尺寸→涂脱模剂。

(2)轴心模安装：轴心模除锈→清除接缝处及表面灰渣→组装各节轴心模并拧紧螺栓→拧紧撑杆→检查轴心模安装尺寸→涂脱模剂。

(3)端模安装：端模除锈→清除接缝处及表面灰渣→向内滑动端模→组装各节模板并拧紧螺栓→安装凸形挡台→检查端、侧模安装尺寸→涂脱模剂。

安装好的模型如图 4-6 所示。

3. 模型拆除(轨道板脱模)

(1)脱模流程：松开钢棒预紧螺栓并拆除→松开预埋件预紧螺栓(松开定位销锁紧装置)→松开模型锁紧装置→转动退模装置至侧模与板体表面脱离→安装起吊装置→转动顶升装置顶升板体→脱模完成。模型拆除(轨道板脱模)如图 4-7 所示。

图 4-6　安装就位的轨道板模型

图 4-7　模型拆除(轨道板脱模)

(2)拆模条件。

1)轨道板混凝土强度：轨道板拆模时的混凝土强度要达到设计强度的 80% 以上(≥40 MPa)，且能保证构件棱角完整时方可拆模，用与轨道板混凝土同等养护条件的试件强度确定拆模时间。

2)拆模温度:轨道板混凝土芯部与表层温差、轨道板表层与环境温差均不应大于 15 ℃时方可拆模,以防止轨道板混凝土产生早期裂缝,气温急剧变化时不宜脱模。

4.1.8.2 钢筋工程

1. 钢筋工程基本要求

进场钢筋应分规格分批检查验收,并分类堆放、挂牌标识,钢筋存放时垫离地面 200 mm 以上。

环氧树脂涂层钢筋产品应采用具有抗紫外线照射性能的塑料布进行包装;吊装应采用对涂层无损坏的绑带及多支点吊装系统进行,并防止钢筋与吊索之间及钢筋与钢筋之间因碰撞、摩擦等造成的涂层损坏;涂层钢筋在搬运、堆放等过程中,应在接触区域设置垫片,当成捆堆放时,涂层钢筋与地面之间、每捆钢筋之间应用垫木隔开,且成捆堆放的层数不得超过 5 层。绝缘涂层钢筋存放示意如图 4-8 所示。

图 4-8 绝缘涂层钢筋存放

2. 钢筋加工

非绝缘涂层钢筋根据计划长度采用切断机冲切,再使用弯曲机逐根弯曲成型。钢筋加工前,钢筋必须平直,无局部弯曲。表面的油渍、漆污、水泥浆和敲击能脱落的浮皮、铁锈等必须清理干净。

加工成型的钢筋,应形状正确,平面上没有翘曲不平现象,末端弯钩的净空直径不小于设计值,钢筋弯曲点处不得有裂纹。钢筋加工尺寸允许偏差应符合表 4-3 的要求。

3. 接地端子焊接

轨道板制造用钢筋及接地端子焊接在钢筋绑扎前进行,设一个单独的工装,进行定位焊接。接地钢筋焊接时,单面焊接长度不小于 200 mm。焊接接地端子安装时,接地端子端头应紧贴纵向模板。接地端子焊接如图 4-9 所示。

表 4-3 钢筋加工尺寸允许偏差

序号	检验项目	允许偏差(mm)	检查方法
1	受力钢筋全长	±10	尺量
2	箍筋内净尺寸	±3	

图 4-9 接地端子焊接

4. 钢筋绑扎

轨道板钢筋骨架在钢筋绑扎胎具上整体绑扎。胎具设有钢筋定位槽、综合接地端子定位孔等。胎具定位槽口中心误差不超过±3 mm,槽口应能准确保证钢筋位置准确。钢筋绑扎胎具须检验合格后方可投入使用,日常使用过程中胎具每月检查一次,主要检查胎具的完好程度、钢筋定位槽口磨损变形是否符合要求、各部位及槽口间距尺寸是否符合要求。

轨道板钢筋绑扎注意事项:

(1)横向钢筋与纵向钢筋交点采用满扎,箍筋弯折处、架立筋与纵横向钢筋交点逐点绑扎,箍筋接头叠合处逐点绑扎;纵横向钢筋绑扎处需加设足够绝缘垫片绑扎,保证轨道板体的绝缘性能。

(2)绑扣应成 8 字形交替绑扎,绑点如有松脱,应紧扣或重绑。

(3)扎丝采用绝缘型扎丝,其尾部应扭向骨架内,每个钢筋交叉点的绝缘电阻不得小于 2 MΩ,骨架不得有油污及扭曲变形。绑扎成型的钢筋骨架应进行绝缘性能测试,发现绝缘性能超标者应立即进行整改。

(4)轨道板钢筋绑扎尺寸偏差应符合表 4-4 的要求。

表 4-4 混凝土轨道板内钢筋位置允许偏差

序号	项　目	允许偏差	检查方法
1	非预应力筋	±5 mm	用钢卷尺测量
2	钢筋保护层	+5 mm	量垫块
3	预应力筋	±1 mm	用钢板尺量
4	箍筋间距	±10 mm	钢卷尺量测

5. 混凝土保护层垫块

在钢筋与模板间设置保护层垫块,垫块采用细石混凝土,其抗腐蚀能力和抗压强度不低于 C60 混凝土耐久性和强度要求,其耐久性指标、强度均需要提交试验报告,且水胶比不得大于 0.35。

混凝土保护层垫块位置设置合理,散布均匀,混凝土垫块应呈梅花形交错布置,设置数量为每平方米不少于 4 块,钢筋骨架易变形处可适当增加垫块数量。

保护层垫块尺寸应保证钢筋混凝土保护层厚度准确,其形状(宜为工字型或锥型)应有利于钢筋定位。保护层垫块绑扎应牢固,绑扎垫块和钢筋的扎丝头不得伸入保护层内。混凝土保护层垫块外形尺寸允许误差:0～3 mm。

6. 轨道板钢筋骨架吊装、存放及运输

钢筋骨架存放时,每层之间应用方木条隔开,并应采取措施防止倾覆,堆放层数不宜超过5层。垫木条位置和数量以保证钢筋骨架不变形为准。

钢筋骨架用运输小车采用人工推运至制板台座附近,每次运输不宜超过5层并采取隔离、限位保护措施。骨架上下车吊装应平稳起吊,缓慢就位。

7. 钢筋骨架入模安装

安装程序:钢筋骨架入模→安装预应力钢棒→安装螺旋筋→校正→检测电阻。

预应力钢棒护套与锚垫板连接处密封应满足设计要求,护套末端应向锚垫板内缩进2 mm。预应力钢棒的预应力宜为10～20 kN,以保证预应力钢棒顺直。

混凝土浇筑前,应确认钢筋及预埋件的位置和间距,确认安装完成后,用500 V兆欧表测量确认钢筋骨架的绝缘性能,用欧姆表两支测试笔分别接触上下层同一截面的两根普通横向钢筋和上层横向任意两根普通钢筋,确认电阻均不小于2 MΩ,则该片轨道板钢筋绝缘检测合格;如检测不合格,应查明原因并调整至合格后方可使用。轨道板钢筋绝缘电阻检测如图4-10所示。

图4-10 轨道板钢筋绝缘电阻检测

安装好的钢筋骨架如图4-11所示。

4.1.8.3 混凝土工程

1. 原材料计量要求

混凝土拌和站采用电子计量系统自动计量原材料,计量设备每年检定1次,每周自校电子秤及其他计量器具1次。拌和站料仓一般设四罐四仓、即:三个水泥罐、一个掺和料罐和两个砂仓、两个石仓。料仓不得混料,严禁混料进行施工。料仓每月应冲洗1～2次,保持干净。

混凝土配料应严格按施工配料单进行,秤料误差(均以质量计)规定为:水、外加剂、水泥、掺和料不大于±1%;砂、石不大于±2%。

2. 混凝土制备及运输

混凝土浇筑前做好开盘检查,确认无问题时才可开盘。混凝土浇筑应满足《客运专线高性

图 4-11　钢筋骨架入模安装

能混凝土暂行技术条件》(科技基〔2005〕101 号)、《铁路混凝土工程施工质量验收标准》(TB 10424)的有关规定和要求。

混凝土运输采用运输车配合料斗运输，装料前应仔细检查料斗有无润湿、积水，料斗内壁黏附的混凝土是否清除干净。每天工作后或浇筑中断 45 min 以上再行运输混凝土时，必须再次清洗料斗。混凝土制备及运输如图 4-12 所示。

图 4-12　混凝土制备及运输

3. 混凝土浇筑

CRTSⅠ型混凝土轨道板混凝土浇筑按逐块模型分别浇筑。混凝土浇筑的温度要求为：模板温度5 ℃～35 ℃，混凝土拌和物入模温度 5 ℃～30 ℃。当昼夜平均气温低于 5 ℃或最低气温低于－3 ℃时，应采取保温措施，并按冬期施工处理。

每块轨道板的混凝土浇筑应一次成型，不得增补或接长，采取混凝土从模型一端向另一端延伸的办法布料。混凝土浇筑分两层连续进行，布料均匀，严禁浇筑间隔超过 20 min 的混凝土。

在浇筑混凝土过程中，采用附着式高频振捣器进行振捣。第一层布料完成后，振捣 120 s 左右后再布入第二层混凝土。第二次振捣 120 s 左右，过程中注意将局部多余混凝土铲掉，混凝土不够的地方及时补料、振平。每层布料厚度约 10 cm,振捣时间根据混凝土密实情况可适当调整。

振动器控制箱操作人员必须仔细观察混凝土表面,防止漏振、欠振和过振,以混凝土无明显下沉、无明显气泡、表面泛浆为宜。

混凝土抹面后,覆盖棚布,静置保温。混凝土浇筑及蒸汽养护如图 4-13 所示。

图 4-13 混凝土浇筑及蒸汽养护

4. 混凝土蒸汽养护

轨道板混凝土养护期间,应重点加强混凝土的湿度和温度控制,尽量减少表面混凝土的暴露时间。轨道板养护分为蒸汽养护、水中养护和自然养护 3 个阶段。

轨道板蒸汽养护采用自动温控系统,蒸汽养护全过程分为静置、升温、恒温、降温 4 个阶段。

静置期:混凝土浇筑完毕至混凝土初凝之前的养护期为静置期,静置期时间不小于 3 h。静置期可向棚内供给少量的蒸汽,将棚内温度控制在 5 ℃～30 ℃之间。

升温期:温度由静置期升至规定的恒温阶段为升温期。升温速度不得大于 15 ℃/h。

恒温期:恒温时棚内温度不超过 45 ℃,混凝土芯部温度不宜超过 55 ℃。最高温度持续时间不宜超过 6 h。

降温期:降温速度不应大于 15 ℃/h,脱模时,轨道板表面与环境温差不应大于 15 ℃。

生产期宜观测轨道板芯部温度,并分析混凝土芯部温度与棚内温度相对关系,绘制温度曲线。指定专人定时采集数据,及时绘制温度曲线图,当发现升降温速率出现异常时,立即报告,分析原因,采取措施。蒸汽养护结束后,应进行入池养护和洒水保湿养护。

(1)水中养护。轨道板封锚完成后应根据封锚砂浆凝结情况静置 2 h 以上且养护剂不再流动后方可吊入水养池全部浸入水中养护,如图 4-14 所示。轨道板在水养池中养护的时间应不少于 3 d。水养池内最低水温不应低于 5 ℃。

轨道板水中养护前应将板体表面清扫干净,预埋套管处用塑料盖进行封堵,防止杂物浸

图 4-14 轨道板水中养护

入。轨道板入池后应牢固固定，防止轨道板在养护池内发生倾覆。

水养池内积淤和养护用水应定期清理更换，养护用水应保持干净。

(2)自然养护。轨道板在养护池内水养 3 d 以后，通过 10 t 桥式起重机装车后通过运输小车运至存板区进行存放，每批轨道板抽检 10 块，按规范对轨道板的长度、宽度等进行外观检查，抽检完成后装车运至存板区进行存放。

轨道板水养结束转入轨道板存放场集中存放并自然养护，自然养护时间与水中养护时间累计不得少 14 d。

自然养护以洒水湿润养护为主，洒水次数以保持混凝土表面充分潮湿为度，一般情况下，白天以 1～2 h 一次，晚上 4 h 一次。

当环境气温低于 5 ℃时，轨道板表面应喷涂养护剂，采取保温保湿措施，禁止对轨道板直接洒水。

4.1.8.4 预应力工程

1. 张拉前准备工作

(1)张拉人员经培训合格并持证上岗。

(2)锚具按规定检验合格，预应力钢棒有技术合格证并经复验确认合格。

(3)混凝土强度达到 40 MPa 以上且弹性模量达到 32.5 GPa 以上。

(4)轨道板数控自动张拉系统状态良好，千斤顶和油压表均已标定并在有效期内。

(5)PC 钢棒两端螺栓已紧固到位。

2. 张拉工艺

轨道板预应力施加采用数控自动张拉系统分级张拉完成。张拉流程如图 4-15 所示。

3. 张拉顺序

预应力张拉顺序先横向后纵向，横向预应力为单向张拉，固定端预应力钢棒螺纹外露量控制在 8～10 mm；纵向预应力钢棒从中间向两侧、先下层后上层，对称、两端同步张拉，并应保证预应力筋两端伸长量基本一致。横向及纵向张拉顺序如图 4-16 所示。

轨道板横向张拉力 127 kN，纵向张拉力 122 kN，P4962 纵向单端张拉伸长量 11.2 mm，

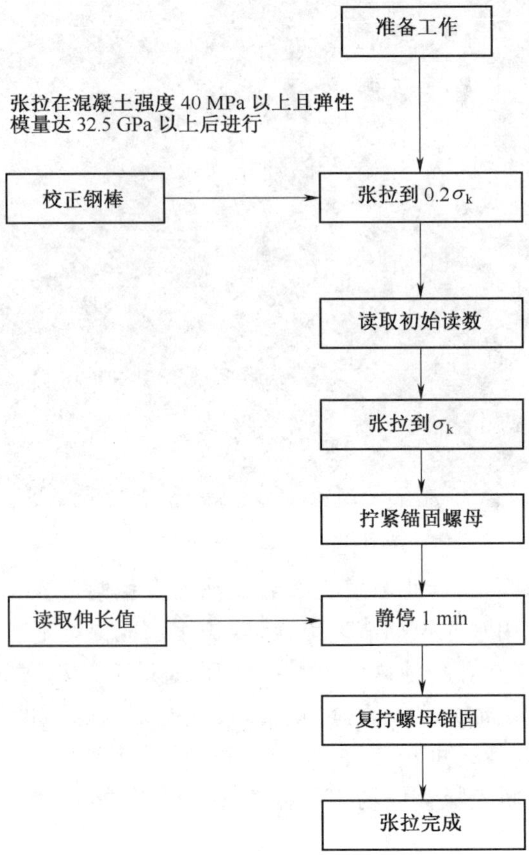

图 4-15　轨道板张拉流程图

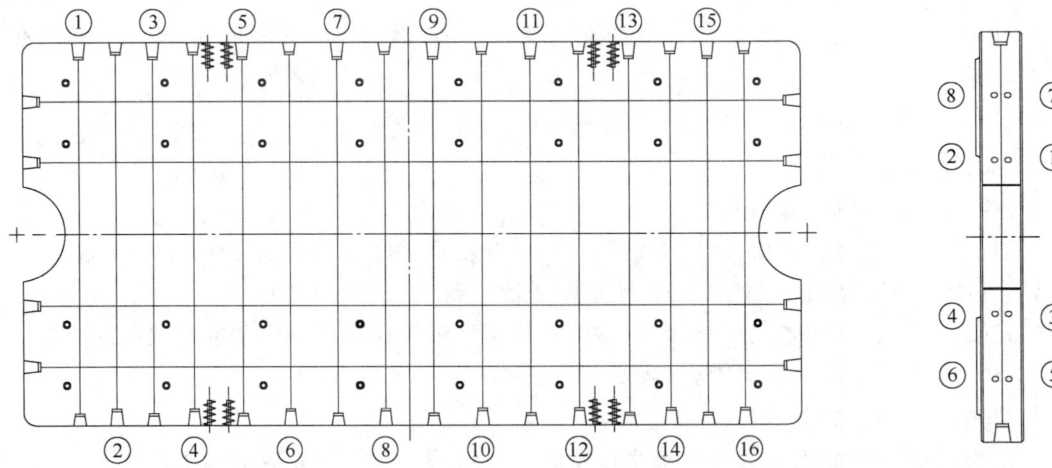

图 4-16　轨道板横向及纵向张拉

横向张拉伸长量 11.2 mm,伸长量误差不应超过 1 mm,由于伸长值与钢棒工作长度成正比,P4856、P4856A、P3685 板纵向单端伸长量可根据工作段长度按比例计算求得伸长值,见表 4-5。

表 4-5 轨道板横向及纵向张拉预应力筋伸长值

型　号	横　向(mm)	纵　向(mm)
P4962	11.2	11.2
P3685	11.2	8.3
P4856	11.2	11.0
P4856A	11.2	11.0

4.1.8.5 锚穴封锚

轨道板张拉结束后,即可进行锚穴封锚施工。封锚砂浆采用强制式搅拌机拌制,搅拌机转速不宜小于 180 r/min;称量采用电子秤,计量误差不得大于 1%,电子称每月校核一次,做好校核记录。

封锚砂浆填压前,应清理锚穴内油污、浮尘、杂物和积水,并均匀喷涂能够提高黏结强度的界面剂。封锚砂浆应分层填压。封锚工艺流程如图 4-17 所示。

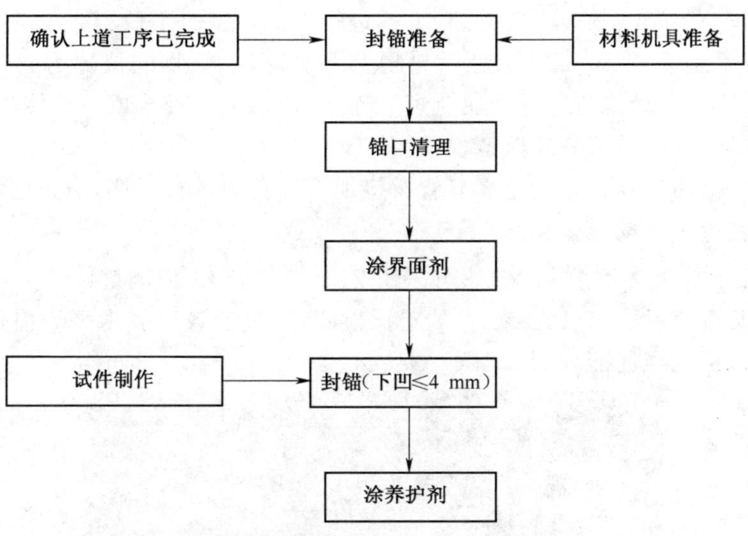

图 4-17 轨道板砂浆封锚工艺流程

锚穴封锚采用空气锤对砂浆进行振捣,频率不小于 1 000 Hz,振捣力不小于 6 kg,振捣次数不得少于 3 次,每次不少于 20 s。封锚完成的轨道板如图 4-18 所示。

4.1.8.6 轨道板吊运及存放

轨道板水养之后,经检查合格,通过桥式起重机、运输汽车等将轨道板运至存板区内,再由龙门吊吊装就位存放,如图 4-19 所示。

(1)轨道板吊装。轨道板起吊时,应利用轨道板上的预埋起吊套管水平起吊,使起吊螺栓均匀受力。吊运的重量不得超过起重设备的最大起重量,混凝土轨道板应单块分别吊运。整个起吊作业过程中必须轻起轻放,防止碰伤轨道板。

(2)轨道板运输。轨道板运输注意事项如下:

1)装车时,轨道板应利用立吊工装纵向立放于平板车内立板架上,支点设置于起吊螺栓处。

图 4-18 封锚完成的轨道板

图 4-19 轨道板存放

2)装车的重量不得超过设备的最大重量,并且一个车次的装载轨道板数量不得超过 2 块。

(3)轨道板堆放。轨道板成品应按型号和批次分区储存,严禁不同型号的产品混存;不合格的轨道板要单独存放,并做出明确的标识。

轨道板采用垂直立放(长边方向着地)方式进行堆放。临时平放不大于 7 d,层数不超过 4 层。层间净空应不小于 50 mm,并保证承垫物上下对齐,承垫物的位置为起吊套管位置。轨道板采用立放时应采取措施将紧邻两块轨道板连接,使轨道板堆放成一整体,轨道板堆放端头应有良好的防倾倒支撑架,第一块轨道板连接在支撑架上。

轨道板贮存时,用塑料封盖对绝缘套管及接地端子孔眼进行封堵,防止雨水或杂物进入。

4.1.8.7 成品轨道板绝缘性能检测

轨道板成品外形外观尺寸检验方法可采用 ZL5 型智能 LCR 测量仪进行三次有轨道板(L 和 R)和同位置无轨道板情况(L_0 和 R_0)的对比检测,测量后各取算术平均值作为测量结果进行计算,成品轨道板绝缘性能检测如图 4-20 所示。

图 4-20 成品轨道板检测

4.1.9 资源配置

4.1.9.1 劳动力配置

根据实际试生产情况、岗位工作量以及机械设备自动化程度,采取相应措施,提高工作效率，根据工期要求，可以灵活采取两班制或者三班制生产。

管理人员组织见表 4-6。生产及辅助人员配置见表 4-7。

表 4-6 管理人员组织表

序 号	工 种	人 数	主要工作内容
1	场长	1	全面主持轨枕场工作
2	总工程师	1	负责生产技术工作；负责建场工作
3	生产副经理	2	负责施工生产、设备管理工作
4	书记	1	负责党务、工会、后勤工作
5	工程部长	1	负责生产技术，主管工程部
6	安质部长	1	负责安全、质量，主管安质部、试验室
7	物资设备部长	1	主管设备的选型、采购、物资订购，主管物资设备部
8	总会兼计财部长	1	负责计划、财务管理
9	办公室主任	1	负责行政办公、文件资料、接待
10	工程部	4	负责技术管理、生产指挥调度，协调与各部门的工作；验工计价
11	计财部	2	负责成本控制、合同管理、财务管理和生产计划
12	物资部(含司机)	4	负责材料采购和管理
13	安质部	3	负责质量、安全和技术资料管理，负责与监理工程师的联络
14	试验室(含主任)	4	负责试验检验及生产过程控制、生产成品检验等工作
15	办公室	2	负责治安、保卫工作及行政事物、食堂、司机、文化娱乐的管理及对外接待联络工作
合 计		29	

表 4-7 生产及辅助人员配置表

序 号	工 种	每班人数	主要工作内容
1	混凝土班	32	负责轨道板混凝土的浇筑、养护及修补
2	模型班	36	负责模型安装，模型拆除，模型维修，模型加固，安装预埋件、锚具、套管等工作
3	钢筋班	48	轨道板钢筋加工、绑扎、安放、绝缘检测
4	吊运班	20	负责轨道板转移台位、存放、轨道板装车、各种运输机械的驾驶操作等工作(包括司机 12 人)
5	张拉班	30	负责轨道板的张拉、封锚、预埋套管封盖等
6	拌和站	10	负责板场拌和站的操作、值班，拌和站及砂石料场日常维护工作
7	机电班	7	负责板场所有机械设备、用水管道、供电及线路维修、生产用电值班、维修振动器等工作
8	混凝土班	32	负责轨道板混凝土的浇筑、养护及修补
9	安全保卫	5	生产区门卫 2、看守 1、巡逻 2
10	食堂后勤	8	员工 3、民工食堂 3、生活区卫生 1、门卫看守 1
合 计		228	

6.1.9.2 主要设备机具配置

工艺装备配置的基本原则:符合工艺要求,满足生产效率,各工序能力平衡且环保节能。

CRTSⅠ型混凝土轨道板设备配置除符合上述基本原则外,还具有自动化程度高、采用新技术、新装备等特点。以成绵乐铁路新津轨道板日产 50 块轨道板为例,生产主要设备配置见表 4-8。

表 4-8 主要设备配置

序号	名称	规格型号	单位	数量	备注
1	轮式装载机	Z50	台	1	
2	90 混凝土搅拌站	HZS90	台	1	
3	砂浆搅拌机	C50	台	1	
4	轨行式门式起重机	10 t/17 m	个	2	
5	轨行式门式起重机	10 t/32 m	个	1	
6	单梁桥式起重机	5 t/16.5 m	个	1	
7	单梁桥式起重机	10 t/16.5 m	个	1	
8	单梁桥式起重机	10 t/23.5 m	个	1	
9	现代叉车	5 t	台	5	
10	电力变电站	630 kVA	台	1	
11	柴油发电机组	250 kW	台	3	
12	锅炉	2 t	台	1	
13	轨道板数控自动张拉系统	—	台	1	
14	洗石机	50 m^3/h	台	1	
15	全电子汽车衡	SCS-150T 3.4×18	台	1	
16	混凝土运输车	3 t	台	2	
17	轨道板蒸养系统	自动温控	套	1	
18	轨道板运输车辆	12 t	台	2	
19	轨道板模型	各型	套	50	

4.1.10 质量安全控制要点

4.1.10.1 质量控制要点

除施工工艺及设计文件、技术条件要求的以外,CRTSⅠ型轨道板制造质量控制要点还有以下几点:

(1)轨道板制造是一项系统工程,涉及“人、机、料、法、环”各个环节,施工组织必须组织高效管理团队和技术服务团队,加强人力、设备、工装等资源配置,选择优质的工程材料。

(2)人是质量管理的第一要素,轨道板制造必须开展经常性的技术培训,针对关键环节、薄弱环节、安全质量控制重点等开展 QC 攻关活动，并定期开展经验交流和技术总结，提高施工标准化水平。

(3)科学规划轨道板制造临时工程和生产线布局，提高生产设备自动化水平，以设备质量和精度为轨道板制造质量提供保障。

(4)正式施工前，依据设计文件、技术条件及相关标准及经验编写翔实的工艺细则和检验细则，并加强技术交底和工艺试验，批量生产前邀请铁道部主管部门组织上道审查。

4.1.10.2 安全控制要点

安全控制要点见表 4-9 的规定。

表 4-9 CRTSⅠ型混凝土轨道板制造安全控制要点

序号	作业活动	危害因素	可能发生危害事件
1	模板安装	电气设备安装不合格	触电
		起重吊装操作不规范	起重伤害
		电气焊接、切割作业中的烫伤，压缩气体燃烧爆炸、触电及电磁辐射危险	触电、爆炸、烫伤、物理伤害、电焊粉肺
		搬运材料，在制品、成品时砸伤和尖锐棱角可能引起的刺割伤	起重伤害
		起重吊装操作不规范，挤压伤、砸伤	起重伤害
2	钢筋工程	加工机械发生故障、粉尘、噪声	机械伤害、尘肺
		人员未佩戴防护用品	灼伤、触电
		无证上岗	人员伤害
		接触初级线路的带电部分、接触次级带电部分	触电
3	混凝土工程	噪声、粉尘、设备缺陷	人身伤害
		噪声、振动，输送管破裂	人身伤害
		作业环境潮湿	职业性疾病
4	预应力工程	高压液体突然袭击，锚具及钢绞线飞出	物体打击
5	吊装工程	钢丝绳断裂	起重伤害
		设备故障	起重伤害； 机械伤害； 高处坠落
		违章操作或违章	起重伤害
6	电器作业	电气线路故障和设备缺陷	触电
		发电机、振动器噪声	职业性耳聋
7	锅炉房	因设备缺陷、出现故障、人员操作失误、防护缺陷、选用工具错误或工具有缺陷以及违反安全操作规程	爆炸伤害

4.2 CRTSⅠ型板式无砟轨道施工技术

4.2.1 概 述

CRTSⅠ型板式无砟轨道采用无辅助轨施工工艺，在底座施工完成并达到道床铺设条件后，利用汽车将轨道板运输到现场，通过汽车吊、龙门吊铺设在底座上，必要时需要增加轮胎式双向运板车中转，前后经过轨道板精调、水泥乳化沥青砂浆浇筑、凸台树脂浇筑等工序形成整体道床结构。

CRTSⅠ型板式无砟轨道以机械化施工为主，其中轮胎式双向运板车、轮胎式铺板龙门吊、轨道板快速精调系统、水泥乳化沥青砂浆搅拌车等属专用设备，其自动化程度较高，对制造、使用、维护等要求严格。

4.2.2　结构设计

CRTSⅠ型板式无砟轨道结构自上而下由长钢轨、钢轨扣件、预制轨道板、CA 砂浆垫层、混凝土底座、凸形挡台及周边的填充树脂等组成，如图 4-21 所示。桥梁、路基、隧道内 CRTSⅠ型板式无砟轨道结构如图 4-22～图 4-24 所示。

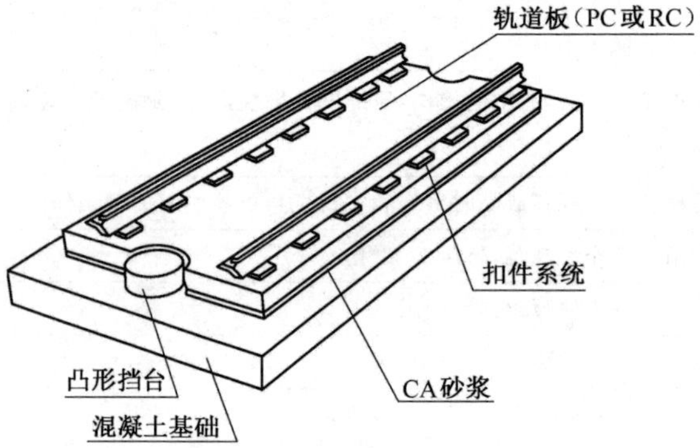

图 4-21　CRTSⅠ型板式无砟轨道结构

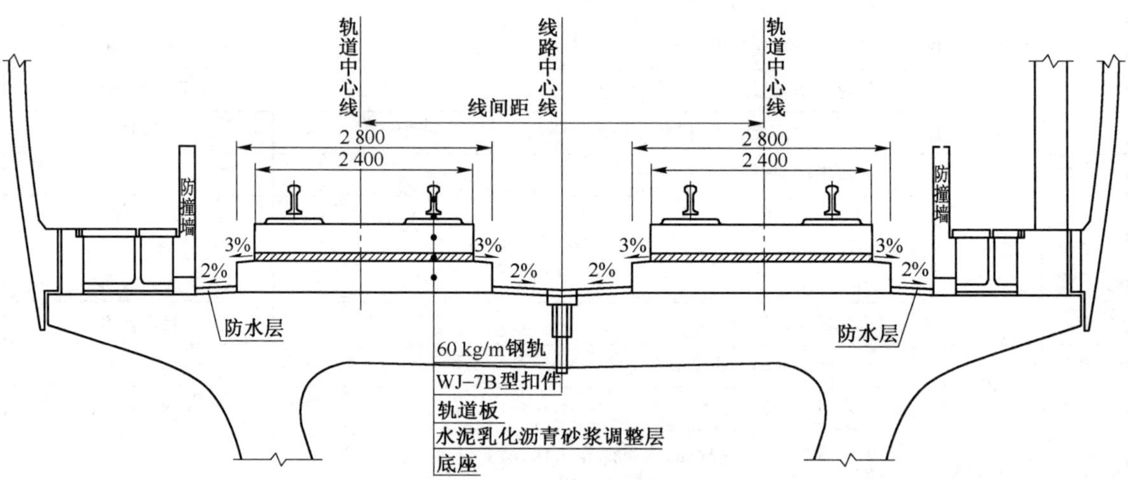

图 4-22　桥梁直线地段 CRTSⅠ型板式无砟轨道结构断面(单位：mm)

(1)钢轨及扣件。CRTSⅠ型板式无砟轨道钢轨采用 60 kg/m 100 m 定尺钢轨焊接成无缝线路。钢轨扣件采用 WJ-7 型弹性分开式扣件。长大桥梁及连续梁上按设计采用小阻力扣件(X2 弹条及复合垫板)，隧道内采用防腐蚀弹条。

(2)轨道结构高度。CRTSⅠ型板式无砟轨道在路基、隧道、桥梁地段的结构高度见表 4-10。

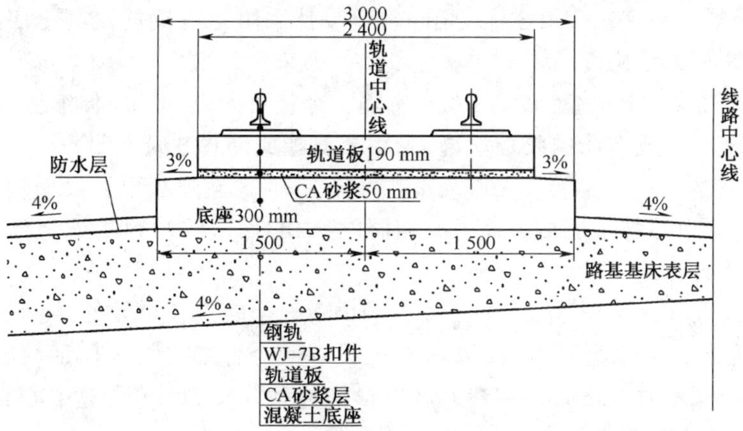

图 4-23　路基地段 CRTSⅠ型板式无砟轨道结构断面(单位:mm)

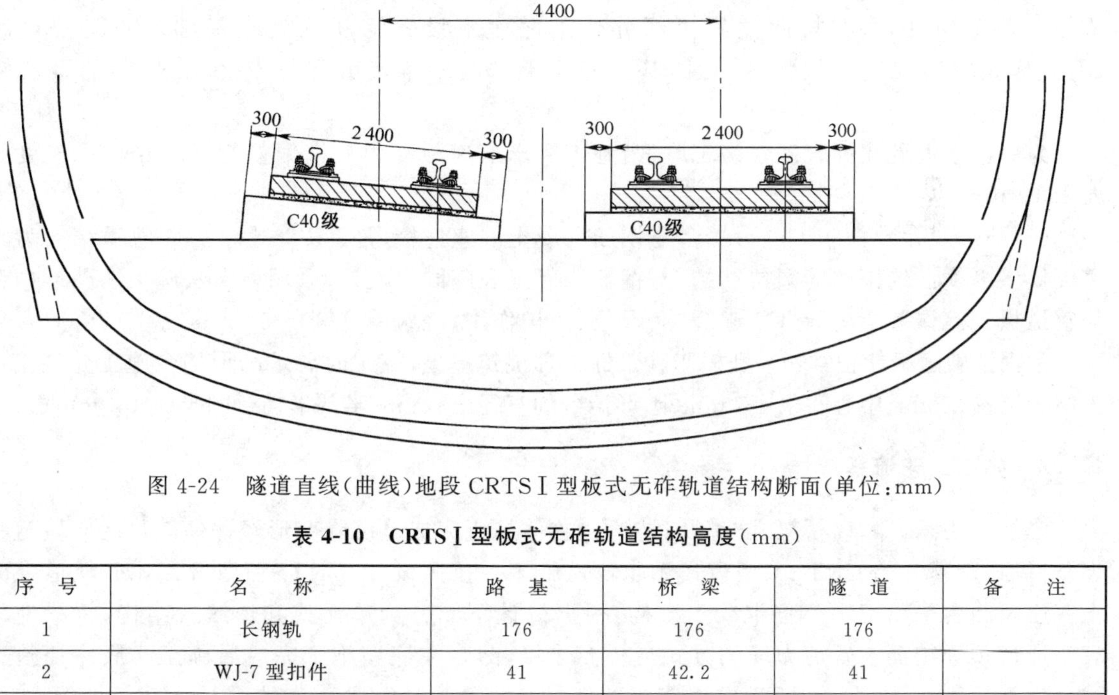

图 4-24　隧道直线(曲线)地段 CRTSⅠ型板式无砟轨道结构断面(单位:mm)

表 4-10　CRTSⅠ型板式无砟轨道结构高度(mm)

序　号	名　　称	路　基	桥　梁	隧　道	备　　注
1	长钢轨	176	176	176	
2	WJ-7 型扣件	41	42.2	41	
3	厂制轨道板	190	190	190	
4	水泥乳化沥青砂浆垫层	50	50	50	
5	钢筋混凝土底座	299	257.8	299	
6	总高度	756	716	756	

注:轨道结构高度为钢轨轨面至底座底面最小高度,不包含曲线地段轨道外侧超高高度。

(3)轨道板。CRTSⅠ型无砟轨道采用厂制轨道板,每块轨道板根据长度不同设 6～8 对承轨台,承轨台间距一般为 629 mm、最大不超过 650 mm,安装 WJ-7 型弹性分开式扣件。厂制轨道板分为框架式非预应力轨道板、框架式纵向预应力轨道板和整体式双向预应力轨道板。

(4)水泥乳化沥青砂浆。水泥乳化沥青砂浆垫层厚 50 mm,采用灌入袋方式施工。

(5)钢筋混凝土底座。CRTSⅠ型无砟轨道设计采用C40钢筋混凝土底座,分为连续式道床结构和单元式道床结构。

桥上底座厚260 mm,宽2 800 mm。每隔1个板单元设一横向伸缩缝,伸缩缝宽20 mm,缝中心用泡沫塑料板或泡沫橡胶板填缝,采用聚氨酯或沥青软膏密封。

路基上底座厚300 mm,宽3 200 mm。每隔3~4个轨道板单元设一底座横向伸缩缝,伸缩缝宽20 mm,缝中心与轨道板板缝中心相同,缝中心用泡沫塑料板或泡沫橡胶板填缝,采用聚氨酯或沥青软膏密封。

隧道内底座厚300 mm,宽2 800 mm。洞内每3个轨道板单元处(约15 m)设置1个伸缩缝,洞口向内延伸200 m范围内,约每5 m处设置1个伸缩缝。为保证与隧道沉降缝变形协调,在沉降缝处,底座对应设置伸缩缝。底座横向伸缩缝宽20 mm,缝中心与轨道板板缝中心相同,缝中心用沥青板填充。

路桥过渡段底座采用连续布置,并向路基延伸至少一块板位置设置伸缩缝。为保证桥与路基平顺过渡,在桥两端斜角部分轨道底座下设置钢筋混凝土基础。在路桥过渡处,底座钢筋需要进行加强,并在路基上底座下部与桥梁接触部位设20 mm厚的聚乙烯泡沫板。

为保证水泥乳化沥青砂浆浇筑厚度,施工要求底座板高程允许偏差为±5 mm,平整度不大于10 mm/3 m。

(6)凸形挡台及树脂。凸形挡台与钢筋混凝土底座连接,是CRTSⅠ型无砟轨道结构为轨道板提供纵横向约束的的限位结构,与钢筋混凝土底座同步设计,采用模筑法施工。凸形挡台与轨道板浇筑聚胺酯树脂砂浆起缓冲、限位、防护作用,浇筑厚度30~50 mm。

为保证轨道板能正常安装和树脂砂浆的合理浇筑厚度,施工时要求凸形挡台施工允许偏差为中心位置3 mm、中心间距±5 mm、圆形挡台的直径±3 mm(半圆形挡台的半径±2 mm)。

4.2.3 施工工艺流程

当线下工程(路基、桥梁、隧道及过渡段)主体施工完成且沉降变形经评估满足无砟轨道铺设条件后,即可开始CRTSⅠ型板式无砟轨道施工。按照设计,CRTSⅠ型板式无砟轨道混凝土底座及凸台采用C40钢筋混凝土结构,根据设计不同分为单元式和连续式结构,桥梁地段底座通过预埋植筋设置剪力筋的方式与桥面连接,凸台在底座施工完成后施工。底座浇筑完成且强度达到75%后,便可开展道床板施工。CRTSⅠ型板式无砟轨道施工工艺流程如图4-25所示。

4.2.3.1 路基上CRTSⅠ型板式无砟轨道施工流程

路基上CRTSⅠ型板式无砟轨道一般采用分段连续结构,按间距设置伸缩缝。路基混凝土底座采用现场绑扎钢筋、模筑法施工,施工相对灵活、简单,可通过路基两侧的施工便道进行物流运输,也可直接在路基面运输。

底座施工后,采用汽车运输轨道板进场,利用汽车吊或龙门吊进行轨道板的预铺,之后利用精调标架进行轨道板的精调。最后再以水泥乳化沥青砂浆搅拌车现场制备水泥乳化沥青材料,经中转仓中转,通过汽车吊或龙门吊、小车运输的方式输送到现场进行浇筑。

4.2.3.2 桥梁上CRTSⅠ型双块式无砟轨道施工流程

桥梁上CRTSⅠ型双块式无砟轨道一般采用单元结构,单元长度为梁跨长度,但每个单元

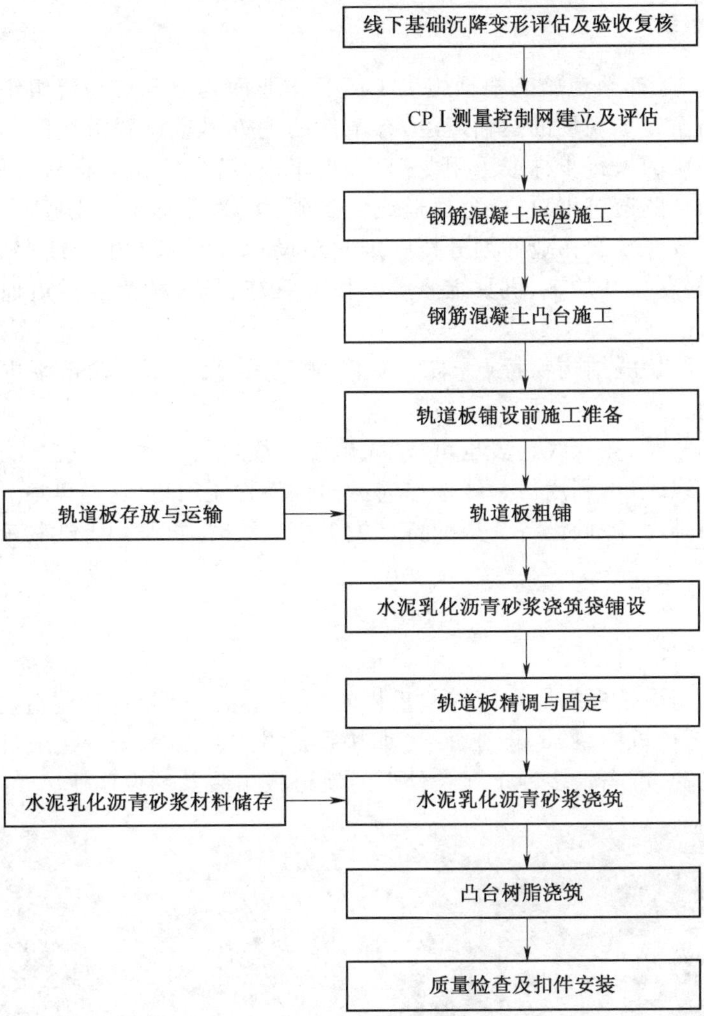

图 4-25 CRTSⅠ型板无砟轨道施工工艺流程

均不跨越梁缝。桥梁上CRTSⅠ型板式无砟轨道施工最大的问题在于物流运输，有条件的地方需要沿线路修建贯通便道，通过便道运输和汽车吊、龙门吊吊装将物料机具运送到桥面上。跨河、跨路或其他便道无法到达的地段，采用桥上运输车或龙门吊进行物料机具的转运。轨道板在桥面的纵向转运采用轮胎式双向运板车完成。钢筋混凝土底座及凸台采用模筑法施工，按工序呈流水作业。

4.2.3.3 隧道内CRTSⅠ型板式无砟轨道施工流程

隧道内CRTSⅠ型板式无砟轨道施工与桥梁上施工基本相同，一般根据隧道及斜井(或横洞)出入口数量规划施工作业面，通过汽车运输材料和轨道板进洞，由远及近分工序依次开展施工，考虑物流组织的困难，一般将底座浇筑与轨道板铺设分开组织施工。底座浇筑时，施工机具、钢筋材料及混凝土材料等分开组织运输，以形成合理工序。轨道板铺设时，轨道板运输、水泥乳化沥青砂浆浇筑等分开进行。其中，轨道板铺设主要以轮胎式铺板龙门吊和轮胎式双向运板车为主。

4.2.4 施工物流组织

CRTSⅠ型板式无砟轨道施工根据施工工序及作业面划分开展物流组织。一般修建从施工基地经既有公路至施工现场的运输通道,有条件的地方尽量设置沿线路的贯通便道。长桥地段需设置上下桥梁的人行步梯或采用龙门吊、汽车吊、塔吊等作为材料及机具上下的通道;隧道地段则主要结合隧道进出口、应急通道或施工斜井、横洞设置物流通道。混凝土供应、轨道板及相关材料存放等结合作业面划分按一定间距设置临时基地生产或存放,临时基地同时规划人员居住、材料存放及加工、机具维修等。长大路基、长大桥梁及隧道地段根据需要配置轮胎式双向运输车。

施工现场结合路桥隧结构物特点,采用人工、龙门吊、汽车吊或输送泵进行材料运输及机具转运等。

当施工工期不紧时,在双线地段也可按"先施工一线,再施工另一线"的方式分别进行物流组织。当施工第一线时,可利用另一线按单向运输作为物流通道,这样可最大限度地减少第一线施工物流组织的难度,降低设备资源配备。施工第二线时,再采用上述物流组织方案。

4.2.5 关键设备及工装

4.2.5.1 轮胎式铺板龙门吊

轮胎式铺板龙门吊是根据通用门式起重机的相关标准及规定设计制造,主要由钢结构、主动走行机构、从动走行机构、10 t 电动葫芦、动力系统、电气控制系统等组成(图 4-26)。不同类型龙门吊的综合配置,可满足多种工况条件下的轨道板吊装及铺设作业。

图 4-26 轮胎式铺板龙门吊

4.2.5.2 轮胎式双向运板车

轮胎式双向运板车主要用于在无砟轨道底座上沿线路方路双向行驶并运输轨道板的运输车辆。其走行系统采用变量泵一变量马达闭式液压驱动回路,具有驱动力大、无级调速的特点。轮组通过油缸串接组成多点支承系统使车体三点受力,同时轨道板运输车行走时可根据路况调整车体左右侧的高度,使车体始终处于基本水平状态;运输车采用双向操作运行程序(图 4-27)。

4.2.5.3 轨道板快速精调系统

CRTSⅠ型轨道板快速精调系统根据 CRTSⅠ型无砟轨道布板设计及结构特点,在已有的

图 4-27　轮胎式双向运板车

CRTSⅡ型轨道板精调系统的基础上研发而成。其主要组成包括：全站仪、工控计算机、螺栓孔测量标架及后视棱镜等硬件系统以及 CRTSⅠ型轨道板精调系统软件，如图 4-28 所示。

图 4-28　CRTSⅠ型轨道板快速精调系统

4.2.5.4　轨道板精调器

CRTSⅠ型轨道板精调器由支撑架、水平及竖向调节螺杆等组成(图 4-29)。精调器安装于轨道板吊装孔上，不仅可以起到支撑轨道板的作用，而且通过调节水平或竖向调节螺杆实现轨道板横向或竖向移动，达到轨道板中线及高程调整的目的。

图 4-29　轨道板精调器

精调器配合快速精调系统使用,根据精调系统实时测得的偏差对轨道板中线或高程进行调整,渐进地使轨道板的实际中线或高程符合施工要求。每块轨道板配4个精调器,分布轨道板两侧前后位置。

4.2.5.5 水泥乳化沥青砂浆搅拌车

水泥乳化沥青砂浆搅拌车是为满足板式无砟轨道水泥乳化沥青现场搅拌并浇筑的施工工艺特点而开发的集材料储备,电子计量,自动搅拌并带温控、调平等多种功能于一体的自动化设备,是保证板式无砟轨道施工质量的关键设备之一(图4-30)。

图4-30 水泥乳化沥青砂浆移动搅拌车

4.2.6 主要临时工程

CRTSⅠ型板式无砟轨道施工主要临时工程包括:生产基地、运输道路、施工用电以及长桥地段上桥通道等。

生产基地主要包括管理及生产人员生活驻地、轨道板临时存放场、钢筋加工场、混凝土搅拌站、其他机具及材料加工及存放场等,生产基地的每个部分可集中设置也可分开设置,主要是根据现场条件以方便施工和管理为原则。生产基地规划根据作业面划分、施工进度及物流成本等因素综合设置,最远运输距离一般控制在15 km以内。

运输道路包括正式道路和新建便道,新建便道最好能紧靠线路贯通设置,以满足机具、工装及材料等直接到达工地。运输道路除满足运输车辆运行、交会及卸车作业的要求外,还应考虑在新建道路上有其他施工可能的影响。同时,隧道地段施工时,还应考虑与斜井、下料口的连通。施工便道还应充分考虑运量需求、冬雨季影响、防排水等因素。

施工用电作为临时工程主要在混凝土拌和站和隧道内施工时使用。为保证隧道内照明需要,一般结合隧道前期施工及后期的其他施工,统一布置贯通的照明线或动力线,尽量将施工时的内燃动力设备改为用电设备,以减少施工废气排放和保障施工人员安全。

轨道板采用侧面竖向存放,临时存放场采用两条混凝土条型基础,通过龙门吊或汽车吊+吊带进行轨道板的吊装。为防止轨道板存放时发生侧翻,存放时应在存放台位端头设刚性支挡,板与板之间加垫硬木块并用拉钩锁定。

在长大桥梁地段,为方便人员上下,一般按2~3 km间距设人行通道。特殊地段,还需利用龙门吊、升降平台等设置物料及机具上下的通道。

4.2.7 原材料

4.2.7.1 普通材料

CRTSⅠ型板式无砟轨道底座及凸台均采用C40钢筋混凝土材料结构，钢筋包括热轧光圆钢筋和热轧带肋钢筋两种规格，其中混凝土配合比可以使用水泥等级不低于P·O42.5、聚羧酸减水剂、碎石规格10～40 mm均匀级配、细骨料为中粗砂或机制砂、掺和料可为复合型掺和料或单掺矿粉及粉煤灰，同时满足技术条件和施工工艺要求。钢轨扣件及工具轨与设计规格一致。

CRTSⅠ型板式无砟轨道施工辅助材料包括：接地端子、嵌缝胶、养护剂、脱模剂、伸缩缝材料、土工布等。

4.2.7.2 水泥乳化沥青砂浆

水泥乳化沥青砂浆由乳化沥青、干粉料、聚合物乳液、消泡剂、引气剂、减水剂及水等原材料组成，是经水泥水化硬化与沥青破乳胶结共同作用而形成的一种新型有机无机复合材料，属于高速铁路板式无砟轨道修建的核心技术。水泥乳化沥青砂浆作为介于混凝土与沥青之间的一种特殊材料，其特点是刚柔并济，以柔性为主，兼具刚性。水泥乳化沥青砂浆填充于厚度约为50 mm的轨道板与混凝土底座之间，作用是支承轨道板、缓冲高速列车荷载及减振等作用，其性能的好坏对板式无砟轨道结构的平顺性、耐久性和列车运行的舒适性与安全性以及运营维护成本等有着重大影响。

CRTSⅠ型板式无砟轨道用水泥乳化沥青砂浆采用阳离子乳化沥青，其主要技术指标应符合《客运专线铁路CRTSⅠ型板式无砟轨道水泥乳化沥青砂浆暂行技术条件》（科技基〔2008〕74号）的相关要求。水泥乳化沥青砂浆的储存及管理应符合下列要求：

（1）原材料进场后，应及时建立原材料管理台账。台账内容应包括进货日期、材料名称、品种、规格、数量、生产单位、质量证明书编号、复验报告编号、使用区段里程等。管理台账应填写正确、真实、项目齐全。

（2）原材料的储存应按品种、生产厂家分别储存，不同品种、不同生产厂家的原材料不得混装、混堆。聚合物乳液、引气剂、铝粉等要遮光储存，避免阳光直射，防潮、防雨淋。

（3）原材料在运输、储存过程中，其温度应严格控制在一定的温度范围内。乳化沥青、干料的温度控制在5 ℃～35 ℃，未作明确要求的，其适宜的温度以保证原材料的质量和砂浆的温度要求为前提。环境温度低于5 ℃或大于35 ℃时，应对原材料采取必要的控温措施。

（4）水泥乳化沥青现场储存罐的容量宜为现场施工3 d的用量以上，并结合水泥乳化沥青的运输情况来确定。储存罐应配备从水泥乳化沥青运输车上卸料的配管以及向水泥乳化沥青搅拌车上装料所需的专用泵及配管。储存罐应设有可以从外部确认罐内水泥乳化沥青温度和存量的设施、搅拌设施以及进行适当温度管理的设施。当需周期性储存时，需要专人定期进行搅拌，24 h不少于1次，时间约是10 min。

（5）水泥乳化沥青泵在使用结束后通常用柴油清洗，这样会造成泵内和管道内存有一定量的柴油，为防止这部分柴油与水泥乳化沥青一起进入搅拌车内引起水泥乳化沥青破乳，泵送水泥乳化沥青前应用清水将泵循环清洗5 min以上，放干管中存水后，将入口管道插入水泥乳化沥青桶，出口置于一空桶中，泵出5 kg以上，以避免柴油、水等杂物带入搅拌车，然后再向搅拌车输送水泥乳化沥青，并必须在水泥乳化沥青泵入口管道放置合适孔径的过滤网。

(6)水泥乳化沥青的储存时间不宜大于3个月,干料的储存时间不宜大于1个半月,且堆放层数不超过3层。

(7)对于检验不合格的原材料,应按有关规定清除出场。

(8)在运输、储存、搬运及使用过程中,工作人员应严格按照材料使用说明书要求进行操作,严禁违规作业。

4.2.7.3　凸台树脂

凸台树脂采用双组分聚氨酯树脂材料,A、B组分由厂家直接分装成桶,现场按使用说明书操作即可。原材料进入现场经检验合格后方可用于正式施工。

原材料存放应进行遮盖,防止阳光直射、防水。搬运时应轻拿轻放,避免碰撞,保证原材料使用前的密闭性。原材料的施工工艺及技术指标应符合相关技术条件的要求。

4.2.7.4　水泥乳化沥青砂浆及凸台树脂浇筑袋

水泥乳化沥青砂浆及凸台树脂浇筑袋均应采用聚酯无纺布制作。浇筑袋外观应布面均匀、平整,无破边、破洞、撕裂、割口。浇筑袋缝制应无挑针、脱线、错位等瑕疵,缝纫轨迹均匀、平直、牢固,针迹密度为3～4针/cm。浇筑袋外形应根据轨道板及凸形挡台的具体尺寸设计。浇筑袋的使用、验收及检测应符合相关技术条件的要求。

4.2.7.5　WJ-7型弹性分开式扣件

WJ-7型扣件由T形螺栓、螺母、平垫圈、弹条、绝缘块、铁垫板、轨下垫板、绝缘缓冲垫板、重型弹簧垫圈、平垫块、锚固螺栓和预埋套管组成,此外为了钢轨调高需要,还包括轨下调高垫板和铁垫板下调高垫板。

4.2.8　施工工艺

4.2.8.1　质量标准

(1)混凝土模型质量控制。混凝土底座及凸台模板及支架材料应有足够的强度、刚度、稳定性和平整度,且安装稳固牢靠、接缝严密、不得漏浆,对模板与混凝土的接触面清理干净并涂刷隔离剂,模板内的积水和杂物应清理干净。支承层或底座、凸台、道床板等模板安装允许偏差应符合《高速铁路轨道工程施工质量验收标准》(TB 10754)的相关规定,其中预埋件和预留孔道留置等应做好与相关接口工程的衔接。

(2)钢筋质量控制。钢筋的制作、加工和焊接、绑扎除符合设计及铁路混凝土工程的要求外,接地端子等材料应满足设计要求及产品技术条件的要求。钢筋网片的绑扎安装应做好模型的协调,并保证结构混凝土保护层厚度符合设计要求。

(3)结构混凝土质量控制。结构混凝土采用高性能混凝土,混凝土质量除满足结构性能要求外,还应满足施工工艺的要求。混凝土原材料、配合比设计、搅拌及施工养护应满足《铁路混凝土工程施工质量验收标准》(TB 10424)的相关规定,外形尺寸、表面裂纹及排水坡等应符合设计要求。混凝土拆模后,结构表面应密实、平整、颜色均匀,且不得有露筋、蜂窝、孔洞、疏松、麻面和缺棱掉角等缺陷。

(4)轨道板铺设质量控制。混凝土底座及凸台的外观和几何尺寸需满足铺板要求。轨道板的类型、规格、质量等符合技术条件的要求。减振型轨道板板底垫层应粘贴平整、牢固、无翘起,橡胶垫层材料符合要求。轨道板与底座、凸台之间的间隙符合要求。

轨道板精调用快速精调系统、精调器等满足要求。精调完成后的轨道板应定位牢固，中线及高程偏差、相邻轨道板间横向和竖向的搭接偏差等符合《高速铁路轨道工程施工质量验收标准》(TB 10754)的相关规定。

(5)水泥乳化沥青砂浆垫层质量控制。乳化沥青、干粉材料、外掺料、外加剂及拌制用水等主要性能指标等符合《客运专线铁路 CRTSⅠ型板式无砟轨道水泥乳化沥青砂浆暂行技术条件》(科技基〔2008〕74 号)的规定。浇筑袋的规格、类型及质量应符合相关技术条件的要求。浇筑袋铺设应平展、无褶皱，四边、对角对称。

浇筑之前应检查确认轨道板的位置，砂浆浇筑厚度不小于 40 mm，最大不超过 60 mm。砂浆浇筑的施工环境应在 5 ℃～35 ℃范围内，当天气温低于－5 ℃时，全天不得进行砂浆浇筑。

水泥乳化沥青砂浆拌制应采用专门的数控及电子计量搅拌设备，应严格按施工配合比进行原材料称量，称量误差应符合相关技术条件的要求。砂浆浇筑前，应按规定进行流动度、温度、含气量等指标的检测。

水泥乳化沥青砂浆浇筑应饱满，与轨道板密贴，不应有空隙。浇筑袋的 U 形边线与轨道板边应平齐。填充质量应外观平整、无损伤，个别操作经修整后不得影响使用。浇筑袋切除后应进行封闭。

(6)凸台填充树脂质量控制。凸台树脂的 A、B 组分和混合搅拌后的混合液性能以及浇筑袋的规格和质量应符合相关技术条件的规定。

凸台树脂一般在水泥乳青砂浆浇筑并达到一定强度后施工。浇筑前应清理浇筑区域，凸台周边树脂浇筑位置应清洁、干燥。凸台树脂浇筑厚度的控制应在铺板调整时保证，同一块板前后两端应基本一致，浇筑厚度应不低于 30 mm，也不应大于 50 mm。浇筑袋铺设应平整、无褶皱，两侧面分别与轨道板与凸台混凝土粘贴牢固。

凸台树脂浇筑施工温度应在 5 ℃～40 ℃之间，雨雪天气禁止施工。凸台树脂浇筑的底边应与板底平齐或低于板底，最高不高过板底 10 mm，其顶面应低于轨道板顶面 5～10 mm。

4.2.8.2 工艺特点

CRTSⅠ型板式无砟轨道实行多工序流水作业施工，底座与凸台混凝土采用模筑法现浇施工，轨道板铺设时以理论的钢轨及轨道中心作为施工控制的基准面和基准线，通过快速精调系统和精调标架的使用，使得轨道铺设几何极为精准，铺设施工误差近似于“零”。同时，为保证水泥乳化沥青砂浆和凸台树脂的浇筑厚度，施工时还应严格控制轨道板底座高度、凸台位置及几何尺寸。因此，这些误差的控制和减少，加上物流组织及工程质量实现的特点，综合构成了 CRTSⅠ型板式无砟轨道施工工艺的特点。

1. 持续系统的精度控制

CRTSⅠ型板式无砟轨道既要保证高精度的轨道几何，又要保证混凝土底座与凸台、水泥乳化沥青砂浆厚度。因此，必须持续地系统地进行精度控制。主要有以下几点：

(1)将高精度系统控制的理论延伸于线下结构施工，既要保证线下结构的表面高程、平整度和中线，更要最大限度地减少和保证线下结构变形量。

(2)建立 CPⅢ测量控制网，并将 CPⅢ测量控制网的使用贯穿于无砟轨道施工的全过程，并根据不同工序施工选择不同的高精度测量设备予以保证。

(3)严格控制线下结构竣工平整度和高程，混凝土底座的中线、高程及表面平整度，凸台中心位置及几何尺寸、轨道板预制厚度及扣件螺栓孔定位精度、轨道板定位精度等,通过一系列严格的精度控制最终保证无砟轨道的结构质量和精度质量。

2. 形式多样的物流保障

依据不同条件,选择不同的物流保障措施。除了沿线路修建贯通便道并与既有道路连通外,路基地段设置马道可使汽车直接到达施工现场,长桥地段利龙门吊或汽车吊、塔吊设物料提升站,隧道内利用隧道进出口或斜井、横洞等作为物流通道。

根据不同物流吊装,选择不同的物流装备,采用汽车泵、输送泵或龙门吊、汽车吊+料斗进行混凝土运输,采用小汽车或小平车进行普通机具及设备的转运,采用汽车吊或龙门吊和轮胎式双向运板车进行轨道板的运输和铺设,采用水泥乳化沥青砂浆搅拌车现场制备水泥乳化沥青砂浆材料,采用汽车吊或龙门吊、小平车+料斗的方式进行水泥乳化沥青砂浆的运输。

有条件的地方,还可选择先施工一线,再施工另一线的方式保障物流顺畅。隧道地段,还可错开混凝土、轨道板和水泥乳化沥青砂浆施工的时间,以利于物流组织。

4.2.8.3 主要工序工艺

1. 沉降评估及CPⅢ测量控制网测设评估

铺设无砟轨道前,线下工程的主体和底座混凝土(包括桥梁上防撞墙、遮板等二期恒载)应全部完工,检验合格。未完成的附属工程不得影响无砟轨道的铺设。

铺设无砟轨道前,按照《客运专线铁路无砟轨道铺设条件评估技术指南》(铁建设〔2006〕158号)对路基、桥涵、隧道变形进行系统评估,确认工后沉降和变形、梁体长期变形、各种过渡段的差异沉降等符合设计要求,满足无砟轨道铺设条件。

2. 钢筋混凝土底座施工

钢筋混凝土底座主要作业内容包括:基础面处理、测量放样、钢筋加工(图4-31)、伸缩缝设置、混凝土浇筑(图4-32)、混凝土养护等。施工完成的底座板和凸台如图4-33所示。

图4-31 底座混凝土钢筋绑扎及模板安装

(1)基础面处理。桥梁及隧道底座范围内基础面应进行拉毛或凿毛处理,凿毛处理时混凝土见新面不小于50%。底座施工范围内及影响区域内的浮渣、浮浆应清除干净。路基面应平整。

桥梁与底座连接的预埋钢筋套筒应清洗干净,连接钢筋旋入套筒的长度不小于28 mm,拧紧力应满足设计要求,连接钢筋端头螺纹应辊轧成型。当梁面套筒因堵塞而导致连接钢筋

图 4-32 底座混凝土浇筑

图 4-33 施工完成的底座和凸台

不能安装时，要在两侧各植入一根同规格的连接钢筋，植入深度和外露长度应分别不小于 25 cm 和 15 cm，采用专用植筋胶锚固。

桥梁与底座连接的钢筋还可采用预留门形钢筋和现场植筋的设计方式。当采用预留门形钢筋时，应将保护层混凝土凿除，重新扶直和清理门形钢筋。当采用现场植筋时，植筋位置应严格按设计进行，通过测量、划线确定植筋区域，再采用钻孔植筋，植筋的要求为植入深度和外露长度应分别不小于 25 cm 和 15 cm，采用专用植筋胶锚固。

(2)测量放样。根据 CPⅢ测量控制网，利用全站仪按"自由设站，后方交会"的方式放样底座施工的中线及高程控制桩，并直接在基础面标注点位，对伸缝位位置、端头模板安装位置等标注准备。桥梁及隧道地段可通过控制桩直接用墨线划出模板安装的边线。

(3)底座钢筋绑扎。底座钢筋先在生产基地内存放和加工，之后将散料运输到工地现场绑扎成型。在有条件的地方，也可提前在生产基地将底座钢筋网预扎成型后整体运输到工地吊装铺设。钢筋保护层垫层采用与底座混凝土同级或高一等级的混凝土制作。钢筋加工前，应根据施工图编制配料斗，钢筋的下料及弯曲应符合《铁路混凝土工程施工质量验收标准》(TB 10424)的相关要求。弯曲成型的钢筋应分类集中堆放，根据需要运输到现场绑扎。

现场绑扎钢筋时，根据放样控制点，弹出底层钢筋网片安装墨线，采用定位卡具安装底层钢筋网片,以保证钢筋位置及间距。按规定数量呈梅花形布置保护层垫块。之后绑扎架立钢筋,再绑扎顶层钢筋网片。底座内需要安装的预埋件及接地端子应在钢筋绑扎时同步安装或焊接完成。

最后安装凸台预埋钢筋,凸台立筋须与底座上下层钢筋焊接连接。桥梁上钢筋绑扎时,应提前完成与梁体连接钢筋的安装或植入。

当基础面高程与设计高程有误差时,应调整底座板架立钢筋高度,使底座板钢筋上、下层保护区层厚度符合设计要求。

(4)底座模板安装。钢筋混凝土底座采用组合式可调高钢模板。钢模板设计为分块结构,直线段模板制作高度比底座设计高度低 30 mm,模板底部设有调高螺栓,调高螺栓调节范围－30～＋50 mm,曲线段超高段按 30 mm 递增设加高模板,模板分块长度结合底座分段情况设置,原则上模板分块长度不超过5 000 mm。模板安装时,通过调高螺栓调整模板顶面高度与底座设计顶面高程一致,并在模板内侧加垫2 mm厚钢板并用卡具卡住以封闭模板底部与基础面间空隙。通过在基础面上钻孔植入钢筋并在钢筋与模板间加楔子以固定模板。

模板安装前应对模板及零部件进行检查、清理和整修,确保模板板面平整、光洁、无凹凸不平,清除模板上的灰渣和基层表面的杂物,检查支架及模板焊缝处是否有开裂破损,如有均应及时补焊、整修合格。模板清理干净后应均匀涂刷脱模剂。

伸缩缝或端头模板安装:模板中心点应对准基础面凸台中心点,中心线对准基础面弹出的墨线,伸缩缝的外侧及盘条上涂抹黄油,并在伸缩缝模型外侧(伸缩缝模型后浇筑混凝土的一侧)圆弧处植入两根短钢筋固定。依据测量队的放样点及回量值安装端模,模板安装平直无弯曲。需要悬臂的地方(梁缝大于 20 cm)在梁端两头加悬臂模型,悬臂模型只需固定一端,另外一端无需固定。

侧模安装:依据底座分段长度及曲线超高设置进行模板配置计算,按计算结果分类型安装侧模。侧模安装应以模板顶面作为底座顶面高程控制点和以模板内侧作为底座边线控制线,避免两模板搭接出现阶梯形或波浪形。侧模安装要平滑圆顺。确需设置非标调整段模板时,可采用竹胶板制作模板。

模板对位安装完成并加固后,应检查模板垂直度;拉线检查伸缩缝模型、端模和侧模的线形,同时检查模板支撑及加固情况,并全部逐点抄平检查。对检查发现的不合格项,应立即整改并再次检查确认。

最后在模板与混凝土接触面涂刷脱模剂,并用适量砂浆封堵模型和基础面之间的接缝,封堵面齐平侧模内侧面且接缝严密不漏浆。

(5)混凝土浇筑。底座混凝土浇筑施工应密切关注天气变化,高温烈日、大风、雨雪天气应尽量避免施工。

混凝土制备及运输:混凝土应采用有自动计量装置的搅拌设备拌制,由混凝土罐车运送,采用汽车泵或输送泵输送混凝土上桥和浇筑,在特殊地段采用桥面单线作业,混凝土罐车沿桥面运输混凝土进行浇筑施工。混凝土入模前检查混凝土温度、坍落度,一般条件下混凝土的入模温度不应低于 5 ℃、炎热的夏季不宜超过 25 ℃。

混凝土浇筑:浇筑前,应对模板范围内的杂物积水进行彻底清理,混凝土入模前应对基床面喷水湿润。混凝土浇筑时应缓慢均匀连续进行,由模板低边往高边进行,左右两副布料的速度要基本保持一致。混凝土采用插入式捣固棒振捣,应注意避免漏捣、过振,振捣过程中应加强检查模板支撑的稳定性和接缝的密合情况，以防漏浆。发现螺栓、支撑等松动应及时拧紧和打牢。振动棒移动距离不得超过振动棒作用半径的 1.5 倍，每点振动时间约 20～30 s。

混凝土抹面及顶面高程控制：混凝土浇筑完成后，应仔细进行混凝土顶面收浆、抹面，抹面时严禁洒水拉毛。混凝土顶面高程控制以模板顶面为准，用铝合金刮尺对混凝土面找平，并根据实际情况补充混凝土。混凝土面找平后，用木砂板抹面。横向排水坡采用定制尺寸的铁抹子设置，排水坡应光滑平整且不小于 3%。为避免两模板间混凝土出现错台，施工时在两块伸缩缝模型顶部放置水平尺将两侧底座顶面控制在一个高度。

(6)混凝土养护及拆模。底座混凝土施工完成且初凝后立即用土工布覆盖并洒水保湿养护，强度满足设计要求后方可拆除模板，如设计无具体要求，侧模应在混凝土强度达到 2.5 MPa 以上，其表面及棱角不因拆模而受损时，方可拆模。脱模后拆去土工布，洒水后用土工布覆盖，保证 95%以上的湿度，养护时间不少于7 d。在混凝土未达到设计强度 75%之前，严禁各种车辆在底座上通行。

(7)底座伸缩缝施工。底座填缝(泡沫板)：填缝前，先清除底座伸缩缝内的杂物；底座伸缩缝分三段填充，即两条直线段和一个圆弧段；圆弧段使用聚乙烯泡沫橡胶板，长度为 0.816 m；直线段使用聚乙烯泡沫塑料板，长度为 1.14 m。高度控制为：泡沫顶面距离底座表面 1 cm。

底座填缝(聚氨酯)。聚氨酯搅拌时，将甲组分和乙组分倒入桶内按比例混合，搅拌均匀。聚氨酯填充时，先用泡沫塑料板将伸缩缝侧面封边堵漏，先填充底座伸缩缝顶面，再填充伸缩缝侧面，30 min 以后观察填缝，如发现聚氨酯下沉，应及时补填。

3. 钢筋混凝土凸形挡台施工

凸形挡台作为 CRTSⅠ型板式无砟轨道结构的重要组成部分，其主要功能是限制轨道板的纵、横向位移。凸形挡台采用二次浇筑工艺，设置在混凝土底座顶面的线路轴线上，通过在混凝土底座上预留钢筋、浇筑 C40 混凝土而与其连成一体。

钢筋混凝土凸形挡台应在底座混凝土拆模 24 h 后进行。凸形挡台混凝土浇筑前应对与底座的接触面进行凿毛清理，保证新旧混凝土结合良好。

凸形挡台混凝土施工前，应对凸形挡台位置进行准确放样，凸形挡台的定位允许偏差为：相邻凸形挡台中心间距±3 mm、横向±2 mm，曲线地段凸形挡台混凝土浇筑应与底座顶面呈垂直状态。

凸形挡台钢筋绑扎时，圆形和半圆形钢筋的圆心对准凸形挡台中心放样点，做好绝缘处理，绝缘卡将凸形挡台竖向钢筋与圆形、半圆形钢筋绝缘，单根圆形或半圆形钢筋用绝缘卡隔开。根据施工图焊接凸形挡台钢筋，凸形挡台钢筋应与竖向钢筋高度一致，不能出现高低参差不齐现象，钢筋绑扎经检测合格方可进行下道工序施工。

以放样的凸形挡台中心点为依据，安装圆形及半圆形凸形挡台模型。模板安装的垂直度应用水平尺或三角尺检查。模板固定通过在模板四周底座上沿十字形钻 4 个 2 cm 深的孔，打入钢筋，用木楔子固定。

模板安装的定位允许偏差为：圆形凸形挡台直径±3 mm，半圆形凸形挡台半径±2 mm，模板顶面高程 0～+4 mm。钢筋与模板之间采用砂浆垫块设置钢筋保护层厚度。

4. 轨道板铺设前准备

对 CPⅢ测量控制网进行复核，确认成果满足无砟轨道道床板施工的要求。根据 CPⅢ测量控制网对底座表面、中线及凸形挡台位置及几何尺寸进行检查验收，放样凸形挡台中心及轨道中线并划墨线标识,利用凸形挡台中心点放样轨道板粗铺高程控制点。

修建施工便道及临时基地,完成施工机构组建及人员培训,依据作业面划分配备施工机具及设备。开展轨道板粗铺、精调及水泥乳化沥青砂浆制备及浇筑工艺性试验,进行相关物资的储备。

5. 轨道板存放及运输

施工便道尽量沿线路贯通设置,满足轨道板运输及吊装作业的要求。桥梁地段采用 50 t 汽车吊直接将轨道板吊装上桥。必要时,需要采用轮胎式双向运板车进行中转运输。轨道板在存放及运输过程中应注意 5 个方面的问题:

(1)左右线的轨道板要分类存放;

(2)轨道板吊装应利用轨道板上起吊装置水平起吊,四角均匀受力,吊环安装时应注意上紧螺栓;

(3)轨道板运输装载时上下层轨道板间纵横向中心线应重合,纵向中心线应与投影车底板纵中心线重合,偏差控制在±20 mm 以内,并采用钢丝绳进行加固,保证运输过程中轨道板与运输车辆间不发生相对移动;在运输过程中,要采取措施防止轨道板倒塌或产生三点支承,不要使其遭受过大冲击;

(4)装卸轨道板时严禁撞、摔、碰,不能在轨道板纵方向起吊;

(5)轨道板采用汽车运输时,应用特制支撑架,相邻板间用方木垫块隔离。临时平放(不超过 7 d)时,堆放层数不超过 4 层,层间净空不小于 20 mm,并保证承垫物上下对齐。

此外,轨道板在运输前,应对每块轨道板的编号、外形、外观尺寸进行检查确认,确认尺寸合格和外观无损坏后方可运输,运到铺设地点后再对照轨道板检查并接收轨道板。

6. 轨道板粗铺

轨道板采用跨线龙门吊或汽车吊进行粗铺,轨道板粗铺如图 4-34 所示。

图 4-34 悬臂式铺板龙门吊铺板

轨道板铺设前,底座混凝土表面应清理干净,不得有积水和浮渣。预先在凸形挡台上加装锥形导向盖,导向盖罩于凸形挡台四周,轨道板下落可沿导向盖滑到底座上,以免损伤轨道板及凸形挡台边角。在两凸形挡台间的底座表面跨轨道板端头 60 cm 左右对称各放置支承垫木,支承垫木尺寸 300 mm×100 mm×50 mm,轨道板放置在支撑垫木上。

轨道板粗铺时,由跨线龙门吊或汽车吊将轨道板吊到铺设位置,人工扶稳轨道板缓缓下落,把轨道板放在预先放置的支承垫木上,并辅助检查使轨道板中心线尽量与凸形挡台中心对齐。同时精确测量轨道板两端圆弧中心距凸形挡台的纵向距离,采用木楔调整使用轨道板处于两凸形挡台间的中间位置，保证轨道板与两凸形挡台之间的距离之差≤5 mm。且轨道板与凸形挡台的间隙不小于 30 mm。轨道板粗铺时，应将有接地端子的一侧安放在线路外侧。

7. 水泥乳化沥青砂浆浇筑袋铺设

根据底座顶面高程及轨道板高度计算水泥乳化沥青砂浆浇筑袋厚度，并结合轨道板类型选择合适的水泥乳化沥青砂浆浇筑袋。

浇筑袋铺设前应逐条确认外观完好后才能铺设使用。浇筑袋一般在轨道板粗铺后，水泥乳化沥青砂浆浇筑前铺设，如图 4-35 所示。

图 4-35　水泥乳化沥青砂浆浇筑袋铺设

将浇筑袋放入轨道板和混凝土底座之间，拉伸平展，保证四边、对角对称，距离轨道板内外侧距离相等，定位后不得移动。在浇筑袋四个角和中间内外侧距轨道板边缘 50 mm 以内位置涂刷胶黏剂，黏结时胶层不宜过厚，以免胶透过底层把袋上层粘住，影响砂浆流动；也可采用木楔法进行固定，但浇筑时必须有专人负责在浇筑到木楔固定点时将木楔拔除。浇筑袋粘贴后不允许出现褶皱，如发现褶皱应拆开重新拉平整后重新粘贴。支撑垫木处浇筑袋可先折叠，待轨道板调整时抽出垫木，再铺展浇筑袋。

8. 轨道板精调

全站仪每次设站可测量 6 块板、精调 5 块板、搭接 1 块板以消除错台误差。精调器旁边的操作人员可以通过显示器，看到待调的轨道板的高程及中线偏差，进而进行调整。调整完成之后，全站仪进行复测，直到轨道板高程及中线符合允许偏差的要求。

线路曲线且纵坡地段的轨道板高程调整应兼顾四点进行调整，最高点按正偏差调整，最低点按负偏差调整，使每点的高差均在偏差允许范围内。轨道板精调工艺如图 4-36、图 4-37 所示。

轨道板精调时须对上一块已调整好的轨道板进行联测，既要保证单块板的绝对坐标满足要求，又要保证两块板间的搭接满足要求，使铺板后的线路线形到达要求。

9. 轨道板固定

为了保证水泥乳化沥青砂浆浇筑时轨道板不发生上浮，轨道板精调合格后应在轨道板两侧前后安装固定装置。固定装置由设于底座上的锚杆、L 形型钢、翼形螺母等组成，如图 4-38 所示。

在每块精调器附近底座表面钻孔，用植筋胶植入带螺纹的锚杆，锚杆植筋长度应不低于 15 cm，安装锚杆时应涂抹黄油以方便拆除。待植筋胶固化后，将 L 形型钢装入锚杆并卡住轨

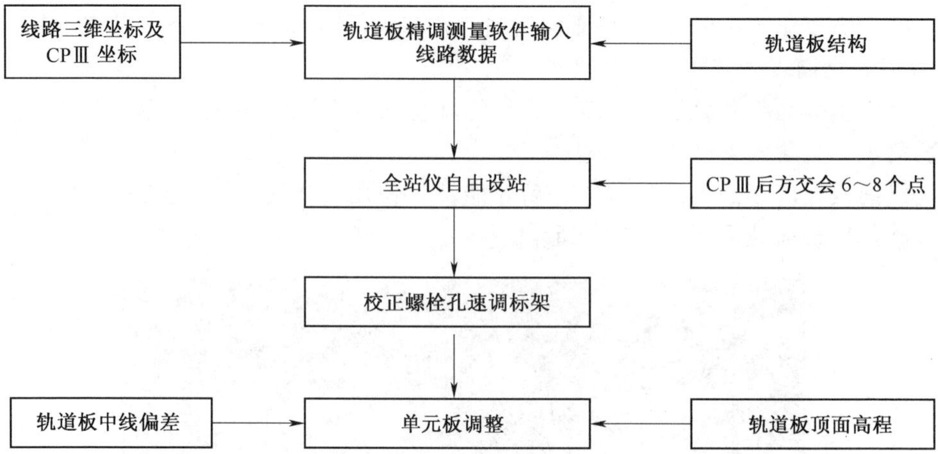

图 4-36　轨道板精调流程

图 4-37　轨道板精调

图 4-38　轨道板固定及扣压装置

道板，之后装入翼形螺帽并扭紧固定。轨道板固定之后，应对已精调的轨道板拉限界防护，防止行人及机具在上行走和扰动轨道板。

10. 轨道板复测

在水泥乳化沥青砂浆浇筑前，应对已精调轨道板的线形进行复测检查。复测采用精调标架，利用全站仪及快速精调系统，按轨道板单侧检查，以线路左侧螺栓孔为基准。复测成果达到表 4-11 的规定后方可进行水泥乳化沥青砂浆的浇筑。

表 4-11 轨道板线性复测标准

序 号	项 目	允许偏差(mm)	检 验 数 量
1	轨道板中心线与线路中线的偏差	2	每板检查 3 处(两端和中部)
2	轨道板顶面高程偏差	±1	全部检查
3	相邻轨道板接缝处承轨面相对横向偏差	2	全部检查
4	相邻轨道板接缝处承轨面相对高差	2	全部检查

11. 砂浆浇筑

水泥乳化沥青砂浆浇筑采用水泥乳化沥青砂浆搅拌车现场拌制浇筑(图 4-39)。主要工作包括施工准备、砂浆制备、砂浆浇筑、砂浆养护等。

图 4-39 水泥乳化沥青砂浆浇筑

(1)施工准备。水泥乳化沥青砂浆浇筑施工前，应对混凝土底座与凸形挡台施工质量、轨道板的安装质量进行复检，底座板与轨道板间的间隙高度、凸形挡台与轨道板间的间隙宽度应符合设计要求。同时应对机械设备工装及运行、人员配置、水泥乳化沥青砂浆施工整体流程等有个详细的组织设计。

(2)砂浆制备。砂浆制备流程如图 4-40 所示。

搅拌准备：对水泥乳化沥青砂浆搅拌车的输送、计量及搅拌各系统进行检查并确认运转正常；将施工配合比及搅拌工艺参数输送控制系统；向搅拌车内加料，并检查材料储存及供应正常；进行试拌确认合格配合比及工艺参数，确认可以正常生产。

生产过程材料添加：水泥乳化沥青砂浆原材料通过汽车或罐车从基地内运输到现场添加。添加前，应检查原材料的温度是否正常、干粉是否结块、乳化沥青是否均匀和破乳。确认合格

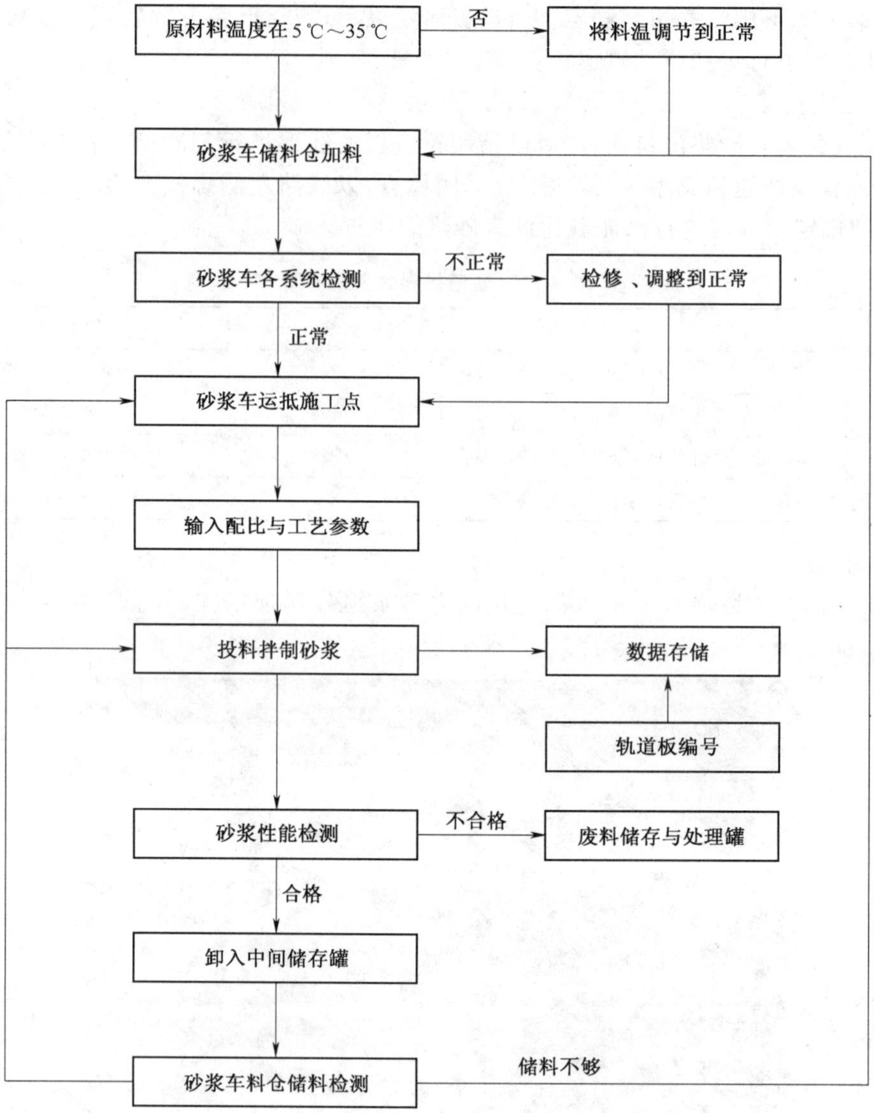

图 4-40 水泥乳化沥青砂浆制备流程

后,将原材料分别加入搅拌车料仓内。加料时,乳化沥青宜采用污水泵或隔膜泵加入,使用前用搅拌用水清洗 2 遍以上;固体粉料添加时应避免包装袋混入料仓内,避免细粒扬尘;搅拌用水用水泵直接泵入水箱内;其他材料采用相应的办法加入。

砂浆搅拌:水泥乳化沥青砂浆搅拌时应按"乳化沥青→P 乳液→水→消泡剂→干料→引气剂"的顺序依次投料,按确认的搅拌速度及时间进行搅拌。当环境温度超过 5 ℃～35 ℃范围,应采取相应的保温和降温措施,否则不得进行浇筑作业。当天最低气温低于 0 ℃时,全天不得进行砂浆浇筑,下雨天也不得进行浇筑。搅拌机的搅拌速度及时间应符合表 4-12 的规定。

水泥乳化沥青砂浆施工性能检测:每罐拌制完成后,抽取一定量的水泥乳化沥青砂浆,参照《客运专线铁路 CRTSⅠ型板式无砟轨道水泥乳化沥青砂浆暂行技术条件》(科技基〔2008〕74 号),检测拌和物的温度、流动度和含气量,所检指标应满足表 4-13 的要求。浇筑时,应制作试件检查砂浆泛浆率、膨胀率、分离度、抗压强度,其性能指标及检验方法应符合《客运专线铁路CRTSⅠ型板式无砟轨道水泥乳化沥青砂浆暂行技术条件》(科技基〔2008〕74号)的规定。

表4-12 搅拌机的旋转速度与搅拌时间表

项　目	旋转速度(r/min)	搅拌时间(min)
沥青乳剂→消泡剂	40～60	2
干料→引气剂	110～120	3
砂浆拌和	110～120	至砂浆浇筑前

表4-13 水泥乳化沥青砂浆拌和物现场检验指标

序　号	项　目	单　位	指标要求
1	砂浆温度	℃	5～40
2	流动度	s	18～26
3	含气量	%	8～12

水泥乳化沥青砂浆搅拌注意事项:由于沥青乳剂和水泥一接触就会产生反应,为有效地利用砂浆可工作时间,将干料最后分散投入。在搅拌机的投料口用直径6 mm的钢筋制成10 cm×10 cm的钢丝网,材料通过流槽送入搅拌机;不得长时间在超过要求的高速旋转下搅拌,确认导入所规定的空气量后,立即改为低速搅拌,直至水泥乳化沥青砂浆浇筑完毕;为了确认水泥乳化沥青砂浆的品质,施工前用CAS100型小型搅拌机试验拌和,根据现场实际使用的原材料和环境温度,进行各项性能试验;试验合格后再使用移动搅拌车。

(3)水泥乳化沥青砂浆浇筑。水泥乳化沥青砂浆浇筑工艺流程如图4-41所示。

浇筑前准备。检查确认待浇筑轨道板下有无积水及有害杂物,如有则及时清除;检查浇筑袋是否铺设平整、无皱褶,如有问题应重新整理合格。

水泥乳化沥青砂浆搅拌车将拌制合格的水泥乳化沥青砂浆料注入中转仓内,然后通过汽车吊吊装至灌浆位置并放在运输车上浇筑。长桥地段,汽车吊不能直接吊装到位的,则需要将中转仓吊装至桥面,再通过汽车纵向运输到浇筑地点。隧道内可使用运输车或龙门吊运输。

水泥乳化沥青砂浆浇筑时,中转仓置于轨道板灌浆位置并高于轨道板底部,以保证水泥乳化沥青砂浆在自重力作用下顺利浇筑成功。将中转仓上的下料软管和浇筑漏斗采用固定装置固定。

施工时,将下料软管注入口与水泥乳化沥青砂浆浇筑袋注入袋口牢固连接。按照"快—慢—慢"的节奏进行浇筑,浇筑过程中应密切观察水泥乳化沥青砂浆的浇筑情况。浇筑1/2时应降低注入速度以便空气排出,并观察水泥乳化沥青砂浆的静态位置,确认轨道板侧面的浇筑高度,保证轨道板底部注浆饱满。每块轨道板应一次浇筑完成,浇筑速度以不带入空气为度徐徐地连续进行,注意不得引起材料离析,并且完全充分的填充空隙。曲线地段超高过大时,水泥乳化沥青砂浆浇筑分2～3次进行,防止轨道板受力漂浮,但每次浇筑应在前次注入水泥乳化沥青砂浆未硬化前进行。观察轨道板状态,不得出现拱起与上浮现象,确认浇筑袋充填饱满后停止浇筑,将浇筑袋的浇筑口绑扎牢固,并用约45°的三角形垫块支撑浇筑口。

搅拌好的水泥乳化沥青砂浆如果长时间处于静止状态,就会变成假凝状态,很快丧失流动性。在运输和注入水泥乳化沥青砂浆的过程中,应不断缓慢地搅拌水泥乳化沥青砂浆。

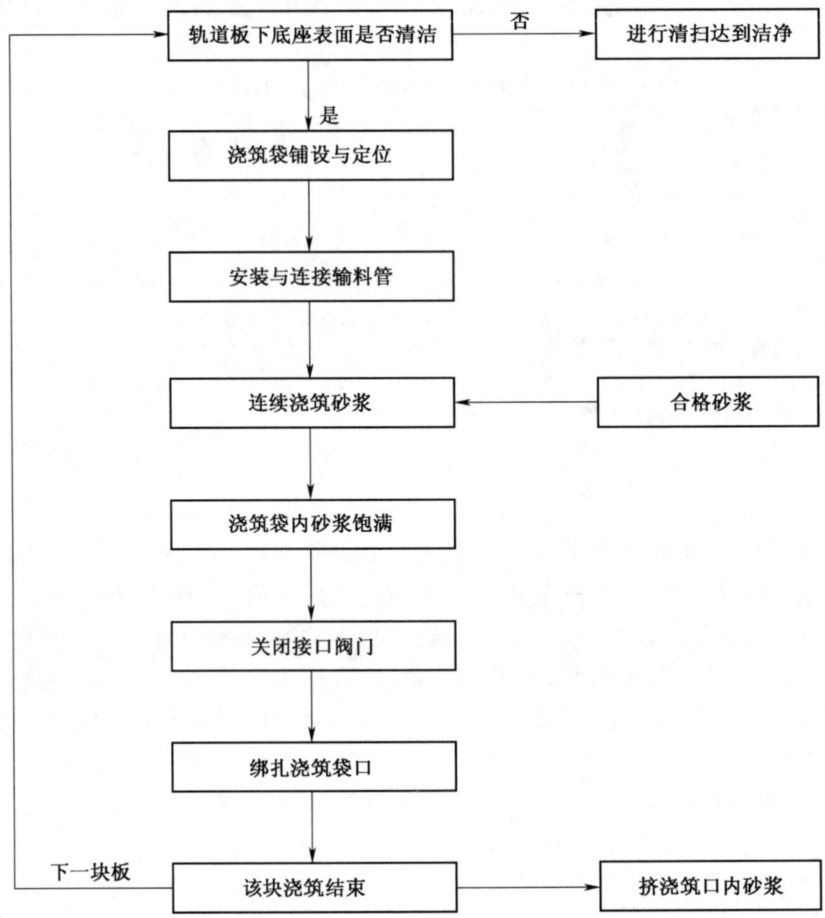

图 4-41 水泥乳化沥青砂浆浇筑工艺流程

浇筑结束后 20～45 min 内,将浇筑口内的水泥乳化沥青砂浆挤入浇筑袋,直至轨道板的支撑螺栓稍微松动。浇筑口内的水泥乳化沥青砂浆不够时,应补充挤入。挤入结束后,用 U 形夹具封住浇筑口的根部。砂浆层强度达到 0.1 MPa 以上后,撤除轨道板的精调器和扣压装置,并切断浇筑口,切口应整齐并将浇筑口封闭。

在纵坡及曲线地段浇筑水泥乳化沥青砂浆时,应从较低一侧注入口浇筑水泥乳化沥青砂浆,在高的一侧设置间隙以排出空气,且水泥乳化沥青砂浆注入袋必须固定牢靠,必要时可采用二次浇筑方式。当浇筑袋另一侧的浇筑口内水泥乳化沥青砂浆浇筑高度达到设计要求,且完全密贴板底后,浇筑结束,此时水泥乳化沥青砂浆注入袋四周边缘应饱满圆顺。浇筑后,扎紧注入口,待硬化后将注入口截除。

(4)水泥乳化沥青砂浆养护。水泥乳化沥青砂浆浇筑后原则上采用自然养生,一般不需要采取特殊措施。在气温高于 35 ℃或低于 5 ℃时,应采取相应措施覆盖养护。当水泥乳化沥青砂浆强度达到 0.1 MPa(约 24 h)时,会发生收缩现象,为适应这种情形和防止轨道板与砂浆填充层之间产生间隙,必须拆除支撑螺栓,使轨道板与砂浆充分受力接触。水泥乳化沥青砂浆抗压强度至少达到 0.7 MPa(约 7 d)后,方可在轨道板上承重。

此外,还应在支撑螺栓孔或起吊螺母孔中填入防锈润滑剂。轨道板支撑螺栓使用前必须涂润滑油,以便其在水泥乳化沥青砂浆硬化后取出。轨道板支撑螺栓必须逆时针方向拧出,严禁顺时针方向操作,防止轨道板顶起。

(5)设备清洗及砂浆废弃物处理。每作业班施工结束或施工中断时,应及时对搅拌设备、中转料斗及相关机具设备清洗干净,保持设备清洁。清洗过程产生的废液与废料应集中处理,不得随意排放。水泥乳化沥青砂浆浇筑施工过程中,不可避免地会产生砂浆废弃物等。这些材料可能会对环境造成污染,因而必须相应地采取处置措施。

(6)水泥乳化沥青砂浆浇筑施工的质量控制要点。水泥乳化沥青砂浆浇筑厚度为40～60 mm,水泥乳化沥青砂浆填充饱满。浇筑袋U形边切线与轨道板平齐,误差不大于10 mm。轨道板边缘与填充层间隙最大深度不大于50 mm。

浇筑成型的充填层应上下均匀一致,分离度<1%。充填层密实,无夹杂空隙,气泡孔径≤200 μm。

12. 凸形挡台树脂浇筑

凸形挡台树脂在轨道板水泥乳化沥青砂浆浇筑完成并固化后进行,采用现场搅拌浇筑方式。主要包括施工准备、树脂搅拌、树脂浇筑及注意事项等,如图4-42所示。

(1)施工准备。清理凸形挡台与轨道板间树脂浇筑部位,露出混凝土底座,将积水、垃圾、尘土、浮浆等清除干净。复核确认浇筑厚度不小于30 mm。

当浇筑半圆形凸形挡台树脂砂浆时,应使海绵材料或发泡聚乙烯材料对浇筑袋进行固定和限制,起到浇筑模型的作用。选择相应符合规定的浇筑袋,将泡沫塑料塞入浇筑袋底部的衬孔内。将浇筑袋塞入浇筑部位中,并检查浇筑袋铺设是否到位。将浇筑袋的两侧面分别与轨道板凹面和凸形挡台侧面粘接,应避免出现褶皱,切除浇筑袋高出轨道板顶面以上多余的部分。

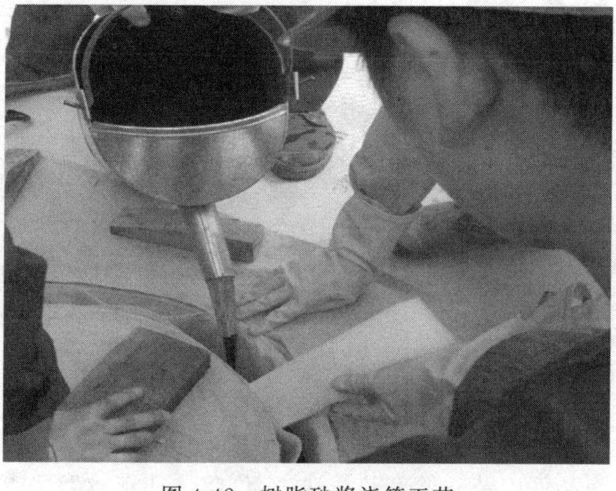

图4-42 树脂砂浆浇筑工艺

使用土工布或塑料布对浇筑部位四周的轨道板和凸形挡台顶面进行防护,以免施工过程产生污染。

(2)树脂搅拌。采用开罐器将A组分的桶盖去掉,上下、左右充分搅拌,将桶底的沉淀物全部搅起,尤其注意桶底边角的沉淀。将A组分和B组分按照配比要求倒入搅拌桶内,采用电动搅拌器上下、左右充分搅拌。搅拌过程中要尽量避免空气混入液体内。搅拌好的混合液,分装到浇筑容器内,由浇筑容器进行浇筑施工。每次搅拌量应满足一次浇筑的要求,确保每块凸形挡台位置一次浇筑成型。

(3)树脂浇筑。树脂材料混合搅拌后必须在20 min内浇筑完成,超过20 min后应弃掉作报废处理。一个凸形挡台周围填充树脂必须一次浇筑成型。将树脂材料由搅拌桶倒入带长嘴的浇筑桶中,向浇筑袋内缓慢注入树脂。浇筑过程应连续进行,并同时注意检查浇筑袋是否有褶皱等情况并及时整理。

曲线超高地段,树脂应尽量一次浇筑到位。特殊情况下需进行二次浇筑或多次浇筑时,最好在上次树脂未固化前进行。

浇筑完毕后,使用细木棒等工具深入到树脂内部,贴近轨道板或凸形挡台侧面刮贴几下,防止浇筑袋产生褶皱扭曲及空气滞留现象。

施工作业中断时,应及时对搅拌器、浇筑容器等用稀释剂清洗,废罐及废液应作为工业废弃物进行处理,不得污染环境。

(4)树脂养护。凸形挡台树脂施工完毕采用自然养生固化。若遇雨雪天气时,应对树脂进行覆盖防护。若遇到恶劣天气,应对树脂部分采取封盖等防护措施,防止雨水或杂物落入树脂内。树脂固化后,拆除支垫泡沫和海绵,并对浇筑袋高出部进行清除。

曲线超高地段树脂浇筑完成后,靠近曲线内侧的树脂一般会高于轨道板,待树脂固化后需要采用刀具将多余的树脂清除。

(5)注意事项。凸形挡台树脂搅拌及浇筑时,施工人员应戴橡皮手套、防护眼镜等,避免树脂黏在皮肤或眼睛上。树脂为石油类危险品,属可燃物,使用时要注意安全用火,施工人员禁止吸烟。

拌和作业混入水分时,不能得到规定的固化物性能,因此所用的容器、机具内均要排除水分后才能进行作业。雨、雪天气应停止施工。

13. 质量检查及扣件安装

CRTSⅠ型板式无砟轨道施工完成后,应对整体铺设质量进行检查,包括路容路貌、轨道几何及试验检测等,综合判定施工质量是否满足轨道铺设的要求。同时,还应进行成品保护和扣件安装。CRTSⅠ型板式无砟轨道施工完成后的成品保护主要有三个方面的工作:一是避免行车及车辆从上通过损伤或污染轨道板;二是下部附属结构施工时,严防混凝土或水泥乳化沥青砂浆污染轨道板;三是加强对扣件螺栓孔的封闭,以免杂物进入螺栓孔,造成后期扣件安装失效。

CRTSⅠ型板式无砟轨道用 WJ-7 型弹性分开式扣件最大特点是对轨道方向及轨距无级调整,故安装及调整需要在轨道板铺设质量的基础上再次进行精确定位,而且工作量很大。因此,在长钢轨铺设到达前,需要提前一定时间完成轨下垫板或全部扣件的安装。

扣件安装一般有弦线法、定位销法和定位架法等 3 种定位方法。扣件安装时,应检查和清理扣件螺栓孔确保孔内无积水和杂物,扣件安装应按扣件组装图和使用说明进行,应特别注意铁垫板的安装方向,铁垫板螺栓应按规定扭矩施加。

(1)弦线法。通过全站仪放样铁垫板位置,按直线段 30 m、曲线段 5 m 或其他适当距离进行放样,中间通过拉弦线的方法进行铁垫板的定位。弦线法安装铁垫板如图 4-43 所示。采用弦线法安装铁垫板,不受轨道板安装误差的影响(排除轨道板误差过大导致铁垫板无法安装的情况)。但该方法弦线张紧后受人为影响较大,精度和工效都会较差。

(2)定位销法。按轨道板设计图、轨道板螺栓孔与铁垫板的相对关系制作带圆形螺栓插销(确定与轨道板的关系)和带椭圆形凸形挡台(确定与铁垫板的关系)的定位销。使用时,将定位销套入铁垫板并安在轨道板螺栓孔上,即可固定铁垫板与轨道板的相对位置,另一端安装铁垫板螺栓。定位销法安装铁垫板如图 4-44 所示。

采用定位销法安装铁垫板,速度快、精度高。但该方法不能消除轨道板制造和安装时产生的误差。

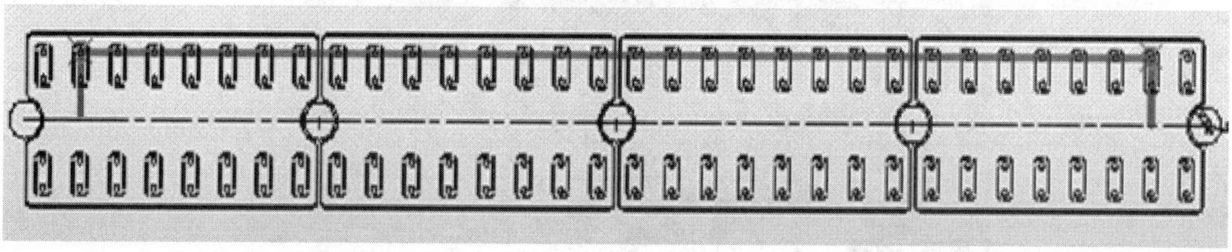

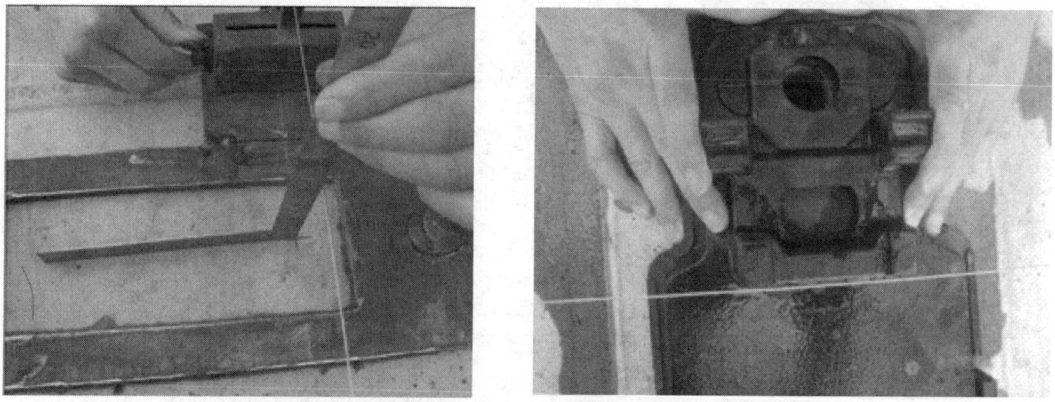

图 4-43　弦线法安装铁垫板

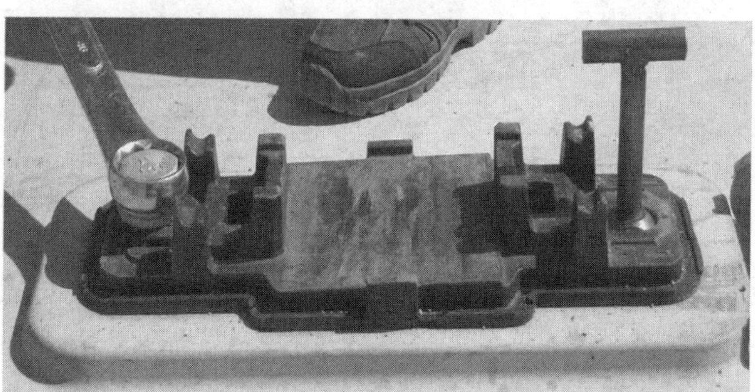

图 4-44　定位销法安装铁垫板

(3)定位架法。定位架为方框形结构,采用角钢或工字钢制作,模拟轨道板每块扣件的相对关系。使用时,将定位架安装在轨道板两端的承轨台上,即可为板上其他扣件的安装提供依据。定位架安装铁垫板如图 4-45 所示。采用定位架法安装铁垫板,定位架使用笨重,安装工作量大,且精度保持困难。

4.2.9　资源配置

4.2.9.1　*劳动力配置*

CRTSⅠ型板式无砟轨道通常采取架子队组织模式,根据工作面情况分成若干班组,通常底座(含凸形挡台)与轨道板施工分开组织,按照工序实行平行作业。各工序人员相对固定,推行专业化管理。

图 4-45 定位架法安装铁垫板

1. 管理人员组织

CRTSⅠ型板式无砟轨道一般以作业队为单位设置管理机构，负责多个作业面的技术管理和施工组织。管理人员组织见表 4-14。

表 4-14 管理人员组织表

序号	岗位或工种	人数	主要工作内容
1	作业队队长	1	全面主持双块式无砟轨道施工组织工作
2	技术负责人	1	负责生产技术工作；负责建场工作
3	作业队副队长	2	负责设备、物资及施工生产管理工作
4	工程技术室	4	负责生产技术、施工测量
5	安全质量室	5	负责安全、质量，主管安质、工程试验
6	物资设备室	10	负责设备及物资供应，含库管
7	办公室	5	负责治安、保卫工作及行政事物、食堂、司机、文化娱乐的管理；负责对外接待联络工作
8	工程调度	2	负责生产指挥调度，协调对外关系
合计		30	

2. 生产人员组织

每个作业工序工地负责人、工班长、技术人员和专兼安质人员由正式员工担任，且持上岗证上岗。其余根据需要可配置劳务用工，但岗前必须进行培训并经考试合格后上岗。特殊工种必须按规定持证上岗。以下工序按路基及桥梁日进度 120 双延米、隧道内日进度 100 双延米配置劳动力。

(1)底座及凸形挡台施工。钢筋混凝土底座及凸形挡台采用模筑法施工，单作业面生产人员配置见表 4-15。

表 4-15 钢筋混凝土底座及凸形挡台施工单班生产人员配置(单作业面)

序 号	岗位或工种	数量(人)	备 注
1	现场负责人	1	
2	现场技术人员	1	
3	专职安全员	1	

续上表

序　号	岗位或工种	数量(人)	备　　注
4	运输总指挥	1	
5	质检员	2	含试验
6	测量工	5	放样,检测
7	摊铺机司机	2	
8	设备操作司机	2	洒水车、挖掘机司机各1人
9	普工	7	整修3人,切缝、养护各2人
10	混凝土罐车司机	6	
11	其他配合	10	下部清理、设备维护等
合　　计		38	

(2)CRTSⅠ型轨道板安装施工。CRTSⅠ型轨道板安装施工单作业面生产人员配置见表4-16。

表4-16　双块式无砟轨道板施工单班生产人员配置(单作业面)

序号	工　　序	工作内容	人　数	备　注
1	轨道板吊装	轨道板转运、底座清理、轨道板粗铺	15	
2	轨道板精调	调整架安装、轨道板精调、防浮装置安装	17	
3	CA砂浆浇筑	CA砂浆浇筑袋铺设,CA砂浆上料、搅拌、输送、浇筑、养护、工具清洗	16	含砂浆车配合人员
4	CA砂浆浇筑后道工序	调整架拆除、浇筑口切除及封口	5	
5	凸形挡台树脂施工	作业面清理,浇筑袋安装,树脂搅拌浇筑、养护	15	
6	钢轨扣件安装	铁垫板安装	10	
7	砂浆车司机		2	
8	铺板龙门吊司机		1	
9	运板车司机		1	
10	叉车、农用车司机		2	
合　　计			98	

4.2.9.2　主要设备机具配置

施工设备及机具按作业面配置,生产能力符合上述进度指标要求。

(1)底座及凸形挡台支承层施工。钢筋混凝土底座及凸形挡台采用模筑法施工,主要设备及机具配置见表4-17。

表4-17　钢筋混凝土底座及凸形挡台施工主要设备及机具配置

序号	设备名称	规　　格	单　位	数　量	备　注
1	汽车泵	37 m	台	1	
2	混凝土运输罐车	8 m^3	辆	1	
3	运输汽车	—	辆	6	

续上表

序号	设备名称	规格	单位	数量	备注
4	洒水车	—	辆	1	
5	汽车式起重机	QY25	台	2	
6	发电机	30 kW	台	2	
7	钢筋加工设备	切割、弯曲	套	1	
8	电焊机	ZX400	台	4	
9	底座模板	25 号　28 号	双米	500	
10	凸形挡台模板	—	套	80	
11	捣固棒	1.5 kW	根	10	
12	电钻	—	个	2	根据需要配置

(2)CRTSⅠ型轨道板安装施工。CRTSⅠ型轨道板安装施工主要设备及机具配置见表4-18。

表 4-18　CRTSⅠ型轨道板安装施工主要设备及机具配置

序号	设备名称	规格	单位	数量	备注
1	轨行式龙门吊	10 t/17 m	台	1	存板场内吊装
2	乳化沥青储备罐	温控,50 t	个	2	
3	干料储存站	300 t 以上	套	1	
4	轮胎式铺板龙门吊	悬臂或非悬臂,10 t	台	1	
5	轮胎式双向运板车	30 t	台	1	
6	轨道板快速精调系统	CRTSⅠ型轨道板用	套	2	含全站仪及标架等
7	水泥乳化沥青砂浆移动搅拌车	含中转料斗	台	2	
8	自动照准全站仪	≤1″, ≤2+2 ppm	台	1	含棱镜
9	电子水准仪	DS1 级	台	1	含因瓦尺
10	高压清洗机	—	台	1	
11	手持式电钻	—	台	2	12
12	汽车吊	25 t	台	2	
13	精调爪	双向	套	250	每块板 1 套,每套 4 块
14	扣压装置	—	套	150	每块板 1 套,每套 4 块
15	运输车	—	台	2	
16	定位销	—	块	20	扣件安装用
17	洒水车	8 t	台	1	含输送泵
18	运输汽车	—	台	10	

4.2.10　质量安全控制要点

4.2.10.1　质量控制要点

(1)认真做好线下结构沉降变形及CPⅢ测量控制网评估,与施工各方共同验收线下结构几何尺寸。对不满足无砟轨道床施工的,不存侥幸。

(2)无砟轨道技术、质量控制点多,精度要求高,关联性、综合性和系统性强,加强技术培训,选用具有施工经验和经历的专业化技能队伍是保证无砟轨道工程质量的一个重要前提。

(3)加强设备配置和管理,特别是测量仪、精调用工装设备,务必保证其精度和良好状态,正确使用。

(4)对进场的原材料控制是成品质量的控制源头,混凝土用粗细骨料的含泥量、烧失量及碱含量等指标必须试验检测合格,钢轨扣件、预埋件、钢筋、土工布及隔离层材料等外观质量和力学性能均满足规范要求。

(5)做好工艺性试验,混凝土配合比及施工工艺、精调工艺等都应建立工艺试验制度,按照工艺试验、试验段、先导段的顺序逐步验证推广。

(6)底座及凸形挡台施工完成后,应严格检查其外观质量和尺寸。水泥乳化沥青砂浆和凸形挡台树脂浇筑厚度不能满足要求时,应及时整修合格,否则不能进入下道工序施工。

(7)轨道板应采用侧面立放方式。轨道台座基础应稳固,不能因沉降变形导致轨道板倾覆或变形。

(8)轨道板精调完成至水泥乳化沥青砂浆浇筑期间应加强对轨道板的防护,保证轨道板不被扰动。

(9)轨道板精调完成后,应尽早浇筑水泥乳化沥青砂浆,并在正式浇筑前再次检查轨道板线形是否满足浇筑施工的要求。

(10)严格控制水泥乳化沥青砂浆材料的储存周期和温度,超出允许温度的施工应制定相对的措施。水泥乳化沥青砂浆浇筑时应保持良好的施工性能,施工性能不能满足的应弃掉作报废处理。

(11)施工过程中,应加强对轨道板扣件螺栓孔的防护,避免杂物落入孔内,导致后期扣件安装失效。

(12)轨道板施工完成后,应加强成品保护,防止后续施工污染或损伤无砟轨道。

(13)不论混凝土还是水泥乳沥青砂浆或凸形挡台树脂施工,都应根据现场条件制定相应的季节性施工措施。

(14)CRTSⅠ型板式无砟轨道施工是一个系统工程,影响质量的环节多、周期长,应制定严格的质量管理措施。尤其在施工初期,应按施工培训、材料试验、设备验证、工艺试验和先导段施工的顺序逐步推进,由点带面地促进工程质量的全面保证。

4.2.10.2 安全控制要点

(1)按要求配足安全生产要求,确保安全管理体系正常运转。

(2)做好经常性的安全教育和技术培训,设备操作人员和特殊工种持证上岗。

(3)加强对施工机具设备、临时设施的例行检查和强行保养,确保设备及临时设施安全可靠。

(4)施工基地、运输道路、作业面布置科学合理,物流顺畅,临空、临边作业防护措施到位。涉及交通疏解或交通干扰的地段,应设置警示或防护设施、标牌,必要时设专人管理和防护。

(5)施工用电严格执行五线三相制和一机一闸制,做好漏电保护,电线外皮不能破损,不能超负荷用电,严禁私拉乱接,违规用电。

(6)施工现场的布置应符合防火、防风、防雷击、防洪、防触电等安全规定及安全施工的要求,各临时存板点等应按规定统一布置。

(7)生产料库应加强防火措施,乳化沥青库房周边应严禁使用明火。

(8)吊装作业时,应有专人进行指挥,要经常检查钢丝绳、吊钩、夹具等的安全状况,吊臂下及吊装范围内严禁站人。

(9)轨道板装卸时应利用轨道板上起吊装置水平起吊,四角均匀受力;把吊环安在插入螺栓上时,应注意充分上紧螺栓,不使螺栓损伤。

(10)轨道板、砂浆或其他物料吊装时,吊装时必须设专人看护,遇高压线横跨线路上空时,不得伸臂至高压线安全区内,且应通知当地电力部门协助看护吊装。

(11)物料堆码牢靠。夜间施工时照明充分。

(12)临时上桥通道应按规定搭设牢固,并定期进行检查维修。

4.2.10.3 环境保护控制要点

(1)废弃混凝土及砂浆材料必须按照规定集中统一处理,严禁随意排放污染环境。

(2)施工作业时要对所有生活和生产废水经过过滤、沉淀后集中处理。施工营地设置集中垃圾收集地,设专人管理,经无害化处理后排放,定期填埋,严禁就地焚烧。对营地生活垃圾(包括施工废弃物)集中装运至指定垃圾处理场处理。对不能处理的垃圾拉到设有处理设施的厂处理。

(3)严格按照使用要求检修和保养发动机,使用合格的燃料油,以提高发动机的燃烧和工作质量,减少发动机废气对环境的污染。

(4)经常检查各种油液管路和接头,发现泄露、渗漏及时更换或维修。对擦洗机械后的油液和更换下来的废润滑油、废液压油分类回收,利用。

(5)施工过程中产生的噪声,对动植物和人体损害均较大,为了保护环境,应尽量减少噪声污染。机械设备使用低噪声发动机。

5　CRTSⅡ型板式无砟轨道施工技术

5.1　CRTSⅡ型混凝土轨道板预制技术

5.1.1　概　　述

CRTSⅡ型混凝土轨道板设计为先张预应力结构，采用长线台座法工厂化生产，主要通过长线预制台座及模具完成轨道板的张拉、浇筑及养护后形成毛坯板，经28 d养护后利用数控磨床对轨道板承轨槽进行精确打磨，实现轨道板承轨槽打磨精度为0.5 mm，形成高精度的轨道线形。施工组织主要通过岗位人员操作设备和工序传递来完成产品的生产，有相对固定的工艺流程，实行分班作业制度，场区保护、消防、安全、绿化环保设施等相对固定。

结合轨道板布板设计的要求，CRTSⅡ型混凝土轨道板分为6 450 mm标准长度轨道板、特殊长度和补偿的非标轨道板等3种类型。主要生产设备包括长线台座预制生产线及配套设备、轨道板打磨用数控磨床、轨道板检测系统等。由于轨道板制造的高精度高度，相应地要求生产和检测设备精度高、质量控制和管理过程要求严。

以下主要以中铁二局京沪高速铁路曲阜轨道板预制场为例介绍CRTSⅡ型混凝土轨道板预制施工技术。

5.1.2　结构设计

高速铁路CRTSⅡ型无砟轨道板设计为先张预应力钢筋混凝土平板结构，分为标准板、特殊板和补偿板等三种类型，混凝土的设计强度为C55。其中，标准板长6 450 mm，宽2 550 mm，厚度200 mm，每块成品轨道板重约8.6 t，特殊板和补偿板依据具体设计确定。轨道板横向配置60根ϕ10 mm预应力钢筋以施加先张预应力，纵向配置6根ϕ20 mm精轧螺纹钢筋，用于轨道板的纵向联接，在纵、横向钢筋的上、下层分别配置一层钢筋网片，所有钢筋交叉点均做绝缘处理。每块轨道板根据长度的不同，设置不同对数的有挡肩承轨台，承轨台间距一般在600～650 mm之间，每对承轨台之间设有一道横向贯通的控制开裂的V形槽。CRTSⅡ型无砟轨道板配套使用Vossloh300-1型弹条扣件或WJ-8型弹条扣件，承轨台及承轨槽根据使用扣件的不同进行配套设计。

CRTSⅡ型无砟轨道板外形结构如图5-1所示。

CRTⅡ型混凝土轨道板采用强度等级为C55的高性能混凝土，钢筋采用HRB500钢筋以及预应力钢筋，相关材料及工艺要求符合《客运专线铁路CRTSⅡ型板式无砟轨道混凝土轨道板(有挡肩)暂行技术条件》(科技基〔2008〕173号)及相关技术条件的规定。

5.1.3　轨道板预制场规划及建设

5.1.3.1　设置原则

CRTSⅡ型混凝土轨道板的设置应结合1个或多个工程项目的工程量统筹考虑，就高速

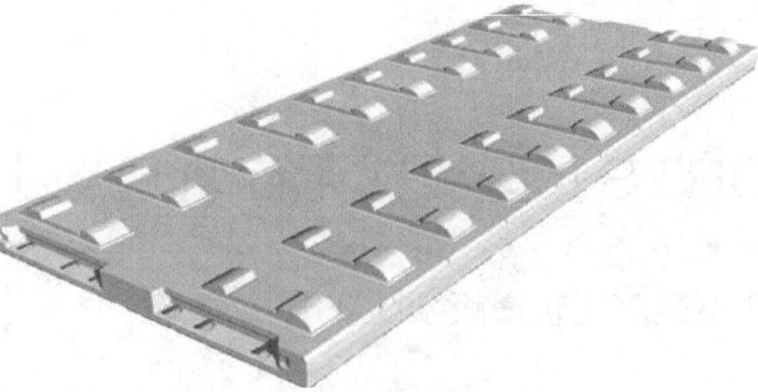

图 5-1　CRTSⅡ型无砟轨道板外形结构

铁路无砟轨道工程而言，通常选在拟供应范围的中间位置附近，地势平坦开阔，靠近公路交通要道并与施工便道相连的位置。若条件许可，预制场可利用废弃厂矿、预制场、规划用地或取弃土场等，以减少土石方量，节约用地，节约投资。此外，还应考虑材料进出场、水电供应等。

CRTSⅡ型混凝土轨道板生产工效受生产线类型及配置数量的影响，施工过程不易调整。主要考虑为：毛坯板生产受生产线控制，毛坯板存放受台座数量控制，一般布置 2 条长线台座生产线或 3 条短线台座生产线，每条生产线配 41 套或 27 套钢模。考虑检修、保养等因素，每工作日生产 82 块或 81 块轨道板，每月按25 d有效工作日计，每月可生产 2 050 块或 2 025 块。

一般情况下，预制场的最优供应半径为 60 km，同时预制场还应考虑 2～4 个月产量的存放场地。

5.1.3.2　预制场总体规划

按生产工艺原理，CRTSⅡ型混凝土轨道板预制场总体规划应结合工程工期及场地条件尽量做到布局合理、工序明确、物流顺畅，生产规模满足工程工期并略有富余，适度预留长远发展余量。一个功能完整的 CRTSⅡ型混凝土轨道板预制场一般包括生活办公区、混凝土拌制区、钢筋加工车间、轨道板生产车间、轨道板打磨及检测车间、轨道板存放区等区域。以下以中铁二局京沪高速铁路曲阜轨道板预制场为例介绍轨道板预制场规划。

曲阜轨道板预制场按“两线一场”长线台座法设计，是国内首次采用每条生产线配置 41 套钢模的CRTSⅡ型混凝土轨道板预制场。在生产能力相同的条件下，减少了设备配套和施工成本，为 CRTSⅡ型混凝土轨道板预制工程提供了更多的选择。曲阜轨道板预制场鸟瞰图如图 5-2 所示。

曲阜轨道板场大临用地约 130 亩，紧邻既有公路布置，交通方便。现场规划设置现场生活办公区、钢筋加工区、毛坯板预制区、混凝土搅拌区、轨道板打磨区、轨道板存放区、预留砂石料存放区、生产辅助区等 8 个功能区域，各功能区域分工合理、衔接有序、物流顺畅。

5.1.3.3　轨道板预制场建设

(1)生产量设计。CRTSⅡ型混凝土轨道板生产主要受制于生产线规模及数控磨床打磨速度，在生产规模一定的情况下，混凝土强度发展是确定生产线周转时间的重要因素。按照技术条件，CRTSⅡ型混凝土轨道板按混凝土强度发展(即蒸养时间)确定模型周转，而脱模开始到钢筋及预埋件安装、混凝土浇筑成型的时间大约为 4 h，混凝土养护 16 h，模型周转的理论时间为 20 h。但考虑到劳动力组织及正常的生产组织，一般都按 24 h 单班作业考虑，故模具

图 5-2 京沪高铁曲阜轨道板预制场鸟瞰图

的周转时间为 24 h。以一条生产线每个月正常生产 25 d 计，2 条生产线每个月可生产 2 050 块板。

(2)生活办公区。生活办公区在规划用地内尽量避开生产区设置。生活办公区主要包括办公室、会议室、员工宿舍、食堂和文化活动区等。此外，还应修建试验室、物资仓库等辅助房屋。

(3)混凝土拌和站。混凝土拌和站为轨道板预制制备高性能混凝土。根据工艺对生产率的要求，设180 m^3/h的混凝土拌和站一座，由 3 m^3/罐搅拌主机、水泥仓、骨料仓、计量秤、皮带机、空压机、水泵、外加剂系统、螺旋输送机、气路系统、水路系统等组成。储料仓采用装载机上料，可同时储存 4 种骨料。

混凝土拌和站的布置应以混凝土的运输距离最近原则，减小混凝土的运输距离，确保混凝土的连续供应。轨道板预制生产是一个工厂化作业，受外部环境的干扰相对较小，必须考虑整体布局，拌和站宜靠近轨道板预制区中部。原材料应采用封闭的料仓，北方地区还应考虑材料厂冬季保温或加温措施。砂石料仓应满足混凝土半个月内的供应，冬季应有备用料仓可满足 3 个月的储料能力。

(4)生产厂房。生产厂房设计为实腹式钢结构排架式厂房，主要包括轨道板预制区、钢筋加工区、轨道板打磨区及轨道板检测区等。主厂房东西长 282 m，磨床厂房长 108 m，钢筋加工房长 108 m。轨道板厂房跨度根据张拉台座的宽度、毛坯板临时存放线宽度和料斗运输通道宽度等综合因素考虑，设计为 21 m。毛坯板预制厂房内配备 3 台 16 t 的双桥起重机，钢筋加工房内配备 2 台 5 t 的桥式单梁起重机，磨床厂房内配备 1 台 16 t 的双钩桥式起重机，轨顶高程均为 7.2 m。

(5)轨道板预制区。一般按直列式布置 2 条毛坯板预制生产线，两条生产线各配置 41 套模具，台座总长度为 257 m，如图 5-3 所示。沿生产线一侧设钢筋加工区、人行通道、设备(变频振动、温控、张拉、预应力钢筋定长切割机等)操纵台，另一侧设毛坯板临时存放台 28 组和两条毛坯板轨道运输线(配 2 台电瓶车)，运输线出口设 1 台跨度为 34 m 起重量为 16 t 的门式起重机用于毛坯板的临时存放。

预制生产线按钢筋混凝土 U 形结构设计台座。台座底部布置供热管道及温控系统，模

图 5-3 轨道板预制区

型通过预埋地脚螺栓进行固定和调整。台座两端与模型间安装张拉横梁及千斤顶,通过数控设备实现预应力的同步张拉及放张。台座顶面铺设供混凝土布料机、钢筋切割小车、多功能运输车及拉毛机等生产线非标设备走行的轨道,同时在台座的侧向设置预应力钢筋定长切割机。

在每个生产台座内都设有供热管道,供热能力 900 kW,配以温控仪实现轨道板的养护温度控制。

(6)钢筋加工区。钢筋加工区配 2 台单梁桥式起重机,用于钢筋网片及其他材料的吊装。根据钢筋设计及工艺特点,钢筋加工区分为存放区、加工区、网片制作区及网片存放区等。除常用的钢筋加工设备外,设备工装还包括网片加工胎具、热缩套管加工工位、平板运输车等。

(7)混凝土搅拌区。设 1 台主机采用 3 m^3/盘的 180 m^3/h 带计算机自动控制系统的混凝土搅拌站。搅拌站的出料口位于轨道板预制区的中部,以便于混凝土的运输。

为保证制板混凝土砂石料的清洁度,一般需要在混凝土搅拌区砂石料仓附近设置 1 套砂石料清洗机,以进行砂石清洗和筛分。

(8)轨道板打磨装配区。轨道板打磨生产线是以数控磨床为中心的自动化生产线,设在跨度 21 m、长度 109 m 的侧厂房内。生产线内设 1 条打磨装配生产线,配置数控磨床、污水处理设备、滚轮输送线、产品运输车、弹条扣件装配设备、定量注脂机及 1 台 16 t 的双钩桥式起重机(主要用于成品轨道板的吊装、轨道板在厂房内的临时存放和吊运扣件系统等作业)等;外部配置轨道板翻转设备、滚轮运输线及突出预应力钢筋锯等。

打磨区设污水处理系统。磨床冷却及轨道板清洗用水,经污水处理系统处理后循环使用。

(9)轨道板存放区。包括毛坯板存放和成品板存放,采用轨行式门式起重机作为轨道板的吊装设备。存放区内设门式起重机走行轨道和汽车运输通道。

轨道板存放台座采用钢筋混凝土结构,按 3 台支承布置,同一台座的 3 个支点高差不大于 2 mm。轨道板存放区内同时布置运输通道和养生水管。

(10)辅助生产区。设置变电站、锅炉房、维修车间、水泵房、空压机房、配件库等。轨道板场供电配备 1 座 800 kVA 变电站,2 台 300 kW 发电机、1 台 4 t 蒸汽锅炉。

5.1.4 轨道板制造工艺流程

5.1.4.1 工艺流程

CRTSⅡ型混凝土轨道板制造主要分为模板安装及检测、钢筋制作及预埋件安装、预应力施加、混凝土制备及浇筑、轨道板预制、轨道板养护、毛坯板存放、轨道板打磨等程序，工艺流程如图 5-4 所示。

CRTSⅡ型混凝土轨道板制造主要工序如下：

(1)模板安装及检测：模板采用定制的高精度钢模板，每条生产线设多组模板并联安装；模型使用期间应定期进行外观、平整度及细部尺寸、模板间距的检查；模板使用前，应清理干净并涂刷脱模剂。

(2)钢筋制作及预埋件安装：钢筋网片分为上下层两种规格，采用不同的钢筋绑扎胎具集中绑扎，整体吊装入模；入模后在浇筑混凝土前进行绝缘性能检测，确认电阻大于 2 MΩ；精扎螺纹钢筋定长加工后在专用胎具上安装绝缘热缩套管；轨道板内预埋件按设计准确安装并与模板连接牢固。

(3)预应力施加：预应力钢筋由数控张拉台座按整体张拉方式施工；预应力钢筋采用定长截断机自动加工预应力施加分初张和终张两个阶段，以张拉力为主、伸长值辅助校核进行双控。

(4)混凝土制备及浇筑：采用自动计量搅拌站制备混凝土，通过混凝土布料机进行布料；高频振动器振动，振捣成型后，进行刮平和拉毛；之后用篷布覆盖进行蒸汽养护。

(5)预应力筋放张及轨道板脱模：轨道板混凝土强度达到规定强度后，方可进行预应力筋放张及轨道板脱模；预应力筋采用整体放张，钢筋切断顺序按张拉台座 1/2、1/4 长度切断后再逐块切断。轨道板采用真空吊具吊装脱模，经临时存放后由轨道车运输至毛坯板存放区存放。

(6)轨道板打磨：毛坯板存放达到 1 个月后可进行承轨槽打磨施工；打磨采用轨道板承轨槽打磨专用数控磨床，磨床自动控制系统按照布板设计对每块轨道板的承轨槽进行打磨。

(7)轨道板检测：轨道板打磨合格后进行几何尺寸及绝缘性能检测，绝缘检测合格后进行扣件预安装。之后，运往存板场按规定存放或出库。

5.1.4.2 关键工序

钢筋制作与绝缘检测、模型安装及检测、预应力施加、混凝土浇筑、轨道板打磨为其关键工序。

5.1.5 制板关键设备及工装

5.1.5.1 轨道板预制生产线

CRTSⅡ型轨道板预制生产线是适应 CRTSⅡ型轨道板横向先张预应力结构而设计的预应力张拉台座、轨道板钢模具、蒸汽养护管道(含自动温控养护系统)，并为混凝土浇筑、模具清理、混凝土振动、混凝土刮平和拉毛、养护篷布覆盖等提供设备安装和操作平台等集一系列生产功能于一体的设备集成系统，如图 5-5 所示。

CRTSⅡ型轨道板预制生产线台座结构为钢筋混凝土 U 形结构，在两侧中心距为 8 m 平行的承力墙之间并排安装 41 套模具。台座两端设张拉横梁，台座与横梁间安装 4 台 300 t 千

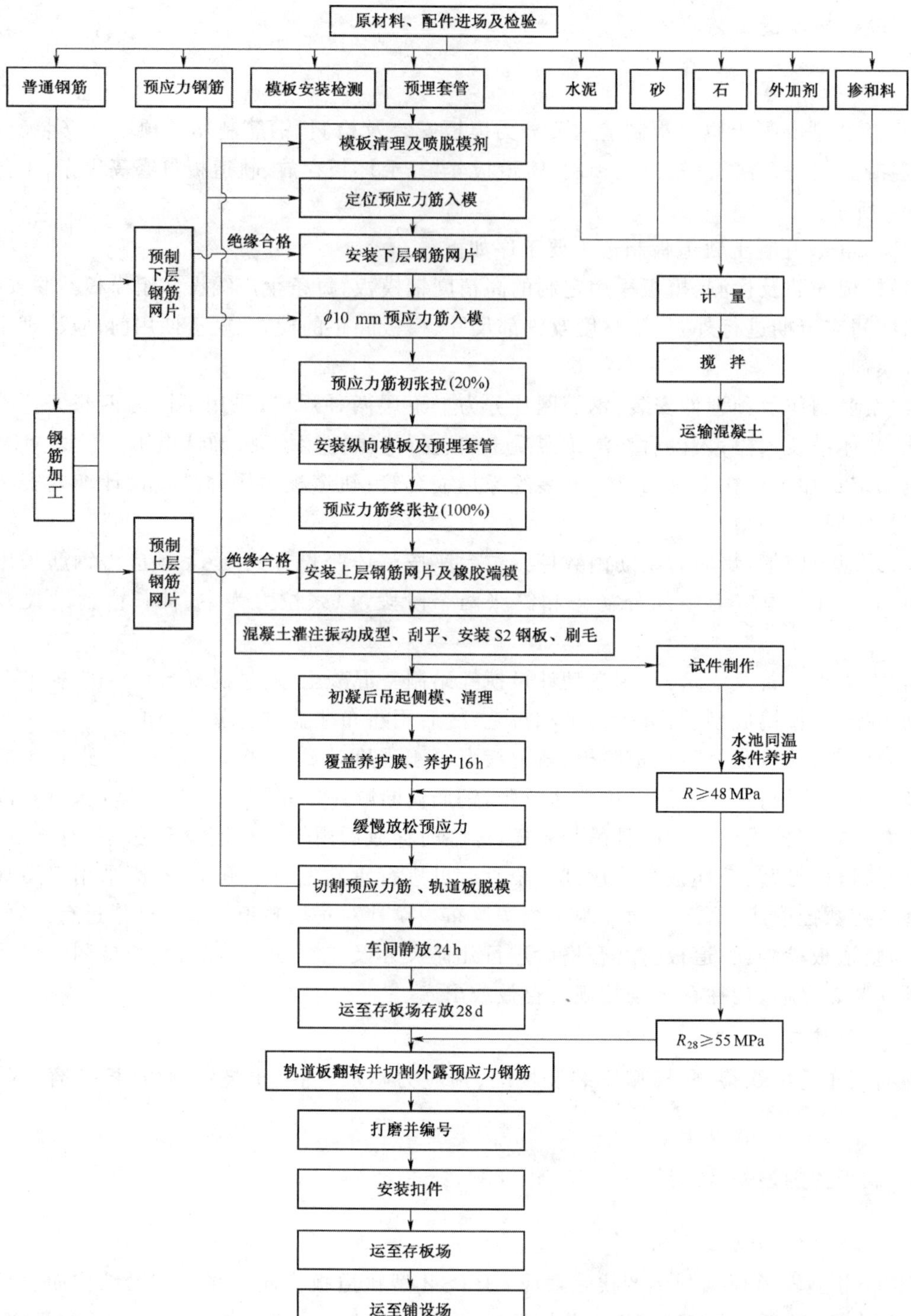

图 5-4 CRTSⅡ型混凝土轨道板制造工艺流程

斤顶,计算机控制液压泵站,实现预应力的同步张拉、放张;两平行承力墙顶面设有轨道,作为生产线主要非标设备的走行轨道,轨道上布置1台混凝土布料机、2台预应力钢筋切割小车、2

图 5-5 CRTSⅡ型轨道板预制生产线

台多功能运输车、1 台拉毛机。

5.1.5.2 轨道板钢模具

CRTSⅡ型轨道板预制用钢模具分为标准板、小半径曲线板、补偿板及特殊板等多种规格。标准板模具设计长 6.45 m、宽 2.55 m，其模型由地脚螺栓及支撑钢板、8 条支腿及弹性支座、机架和 10 块面板、20 个承轻台壳体、9 根三角压条、1 根梯形挡板和 1 根梯形挡板固定用拉杆、4 个橡胶端模等组成(图 5-6)。

图 5-6 CRTSⅡ型轨道板预制用钢模具

每套模具上的振捣设备由 8～9 个固定在模具底部横梁上的振动器和车间一侧的数字式变频控制台组成。振动器能产生 12 kN 的离心力，在以 87 Hz 振动时，离心力达 60%。振动时可按不同模板分别控制这些振动器，通过手控发送器选择需振实的模具编号或手动控制无级变频调节振动器，实现 2～3 min 达到振捣效果。

5.1.5.3 轨道板数控张拉台座

轨道板数控张拉台座包括张拉台座、夹具、张拉横梁，每条生产线台座有 4 个张拉油缸、2 套液压泵站和 1 套数控装置。通过数控装置对每个台座末端 4 个张拉油缸进行控制，实现张拉和放张，可两侧同时张拉，也可只张拉某一侧或某一根张拉。如图5-7所示。

图 5-7　轨道板数控张拉台座

张拉时,按张拉力为主、伸长值校核进行双控,数控装置能对张拉力和伸长值进行自动检测并处理数据,计算实时张拉力误差并自动记录数据。

5.1.5.4　混凝土布料机

混凝土布料机可将混凝土定量投入模具,料斗用于临时存放混凝土,从而保证连续投料。布料时,布料机沿模型横向走行卸料。振捣工序之后,将混凝土布料机向相邻的模具移动,利用安装在混凝土布料机上的混凝土振动板整平混凝土表面。如图5-8所示。

图 5-8　混凝土布料机

5.1.5.5　轨道板打磨用数控磨床

轨道板打磨用数控磨床包括激光扫描装置、配套工装和数控打磨磨床,通过磨床内激光扫描测量系统或传感器测量系统测量毛坯板每个承轨台上 10 个关键点,根据测量的实际数据与设计数据计算的偏差确定打磨量和打磨次数,自动生成打磨控制程序进行打磨,最后形成精度满足要求的轨道板。每块轨道板的平均打磨时间在 15～20 min。如图 5-9 所示。

5.1.5.6　钢筋网片绑扎胎具

轨道板钢筋网片绑扎在专用绑扎胎具上进行,钢筋网片绑扎胎具采用型钢制作。绑扎胎

图 5-9　轨道板打磨用数控磨床

具内设有钢筋定位槽或定位卡、综合接地端子定位孔，按照对应型号轨道板设计图纸的钢筋间距、数量在胎具内标识钢筋定位槽或定位卡以及综合接地端子定位孔，从而保证钢筋的位置正确，各钢筋偏差在标准范围内。钢筋网片绑扎胎具的设计能极大的提高钢筋绑扎效率，保证质量且外型美观。钢筋网片绑扎胎具示意如图 5-10 所示。

图 5-10　钢筋绑扎胎具

5.1.5.7　其　　他

(1)预应力钢筋切割机：主要用于轨道板预应力钢筋的切割。

(2)混凝土拉毛机：通过沿生产线台座两侧走行轨在模具上方移动实现对轨道板混凝土表面的拉毛处理，以保证轨道板和高弹模水泥乳化沥青砂浆之间较好地结合。

(3)多功能运输车：沿生产线台座两侧走行轨在模具上方移动，用于旋转工作托盘(如覆盖篷布、纵向挡板、清洗装置)和分布预应力钢筋等。

(4)轨道板真空吊具：悬挂于桥式起重机上，通过吊具上真空吸附板与轨道板面的接触，可直接将轨道板从模具内取出并放置在车间临时堆放架上，不用在轨道板上设置单独的吊装孔和预埋件。

(5)轨道板翻板机:将从毛坯板存放场运送来的毛坯板翻转 180°,使轨道板承轨面向上,然后通过滚轮输送线运到下一加工工位。

(6)装配车间的滚轮输送线:由 85 个侧面装有导轮的滚轮支架,其中 21 个带有摩擦驱动组成滚道用于轨道板翻板机、预应力钢筋余头切割机、打磨磨床、扣件安装和横移等工位之间传送轨道板。

(7)预应力钢筋余头切割机:锯盘直径 600 mm,用于切除毛坯板两侧外露的预应力钢筋余头。使用时,两台钢筋切割锯对称布置,启动和停止由滚轮输送控制系统自动控制。

5.1.6 制板原材料

CRTSⅡ型混凝土轨道板为横向先张预应力构件,主要材料为 C55 高性能早强混凝土、低碳热轧带肋 HRB335 和 HRB500 钢筋、绝缘涂层钢筋及预应力螺旋肋钢丝。C55 高性能混凝土应满足早强、高强、高耐久性和高工作性的要求,其混凝土配合比采用强度等级不低于 42.5 级的硅酸盐或普通硅酸盐水泥,减水率不低于 25%、收缩率比不大于 110%的高效减水剂,规格 5~20 mm 的材质坚硬、表面清洁的二级或多级单粒级碎石、中粗砂,掺和料可为复合型掺和料或单掺矿粉及粉煤灰,同时满足技术条件和施工工艺要求。

轨道板预制生产辅助材料包括:预埋套管、热缩套管、起吊套管、接地端子、绝缘卡、防腐油脂、脱模剂等。

5.1.7 制板施工工艺

5.1.7.1 质量标准

(1)模型质量控制。模型应具有足够的强度、刚度和稳定性,应能够保证轨道板各部形状、尺寸及预埋件的准确位置。模型的制造允许偏差为成品轨道板允许偏差的 1/2。模型支承基础应平整、坚实,不得因其不均匀下沉引起模型变形。

模型应进行日常检查和定期检查,检查结果应记录在模型运转记录中。日常检查应每班进行,内容包括外观和平整度。定期检查每月进行一次,内容包括长度、宽度、厚度、承轨槽细部尺寸、平整度及模板间高度偏差。

(2)钢筋编组及预埋件安装质量控制。普通钢筋加工在常温下以不损害材质的方法进行,两端头不应弯曲。钢筋下料长度应符合设计要求,允许偏差应符合表 5-1 的规定。环氧树脂涂层钢筋的锚固长度应符合《环氧树脂涂层钢筋》(JG 3042—1997)附录 D 的规定。

上下层钢筋网片分别在专用胎具上编制,纵横向钢筋按设计要求进行绝缘处理,钢筋间的电阻值不小于 2 MΩ。使用专用胎具安装绝缘热缩套管,软管间距应符合设计要求,允许偏差 ±5 mm。

钢筋网片入模后,下层钢筋网片与直径为 5 mm 定位预应力筋间、上层钢筋网片与直径为 20 mm 精轧螺纹钢筋间按设计要求进行绝缘处理,保证钢筋间的电阻值不小于 2 MΩ。钢筋在模板中的位置应符合设计规定,允许偏差应满足表 5-2 的规定。轨道板内所有预埋件应按设计准确安装,并应与模型牢固连接,确保混凝土振捣时不变位。轨道板内钢筋不得与预埋件相碰。

(3)施加预应力。预应力筋采用整体张拉方式,分初张和终张两个阶段。每次张拉前应对锚具及锚片进行检查和清理。预施应力值采用以张拉力读数为主、以预应力筋伸长值作校核

表 5-1 普通钢筋下料长度的允许偏差

序号	检查项目	允许偏差值(mm)
1	直径为 8 mm 的螺纹钢筋	±10.0
2	直径为 16 mm 的螺纹钢筋	±10.0
3	直径为 20 mm 的精轧螺纹钢筋	+10.0 0.0

表 5-2 轨道板内钢筋位置的允许偏差

序号	检查项目	允许偏差(mm)
1	普通钢筋	±5
2	预应力钢筋	±3
3	精轧螺纹钢筋	±5
4	钢筋保护层	±5

的双控模式，实际张拉力、伸长值与设计值的偏差不得大于 5%，实际单根预应力钢筋的张拉力与设计值偏差不得超过 15%。

张拉设备应整体标定，有效期不应超过 1 年，并定期对单根钢筋的预拉力进行检测。

(4)混凝土耐久性。混凝土中应选用减水率不低于 25%、收缩率比不大于 110%的高效减水剂和能提高混凝土早期强度及后期耐久性的掺和料；混凝土胶凝材料用料不应超过 480 kg/m^3，用水量不应超过150 kg/m^3。混凝土浇筑应确认钢筋及预埋件的位置和间距、接地端子和接地钢筋的位置和焊接质量、检测绝缘性能等满足要求。

试生产前应将所选用的材料制作混凝土试件进行耐久性试验，并确保由不同原材料带入混凝土内的总碱含量和总氯离子含量符合技术条件的要求。混凝土配制、浇筑及养护的相关工艺应符合设计文件及技术条件的要求。

(5)预应力筋放张及轨道板脱模。预应力筋放张时，混凝土抗压强度不得低于设计强度的 80%且不低于 48 MPa。预应力筋采用整体放张方式，在放张过程中保证 4 台千斤顶同步动作。

预应力筋放张完成后，按张拉台座长度 1/2、1/4 和 3/4 的顺序切断模板间的预应力筋，最后逐块切割模板间预应力筋，不允许在带应力情况下切割。

轨道板脱模后在专有支架上临时存放，每组支架上存放不超过 3 层，每层间安放 4 块垫块，垫块的规格尺寸及支点位置应符合设计要求，垫块高度允许偏差 2 mm，承载面应平行，误差控制在 2 mm 以内。轨道板脱模时，轨道板表面与周边环境的温差不应大于 20 ℃。轨道板脱模后应立即覆盖养护，当轨道板表面与周围环境温差不大于 15 ℃时，方可撤掉覆盖物运出厂房存放。

(6)毛坯板存放。毛坯板存放时间不宜小于 1 个月。毛坯板采用平放，每垛不超过 12 层，支垫应上下对齐。

(7)轨道板测量。在正常生产过程中，对每套模具生产的轨道板应每月用全站仪测量一次。在正常打磨过程中，每周用全站仪测量一块成品板。当打磨机的测量数据出现问题或测量误差时，应采用全站仪复测。

(8)扣件预安装。扣件预安装前，应用吸尘器吸出预埋套管内的积水和杂物，并对套筒内注入定量油脂。扣件安装时，按规定扭矩施力。

(9)成品轨道板质量要求。成品轨道板应逐块进行外观检测，其外形尺寸及外观质量检测应符合《客运专线铁路 CRTSⅡ型板式无砟轨道混凝土轨道板(有挡肩)技术条件》(科技基〔2008〕173 号)的规定。混凝土质量检测应包括抗压强度、弹性模量、抗冻性、电通量和碱、氯离子含量等。

成品轨道板预埋套管抗拔力、绝缘性能、接地端子、接地钢筋位置数量及焊接长度等应符合设计和技术条件的规定。轨道板应按规定进行静载试验。轨道板生产过程中,应按规定进行型式检验和出厂检验。

5.1.7.2 工艺特点

利用机械化、自动化的标准化作业预制高质量、高精度的毛坯板,通过磨床操作软件、测量软件、数字软件和坐标转换计算软件等的应用,使设计线路坐标与机械坐标相互转换,并计算理论面与毛坯板实测面的误差,生成打磨程序,利用数控磨床对支撑钢轨的承轨台进行精确打磨,实现了高速铁路的高精度和空间几何与设计线路相吻合的高平顺性要求。主要特点有以下几点:

(1)轨道板预制采用工厂化生产,设备自动化程度高,施工组织及质量受环境因素影响较小。

(2)轨道板预制精度高、工艺新,对资源配置及质量要求严格。

(3)钢筋网片的加工制作是在钢筋胎具上完成的,操作方便,质量容易控制。

(4)混凝土强度发展快,生产周期短,轨道板预制养护 16 h 即可达到 48 MPa 的放张脱模强度要求,实现了 24 h 生产周期。

(5)在高精度预制轨道板的基础上,利用数控磨床依据设计数据对轨道板进行精确打磨加工,使轨道板承轨台满足了高速铁路高精度、高平顺性的要求。

(6)整套工艺较多使用了计算机数控操作,机械化、机电一体化作业,自动化程度很高,实现了工程的高科技施工。

(7)整个制作、加工过程工序衔接合理,物流组织与工艺配套。

(8)通过计算机生产计划系统管理,实现了制板场生产与现场施工的紧密结合,可按施工计划准确打磨轨道板,并对打磨的全部检测和质量记录自动保存,可随时查询、打印。

(9)利用高精度检测设备对模具及轨道板进行检测和对磨床进行检校,使生产过程高精度的质量要求能准确得到控制。

5.1.7.3 施工工艺

1. 施工前模具安装及调整

模具安装及调整是 CRTSⅡ型混凝土轨道板施工准备中最重要的一项,其中模具的调整和检测是关键内容。

(1)模具安装前的布局。模具安装前,应采用电子水准仪测量张拉台座两端张拉横梁上钢丝钳口的高程,在每个横梁的 20 个张拉块中取第 1、2、10、11、19、20 块测量其高程,并求出两端的高程平均值。按设计要求张拉台座两端的张拉横梁的高度应处于同一水平,最大允许偏差±1 mm。如果满足此要求,将 41 块模板在同一水平面安装。如果两端高度差超出±1 mm,则安装时将此高度差均分到各个模板上。张拉池中模板的布局及单个模板的高程如图 5-11 所示。

(2)首块模板的安装。粗调模板高程:先用桥式吊车将模板吊入张拉台座,并将其放置在支撑钢板上,按照模板边沿高程比张拉槽口高程平均值高 1.5～2.0 mm 的原则将模板粗调平。

纵向槽口定位:采用张拉钢丝法或经纬仪定位法,以两端张拉台座上的 ϕ5 mm 钢筋张拉槽口中心为基准线,移动模具,使模板 V 形槽口中线与之对齐,其精度要求达到±1 mm。

精调模板高程:用电子水准仪通过测量模板中 1、4、7、10、11、14、17、20 号承轨台的高程,

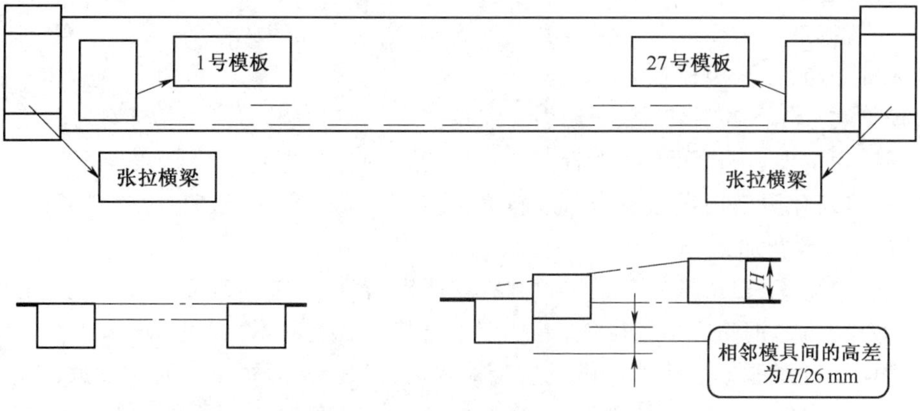

图 5-11　张拉台座中模具的布局及单块板的高程

调节地脚螺母使其高程在同一水平面上,误差范围±0.3 mm。

(3)非首块模板的安装。支撑钢板的调整:调节地脚螺母使支撑钢板与前一个已安装模板的支撑钢板基本处于同一水平面。吊入已制作好的合格模板,安置于8个支撑钢板上。调整模板的位置,使相邻模板紧靠的长边的内边缘距离控制在50 mm,外缘距离控制在30 mm(此处要考虑后续模板的安装位置,确保有足够的空间下放最后一块模板)。

高程定位:用数字水准仪通过测量模板高程,调节地脚螺母使其与已安装的模板在同一水平面上,误差范围小于1.0 mm,同一模板内部承轨台达到同一平面,其高程精度要求达到±0.3 mm。

(4)轨道板脱模后的模板清理。轨道板脱模后,用铲刀、毛刷等清理模板上的混凝土残渣等其他附着物,然后开动多功能运输车,同时启动通用托盘上的工业吸尘器,将浮渣清除干净。较大的混凝土块人工清除,随时清理,较小块及浮尘采用工业吸尘器清除,确保模具表面清洁。工业吸尘器使用如图5-12所示。

图 5-12　工业吸尘器清理模板

模型清理干净后,用胶带覆盖密封压缩空气孔,避免其在施工中被混凝土堵塞并及时喷涂脱模剂。检查模具结构复杂部位的缝隙是否密封完好,如有损坏处,用硅树脂或者玻璃胶重新做密封处理。

(5)喷涂脱模剂。为保证轨道板混凝土外观质量、强度和耐久性,在混凝土浇筑入模前,必须将模具清理干净,喷涂脱模剂。

将脱模剂装入无气喷涂机中,开动多功能运输车,开启喷枪,将脱模剂均匀的喷涂在模型的表面。喷涂用量要适当,用肉眼观看只有一层均匀的雾状即可。模型表面不允许有脱模剂积聚的现象,应避免脱模剂喷涂不当造成轨道板表面形成蜂窝状或产生掉皮现象。

2. 钢筋的管理及加工

(1)钢筋存放。钢筋按批号分类堆放并挂牌明示,存放时垫离地面 20 cm 上,用篷布覆盖,以防受潮。不合格的钢筋应单独堆放,并挂上不合格品的标识牌,防止混杂,不合格钢筋应及时联系供货商及时清退。钢筋须逐批按试验检测报告和合格通知单核对后发放使用。

环氧树脂涂层钢筋存放及使用的要求:应在室内闭光存放且不宜超过 6 个月,当在室外存放的时间需要 2 个月以上时,须采取保护措施,避免阳光、盐雾和大气暴露的影响;支承环氧涂层的垫块和绑扎环氧树脂涂层钢筋的铁丝需采用尼龙、环氧、塑料或其他材料包裹;同一构件中,环氧树脂涂层钢筋与无涂层钢筋不得有电连接。环氧树脂涂层钢筋存放及架立后,不能在其上行走,须防止工具或重物跌落其上,以免损伤环氧树脂涂层钢筋。存放时,不能够拆除涂层钢筋的尼龙包裹。

(2)钢筋工程作业总体要求。浇筑混凝土前,必须对所加工绑扎的钢筋按要求进行检查,并经场监理检查合格且签字确认后方能进行混凝土浇筑,检查项目主要包括:钢筋的品种、规格、数量、位置、间距;钢筋连接方式、接头位置、接头数量和接头面积百分率等;预埋件的规格和数量等;钢筋保护层厚度。

(3)预应力钢筋加工。预应力钢筋通过钢筋通用托盘存放在生产厂房内,ϕ5 mm 和 ϕ10 mm 钢丝各用 1 个钢筋仓。使用时,钢筋仓分别通过定滑轮将预应力钢筋由人工牵引至钢筋定长切割机处,在预应力钢筋定长切割机上设定切割长度,将预应力钢筋引入预应力钢筋定长切割机的导轮并自动切割,定长精度为万分之二,如图 5-13 所示。预应力钢筋不得使用电焊切割。对预应力筋的定长切割所余下材料,按后续施工需要进行二次切割并集中存放,覆盖篷布。

图 5-13　预应力钢筋切割

(4)普通钢筋加工。普通钢筋采用定尺加工，用钢筋切断机定长切除端面的马蹄，下料长度偏差控制在±10 mm范围内。

(5)精轧螺纹钢筋绝缘处理。ϕ20 mm精轧螺纹钢筋采用定尺料，长度为6 440 mm，允许偏差为−10.0～0 mm。精轧螺纹钢筋两端的绝缘热缩套管(0.51 m长)长度必须满足设计要求，存放、运输过程应注意防护，以保障安装张拉锁件后，轨道系统满足绝缘性能要求。

绝缘热缩管应采用聚乙烯材料，介电强度值不小于30 kV/mm，材料规格尺寸和其他性能应符合设计要求。

绝缘热缩套管在专用加工胎具上安装，比照标准件用燃气喷火枪将绝缘热缩管安装在精轧螺纹钢筋上。燃气喷火枪点火后，手持喷火枪沿热缩管反复、快速移动，枪口与热缩管保持10～15 cm距离，防止热力过于集中，使绝缘性能降低或失效，直至热缩管处能看到螺纹钢筋的轮廓。带绝缘热缩套管的精轧螺纹钢筋在指定的区域码放整齐，并作好状态标识。

3. 钢筋网片编制及存放

(1)钢筋网片绑扎胎具。根据钢筋网片编制图纸制作上下层网片专用编制胎具。专用胎具经检验合格后，方可用于钢筋网片编制。在使用过程中，要随时、定期检测，发现问题及时处理解决，确保上、下层钢筋网片型式尺寸满足施工图要求。

轨道板场日生产轨道板82块，每块轨道板需上、下层钢筋网片各1片，按生产需要应制备上层钢筋网片加工胎具6套、下层钢筋网片加工胎具4套，每个胎具配备人员4名。

(2)上下层钢筋网片编制。分别在专用胎具上编制上、下层钢筋网片。普通螺纹钢筋间距允许偏差5 mm。钢筋网片编制如图5-14所示。

图5-14 在专用胎具上编制钢筋网片

在上、下层钢筋网片中，除预应力钢筋外的所有直径为8 mm的横筋采用环氧树脂涂层钢筋；直径为5 mm的预应力钢筋与直径为16 mm的纵筋交叉点通过安装在纵筋上的收缩软管绝缘；直径为20 mm的精轧螺纹钢筋与直径为10 mm的预应力钢筋的交叉点通过安装在螺纹筋上的收缩软管绝缘。在接地端子附近，直径为16 mm的接地钢筋与横向钢筋的绝缘处理，可根据钢筋焊接的实际情况增加绝缘垫片进行绝缘，以保证钢筋绝缘性能符合相关要求。精轧螺纹钢上的收缩软管与直径10 mm预应力钢筋对应；直径16 mm纵筋上的收缩软管与直径 5 mm 预应力钢筋对应。收缩软管的数量应符合表 5-3 的规定。

表 5-3 收缩软管的数量

序号	数 量	备 注
1	12×0.51 m=6.12 m	用于直径 20 mm 的精轧螺纹钢筋
2	96×0.120 m=11.52 m	
3	24×0.05 m=1.2 m	用于直径 16 mm 的纵筋

将接地端子、接地扁钢焊接在下层钢筋网片的相应位置上。焊接质量要求及位置应符合设计要求,接地端子与直径为 16 mm的普通钢筋焊接应采用单面焊接,焊接长度为 100 mm 以上;接地扁钢与直径为 16 mm 的普通钢筋焊接应采用双面焊接,焊接长度为 50 mm 以上。

将 6 根精轧螺纹钢筋与上层钢筋网片在上层钢筋绑扎胎具上绑扎牢固,并保证精轧螺纹钢筋与上层钢筋网片交叉处有绝缘垫片隔离进行绝缘。精轧螺纹钢筋两端的收缩软管(0.51 m长)长度必须满足设计要求,存放、运输过程应注意防护,以保障安装张拉锁件后轨道系统满足绝缘性能要求。

(3)接地端子。接地端子的布置方式如图 5-15 所示。

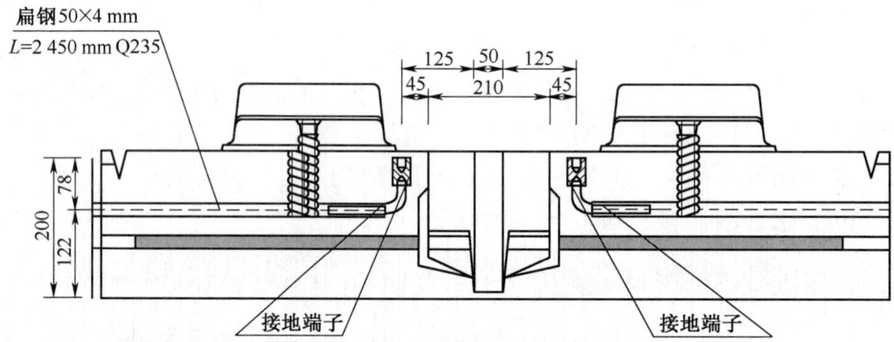

图 5-15 接地端子的布置方式(单位:mm)

(4)钢筋网片绝缘性能的检测。纵横向钢筋间绝缘处理性能应满足相关技术要求,所用收缩软管加热后会收缩,其最终长度尺寸应满足设计要求。每个钢筋网片编制完成后,需对钢筋骨架进行电气绝缘情况检测。检测仪器有绝缘电阻表、夹子及导线若干。在用仪表测量之前,首先对各层钢筋间的电气绝缘性进行外观检查。各层构造钢筋之间以及构造钢筋与预应力钢筋间均不允许直接接触,所有的交叉点都通过绝缘热缩管、塑料绝缘垫片及环氧树脂涂层钢筋进行电气绝缘。

按规定用500 V 兆欧表对钢筋骨架进行电气绝缘情况检测。以纵向钢筋为测量的基准钢筋,测量每根横向钢筋与相交叉的纵向钢筋间的电阻值;实际操作当中可将纵向的裸露结构钢筋通过小铁链条串联,将绝缘电阻仪的一个导线夹在链条上,另外一条导线依次在每根横向涂层钢筋上进行检测。如电阻值不小于2 MΩ,各层钢筋间电气绝缘性能正常,否则应查明原因半进行处理,直至各层钢筋间的电阻值满足要求。

(5)钢筋网片的存放及检查验收。操作人员依据轨道板施工图,上、下钢筋网片分开存放,每垛最高不超过 30 层。对钢筋网片进行全部检查,并填写上下层钢筋网片施工记录。钢筋存放如图 5-16 所示。

自检合格后,以每个台座为单位,用专用吊具将上、下层钢筋网片分别码放在钢筋网片通用托盘上,每垛 41 层,并分别作好标识。专职检验员依据轨道板施工图,对钢筋网片编制各个环节进行监督检查,其中关键环节作工序检验记录。

4. 钢筋网片吊装入模

(1)ϕ5 mm 定位预应力钢筋及底层钢筋网片模。首先将 ϕ5 mm 定位预应力钢筋 6 根为一组,每根钢筋一端安装专用夹具,安装固定在台座两端的张拉横梁对应的 ϕ5 mm 钢筋锚固孔上,用锚具将其固定,钢筋露出锚具端部的长度不大于 5 mm。

通过桥式起重机将装有下层钢筋网片的托盘运到张拉台座中对应的安装位置,将下层钢筋网片依次小心地吊起,从台座一端开始依次安放在对应的模具内 ϕ5 mm 定位预应力钢筋上方的相应位置。

(2)ϕ10 mm 预应力钢筋及上层钢筋网片安装。ϕ10 mm 预应力钢筋入模:用同 ϕ5 mm 定位预应力钢丝同样的方法将 60 根 ϕ10 mm 预应力钢丝每 6 根为一组通过人工对应安放在模具内,在一端通过锚具固定于张拉横梁卡槽内,另一端通过人工拉紧钢丝,并用锚具固定于相应的张拉横梁卡槽内,单端锚固外露长度均不小于 5 mm。

张拉工序完成后将模型分丝隔板用桥式起重机依次运至每两套模型之间,人工配合进行安装。

安装上层钢筋网片。按照放置下层钢筋网片的方法将上层钢筋网片依次对应的放置于模具内,在放置过程中,在上层钢筋网片两端应安装橡胶端模,保证精轧螺纹钢筋对应插入橡胶端模的预留孔内。带有橡胶端模的上层钢筋网片置放于模具内后,应采用橡胶锤打紧橡胶端模,使橡胶端模与钢模密贴,同时锁紧橡胶端模,并在橡胶端模与钢模接缝处细心嵌入玻璃胶,以防在浇筑混凝土过程中在接缝处注入水泥浆。入模后的钢筋网片如图 5-17 所示。

图 5-16 钢筋网片存放

图 5-17 入模后的钢筋网片

依据轨道板钢筋施工图检查、调整下层钢筋网片位置,确认其满足钢筋保护层厚度要求;使 ϕ16 mm 接地钢筋上的热缩软管与 ϕ5 mm 定位预应力筋相对应,ϕ20 mm 精轧螺纹钢筋上的热缩软管与 ϕ10 mm 预应力筋相对应,以满足绝缘性能的要求。

(3)绝缘性能检测。所有钢筋安装入模后,需对所有钢筋网片与预应力筋进行绝缘检测,每根横向钢筋与相交叉的纵向钢筋间的电阻值不小于 2 MΩ。

钢筋网片进行绝缘检测的同时,应再次检测模具内的清洁度,严禁在模具内存在小木条、绝缘垫片等影响轨道板外观及质量的杂物。

(4)钢筋安装注意事项。钢筋必须按规范、操作规程和设计图纸施工,要及时纠正施工中差错,确保工程质量。首先需要查验钢材质保书和复验报告,杜绝使用劣质钢材;钢筋焊接接头,按规定取样测试合格后方可使用,焊工需有上岗证;其次检查安装好的钢筋,按图核对钢筋的直径、根数、形状;钢筋绑扎需牢固,表面要洁净,模板内无碎砖、木屑、油污等杂物;最后还须对钢筋的接头、锚固、位置等仔细查验。

钢筋冬期施工还应注意:冬季钢筋施工最主要的是钢筋的焊接,冬季负温焊接和常温有很大的区别,在焊接时要对焊工进行培训,掌握负温下的焊接规律,并依据说明书的要求对焊条进行烘焙,干燥后再使用,才能保证焊接质量,确保结构安全。

5.预应力钢筋张拉

预应力钢筋张拉工艺流程如图 5-18 所示。

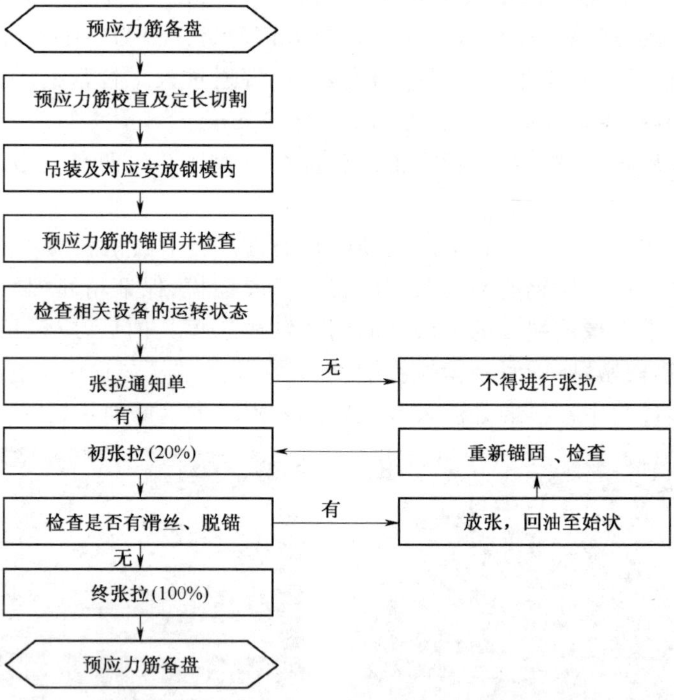

图 5-18 预应力钢丝张拉工艺流程

(1)准备工作。预应力钢筋进场后应对每批号取样试验,在弹性模量和力学性能检测合格后方可使用。实测弹性模量应在施工记录上标明并作为预应力筋张拉的重要参数。

(2)预应力钢筋的加工及入模。预应力钢筋经定长切割机加工后,依据设计确定的数量和位置,人工抬入模具内。

在张拉台座的一端将预应力钢筋用套筒夹具固定在张拉横梁的锚板上,然后将钢筋导入固定在多功能车上的分丝隔板中,多功能车沿张拉台座驶向另一端,使预应力钢筋按规定位置入位。在张拉台座的另一端将预应力钢筋用套筒夹具固定在张拉横梁锚板上,最后用 2 个专用压梁将锚固在张拉横梁锚板上预应力钢筋压紧固定,防止滑落。

操作人员以每个台座的预应力钢筋为一批抽检,并填写预应力钢筋下料长度抽检记录。

(3)预应力钢筋张拉。在张拉前,再次检查模型内钢筋、预埋件数量和位置是否满足产品施工图要求,若发现问题必须重新调整、安装,严禁钢筋间交叉扭曲。预应力钢丝张拉分为初张拉和终张拉两个阶段。

初张拉：由于张拉系统是直接输入油缸的伸长量进行预应力钢筋的张拉，因此，启动自动张拉系统后，先在PC机上输入四个张拉油缸的伸长量，如图5-19所示。然后点击张拉油缸按纽，四个油缸开始进行同步张拉，张拉千斤顶按事先设定好位移量顶出，即将预应力钢筋张拉至设计值的20%。

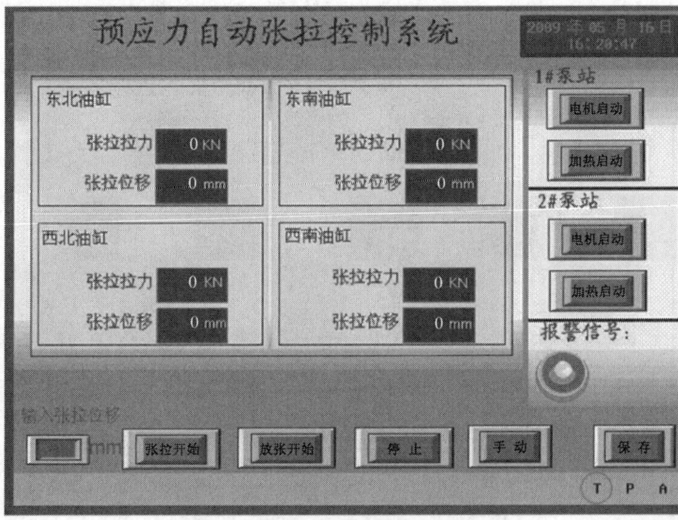

图5-19 张拉位移的设置界面

在预应力钢筋张拉的过程中，为了保证四个油缸的同步性，采取按油缸每次伸长设计值10%的方式进行分级张拉。在张拉的同时，操作人员密切注意PC机上四个张拉油缸的伸长量，当四个油缸的伸长量始终保持一致时，可继续进行张拉作业，一但发现PC机上显示的伸长值与理论值不相符或同端千斤顶活塞伸长值间偏差大于2 mm、异端千斤顶活塞伸长值间偏差大于4 mm时，应将四个油缸的张拉动作同时停止，并在PC机上手动微调四个张拉油缸至四个油缸的伸长量偏差在规定范围内。达到要求后停止手动张拉，再次启动自动张拉系统将四个油缸同步张拉。手动调整千斤顶伸长量如图5-20所示。

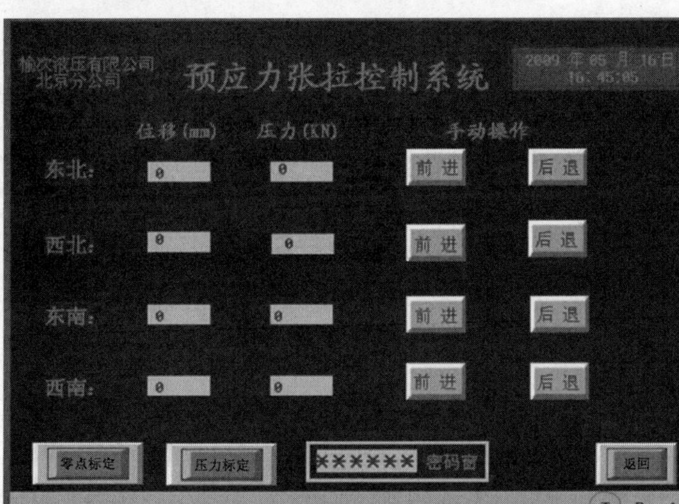

图5-20 手动调整千斤顶伸长量

终张拉:终张拉方法与初张拉相同,将预应力钢筋从设计值的 20%张拉至设计值。终张拉完成后查看单根预应力均匀检测仪表读数是否达到 68.3 kN(偏差不大于 15%)。张拉结束后,立即将张拉油缸定位套安装在油缸上,旋转环形螺母的位置,将环形螺母压紧,环形支承垫板使液压缸止动并卸压。实际总张拉力、预应力钢筋伸长值与设计额定值偏差不大于 5%,实际单根预应力钢筋的张拉力与设计额定值偏差不大于 15%。图 5-21 为上好定位套的千斤顶。

图 5-21 上好定位套的千斤顶

(4)张拉过程偏差的调整。在张拉过程中,始终保持同端千斤顶活塞伸长值间偏差不大于 2 mm,异端千斤顶活塞伸长值间偏差不大于 4 mm,如发现偏差大于允许值,须在 PC 机上微调以补偿伸长值,直到伸长值偏差在允许范围内。

在张拉过程中,台座上 4 个千斤顶的活塞位移量、张拉力值自动在 PC 控制机上显示,通过计算得出预应力钢筋总张拉力、伸长值与设计额定值偏差。

当偏差量>5%时,就需要对预先设定张拉参数(摩擦系数和补偿量)进行修正,然后重新进行预应力钢筋张拉,直到满足设计要求;偏差量≤5%时,预应力钢筋张拉工序完成,油缸保压,可转入下一道工序施工。

每隔 1 个月用压力传感器检测张拉台座中 4 根预应力钢筋的张拉力,实际单根预应力钢丝的张拉力与设计额定值偏差不大于 15%,当偏差量大于 15%时,就需要对预先设定张拉参数(摩擦系数和补偿量)进行修正,然后重新进行预应力钢筋张拉,直到满足设计要求。

(5)预应力钢筋张拉注意事项。

1)必须严格按照设计图纸规定的张拉顺序进行张拉。

2)严禁将有裂纹及其他异常现象的夹片装入锚筒内,工作夹片在未发现前述状态下可继续使用,最多只允许使用 200 次。

3)锚筒有裂纹损坏者须更换并重新张拉。

4)千斤顶、油泵与油管的接头必须安装牢固,在张拉前必须派专人检查。

5)张拉加力时,不得敲击及碰撞张拉设备,相关控制设备必须专人操作,避免受振。

6)混凝土浇筑和混凝土浇筑后未达到设计强度时,不得敲击锚具。

7)必须认真作好张拉记录,不得涂改原始数据,并及时将记录交技术室审核。

8)一条生产线所有钢筋预施应力完成,由施工班组负责人及质检员在工艺流程卡上签字确认后才能交由下道工序施工。

9)钢筋在牵引开盘后须检查外观,及时纠正钢筋乱盘、扭结等情况。如发现有裂纹、小刺、机械损伤、氧化皮、死弯、油迹等情况,须局部剪除。不合格的钢筋单独存放作好标记,严禁混杂流入下道工序。

10)下料后的钢筋长度允许偏差在万分之二内,不得有死弯,不得沾染油污。

11)切割好的钢筋,严禁污染泥土、油污并防止锈蚀和损伤,运输钢丝时严禁在地面上拖拉。

6. 混凝土制备及运输

(1)施工准备。轨道板混凝土施工准备包括搅拌机及配套设施准备、模具清理、喷涂脱模剂、轨道板混凝土配合比的选择、劳动力准备,还包括组织混凝土施工从拌和、运输、浇筑和振捣的协调一致,以及突发事件状态下保证浇筑顺利进行的应急措施等。

混凝土拌和和浇筑须满足施工的相关规定和要求。混凝土配制拌和之前,须对所有机械设备、工具、使用材料进行认真检查,确保混凝土的拌制和浇筑正常连续进行。检查搅拌机、上料装置、加热装置、混凝土料斗、电子称、控制系统工作状态是否正常,并在投料前清洗搅拌机和混凝土料斗,进行无负荷试运转,确认一切正常后开始搅拌混凝土。检查生产所需的各种检测仪器工作状态是否正常,是否在检定的有效期内;检测工具数量是否满足生产要求,是否在检定的有效期内。

(2)配合比设计及工艺试验。根据《铁路混凝土工程施工质量验收标准》(TB 10424)及《客运专线高性能混凝土暂行技术条件》(科技基〔2005〕101号)的相关要求,结合原材料品质以及试验板拟采用的主要生产工艺,进行C55高性能混凝土的配制。主要原则应包括含以下几个方面。

1)原材料的比选复试:对水泥、掺和料、砂、石、外加剂和水等混凝土原材料反复试验,确认满足要求。

2)混凝土配合比参数的确认:胶凝材料总量不超过480 kg/m^3,实际控制值宜为450～480 kg/m^3;采用矿渣粉与粉煤灰复掺技术时,掺和料的掺量均不大于30%;混凝土内总含碱量不超过3.5 kg/m^3,当骨料具有潜在碱活性时,总碱含量不超过3.0 kg/m^3。由水泥、矿物掺和料、砂、石、外加剂和水带入混凝土的氯离子总量不超过胶凝材料总量的0.06%;配合比用水量不得超过150 kg/m^3;混凝土的容重控制在2 450～2 550 kg/m^3。

3)混凝土的拌和物性能:混凝土坍落度由施工工艺确认;混凝土的含气量不大于3%;混凝土入模后不得泌水。

4)混凝土的力学性能:轨道板28 d龄期混凝土的强度不小于55 MPa,在配合比设计时,混凝土的28 d龄期配制强度为$R_{配}=55+1.645\times4+3.5=65.1$ MPa;轨道板28 d龄期混凝土的弹性模量不小于36.0 GPa,在配合比设计时,混凝土的28 d龄期弹性模量须与强度相适宜。

5)混凝土的抗裂性:对混凝土拌和物性能满足要求的试拌配合比进行早期抗裂性能对比试验,选择抗裂性相对较好的混凝土配合比进行耐久性试验。

6)混凝土的耐久性能:抗冻性能须满足F300(质量损失<5%,动弹模量<60%)的要求;混凝土的电通量小于1 000 C;抗碱—骨料反应性采用的砂浆棒膨胀率小于0.1%。

(3)轨道板浇筑前准备工作。取得施工配合比通知单,确认本次浇筑混凝土的骨料、水泥、掺和料、外加剂等已到达拌和站，并检验合格，不得采用边运输材料边开盘搅拌的方法进行轨道板混凝土浇筑作业。核对并检查骨料、水泥、掺和料、外加剂品种和质量。混凝土搅拌站和输送设备处于正常状态，衡器已检查并校正。机具须进行试运转，并确认状态良好。附着式振动器(包括备用振动器)测试完毕。水电供应系统保证，意外停水、停电的备用措施已落实。容易损坏的机具和零部件有备用品，机械故障停盘有应急方案。浇筑安全防范设施确认安全可靠。模板、钢筋、尼龙套管和各种预埋构件等工序的检查签证及整修手续均已办妥。人员、机械、工具等准备就绪。技术交底、劳动力(包括后备人员)、机电维修力量配备安排落实。

(4)混凝土配料和计量。混凝土配料必须严格按试验室通知单进行，并有试验人员在现场进行施工控制。

混凝土原材料配料采用自动计量装置(每年需经国家计量部门进行检定)，且计量设备砂石每1个月系统自行校验1次，水泥、掺和料、外加剂、水每周系统检验1次，每班混凝土灌筑前要检查电子秤及其他计量器具，根据施工配合比调整用料，并由试验人员复核。如施工中发现异常时须及时校核。根据施工配合比用料考虑下料重量，由试验员复核。开盘后，前三盘要逐盘检查实际下料重量，以后每10盘检查1次，秤料误差(均以质量计)规定为:水、外加剂、水泥、掺和料不大于±1%;砂、石不大于±2%。

确保拌和站计量仪器处于有效期内，开盘前对配套设施进行检查确保正常运行。对各种不利气候有相应的准备措施，如冬、夏季的施工措施，砂石料保温或降温措施等。混凝土拌制前，试验人员须测定粗细骨料含水量，以便及时调整施工配合比。一般情况下，含水量每班抽测不少于2次，并按测定结果及时调整混凝土施工配合比。混凝土拌制前，试验人员必须按照施工配合比计算混凝土配料单，并经过现场监理工程师确认。混凝土配料必须按混凝土配料单进行，并有试验人员值班。开盘前需检查砂、石的质量情况，核实所使用的原材料与配合比通知单是否相符、数量是否足够一次连续生产27块板的需要量。开盘前须按施工配合比调整配料系统，并做好记录;搅拌前须将搅拌机润湿，并排尽多余的积水，检查、调整卸料闸门使其灵活。

(5)混凝土搅拌。搅拌混凝土的下料顺序:依次先下细骨料、水泥和掺和料，再加粗骨料，搅拌均匀后，再加入所需用水量和减水剂，并继续搅拌至均匀为止。总搅拌时间为180 s，且混凝土必须搅拌均匀，颜色一致。每5罐抽查一次搅拌时间。

混凝土拌和物控制指标:温度5 ℃～30 ℃，含气量≤3%，混凝土坍落度由施工时的混凝土配合比确定。

混凝土拌制速度和浇筑速度要密切配合，拌制服从浇筑，调度人员现场根据混凝土浇筑速度，用对讲机现场统一协调，拌和站须时刻保持与施工现场的联系沟通，在施工过程中，如因机械故障搅拌中断，通知试验室，总工程师根据情况现场确定。如因故障灌板中断，板体混凝土间隔时间一般不超过20 min，实际情况需根据试验室在该温度情况下实测的混凝土初凝时间确定，并须及时请示试验室主任或场总工处理，同时启动应急预案。

冬季搅拌混凝土前，须先经过热工计算，并经试拌确定水和骨料需要预热的最高温度，以保证混凝土的入模温度在5 ℃～30 ℃。须优先采用加热水的预热方法调整拌和物温度，但水的加热温度不宜高于80 ℃。采用暖气或者是地暖方式，砂石料仓全封闭遮盖，保证骨料不低于5 ℃。

炎热季节搅拌混凝土时，采用低温水搅拌混凝土等措施降低混凝土拌和物的温度，或尽可能在傍晚和晚上搅拌混凝土，以保证混凝土的入模温度在 5 ℃～30 ℃。

(6)混凝土运输。轨道平板车在搅拌站和生产厂房之间来回运输混凝土料罐，厂房内双钩桥吊在轨道平车和混凝土布料机之间来回运输混凝土的料罐，确保每个台座混凝土供应的连续性，直至混凝土浇筑完成。

在运输混凝土过程中，要保持平稳性，运到浇筑地点时不分层、不离析，并具有要求的坍落度、温度等性能，严禁向混凝土内加水。

7. 混凝土浇筑

(1)混凝土浇筑成型。混凝土布料机依次、连续、均匀地将混凝土浇筑入模，混凝土浇筑方向垂直于布料机的行驶方向，同时以每块模板为独立单元启动振动装置，将混凝土密实成型。混凝土浇筑如图 5-22 所示。

图 5-22 混凝土浇筑

每个台座混凝土浇筑工作流程如下。

1)将混凝土布料机开到要浇筑混凝土模具正上方。

2)把混凝土料罐内混凝土倒入布料机的储料斗中，布料机储料斗应提前润湿。

3)料罐内混凝土完全倒入布料机的储料斗内，且吊有料罐的桥吊离开布料机上方时，启动布料机的布料系统，双叶瓣式门打开，同时齿滚转动，将料斗内混凝土浇筑入模。

4)混凝土浇筑时，布料机横向来回布料，将模具内浇筑满混凝土。布料分两次，首次从一端到另一端，注入 75%左右的混凝土；二次布料用总量 25%左右的混凝土进行补充。在混凝土浇筑及刮平的过程中，人工配合将多余混凝土铲到混凝土不足的地方，以保证模板内混凝土的平整。

5)在料斗二次补充浇筑混凝土时，启动安装在每套模具下部的振动器，振动密实混凝土，直到表面泛浆和只有零星气泡出现为准。振动时间不宜超过 120 s。

6)混凝土密实成型后，先将布料机上刮平板降至紧贴模型中横向隔板的高度，然后布料机开到下一个模具的位置，同时启动刮平板上的振动器，刮平混凝土表面，把多余的混凝土推进下一个空模具中。刮平后再次启动模具下的振动器进行振动，一般不超过 60 s。

7)在布料机对下一个模型布料的同时，人工将分丝隔板上的混凝土清理干净，并用灰刀将侧挡板与混凝土之间的空气排尽。

(2)混凝土表面拉毛。在每块轨道板振动刮平完成之后,混凝土初凝前,对混凝土表面进行拉毛,拉毛时间间隔不能太长,拉毛深度为1～2 mm。

拉毛机从台座的第1套模具到第41套模具,依次、连续、均匀地将混凝土表面拉毛,拉毛方向与拉毛机的行驶方向一致。在遇到混凝土没有完全初凝的情况下,要及时的在两套模具间提起拉毛机,不至于影响某块轨道板的外观质量。通常情况下,在初凝前后各拉毛一次,两次拉毛相隔时间约为30 min,首次拉毛深度不要过大,二次拉毛较第一次深一些。

(3)调高装置、温度传感器安装。调高装置安装:依据轨道板施工图规定的位置和数量,用定尺量具定位调高装置的安装位置。压入混凝土中的调高预埋件位置和数量须符合设计要求,位置允许偏差−3～0 mm。为保证定位块的安装质量,一般在首次拉毛完成后进行安装。

温度传感器安装:在最后一块轨道板拉毛完成后,在板内预埋一个温度传感器,作为下道工序混凝土养护控制的温度采集点。

8. 轨道板蒸汽养护

(1)混凝土表面覆盖。在每个台座混凝土的施工全部完成后,首先采用塑料薄膜、单块养护膜逐块覆盖,浇筑完成后,用养护膜对一条生产线进行整体覆盖以保温保湿,防止混凝土水分蒸发,保证水泥水化反应正常进行,为轨道板混凝土强度稳步快速提高创造良好的环境。当然在冬季及夏季施工略有不同,冬季既要保持适度也要保持温度,故覆盖较厚实;炎热夏季施工,只需要保持混凝土的湿度即可。

(2)混凝土的养护。轨道板混凝土浇筑完毕后,立即覆盖养护膜进行恒温保养。在每块轨道板模具的下部布置4根循环散热管道。

生产线采用一套智能温度控制仪。在每块轨道板模具的下部布置4根循环散热管道。一般情况下,混凝土浇筑入模前将模具加热到10 ℃～30 ℃,开始浇筑混凝土时即停止对模具加热,依靠模具热量和水泥的水化热可保证混凝土中水泥水化反应的正常进行,厂内温度过低时需进行加热。在每个台座第2和第26块模具下方,各布置1个温度传感器,传感器将检测到的数据实时传送给温度控制仪。通过温度控制仪调节则可控制混凝土浇筑前、浇筑中以及养护过程中的模具温度。安排专人按测温方案检查连续观测记录和温度曲线图,当发现混凝土浇筑时温度、温差出现异常时,立即报告,分析原因,采取措施。混凝土芯部温度不超过55 ℃。

养护时间达到16 h后,从水槽中取出第1组混凝土试件,用压力试验机检测试件抗压强度,强度达到48 MPa,混凝土表面与环境温差小于20 ℃时,则可脱模。养护结束后,立即进入自然养护。自然养护时,轨道板体表面覆盖养护膜。

试件抗压强度达到48 MPa时,操作人员关闭温控仪,相应台座混凝土养护过程结束,可转入下一道工序。

9. 轨道板预应力钢筋放张

预应力钢丝放张时,混凝土抗压强度不低于48 MPa。预应力钢丝采用整体放张方式,且在台座两端同步进行,在放张过程中要保证4台千斤顶同步。在预应力筋两端的锚具完全脱离张拉横梁且稳定时,放张结束,开始切断预应力丝。

在放张过程中,PC控制机上将显示每个千斤顶的活塞位移量、张拉力数值,始终保持同端千斤顶活塞回缩值间偏差不大于2 mm,异端千斤顶活塞回缩值间偏差不大于4 mm。

放张完成后,切割预应力筋总体要求:先切断在张拉台座1/2处模板间的预应力钢丝,再切断在张拉台座1/4和3/4处模板间的预应力钢丝,最后切断其余模板间的预应力钢丝。

切割中间部位及1/4和3/4处模板间预应力钢丝时，由于模具之间仍存在应力，为使模具不造成很大的扭曲，应先切断模板一端6组预应力钢丝，而后再从另外一端开始依次切除剩下的预应力钢筋。在正常施工过程中，要求经常更换切割方向，以便保护模具的使用效率。不允许在没有放张带应力的情况下切割。

10. 轨道板脱模

轨道板脱模采用专用脱模设备—真空吸盘吊具进行。轨道板脱模吊装如图5-23所示。

图5-23 轨道板脱模吊装

在混凝土养护抗压强度达到48 MPa以上且将预应力钢筋切断时，可以进行脱模作业。首先将真空吊具通过桥式起重机置放于即将要脱模的轨道板上方，使真空吊具上的顶升油缸对准模具上的预留支点，平稳缓慢的将真空吊具落在轨道板面上。排除真空吸盘的空气成为真空状态，从而使轨道板与真空吊具间形成较强的吸附力，当真空吊具指示灯变为绿色时，表明吸盘内部已达到真空状态；此时先启动顶升油缸装置，油缸顶在模具上，使吊有轨道板的真空吊具缓慢上升，直至油缸行程完毕，轨道板脱离模具，此时脱模工序完成。

之后启动桥式起重机，将吊有轨道板的真空吊具起吊一定的高度，同时将真空吊具的保险装置打开使轨道板处于安全起吊状。而后平稳横向移动轨道板并通过人工配合旋转90°，移至轨道板静停养护线上对应的支架上方，缓慢落下，在轨道板稳固后，解除保险装置及真空吸盘，脱模工序全部完成。可以进行下一块轨道板的脱模。

11. 毛坯板静停

毛坯板脱模后，按照要求，应将其以3块为一单元停放在临时存板线上，静停24 h，当环境温度与轨道板表面温度之差不超过15 ℃时，将轨道板转运至毛坯板存放区进行自然养护。临时存板线上的每条线有28组存放座，每组存放座由4个存放支架构成，每个支架顶部装有一块橡胶垫板。

存放支座的每个支架顶部安装橡胶垫板，轨道板之间安放4个垫块，分别支承在板的第二条预裂缝和第八条预裂缝处，垫块要上下对齐，防止板内产生附加应力引起变形；垫块高度误差±2 mm，承重面应平行，误差控制在2 mm以内。当误差超过2 mm时，可通过橡胶垫块进行调整。轨道板脱模后的临时存放如图 5-24 所示。

图 5-24 毛坯板静停存放

12. 毛坯板运输与存放

(1)毛坯板的运输。毛坯板在生产厂房内静置养护 24 h 后,当轨道板表面温度与周围温差不大于 15 ℃时,用 30 t 电动平车从厂房内运到毛坯板存放区码放整齐,如图 5-25 所示。电动平车运输时要平稳,防止散垛发生。

图 5-25 电瓶车运输轨道板

(2)毛坯板吊装。毛坯板出厂后采用龙门吊+专用吊具吊装,如图 5-26。吊装时,通过专用吊具挂在轨道板上,拉动链条锁紧吊具上的挂钩并确认封闭到位、挂牢后,平稳地吊运轨道板至存放台座上方,放下轨道板,拉动链条松开挂钩。

(3)毛坯板存放。轨道板在厂房内养护完成后,运到毛坯板存放区,存放时间取决于混凝土徐变、收缩进程和环境条件,存放时间不少于一个月。待板体混凝土收缩和徐变基本完成后便可转入下道工序,进行承轨台打磨工作。

在毛坯板存放区内,每垛毛坯板不超过 12 层。每层板之间安放 4 个垫块三点支承,分别

图 5-26 专用吊具吊装毛坯板

支承在板的第二个预裂缝和第八个预裂缝处，垫块要上下对齐，防止板内产生附加力引起变形，支点位置如图 5-27 所示。

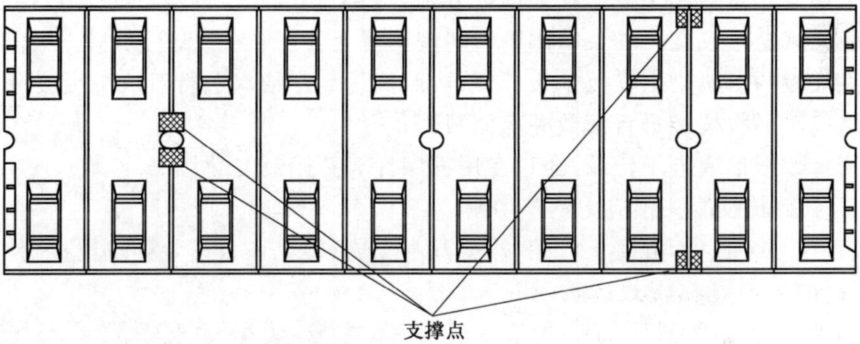

图 5-27 毛坯板存放支点位置

垫块的规格为 175 mm×175 mm×150 mm，高度误差±2 mm，承重面需平行，误差控制在±2 mm 内；垫木的抗压强度不小于 15 MPa。

在存放期间，随时巡查、每周彻底检查一次毛坯板存放情况，主要检查垫块和混凝土基座变形等，发现问题及时回馈并处理解决。废次品要在轨道板两侧部用黑色油漆标出两道横线，线宽不小于 20 mm，单独码放，防止混淆。

13. 毛坯板的检测

为保证毛坯板预制质量和检验模具精度，在正常生产过程中，对每套模板生产的毛坯板应每月用全站仪测量 1 次。毛坯板的测量工作在一个无约束检测平台上面完成，如图 5-28 所示。

其作业步骤如下：

(1)首先将生产的毛坯板在翻转机上面翻转 180°；

(2)通过打磨车间的桥式起重机将其吊运到无约束检测平台上面；

(3)无约束平台上的压力传感器安装，数显仪表连接，安放横梁，并调整数显仪表为零；

图 5-28　毛坯板检测

(4)由人工协助桥式起重机,将毛坯板平稳的置放于平台横梁上面;

(5)调整数显仪表的数值,要求毛坯板跨中的两个数显仪表读数分别为该毛坯板总重的22%,剩余毛坯板四角的四个数显仪表读数分别为该毛坯板总重的14%;

(6)安装调试全站仪在无约束检测平台的观测墩上;

(7)在毛坯板的承轨槽上安放平板棱镜,按照测量顺序依次进行置放平板棱镜;

(8)全站仪对平板棱镜进行读数并存储数据;

(9)将测量数据形成电子记录,通过专用程序计算并绘制变化图。

14. 轨道板翻转及端头预应力钢丝切割

毛坯板存放一个月后,混凝土收缩、徐变基本完成,将毛坯板吊装到轨道板翻转机上,毛坯板翻转后正面向上放置在辊式运输线上,然后通过辊式运输线进入打磨生产线进行承轨台打磨加工。轨道板在翻转机、切割机、磨床、装配轨道扣件台位及横向运输车等工作面之间的移动全部通过辊式运输线来完成。辊式运输线由托滚架、带侧面导轮的托滚架及摩擦轮驱动装置组成。

(1)轨道板翻转。用一台 16 t/40 m 龙门吊将毛坯板从毛坯板存放区吊运到翻转机上,翻转机将轨道板旋转180°正面向上放置在辊式输送线上,然后通过辊式输送线进入打磨厂房。如图 5-29 所示。

图 5-29　轨道板翻转

翻转机详细工作流程:1)启动液压系统;翻转架平台下降,松开闭锁装置。2)将毛坯板吊运到翻转架平台上。3)松开门式起重机吊钩上专用吊具的锁紧装置,开动门式起重机,使专用吊具远离翻转机的工作区域。4)启动翻转机上闭锁装置锁紧毛坯板,检查确保板体与翻转机平台锁固好；翻转架平台上升，高度满足要求时，旋转 180°。5）翻转架平台下降到初始位置，将毛坯板正面向上放置在辊式输送线上，松开闭锁装置；通过辊式运输线将轨道板输送到下一个工位。

（2）端头预应力钢丝切割。采用圆盘锯切割机切除轨道板两侧突出的预应力钢筋。切割机主要由机架、机身、锯片等组成，锯的工作通过安装在辊式运输线的限位器实现自动控制，锯片直径 600 mm，转速2 800 r/min。

切割机对称布置、固定在辊式运输线两侧，每侧一台。在轨道板缓慢地通过切割机台位的过程中，切割机自动启动，切除轨道板两侧突出的预应力钢筋，与混凝土表面平齐，切割完成后自动停机。

（3）注意事项。闭锁装置锁紧毛坯板时，检查确保板体与翻转机平台锁固好。当翻转机闲置时，把翻转架平台旋转 180°放置。将毛坯板吊运到翻转架平台上时，注意平稳轻放。

15. 轨道板打磨

（1）打磨流程及工艺。轨道板承轨槽精细打磨分为定位、毛坯板检测、打磨、成品板检测、成品编号等步骤。

（2）定位。将毛坯板运到加工工位；启动磨床上的液压装置，加工工位下部的 12 个油缸将板顶起调平，侧面的 6 个油缸顶出将板夹紧固定；在定位固定的过程中，安装在每个油缸上的压力传感器随时向磨床的自控系统回馈信息，依据预先设定值，控制系统自动调节作用在每个油缸上的压力，使板中不产生附加应力。

（3）毛坯板检测。在检验测量前，启动磨床上清洗系统，将板清洗干净；利用激光扫描装置，对毛坯板关键控制点进行测量，并保存原始数据。

自控系统比较毛坯板原始测量数据和成品板标准数据（每块板 20 个承轨台预先给定的参数），确定打磨加工量，并借助于线路控制数据（每个台面的 Y、Z 坐标和倾角的数据）自动生成每块板打磨加工的数控子程序。

（4）打磨加工。依据磨床自控系统生成的打磨加工数控子程序，对承轨台进行打磨加工。

对承轨台打磨加工设粗磨和精磨两个阶段：依据打磨加工实际情况，粗磨可能需分多次进行，精磨通常一次完成；第一次打磨完成后，激光扫描装置将自动对承轨台进行一次测量，如果检测合格则打磨工序结束，如果未能达到要求，则继续打磨直至合格为止；如图 5-30 所示。磨轮的每个横向进给需要两个行程，在板端时旋转 180°；

图 5-30 承轨台打磨

（5）成品板检测。在检测测量前，启动磨床上清洗系统，将板清洗干净。

利用激光扫描装置，对成品板进行测量，保存测量数据，并自动生成成品板检验测量记录；该测量记录将在成品板转运时一同转交给铺板单位。

自控系统比较处理成品板的测量数据和预先设定标准数据；若所有测量数据都控制在允许的误差内，打磨工序结束可转入下道工序;若测量数据部分或全部超过允许的误差,又分为两种情况:1)继续打磨加工直至满足要求;2)若偏差超出打磨加工的范围,按废品处理。

(6)成品板编号。成品板经检验合格后,依据磨床自控系统指令,铣刀将自动在轨道板表面铣刻标记,标记由6位数组成,表示轨道板的安装地点和位置;编号位于轨道板的左侧,按顺序增加,防止造成铺设时混乱;第一个符号是“<”或“>”,表示安装地点为线路的左线或右线轨道,第2到第6位是00001到99999之间的顺序号码;成品板标识完成后,松开夹紧、固定装置,通过辊式运输线转移到下道工序。

(7)注意事项。在检测测量前,启动磨床上清洗系统,将板清洗干净;轨道板三个预留灌浆孔是否全部上下贯通,如有未贯通的用人工凿通,以免打磨时孔中积水运置室外冻结,对成品板造成损坏。

16. 扣件安装

经过打磨、刻字完毕的轨道板通过滚轮运输线运输至扣件安装处,接触上行程开关,输送电机停止转动,轨道板停止前进。此时人工搬动扣件、垫板和螺杆按承轨台的位置对应摆放好,启动工业吸尘器和油脂注射机,先用吸尘器将预埋螺纹套管中的水、杂物等吸干清除,然后依次用喷射机向每个吸干的螺纹套管中注入21 g润滑油脂,再安装好垫板、扣件和螺杆,启动气动扳手将螺杆旋紧。当不需要在工厂安装扣件时,在将螺纹套管清除干净并注入油脂后,即可用防护盖对逐个套管进行封盖,以防止轨道板在存放、运输及铺设过程中有水、杂物等进入其中。

扣件安装严格按扣件装配图进行,先将弹性垫板放置在轨道板的承轨台上;将底板放在弹性垫板之上,将轨垫放在底板之上;将塑性轨距挡板放入垫板槽中,使轨垫边缘与轨距挡板下接合,完成上述操作后,就形成轨距实际通道并实现钢轨横向支撑;将弹条放在轨距挡板预先安装的位置;在每个轨距挡板上放置2个轨枕螺栓,顺时针旋转螺栓进行固定;使用配套的套筒扳手(管钳)扭紧螺栓,不得使用锤子锤击。扣件安装如图5-31所示。

图5-31 扣件安装

17. 成品板质量检验

(1)成品板外形尺寸、外观质量检验。在正常打磨过程中,每周用全站仪测量1块成品板。当打磨机的测量数据出现问题或测量误差时,须采用全站仪进行复测。成品轨道板的外形尺寸偏差须符合表 5-4 的规定。

表 5-4 成品轨道板的外形尺寸偏差要求

<table>
<tr><th>序号</th><th colspan="2">检验项目</th><th>允许偏差(mm)</th><th>每批检查数量(出厂检验)</th><th>检查项目</th></tr>
<tr><td>1</td><td colspan="2">长度</td><td>±5.0</td><td>10 块</td><td>C</td></tr>
<tr><td>2</td><td colspan="2">宽度</td><td>±5.0</td><td>10 块</td><td>C</td></tr>
<tr><td>3</td><td colspan="2">厚度</td><td>+5.0
0.0</td><td>全检</td><td>B</td></tr>
<tr><td>4</td><td colspan="2">精轧螺纹钢筋外露长度</td><td>±5.0</td><td>全检</td><td>C</td></tr>
<tr><td>5</td><td colspan="2">预应力钢丝位置</td><td>±3.0</td><td>全检</td><td>A</td></tr>
<tr><td rowspan="6">6</td><td rowspan="6">成品板承轨台</td><td>1～20 个承轨台拱高实际高差与标准高差的偏差(10 个承轨台测量基础上,测量长度:5.85 m)</td><td>±1.0</td><td>1 块</td><td>A</td></tr>
<tr><td>1～20 个承轨台拱高实际高差与标准高差的偏差(3 个承轨台测量基础上,测量长度:1.3 m)</td><td>±0.5</td><td>1 块</td><td>A</td></tr>
<tr><td>单个承轨台钳口距离</td><td>±0.5</td><td>1 块</td><td>A</td></tr>
<tr><td>承轨面与钳口面夹角</td><td>±1°</td><td>1 块</td><td>A</td></tr>
<tr><td>轨底坡</td><td>±0.1°</td><td>1 块</td><td>A</td></tr>
<tr><td>承轨台之间钳口间距</td><td>±1.0</td><td>1 块</td><td>A</td></tr>
<tr><td>7</td><td colspan="2">其他预埋件位置及垂直歪斜</td><td>1.0</td><td>全检</td><td>B</td></tr>
</table>

成品轨道板外观逐块检验,外观质量须符合表 5-5 规定。

表 5-5 轨道板外观质量要求

<table>
<tr><th rowspan="2">序号</th><th rowspan="2">检 查 项 目</th><th rowspan="2">检查方法</th><th colspan="3">技 术 标 准</th></tr>
<tr><th>合格品</th><th>返修品</th><th>废品</th></tr>
<tr><td>1</td><td>肉眼可见裂纹</td><td>目测</td><td>无(注:预裂缝处和浇筑面允许有细小的裂纹)</td><td>—</td><td>有</td></tr>
<tr><td>2</td><td>承轨台部位表面缺陷</td><td>目测深度尺</td><td>气孔、粘皮、麻面等缺陷的深度不大于 2 mm</td><td>—</td><td>气孔、粘皮、麻面等缺陷的深度>2 mm</td></tr>
<tr><td>3</td><td>上边缘破裂或混凝土脱落</td><td>目测深度尺</td><td>深度不大于 5 mm
面积不大于 50 cm^2</td><td>深度>5 mm
面积>50 cm^2</td><td rowspan="3">断裂、较大孔洞、磕损严重等不能满足使用要求</td></tr>
<tr><td>4</td><td>底面边缘破裂或混凝土脱落</td><td>目测钢板尺</td><td>长度不大于 15 mm</td><td>长度>15 mm</td></tr>
<tr><td>5</td><td>可见范围内的泌水深度</td><td>目测深度尺</td><td>深度不大于 5 mm</td><td>深度>5 mm</td></tr>
<tr><td>6</td><td>预埋套管内混凝土淤块</td><td>目测</td><td>无</td><td>有</td><td>—</td></tr>
<tr><td>7</td><td>外观表面</td><td>目测</td><td>表面颜色一致,无油污</td><td>表面颜色不一致,有油污</td><td>—</td></tr>
</table>

续上表

序号	检查项目	检查方法	技术标准		
			合格品	返修品	废品
8	精轧螺纹钢筋端部	目测	完整	端部受损	—
9	调高预埋件、预埋塑料套管的数量	目测	齐全	—	有缺少
10	轨道板编号	目测	齐全	—	缺少

混凝土强度:28 d 抗压强度不小于 55 MPa;28 d 弹性模量不小于 36.0 GPa。

(2)成品板绝缘检测。打磨完成后的成品板在出场前,应采用 ZL5 型智能 LCR 测量仪进行绝缘性能检测,以判断其是否满足轨道电路传输的要求。主要工艺包括:

1)将两根钢轨放置在绝缘检测架上,轨底距离承轨面 50 mm,调整轨距到 1 435 mm;

2)用标准钢包铜连接线将两股钢轨的一端封连,钢轨另一端引出端子与测量仪相连;

3)检测装置的校正、修正值 $R_{修}$,$L_{修}$。校正时应测量并读取两组数据,取最大值进行计算。

将轨道板通过辊式滚轮输送线运至钢轨下,将钢轨落入承轨槽处并将扣件上紧。用交流电桥测量两轨引出端子间的电感值 $L(\mu H)$ 及电阻值 $R(m\Omega)$,测试频率规定为 $f=2\ 000$ Hz。每块轨道板检测时,应测量并读取两组数据,取最大值进行计算。其检测结果应满足 $R_{检} \leqslant 16.50\ m\Omega$($R_{检}=R_{板}-R_{修}$)、$12.75\ \mu H \leqslant L_{检} \leqslant 13.75\ \mu H$($L_{检}=L_{板}-L_{修}$)。

18. 成品轨道板运输与存放

(1)成品轨道板运输。毛坯板打磨工序完成后,用电动平车把轨道板从厂房内运到成品板存放区码放整齐。采用专用四角吊具和两台 16 t/40 m 龙门吊对成品板进行吊装。运输要求同毛坯板。轨道板运输与吊装如图 5-32 所示。

(2)成品轨道板存放。由于成品轨道板是按计划进行编号,每块编号的轨道板与现场铺设一一对应且是唯一的,因此需要依据各铺设工作面进度安排,制定合理的轨道板存放计划,绘制存放图,并组织落实。

成品轨道板存放,最高不超过 9 层。且层与层轨道板间应安装 4 块垫块。垫块支垫及对存放基础的要求同毛坯板存放。如图 5-33 所示。

图 5-32 轨道板运输与吊装

图 5-33 成品轨道板存放

成品轨道板入库后，指定专人对库房进行动态管理并建立库房的管理台账，记录入库板的生产批次、作业班组、数量及存放的位置等；在存放期间，随时巡查、每周彻底检查一次成品板存放情况，主要检查垫块和混凝土基座变形，发现问题及时反馈并处理解决，同时做好记录。

19. 轨道板修复

为保证轨道板的外观质量并增强板体结构的耐久性，对混凝土表面的气孔、蜂窝、孔洞、麻面、磕损等可修复的缺陷，采用塑性改良的水泥砂浆进行修补。

5.1.8 资源配置

5.1.8.1 劳动力配置

根据实际试生产情况、岗位工作量以及机械设备自动化程度，采取相应措施，提高工作效率，根据工期要求，可以灵活采取两班制或者三班制生产。管理人员组织见表5-6。生产及辅助人员配置见表5-7。

表5-6 管理人员组织表

序号	岗位或工种	人数	主要工作内容
1	场长	1	全面主持轨枕场工作
2	总工程师	1	负责生产技术工作；负责建场工作
3	生产副经理	2	负责施工生产、设备管理工作
4	书记	1	负责党务、工会、后勤工作
5	工程部长	1	负责生产技术，主管工程部
6	安质部长	1	负责安全、质量，主管安质部、试验室
7	物资设备部长	1	主管设备的选型、采购、物资订购，主管物资设备部
8	总会兼计财部长	1	负责计划、财务管理
9	办公室主任	1	负责行政办公、文件资料、接待
10	工程部	4	负责技术管理、生产指挥调度，协调与各部门的工作；验工计价
11	计财部	2	负责成本控制、合同管理、财务管理和生产计划
12	物资部(含司机)	4	负责材料采购和管理
13	安质部	2	负责质量、安全和技术资料管理，负责与监理工程师的联络
14	试验室(含主任)	4	负责试验检验及生产过程控制、产成品检验等工作
15	办公室	2	负责治安、保卫工作及行政事物、食堂、司机、文化娱乐的管理及对外接待联络工作
合　计		28	

表5-7 生产及辅助人员配置表

序号	工种	每班人数	主要工作内容
1	预制工班	20×3	模型，预应力，混凝土浇筑
2	钢筋工班	80	钢筋加工，网片绑扎
3	打磨工班	25	翻转、打磨、扣件安装及配合
4	混凝土拌和站	6	料场管理，混凝土制备
5	存板区	36	轨道板转运、吊装

续上表

序号	工种	每班人数	主要工作内容
6	设备操作	40	起重设备,打磨、预应力及其他
7	维修保障	20	
8	安全保卫	5	生产区门卫 2 人、看守 1 人、巡逻 2 人
9	食堂后勤	8	员工 3 人、民工食堂 3 人、生活区卫生 1 人、门卫看守 1 人
合　计		280	

5.1.8.2　主要设备机具配置

工艺装备配置的基本原则:符合工艺要求,满足生产效率,各工序能力平衡且环保节能。

CRTSⅡ型混凝土轨道板设备配置除符合上述基本原则外,还具有自动化程度高、采用新技术、新装备等特点。以京沪高速铁路曲阜轨道板场"一场两线"长线台座日产 82 块轨道板为例,生产主要设备配置见表 5-8。

表 5-8　主要设备配置

序号	设备名称	规格型号	用　　途	单位	数量	备注
一	模具					
1	模具	非标	轨道板钢模	台	82	
2	承轨台壳体	非标	模具配套	片	82×20	
3	振动器及控制系统	1.5 kW	振实轨道板模具内混凝土		82×8	
二	数控预应力张拉工装					
1	液压站及控制系统	非标	均匀同步对预应力钢筋施加预应力	套	2	
2	张拉横梁及锚具	非标	锚固 ϕ5 mm、ϕ10 mm 钢筋、承受张拉力	套	4	
三	通用设备					
1	电动单梁起重机	5 t	钢筋加工车间配套	台	2	
2	电动双梁起重机	16 t	主厂房配套,真空吊具及其他重物等	台	2	
3	电动双梁起重机	8 t+8 t	主厂房配套,起吊混凝土运输罐、钢筋网片及其他重物等	台	2	
4	电动双梁起重机	16 t/16 t	打磨室配套,起吊特殊板及其他重物等	台	1	
5	门式起重机	50.4+2×16.5	用于起吊毛坯板和成品轨道板	台	2	
四	混凝土生产线设备					
1	搅拌站	HZS180/3 m^3	搅拌轨道板生产用混凝土	套	1	
2	轮式装载机	3 m^3	拌和站运输砂石料	台	1	
3	砂石清洗机	非标	砂石料洗筛	套	2	
4	混凝土运输车	非标	运输混凝土运输罐	辆	1	
5	混凝土运输斗	4 m^3	将混凝土从搅拌站运至布料机	个	2	
6	布料机	非标	用于将混凝土定量浇入模具	台	2	
7	高压清洗机	3 kW	清洗混凝土设备	台	4	

续上表

序号	设备名称	规格型号	用　　途	单位	数量	备注
8	多功能车	非标	运输工业吸尘机、钢筋托盘、塑料薄膜卷筒等	台	2	
9	养护膜卷筒	非标	生产线养护膜覆盖和收起	台	3	
10	真空吊具	非标	将半成品轨道板从模具里提出来并放置在临时存放台	台	2	
11	刷毛机	非标	对混凝土表面沿轨道板纵向进行可控而均匀的横向拉毛处理	台	2	
12	切割小车	非标	切割相邻模具之间的预应力钢筋	台	4	
13	脱膜油喷射机		向模具喷洒脱模油	台	2	
14	大力吸尘器	13 kW	清理模具中碎渣	台	2	
15	电瓶运输车	非标	用于运输半成品轨道板	辆	2	
16	钢筋定尺切割	非标	精确切取 $\phi 5$ mm 定位筋、$\phi 10$ mm 预应力筋	台	2	
17	模具循环加热系统	非标	提高生产线模具下部环境温度	套	82	
18	同步温控养护系统	非标	轨道板模具内混凝土及试块养护	套	1	
五	打磨生产线					
1	打磨机		打磨半成品轨道板以达到轨道板的使用要求	台	1	
2	翻转机	非标	将轨道板翻转并平稳放置在滚轮架上	台	1	
3	滚轮输送线	非标	用于打磨生产线自动传送轨道板	套	1	
4	滚轮输送线控制系统	非标	滚轮输送线配套	套	1	
5	钢筋余头切割机	非标	用于切除预应力钢筋突出部分	台	2	
6	油脂定量加注机	非标	用于将油脂定量加注入塑料套管内	台	1	
7	横移运输车	非标	用于横向运输成品轨道板	台	2	
8	污水处理系统	28 t/h	用于打磨水循环使用	套	1	
9	电瓶运输车	非标	用于运输成品轨道板	辆	2	
10	打磨机稳压电源	600 kVA	为打磨机提供稳定电压	台	1	
11	智能电桥测试仪	ZL5	成品轨道板绝缘性能检测	套	1	
六	基础设备					
1	地磅	150 t	砂石料计量	套	1	
2	变电站及配电系统	1 000 kVA	电力供应	套	1	
3	蒸汽锅炉	6 t	热力供应	套	1	
4	空压机	6 m^3	产生压缩空气，供应生产线工艺及设备用气	台	1	
5	备用发电机	500 kVA	备用	台	1	
七	检测试验设备					

续上表

序号	设备名称	规格型号	用　　途	单位	数量	备注
1	实验室设备			套	1	
2	高精水平仪	DNA03	测量模型的平面度	台	1	
3	高精全站仪	TCA1800	用于产品检验	台	1	
4	电阻测试仪	499 V	检测钢筋节点电阻	台	2	
5	自动调平检验平台	非标	自动调平轨道板便于检测	套	1	
6	钢筋拉力监测仪	非标	用于单根钢筋拉力检测	套	6	
八	钢筋胎具托盘					
1	钢筋胎具	非标		套	10	
2	钢筋托盘	非标		套	12	

5.1.9　质量安全及环境保护控制要点

5.1.9.1　质量控制要点

除施工工艺及设计文件、技术条件要求的以外,CRTSⅡ型轨道板制造质量控制要点还有以下几点:

(1)轨道板制造是一项系统工程,涉及“人、机、料、法、环”各个环节,施工组织必须组织高效管理团队和技术服务团队,加强人力、设备、工装等资源配置,选择优质的工程材料。

(2)人是质量管理的第一要素,轨道板制造必须开展经常性的技术培训,针对关键环节、薄弱环节、安全质量控制重点等开展QC攻关活动,并定期开展经验交流和技术总结,提高施工标准化水平。

(3)科学规划轨道板制造临时工程和生产线布局,提高生产设备生动化水平,以设备质量和精度为轨道板制造质量提供保障。

(4)正式施工前,依据设计文件、技术条件及相关标准及经验编写翔实的工艺细则和检验细则,并加强技术交底和工艺试验,批量生产前邀请铁道部主管部门组织上道审查。

(5)质量监控标准依据为:有关Ⅱ型轨道板制造相关的技术文件、资料,含设计图纸、《客运专线CRTSⅡ型板式无砟轨道混凝土轨道板(有挡肩)暂行技术》(科技基〔2008〕173号)、《客运专线铁路CRTSⅡ型板式无砟轨道混凝土轨道板(有挡肩)检验细则》(SDS-002-2008)等。

(6)严格制作过程检验。

1)钢筋网片制作过程的绝缘检测:在钢筋网片加工成型和入模浇筑混凝土前均要对钢筋网的每个节点用电阻测试仪进行检测,要求用500 V电压测试,电阻值不小于2 MΩ。

2)模具安装要严格控制承轨台的平整度和方向,轨道板制作过程,要周期性地用高精度全站仪通过检测毛坯板对模具进行检测和调整。

3)预应力钢丝张拉要保持4个千斤顶的同步,同端千斤顶偏差在2 mm范围,异端千斤顶偏差在4 mm范围;总张拉力总伸长值与设计额定值偏差不大于5%;放张要保持同步缓慢放张。

4)轨道板混凝土浇筑过程要严格检测模板温度和混凝土入模温度、混凝土坍落度,并随机取样做混凝土 28 d 试件，在最后一块板做同温度养护试件，预应力放张必须满足同温养护试件强度达到 48 MPa 以上的要求。

5)轨道板的打磨质量由磨床自动检测，可通过激光或触点检测得出各承轨台的大钳口、小钳口尺寸及误差、轨底坡及误差、承轨台侧面和承轨台面的夹角及误差、单根轨枕两承轨台间的扭曲、方向误差和高度误差，并自动以表格形式记录、储存。每周要通过用高精度全站仪测量成品板与磨床测量结果相比较，对磨床的检测系统进行外部检校，保证磨床测量系统的正确性。

6)成品轨道板出车间必须通过智能电桥测试仪对轨道板整体绝缘性能检验合格。

(7)严格按照正确的工艺方法进行轨道板的制作、脱模、存放、运输、翻转、打磨等每道工序作业。

(8)在批量生产之前，应邀请铁道部运输局组织对试制产品及生产工艺的上道审查。

5.1.9.2 安全控制要点

(1)建立健全场内安全管理体系，成立安全生产领导小组，落实安全生产责任制，配齐安全生产要素，严格安全操作规程，认真执行安全监控制度和措施。

(2)认真规划和布置场内各种管线线路、各种设备走行进出线路和停放位置、人行通道，以及各种原材料、半成品和成品的运输路线和存放位置，确保场内作业整齐和人员设备合理整齐的工作环境。

(3)进场作业人员要先经安全培训合格，电工、电焊工、行车司机、机动车及各种机械司机要经过专业培训，并经考试合格获得上岗证才可上岗。

(4)各种机械作业要有针对性的安全操作规程。

(5)现场各种安全防护(如登高作业安全护栏、危险作业的安全网和安全界限)、安全标示要齐全。

(6)要有专职电工和修理工经常性检查电路、电器、设备等的状态，禁止使用漏电电路电器和不良状态的设备。

(7)各种电器、机械要专人管理使用，禁止无关人员动用机械、电器设备，禁止非工作人员爬龙门吊、行车、拌和站、布料机等设备。

(8)起吊作业时，禁止在起重物下站人，辅助起吊作业人员要离开适当距离，并在起吊前检查挂钩及吊绳等是否牢靠，真空吸盘状态是否良好。

(9)各种机械使用前，必须经检查状态良好，启动前要经检查无安全隐患，翻转机作业时禁止非工作人员靠近，布料机使用时布料斗上口必须设安全网。

(10)进场人员必须配带安全帽、登高作业要系安全绳。

5.1.9.3 环境保护控制要点

(1)尽量选用低噪声的机械设备使得施工期间的噪声环境符合《声环境质量标准》(GB 3096)“二类”标准、《铁路边界噪声限值及其测量方法》(GB 12525)、《建筑施工场界环境噪声排放标准》(GB 12523)、《工业企业噪声卫生标准》等标准、法规的各项规定。

(2)混凝土搅拌站、磨床等高噪声设备设置避开居民集中区，工作时合理安排工作人员轮班操作机械，穿插安排低噪声工作，减少接触高噪声时间，并配备耳塞，同时注意机械保养，降低噪声的声级水平。

(3)施工现场废水的排出，必须严格执行《污水综合排放标准》(GB 8978)中的三级标准

400 mg/L;废水排入自然水体,严格执行《污水综合排放标准》(GB 8978)中的二级标准150 mg/L。

(4)打磨设备投入一套污水循环系统,将打磨用水进行重复利用,防止水资源浪费和废水乱排。

(5)设置固定排放池排放施工中产生的废水,杜绝直接排出。对于含沙量大且浑浊的施工生产废水,采用沉沙池处理排放,含油废水经隔油池处理后排放入三级沉淀池,防止油污染地表和水体,混凝土和泥浆等经沉淀后,沉渣定期清理,外运至当地环境保护部门指定地点,废水重复利用。

(6)使用达到国家环保法规要求的施工设备,加强设备保养维护,报废设备不得使用。

(7)厂区内运输道路硬化处理,并经常洒水,砂石及渣土等材料覆盖运输,拌和站砂石料场修建大棚覆盖,减少扬尘和灰尘污染。

(8)生产及生活垃圾进行集中堆放,加强废品利用;施工完毕后,固定垃圾按照地方规定运到垃圾场集中处理。

(9)施工完毕及时恢复地表植被。

5.2 CRTSⅡ型板式无砟轨道施工技术

5.2.1 概　　述

CRTSⅡ型板式无砟轨道采用无辅助轨施工工艺,在底座施工完成并达到道床铺设条件后,利用汽车将轨道板运输到现场,通过汽车吊、龙门吊铺设到底座上,必要时增加轮胎式双向运板车中转,前后经过轨道板精调、水泥乳化沥青砂浆灌注、轨道板纵向连接和侧向挡块施工等工序形成整体轨道结构。

CRTSⅡ型板式无砟轨道以机械化施工为主,其中轮胎式双向运板车、轮胎式铺板龙门吊、轨道板快速精调系统、水泥乳化沥青砂浆搅拌车等专属设备,自动化程度较大,对制造、使用、维护等要求严格。

5.2.2 结构设计

CRTSⅡ型板式无砟轨道结构自上而下由长钢轨、钢轨扣件、轨道板、水泥乳化沥青砂浆垫层、桥梁上钢筋混凝土连续底座+滑动层+侧向挡块或路基上混凝土底座或支承层或隧道内钢筋混凝土底座等组成。桥梁上每孔梁固定支座上方设剪力齿槽,梁缝处设置硬泡沫塑料板,台后路基上设置摩擦板、端刺及过渡段等部分。CRTSⅡ型板式无砟轨道结构如图 5-34 所示。

(1)钢轨及扣件。CRTSⅡ型板式无砟轨道一般使用在高速铁路工程上,其采用 60 kg/m 钢轨、100 m 定尺钢轨焊接成无缝线路。

钢轨扣件采用 WJ-8 型弹性分开式扣件。长大桥梁及连续梁上按设计采用小阻力扣件(X2 弹条及复合垫板),隧道内采用防腐蚀弹条。

(2)轨道结构高度。CRTSⅡ型板式无砟轨道在路基、隧道、桥梁地段的结构高度见表 5-9。

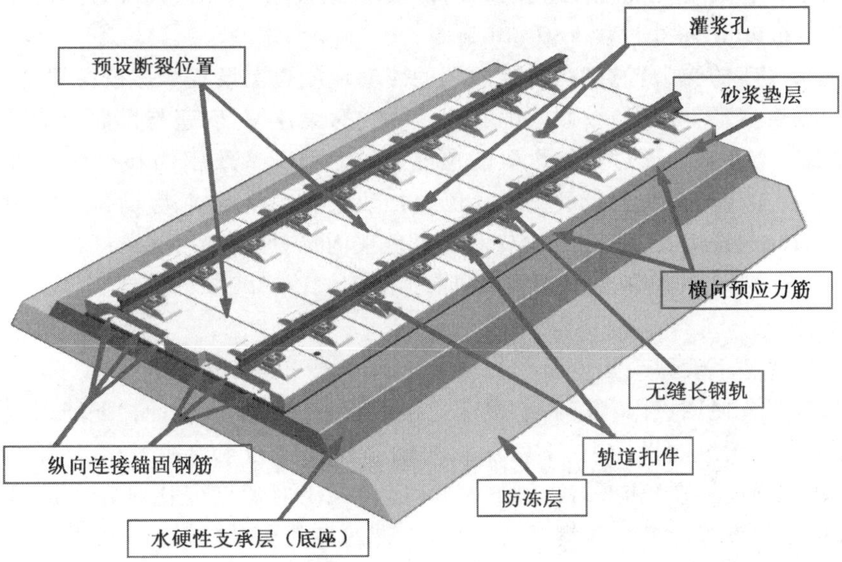

图 5-34　CRTSⅡ型板式无砟轨道结构图

表 5-9　CRTSⅠ型板式无砟轨道结构高度(mm)

序号	名称	路基	桥梁	隧道	备注
1	长钢轨	176	176	176	
2	WJ-8 型弹条扣件	73	73	73	
3	厂制轨道板	200	200	200	
4	水泥乳化沥青砂浆垫层	30	30	30	
5	钢筋混凝土底座	300	200	300	
6	总高度	779	679	779	

注：轨道结构高度为钢轨轨面至底座底面最小高度，不包含曲线地段轨道外侧超高高度。

(3)轨道板。CRTSⅡ型无砟轨道采用厂制轨道板，标准轨道板长 6 450 mm、宽 200 mm、厚 200 mm，设 10 对有挡肩承轨台(槽)，承轨台间距 650 mm，安装 WJ-8 型弹条扣件。除标准轨道板外，还有特殊板和补偿板等。

轨道板间采用张拉锁件进行连接，板间缝隙浇筑与轨道板板体同等级的无收缩钢筋混凝土。

(4)水泥乳化沥青砂浆。水泥乳化沥青砂浆垫层厚 30 mm，采用模筑法重力方式浇筑施工。

(5)路基上或隧道内水硬性支承层或混凝土底座。路基上或隧道内采用连续水硬性支承层或 C15 混凝土底座，支承层或底座顶面宽度 2 950 mm、底面宽度 3 250 mm，厚度 300 mm。C15 混凝土底座宽度3 200 mm，厚度 300 mm。轨道外侧混凝土支承层表面采用沥青进行表面涂刷处理。

路基上支承层或底座左右线支承层间填筑矿物混合料，其顶面采用 C25 混凝土填充。填充混凝土沿线路纵向与轨道板间以及沿线路横向每隔 5 m 均设置伸缩缝，沥青浇筑。直线地段采用 C25 混凝土填充层向线路两侧排水，曲线地段采用线间集水井排水。

(6)桥梁上钢筋混凝土连续底座。桥梁上采用 C40 钢筋混凝土连续底座，钢筋采用

HRB500 级热轧带肋钢筋,全桥范围连续纵向铺设。底座宽度 2 950 mm、厚度 200 mm,曲线地段最大厚度 530 mm、最小厚度 180 mm。

为适应连结底座的受力特点,在桥梁两端的路基或隧道上设置摩擦板及端刺,以限制底座板中的应力及温度变形,两端的端刺间的底座板纵向跨梁连续,底座与桥面间铺设两布一膜滑动层,在桥梁固定支座上方通过梁体设置的预埋螺纹套筒套螺纹钢筋和抗剪齿槽与梁体固定形成底座板纵向传力结构;底座板两侧设置侧向挡块限制底座板横、竖向位移和翘曲。

底座与桥面间铺设两布一膜,土工布采用白色聚丙烯,厚度 2.2 mm;PE-HD 聚乙烯高密度薄膜,厚度为 1 mm。底座板与摩擦板间铺设两层土工布,摩擦系数控制在 0.5～0.8,摩擦板表面做凿毛处理。

梁缝处与过渡板下设置高强度挤塑板,宽度为 500～600 mm。

底座板根据正常使用极限状态和承载能力极限状态进行配筋设计。配筋以钢板连接器后浇带为起终点,底座板纵向设置上、下两层纵向钢筋(ϕ16 mm 和 ϕ20 mm,间距 100 mm),不考虑梁缝(底座板厚度不变)和剪力齿槽的影响,考虑施工时温度变化对底座板屈曲稳定的影响,可根据气候条件设置齿槽加强钢筋(设置后浇带的齿槽)。

对于长大桥梁上的底座板,可根据施工情况,设置临时端刺进行施工,其中临时端刺长度约 800 m,常规混凝土浇筑段可按 150 m 左右利用钢板连接器进行分段施工。钢板连接器后浇带宽 500 mm,齿槽后浇带宽 678 mm,后浇带宽度必须严格控制,以确保钢筋的屈曲稳定性。

桥梁上侧向挡块采用 C40 钢混凝土结构,为 L 形设置。侧向挡块与梁面间通过齿槽及梁面预埋套筒内植入钢筋进行连接。

5.2.3 施工工艺流程

当线下工程(路基、桥梁、隧道及过渡段)主体施工完成且沉降变形经评估满足无砟轨道铺设条件后,即可开始 CRTSⅡ型板式无砟道床底座施工。路基及隧道地段混凝土底座根据施工条件可选用 C15 模筑混凝土施工或机械摊铺水硬性支承层两种施工方法。桥梁地段底座采用 C40 钢筋混凝土连续底座,施工采用模筑法施工。

按照设计,CRTSⅡ型板式无砟轨道底座可根据施工需要划分不同的施工单元,每个单元底座施工完成后且强度达到 75%后,便可开展道床板施工。

5.2.3.1 路基上 CRTSⅡ型板式无砟轨道施工流程

路基上 CRTSⅡ型板式无砟轨道一般采用连续结构,按间距设置伸缩缝。

路基混凝土支承层或底座施工相对简单,可通过路基两侧的施工便道进行物流运输,也可直接在路基面运输。当路基较长或连续时,采用水硬性支承层结构,通过翻斗汽车直接运输水硬性材料至工地,摊铺机一次摊铺成型并用光轮压路机碾压密实,之后设伸缩缝并覆盖养护。路基长度较短的,则采用混凝土结构,模筑法施工,施工组织相对灵活。

混凝土支承层或底座施工后,采用汽车运输轨道板进场,利用汽车吊或龙门吊进行轨道板的预铺,之后利用精调标架进行轨道板的精调。然后,再以水泥乳化沥青砂浆车现场制备水泥乳化沥青材料,经中转仓中转,通过汽车吊或龙门吊、小车运输的方式输送到现场进行浇筑。

轨道板纵向连接及板缝浇筑以单元施工段为基本段落,在水泥乳化沥青砂浆强度达到 9 MPa 后方可施工。

5.2.3.2 桥梁上CRTSⅡ型板式无砟轨道施工流程

桥梁两端端刺纳入桥梁上底座施工统一管理。根据施工条件及设计要求进行施工单位设计和划分,确定后浇带、常规区、临时端刺、端刺等施工区。以施工单元开展底座及轨道板铺设施工。

桥梁上CRTSⅡ型板式无砟轨道施工最大的问题在于物流运输,有条件的地方需要沿线路修建贯通便道,通过便道运输和汽车吊、龙门吊将物料机具运送到桥面上。跨河、跨路或其他便道无法到达的地段,采用桥上运输车或龙门吊进行物料机具的转运。轨道板在桥面的纵向转运采用轮胎式双向运板车完成。

5.2.3.3 隧道内CRTSⅡ型板式无砟轨道施工流程

隧道内CRTSⅡ型板式无砟轨道施工与路基上施工基本相同,一般根据隧道及斜井(或横洞)出入口数量规划施工作业面,通过汽车运输材料或轨道板进洞,由远及近分工序依次开展施工,考虑物流组织的困难,一般将底座浇筑与轨道板铺设分开组织施工。底座浇筑时,施工机具、钢筋材料及混凝土材料等分开组织运输,以形成合理工序。轨道板铺设时,轨道板运输、水泥乳化沥青砂浆浇筑等分开进行。其中,轨道板铺设主要以轮胎式铺板龙门吊和轮胎式双向运板车为主。

5.2.4 施工物流组织

CRTSⅡ型板式无砟轨道施工根据施工工序及作业面划分开展物流组织。一般修建从施工基地经既有公路至施工现场的运输通道,有条件的地方尽量设置沿线路的贯通便道,长桥地段需要设置上下桥梁的人行步梯或采用龙门吊、汽车吊、塔吊等作为材料及机具上下的通道,隧道地段则主要结合隧道进出口、应急通道或施工斜井、横洞设置物流通道。混凝土供应、轨道板及相关材料存放等结合作业面划分按一定间距设置临时基地生产或存放,临时基地同时规划人员居住、材料存放及加工、机具维修等。长大路基、长大桥梁及隧道地段根据需要配置轮胎式双向运输车。

施工现场结合路桥隧结构物特点,采用人工、龙门吊、汽车吊或输送泵进行材料运输及机具转运等。

当施工工期不紧时,在双线地段也可按"先施工一线,再施工另一线"的方式分别进行物流组织。当施工第一线时,可利用另一线按单向运输作为物流通道,这样可最大限度地减少第一线施工物流组织的难度,降低设备资源配备。施工第二线时,再采用上述物流组织方案。

5.2.5 关键设备及工装

(1)轮胎式铺板龙门吊。不同类型轮胎式铺板龙门吊的综合配置,可满足多种工况条件下的轨道板吊装及铺设作业,如图4-26所示。

(2)轮胎式双向运板车。轮胎式双向运板车主要用于在无砟轨道底座上沿线路方路双向行驶并运输轨道板的运输车辆,结构参照图4-27。

(3)轨道板快速精调系统。其主要组成包括:全站仪、工控计算机、螺栓孔测量标架及后视棱镜等硬件系统以及CRTSⅡ型轨道板精调系统软件,结构参照图4-28。

精调器安装于轨道板板底设计支垫位置上,不仅可以起到支撑轨道板的作用,而且通过调节水平或竖向调节螺杆实现轨道板横向或竖向移动,达到轨道板中线及高程调整的目的,结构参照图 4-29。

精调器配合快速精调系统使用,根据精调系统实时测得的偏差对轨道板中线或高程进行调整,使轨道板的实际中线或高程符合施工要求。

每块轨道板配 6 个精调器,分布轨道板两侧前后位置。其中,两端安装双向精调器,中部安装竖向精调器。

(4)水泥乳化沥青砂浆搅拌车。水泥乳化沥青砂浆搅拌车是为满足板式无砟轨道水泥乳化沥青砂浆现场搅拌并浇筑的施工工艺特点而开发的集材料储备、电子计量、自动搅拌并带温控、调平等多种功能于一体的自动化设备,是保证板式无砟轨道施工质量的关键设备之一,结构参照图 4-30。

5.2.6 主要临时工程

CRTSⅡ型板式无砟轨道施工临时工程要包括:生产基地、运输道路、施工用电以及长桥地段上桥通道等。

生产基地主要包括管理及生产员生活驻地、轨道板临时存放场、钢筋加工场、混凝土搅拌站、其他机具及材料加工及存放场等,生产基地的每个部分可集中设置也可分开设置,主要是根据现场条件以方便施工和管理为前提。生产基地规划根据作业面划分、施工进度及物流成本等因素综合设置,最远运输距离一般控制在 15 km 以内。

运输道路包括正式道路和新建便道,新建便道最好能紧靠线路贯通设置,以满足机具、工装及材料等直接到达工地。运输道路除满足运输车辆运行、交会及卸车作业的要求外,还应考虑在新建道路上有其他施工可能的影响。同时,隧道地段施工时,还应考虑与斜井、下料口的连通。施工便道还应充分考虑运量需求、冬雨季影响、防排水等因素。

施工用电作为临时工程主要在混凝土拌和站和隧道内施工时使用。为保证隧道内照明需要,一般结合隧道前期施工及后期的其他施工,需要统一布置贯通的照明线或动力线,尽量将施工时的内燃动力设备改为用电设备,以减少施工废气排放和保障施工人员安全。

轨道板采用平面存放,每个存板台座由两个条型基础组成,轨道板与轨道板之间、轨道板与基础之间安放 4 块支承垫块按 3 点支承,三个支点位置应在同一平面内,相对偏差不大于 2 mm。轨道板临时存放根据存放基础条件,固定基地最大不超过 9 层,临时存放一般为 3 层。

在长大桥梁地段,为方便人员上下,一般按 2～3 km 间距设人行通道。特殊地段,还需利用龙门吊、升降平台等设置物料及机具上下的通道。

5.2.7 原 材 料

5.2.7.1 普通材料

CRTSⅡ型板式无砟轨道路基及隧座采用水硬性材料或 C15 素混凝土,桥梁上底座采用 C40 钢筋混凝土材料结构,钢筋包括热轧光圆钢筋和热轧带肋钢筋两种规格,分为 Q235、HRB335 和 HRB500 等多种规格。混凝土配合比可以使用水泥等级不低于 P·O42.5、聚羧酸减水剂、碎石规格 10～40 mm 均匀级配、细骨料为中粗砂或机制砂、掺和料可为复合型掺和料或单掺矿粉及粉煤灰,同时满足技术条件和施工工艺要求。

CRTSⅡ型板式无砟轨道施工辅助材料包括:接地端子、嵌缝胶、养护剂、植筋胶、脱模剂等。

5.2.7.2 水泥乳化沥青砂浆

水泥乳化沥青砂浆由乳化沥青、干粉料、聚合物乳液、消泡剂、引气剂、减水剂及水等原材料组成，是经水泥水化硬化与沥青破乳胶结共同作用而形成的一种新型有机无机复合材料，属于高速铁路板式无砟轨道修建的核心技术。水泥乳化沥青砂浆作为介于混凝土与沥青之间的一种特殊材料，其特点是刚柔并济，以柔性为主，兼具刚性。水泥乳化沥青砂浆填充于厚度约为 30 mm 的轨道板与混凝土底座之间，作用是支承轨道板、缓冲高速列车荷载与减振等作用，其性能的好坏对板式无砟轨道结构的平顺性、耐久性和列车运行的舒适性与安全性以及运营维护成本等有着重大影响。

CRTSⅡ型板式无砟轨道用水泥乳化沥青砂浆采用阴离子乳化沥青，其主要技术指标应符合《客运专线铁路 CRTSⅡ型板式无砟轨道水泥乳化沥青砂浆暂行技术条件》(科技基〔2008〕74 号)的相关要求。

5.2.7.3 “两布一膜”滑动层

滑动层是桥上 CRTSⅡ型板式无砟轨道系统的组成部分，“两布一膜”结构即为两层土工布夹一层土工膜，其中下层土工布通过胶黏剂黏在梁面防水层或梁面上。桥上 CRTSⅡ型板式无砟轨道通过在全桥连续铺设的底座与梁面间设置滑动层，减少轨道系统与桥梁间的相互作用。

滑动层中，土工布应采用聚丙烯针刺非织造土工布，不得添加除暗光稳定剂、抗紫外线稳定剂之外的添加剂；土工膜为高密度聚乙烯土工膜，采用树脂密度不低于 0.932 g/cm^3 的原生树脂生产而不应使用填充料和再生料，允许添加生产中产生不大于 10% 的与土工膜配方相同的清洁回料；胶黏剂为单组分或双组分聚氨酯胶，硬化过程受湿度影响小，与梁面防水层应有良好的兼容性。

相关材料的规格尺寸、使用及验收应符合《客运专线铁路 CRTSⅡ型板式无砟轨道滑动层暂行技术条件》(科技基〔2009〕88 号)的规定。

5.2.7.4 钢板连接器

钢板连接器原材料的质量、品种、规格应符合设计要求，其加工尺寸允许偏差应符合《高速铁路轨道工程施工质量验收标准》(TB 10754)的相关规定。钢板连接器固定端应采用穿孔塞焊方式连接，焊缝表面不得有肉眼可见裂纹，钢筋咬边深度不大于 0.5 mm，钢筋相对钢板的直角允许偏差不得大于 3°，钢板连接焊接完成后钢板变形最大矢度不超过 10 mm。

钢板连接器后浇带钢筋的连接与松开的条件、连接方式、张拉顺序及张拉距离应符合相关规定及设计要求。

5.2.7.5 高强度挤塑板

高强度挤塑板以聚苯乙烯树脂或其共聚物为主要成分，添加发泡剂、阻燃剂等少量添加剂，通过加热挤塑成型工艺而制得的具有闭孔结构、高压缩强度的挤塑聚丙乙烯泡沫塑料板。

高强度挤塑板表面应平整，无夹杂物，颜色均匀，不应有影响使用的可见缺陷，如起泡、裂口、变形等。其外形可分为 SS 平头型、SL 搭接型、TG 榫槽型等多种规格。

相关材料的规格尺寸、使用及验收等应符合《客运专线铁路 CRTSⅡ型板式无砟轨道高强度挤塑板暂行技术条件》(科技基〔2009〕88 号)的规定。

5.2.7.6 张拉锁件

张拉锁件为 CRTSⅡ型板式无砟轨道相邻轨道板间的纵向连接件，由张拉锁、螺母、钢垫圈及绝缘垫片等组成。张拉锁采用球墨铸铁整铸而成，螺母及钢垫圈采用 45 号钢制成，并作调质热处理，绝缘垫片用聚酰胺制成。

相关部件的规格尺寸、使用及验收等应符合《客运专线铁路 CRTSⅡ型板式无砟轨道张拉锁件暂行技术条件》(科技基〔2009〕135 号)的规定。

5.2.8　质量标准

5.2.8.1　混凝土模型质量控制

混凝土底座模板及支架材料应有足够的强度、刚度、稳定性和平整度，且安装稳固牢靠、接缝严密、不得漏浆，对模板与混凝土的接触面清理干净并涂刷隔离剂，模板内的积水和杂物应清理干净。支承层或底座、后浇带、板缝等模板安装允许偏差应符合《高速铁路轨道工程施工质量验收标准》(TB 10754)的相关规定，其中预埋件和预留孔道留置等应做好与相关接口工程的衔接。

5.2.8.2　钢筋质量控制

钢筋的制作、加工和焊接、绑扎除符合设计及铁路混凝土工程的要求外，接地端子等材料应满足设计要求及产品技术条件的要求。钢筋网片的绑扎安装应做好模型的协调，并保证结构混凝土保护层厚度符合设计要求。

钢板连接器焊接时，应对焊接方式、焊条、焊接参数等进行适用性试验，并制作焊接试件进行检验。钢板连接器安装时应垂直于线路中线，置于轨道板底座断面中部，纵向允许偏差±50 mm，钢板与桥面垂直度允许偏差为 10 mm。

5.2.8.3　桥上滑动层、高强度挤塑板铺设质量控制

滑动层、高强度挤塑板的原材料质量应符合设计及技术条件要求，铺设前应对摩擦板顶面、梁面高程、平整度，相邻梁端高差，防水层，轨道预埋件，剪力齿槽状态，伸缩缝状态等进行检查。清洗并确保铺设范围内干燥、清洁，无油污和砂石类磨损性颗粒等。

滑动层铺设应平整、密贴、黏接牢固，铺设后无破损。滑动层下层土工布宜连续铺设；土工膜应整块铺设，不得起皱(特殊情况下必须分块铺设时，其接缝采用热熔对接，禁止采用搭接方式)；上层土工布应连续整块铺设，不得对接。滑动层外侧应与混凝土底座板两侧平齐。

高强度挤塑板规格尺寸应按桥面拼装需要加工，拼接铺设应符合设计要求，并黏结牢固，高强挤塑板外侧应与混凝土底座板两侧平齐。

铺设完成后的滑动层和高强度挤塑板应做好保护，安装钢筋网时应选择合适的垫块及间距，以免钢筋刺穿滑动层和高强度挤塑板。一旦破损，必须更换。

5.2.8.4　结构混凝土质量控制

路基或隧道内底座结构采用水硬性材料或低塑性混凝土，桥梁上连续底座结构混凝土采用高性能混凝土，混凝土质量除满足结构性能要求外，还应满足施工工艺的要求。混凝土原材料、配合比设计、搅拌及施工养护应满足《铁路混凝土工程施工质量验收标准》(TB 10424)的相关规定，外形尺寸、表面裂纹及排水坡等应符合设计要求及表 5-10 的规定。混

表 5-10　混凝土底座板外形尺寸规定

序号	检查项目	允许偏差(mm)	检验方法
1	高程偏差	±5	水准仪
2	中线位置	10	全站仪
3	宽度	$^{+15}_{0}$	尺量
4	平整度	7/4 m	4 m 直尺
5	厚度	±10%设计厚度	尺量

凝土拆模后，结构表面应密实、平整、颜色均匀，且不得有露筋、蜂窝、孔洞、疏松、麻面和缺棱掉角等缺陷。混凝土或支承层施工时，轨道板范围内的表面应按规定对进行横向拉毛，轨道板范围外的表面应抹光并设置不小于3%的横向排水坡。

按照设计要求，桥梁上底座混凝土应进行施工单元划分设计，分段浇筑底座混凝土。底座混凝土后浇带的钢板连接器螺母在混凝土浇筑前应保持松开状态，底座浇筑前应安装温差电耦。各施工单元混凝土底座分段浇筑完毕且强度达到要求后，其后浇带钢板连接器必须按不同的温度采用不同的方式顺序张拉连接。后浇带混凝土浇筑与后浇带钢筋连接的顺序及间隔时间应符合设计要求(一般分别在24 h内完成)。

5.2.8.5 轨道板铺设质量控制

成品轨道板应有标识(编号)，扣件完整，预埋件齐全、埋置深度及位置正确，预埋套筒内不得有混凝土淤块，纵向连接精轧螺纹钢筋端部完整、无弯曲。

混凝土底座或支承层外观及几何尺寸满足铺板要求。轨道板的类型、规格、质量等设计符合技术条件的要求。轨道板与底座或支承层之间的间隙符合要求。

轨道板精调用快速精调系统、精调器等满足要求。精调完成后的轨道板应定位牢固，中线及高程偏差、相邻轨道板间横向和竖向的搭接偏差等符合《高速铁路轨道工程施工质量验收标准》(JB 10754)的相关规定。

5.2.8.6 水泥乳化沥青砂浆垫层质量控制

乳化沥青、干粉材料、外掺料、外加剂及拌制用水等主要性能指标等符合《客运专线铁路CRTSⅡ型板式无砟轨道水泥乳化沥青砂浆暂行技术条件》(科技基〔2008〕74号)的规定。

浇筑之前应检查确认轨道板的位置，砂浆浇筑厚度不小于20 mm，不宜超过40 mm。砂浆浇筑的施工环境应在5 ℃～35 ℃范围内，当天气温低于−5 ℃时，全天不得进行砂浆浇筑。

水泥乳化沥青砂浆拌制应采用专门的数控及电子计量搅拌设备，应严格按施工配合比进行原材料称量，称量误差应符合相关技术条件的要求。砂浆浇筑前，应按规定进行流动度、温度、含气量等指标的检测。

水泥乳化沥青砂浆浇筑应饱满，与轨道板密贴，不应有空隙。填充质量应外观平整、无损伤。封边材料不得侵入板底，拆除封边材料时不得损伤砂浆层。

5.2.8.7 轨道板纵向连接质量控制

轨道板纵向连接前应将张拉螺纹钢筋端头清理干净，检查钢筋头与张拉锁件的匹配性并予修整，并均匀的涂上黄油，保证张拉时张拉螺栓与张拉锁的螺纹能有效咬合。张拉锁件安装要保证锁具与钢筋的绝缘，板缝混凝土钢筋笼的安装应保证钢筋与锁具绝缘、钢筋交叉处绝缘，并按规定进行绝缘性检测，绝缘电阻应大于2 MΩ。轨道板张拉应按规定顺序张拉，张拉扭矩应符合设计要求，张拉前水泥乳化沥青砂浆强度应大于9 MPa。

轨道板板缝混凝土采用与轨道板同等级的无收缩混凝土灌注，浇筑混凝土前需要在轨道板的端面涂刷界面剂，捣固必须密实。浇筑完成，按规定养护。

5.2.8.8 侧向挡块质量控制

侧向挡块在轨道板纵向连接完成后施工，施工时应考虑与后续长钢轨施工的协调。模板、钢筋及混凝土施工的要求应符合上述模板、钢筋及混凝土施工的相关要求，重点还应注意以下几点：

(1)立模前应检查侧向挡块范围内的底座表光滑无错台,并在侧向挡块与底座板及轨道板的接触面间铺贴隔离材料,防止侧向挡块与其黏结。

(2)侧向挡块的弹性限位板的规格、质量、厚度应符合设计及技术条件要求,安装的位置及数量符合设计要求。且弹性限位板应与底座密贴,安装位置纵向允许偏差不大于10 mm。

5.2.8.9 轨道板锚固连接质量控制

轨道板锚固连接在轨道板纵向连接完成后施工,施工的时机、位置及方式应符合设计要求。连接件材料及植筋胶材料应符合设计及相关技术要求,并作适应性试验。

钻孔位置、深度及孔径应符合设计要求,钻孔后应清理干净、无浮尘,孔内注入的植筋胶应饱满。

5.2.9 工艺特点及工艺流程

5.2.9.1 工艺特点

CRTSⅡ型板式无砟轨道实行多工序流水作业,底座与凸形挡台混凝土采用模筑法现浇施工,轨道板铺设时以理论的钢轨及轨道中心作为施工控制的基准面和基准线,通过快速精调系统和精调标架的使用,使得轨道铺设几何极为精准,铺设施工误差近似于"零"。同时,为保证水泥乳化砂浆浇筑厚度,施工时还应严格控制轨道板底座高度及几何尺寸。因此,这些误差的控制和减少,加上物流组织及工程质量实现的特点,综合构成了CRTSⅡ型板式无砟轨道施工工艺的特点。

1. 精度要求高,工序控制严格

CRTSⅡ型板式无砟轨道既要保证高精度的轨道几何形位,又要保证混凝土底座、水泥乳化沥青砂浆厚度及耐久性。因此,必须持续地系统地进行精度和质量控制。主要体现在以下几点:

(1)将高精度系统控制的理论延伸于线下结构施工,既要保证线下结构的表面高程、平整度和中线,更要最大限度地减少和保证线下结构变形量。

(2)建立CPⅢ测量控制网,并将CPⅢ测量控制网的使用贯穿于无砟轨道施工的全过程,并根据不同工序施工选择不同的高精度测量设备予以保证。

(3)严格控制线下结构竣工平整度和高程,混凝土底座的中线、高程及表面平整度,轨道板预制厚度及扣件螺栓孔定位精度、轨道板定位精度等,通过一系列严格的精度控制最终保证无砟轨道的结构质量和精度质量。

(4)严格控制施工时机及施工方法,特别是对长桥上底座连接及后浇带施工、轨道板纵连等要求严格。

2. 自动化程度高,四新技术应用广泛

为保证CRTSⅡ型无砟轨道的高质量和高精度要求,施工过程采用大量自动化程度高的设备,四新技术应用广泛。

(1)使用两布一膜、高强度挤塑板、水泥乳化沥青砂浆、张拉锁件、弹性限位板及植筋胶等新型材料,同样也包括厂制先张法预应力轨道板和WJ-8型弹性扣件。

(2)采用了长桥上连续底座及后浇带、钢板连接器、剪力齿槽、侧向挡块、台后锚固结构(含摩擦板、端刺、过渡板等)和临时端刺等大量新结构,并对新结构的设计计算、施工工艺等要求严格。

(3)开发了大量的机械化、自动化程度高的专用施工设备,包括轮胎式可调跨铺板龙门吊(分悬臂和非悬臂)、轨道板快速精调系统、水泥乳化沥青砂浆搅拌车等。

(4)应用了许多新工艺及新技术,包括轨道板精调及定位工艺,长桥上底座混凝土张拉及后浇带工艺,水泥乳化沥青砂浆现场搅拌及浇筑工艺,轨道板纵向张拉工艺等。

5.2.9.2　工艺流程

CRTSⅡ型板式无砟道床施工工艺流程如图 5-35 所示。

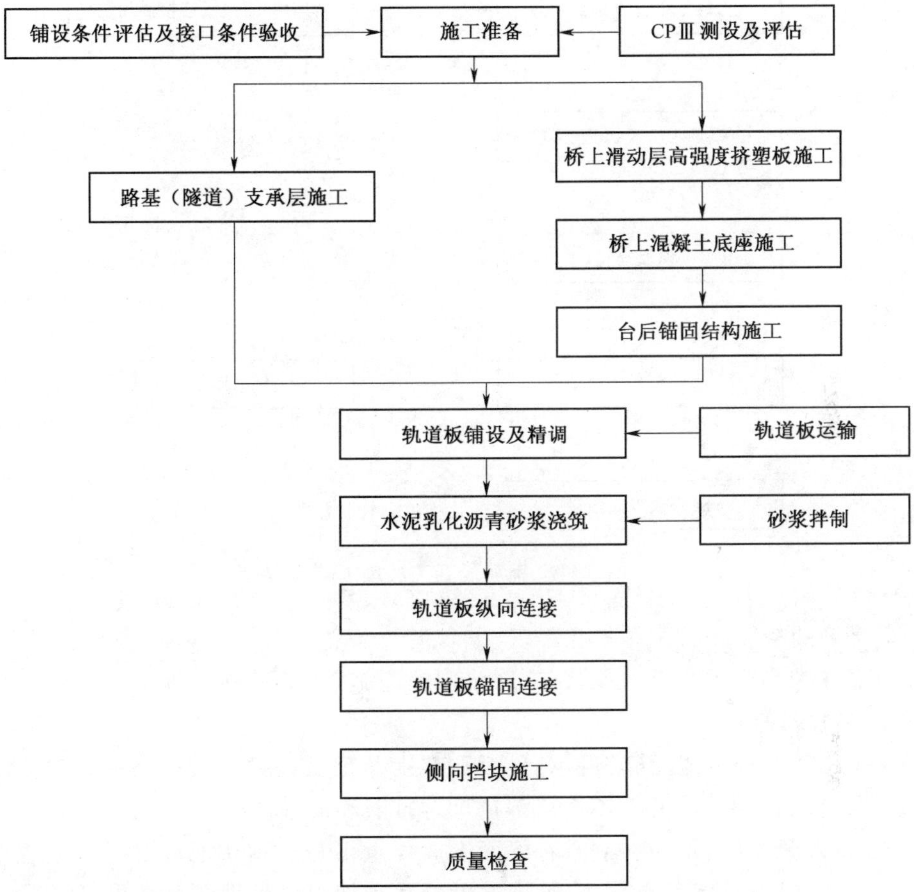

图 5-35　CRTSⅡ型板无砟道床施工工艺流程

5.2.10　桥梁上钢筋混凝土连续底座施工工艺

与其他类型无砟轨道施工相同,CRTSⅡ型板式无砟轨道施工前也应进行沉降评估及 CPⅢ 测量控制网测量评估。但与其他类型无砟轨道不同的是,长桥上 CRTSⅡ型板式无砟轨道采用钢筋混凝土连续底座结构,不仅施工精度要求高,而且施工工艺要求严格,是 CRTSⅡ型板式无砟轨道施工的重要环节。

5.2.10.1　工艺流程

长桥上钢筋混凝土连续底座工艺流程如图 5-36 所示。

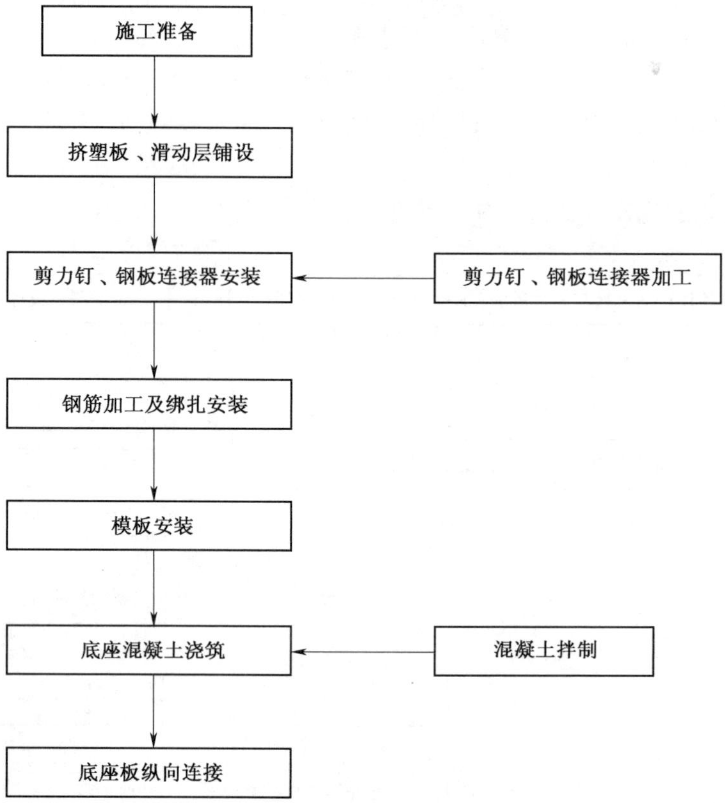

图 5-36 钢筋混凝土底座工艺流程

5.2.10.2 施工准备

施工准备主要包括梁面验收及修补、防水层喷涂施工、施工单元划分。

1. 梁面验收及修补

长桥上 CRTSⅡ型板式无砟轨道对梁面平整度及预留齿槽等有严格的接口要求，施工前必须组织人员进行逐项验收并对不合格部位进行打磨和清理。

施工准备：利用 CPⅢ测量控制点在梁面上放样上下行轨道中心线并进行里程标注，之后按每 5 m 间距进行梁面高程测量，连续梁地段可适当加密。根据测量结果，使用 4 m 靠尺及塞尺对底座范围内的梁面高程及平整度进行检查，并标注不合格处，按高磨低补的原则进行处理。

梁面打磨：按照梁面测量所确定的打磨范围和打磨量，进行针对性的铣刨或打磨。打磨高度在 5 mm 以下时采用磨光机打磨，打磨高度大于 5 mm 时使用铣刨机处理。打磨过程应保证打磨部位的平整度并满足与周边区域的顺接过渡，满足要求后停止打磨，应避免出现打磨过度再进行修补的现象。任何时候梁面打磨都不能严重损伤钢筋保护层，更不得露出梁体钢筋。如图 5-37 所示。

梁面修补：修补材料可选 CBMA-XB2 聚合物修补砂浆或环氧树脂砂浆。CBMA-XB2 聚合物修补砂浆由 CBMA-XB2 聚合物修补胶和 CBMA-XB2 聚合物修补砂浆混合而成，根据梁面修补厚度选择适当的配合比，修补厚度 10 mm 以下按 1∶7，修补厚度 10 mm 以上按 1∶5

图 5-37 梁面打磨施工

进行调配至合适的黏度即可使用。环氧树脂砂浆选用与待补结构混凝土相同规格类型及产地的水泥掺和物和砂浆。环氧树脂修补按环氧树脂：丙酮：二丁酯：乙二胺：水泥(白水泥＋普通水泥)：砂＝100：20：15：10：150：450 的质量比进行拌制。对需要修补的部分标识修补范围,使用小型切割机或凿毛机凿毛或拉毛,使用高压风清除表面浮浆及杂物等,对修补界面涂刷界面处理剂之后将修补拌和物抹面修补并整修平整,平整度要求应符合设计及相关规定。气温低于 10 ℃应对修补部位和修补材料进行加热。

剪力齿槽和侧向挡块齿槽破坏的修补:剪力齿槽、侧向挡块齿槽破损必须在防水层施工前进行修补。清除齿槽破损四周的混凝土结构表面的浮浆、松动的石子、油污及其他杂物。对破损齿槽的凿毛深度以露出粗骨料表面为原则,修补方法同前。

2. 防水层喷涂施工

防水层施工按工序呈流水作业,分为基层处理、底涂、喷涂聚脲防水涂料、脂肪族聚氨酯面层施工、检测验收等五个工序。施工程序主要为:施工准备→抛丸处理→第一次底涂施工→基层修补→第二次底涂施工→喷涂聚脲防水涂料→面漆施工→检验验收。

抛丸处理:采用具备同步清除浮浆及吸尘、带有驱动行走系统的自循环回收的抛丸设备来进行桥面混凝土基层处理,去除梁面浮浆和起砂,形成 100％创面,暴露混凝土孔洞和缺陷,抛丸处理应连续进行。抛丸处理不到位的,应用角磨机处理。抛丸后,混凝土有效创面大于 95％,粗糙度达到 SP3～SP4 之间。

第一次底涂施工:底涂前应对混凝土表面进行清理并标识底座板两侧边线,再各向外加宽 15 cm 作为第一次底涂的控制范围。底涂施工采用刮涂或辊涂工艺;边角沟槽辅以刷涂施工。

基层修补:第一次底涂施工后,应仔细检查梁面局部是否有缺陷并对缺陷进行基层修补,常温下基层修补应在底涂施工完成后 4～6 h 进行。基层修补采用专用修补腻子,按厂家说明书配制使用,随用随配。孔眼集中部位采用修补腻子满刮处理,孔眼分散部位采用点补处理直至混凝土孔眼完全封闭。施工时采用刮板反复刮涂,厚度应均匀,保证孔眼完全封闭。根据不同的施工环境,两遍刮涂间隔时间不应超过 6 h。基层修补后,表面应坚固、密实、平整,不应有疏松、起砂、起壳、蜂窝、麻面等现象。

第二次底涂施工:在用人工腻子对梁面进行修补后,仔细检查梁面局部是否仍有缺陷未修补完全,如有缺陷则要进行相应处理,检查合格后进行第二遍底涂。第二次底涂施工工艺方法同第一次底涂施工。第二次底涂施工完成后 4～6 h 进行喷涂聚脲防水施工。

喷涂聚脲防水涂料施工:施工应在温度 10 ℃～35 ℃、相对湿度在 75%以下的温暖干燥的环境中进行,保证基层温度高于露点温度 3 ℃。喷涂作业以机械喷涂为主、人工喷涂为辅,对机械喷涂不能达到的特殊部位采用人工喷涂。一般喷涂两遍,每遍喷涂厚度约 1 mm,底座板以下范围两遍总厚度≥2 mm;底座板以外范围两遍总厚度≥1.8 mm。每遍喷涂完成后需人工修补表面针孔。

聚脲防水层搭接施工:桥面喷涂聚脲防水层两次施工间隔应在 6 h 以上,使搭接处与已喷涂的防水层连接成一体。第一次施工应预留出 15～20 cm 宽的操作面,同后续防水层进行可靠的搭接。后续防水层施工前,应对已施工的防水层边缘 20 cm 宽度内的涂层表面进行清洁处理,保证原有防水层表面清洁、干燥、无油污及其他污染物。对原有防水层表面 15 cm 范围内做打磨处理,涂刷搭接专用黏结剂,在 4～24 h 之内喷涂后续防水层,后续防水层与原有防水层搭接宽度不应小于 10 cm。搭接专用黏结剂的性能指标应符合相关技术条件的要求。对桥面的防护墙、侧向挡块、泄水孔及裂缝等处应按规定进行特殊处理。

脂肪族聚胺酯面层施工:第一道脂肪族聚氨酯面层宜在聚脲防水层施工完毕后 6 h 内完成,保证面层和聚脲防水层之间良好的黏结;与聚脲防水层施工间隔时间超出 6 h 时,应采用搭接专用黏结剂做预处理或现场做黏结拉拔试验后确定。脂肪族聚氨酯面层施工前,应对聚脲防水层表面进行清洁处理,保证聚脲防水层表面干燥、无灰尘、油污和其他污染物。脂肪族聚氨酯面层分层施工,每道干膜厚度不小于 50 μm,且涂刷两遍以上,总厚度大于 200 μm。脂肪族聚氨酯面层施工采用辊涂或喷涂工艺,边角、沟槽采用刷涂施工。聚脲防水层表面须平整均匀、无流淌、无针孔、无起泡、无空鼓、无开裂、无异物混入现象,收头部位须黏结牢固。聚脲防水层的厚度、黏结强度和不透水性须性能达标。发现有不合格项目时,应及时进行修补处理。

成品保护:聚脲防水层喷涂施工完成 24 h 后,可承受轮胎接地比压小于 0.6 MPa 的施工车辆等施工荷载,但需注意保护防水层,避免剧烈转向、碾压等动作损坏防水层。防水层施工完毕后,应注意梁面的清洁及运输车辆轮胎的清洗,避免损坏、污染防水层。后续施工时应采取保护措施,避免模板、钢筋施工及电焊等作业对防水层造成损坏。

3. 施工单元划分

应根据施工条件和进度对底座混凝土进行单元段(单元段的长度一般为 3～4 km)划分,设置临时端刺和钢板连接后浇带。设置原则如下:

(1)钢筋连接器后浇带不应与轨道缝重合,错开至少 70 cm。

(2)路基端刺至桥梁上最后一个固定连接处间至少设一个后浇带,后浇带与固定连接间的距离不大于 75m。

(3)简支梁区段每 160 m 左右布置一处钢筋连接器后浇带,同时每孔简支梁上方的剪力齿槽区域混凝土暂不浇筑,设置齿槽后浇带,但区段中部的剪力齿槽随底座板一起浇筑。

(4)临时端刺为长约 800 m 钢筋混凝土底座板,其施工工艺和常规区底座板施工基本相同,主要区别在平面及结构布置上。

(5)一个临时端刺区共分 5 段,即两个 220 m 段(LP1 及 LP2)、两个 130 m 段(LP4 及 LP5)、一个 100 m 段(LP3),共设 4 个钢板后浇带(J1～J4),每孔梁固定支座上方设置齿槽后浇带。

5.2.10.3 挤塑板及滑动层铺设

挤塑板、滑动层施工工艺流程如图 5-38 所示。挤塑板、滑动层铺设方向如图 5-39 所示。

(1)防水层表面清理。挤塑板及滑动层铺设前，应对防水层进行检查并彻底清理桥面，尤其对油污等应特别处理，保证桥面清洁且不得破坏防水层。防水层空鼓检查采用拖拽铁链的方式进行。对存在破损及空鼓的防水层部位必须整修。

(2)测量放样。利用 CPⅢ测量控制点在梁面上放样上、下行轨道中心线并进行里程标注，之后用墨线弹出挤塑板及滑动层的边线控制线，并将侧向挡块、剪力齿槽等特殊部位的施工边线弹出以防滑动层铺设面侵占侧向挡块、剪力齿槽等特殊部位的混凝土接触面。划分挤塑板及滑动层胶黏剂涂刷的区域，挤塑板为满涂，滑动层底胶的宽度为30 cm，由底座板两边线向里涂刷，再在中间位置涂刷一道，共三道底胶。如图 5-40 所示。

采用吸尘器、拖把、毛巾等将挤塑板及滑动层范围内的防水层清理干净且无积水。

(3)挤塑板铺设。挤塑板铺设前检查铺设范围(梁端 1.45 m 范围及底座宽度内)的梁面质量，梁面应光滑、平整、洁净，不得残留油污及石子或砂粒之类可能破坏挤塑板的颗粒。

采用电动搅拌机按使用说明书搅拌胶黏剂 A、B 组分，之后用集型齿刮刀在挤塑板铺设范围内满涂胶黏剂，涂刷范围内胶黏剂应均匀充分。

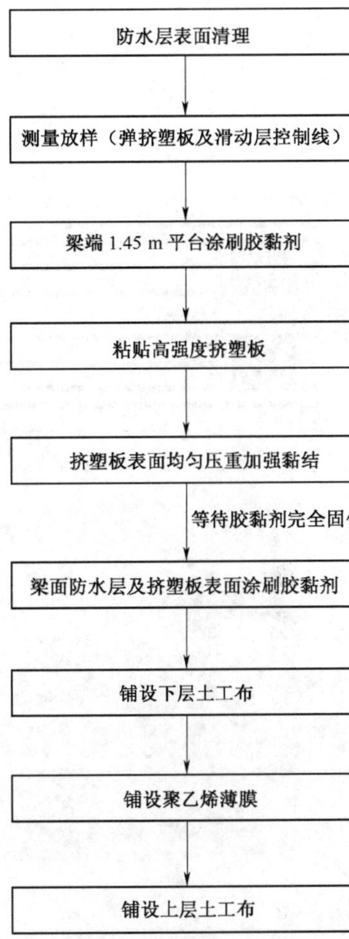

图 5-38 挤塑板及滑动层铺设施工工艺流程图

待胶黏剂有拉丝现象时进行挤塑板铺设，挤塑板铺设沿桥纵向以梁缝对齐为准，沿桥横向以底座板中线为准，铺设时从中线向两侧进行，按照事先确定的搭接形式进行铺设，接缝处涂刷胶黏剂。挤塑板铺设完成后，若板与加高平台之间有空隙，两侧使用土工布封堵，使用胶黏剂一次灌满。如图 5-41 所示。

挤塑板铺设后，立即用长条形压块压实处理。为方便施工及防止破坏、污染挤塑板，在压块两端焊接把手，并包裹土工布。挤塑板压实时间不少于 12 h。挤塑板铺设完成后，应检验每个桥梁活动端挤塑板顶面与加高台的上表面的高度差，允许偏差为±2 mm。

施工注意事项。挤塑板应对称于梁缝并断开布置；铺设后的挤塑板一旦破损或黏接不牢而与梁面间出现缝隙等问题时，应重新铺设；施工期间应保证作业区的平整、洁净，现场应禁止烟火，若有焊接施工等应加以限制，后续的钢筋吊装或绑扎应不损坏挤塑板和防水层；铺设后的挤塑板禁止人员踩踏；粘贴挤塑板所用的胶黏剂应与挤塑板、桥面防水层有良好的相容性，

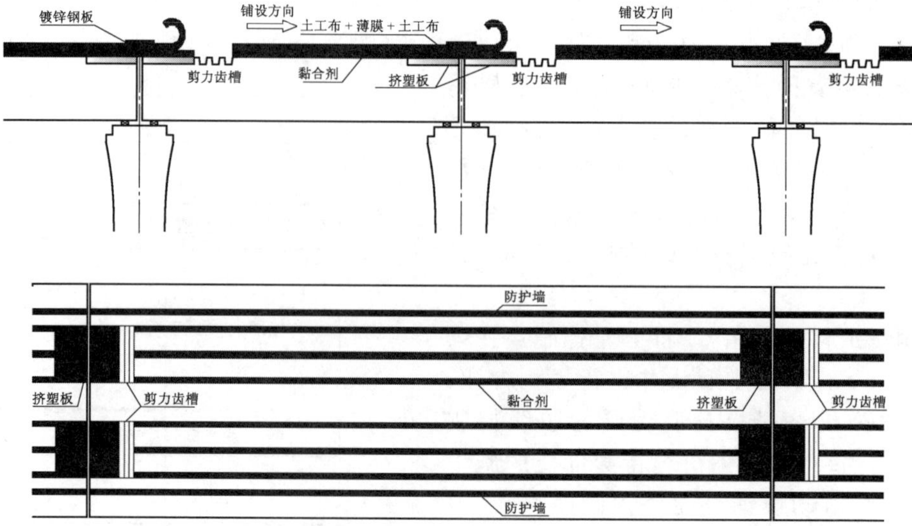

图 5-39 挤塑板及滑动层铺设方向示意图

图 5-40 挤塑板及滑动层铺设边线标识

图 5-41 挤塑板铺设

可采用单组分或双组分聚氨酯胶,硬化不应受到湿度的影响,其涂刷厚度应严格控制;施工用的盆、滚刷、毛刷或不慎流到手上的黏结剂进行清洗时,采用工业酒精清洗。

(4)滑动层铺设。滑动层铺设前,应对桥面进行彻底清理,特别是对油污等污染应特别清理,确保桥面清洁。

胶黏剂涂刷:施工时,将每组混合料均分成3份,分别由3名工人采用滚刷或毛刷沿3条涂刷带同时涂刷,涂刷带宽30 cm。待胶黏剂有拉丝现象时即可铺设底层土工布(两层土工布中较厚的为底层土工布),如图5-42所示。

图5-42 胶黏剂涂刷

下层土工布铺设:铺设下层土工布时,应注意毛面朝下,要求平整无褶皱,向前滚动铺设时如发现铺设方向偏位要及时调整。下层土工布应连续整块铺设,非特殊情况(如小半径曲线段)下,不宜采取搭接(或对接)方式,如果必须接长,下层土工布只能采用对接方式连接,对接时在接缝两侧分别涂刷30 cm宽的黏结胶带(沿桥横向)进行黏结。

土工膜铺设:下层土工布铺设完成后,开始铺设聚乙烯土工膜,不需要涂刷黏结剂。土工膜在梁缝处不能断开,铺设方法同底层土工布,如果需要连接,可采用热熔焊接。自然状态下,拱高不得超过10 mm/2 m。

上层土工膜铺设:最后铺设上层土工布(较薄的为上层土工布)。上层土工布铺设时应注意毛面朝上。上层土工布在梁缝处不断开,连接方式可采用搭接,搭接长度为20 cm,且土工布、聚乙烯薄膜的接头必须相互错开至少1 m,如图5-43所示。上层土工布铺于聚乙烯薄膜上,应连续整块铺设,如图5-44所示。采用自制2 kg左右的压辊进行辊压以增加胶黏剂与挤塑板的浸润性。

布设混凝土垫块:顶层土工布铺设完成后,及时铺设底座板底层钢筋保护层垫块,以免土工布被风吹起或发生位移,如图5-45所示。垫块尺寸及布置应符合设计要求。垫块厚度应符合钢筋保护层尺寸要求。滑动层铺设完毕在梁缝处滑动层顶面铺设宽度30 cm、长2.95 m、厚3 mm的钢板。在滑动层铺设完毕后,在其两端用拉伸装置拉伸滑动膜,消除起拱现象,拉伸装置固定于剪力钉上,如图5-46所示。

(5)滑动层施工注意事项。滑动层的铺设范围为从一跨梁的剪力齿槽内边缘到下一跨梁的剪力齿槽外边缘(剪力齿槽处不铺设)。底座板施工完毕后,将滑动层外露部分紧贴混凝土底座边缘裁去。滑动层的首尾端头处,宜将上层土工布下翻包裹底层土工布,防止后续施工造成滑动层起皱、起鼓或混凝土侵入滑动层,也可采用端头处两布一膜进行黏结或将下层土工布上翻叠加在上层土工布上的措施,避免杂物进入滑动层。

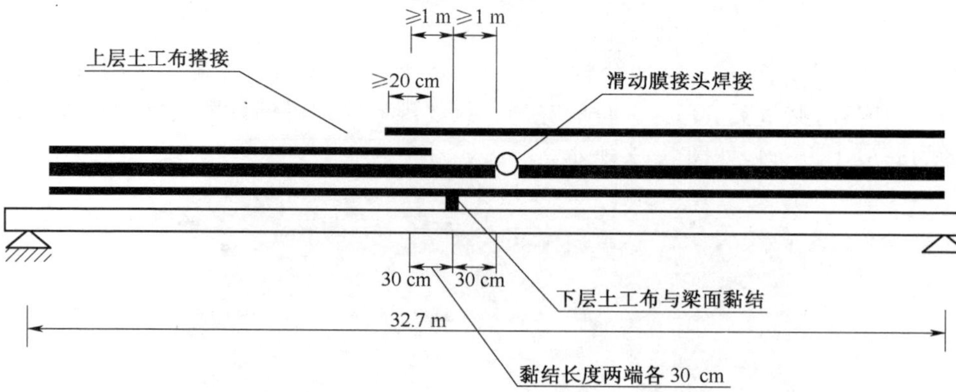

图 5-43　上层土工布搭接示意

图 5-44　上层土工布铺设

图 5-45　安放底座板钢筋笼垫块

图 5-46 拉伸装置拉伸滑动膜

5.2.10.4 剪力钉及钢板连接器安装

剪力钉及钢板器连接器安装与钢筋加工及绑扎同步进行。

(1)剪力钉制作与安装。剪力钉采用 HRB335 的 ϕ28 mm 的螺纹钢筋和 28 mm 厚的钢板按设计尺寸加工,先将 ϕ28 mm 的螺纹钢筋车丝后再焊接钢板,采用坡口焊接。剪力钉有效丝扣长度不得少于 42 mm,螺纹应与预埋套筒完全匹配。

剪力钉在钢筋或钢筋笼安装前安装。剪力钉安装前,应将连接钢筋清理干净,并用专用工具检查并整修确保剪力齿槽预埋套筒内干净、丝牙完好。

剪力钉应采用 300 N·m 的扭力旋入剪力齿槽预埋套筒内并拧紧,且拧入深度不小于 42 mm,剪力钉顶板高度应高于实际底座板厚的一半,锚定板与上层钢筋间距应满足混凝土浇筑质量要求,倾斜误差按 10 mm 控制,超出误差范围进行植筋处理。

当剪力钉影响钢筋笼吊装就位时,应局部松开对钢筋笼有影响的绑扎点,待吊装就位后再复原绑扎。安装完成后,应再次检查剪力钉拧入深度、顶面高度及扭矩等。

(2)钢板连接器安装。根据超高不同,底座板后浇带的钢筋连接器由三部分构成:一块 4 cm 厚钢板(钢板四角做 2 cm 倒角处理)、一侧焊接 ϕ25 mm 或 ϕ28 mm 的带肋钢筋(带肋钢筋通过钢板连接孔直接与钢板角焊进行连接,焊缝高度和穿出长度应符合设计要求)、一侧用螺母锚固 ϕ25 mm 或 ϕ28 mm 精扎螺纹钢。钢板连接器焊接应使用专用平台,将连接器竖向放置,平面焊接。焊接时为避免钢板发生较大变形,应采用预设反拱、跳开焊接等工艺,尽可能的减小焊接温度引起的变形。钢板连接器的加工与检查验收还应符合相关设计及技术标准的要求。

安装连接器钢板时,直线地段应在连接器钢板下支垫 25 mm 厚的定距垫块,曲线地段连接器钢板下应根据底座板厚度支垫符合要求厚度的定距垫块,以确保钢板连接器处上、下混凝土保护层的厚度均匀。安装时,除了穿过预留孔的钢筋及螺帽外,连接器的其他部分应伸入钢筋笼内,采用 U 形钢筋支撑固定连接器钢筋,保证连接器钢筋与钢板垂直。

为方便底座板钢板连接器的张拉作业,钢板的纵向位置可向角焊缝一侧偏移 5 cm,即形成 18 cm+4 cm(钢板)+28 cm 形式的钢板连接器后浇带,角焊缝连接的 ϕ28 mm 钢筋长度应相应地增加 5 cm。安装钢板连接器时,将两侧的锚固螺母和锁紧螺母拧紧,以保证螺母侧面全部接触钢板连接器。在混凝土浇筑完成后及时将锁紧螺母拧向混凝土一侧,并拆除锚固螺母。安装完成的剪力钉和钢板连接器如图 5-47 所示。

图 5-47 安装完成的剪力钉和钢板连接器

5.2.10.5 钢筋加工及绑扎安装

钢筋加工及绑扎安装主要包括钢筋存放及加工、钢筋笼制作及存放、钢筋保护层垫块安装、钢筋绑扎等。

(1)钢筋存放及加工。钢筋进场后,应按规格及批号分别存放,支垫及覆盖应符合相关规定,并按规定进行抽样试验和外观检查,检验合格后的钢筋方可用入正式工程施工。

钢筋在场内集中加工制作。根据钢筋设计图纸,放出大样。底座板钢筋采用搭接连接,以 15 m/12 m 的定尺钢筋为主,其他规格的钢筋下料要按照要求以钢筋切断机加工成型。

钢筋进行弯曲时,必须经试弯合格才可以批量弯曲成型。钢筋的弯曲直径应符合以下规定:①直径小于 20 mm 的,钩筋弯曲直径等于 4 倍的钢筋直径;②直径大于等于 20 mm 的,钩筋弯曲直径等于 7 倍钢筋直径;③超高段架立筋及加强钢筋应根据不同段落的高度设置。

钢筋半成品加工好后,应分类堆放,经检查合格后挂牌标识,并妥善覆盖,不得裸露,防止生锈。

(2)钢筋笼制作与存放。为减少现场工作量,保证钢筋笼绑扎质量,有条件的地方,可将标准段的钢筋放在钢筋加工场内使用预扎胎具绑扎,待现场施工时,再用运输汽车运至现场,整体吊装就位,通过预留的搭接区现场搭接绑扎连接成整体。

钢筋预扎胎具:钢筋场制作钢筋绑扎胎具,胎具采用角钢与槽钢焊接,将胎具按照纵横向钢筋的设计间距制成卡槽,保证钢筋的间距,确保钢筋保护层不小于 35 mm,最大不大于 50 mm。

钢筋笼制作:钢筋笼在预扎胎具绑扎时扎丝以反“八”字绑扎牢固,以防止吊装脱落;纵向钢筋连接采用绑扎搭接,同一截面的钢筋搭接接头不得超过 50%。钢筋笼搭接处、梁端及剪力齿槽后浇带区域采用现场绑扎。

钢筋笼制作注意事项:应根据设计及规范要求调整搭接区域的箍筋间距,搭接范围内,横向箍筋间距按 100 mm 设置。当剪力齿槽设置后浇带时,剪力齿槽区域应设置纵向加强钢筋,加强钢筋与同位置的纵向钢筋绑扎成钢筋束,应根据不同超高数量合理调整加强钢筋,曲线地段桥梁按平分中矢法布置。对于同一桥墩，相邻两孔梁中心线交点为该墩的中心点，每一跨箱梁对线路的偏移距、梁缝、线间距以及偏角等数据应符合表 5-11 的规定，钢筋在超高曲线段可以适当调整高度。

表 5-11 底座板纵向钢筋搭接长度和连接区段长度推荐值表

HRB500 钢筋型号	搭接长度 L_1(mm)		连接区段长度=1.3×L_1	
	理论计算值	设计施工推荐值	理论计算值	设计施工推荐值
ϕ16 mm	1 049	1 050	1 364	1 370
ϕ20 mm	1 315	1 320	1 705	1 720
ϕ25 mm	1 640	1 640	2 132	2 140

钢筋笼存放：钢筋笼预扎完成后，用龙门吊调离预扎台，移至钢筋存放架内存放。每个钢筋存放架一般可存放 5～7 个钢筋笼，加工时应考虑存放合理稳定，吊装及运输方便，有足够的刚度，不易变形。加工完成的钢筋笼存放前，应在钢筋笼端头挂标识牌，分别注明方向、左右线、前中后位置及墩号，堆放整齐，避免锈蚀和污染。加强钢筋在桥上组装前，根据超高情况分别计算数量及种类，捆绑后挂牌标识，堆放于左右线底座板中间的空地上。

(3)钢筋保护层垫块安装。钢筋笼吊装就位或钢筋绑扎前，应在钢筋与梁体表面间设置钢筋保护层垫块。通常情况下，垫块应在滑动层铺设完成后及时铺设以压住土工布以防其被风卷起。垫块加工为长条形，底部宽度 50 mm，横断面可做成矩形或梯形。垫块安装呈梅花形布设，单延米不少于 0.185 m^2。当垫块规格为 600 mm×50 mm×35 mm 时，纵向每 0.8 m 设置 5 个垫块。垫块采用强度与底座板混凝土相同的 C40 混凝土，并按一定批量抽查试验和测量检验。底座板钢筋保护层厚度满足 35～50 mm 要求。破损的垫块必须更换。

(4)钢筋笼吊装及钢筋绑扎成型。用于钢筋笼吊装就位的吊架采用 16 号及 10 号槽钢制作而成，应充分考虑吊装时钢筋笼的自重，平衡性、稳定性及安全性和足够的刚度，确保起吊时钢筋笼不发生过大变形。

安装前放出底座板中线。吊装预制的钢筋笼前，须检查钢筋笼是否符合所在线路区段的设计要求，如不符须更换或者调整钢筋笼，合格后在钢筋笼上标识编号和里程。钢筋笼采用悬臂式龙门吊或汽车吊通过专用吊具吊装就位，就位时应专人检查并保证钢筋笼中线与底座板中心线重合，如图 5-48 所示。

图 5-48 钢筋笼吊装

钢筋笼就位后,按照设计图纸补强钢筋,在高强度挤塑板区域应保证足够的钢筋保护层厚度,施工时不得损坏高强度挤塑板和其上的滑动层。预制的钢筋笼放置就位后,要根据施工图纸补放加强钢筋;钢板连接器先将连接钢板连同已经焊在其一侧的精扎螺纹钢筋穿插到钢筋笼内。然后再将其他精扎螺纹钢筋穿插到另一侧的钢筋笼内。

钢筋绑扎完成后应进行钢筋规格、品种、数量、几何尺寸及保护层厚度的检查,合格后方可进行下道工序施工。搭接长度根据底座板不同超高进行不同长度搭接,搭接率不超过 50%。钢筋加工及安装允许误差应符合表 5-12 的规定。

表 5-12　钢筋加工及安装允许误差

序　　号	项　　目		允许偏差(mm)
1	钢筋加工	受力钢筋全长	长度≤5 m,±10;长度>5 m,±20
2		箍筋内净尺寸	±3
3	钢筋安装	钢筋间距	±20
4		钢筋保护层厚度	+10 0
5		缺扣、松扣数量	不超过应绑扎扣数的 5%

(5)钢筋加工注意事项。底座板钢筋施工的一条重要原则是要对防水层和滑动层成品进行保护,确保不破坏、损伤防水层和滑动层。底座板施工前应检查滑动层铺设质量,保证滑动层平滑、无褶皱、无破损且与梁黏贴牢固。绑扎、吊装钢筋笼时应避免损坏滑动层,滑动层一旦破损必须立即更换。绑扎钢筋时,扎丝不能侵入保护层。

施工钢板连接器施工时,要保证焊缝质量和钢板不变形,钢板安装完成后要保持锁紧螺母处于松开状态;钢板连接器后浇带不得与板缝重合,重合时应向前或向后移动后浇带700 mm;锚固螺纹与精轧螺纹钢筋配合良好,满足底座张拉需要;钢筋连接器焊接钢筋和钢板,必须在桥面下进行,严禁在线上焊接,以免破坏滑动层。

5.2.10.6　模板安装

(1)模板结构。混凝土底座模板采用 16 号、18 号槽钢加工而成,直线地段为标准高度模板,曲线地段或缓和曲线地段按 50 mm 等级设置不等高模板。模板高度通过安装于模板底部的调高螺栓调整,调高范围−30～+50 mm。为保证模板底部不漏浆,施工时在模板内侧加 2 mm 厚薄钢板。为方便模板的转运,一般按 2 m 或 3 m 长度设计标准块,纵向相邻两块模板采用螺栓连接。

模板加固采用撑、拉结合的方式进行加固,不得在梁面上钻眼加固,如图 5-49 所示。安装模板时要注意成品保护,避免破坏防水层和滑动层。

(2)施工准备。模板安装前应检查模板板面的平整度和光洁度,并清除模板上的灰渣和杂物,对模板板面有凹凸不平的,应修补合格;检查支架及模板焊缝处是否有开裂破损,如有均应及时补焊、整修合格。模板应打磨干净并均匀涂刷脱模剂,不得漏刷。

(3)模板安装。模板安装必须做好线形和高程控制,安装前利用 CPⅢ测量控制点测量放线,用墨线标记出对应的边界线,每隔一定间距用红油漆标注高程控制点,再进行模板安装。采用模板顶部高程作为底座板控制高程(如果模板高出底座板高程,应做高程标记控制底座板高程)。在安装模板时通过调节装置进行高度调整。

在安装过程中,应根据梁体的特性、高程和曲线要素的顺序确定模板的安装。模板的安装

图 5-49 模板支撑加固

应严格按设计图纸施工，确保每孔梁上模板位置准确无误。侧模安装时，应对准梁体墨线的相对位置，用顶压杆调整侧模垂直度，并与前一块模板连接。

模板调整到位后，若有缝隙，可采用加衬薄垫板等方式封堵模板与梁面间的缝隙，避免漏浆。

为保证模板安装质量，模板安装完成后，应安排专人对模板位置、宽度及高度等重新进行检查，对不符合规定的应及时调整。

(4)后浇带模板安装。后浇带处的端模采用木板、钢板等材料制作，开槽成型，浇筑混凝土前用非吸水性泡沫、土工材料等将开口处封堵严实，超高地段采用相适应的端模。端模安装后，后浇带沿线路方向的尺寸不得大于设计值。如图 5-50 所示。

图 5-50 后浇带模板安装

(5)模板拆除。底座混凝土浇筑后，同条件养护试件强度达到 2.5 MPa 以上且底座板混凝土芯部与表层、表层与环境温差均不大于 15 ℃时，方可拆除模板。否则，易造成混凝土产生早期裂纹。气温急剧变化时不得脱模。

拆模时，应按“松开紧固件→拆除模板→搬运模板”的顺序依次拆除。脱模前，模板脱离混凝土且侧模松开后方可拆去连接螺栓,拆除连接螺栓用力时应同步,防止将底座板磕损。

(6)模板整修。底座模板拆除后,应立即清除钢模上的混凝土和模板缝隙间的混凝土砂浆,特别是连接处、螺栓孔中混凝土残渣。清理整修后,应对模板的平整度和外形尺寸进行检查,如有超标应及时整改。之后将隔离剂均匀涂刷在模板上,不得出现积液、漏刷现象。

5.2.10.7 底座混凝土浇筑

底座板混凝土采用混凝土拌和站集中拌制,由混凝土运输车运至现场,使用泵车泵送入模,插入式振捣器振捣密实,提浆整平机整平,拉毛、收面。施工前,应按照直线、曲线底座各3~5块轨道板长度进行混凝土工艺性试验,以确定相关工艺参数。底座板混凝土施工工艺流程包括施工准备、混凝土拌制、混凝土运输、浇筑前施工准备、混凝土浇筑、收面及拉毛、混凝土养护等。

1. 混凝土拌制

混凝土采用自动计量大型搅拌站集中拌制。混凝土配料严格施工配合比进行。为保证混凝土泵送性能和施工后的抹面成型,混凝土坍落度一般控制在180~220 mm。

2. 混凝土运输

混凝土采用混凝土罐车运至现场,配置数量根据现场运距、便道状况、混凝土量等情况确定。运输过程中,混凝土罐车应按2~4 r/min的速度进行搅拌,当罐车到达浇筑现场时,应使罐车高速旋转20~30 s,再将混凝土拌和物送入输送泵料斗。

混凝土应连续泵送,必要时可降低速度以维持泵送混凝土的连续性(若遇紧急情况停机时,时间应控制在30 min内)。停泵后应每隔4~5 min开泵一次,同时开动料斗搅拌器,防止料斗中混凝土离析。如停泵时间超过45 min,应将管中混凝土清除,并用压力水或其他方法冲洗管道内残留的混凝土。

3. 浇筑前施工准备

混凝土浇筑前做好开盘检查,并作好检查记录。混凝土模板温度宜在5 ℃~35 ℃,入模温度应为5 ℃~30 ℃。浇筑混凝土前,应使用吸尘器将模板内杂物清除干净。

浇筑前检查混凝土坍落度、含气量等指标,满足要求后方可浇筑,按要求制作标养及同条件养护试件。

当昼夜平均气温低于5 ℃或最低气温低于-3 ℃时,采取暖棚保温措施,依照冬期施工方案进行施工。

为防止混凝土浇筑过程污染梁面,在梁面中央靠近模板侧立木板遮挡梁面;为防止污染防护墙,在防护墙上应覆盖彩条布。

4. 混凝土浇筑

混凝土采用汽车泵或输送泵(也称“地泵”)泵送入模,为避免离析,混凝土的自由落度不得大于1 m。混凝土布料时,应由模板低边往高边进行,左右两幅宜同步推进,左右两幅布料的速度要基本保持一致。混凝土的浇筑应连续进行,如因故必须间断时,其间断时间应小于混凝土的初凝时间或能重塑的时间。

底座混凝土采用直径50 mm的插入式捣固器振捣,梁端钢筋搭接密集区采用直径30 mm捣固棒进行振捣,移动间距不应超过振动器作用半径的1.5倍,与侧模应保持100 mm左右的距离。混凝土捣固时,必须从钢筋的间隙插入,尽量避免碰触钢筋、模板及预埋件。插入的深度应严格控制,避免破坏滑动层。振动棒作业时应遵循“快进慢出”的原则,每一棒振捣时间为

20～30 s,不得过振。对每一振动部位,必须振动到该部位混凝土密实为止。密实的标志是混凝土停止下沉,不再冒出气泡,表面呈现平整、泛浆。为防止底座板拆模后出现烂根现象,应采用铁铲对靠近模板边缘的部位进行人工插捣。

混凝土捣固完成后,采用辊轴摊铺机来回辊压 2～4 遍粗平、提浆、精收,如图 5-51 所示。摊铺机粗平辊压过程中,由人工布料配合整平,最后用人工配合铝合金刮尺精平,如图 5-52 所示。

浇筑混凝土期间,应设专人检查支撑、模板、钢筋和预埋件等稳固情况,当发现有松动、变形、移位时,应及时处理。

5. 混凝土收面及拉毛

轨道板范围内的底座表面需拉毛处理、收面不需要收成光面,用抹子抹平即可。底座板混凝土表面采用长柄塑料刷横向拉毛,拉毛时机以混凝土初凝后至终凝前且采用手指按有轻微手纹时为宜(不粘手)。拉毛用塑料刷的硬度、长度及操作手的用力方向、大小均需多次试验确定,以确保拉毛纹理深度 1～2 mm。拉毛过程中应配备洗毛刷的设施(建议用大盆装水),现场操作时根据情况对毛刷进行清洗,保证拉毛效果。拉毛如图 5-53 所示。

图 5-51 辊轴摊铺机整平、提浆

图 5-52 铝合金刮尺精平示意

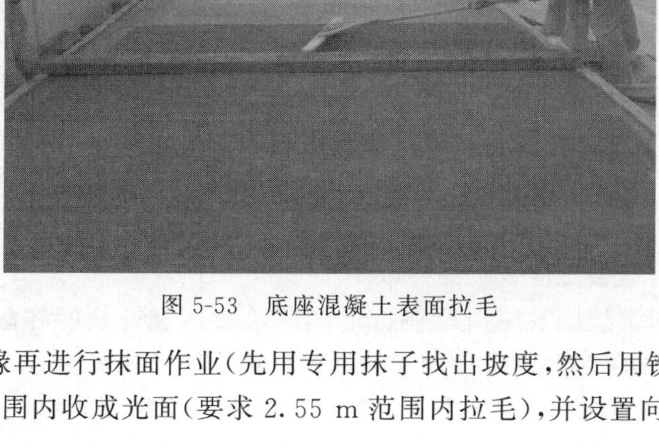

图 5-53 底座混凝土表面拉毛

拉毛完成后,边缘再进行抹面作业(先用专用抹子找出坡度,然后用铁抹子收光)。底座板混凝土两侧 20 cm 范围内收成光面(要求 2.55 m 范围内拉毛),并设置向外 3%的横向排水坡度(起坡点深入轨道板范围 5 cm)。

6. 混凝土养护

混凝土初凝后采用覆盖薄膜+土工布对底座板混凝土进行保湿养护。在养护过程中,应由试验人员专人定时测温,并作好记录。

当混凝土表面与环境之间的温差在 10 ℃～15 ℃范围内时,拆除模板后的混凝土表面宜采取临时覆盖措施。

当环境相对湿度小于 60%时,养护天数要求不少于 14 d;相对湿度在 60%以上时,养护不少于 7 d。

7. 混凝土冬期施工措施

当连续 3 d 昼夜平均气温低于 5 ℃或最低气温低于－3 ℃时,按冬期施工执行。

进入冬期施工前应作好准备工作:掌握施工所在地区的冬季气象资料,并与气象部门联系,及时了解气象变化情况;备齐冬期施工所需的工程材料、防寒材料、燃料及必要的机具设备等。混凝土冬期施工措施主要以下几点:

(1)冬期施工采用"暖棚法"施工,暖棚四周围护严密,不得漏风。暖棚内应采用有效加热设备升温,确保暖棚内温度不低于 10 ℃。

(2)环境温度在－3 ℃～5 ℃之间时,混凝土入模温度不得低于 5 ℃,环境温度在低于－3 ℃时,混凝土的入模温度不得低于 10 ℃。混凝土强度达到 5 MPa 之前,不得受冻。

(3)用混凝土输送泵浇筑时,泵管应用保温材料包裹密实,混凝土运输罐车用保温布封闭保温。

(4)混凝土浇筑后,应及时把暖棚覆盖于浇筑完毕后的混凝土上。暖棚两端门帘应及时封闭,两端同时用热风炮加热,同时还应在棚内使用火炉加温,保证暖棚内的温度达到 10 ℃以上,底座板混凝土芯部温度不得低于 10 ℃。在棚内养护至少 3 d,在同条件养护试件抗压强度大于设计强度的 70%后,才可将暖棚移至下一段养护面使用。暖棚移走后,应继续采用薄膜+电热毯+棉被+篷布覆盖养护,总养护期为 14 d。

(5)养护过程中,应指定专人对混凝土芯部温度及暖棚内环境温度进行记录,记录频率为前 2 d 为1 次/2 h,以后 1 次/4 h。

8. 注意事项

(1)混凝土浇筑时,两个相邻后浇带之间必须一次连续浇筑成型。

(2)为了保证浇筑段混凝土浇筑后能自由变形,浇筑结束后必须把钢板连接器内侧螺母拧向浇筑段,同时拆除外侧螺母。

5.2.10.8 底座板纵向连接

1. 底座板纵向连接施工条件

底座板张拉连接必须严格按照临时端刺及常规区平面布置图标定的底座板划分单元顺序进行。

一个施工单元(临时端刺+常规区+临时端刺或常规端刺+常规区+临时端刺)中所有混凝土浇筑段完成,所有混凝土浇筑段的强度不小于 20 MPa。

张拉连接前,应对常规区及临时端刺区域内浇筑段落进行长度和温度的测量,并记录备用。长度测量利用全站仪在后浇带旁的测量标识点可以快速测量。

当底座板位于曲线段时,为了防止由于纵连或温度变化等原因引起混凝土底座板与滑动层之间发生横向位移，在底座板张拉前应安装临时侧向挡块。临时侧向挡块可采用方木支撑和钢板临时支撑两种方式，左右两侧同时对称安装，以避免安装过程中引起底座板横向偏移，临时侧向挡块如图 5-54 所示。

图 5-54　临时侧向挡块

2. 工艺流程

底座板纵向连接施工工艺流程如图 5-55 所示。

3. 施工准备(埋设测量标识点)

当底座板浇筑段混凝土的强度大于 20 MPa 且浇筑时间大于2 d 后，在钢板连接器后浇带 BL1(BL1，即钢板连接器后浇带，下同)两侧的底座板上埋设测量标识点，用以确定和检查混凝土的长度变化。为使此测量标识点易于与轨道基准标识点相区分，可用红白相间的标识漆或标识纸代替测钉，且标识点距离底座板浇筑段端部 20 cm。在线路的中线位置上，各浇筑段混凝土边缘处，已浇筑的剪力齿槽中心位置也埋设测量标识点，便于测量各浇筑段的长度。当曲线半径介于 800～3 000 m 之间时，测量标识点的最大间距应不大于 100 m。

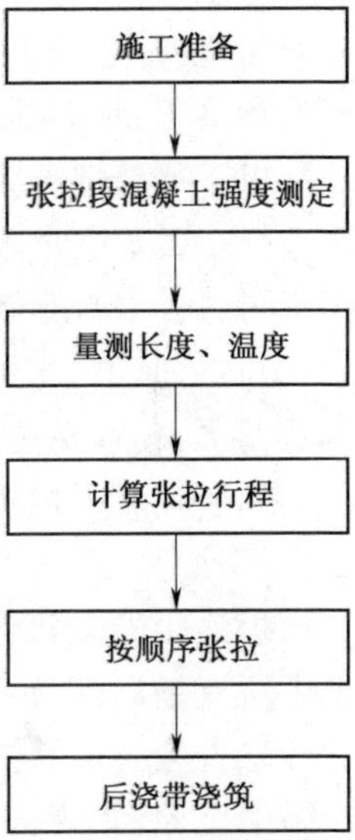

图 5-55　纵向张拉连接流程图

4. 浇筑段长度、温度量测

长度测量利用全站仪测量后浇带旁的测量标识点之间的距离即可快速完成。温度的测量应采用标定合格的温度测量仪，测量当时的温度并详细记录在张拉行程计算表中。张拉行程采用标定合格的钢板尺进行测量。浇筑段长度测量如图 5-56 所示。

5. 临时端刺与常规区第一次纵连

在临时端刺与常规区纵连前，测量 LP1～LP5 以及常规区混凝土浇筑段的温度与长度并记录，测量时间尽可能与底座连接时间靠近(即连接温度尽可能与测量时的温度接近)。根据混凝土浇筑段温度与长度计算张拉行程，主要分以下几种情况：

(1)底座板温度小于合龙温度的情况下进行的纵连。连接当天，从临时端刺的自由端开

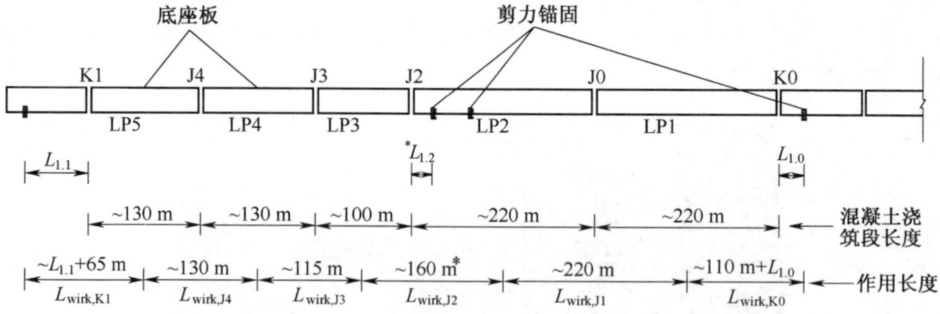

图 5-56 浇筑段长度测量

始,依次不施加预应力地拧紧 J4～J1 钢板连接器后浇带的所有锚固螺母,之后临时端刺才具备了承载能力。

第一步,张拉常规区中靠近临时端刺的前 2 个钢板连接器后浇带(BL1)。张拉时用外侧锚固螺母张拉到规定距离,再把锁紧螺母以 450 N·m 的扭矩拧到连接器上。

第二步,张拉临时端刺与常规区之间的钢板连接器后浇带 K0。

第三步,张拉钢板连接器后浇带 J1 和 J2,其余常规区钢板连接器后浇带的纵连可与之同时进行。

第四步,为了保证使临时端刺自由端到钢板连接器后浇带 J3 区段的摩擦力起作用,钢板连接器后浇带 J3 须少量张拉(张拉量为钢板连接器后浇带 J2 张拉行程的 1/3)。

注意事项:底座板的纵向连接应在混凝土浇筑段温度在 5 ℃以上时进行,混凝土浇筑段温度在 5 ℃以下严禁进行纵向连接施工。当底座板温度小于设计合龙温度时,张拉应根据具体温度分次进行。温差小时,纵连应该在 24 h 内完成,温差较大时,纵连应该分次完成,具体分次张拉根据不同的张拉温度范围和对应的纵连张拉的最少次数和时间间隔可参考表 5-13 的规定。

(2)在底座板温度满足设计合龙温度范围的情况下进行的纵连。钢板连接器后浇带的锚固螺母不需要进行张拉(张拉行程＝0),只需要先把连接器外侧锚固螺母拧紧到钢板上,然后把钢板内侧锚固螺母也拧紧。在拧紧过程中扭力扳手的扭矩应该大于等于 450 N·m。

钢板连接器后浇带连接当天,从临时端刺的自由端开始,依次拧紧 J4～J1 钢板连接器后浇带中所有锚固螺母。

接着拧紧 K0 的锚固螺母,并从 K0 开始把常规区所有钢板连接器后浇带的锚固螺母拧紧。施工至此,常规区与临时端刺已经纵连完成。

如果常规区另一端也与临时端刺相连时,另一端的纵连顺序一样,常规区钢板连接器后浇带从底座板左右两端边缘向中心对称连接。

(3)底座板温度大于设计合龙温度上限时,不允许张拉连接。

6. 临时端刺与下一施工段的纵连

在钢板连接器后浇带 K1 和新的常规区底座板施工段连接前,要再一次测量底座板段 LP2～LP5 的温度和长度,将测得的数据与在第一个常规区纵连前不受载时测量的温度和长度比较,算出临时端刺区域在底座板受载时的变形值,测量和张拉行程的计算与临时端刺和常规区连接时的温度区间无关。主要有以下几种情况：

(1)底座板温度小于合龙温度的情况下进行的纵连。第一步，由于临时端刺区域的混凝土浇筑段已经纵连，只需要根据构件温度先张拉常规区前 2 个钢板连接器后浇带的锚固螺母。第二步，根据相应的张拉行程张拉临时端刺与常规区之间钢板连接器后浇带 K1。第三步，接着张拉钢板连接器后浇带 J4～J2。

此外，新施工段其余钢板连接器的连接与 J4～J2 同时进行。

注意事项：底座板温度小于设计合龙温度时，张拉应根据具体温度分次进行。温差小时，纵连应该在24 h内完成，温差较大时，纵连应该分次完成，具体分次张拉根据不同的张拉温度范围和对应的纵连张拉的最少次数和时间间隔参考表 5-14 的规定。

表 5-13　分次张拉时间表

纵连过程中底座板的温度范围	最少的纵连张拉次数	时间间隔
+5 ℃≤t≤+10 ℃	3	2 d
+11 ℃≤t≤+15 ℃	2	1 d
+16 ℃≤t≤+19 ℃	1	—
+20 ℃≤t≤+30 ℃	不张拉，宽度无变化	—

注：本表数据以京沪高速铁路北京至徐州段施工为例，设计合龙温度 20 ℃～30 ℃。

表 5-14　分次张拉时间表

纵连过程中底座板的温度范围	最少的给纵连张拉次数	时间间隔
+5 ℃≤t≤+10 ℃	3	2 d
+11 ℃≤t≤+15 ℃	2	1 d
+16 ℃≤t≤+19 ℃	1	—
+20 ℃≤t≤+30 ℃	不张拉，宽度无变化	—

注：本表数据以京沪高速铁路北京至徐州段施工为例，设计合龙温度 20 ℃～30 ℃。

(2)在底座板温度满足设计合龙温度范围的情况下进行的纵连。连接 K1 并从 K1 开始把常规区的所有钢板连接器后浇带锚固螺母拧紧。纵连应该在 24 h 内完成。

(3)底座板温度大于设计合龙温度上限时，不允许张拉连接。

7. 后浇带混凝土浇筑的时机要求

(1)临时端刺与常规区的第一次纵连。临时端刺与常规区的第一次纵连，后浇带浇筑分为以下两种情况：

1)底座板温度小于合龙温度。

首先，纵连后浇筑常规区内的所有钢板连接器后浇带(BL1)及临时端刺中的钢板连接器后浇带 K0 和 J1。

在底座板纵连后，应尽快浇筑常规区齿槽后浇带 BL2。但是，当纵连是在底座板温度小于合龙温度的情况下进行时，为保证保证混凝土浇筑段内(约 160 m)的应力均衡化，需要在齿槽后浇带 BL2 浇筑施工前静置一段时间。静置时间的要求可参考表 5-15 的规定。

纵连完成 3～5 d 后，即可浇筑位于临时端刺中部的两个齿槽后浇带。左右线的齿槽后浇带的浇筑应该错开两跨梁的长度进行。

表 5-15 后浇带浇筑静置时间表

纵连时底座板的温度范围	纵连后后浇带浇筑等待时间
+5 ℃≤t≤+10 ℃	5 d
+11 ℃≤t≤+15 ℃	3 d
+16 ℃≤t≤+19 ℃	24 h
+20 ℃≤t≤+30 ℃	无需等待

注:本表数据以京沪高速铁路北京至徐州段施工为例,设计合龙温度 20 ℃～30 ℃。

2)底座板温度满足设计合龙温度范围。

纵连完成后，即可浇筑常规区内的所有钢板连接器后浇带 BL1 以及临时端刺中的钢板连接器后浇带 K0 和 J1。此外常规区内的齿槽后浇带 BL2 也可浇筑。

纵连完成 3～5 d 后,再浇筑位于临时端刺中部的两个齿槽后浇带。左右线的齿槽后浇带也应错开两跨梁的长度进行浇筑。

(2)临时端刺与下一施工段的纵连。临时端刺与下一施工段的纵连,后浇带浇筑分为以下两种情况。

1)底座板温度大于合龙温度。

纵连完成后,首先浇筑常规区内的所有钢板连接器后浇带 BL1 及临时端刺中的钢板连接器后浇带 K1、J4～J2。静置一定时间后,再浇筑常规区内的剪力齿槽后浇带 BL2。纵连完成 10 d 后,最后浇筑所有原临时端刺中齿槽后浇带。

注意事项:钢板连接器后浇带混凝土必须在末次张拉完成后 24 h 内完成。

2)底座板满足设计合龙温度范围。

纵连完成后,首先浇筑常规区内所有的钢板连接器后浇带 BL1 以及临时端刺中钢板连接器后浇带 K1、J4～J2。此外常规区内齿槽后浇带 BL2 也可以进行浇筑。

纵连完成 3 d 后,再全部浇筑所有原临时端刺的齿槽后浇带 BL2。

8. 后浇带混凝土施工

底座板后浇带混凝土采用无收缩微膨胀混凝土,施工工艺如图 5-57 所示。

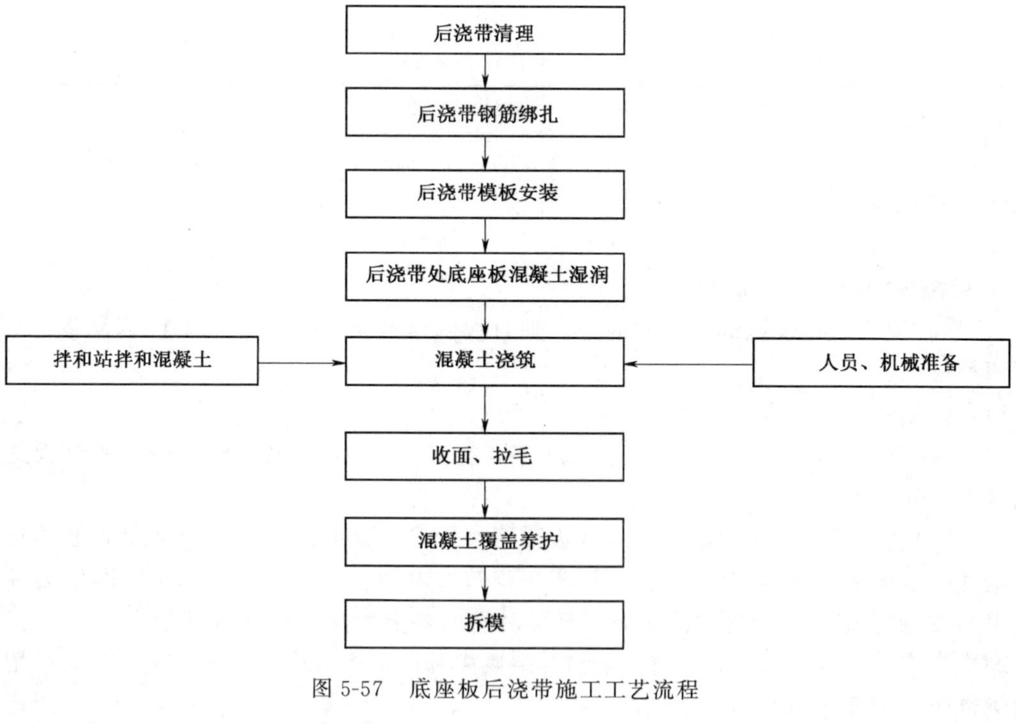

图 5-57 底座板后浇带施工工艺流程

(1)后浇带清理。底座板混凝土强度达到75%后，即可进行后浇带混凝土界面的凿毛和清理，有效刨面应达到100%。为避免两布一膜发生上鼓，后浇带施工前，应采用与底座板混凝土垫块相同的垫块压在两布一膜上。剪力齿槽后浇带在凿毛时应注意保护预埋套筒。

(2)钢筋加工及绑扎。底座板后浇带钢筋在基地内加工后运至现场进行绑扎。钢筋加工及绑扎允许偏差、绝缘性能检测、对滑动层的保护等与底座板其他部位的钢筋绑扎相同。剪力齿槽处钢筋绑扎时，还应再次检查剪力钉安装质量等。绑扎成型的后浇带钢筋如图5-58所示。

图5-58 绑扎成型的后浇带钢筋

(3)后浇带模板安装。后浇带处模板采用钢模或木模，外支撑采用顶撑将模板固定在已浇筑完成底座板的侧面。模板在安装过程中应检查其垂直度和与底座板接缝的严密性，重点检查模板安装是否牢固，防止出现跑模现象。

(4)后浇带混凝土浇筑。后浇带混凝土浇筑前，应对后浇带位置的底座板端面洒水充分预湿，保证新旧混凝土良好的黏结。同时，为防止混凝土污染已经成型的底座板，一般在后浇带两侧铺设土工布或彩条布防护。

混凝土运输到现场后，各项性能指标按规定检测合格后方可施工。混凝土浇筑通过汽车吊(或龙门吊)+料斗或汽车泵或汽车泵+运输平车+料斗的方式运输到现场，人工辅助浇筑入模。曲线超高地段，混凝土按由低向高的顺序浇筑，超高值较大不能一次浇筑完成，可分成两次浇筑，并适当较低混凝土坍落度，第二次浇筑应在第一次浇筑的混凝土尚未初凝前进行。后浇带混凝土采用插入式捣固棒捣固，并边浇筑边作拉毛、收边处理。

(5)后浇带混凝土养护及拆模。后浇带混凝土浇筑、拉毛、收边压光完成后，用土工布覆盖保湿养护，养护的要求同普通混凝土。后浇带混凝土强度达到2.5 MPa以上后，方可拆除模板。模板拆除时应注意对边角的保护，严禁撬、砸等施工行为。

9. 台后锚固结构施工

(1)技术要求及工艺流程。台后锚固结构包括固定端刺、摩擦板和过渡板等。为方便施工，台后锚固结构一般应纳入桥台，台后填土在路基基床表层级配碎石填筑及沉降评估基本完成后施工。台后锚固结构所处路基的基床底层、基床表层级配碎石、过渡段级配碎石，路基填筑压实质量满足《高速铁路路基工程施工质量验收标准》(TB 10751)要求。台后锚固结构施工流程如图5-59所示。

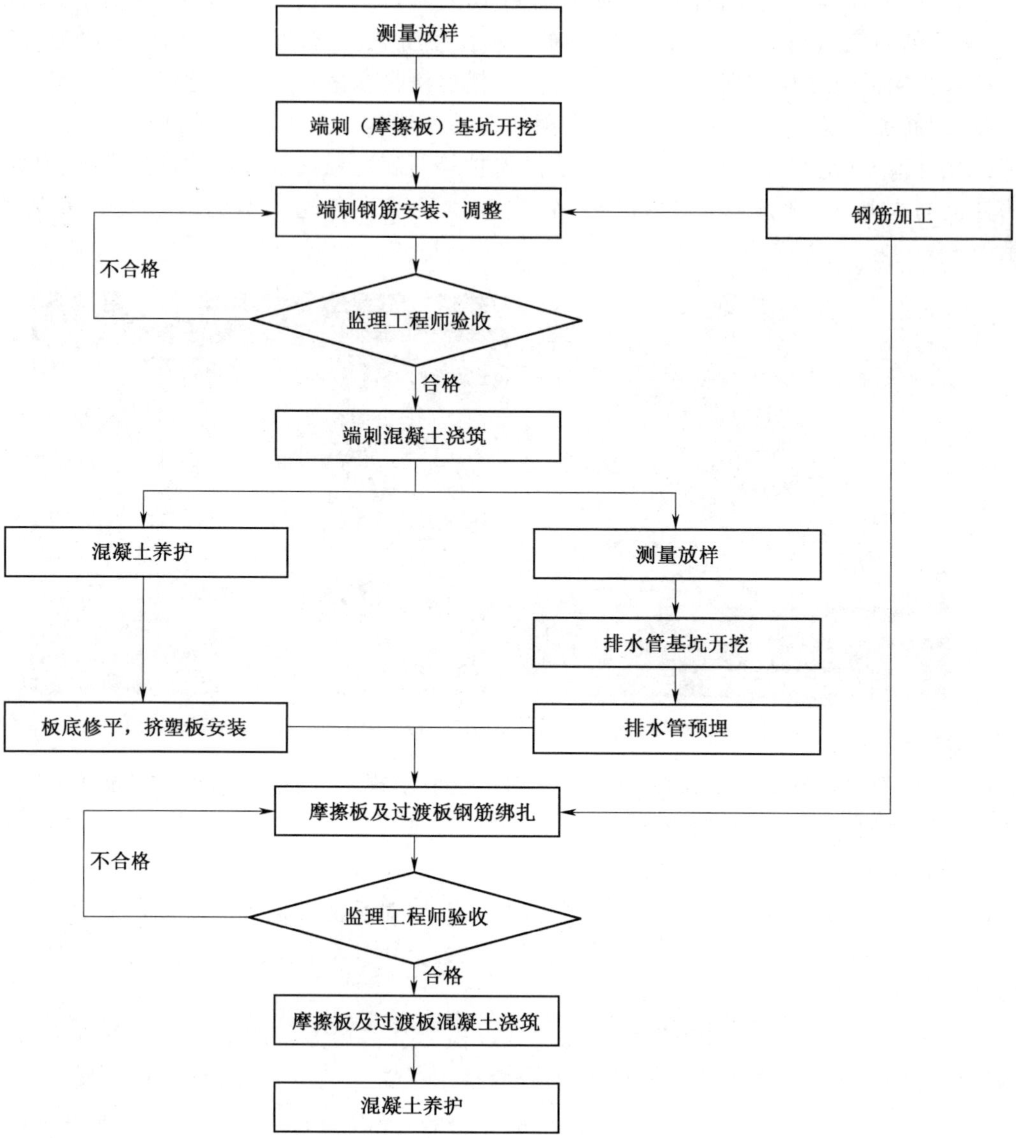

图 5-59　台后锚固结构施工流程

(2)施工准备。利用 CPⅡ加密点或 CPⅢ测量控制网进行测量放样,可保证端刺及摩擦板施工放样准确及施工精度。

施工前,组建端刺及摩擦板施工架子队,配齐测量、技术、试验、质检人员,并对作业人员进行培训和详细的技术交底。按照设计文件要求组织钢筋、挤塑板、排水管、混凝土原材料的进场,做好混凝土配合比设计选定工作。端刺及摩擦板施工现场配备发电机、挖掘机、空压机、混凝土罐车、混凝土泵车、振动棒、混凝土提浆整平机等施工设备。

(3)端刺施工。

1)测量放样。利用现有 CPⅡ加密控制点进行控制。基坑放样采用极坐标放样精确定位基坑位置,完成后反测开挖点坐标进行复核,无误后引出护桩进行开挖。测量放样采用全站仪,将基坑边线放样至路基面,并采用红油漆标识。端刺中线放样偏差不得大于 10 mm。

2)双柱式端刺基坑开挖。基坑开挖步骤分为五步,即“一引二挖三修面,分层开挖勤出渣”。不同填料地段选用不同开挖方式。级配碎石采用风镐松动、人工出渣的方式开挖;AB组填料段采用机械开挖芯部填料,人工修面,人工配合机械出渣的方式开挖。

一引:开挖前基坑边线用墨线标识于路面,并沿线开槽,以引出基坑轮廓,保证基坑坑口外侧土体不被扰动。级配碎石地段基坑开挖前,人工开槽引轮廓,采用混凝土切割机切 3~5 cm 深缝,以防止风镐松动时,影响两侧坑壁表层级配碎石填料。切割后,基坑外观质量好,并能有效保护表层填料不松散。AB组填料地段开挖,放样完成后,利用护桩,拉线确定基坑开挖边线,并用灰线标识于路基面。

二挖:基坑开挖分芯部及坑壁两个区域,先芯后壁,分步开挖。坑壁区域厚度按 1.5 倍左右填料粒径预留,即级配碎石留 10 cm 左右,AB组填料留 15 cm 厚。

3)T型端刺开挖。根据端刺基础开挖边线沿端刺纵向按 1∶2 坡度下挖,采用坡度尺控制边坡坡度,全站仪检查。端刺基础开挖量较大,采用液压反铲进行开挖,人工修坡。开挖至端刺设计高程以上 20 cm,剩余部分采用人工挖除,以保证底部原填筑土不被扰动破坏。挖方运至指定地点。

填筑施工。端刺及过渡板底部填筑为 A 区和 C 区的水泥级配碎石,其中 A 区为过渡板底部高程以下至端刺底板高程以下 50 cm 范围;C 区为摩擦板底部高程以下 1 m 范围。如图 5-60 所示。

端刺基础水泥级配碎石填筑采用自卸汽车运料,推土机粗平,平地机配合人工精平。当采用不同吨位压路机压实时,压实厚度、遍数及行走速度根据工艺试验确定;端刺两侧压路机压不到的盲区部分采用小型平板振动夯夯实。

填筑端刺两侧级配碎石时,必须对称填筑,以保证端刺竖板稳定、无损伤。水泥级配碎石填筑时与填筑路基纵向采用 1∶2 台阶搭接,并加强分界线部分填料的碾压。

4)钢筋制作安装。钢筋制作应在钢筋场内集中加工,规格、型号、数量等必须符合设计要求。半成品应注意保护,分类堆码,下方支垫,标识清楚。

钢筋安装。钢筋半成品采用平板拖车运至施工现场,在已施工完成并验收合格的小端刺基坑正上方(主次端刺则在基坑内部)采用 ϕ48 mm 钢管安装胎具,并利用卡具控制钢筋间距,确保钢筋安装质量。如图5-61所示。

5)模板安装。双柱型端刺以开挖基坑面为模型进行混凝土施工。倒 T 形端刺底板、竖墙用组合钢模或竹胶板拼装。摩擦板厚度为 40 cm,采用组合钢模拼装。齿部利用水泥级配碎石在二次开挖的凹槽内浇筑。摩擦板模板采用外撑加固方式,在路基面上钎入钢筋地锚,在模板上口、底部与地锚根部设置脚手架管或粗钢筋进行水平、斜撑加固。摩擦板先导段端头模板采用木模板,在过缝钢筋穿过的位置打孔。

模板安装时面板平整、无残余物,表面均匀涂刷脱模剂。模板间采用 U 形扣件连接。模板接缝应严密,接缝处刮腻子封堵,以防漏浆。立模完成后,检查模板垂直度及位置偏差并校正。

端刺沿周围搭设脚手架和施工操作平台。在端刺顶层利用 ϕ48 mm 钢管和竹架板搭设平台,脚手架高度高出模板顶,设置横向通长钢管扶手,并在平台外侧搭设围护栏以保证人员安全。

6)混凝土浇筑。混凝土由拌和站集中拌制,混凝土罐车运输到施工现场,汽车泵泵送入

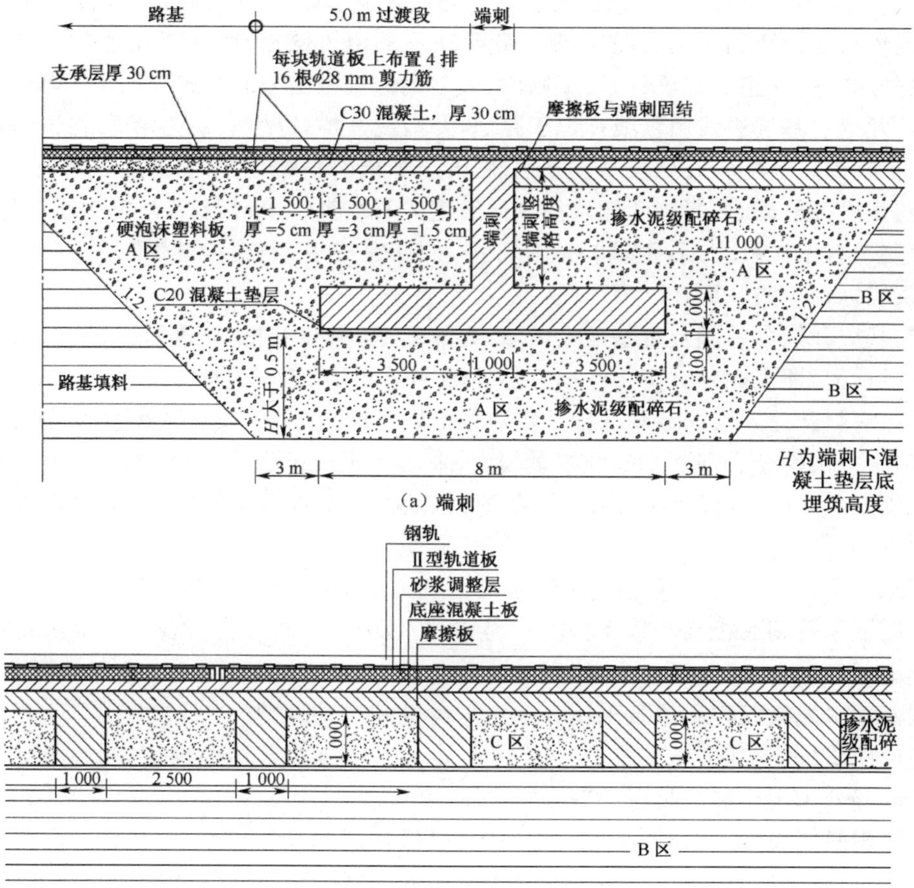

图 5-60 端刺及摩擦板结构示意图(单位:mm)

图 5-61 端刺钢筋绑扎

模，插入式振动棒分层振捣，确保混凝土的密实。混凝土自由下落高度不得超过 2 m。在混凝土浇筑过程中，注意随时观察所设置的预埋钢筋的位置是否移动，若发现移位时应及时校正。浇筑过程中，施工人员不允许踩踏已安装好的钢筋笼。

双柱式端刺：因路基填料为渗水性材料，吸水量大，在施工前，必须对与混凝土接触面的填料进行充分洒水湿润。

倒 T 形端刺：混凝土浇筑过程中设专人看护检查模板、支架等工作情况，出现变形、移位或沉陷，立即校正、加固，处理好后方可继续浇筑。

7)混凝土养护。浇筑完成后及时用土工布覆盖，采用滴灌法养护。在养护期内始终确保混凝土表面的湿润。待混凝土终凝后及时对其表面进行凿毛处理以保证与摩擦板混凝土的衔接。

(4)摩擦板及过渡板施工。

1)测量放样。利用现有 CPⅡ加密控制点进行控制，按照现浇梁梁部顶面模板放样方法，放出轴线及边线控制点，并用墨线弹出模板安装线，轴线偏差控制在 5 mm 以内。

2)基底清理。在模板和钢筋安装之前，先清扫路基面杂物，然后用洒水润湿路基面，防止灰尘飞扬，污染模板。

3)过渡板下挤塑板及滑动层安装。按照设计，将过渡板下挤塑板区域内路基面向下开挖 10 cm，并用5～8.5 cm厚 C20 混凝土进行找平，表面收光，平整度满足 2 mm/m 要求。等混凝土强度达到设计要求后，按设计宽度纵向安装 3 块长 1.5m，厚 50 mm 的挤塑板，并作好搭接。挤塑板安装参照底座混凝土挤塑板铺设的相关要求。

4)预埋件安装。摩擦板施工范围内有线间排水系统预埋管路、综合接地和侧向挡块预埋件。摩擦板施工前，先预埋排水管，当位置重叠时应将排水管位置适当调整，避免侵占端刺和摩擦板齿部的位置。排水管在路基的露出位置对准拱形骨架护坡主骨架，防止排出的积水冲刷路基边坡。当排水管与路基边坡排水系统连接困难时，增设排水管引入排水系统。线间排水井进口采用定型模板并可靠加固，排水管地漏及篦子后期安装。排水管施工结束后应可靠堵塞，以防杂物进入。

综合接地的钢筋和接地端子与摩擦板、端刺钢筋同时安装。侧向挡块预埋件根据摩擦板段的线型参照桥梁预埋件图纸进行施工。

5)钢筋制安。钢筋在钢筋加工场集中加工后通过汽车运输到工地现场绑扎。钢筋采用搭接绑扎方式，从一端向另一端、从下向上依次进行。

钢筋安装完成后应及时按照设计要求安装侧向挡块齿槽预埋钢筋及齿槽模板。齿槽套筒及模板安装误差为±5 mm，齿槽高程误差为±10 mm。

6)模板安装。摩擦板模板采用钢模板，模板涂刷脱模剂，模板接缝用海绵条填塞密贴，防止漏浆。模板根据测量放样的进行，采用拉撑结合的方法进行固定。

7)混凝土浇筑。摩擦板混凝土采用拌和站集中拌和，混凝土罐车运输到施工现场，汽车泵泵送入模。因摩擦板底部为路基面，路基填料为渗水性材料，吸水量大，在施工前，对与混凝土接触的路基面进行充分洒水湿润。混凝土振捣采用插入式振动棒，分层振捣，确保混凝土的密实。

摩擦板浇筑从桥台依次往主端刺方向浇筑作业，混凝土浇筑、捣固、抹面、拉毛等施工应采用与桥梁上底座混凝土施工相一致的工艺。

8)施工注意事项。基坑开挖前应预备充足的防雨材料,避免基坑在开挖过程中被雨水浸泡,造成基坑坍塌。

端刺在已填筑完成的路堤上施工,施工场地狭窄,且路堤高度一般较高,不便修建临时施工便道,施工工序集中,施工干扰大,物流组织难度大。施工前应制定针对性的物流方案,施工通道应与施工工序严密结合考虑,才能确保施工生产安全、高效、有序。基坑开挖,渣土弃运,钢筋半成品、模板进场,混凝土运输等工序都需要统筹考虑。

坑底及两侧坑壁松散填料或扰动部分必须全部清除。基坑坑壁是否需要支护可根据实际情况确定,尤其是AB组填料地段,可在填筑区域内,选取一段做基坑开挖工艺性试验,确保基坑开挖方式选取合适。

基坑四周应进行安全防护,避免人员坠落。基坑开挖完成后,尽快组织下道工序施工。

小端刺钢筋笼在下放过程中,应采用工字钢或其他刚度较大的材料做骨架,增加钢筋笼整体刚度,避免变形。保护层垫块数量不得少于规范要求。摩擦板与主端刺相接处5 m范围内不得进行纵向钢筋搭接。

5.2.11 CRTSⅡ型无砟轨道板铺设施工

5.2.11.1 沉降评估及CPⅢ测量控制网测设评估

铺设无砟轨道前,线下工程的主体和底座混凝土(包括桥梁上防撞墙、遮板等二期恒载)应全部完工,检验合格。未完成的附属工程不得影响无砟轨道的铺设。长桥地段线下工程的连续完工长度应满足临时端刺、端刺和常规区最小设置长度的要求,也应满足CPⅢ测量控制网测设及评估的要求。

铺设无砟轨道前,按照《客运专线铁路无砟轨道铺设条件评估技术指南》(铁建设〔2006〕158号)对路基、桥涵、隧道变形进行系统评估,确认工后沉降和变形、梁体长期变形、各种过渡段的差异沉降等符合设计要求,满足无砟轨道铺设条件。

5.2.11.2 轨道板铺设前准备

轨道板铺设前应具备的必要条件:一是长大桥梁上底座板至少有一个施工单元纵连完成,后浇带混凝土按规定浇筑完成且强度达到20 MPa,或短桥上底座板全部施工完毕,后浇带浇筑完成,混凝土强度达到20 MPa;二是路基及隧道内底座混凝土强度达到20 MPa,水硬性支承层强度达到15 MPa;三是CPⅢ测量控制网二次评估通过,轨道基准点平面位置测设完毕,定位圆放样完成;四是线下工程尤其是底座板和支承层通过检查验收并满足轨道板铺设的相关要求。

修建施工便道及临时基地,完成施工机构组建及人员培训,依据作业面划分配备施工机具及设备。开展轨道板粗铺、精调及水泥乳化沥青砂浆制备及浇筑工艺性试验,进行相关物资的储备。

结合作业面划分及施工进度安排,按照轨道板布板图查验存板场内的轨道板,安排轨道板预制场内成品轨道板的打磨计划,以确定轨道板正确的装车顺序。

5.2.11.3 轨道基准点测设

为方便CRTSⅡ型轨道板快速精调系统的使用,保证轨道板粗铺精度及底座表面平整度检测,需要在轨道板铺设前于每块轨道板板缝的半圆中心位置测设轨道基准点。每块轨道板板缝处有两个半圆形凹槽,左右两侧分别设轨道基准点和轨道板端扣压装置安装的定位锚杆。

轨道基准点依据CPⅢ测量控制网进行空间坐标测设，经软件评差后精度应达到两相邻基准点间允许相对误差为平面±0.2 mm、高程±0.1 mm。为方便后续的轨道板端扣压装置安装，轨道基准点一般沿线路外侧设置，曲线地段设在曲线内侧。

5.2.11.4 定位锚杆安装

在放样的定位锥位置钻孔植入锚杆。锚杆采用直径为ϕ16 mm螺纹钢筋，表面涂油用植筋胶植入，孔径ϕ20 mm，直线段孔深15 cm，曲线段孔深20 cm。每500 m进行抗拉拔试验，抗拔力不得小于30 kN。在有条件的地方，也可使用如图5-62所示的橡胶圆锥进行轨道板粗铺时的定位。

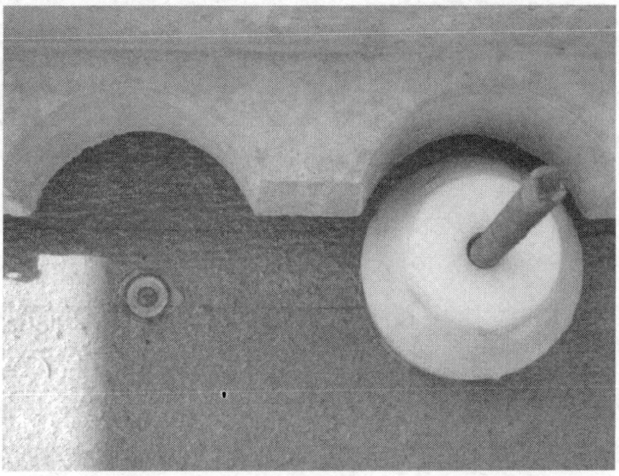

图5-62 轨道基准点及定位锚杆(定位圆锥)的使用

5.2.11.5 轨道板存放及运输

施工便道应尽量沿线路贯通设置，满足轨道板运输及吊装作业的要求。桥梁地段采用50 t汽车吊或悬臂式龙门吊直接将轨道板吊装上桥。必要时，需要采用轮胎式双向运板车进行中转运输。

有条件的地方可充分利用沿线便道与线路之间的空地进行轨道板的临时存放，现场存放轨道板的要求：防止运输和存放不当造成轨道板损坏、部件丢失和污染；须给后续物流和施工设备预留通道和作业空间；根据铺板里程及轨道板编号和铺板顺序就近对号入座，有序存放。

沿桥存板时，为便于悬臂龙门吊直接垂直提升，有效作业区宽度需不少于7 m(从梁翼缘投影线算起到便道有效外边缘)，其中存板区宽度3 m(轨道板内侧距梁翼缘投影线30～50 cm)，便道宽度不少于4 m。若作业区宽度不足7 m，存板区可向梁内方向偏移，但将来起吊轨道板时需要汽车吊配合移板。

沿线每垛轨道板存放层数一般为3层，具体层数要根据台座地基条件确定，避免不均匀沉降造成轨道板变形，过多的层数将增加铺板门吊走行距离而影响效率；纵向存放间距的设置要同时考虑到将来对底座板钢筋混凝土施工设备作业空间的影响，跨路跨沟地段的轨道板可就近相对集中存放。

沿线不具备存板条件的轨道板，需设置集中存板场，铺板时再二次倒运。存板区地基要求平整密实、不积水，3点支承的台座要基本水平。3点支撑的位置要符合设计要求，轨道板与存放台之间以及每层轨道板间安放4个方木垫块，垫块要上下对齐，支点位置分别在板的第2个预裂缝和第8个预裂缝处。方木垫块的规格为200 mm×200 mm×200 mm，承重面应平行，厚度相对误差控制在 2 mm 以内。轨道板存放如图5-63所示,轨道板存放及运输中方木垫块支承如图 5-27 所示。

图 5-63 轨道板集中存放和沿线路分散存放

轨道板一般采用 30 t 平板拖车运输,每车运输 3 块,轨道板层与层间采用 4 块 20 cm 见方的硬杂木支垫,支垫硬杂木按“四点支承、三点平衡”置于轨道板两端第 2 至第 3 承轨槽之间。运输途中,在平板汽车的四周加装挡板和缓冲垫块,以保证轨道板的稳定。粗铺板前铺板施工单位根据轨道板的使用范围及运输距离以及临时存放地点制订计划,提前提交给轨道板生产场,以便及时安排轨道板的生产及运输。一般提前至少 14 d 提出轨道板铺设初步调用计划,至少提前 3 d 提出准确调用计划。轨道板出场前应严格核对轨道板编号,轨道板状况,如有无缺损和修补痕迹等,并作好书面记录,轨道板出场按编号运输到指定位置。

5.2.11.6 轨道板粗铺

(1)施工准备。轨道板装车运输到工地粗铺前,应对每块轨道板进行检查和验收,确认轨道板规格、编号及外观质量满足铺设要求后方可装车,并用高压水将轨道板特别是底面冲洗干净,之后在轨道板安装精调器的位置用双面胶粘上 6 块 U 形发泡泡沫块,U 形发泡泡沫块长 30 cm、宽 10 cm,主要在水泥乳化沥青砂浆浇筑时起到模板和挡护的作用。

轨道板粗铺前,应对混凝土底座或支承层表面检查验收并用高压水清洗干净。轨道板运到工地铺设就位前,应对照布板图再次检查轨道板的规格、编号及方向是否与设计一致。轨道板方向的确认如图 5-64 所示,对照里程前进方向,标有“＜”或“L”符号的为左线板,“＞”或“R”符号为右线板,轨道板编号雕刻在大里程方向。

(2)路基及隧道内轨道板铺设。路基及隧道内轨道板分左右线施工,先安装一线轨道板,运板车在另一线混凝土底座或支承层通行。根据布板图和安装顺序依次铺板。路基上轨道板采用汽车吊车或悬臂龙门吊装,隧道内采用龙门吊吊装,必要时增加双向运板车中转,吊装采用专用吊带及吊索。

将轨道板移至安装点正上方,然后将轨道板缓慢放下,此时安装人员在轨道板两端扶住轨道板,必要时可采用撬棍辅助,分先后顺序分别将轨道板两端的半圆与底座或支承层表面的定位圆圈对齐,然后人工配合(必要时用撬棍)将轨道板放在混凝土底座板的硬垫木上。硬垫木支垫时,应将支点放在离安装精调器位置最近的预裂缝下,待两端支垫好后,再支垫中间位置。垫木在轨道板精调完成后可撤除并用于下一次施工。轨道板在吊装、运输、铺设过程中,设专人监护施工过程,有专人检查轨道板板号和就位情况并填写铺板记录。

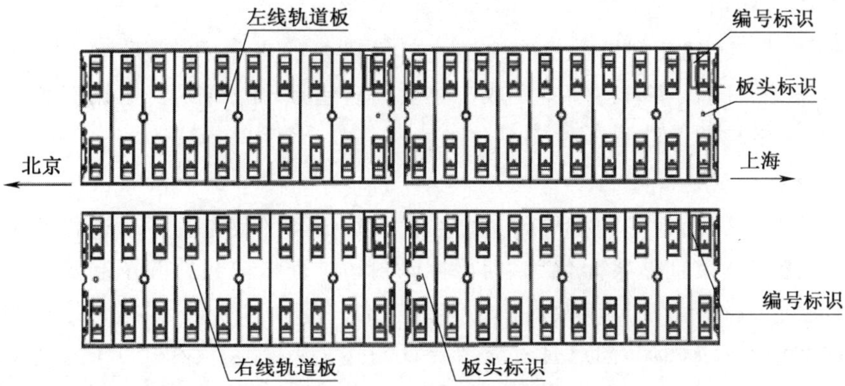

图 5-64 轨道板铺设方向的确认

(3)长桥上轨道板铺设。长桥上轨道板可根据布板图提前存放于桥梁一侧的便道旁。铺设时,直接采用悬臂式龙门吊提升上桥,为尽量减少悬臂龙门吊的纵向移动量,可采用左、右线平行铺设的施工方案,如图 5-65 所示。对跨河跨道等困难地段的轨道板安装,先用汽车吊将轨道板从存板处吊装上桥,再用双向运板车运至安装点,然后由龙门吊人工配合将轨道板粗铺就位,如图 5-66 所示。

图 5-65 长桥地段悬臂龙门吊铺板

图 5-66 长桥地段汽车吊+双向运板车+龙门吊铺板

长桥上轨道板铺设应严格遵守“先临时端刺,后常规区”的原则,并严格确认轨道板安装的正确方向。

5.2.11.7 轨道板精调

轨道板精调是CRTSⅡ型板式无砟轨道施工最重要的工序之一,采用CRTSⅡ型轨道板专用快速精调系统并配合多向精调器完成。主要内容包括:施工准备(数据准备)、精调系统的布置与安放、轨道板精调及轨道板检测等。

5.2.11.8 轨道板封边

轨道板封边分为纵向封边和横向封边。纵向封边的目的仅是为了轨道板灌浆时起到模板和挡护的作用,灌浆结束且砂浆固化后,即可拆除封边。而横向封边除了起到模板和挡护的作用外,还需要将封边材料留在道床板内作为其结构的一部分。因此,根据封边目的和条件的不同,选择不同的封边方法,但共同点是首先要保证封边能起到模板和挡护的作用,同时封边材料不能侵入轨道板板底部。一般来说,轨道板纵向封边可选用角钢或砂浆封边两种方法,而角钢方式为首选方法。

(1)角钢纵向封边。角钢纵向封边采用角钢+土工布方式,并在两侧板端位置设至少2处排气孔,并设置排水孔;轨道板四角的排气孔直径应适当增大(约3 cm)。

封边材料包括土工布、封边角钢、紧压夹具3部分。土工布根据轨道板长度及精调器安装位置的不同,裁剪成不同的长度,土工布铺设时尽量平整,避免产生凹凸或皱褶。封边角钢与此相同,但在靠轨道板两侧前、中、后的位置各设1个排气孔。排气孔在角钢上的位置应尽量靠近底座表面并高于轨道板底部,以保证灌浆时气泡和积水的排出。封边紧压的夹具,由跨轨道板的圆钢或角钢以及紧扣装置组成,使用时按每2个为一组对称进行紧压。

纵向封边时,先将支承螺栓进行密封,然后沿轨道板及底座将封边材料布置平整,人工拉扯平齐后用夹板(木块或角钢)紧贴轨道板及支承层混凝土进行初步紧压,然后通过夹具及楔子对夹板进行固定,固定完成后即可进行水泥乳化沥青砂浆的浇筑施工。封边时,封边角钢和夹具应轻拿轻放,以免扰动轨道板。角钢封边如图5-67所示。

图5-67 角钢封边方法

(2)砂浆纵向封边。砂浆纵向封边采用早强型水泥干塑性砂浆,使用砂浆搅拌机现场搅拌,通过人工转运就位。封边时,应先对底座或支承层表面进行清洗和湿润。之后,用薄铁皮挡在板缝处,防止砂浆侵入轨道板下,然后将搅拌好的干塑状砂浆用人工堆成高宽各8 cm左右的三角形并压实抹光。抽去铁皮,进行第2次压边,特别是轨道板与砂浆的黏结处,达到黏结牢固、无缝隙,砂浆不得侵入轨道板内。砂浆硬化前,应使用2 cm粗的木棒或铁钎在封边上设置排气孔，排水孔应尽量靠近轨道板底面。如图 5-68 所示。

图 5-68 砂浆封边方法

(3)横向封边。横向封边一般采用水泥乳化沥青砂浆干粉材料或与水泥乳化沥青砂浆同性能的砂浆材料进行，采用砂浆搅拌机现场搅拌，横向封边时用薄铁皮挡护砂浆，砂浆应超出轨道板底边 1～2 cm，之后沿轨道板两端各设置 4 个排气孔。横向封边时，应防止砂浆材料掩盖或污染轨道板基准点。封边砂浆浇筑后应压实并均匀抹平。

5.2.11.9 水泥乳化沥青砂浆浇筑

水泥乳化沥青砂浆浇筑是 CRTSⅡ型轨道板最重要的工序，施工采用水泥砂浆沥青砂浆搅拌车将乳化沥青、砂浆干粉、水及外加剂等混合搅拌成砂浆，通过汽车吊将中转料斗中转提升至路基或桥梁上，再经线间的运输平车纵向运输到位，利用重力方式浇筑。有条件的地方，可省去运输平车中转的环节。主要内容包括：施工前检查、砂浆制备、砂浆浇筑、砂浆养护等。

(1)施工前检查。为保证灌浆前轨道板几何状态良好，在灌浆之前，应采用抽样检验的方式对相邻轨道板的搭接平顺性进行检查。检查方法同轨道板精调后检测。若相邻轨道板搭接偏差小于 0.5 mm，则可进行轨道板灌浆施工，若搭接偏差大于 0.5 mm，则需要对轨道板进行补充检查或重新精调。

同时，对轨道板压紧装置、封边、灌浆孔等进行检查，保证轨道板压紧牢固、排气和排水孔通畅，确认轨道板灌浆孔内无杂物和积水。之后在每块轨道板每个浇筑孔上加装高度 35 cm 的 PVC 管(超过轨道板顶面 30 cm)，PVC 管外径与轨道板灌浆孔一致，能保证灌浆时不漏浆，如图 5-69 所示。

轨道板灌浆前主要检测项目与标准应符合表 5-16 的规定。

表 5-16 轨道板灌浆前主要检测项目与标准

序号	项　目	检 测 标 准	检测数量及方法
1	横向封边	超出轨道板底边至少 1～2 cm，并密实	尺量、目测
2	纵向封边	不侵入轨道板底，封边高于板底 2 cm，并密实	尺量、目测
3	安装压紧装置	直线段设置 4 个，两端及两侧各 1 个；曲线段设置 6 个，两端各 1 个，板侧对称设置 4 个，所有的压紧装置在灌浆前均需将旋紧翼形螺母拧紧	目测、小锤

图 5-69 砂浆浇筑用 PVC 管

(2)砂浆制备。正式浇筑砂浆前需在现场配置好水泥乳化沥青砂浆,并按照规范要求检测各种物理性指标,符合要求后才能正式浇筑。砂浆制备流程如图 5-70 所示。

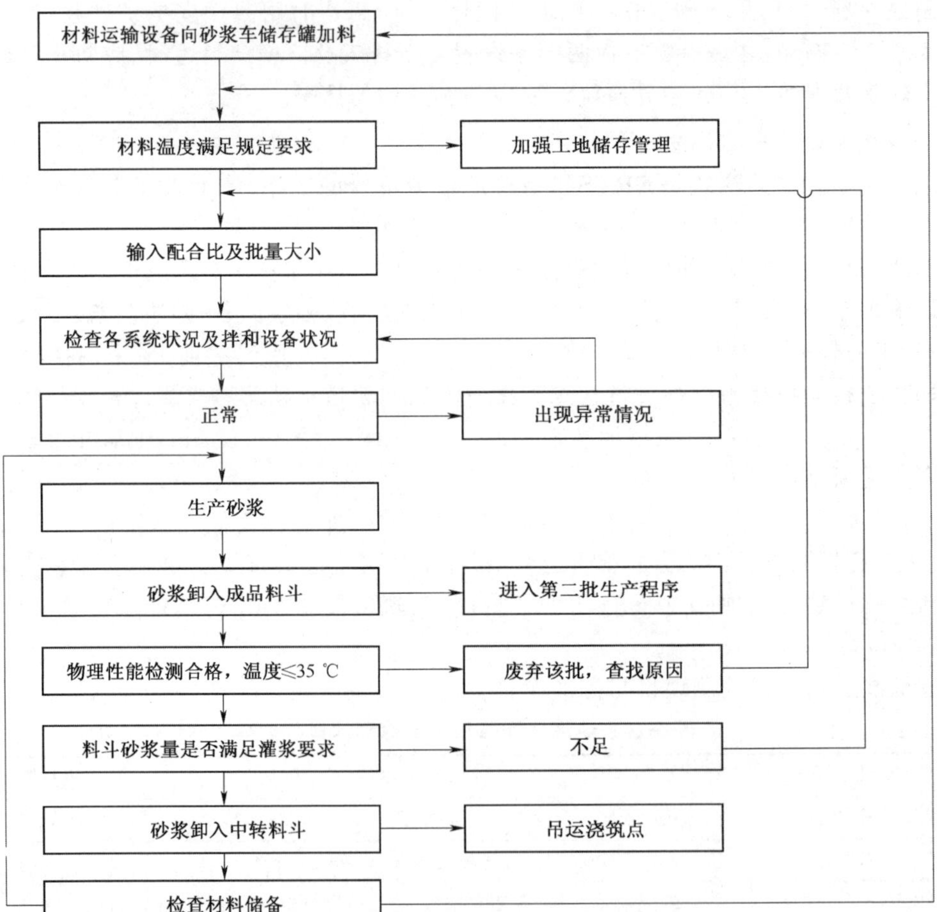

图 5-70 砂浆制备流程

水泥乳化沥青砂浆搅拌车能自动记录生产日期、时间、投料计量和砂浆温度。操纵搅拌车能准确控制加料的顺序、计量、搅拌时间。称量最大允许偏差(按质量计)应符合下列要求:乳化沥青为±1%,干料为±1%,外加剂为±0.5%,拌和用水为±1%,消泡剂为±0.5%。搅拌机容量为750 L,中间储料罐的容量为750 L(至少满足灌在一块板的用量),搅拌1盘砂浆刚好可以装满一个中间储料罐,所需时间约为6~7 min。首先把液料(水、乳化沥青、减水剂、消泡剂)投入搅拌机。在低速搅拌20 s,液态料混合均匀后再中速搅拌加入干粉,加完干粉后,立即高速搅拌120 s,然后低速搅拌60~120 s,最后卸料,时间30 s。成品仓中低速搅拌。高速搅拌转速为110~130 r/min,中速搅拌转速为60~80 r/min,低速搅拌转速为25~30 r/min。

由于水泥乳化沥青砂浆是比较灵敏性的材料,在施工过程中要时刻对砂浆的性能指标进行测试,如果达不到要求的,不能上桥浇筑,即时调整配合比。一般主要是对流动度和扩展度进行测试。

(3)砂浆浇筑。

1)底座板和轨道板预湿。底座板和轨道板必须充分预湿并不留明水。具体操作时提前3~4 h对底座板和轨道板采用高压水枪冲洗,封边前再对底座板和轨道板采用高压水枪冲洗,并用长的吸水率高的布料放在轨道板和底座板之间擦拭,立即封边,半小时之内浇筑。如果封边后不能尽快浇筑,应将浇筑孔和观察孔密封,防止水分蒸发,浇筑前再采用高压旋转水枪通过浇筑孔和两个观察孔进行湿润,必须保证水枪喷出的是水雾。特别注意轨道板两端和四角的预湿。

2)砂浆搅拌及出料。用水泥乳化沥青砂浆搅拌车现场制备水泥乳化沥青砂浆,搅拌好的砂浆从搅拌车注入中转料斗,中转料斗每次应至少装盛浇筑一块轨道板所需的砂浆量。砂浆中转料斗应带电动搅拌设备,以保证在砂浆中转运输过程中能正常搅拌,防止出现沉淀和离析。

3)轨道板灌浆。轨道板灌浆如图5-71所示。

图5-71　轨道板灌浆

砂浆浇筑采用排气漏斗法进行,借助于一条管径5 cm、长度60 cm、口径为60 cm的漏斗进行砂浆浇筑(流量5 min灌满1块板)。砂浆搅拌好后并经检测合格后,采用汽车吊将盛装砂浆料的中转料斗提升上桥,经线间运输平车纵向运输至浇筑位置。再连接灌浆软管,把灌浆管对准漏斗边沿,缓慢的放出砂浆,按照“快—慢—慢”的节奏将砂浆经漏斗注入板腔,即,一开始快速浇筑,让夜面填满 PVC 管,并使液面始终保持在一定的高度(距顶面不大于 15 cm);之后缓慢浇筑使砂浆均匀上升以保证砂浆匀速灌入板腔,待砂浆流出观测孔后,再放慢浇筑速度,使砂浆慢慢地高出沿浆孔,且 PVC 管中的砂浆高度基本持平,所有排气孔中流出的砂浆与浇筑砂浆一致时,即可用泡沫海绵封锁排气孔,停止砂浆浇筑。之后注意观测浇筑孔内砂浆表面的变化,若砂浆出显明显下沉,低于顶面 15 cm 时,应向内及时补浆。

当砂浆稠度增大,失去流动性后,可将 PVC 管中多余的砂浆掏出至轨道板顶面以下 15 cm 左右。之后,在 3 个浇筑孔内插入一根 S 钢筋到砂浆垫层中,用来增强浇筑孔混凝土与垫层砂浆的连接,插入钢筋注意钢筋保护层厚度,特别是在预裂缝位置。

为避免环境污染,从 PVC 管中掏出的砂浆可用于后续其他轨道板的板缝封边使用。

4)砂浆养护。水泥乳化沥青砂浆原则上按自然养护进行。当砂浆充分硬化后,可拆除压紧装置。垫层砂浆的最小抗压强度达到 1 MPa 后,可以拆除轨道板精调器和封边材料,由砂浆材料直接支承轨道板。砂浆的最小抗压强度达到 3 MPa 后才允许轨道板承重。

精调器及封边材料拆除后,除采用角磨机将砂浆表面切齐切平之外,原则上不采用新材料进行修补。

5)设备清洗及砂浆废弃物处理。每作业班施工结束或施工中断时,应及时将搅拌设备、中转料斗及相关机具设备清洗干净,保持设备清洁。清洗过程产生的废液与废料应集中处理,不得随意排放。

水泥乳化沥青砂浆浇筑施工过程中,不可避免地会产生砂浆废弃物等,这些材料可能会对环境造成污染,因而必须相应地采取处置措施。

6)砂浆浇筑施工的质量控制要点。砂浆浇筑应遵循"随调随灌"的原则。在轨道板灌浆前,应对轨道板搭接平顺性和轨道板中央高程进行严格检查。对检测数据的评判以及有超限情况时,根据评估结果确定后续的修正方案。以此来确定轨道板是否有必要做补充测量或重新调整,误差大于 0.5 mm 时要重新调整轨道板及灌浆。

在进行砂浆施工前必须对砂浆搅拌车做工况试验,验证配合比的适应性和物理、力学和耐久性指标。同时进行灌板的实际验证,对搅拌及灌浆设备进行测试,连续灌板 10 块以上以测试设备的稳定性。

灌浆前后(灌浆开始和结束或中断时)都要对设备清洗干净。

当气温高于 40 ℃或低于 5 ℃时,不允许进行砂浆浇筑施工。当天最低气温低于 −5 ℃时,全天不允许进行砂浆浇筑。雨天不得进行砂浆施工,并应对浇筑后未硬化的砂浆进行覆盖,防止雨水进入轨道板。

砂浆的浇筑应一次性完成,绝对禁止二次浇筑,并保持对砂浆进行低速搅拌。

砂浆浇筑时应通过注入漏斗注入,自由倾落高度不宜大于 1.5 m,以免砂浆分层离析。

炎热季节或低温下进行砂浆拌制时,应采取相应措施控制材料温度,以保证砂浆拌和物温度。

5.2.11.10 轨道板纵向连接

水泥乳化沥青的强度达到 9 MPa 或者横向窄接缝浇筑混凝土的强度达到 20 MPa 后,方可对轨道板实施张拉,之后才能浇筑板缝混凝土。

(1)窄缝混凝土浇筑。支模前首先清除板缝内的污垢及杂物。先立窄缝外模,外模采用 2 mm 厚钢板或竹胶板,用 U 形螺栓固定。内模也用 2 mm 厚钢板或竹胶板,采用 50～

60 mm 方木支撑。窄缝混凝土采用 C55 无收缩细石混凝土，浇筑高度为轨道板上缘以下约 6 cm。浇筑尽量安排在一天内的环境温度最低时进行，且环境温度不应大于 25 ℃。窄接缝浇筑后进行覆盖保湿养护，养护时间不少于 7 d。

(2)张拉锁件安装。张拉锁件在窄缝混凝土浇筑完成并拆除内模后进行。安装前先将带垫片的紧固螺母拧松，垫片位于紧固螺母和张拉扣锁之间，然后用手拧紧紧固螺母。由于轨道电路传输的需要，张拉锁件应进行绝缘处理，如图 5-72 所示。安装完毕的张拉锁件如图 5-73 所示。

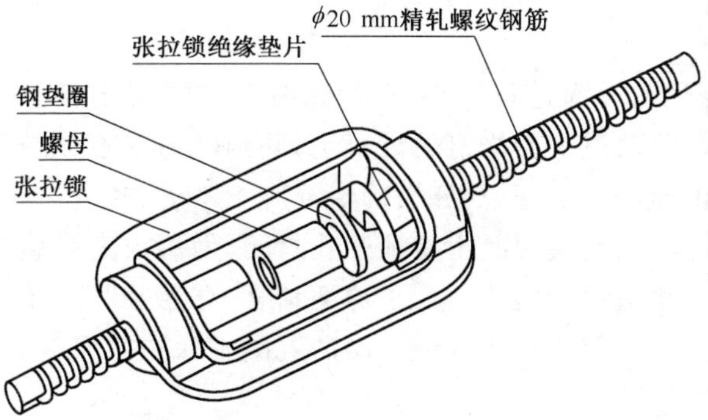

图 5-72 张拉锁件绝缘示意图

图 5-73 轨道板张拉锁件安装

(3)张拉锁件的张拉。张拉施工从拟连接段中间开始，从中部向两端对称同步进行。轨道板中共设有 6 根张拉筋，先张拉轨道板中间 2 根至完成，其后由内向外对称张拉左右筋各 1 根至完成，最后张拉剩余 2 根。

张拉螺纹钢筋采用可调扭矩扳手，其张拉步骤为：第 1 步先张拉中间两根钢筋；第 2 步将剩下的钢筋从内向外张拉(最后 1 块轨道板先张拉中间的钢筋)，其张拉力矩为 450 N·m。每天至少检查 1 次可调扭矩扳手的调整值是否正确。

(4)宽接缝施工。宽接缝钢筋及混凝土施工如图 5-74 所示。

图 5-74 轨道板宽接缝施工

1)钢筋绑扎及绝缘检测。按照设计配筋图用绝缘绑扎线绑扎钢筋，注意保证钢筋保护层厚度。按照信号传输技术的规定，对精轧螺纹钢筋、张拉锁件、骨架钢筋相互间交叉点的绝缘电阻进行检测，其电阻值应符合设计要求。

2)宽接缝混凝土浇筑。浇筑开始前清除宽缝和灌浆孔中杂物、污垢，并预湿润处理。浇筑连接缝时应考虑到施工作业要在当天构件温度最低的时候进行,此时环境温度不允许高于25 ℃的上限值。

宽接缝浇筑C55无收缩微膨胀混凝土,28 d的抗压强度不小于45 MPa。混凝土采用插入式振捣器振捣,表面与轨道板上表面平齐,并压实抹光。为防浇筑混凝土时污染轨道板,可采用简易料斗,也可用胶合板或油毛毡铺在轨道板上。

曲线超高地段中宽接缝混凝土可适当降低坍落度,必要时可分两次浇筑,但第二次浇筑应在初次浇筑混凝土初凝前进行。

浇筑宽接缝混凝土的同时浇筑灌浆孔,浇筑灌浆孔的混凝土及操作方法同宽接缝。混凝土进行覆盖养护,养护时间不少于7 d。

3)混凝土养护。浇筑完混凝土后需要对混凝土表面进行养护,对尚未凝结的混凝土表面首先用保湿保温养护材料进行养护,最后用塑料薄膜覆盖新浇筑的混凝土,并确保薄膜不会滑动,具体的养护时间和形式要根据具体的混凝土而定。冬期施工时,确保混凝土不受冻害。

(5)灌浆孔施工。在宽接缝混凝土浇筑的同时用宽缝混凝土将灌浆孔封闭,做法与宽接缝混凝土浇筑相同,通过使用合适的楔形垫块形成轨道板预裂缝。为了保证结合,在灌浆时要在新灌的垫层砂浆中插入一根S形钢筋,在混凝土浇筑前要注意保证足够的混凝土保护层厚度。如图5-75所示。

图5-75 轨道板灌浆孔封堵

5.2.11.11 轨道板锚固连接

轨道板的剪切连接位置位于每片箱梁的梁缝区域、梁与台背、端刺与路基过渡段、桩板结构与路基过渡段及道岔前后处,主要作用是将轨道板与底座板连接成为一个整体,以适应端部结构变形。当轨道板砂浆垫层硬化后,根据设计图纸位置将轨道板与底座板进行剪切连接。

施工流程:确定位置(必须避开轨道板的钢筋)→按设计深度及孔径钻孔→用钢丝刷清洁钻孔→用压力空气清除钻屑粉尘→向孔中注入植筋胶→达到所要求的强度用扭力扳手以60 N·m扭矩将锚栓拧紧。

钻孔前应在设计植筋位置使用钢筋探测雷达探明轨道板及底座板内的钢筋布置情况,标出具体钻孔位置。钻孔使用专用电动钻孔机,钻孔完成后,使用高压风管(枪)将孔内霄粉吹除干净。植筋施工应随即进行,否则应用砂丝团或软布团封堵孔口。

为确保剪切筋与轨道板及底座板内钢筋处于隔离绝缘状态,剪切筋表面应事先均匀涂抹一层植筋胶，并确保表面无遗漏之处。在已钻好的孔内注入适量植筋胶，植入剪力销钉(筋)。剪切筋植入时应轻轻插入，待植筋胶硬化后将孔口清理干净。

5.2.12 资源配置

5.2.12.1 劳动力配置

CRTSⅡ型板式无砟轨道通常采取架子队组织模式，根据工作面情况分成若干班组，通常底座与轨道板施工分开组织，按照工序实行平行作业。各工序人员相对固定，推行专业化管理。

(1)管理人员组织。CRTSⅡ型板式无砟轨道一般以作业队为单位设置管理机构，负责多个作业面的技术管理和施工组织。管理人员组织见表5-17。

表5-17 管理人员组织表

序号	岗位或工种	人数	主要工作内容
1	作业队队长	1	全面主持板式无砟道床施工组织工作
2	技术负责人	1	负责生产技术工作；负责建场工作
3	作业队副队长	2	负责设备、物资及施工生产管理工作
4	工程技术室	4	负责生产技术、施工测量
5	安全质量室	5	负责安全、质量，主管安质、工程试验
6	物资设备室	10	负责设备及物资供应，含库管
7	办公室	5	负责治安、保卫工作及行政事物、食堂、司机、文化娱乐的管理及对外接待联络工作
8	工程调度	2	负责生产指挥调度，协调对外关系
合　计		30	

(2)生产人员组织。每个作业工序，工地负责人、工班长、技术人员和专兼安质人员由正式员工担任，且持证上岗。其余根据需要可配置劳务用工，但岗前必须进行培训并经考试合格后上岗。特种工种必须按规定持证上岗。以下工序按桥梁上日进度120双延米配置劳动力。长桥上钢筋混凝土连续底座采用模筑法施工，单作业面生产人员配置见表5-18。

CRTSⅡ型轨道板安装施工单作业面生产人员配置见表5-19。

表5-18 钢筋混凝土底座及凸形挡台施工单班生产人员配置(单作业面)

序号	作业种类	人员数量	备注
1	管理人员	15	含测量试验
2	钢筋工程	120	
3	模板工程	100	
4	混凝土工程	60	
5	底座板纵连	40	
合　计		335	

表5-19 CRTSⅡ型轨道安装板施工单班生产人员配置(单作业面)

工作内容	人数	备注
管理人员	10	
轨道板粗铺	38	
轨道板精调	20	含测量
水泥乳化沥青砂浆浇筑	68	含试验
轨道板纵向连接	12	
轨道板锚固连接	12	

5.2.12.2 主要设备机具配置

施工设备及机具按作业面配置,生产能力符合上述进度指标要求。长桥上钢筋混凝土连续底座采用模筑法施工,单作业面主要设备机具配置见表5-20。

表5-20 长桥上钢筋混凝土连续底座施工主要设备及机具配置

序号	设备名称	设备型号	数量	备注
1	钢筋切断机		4	
2	钢筋调直机		2	
3	电焊机		4	
4	叉车		1	
5	钢筋弯曲机		6	
6	汽车吊	25 t	4	
7	平板车		4	
8	底座板模型	双线米	2 000	对应的撑杆600 m
9	混凝土拌和站	HZS90	2	
10	轮胎式装载机	ZL-50	2	
11	混凝土运输车	8 m^3	6	
12	混凝土泵车		1	
13	插入式振捣器		20	
14	拉毛器		12	
15	扭力扳手	700 N·m	6	
16	扭力扳手	400 N·m	6	
17	开口扳手		6	
18	发电机	12 kW	4	
19	洒水车		1	

CRTSⅡ型轨道板安装施工主要设备及机具配置见表5-21。

表5-21 CRTSⅡ型轨道板安装施工主要设备及机具配置

序号	名称	规格型号	数量	单位	备注
1	发电机	12 kW	4	台	
2	高压清洗机		3	套	
3	汽车吊	25 t	3	辆	
4	汽车吊	8 t	2	辆	
5	运输车辆		5	辆	
6	轮胎式悬臂龙门吊	10 t	1	台	
7	压紧装置		300	套	
8	双向千斤顶		800	套	
9	单项千斤顶		400	套	
10	CA砂浆原料运输车		3	辆	

续上表

序号	名　　称	规格型号	数　　量	单　　位	备　　注
11	CA 砂浆车		2	辆	
12	封边工装		180	套	
13	扭矩扳手	600 N·m	50	把	
14	电阻测试仪器		4	套	
15	混凝土运输车辆	8 m^3	6	台	
16	宽接缝模型		400	套	
17	洒水车		2	台	

5.2.13　质量安全控制要点

5.2.13.1　质量控制要点

(1)认真做好线下结构沉降变形及CPⅢ测量控制网评估，与施工各方共同验收线下结构几何尺寸。对不满足无砟轨轨道施工的，不存侥幸。

(2)无砟轨道技术、质量控制点多，精度要求高，关联性、综合性和系统性强，加强技术培训，选用具有施工经验和经历的专业化技能队伍是保证无砟轨道工程质量的一个重要前提。

(3)加强设备配置和管理，特别是测量仪、精调用工装设备、水泥乳化沥青砂浆搅拌车等，务必保证其精度和良好状态，正确使用。

(4)对进场的原材料控制是成品质量的控制源头，混凝土用粗细骨料的含泥量、烧失量及碱含量等指标必须试验检测合格，钢轨扣件、预埋件、钢筋、滑动层、高强度挤塑板、后浇带钢板连接器、剪力钉、张拉锁件、弹性限位板等外观质量和力学性能均满足规范要求。

(5)做好工艺性试验，混凝土配合比及施工工艺、精调工艺、水泥乳化沥青砂浆浇筑工艺等都应建立工艺试验制度，按照工艺试验、试验段、先导段的顺序逐步验证推广。

(6)加强混凝土底座或支承层顶面高程控制，钢筋模板安装完成后，必须再次进行检查确认，否则不能浇筑底座混凝土。混凝土浇筑后，应掌握好表面拉毛时机及拉毛深度。

(7)严格控制长桥上底座混凝土施工工艺。滑动层和挤塑板铺设应符合技术条件要求，不能有褶皱和鼓包现象；齿槽清理、凿毛符合要求；剪力钉及后浇带钢板连接器按规定安装和松开；钢筋绑扎及后续施工等不得破坏滑动层和挤塑板，保护层垫块数量及面积符合要求；严格控制底座张拉和后浇带混凝土施工条件和施工时机。

(8)混凝土底座及水硬性支承完工后，应严格检查其外观质量和尺寸。对水泥乳化沥青砂浆厚度不能满足要求的，应及时整修，否则不能进入下道工序施工。

(9)轨道板应采用平面放置，按设计图纸要求采用三点支承方式，应保证存放基础稳固、各支承点相对高差小于2 mm。轨道板存放及运输过程中，应注意成品保护，特别是扣件螺栓孔的封闭，防止杂物进入影响后期的扣件安装，同时应避免损伤轨道板。

(10)轨道板粗铺前，应采用高压水对底座或支承层表面及轨道板进行冲洗，以保证铺板后没有杂物影响水泥乳化沥青砂浆浇筑。

(11)轨道板精调后，扣压装置应及时安装，扣压力不宜过大。

(12)轨道板封边时，应特别注意排气孔的预留，孔口不能高也不能低，要确保灌浆时积水及空气能正常排出。

(13)轨道板精调完成后,应尽早浇筑水泥乳化沥青砂浆,并在正式浇筑前再次检查轨道板线形满足浇筑施工的要求。

(14)水泥乳化沥青砂浆浇筑应选择合适的施工天气,并提前对轨道板底进行湿润,以免因湿润不足或湿润过多导致砂浆流动性不足或砂浆密实度不够。

(15)严格控制水泥乳化沥青砂浆材料的储存周期和温度,超出允许温度的施工应制定相对的措施。水泥乳化沥青砂浆浇筑时应保持良好的施工性能,施工性能不能满足的应废弃作报废处理。

(16)轨道板施工完成后,应加强成品保护,防止后续施工污染或损伤无砟道床。

(17)严格遵循长桥上张拉锁件的张拉顺序和张拉力控制的要求,避免的轨道板纵连过程引起轨道板的内应力。

(18)侧向挡块施工,除保证弹性限位板与底座及轨道板充分接触外,还应保证侧向挡块连接钢筋螺纹充分旋入预埋套管以使侧向挡块的受力完全传入梁体,同时还应保证侧向挡块除弹性限位板以外的部分与底座及轨道板间的混凝土完全没有粘黏。

(19)不论混凝土还是水泥乳沥青砂浆施工,都应根据现场条件制定相应的季节性施工措施。

(20)CRTSⅡ型板式无砟轨道施工是一套系统工程,影响质量的环节多、周期长,应制定严格的质量管理措施。尤其在施工初期,应按施工培训、材料试验、设备验证、工艺试验和先导段施工的顺序逐步推进,由点带面地促进工程质量的全面保证。

5.2.13.2 安全控制要点

(1)按要求配足安全生产要求,确保安全管理体系正常运转。

(2)做好经常性的安全教育和技术培训,设备操作人员和特殊工种持证上岗。

(3)加强对施工机具设备、临时设施的例行检查和强行保养,确保设备及临时设施安全可靠。

(4)施工基地、运输道路、作业面布置科学合理,物流顺畅,临空、临边作业防护措施到位。涉及交通疏解或交通干扰的地段,应设置警示或防护设施、标牌,必要时设专人管理和防护。

(5)施工用电严格执行五线三相制和一机一闸制,做好漏电保护,电线外皮不能破损,不能超负荷用电,严禁私拉乱接,违规用电。

(6)施工现场的布置应符合防火、防风、防雷击、防洪、防触电等安全规定及安全施工的要求,各临时存板点等应按规定统一布置。

(7)生产料库应加强防火措施,乳化沥青库房周边应严禁使用明火。

(8)吊装作业时,应有专人进行指挥,要经常检查钢丝绳、吊钩、夹具等的安全状况,吊臂下及吊装范围内严禁站人。

(9)轨道板运到吊装现场,首先要解除板体固定装置,在确认轨道板吊装架的四个精调爪完全伸入板体下部后,指挥人员才能给吊车司机起吊的指令,并随时注意板体上升的位置与周边结构物的距离。

(10)轨道板、砂浆或其他物料吊装时,吊装时必须设专人看护,遇高压线横跨线路上空时,不得伸臂至高压线安全区内,且应通知当地电力部门协助看护吊装。

(11)物料堆码牢靠。夜间施工时照明充分。

(12)临时上桥通道应按规定搭设牢固,并定期进行检查维修。

5.2.13.3 环境保护控制要点

(1)废弃混凝土及砂浆材料必须按照规定集中统一处理,严禁随意排放污染环境。

(2)施工作业时要对所有生活和生产废水经过过滤、沉淀后集中处理。施工营地设置集中垃圾收集地,设专人管理,经无害化处理后排放,定期填埋,严禁就地焚烧。对营地生活垃圾(包括施工废弃物)集中装运至指定垃圾处理场处理。对不能处理的垃圾拉到设有处理设施的厂处理。

(3)严格按照使用要求检修和保养发动机,使用合格的燃料油,以提高发动机的燃烧和工作质量,减少发动机废气对环境的污染。

(4)经常检查各种油液管路和接头,发现泄漏、渗漏及时更换或维修。对擦洗机械后的油液和更换下来的废润滑油、废液压油分类回收,利用。

(5)针对施工过程中产生的噪声,对动植物和人体损害均较大,为了保护环境,应尽量减少噪声污染。机械设备使用低噪声发动机。

6　CRTSⅢ型板式无砟轨道施工技术

6.1　CRTSⅢ型混凝土轨道板预制技术

6.1.1　概　　述

CRTSⅢ型混凝土轨道板采用后张预应力结构，轨道板预制除模具结构及调整、检测外，其余施工与 CRTSⅠ型混凝土轨道板预制完全相同。故本节 CRTSⅢ型混凝土轨道板预制技术仅重点介绍区别于 CRTSⅠ型混凝土轨道板预制技术的部分。

与 CRTSⅠ型混凝土轨道板预制相同，CRTSⅢ型混凝土轨道板也采用固定台座工厂化预制，通过工序传递完成产品生产，有相对固定的工艺流程，实行分班作业制度，有相对固定的场区保护、消防、安全、绿化环保设施等。

6.1.2　结构设计

CRTSⅢ型混凝土轨道板设计为钢筋混凝土双向预应力结构，分为纵连式轨道板和单元式轨道板两种类型，分为 P5600、P5350、P4925、P4856 等不同长度的标准板型和异形板型。CRTSⅢ型混凝土轨道板宽2 500 mm，厚 190 mm，承轨槽高于轨道板表面 20 mm，轨道板按平坡设置，每块轨道板根据长度的不同设置不同对数的有挡肩承轨台。有挡肩承轨台尺寸与所用扣件系统相配套，并按 1∶40 设置轨底坡。轨道板配筋及预应力采用对称布置，主要预埋件包括预埋扣件绝缘套管、轨道板起吊用套管、接地端子等。CRTSⅢ型混凝土轨道板外形结构示意如图 6-1 所示。

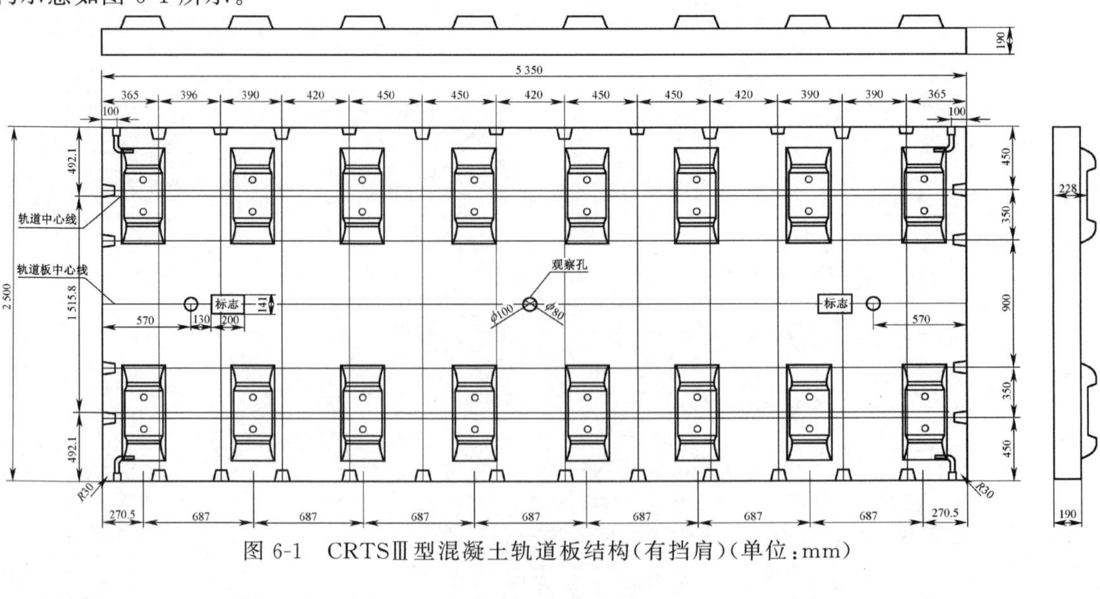

图 6-1　CRTSⅢ型混凝土轨道板结构(有挡肩)(单位：mm)

CRTSⅢ型混凝土轨道板采用强度等级为 C50 的高性能混凝土，钢筋采用 HRB335、Q235 级钢筋，预应力钢棒，低碳冷拔钢丝，相关材料及工艺要求符合《客运专线铁路 CRTSⅠ型板式无砟轨道混凝土轨道板技术条件》(科技基〔2008〕74 号)及设计的规定。

6.1.3 轨道板制造工艺流程

6.1.3.1 工艺流程

CRTSⅢ型混凝土轨道板制造主要分为钢筋制作、混凝土制备、轨道板预制、预应力实施、轨道板养护等 5 个生产流程。主要工序如下：

钢筋制作：钢筋采用钢筋预扎台座集中预扎、整体入模的方式；入模后在浇筑混凝土前进行绝缘性能检测，确认电阻大于 2 MΩ。

模型安装：模型采用专业厂家生产的高精度钢模，有挡肩承轨台模具根据需要进行二维调整，模型外形尺寸允许误差为轨道板外形尺寸允许误差值的 1/2。

混凝土制备及轨道板预制：轨道板场一般采用 120 型或 90 型拌和站制备混凝土，混凝土使用平板小车配合混凝土料斗方式运输进入制板车间，之后再用桥式起重机吊运料斗至轨道板模型位置进行混凝土浇筑作业。

预应力实施：混凝土强度达到 40 MPa 时进行脱模作业，通过车间内桥式起重机转运至轨道小车送入张拉封锚区，采用全自动数控张拉系统对轨道板进行预应力施工，预应力作业按设计要求先进行横向单边张拉后进行纵向两侧张拉。预应力施加完毕后进行封锚作业，采用强制搅拌机对封锚砂浆进行搅拌，空气锤进行封锚作业。

轨道板养护：混凝土浇筑完毕后采用自动蒸养系统进行养护，最高温度不超过 45 ℃，轨道板芯部温度不超过 55 ℃。张拉完成后进入水养阶段，水温不得低于 5 ℃，养护时间不少于 3 d。水养完成后将轨道板存放到存板区进行自然养护，时间不少于 14 d。

6.1.3.2 关键工序

钢筋制作与绝缘检测、模型检测及预埋套管安装、混凝土浇筑、预应力实施、轨道板养护为其关键工序。

6.1.4 轨道板预制场规划及建设

6.1.4.1 设置原则

CRTSⅢ型混凝土轨道板的设置应结合 1 个或多个工程项目的工程量统筹考虑，就高速铁路无砟轨道工程而言，通常选在拟供应范围的中间位置附近，地势平坦开阔，靠近公路交通要道并与施工便道相连的位置。若条件许可，预制场可利用废弃厂矿、预制场、规划用地或取弃土场等，以减少土石方量，节约用地，节约投资。

CRTSⅢ型混凝土轨道板生产工效受制于模具配置，而模具配置又需要厂房及相关设备予以支持。每套模具周转时间约为 24 h，每月可按 28 d 有效工作日计。

一般情况下，预制场的最优供应半径为 60 km，同时预制场还应考虑 2～4 个月产量的存放场地。

6.1.4.2 预制场总体规划

按生产工艺原理，CRTSⅢ型混凝土轨道板预制场总体规划应结合工程工期及场地条件尽量做到布局合理、工序清明、物流顺畅,生产规模满足工程工期并略有富余,适度预留长远发展余量。一个功能完整的 CRTSⅢ型混凝土轨道板预制场一般包括生活办公区、混凝土拌制区、钢筋加工车间、轨道板生产车间、轨道板存放区等。以下以武黄城际铁路 CRTSⅢ型轨道板预制场为例,介绍 CRTSⅢ型轨道板预制场平面布置。

武黄城际铁路轨道板预制场占地约 132 亩,位于武汉东湖开发区,距武汉外环公路入口 2 km,交通方便。该轨道板预制场承担了武黄、汉孝、武咸等三条城际铁路约 7.6 万块 CRTSⅢ型轨道板制造及供应任务。轨道板预制场平面划分为生活办公区和轨道板生产区两大区域,设 2 个轨道板车产车间,每个车间长 236.5 m,宽 49.5 m。轨道板生产车间按照钢筋原材料存放区、钢筋加工区、钢筋绑扎区、成品钢筋骨架存放区、混凝土浇筑区、翻板检查区、张拉封锚区、水养池等进行场房设计。厂房建筑面积 23 364 m^2,每条轨道板生产线采用 3 跨彩钢板房,一跨作为钢筋生产线,跨度为 13.5 m,桁吊跨度为 12 m;两跨作为板预制生产线,跨度为 18 m,桁吊跨度为 16.5 m。两条生产线一次性建成。板场存板区规划最大存板能力约为9 300块。

6.1.4.3　轨道板预制场建设

(1)生产量设计。按照技术条件,CRTSⅢ型混凝土轨道板按混凝土强度发展(即蒸养时间)确定模型周转,从脱模开始到钢筋及预埋件安装、混凝土浇筑成型的时间大约为 4 h,混凝土养护 16 h,模型周转的理论时间为 20 h。但考虑到劳动力组织及正常的生产组织,一般都按 24 h 单班作业考虑,故模型的周转时间为 24 h。以一套模型每个月正常生产 28 d 计,即每套模型的月产量为 28 块。因此,轨道板预制场的模型配置则需根据供板量及工期确定模型配置数量。

(2)生活办公区。生活办公区在规划用地内尽量避开生产区设置。生活办公区主要包括办公室、会议室、员工宿舍、食堂和文化活动区等。此外,还应修建试验室、物资仓库等辅助房屋。

(3)混凝土拌和站。混凝土拌和站的布置应以混凝土的运输距离最近为原则,减小混凝土的运输距离,确保混凝土的连续供应。轨道板预制生产是一个工厂化作业,受外部环境的干扰相对较小,必须考虑整体布局,拌和站宜靠近车间布料口侧。原材料应采用封闭的料仓,北方地区还应考虑原材料厂冬季保温或加温措施。砂石料仓应满足混凝土半个月内的供应,冬季应有备用料仓可满足 3 个月的储料能力。

混凝土拌和站设置主要考虑的不是数量因素而是质量因素,因此,轨道板预制场在不考虑对外供应混凝土的前提下一般设置 90 或 120 型自动计量拌和站。

(4)主厂房。主厂房主要包括钢筋加工厂区、轨道板预制区、轨道板张拉区、水养池和轨道板检测区等。

钢筋加工区厂房结构采用钢构件,制板区端钢柱采用双牛腿,内置 5t 桥式起重机进行钢筋、配件、预扎骨架的吊存等。加工房内设 10 个钢筋预扎架,钢筋骨架采用桥式起重机吊装,平板车运输至轨道板生产车间内。

轨道板预制区厂房结构采用钢构件,外侧采用钢板封闭,制板区与张拉、养护、检测区的桥式起重机中间钢柱采用双牛腿,制板区和钢筋加工区内采用 10 t 桥式起重机进行钢筋骨架、混凝土、轨道板等进行吊装作业。

轨道板张拉、养护、检测区也采用 10 t 桥式起重机进行轨道板的张拉、养护、检测等作业的吊装等。

(5)轨道板预制区。轨道板预制工艺设计为:混凝土用平板车通过运输通道汽运至轨道板生产线,10 t 桥式起重机吊装混凝土料斗入模浇筑。轨道板混凝土浇筑完成后采用 2 t/h 时蒸汽锅炉进行蒸汽养护,温控操作系统进行控制,蒸汽管道设在每个制板台座底部,蒸汽养护罩采用活动式钢管架外罩隔热篷布。

轨道板制板模型为台座式设计,采用钢筋混凝土基础,台座下部设蒸养管道,保证轨道板在混凝土浇筑后及时蒸养达到强度要求。模型之间设有纵向物流通道,以方便轨道板混凝土及钢筋骨架的运输。预制区内设 2 台 10 t 桥式起重机进行钢筋骨架、混凝土、轨道板及其他材料机具的吊装。

(6)轨道板张拉及养护区。轨道板张拉及养护区内配置 2 台 10 t 桥式起重机,可充分满足轨道板的张拉封锚、养护区的吊装、翻板作业等。

张拉作业时,轨道板由预制区通过轨道平板车运输至张拉区后,由 10 t/16.5 m 桥式起重机通过翻板台座完成翻板并吊装至张拉台座上进行张拉,张拉完成后及时封锚再吊入养护池内进行水养。

轨道板养护区设置 1 个养护池,轨道板吊装至水池内进行湿润养护,水池设置向外泄水孔,以便养护用水随时更换。养护池采用混凝土圈梁、砖砌立墙的形式。

轨道板在养护池内水养 3 d 以后,通过 10 t 桥式起重机装车后通过运输小车运至存板区进行存放,每批轨道板抽检 10 块,按规范对轨道板的长度、宽度等进行外观检查,抽检完成后装车运至存板区进行存放。

(7)轨道板存放区。轨道板存放区的规划应结合工地其他轨道板临时存放场、施工工期等全盘考虑,但至少应满足轨道板预制场正常生产 3 个月的存放能力。考虑到工地存放条件的局限性,一般设计在 5 000 块板以上。

轨道板存放区采用悬臂式龙门吊和汽车吊结合的方式进行轨道板存放。轨道板存放台位按侧面立式存放,修建纵向的混凝土条型基础,存放台位两端设置支挡。龙门吊基础采用倒 T 形混凝土扩大基础,存放区内采用平地机刮平,并洒水碾压密实。

(8)生产辅助区。根据板场生活生产所需的用电总功率,电力供应由设在附近的 10 kV 高压线路引入,根据轨道板各部分用电情况进行电线布置。为确保轨道板生产时电力的正常供应,轨道板场内备用 1 台 350 kW 发电机。

轨道板场施工用水一般采用打机井解决,生活用水采用外接自来水。为满足轨道板预制时蒸汽养护的需要,另设 1 台 2 t 的蒸汽压力锅炉。

6.1.5　制板关键设备及工装

钢模的周转主要受混凝土的浇筑、轨道板蒸汽养护及脱模环节的制约,设备的优化和布置是生产线的设置重点。

6.1.5.1　轨道板预制台座(模型)

CRTSⅢ型混凝土轨道板预制钢模采用整体式钢模,有挡肩承轨台模具单独加工后于整体钢模底部开孔镶嵌安装,且可进行无级调高以实现曲线地段用 CRTSⅢ型混凝土轨道板承轨台高度随曲线超高变化。模型主要结构由底模、端模、侧模、轨道模板基座等构成,侧模、端模上安装有用于张拉的锚穴孔,侧模、端模和底模有脱模机构连接,底模上镶嵌有承轨台模、套管定位装置,底模下部安装高频振动器底板等附件;底模和模型基座相连,如图 6-2 所示。主

要特点如下:

图 6-2　CRTSⅢ型混凝土轨道板预制台座及钢模型示意

(1)钢模主体采用钢板及 H 型钢焊接结构,结构合理,模板刚度和强度大,且经过焊接后热处理,在使用过程中,钢模尺寸稳定。

(2)有挡肩承轨台模具每个单独加工,采用铸钢精密铸造,完全退火,消除内力,内腔全部数控加工,并配套采用专用检具检测其加工精度。

(3)有挡肩承轨台模具为可更换的二维可调结构,由导向外框,承轨台活动内模、套管固定装置、横向及高度调整机构等组成。通过调节横向和高度调整机构的调节螺杆,带动承轨台底部活动楔形块的调整,实现承轨台方向和高度的调整。横向和高度调整机构具有自锁功能,可以防止在轨道板生产时,由于振动引起调整机构的松动,降低轨道板的制造精度。

(4)预埋套管固定装置采用螺纹连接、拨叉式锁定,定位心轴与承轨台模的配合面为1∶30的圆锥面,可以解决提升轨道板时承轨槽 1/40 坡度的脱模阻力和承轨台导向管脱模时压紧弹簧被卡的问题。

(5)钢模采用高强度螺栓锁紧,内置滑道水平开合,操作简单,快速脱模,2 人即可在 5 min 内完成钢模开合工作,节约成本。

(6)电控振动采用变频控制高频振动。

6.1.5.2　钢筋绑扎胎具

轨道板钢筋网片架绑扎在专用绑扎胎具上进行,钢筋绑扎胎具采用型钢制作,凸形挡台位置采用钢板制作成圆弧。绑扎胎具内设有钢筋定位槽或定位卡、综合接地端子定位孔,按照对应型号轨道板设计图纸的钢筋间距、数量在胎具内标识钢筋定位槽或定位卡以及综合接地端子定位孔,保证钢筋偏差在标准范围内。钢筋绑扎胎具的设计能极大的提高钢筋绑扎效率,保证质量,且外型美观。钢筋绑扎胎具示意如图 6-3 所示。

6.1.5.3　轨道板数控自动张拉系统

CRTSⅢ型混凝土预应力轨道板采用后张预应力设计,轨道板混凝土强度达到规定强度后,进行纵横向预应力钢棒的张拉和封锚。后张预应力实施采用预应力钢棒,经张拉后用螺母锚固。为避免“千斤顶+尺量伸长量”的传统张拉方法中人为因素导致的张拉力控制不准确、伸长值观测随意性大等问题对轨道板张拉质量的影响,经技术创新研究了轨道板数控自动张拉系统。

图 6-3　轨道钢筋绑扎胎具

轨道板数控自动张拉系统为后张预应力轨道板的预应力钢棒自动张拉专门设备，该系统采用高精度传感器测量技术和现代计算机控制技术，以张拉载荷值为控制要素，以伸长值为校核指标，采用程序自动控制，可自动完成轨道板的预应力初张、终张和保压，并实时记录和显示张拉力、伸张值的实际情况和误差情况，具有数据记录、数据查询、数据分格和工艺参数修改等功能，真正实现了"一键 OK"式操作。

轨道板数控自动张拉系统由集中控制柜、液压泵站、数据采集元件(位移和力传感器)及同步油缸组成。系统进行轨道板的初张拉、终张拉和保压，并实时显示张拉力、伸长值以及与理论数值允许偏差之间的关系，当张拉到位且符合要求后，张拉自动完成并形成张拉自动控制、伸长值自动记录。

6.1.5.4　轨道板自动温控养护系统

轨道板自动温控养护系统，可按多块板或单块板作为一个控制单元进行养护。该系统由温度传感器、电气控制柜(含计算机)、无线磁阀控制器及附属零件组成。操作时，电气控制柜通过无线采集模型内混凝土温度数据，再根据相应的磁阀控制器输出相应的控制信号来控制相应磁阀的开和动，从而实现根据不同温度的蒸汽供应自动控制的目的。同时，电气控制柜还可对各模型内的所有温度数据进行自动记录，并在计算机上显示。

6.1.6　制板原材料

CRTSⅢ型混凝土轨道板预应力结构，主体材料有 C50 高性能耐久性混凝土、低松弛预应力钢棒及锚具、环氧涂层钢筋、低碳热轧光圆盘条钢筋和热轧带肋钢筋，其中混凝土配合比可以使用水泥等级不低于硅酸盐或普通硅酸盐水泥，聚羧酸减水剂，碎石规格 5～20 mm，掺和料可为复合型掺和料或单掺矿粉及粉煤灰，同时满足技术条件和施工工艺要求。

轨道板预制生产辅助材料包括：预埋套管、起吊套管、接地端子、封锚砂浆、绝缘卡、防腐油脂、脱模剂、低碳钢冷拔钢丝等。

6.1.7　制板施工工艺

6.1.7.1　质量标准

(1)模型质量控制。模型应具有足够的强度、刚度和稳定性，应能够保证轨道板各部形状、尺寸及预埋件的准确位置。模板的制造允许误差为成品轨道板允许误差的 1/2。模板支承基础应平整、坚实,不得因其不均匀下沉引起模型变形。

对于曲线地段的轨道板模型,其承轨台应能够根据平面曲线、竖曲线和超高等要求来调整承轨台的空间几何位置,并在制造中采用专用的检测工具和检测系统,保证轨道板制造精度符合要求。

模型应起吊、装拆方便,制造符合要求,达到接缝平顺、密贴,板面平整,转角光滑,定位准确快捷。

模型应进行日常检查和定期检查,检查结果应记录在模型运转记录中。日常检查应每班进行,内容包括外观和平整度。定期检查每月进行一次,内容包括长度、宽度、厚度和平整度。

(2)钢筋编组及预埋件安装质量控制。钢筋加工在常温下以不损害材质的方法进行,其弯折应利用机具一次成型,不得回复操作。钢筋骨架的编扎在专用胎具上进行制作。

轨道板内钢筋位置的允许偏差应满足表 6-1 的规定。轨道板内所有预埋件应按设计准确安装,并与模型牢固连接,确保混凝土振捣时不变位。轨道板内钢筋不得与预埋件相碰。

表 6-1 轨道板内钢筋位置的允许偏差

序号	检查项目	允许偏差(mm)
1	预应力钢筋	±1
2	非预应力钢筋	±5
3	门型筋外露部分	垂向 0～+5;纵向±5
4	箍筋间距	±10
5	螺旋筋	±5
6	钢筋保护层	+ 5

(3)混凝土耐久性。混凝土制备应选用聚羧酸盐系减水剂及能提高混凝土早期强度及后期耐久性的掺和料;混凝土胶凝材料用料不应超过 500 kg/m^3,水胶比不宜大于 0.35,混凝土含气量不应大于 3%。

试生产前应将所选用的材料制作混凝土试件进行耐久性试验,并确保由不同原材料带入混凝土内的总碱含量和总氯离子含量符合技术条件的要求,混凝土配制、浇筑及养护的相关工艺应符合设计文件及技术条件的要求。

(4)轨道板的预施应力。预应力施加应在混凝土强度不低于 40 MPa 和弹性模量达到 32.5 GPa 以后进行。预应力钢棒张拉顺序应符合设计要求,横向预应力钢棒单向张拉,纵向预应力两端同步张拉。张拉锚固后,严禁采用电弧或气割切断预应力钢棒。

预应力钢棒张拉应按设计控制应力张拉,预施应力值应以油压表读数为主、以预应力钢棒伸长值作校核进行双控,实际伸长值与设计伸长值的差值不得超过 1 mm,实测伸长值宜以 20%张拉力作为测量的初始点。

(5)封锚砂浆的填压。封锚砂浆在预应力施加后进行。封锚砂浆按规定分层填压,空气锤振捣。封锚砂浆填压完毕后应立即在砂浆表面喷涂养护剂。封锚砂浆填压完毕至轨道板水养的时间间隔应根据封锚材料进行工艺性试验,一般不宜小于 2 h。

(6)成品轨道板的质量要求。成品轨道板的质量标准及检测要求应符合表 6-2 的规定。

表 6-2 成品轨道板的质量标准及检测要求

序号	检查项目	允许偏差	每批检查数量(出厂检验)	检验项别
1	长度(mm)	±5.0	10 块	C
2	宽度(mm)	±5.0	10 块	C
3	厚度(mm)	$^{+5.0}_{0}$	全检	B2

续上表

序号	检查项目		允许偏差	每批检查数量(出厂检验)	检验项别
4	预埋套管	保持轨距的两套管中心距(mm)	±1.5	全检	B1
		保持同一锚垫板位置的两相邻套管中心距(mm)	±0.5	全检	B1
		歪斜(距顶面 120 mm 处偏离中心线距离)(mm)	2.0	全检	B2
		凸起高度(mm)	0 −0.5	全检	B2
		预埋套管横向位置偏差(mm)	±0.5	全检	B1
		预埋套管垂向位置偏差(mm)	±0.5	全检	B1
5	标记线(板、轨中心线位置)(mm)		±1.0	10 块	B2
6	轨道板顶面平整度	轨道板四角的承轨面水平(mm)	±1.0	全检	B1
7		单侧承轨面中央翘曲量(mm)	≤3.0	全检	B1
8	其他预埋件位置及垂直歪斜(mm)		±3.0	全检	C
9	承轨台	单个预轨台钳口距离(mm)	±0.5	全检	B1
		承轨台与钳口面夹角(°)	±1.0	全检	B1
		承轨面坡度(轨底坡)	1/37～1/43	全检	B1
		承轨台间外钳口间距(mm)	±1.0	全检	B2
10	扣件间距	边上螺栓孔距板端距离(mm)	±2.0	全检	B1
		扣件间距(mm)	±2.0	全检	B1
11	外观质量	肉眼可见裂纹	不允许	全检	A
12 13		承轨部位表面缺陷 (气孔、粘皮、麻面、裂纹等)(mm)	长度≤20,深度≤5	全检	B2
14		锚空部位表面缺陷(裂纹、脱皮、起壳等)	不允许	全检	C
15		其他部位表面缺陷(气孔、黏皮、麻面)(mm)	长度≤80,深度≤8	全检	C
16		轨道板四周棱角破损和掉角	长度≤50	全检	C
17		预埋套管内混凝土淤块	不允许	全检	A
18		轨道板侧面漏筋	不允许	全检	A
19		承轨台外框低于轨道板面	不允许	全检	A

6.1.7.2 工艺特点

(1)轨道板预制工艺为工厂化生产,生产设备自动化程度高。

(2)轨道板预制模型为单块板设计整体台座式模型,设备配置灵活,质量精度高、耐久性好。

(3)轨道板混凝土等级 C50,对原材料的质量要求高,拌制的混凝土为干硬性高性能混凝土。

(4)轨道板钢筋绑扎采用绑扎胎具绑扎,成品速度快、精度高。

(5)对钢筋网片及成品轨道板绝缘性能要求严格,需要严格控制原材料检查和施工过程检测。

(6)轨道板养护采用蒸汽养护,能缩短混凝土的养护时间,提高模型的周转效率。

(7)轨道板后张预应力采用数控自动化张拉系统完成。

(8)轨道板采用立式存放,可最大限度减少翘曲变形。

6.1.7.3 工艺流程

CRTSⅢ型混凝土轨道板制造施工工艺流程如图 6-4 所示。

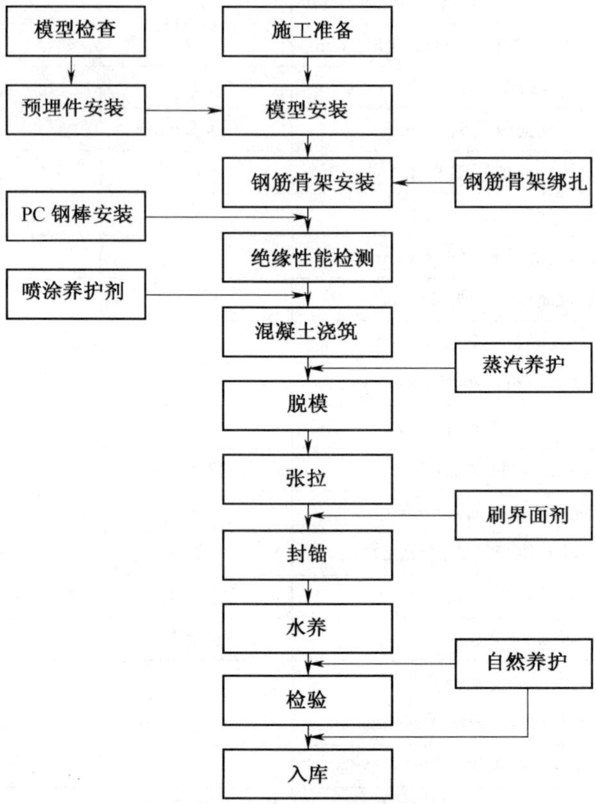

图 6-4 CRTSⅢ型混凝土轨道板制造施工工艺流程

6.1.7.4 施工工艺

结合施工现场管理的特点,以下施工工艺按模型工程、钢筋工程、混凝土工程、预应力工程和轨道板检测、轨道板吊运及存放等 5 大部分进行描述。

1. 模型工程

(1)模型特点及管理要求。轨道板模型由底模、侧模、端模、有挡肩承轨台模、防漏胶条及其他附属部件组成,底模通过螺栓固定与模型支架及台座基础形成整体,有挡肩承轨台模镶嵌于底模上,底模上安装附着式高频振动器。

模型是形成轨道板外形并保证精度的重要工装,不仅要求制造质量好、精度高、方便操作和维护,而且还必须加强管理,严格使用、维护并经常检查。新制模型正式启动前,更应进行专项验收检查。

(2)模型安装要点。新制模型或大修模型安装,必须严格检查底模平整度。对底模抄平检查,调整倾斜底模面板的基础螺帽高度,使底模面板保持水平。

有挡肩承轨台模安装及调整:通过轨道板检测系统检测,调节横向和高度调整机构的调节螺杆,带动承轨台底部活动楔形块的调整,实现承轨台方向和高度的调整,调整到位后,横向和高度调整机构能够实现自动锁定。

底模清理:清除底模面板上杂物,检查底模的平整度和字模安装是否正确,预埋套管应保持垂直,紧贴底模板,无松动现象,最后均匀涂抹脱模剂。

侧模安装:侧模除锈→清除接缝处及表面灰渣→分别向内滑动侧模→组装各节模板并拧紧螺栓→检查侧模安装尺寸→涂脱模剂。

端模安装:端模除锈→清除接缝处及表面灰渣→向内滑动端模→组装各节模板并拧紧螺栓→安装凸形挡台→检查端模、侧模安装尺寸→涂脱模剂。

安装就位的轨道板模型如图 6-5 所示。

图 6-5 安装就位的轨道板模型

(3)模型拆除要点(轨道板脱模)。轨道板混凝土强度:轨道板混凝土强度达到 40 MPa 后且能保证构件棱角完整时方可拆模,用与轨道板混凝土同等养护条件的试件强度确定拆模时间。

拆模温度:轨道板混凝土芯部与表层温差、轨道板表层与环境温差均不应大于 15 ℃时方可拆模,以防止轨道板混凝土产生早期裂缝,气温急剧变化时不宜脱模。

拆模顺序:松开紧固件→松动端、侧模板。模型拆除(轨道板脱模)如图 6-6 所示。

图 6-6 模型拆除(轨道板脱模)

(4)模型整修。模型日常维护主要有三点:一是轨道板吊离底模后,应立即将钢底模上的混凝上进行清除,清除各接缝处的混凝土砂浆,特别是连接处、字模槽中混凝土残渣;更换破损、脱落的胶条;二是清渣完毕后,用喷雾器将脱模剂均匀喷涂在模板上,不得出现积液、漏刷现象;三是质检人员对底模平整度进行检查,如有超标及时整改。

模型在使用过程中如发现缺陷,应及时制定方案进行处理,并做好相关记录,存入模型档案。

(5)模型质量控制要点。轨道板模型安装时必须保证模型面水平和承轨台模具几何尺寸正确,需定期用电子水平仪、全站仪或专用检测工装进行复测。

钢筋笼吊装入模前,必须均匀涂刷脱模剂,同时保证模型接缝严密,不得漏浆。混凝土浇筑前必须检查附着式振动器是否牢固,防止振动过程中振动器脱落。必须定期或不定期对模型进行保养维护,同时检查轨道板模型的尺寸,保证轨道板预制精度。

2. 钢筋工程

(1)钢筋工程基本要求。进场钢筋应分规格分批检查验收,并分类堆放、挂牌标识,钢筋存放时垫离地面 200 mm 以上。

环氧树脂涂层钢筋采用具有抗紫外线照射性能的塑料布进行包装;吊装应采用对涂层无损坏的绑带及多支点吊装系统,并防止钢筋与吊索之间及钢筋与钢筋之间因碰撞、摩擦等造成的涂层损坏;涂层钢筋在搬运、堆放等过程中,应在接触区域设置垫片,当成捆堆放时,涂层钢筋与地面之间、钢筋捆与捆之间应用垫木隔开,且成捆堆放的层数不得超过 5 层。

混凝土浇筑前,应确认钢筋及预埋件的位置和间距,同时用 500 V 兆欧表测量确认钢筋骨架的绝缘性能,电阻应不小于 2 MΩ。

(2)钢筋加工。非绝缘涂层钢筋根据计划长度采用切断机冲切,再使用弯曲机逐根弯曲成型。钢筋加工前,钢筋必须平直,无局部弯曲。表面的油渍、漆污、水泥浆和敲击能脱落的浮皮、铁锈等必须清理干净。

表 6-3 钢筋加工尺寸允许偏差

序号	检验项目	允许偏差(mm)	检查方法
1	受力钢筋全长	±10	尺量
2	箍筋内净尺寸	±3	

加工成型的钢筋,应形状正确,平面没有翘曲不平现象,末端弯钩的净空直径不小于设计值,钢筋弯曲点处不得有裂纹。钢筋加工尺寸允许偏差应符合表 6-3 的要求。

(3)接地端子焊接。轨道板制造用钢筋及接地端子焊接在钢筋绑扎前进行。接地钢筋焊接时,单面焊接长度不小于200 mm。焊接接地端子安装时,接地端子端头应紧贴纵向模板。接地端子焊接如图 6-7 所示。

图 6-7 接地端子焊接

(4)钢筋绑扎。轨道板钢筋骨架在钢筋绑扎胎具上整体绑扎。胎具设有钢筋定位槽、综合接地端子定位孔等。胎具定位槽口中心误差不超过 3 mm,槽口应能准确保证钢筋位置。钢筋绑扎架经检验合格后方可投入使用,日常使用过程中胎具每月检查一次。主要检查预扎台架的完好程度,钢筋定位槽口磨损变形是否符合要求,各部位及槽口间距尺寸是否符合要求。

钢筋绑扎胎具应按设计的钢筋间距、数量设定位槽;在纵横向各一端侧设置钢筋对齐定位基准板。钢筋骨架绑扎须与轨道板钢筋保持一致。轨道板钢筋绑扎要求主要有以下 5 点:

1)横向钢筋与纵向钢筋交点采用满扎,箍筋弯折处、架立筋与纵横向钢筋交点逐点绑扎。箍筋接头叠合处逐点绑扎。纵横向钢筋绑扎处需加设绝缘垫片绑扎,保证轨道板体的绝缘性能。

2)绑扣的形式应成 8 字形交替绑扎。绑点如有松脱,应紧扣或重绑。

3)混凝土垫块应呈梅花形交错布置,设置数量为每平方米不少于 4 块,钢筋骨架易变形处可适当增加垫块数量。

4)扎丝采用绝缘型扎丝,其尾部应扭向骨架内,每个钢筋交叉点的绝缘电阻不得小于 2 MΩ。骨架不得有油污及扭曲变形。绑扎成型的钢筋骨架应进行绝缘性能测试,发现绝缘性能超标者应立即进行整改。

5)混凝土垫块设置应能保证净保护层厚度为 30 mm。

(5)混凝土保护层垫块。在钢筋与模板间设置保护层垫块,垫块采用细石混凝土,其抗腐蚀能力和抗压强度不低于 C60 混凝土耐久性和强度要求,其耐久性、强度指标均需要提交试验报告,且水胶比不得大于 0.35。混凝土保护层垫块设置位置合理,散布均匀,数量保证不少于 4 个/m^2。保护层垫块尺寸应保证钢筋混凝土保护层厚度准确,其形状(宜为工字型或锥型)应有利于钢筋定位。保护层垫块绑扎应牢固,绑扎垫块和钢筋的扎丝头不得伸入保护层内。混凝土保护层垫块外形尺寸允许误差为 0～+3mm。

(6)轨道板钢筋骨架吊装、存放及运输。钢筋骨架存放时,每层之间应用方木条隔开,并应采取措施防止倾覆,堆放层数不宜超过 5 层。垫木条位置和数量以保证钢筋骨架不变形为准。

钢筋骨架用运输小车采用人工推运至制板台座附近,每次运输不宜超过 5 层并采取隔离、限位保护措施。骨架上下车吊装应平稳起吊,缓慢就位。

(7)钢筋骨架入模安装。安装程序:钢筋骨架入模→安装预应力钢棒→安装螺旋筋→校正→检测电阻→校正→检测电阻。

预应力钢棒护套与锚垫板连接处密封应满足设计要求,护套末端应向锚垫板内缩进 2 mm。预应力钢棒预紧质量应符合《客运专线板式无砟轨道混凝土轨道板用预应力钢棒体系技术要求》(建所〔2010〕11 号)要求,预应力钢棒的预应力宜为 10～20 kN,以保证预应力钢棒顺直。

混凝土浇筑前,应确认钢筋及预埋件的位置和间距,确认安装完成后,用 500 V 兆欧表测量确认钢筋骨架的绝缘性能,用欧姆表两支测试笔分别接触上下层同一截面的两根普通横向钢筋和上层横向任意两根普通钢筋,确认电阻均不小于 2 MΩ,则该片轨道板钢筋绝缘检测合格;如检测不合格,应查明原因并调整至合格后方可使用。

3. 混凝土工程

(1)原材料计量要求。混凝土拌和站搅拌采用电子计量系统自动计量原材料,计量设备每年检定 1 次,每周自校电子秤及其他计量器具 1 次。拌和站料仓一般设四罐四仓,即:三个水泥罐、一个掺和料罐和两个砂仓,两个石仓。料仓不得混料,严禁混料进行施工。料仓每月应冲洗 1～2 次,保持干净。

混凝土配料应严格按施工配料单进行,秤料误差(均以质量计)规定为:水、外加剂、水泥、掺和料不大于±1%;砂、石不大于±2%。

(2)混凝土制备及运输。混凝土浇筑前做好开盘检查,确认无问题时才可开盘。混凝土浇筑应满足《客运专线高性能混凝土暂行技术条件》(科技基〔2005〕101 号)、《铁路混凝土工程施工质量验收标准》(TB 10424)的有关规定和要求。

混凝土运输采用运输车配合料斗运输,装料前应仔细检查料斗有无润湿、积水、料斗内壁黏附的混凝土是否清除干净。每天工作后或浇筑中断 45 min 以上再行运输混凝土时,必须再次清洗料斗。

(3)混凝土浇筑。CRTSⅢ型混凝土轨道板混凝土浇筑按逐块模型分别浇筑。混凝土浇筑的温度要求为:模板温度 5 ℃～35 ℃,混凝土拌和物入模温度 5 ℃～30 ℃。当昼夜平均气温低于 5 ℃或最低气温低于－3 ℃时,应采取保温措施,并按冬期施工处理。

每块轨道板的混凝土浇筑应一次成型,不得增补或接长,采取混凝土从模型一端向另一端延伸的方式布料。混凝土浇筑分两层连续进行,布料均匀,严禁混凝土浇筑间隔超过 20 min。

在浇筑混凝土过程中,采用附着式高频振捣器进行振捣。第一层布料完成后,振捣 120 s 左右后再布入第二层混凝土。第二次振捣 120 s 左右,过程中注意将局部多余混凝土铲掉,混凝土不够的地方及时补料、振平。每层布料厚度约 10 cm,振捣时间根据混凝土密实情况可适当调整。

振动器控制箱操作人员必须仔细观察混凝土表面,防止漏振、欠振和过振,以混凝土无明显下沉、无明显气泡、表面泛浆为宜。混凝土浇筑如图 6-8 所示。

图 6-8　混凝土浇筑

混凝土抹面后,覆盖篷布,静置保温。混凝土初凝前,应对轨道板底部混凝土进行横向拉毛,拉毛深度1～2 mm。混凝土初凝后至终凝前,采用高压水清洗轨道板板底浮浆。

(4)混凝土蒸汽养护。轨道板混凝土养护期间,应重点加强混凝土的湿度和温度控制,尽量减少表面混凝土的暴露时间。轨道板养护分为蒸汽养护、水中养护和自然养护 3 个阶段。

轨道板蒸汽养护采用自动温控系统,蒸汽养护全过程分为静置、升温、恒温、降温 4 个阶段。静置期:混凝土浇筑完毕至混凝土初凝之前的养护期为静置期。静置期时间不小于 3 h。静置期可向棚内供给少量的蒸汽,将棚内温度控制在 5 ℃～30 ℃之间。升温期:温度由静置期升至规定的恒温阶段为升温期。升温速度不得大于 15 ℃/h。恒温期：恒温时棚内温度不超过 45 ℃，混凝土芯部温度不宜超过55 ℃，最高温度持续时间不宜超过 6 h。降温期：降温速度不应大于 15 ℃/h，脱模时，轨道板表面与环境温差不应大于 15 ℃。生产时应观测轨道板芯部温度，并分析混凝土芯部温度与棚内温度相对关系，绘制温度曲线。指定专人定时采集数据，及时绘制温度曲线图，当发现升降温速率出现异常时，立即报告，分析原因，采取措施。蒸汽养护结束后，应进行入池养护和洒水保湿养护。

掌握板体芯部温度变化与蒸汽温度关系后，采用自动温控系统进行自动养护，自动养护完成一个循环后，收集整理养护记录。

4. 水中养护

轨道板封锚完成后应根据封锚砂浆凝结情况静置 2 h 以上后且养护剂不再流动方可吊入水养池全部浸入水中养护。轨道板在水养池中养护的时间应不小于 3 d。水养池内最低水温不应低于 5 ℃。轨道板脱模至水养的时间不宜大于 8 h。

轨道板水中养护前应将板体表面清扫干净，预埋套管处用塑料盖进行封堵，防止杂物浸入。轨道板入池后应牢固固定，防止轨道板在养护池内发生倾覆。

水养池内积淤和养护用水应定期清理更换，养护用水应保持干净。

5. 自然养护

轨道板水养结束转入轨道板存放场集中存放并自然养护，自然养护时间与水中养护时间累计不得少于 14 d。

自然养护以洒水湿润养护为主，洒水次数以保持混凝土表面充分潮湿为度，一般情况下，白天 1～2 h 一次，晚上 4 h 一次。当环境气温低于 5 ℃时，轨道板表面应喷涂养护剂，采取保温保湿措施，禁止对轨道板直接洒水。

6. 预应力工程

(1)张拉前准备工作。预应力钢棒、锚具等检查验收合格，混凝土强度达到 40 MPa 以上且弹性模量达到 32.5 GPa 以上。轨道板数控自动张拉系统状态良好，千斤顶和油压表均已标定并在有效期内。张拉人员经培训合格并持证上岗。

(2)张拉工艺。轨道板预应力施加采用数控自动张拉系统分级张拉完成，张拉流程如图 6-9 所示。

(3)张拉顺序。预应力张拉顺序为先横向后纵向，横向预应力为单向张拉，纵向预应力钢棒从中间向两侧，两端同步张拉，并应保证预应力钢棒两端伸长量基本一致。横向及纵向张拉顺序如图 6-10 所示。

轨道板横向张拉力 127 kN，纵向张拉力 122 kN，P4962 纵向单端张拉伸长量 11.2 mm，横向张拉伸长量 11.2 mm，伸长量误差不应超过 1 mm，由于伸长值与钢棒工作长度成正比，P4856、P4856A、P3685 板纵向单端伸长量可根据工作段长度按比例计算。

7. 锚穴封锚

轨道板张拉结束后，即可进行锚穴封锚施工。封锚砂浆采用强制式搅拌机拌制，搅拌机转速不宜小于 180 r/min；称量采用电子秤，计量误差不得大于 1%，电子称每月校核一次，做好校核记录。

封锚砂浆填压前，应清理锚穴内油污、浮尘、杂物和积水，并均匀喷涂能够提高黏结强度的界面剂。

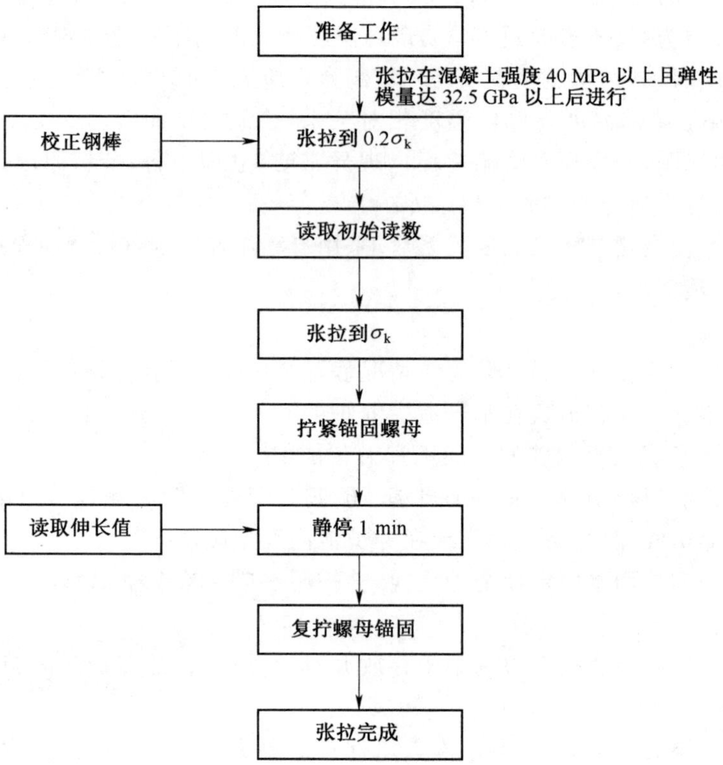

图 6-9　轨道板张拉流程图

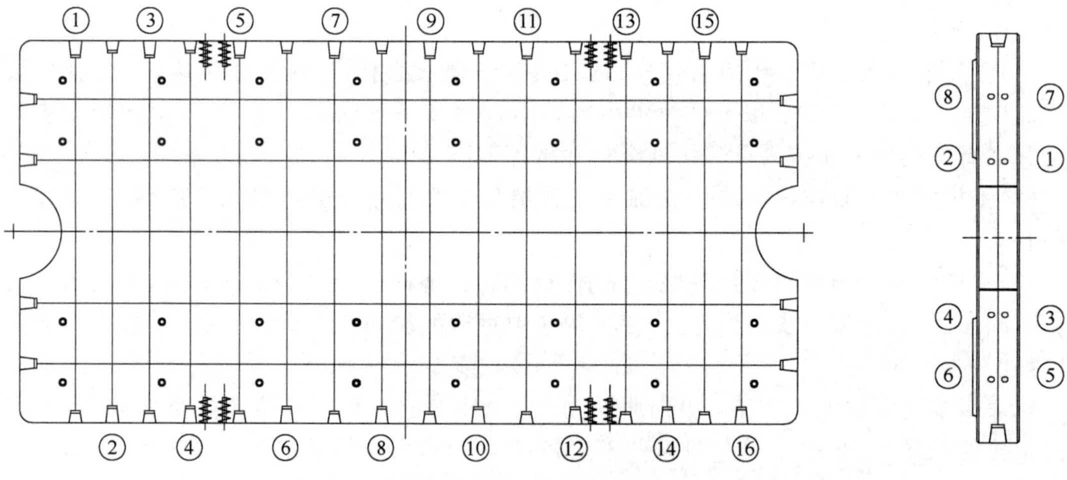

图 6-10　轨道板横向及纵向张拉示意图

封锚砂浆应分层填压。锚穴封锚采用空气锤对砂浆进行振捣，频率不小于 1 000 Hz，振捣力不小于6 kg，振捣次数不得少于 3 次，每次不少于 20 s。

横向张拉锚穴封锚工艺分为四步：第一步，采用Ⅰ型捣固棒对 1 号红色实线区域进行填料和压实；第二步，采用Ⅱ型捣固棒对 2 号紫色虚线区域，即钢筋螺母周围进行压实，此步对于保证螺母周围封锚砂浆的密实非常关键；第三步，循环上述第一步和第二步操作，至少一次；第四步，采用Ⅲ型捣固棒对3号蓝色点划线区域进行填料和压实，此步操作时宜先填超出锚穴外口的砂浆料，保证充分压实后，再刮去突出锚穴外口表面的砂浆，进行表面成型处理，确保最终成型表面密实光洁，无掉渣、孔洞等缺陷，若存在则应抹少量砂浆粉料进行补压。

纵向张拉锚穴封锚压实工艺同样分为四步：第一步，采用Ⅰ型捣固棒对1号红色实线区域进行填料和压实，顺序宜由下至上；第二步，采用Ⅱ型捣固棒对2号紫色虚线区域，即钢筋螺母周围进行压实，顺序宜由下至上，此步对于保证螺母周围封锚砂浆的密实非常关键；第三步，循环上述第一步和第二步操作，至少一次；第四步，采用Ⅲ型捣固棒对3号蓝色点划线区域进行填料和压实。

8. 轨道板吊运及存放

轨道板完成脱模后，用10 t桥式起重机＋水平吊架吊装至运板台车，人工推运运板台车至张拉封锚区，再通过10 t桥式起重机＋水平吊架吊装至张拉封锚台座，张拉及封锚作业完成并静置2 h后，再利用桥式起重机将轨道板单侧垂直吊装进养护池作水中养护；水养之后，再用桥式起重机将轨道板单侧垂直吊起至翻板工位，将轨道板一端落在砂堆或垫子上，吊起轨道板另一端前后走行，使轨道板承轨台面向上，以此完成轨道板翻转；之后，进行轨道板成品检查；检查合格后，通过桥式起重机、运输汽车等将轨道板运至存板区内，再由龙门吊吊装就位存放。

9. 轨道板吊装

轨道板起吊时，应利用轨道板上的预埋起吊套管水平起吊，使起吊螺栓均匀受力。吊运的重量不得超过起重设备的最大起重量，混凝土轨道板应单块分别吊运。整个起吊作业过程中必须轻起轻放，防止碰伤轨道板，并注意对预留门形钢筋的保护。

10. 轨道板翻板作业

轨道板养护前，须进行翻板作业。将轨道板由平放改为立放，在翻板作业区铺设弹性材料，严禁碰、撞、摔。

11. 轨道板运输

轨道板达到强度后，采用平板车将轨道板从生产场房运至存板区，轨道板运输时应注意：装车时，利用立吊工装将轨道板纵向立放于平板车内立板架上，支点设置于起吊螺栓处。装车的重量不得超过设备的最大重量，并且一个车次的轨道板装载数量不得超过2块。

12. 轨道板堆放

轨道板成品应按型号和批次分区储存；严禁不同型号的产品混存；不合格的轨道板要单独存放，并做出明确的标识。

轨道板采用垂直立放(长边方向着地)方式进行堆放。临时平放不大于7 d，层数不超过4层。层间净空应不小于50 mm，并保证承垫物上下对齐，承垫物的位置为起吊套管位置。

轨道板采用立放时应采取措施将相邻两块轨道板连接，使轨道板堆放成一整体，轨道板堆放端头应有良好的防倾倒支撑架，第一块轨道板连接在支撑架上。

轨道板贮存时，用塑料封盖对绝缘套管及接地端子孔眼进行封堵，防止雨水或杂物进入。

6.1.8 资源配置

6.1.8.1 *劳动力配置*

根据实际试生产情况、岗位工作量以及机械设备自动化程度，采取相应措施，提高工作效率,根据工期要求,可以灵活采取两班制或者三班制生产。管理人员组织见表 6-4。生产及辅助人员配置见表 6-5。

表 6-4 管理人员组织表

序号	岗位或工种	人 数	主要工作内容
1	场长	1	全面主持轨枕场工作
2	总工程师	1	负责生产技术工作;负责建场工作
3	生产副经理	2	负责施工生产、设备管理工作
4	书记	1	负责党务、工会、后勤工作
5	工程部长	1	负责生产技术,主管工程部
6	安质部长	1	负责安全、质量,主管安质部、试验室
7	物资设备部长	1	主管设备的选型、采购、物资订购,主管物资设备部
8	财务合同部长	1	负责计划、财务管理
9	办公室主任	1	负责行政办公、文件资料、接待
10	工程部	4	负责技术管理、生产指挥调度,协调与各部门的工作;验工计价
11	财务合同部	2	负责成本控制、合同管理、财务管理和生产计划
12	物资部(含司机)	4	负责材料采购和管理
13	安质部	3	负责质量、安全和技术资料管理,负责与监理工程师的联络
14	试验室(含主任)	4	负责试验检验及生产过程控制、产成品检验等工作
15	办公室	2	负责治安、保卫工作及行政事物、食堂、司机、文化娱乐的管理及对外接待联络工作
合计		29	

表 6-5 生产及辅助人员配置表

序号	工种	每班人数	主要工作内容
1	混凝土班	32	负责轨道板混凝土的浇筑、养护及修补
2	模型班	36	负责模型的安装、模型拆除、模型维修、模型加固,安装预埋件、锚具、套管等工作
3	钢筋班	48	轨道板钢筋加工、绑扎、安放、绝缘检测
4	吊运班	20	负责轨道板转移台位,存放,轨道板装车,各种运输机械的驾驶操作等工作(包括司机 12 人)
5	张拉班	30	负责轨道板的张拉、封锚、预埋套管封盖等
6	拌和站	10	负责板场拌和站的操作、值班、拌和站及砂石料场日常维护工作
7	机电班	7	负责板场所有机械设备、用水管道、供电及线路维修、生产用电值班、维修振动器等工作
8	混凝土班	32	负责轨道板混凝土的浇筑、养护及修补
9	安全保卫	5	生产区门卫 2 人、看守 1 人、巡逻 2 人
10	食堂后勤	8	员工 3 人、民工食堂 3 人、生活区卫生 1 人、门卫看守 1 人

6.1.8.2 主要设备机具配置

工艺装备配置的基本原则:符合工艺要求,满足生产效率,各工序能力平衡且环保节能。

CRTSⅢ型混凝土轨道板设备配置除符合上述基本原则外,还具有自动化程度高、采用新技术、新装备等特点。以日产 50 块轨道板为例,生产主要设备配置见表 6-6。

表 6-6 主要设备配置

序号	名　　称	规格型号	单位	数量	备注
1	轮式装载机	Z50	台	1	
2	90 混凝土搅拌站	HZS90	台	1	
3	砂浆搅拌机	C50	台	1	
4	轨行式门式起重机	10 t/17 m	个	2	
5	轨行式门式起重机	10 t/32 m	个	1	
6	单梁桥式起重机	5 t/16.5 m	个	1	
7	单梁桥式起重机	10 t/16.5 m	个	1	
8	单梁桥式起重机	10 t/23.5 m	个	1	
9	现代叉车	5 t	台	5	
10	电力变电站	630 kVA	台	1	
11	柴油发电机组	250 kW	台	3	
12	锅炉	2 t	台	1	
13	轨道板数控自动张拉系统	—	台	1	
14	洗石机	50 m^3/h	台	1	
15	全电子汽车衡	SCS-150T 3.4×18	台	1	
16	混凝土运输车	3 t	台	2	
17	轨道板蒸养系统	自动温控	套	1	
18	轨道板运输车辆	12 t	台	2	
19	轨道板模型	各型	套	50	
20	轨道板模型专用检测工装	—	套	1	

6.1.9 质量安全控制要点

6.1.9.1 质量控制要点

除施工工艺及设计文件、技术条件要求的以外，CRTSⅢ型轨道板制造质量控制要点还有以下几点。

(1)轨道板制造是一项系统工程，涉及“人、机、料、法、环”各个环节，施工组织必须组织高效管理团队和技术服务团队，加强人力、设备、工装等资源配置，选择优质的工程材料。

(2)人是质量管理的第一要素，轨道板制造必须开展经常性的技术培训，针对关键环节、薄弱环节、安全质量控制重点等开展 QC 攻关活动，并定期开展经验交流和技术总结，提高施工标准化水平。

(3)科学规划轨道板制造临时工程和生产线布局，提高生产设备自动化水平，以设备质量和精度为轨道板制造质量提供保障。

(4)正式施工前，依据设计文件、技术条件及相关标准及经验编写翔实的工艺细则和检验细则,并加强技术交底和工艺试验,批量生产应经铁道部主管部门组织上道审查。

6.1.9.2 安全控制要点

安全控制要点见表 6-7 的规定。

表 6-7 CRTSⅢ型混凝土轨道板制造安全控制要点

序号	作业活动	危害因素	可能发生危害事件
1	模板安装	电气设备安装不合格	触电
		起重吊装操作不规范	起重伤害
		电气焊接、切割作业中的烫伤,压缩气体燃烧爆炸,触电及电磁辐射危险	触电、爆炸、烫伤、物理伤害、电焊粉肺
		搬运材料、在制品、成品时砸伤和尖锐棱角可能引起的刺割伤	起重伤害
		起重吊装操作不规范,挤压伤、砸伤	起重伤害
2	钢筋工程	加工机械发生故障、粉尘、噪声	机械伤害、尘肺
		人员未佩戴防护用品	灼伤、触电
		无证上岗	人员伤害
		接触初级线路的带电部分、接触次级带电部分	触电
3	混凝土工程	噪声、粉尘、设备缺陷	人身伤害
		噪声、振动,输送管破裂	人身伤害
		作业环境潮湿	职业性疾病
4	预应力工程	高压液体突然袭击,锚具及钢绞线飞出	物体打击
5	吊装工程	钢丝绳断裂	起重伤害
		设备故障	起重伤害,机械伤害,高处坠落
		违章操作或违章	起重伤害
6	电器作业	电气线路故障和设备缺陷	触电
		发电机、振动器噪声	职业性耳聋
7	锅炉房	因设备缺陷、出现故障、人员操作失误、防护缺陷、选用工具错误或工具有缺陷以及违反安全操作规程	爆炸伤害

6.2 CRTSⅢ型板式无砟轨道施工技术

6.2.1 概 述

CRTSⅢ型板式无砟轨道采用无辅助轨施工工艺,在底座施工完成并达到道床铺设条件后,利用汽车将轨道板运输到现场,通过汽车吊、龙门吊铺设在底座上,必要时需要增加轮胎式双向运板车中转,前后经过轨道板精调、自密实混凝土浇筑、轨道板纵连等工序形成整体无砟轨道结构。

CRTSⅢ型板式无砟轨道以机械化施工为主,其中轮胎式双向运板车、轮胎式铺板龙门吊、轨道板快速精调系统等属专用设备,自动化程度高,对制造、使用、维护等要求严格。

6.2.2 结构设计

CRTSⅢ型板式无砟轨道总体结构方案为有挡肩的新型单元板式无砟轨道结构，主要由钢轨、扣件、预制轨道板、配筋的自密实混凝土（或称自流平混凝土调整层）、限位凸台（或凹槽）、中间隔离层（土工布及橡胶垫层）和钢筋混凝土底座或支承层等部分组成。减振地段可将土工布换铺为 20 mm 厚 EPDM 材质的微孔橡胶减振垫层。按照"桥上单元，路基纵连"的设计原则，桥梁及隧道轨道结构采用单元分块式结构。路基和桥梁上 CRTSⅢ型板式无砟轨道结构如图 6-11 和图 6-12 所示。

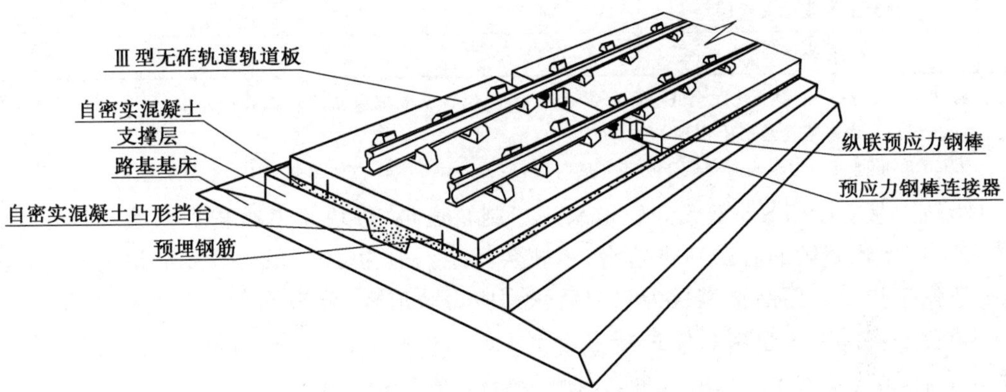

图 6-11 路基上 CRTSⅢ型板式无砟轨道结构

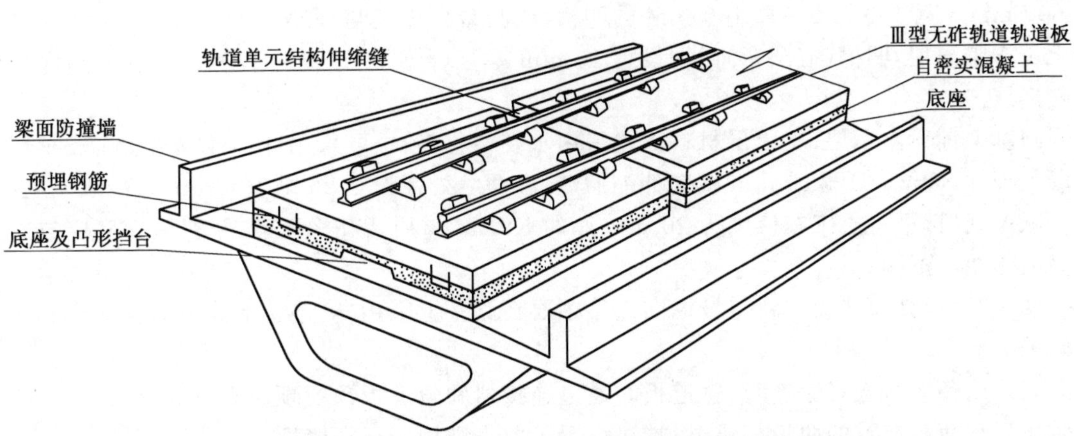

图 6-12 桥梁上 CRTSⅢ型板式无砟轨道结构

按照"桥上单元，路基纵连"的方案，桥梁及路基上轨道结构采用单元分块式结构，底座板在每块轨道板范围内设置两个限位挡台（凹槽结构），底座板与自流平混凝土层间设置中间隔离层，个别地段路基上也采用与桥隧相同的轨道结构；路基地段采用连续底座，轨道板间使用纵向连接器按一定长度连接成整体。扣件采用 WJ-8 型弹条扣件。

（1）钢轨及扣件。CRTSⅢ型板式无砟轨道一般使用在高速铁路工程上，其采用 60 kg/m 100 m 定尺钢轨焊接成无缝线路。

钢轨扣件采用 WJ-8 型弹条扣件。长大桥梁及连续梁上按设计采用小阻力扣件（X2 弹条及复合垫板），隧道内采用防腐蚀弹条。

(2)轨道结构高度。CRTSⅢ型板式无砟轨道在路基、隧道、桥梁地段的结构高度见表6-8。

表 6-8 CRTSⅢ型板式无砟轨道结构高度(mm)

序号	名 称	路基	桥梁	隧道	备注
1	长钢轨	176	176	176	
2	WJ-8 型弹条扣件	41	42.2	41	
3	厂制轨道板	190	190	190	
4	自密实混凝土垫层	100	100	100	
5	混凝土底座或支承层	242	158	158	
6	总高度	749	666.2	665	

注:1. 轨道结构高度为钢轨轨面至底座底面最小高度,不包含曲线地段轨道外侧超高高度。CRTSⅢ型板式无砟轨道曲线超高在底座或支承层上实现。

2. CRTSⅢ型板式无砟轨道尚处于初步发展阶段,相关设计参数还在优化调整中。

(3)轨道板。CRTSⅢ型无砟轨道采用厂制轨道板,每块轨道板根据长度不同设有不同对数的有 1∶40 轨底坡的有挡肩承轨台,承轨台间距一般为 614 mm、最大不超过 650 mm,安装 WJ-8 型弹条扣件。厂制轨道板为双向后张预应力轨道板,分为单元式和纵连式两种。

(4)自密实混凝土垫层。轨道板下浇筑 100 mm 厚 C40 自密实混凝土垫层,内置 HRB335 钢筋网。曲线超高大于 50 mm,曲线内侧与轨道板平齐。

(5)钢筋混凝土底座或支承层。桥梁及隧道地段设 C40 钢筋混凝土底座,其中设置 2 个长 600 mm×宽 400 mm×高 100 mm 的凹槽(或凸台),深度与底座相同。底座顶面设 4 mm 厚土工布隔离层,凹槽(或凸台)四周设置 10 mm 厚复合弹性橡胶垫层,凹槽(或凸台)底部设置隔离层。

路基上铺设支承层,支承层材料优先采用水硬性材料,也可采用低塑性混凝土。支承层在板缝处设深 80 mm×宽 10 mm 横向伸缩假缝,在假缝处铺设 0.26 m 宽 4 mm 厚防水土工布。

减振地段,可将土工布换铺为 20 mm 厚的 EPDM 材质微孔橡胶减振垫层,支底座或支承层高度作相应下调。

(6)轨道板纵向连接。轨道板纵向连接主要在路基上采用,其连接形式分为预应力和非应力两种。

当采用预应力方式纵连时,轨道板间通过连接器和轨道板预留预应力钢筋进行连接,同时为防止列车荷载导致的两板相错,板端还设置了剪力结构。板间缝填筑树脂砂浆。

当采用非预应力方式纵连时,轨道板间通过张拉锁件进行连接,施工方式同 CRTSⅡ型板式无砟轨道。

(7)路桥过渡段。路桥过渡段 CRTSⅢ型无砟轨道结构除轨道板与自密实混凝土层紧密结合形成"复合板"结构外,还需要通过销钉将自密实混凝土层与钢筋混凝土底座连接起来。钢筋混凝土底座设有端梁,钢筋混凝土底座与路基支承层之间设有预埋纵向连接钢筋,如图 6-13 所示。

6.2.3 施工物流组织

CRTSⅢ型板式无砟轨道施工根据施工工序及作业面划分开展物流组织。一般修建从施

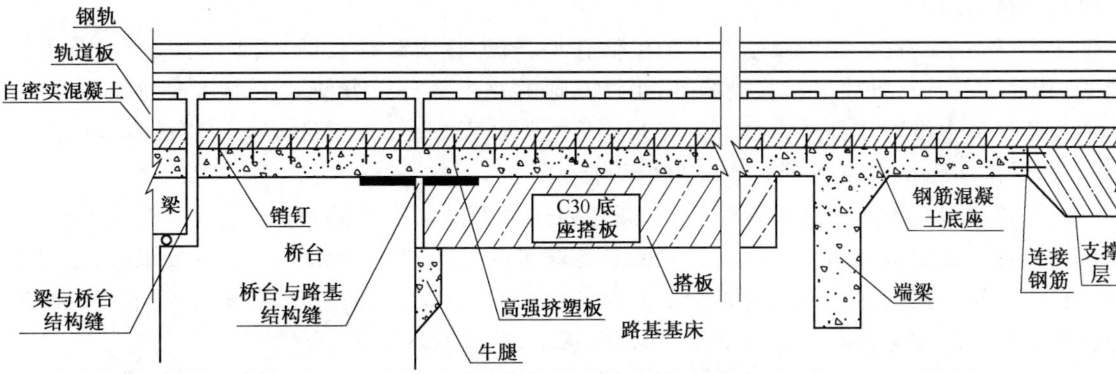

图 6-13 路桥过渡段 CRTSⅢ型无砟轨道结构

工基地经既有公路至施工现场的运输通道，有条件的地方尽量设置沿线路的贯通便道，长桥地段需要设置上下桥梁的人行步梯或采用龙门吊、汽车吊、塔吊等作为材料及机具上下的通道，隧道地段则主要结合隧道进出口、应急通道或施工斜井、横洞设置物流通道。混凝土供应、轨道板及相关材料存放等结合作业面划分按一定间距设置临时基地，临时基地同时规划人员居住、材料存放及加工、机具维修等。长大路基、长大桥梁及隧道地段需要根据需要配置轮胎式双向运输车。

施工现场结合路桥隧结构物特点，采用人工、龙门吊、汽车吊或输送泵进行材料运输及机具转运等。

当施工工期不紧时，在双线地段也可按“先施工一线，再施工另一线”的方式分别进行物流组织。当施工第一线时，可利用另一线按单向运输作为物流通道，这样可最大限度地减少第一线施工物流组织的难度，降低设备资源配备。施工第二线时，再采用上述物流组织方案。

6.2.4 关键设备及工装

(1)轮胎式铺板龙门吊。满足多种工况条件下的轨道板吊装及铺设作业，如图 4-26 所示。

(2)轮胎式双向运板车。轮胎式双向运板车主要用于在无砟轨道底座上沿线路方路双向行驶并运输轨道板，如图 4-27 所示。

(3)轨道板快速精调系统。CRTSⅢ型轨道板快速精调系统根据 CRTSⅢ型无砟轨道布板设计及结构特点，在已有的 CRTSⅡ型轨道板精调系统的基础研发的。其主要组成包括：全站仪、工控计算机、测量标架及后视棱镜等硬件系统以及 CRTSⅢ型轨道板精调系统软件，如图 4-28 所示。

(4)轨道板精调器。CRTSⅢ型轨道板精调器由支撑架、水平及竖向调节螺杆等组成。精调器安装于轨道板吊装孔上，不仅可以起到支撑轨道板的作用，而且通过调节水平或竖向调节螺杆实现轨道板横向或竖向移动，达到轨道板中线及高程调整的目的，如图 4-29 所示。

精调器配合快速精调系统使用，根据精调系统实时测得的偏差对轨道板中线或高程进行调整，渐进地使轨道板的实际中线或高程符合施工要求。

每块轨道板配 4 个精调器，分布轨道板两侧前后位置。

6.2.5 主要临时工程

CRTSⅢ型板式无砟轨道施工主要临时工程包括：生产基地、运输道路、施工用电以及长桥地段上桥通道等。

生产基地主要包括管理及生产人员生活驻地、轨道板临时存放场、钢筋加工场、混凝土搅拌站、其他机具及材料加工及存放场等,生产基地的每个部分以方便施工和管理为前提,可结合现场条件集中设置或分开设置。生产基地根据作业面划分、施工进度及物流成本等因素综合设置,最远运输距离控制在 15 km 以内为宜。

运输道路包括正式道路和新建便道,新建便道最好能紧靠线路贯通设置,以满足机具、工装及材料等直接到达工地。运输道路除满足运输车辆运行、交会及卸车作业的要求外,还应考虑在新建道路上其他施工可能的影响。同时,隧道地段施工时,还应考虑与斜井、下料口的连通。施工便道还应充分考虑运量需求、冬雨季影响、防排水等因素。

施工用电作为临时工程主要在混凝土拌和站和隧道内施工时使用。为保证隧道内照明需要,一般结合隧道前期施工及后期的其他施工,需要统一布置贯通的照明线或动力线,尽可能将施工时的内燃动力设备改为用电设备,以减少施工废气排放和保障施工人员安全。

轨道板采用侧面竖向存放,临时存放场采用两条混凝土条型基础,通过龙门吊或汽车吊+吊带进行轨道板的吊装。为防止轨道板存放时发生侧翻,存放时应在存放台位端头设刚性支挡,板与板之间应加垫硬木块并用拉钩锁定。

在长大桥梁地段,为方便人员上下,一般按 2～3 km 间距设人行通道。特殊地段,还需利用龙门吊、升降平台等设置物料及机具上下的通道。

6.2.6 原材料

(1)普通材料。CRTSⅢ型板式无砟轨道路基上采用水硬性材料或 C15 素混凝土,桥梁上和隧道内底座采用 C40 钢筋混凝土材料结构,钢筋包括热轧光圆钢筋和热轧带肋钢筋两种型式,分为 Q235、HRB335 和 HRB500 等多种规格。混凝土配合比可以使用水泥等级不低于 P·O42.5,聚羧酸减水剂,碎石规格 10～40 mm均匀级配,细骨料为中粗砂或机制砂,掺和料可为复合型掺和料或单掺矿粉及粉煤灰,同时满足技术条件和施工工艺要求。

CRTSⅢ型板式无砟轨道施工辅助材料包括:接地端子、嵌缝胶、养护剂、脱模剂、伸缩缝材料、土工布等。

(2)中间隔离层及弹性垫层。中间隔离层和弹性垫层所用材料的规格、材质、性能指标应符合设计要求。中间隔离层和弹性垫层铺设前应将底座或支承层表面和限位凹槽(或凸台)清理干净并保持干燥。弹性垫层与限位凹槽(或凸台)侧面应黏贴牢固,顶面与底表面平齐。

(3)张拉锁件。张拉锁件为 CRTSⅢ型板式无砟轨道路基上非预应力纵连式轨道板的纵向连接件,由张拉锁、螺母、钢垫圈及绝缘垫片等组成。张拉锁采用球墨铸铁整铸而成,螺母及钢垫圈采用 45 号钢制成,并作调质热处理,绝缘垫片用聚酰胺制成。相关部件的规格、尺寸、使用及验收等应符合设计要求。

(4)钢筋连接器及剪力钢板。剪力钢板在轨道板预制时埋入轨道板端头,其相关部件的规格、尺寸、使用及验收等应符合设计要求。钢筋连接器应与预应力钢棒螺纹配套,使用前应进行型式试验。

(5)自密实混凝土。CRTSⅢ型板式无砟轨道用自密实混凝土属首次大规模应用铁路工程建设,结合无砟轨道结构体系及工艺设计特点,确定 CRTSⅢ型板式无砟轨道自密实混凝土施工技术条件:结构特性符合 C40 高性能混凝土的相关要求,具有微膨胀性能且满足低收缩、无收缩混凝土的相关规定；采用普通高性能混凝土材料制备，外掺料采用水泥、磨细矿渣粉双掺，粗骨料采用最大公称粒径不超过 20 mm 的连续级配碎石，外加剂包括聚羧酸减水剂和铝粉膨胀剂。

混凝土配合比参数基本要求：胶凝材料用量不大于 600 kg/m^3，用水量不大于 190 kg/m^3，自密实混凝土单位体积的量宜为 0.35～0.42 m^3，单位体积粗骨料绝对体积 0.26～0.32 m^3。

自密实混凝土施工特性应保证浇筑前混凝土扩展度 650～750 mm 之间，具有足够的黏聚性能，施工过程不出现离析、泌水等现象，其流动性满足施工工艺的要求，其他性能符合铁路工程高性能混凝土的相关要求。

6.2.7　施工工艺

6.2.7.1　质量标准

（1）混凝土模型质量控制。混凝土底座模板及支架材料应有足够的强度、刚度、稳定性和平整度，且安装稳固牢靠、接缝严密、不得漏浆，对模板与混凝土的接触面清理干净并涂刷隔离剂，模板内的积水和杂物应清理干净。支承层或底座、后浇带、板缝等模板安装允许偏差应符合《高速铁路轨道工程施工质量验收标准》（TB 10754）的相关规定，其中预埋件和预留孔道留置等应做好与相关接口工程的衔接。

（2）钢筋质量控制。钢筋的制作、加工和焊接、绑扎除符合设计及铁路混凝土工程的要求外，接地端子等材料应满足设计要求及产品技术条件的要求。钢筋网片的绑扎安装应做好模型的协调并保证结构混凝土保护层厚度符合设计要求。

钢板连接器焊接时，应对焊接方式、焊条、焊接参数等进行适用性试验，并制作焊接试件进行检验。钢板连接器安装时应垂直于线路中线，置于轨道板底座断面中部，纵向允许偏差±50 mm，钢板与桥面垂直度允许偏差为 10 mm。

（3）结构混凝土质量控制。路基或隧道内底座结构采用水硬性材料或低塑性混凝土，桥梁上连续底座结构混凝土采用高性能混凝土，混凝土质量除满足结构性能要求外，还应满足施工工艺的要求。混凝土原材料、配合比设计、搅拌及施工养护应满足《铁路混凝土工程施工质量验收标准》（TB 10424）的相关规定，外形尺寸、表面裂纹及排水坡等应符合设计及表 6-9 和表 6-10 的规定。混凝土拆模后，结构表面应密实、平整、颜色均匀，且不得有露筋、蜂窝、孔洞、疏松、麻面和缺棱掉角等缺陷。混凝土或支承层施工时，轨道板范围内的表面应按规定对进行横向拉毛，轨道板范围外的表面应抹光并设置不小于 3%的横向排水坡。

表 6-9　混凝土底座外形尺寸允许偏差

序　号	检查项目	允许偏差（mm）	检验方法
1	顶面高程	±10	水准仪
2	中线位置	±10	全站仪
3	宽度	±10	尺量
4	平整度	10/3 m	3m 直尺
5	伸缩缝位置	10	尺量

表 6-10　限位凸台(或凹槽)外形尺寸允许偏差

序　号	检查项目	允许偏差(mm)	检验方法
1	平面位置	±10	全站仪
2	长度和宽度	+10 0	尺量
3	高度(或深度)	+5 0	尺量

(4)中间隔离层和弹性垫层铺设质量控制。中间隔离层和弹性垫层所用材料的规格、材质、性能指标应符合设计要求。

中间隔离层和弹性垫层铺设前应将底座或支承层表面和限位凹槽(或凸台)清理干净并保持干燥。弹性垫层与限位凹槽(或凸台)侧面应黏贴牢固,顶面与底座表面平齐。

中间隔离层和弹性垫层的原材料质量应符合设计要求,铺设前应对支承层或底座顶面、梁面高程、平整度以及凸台(或凹槽四周)等进行检查,清洗并确保铺设范围内干燥、清洁,无灰尘、杂物和砂石类磨损性颗粒等。

中间隔离层铺设应平整、密贴、黏接牢固,边沿无翘起、褶皱、空鼓、封口不严等缺陷。弹性垫层规格尺寸应满足凸台或凹槽加工、拼装并黏贴牢固,四周应平齐。

铺设完成后的中间隔离层和弹性垫层应做好保护,安装钢筋网时应选择合适的垫块及间距,以免钢筋刺穿中间隔离层和弹性垫层。一旦破损,必须更换。

(5)轨道板铺设质量控制。成品轨道板应有标识(编号),扣件完整,预埋件齐全、埋置深度及位置正确,预埋套筒内不得有混凝土淤块,纵向连接精轧螺纹钢筋端部完整、无弯曲。

混凝土底座或支承层外观及几何尺寸满足铺板要求。轨道板的类型、规格、质量等应符合设计及技术条件的要求。轨道板与底座或支承层之间的间隙符合相关要求。

轨道板精调用快速精调系统、精调器等满足要求。精调完成后的轨道板应定位牢固,中线及高程偏差、相邻轨道板间横向和竖向的搭接偏差等符合《高速铁路轨道工程施工质量验收标准》(TB 10754)的相关规定。

(6)轨道板纵向连接质量控制。轨道板纵向连接在轨道板精调完成之后、自密实混凝土浇筑之前进行,纵向连接完成再施工树脂砂浆。

非预应力连接时,轨道板纵向连接前检查钢筋连接器与预应力钢棒螺纹的匹配性,保证张拉时有效咬合;按规定程序张拉,张拉扭矩符合设计要求。

应将张拉螺纹钢棒端头清理干净,检查钢棒头与张拉锁件的匹配性并予修整,并在钢筋上均匀地涂上黄油,保证张拉时张拉螺栓与张拉锁的螺纹能有效咬合。张拉锁件安装要保证锁具与钢棒的绝缘,板缝混凝土钢筋笼的安装应保证钢筋与锁具绝缘、钢筋交叉处绝缘,并按规定进行绝缘性检测且绝缘电阻应大于2 MΩ。轨道板张拉应按规定顺序张拉,张拉扭矩应符合设计要求,张拉前自密实混凝土强度应大于 20 MPa。

轨道板板缝混凝土采用与轨道板同等级的无收缩混凝土浇筑,浇筑混凝土前需要在轨道板的端面涂刷界面剂,捣固必须密实。浇筑完成,按规定养护。

(7)树脂砂浆质量控制。纵连式 CRTSⅢ型无砟轨道铺设后板缝间浇筑树脂砂浆,树脂砂浆由界面胶黏剂、浇筑树脂与面层涂料三部分构成。树脂砂浆的性能应符合设计要求,施工时按设计及说明书正确操作。

(8)自密实混凝土质量控制。自密实混凝土原材料主要性能指标符合《高速铁路轨道工程质量验收标准》(TB 10754)及相关标准设计的规定。混凝土配合比、制备、施工及检测等应满足《铁路混凝土工程施工技术指南》(铁建设〔2010〕241号)的相关规定。其拌和物的性能应满足轨道板特点及浇筑工艺的要求,施工过程不得泌水,其主要指标见表6-11。

自密实混凝土浇筑后应保持与中间隔离层和轨道板密贴,不应有离缝。

表6-11 自密实混凝土拌和物的性能指标要求

序号	项 目	性能要求
1	坍落扩展度(mm)	700±50
2	扩展时间(T_{90})(s)	2~6
3	障碍高差(B_J)(mm)	<18
4	L型仪(H_2/H_1)	≥0.9
5	含气量(%)	2~5
6	塑性膨胀率(%)	0~1
7	泌水率(%)	0

6.2.7.2 工艺特点

CRTSⅢ型板式无砟轨道施工实行多工序流水作业,垫层与底座混凝土采用模筑法现浇施工,轨道板铺设时以理论的钢轨及轨道中心作为施工控制的基准面和基准线,通过快速精调系统和精调器的使用,使得轨道铺设几何精度极为准确,铺设施工误差近似于"零"。而这些误差的控制和减少,加上物流组织及工程质量实现的特点,综合构成了CRTSⅢ型板式无砟轨道施工工艺的特点。

1. 持续系统的精度控制

为保证高精度的轨道几何形状,CRTSⅢ型板式无砟轨道施工必须持续地系统地进行精度控制。主要有以下几点:

(1)将高精度系统控制的理论延伸于线下结构施工,既要保证线下结构的表面高程、平整度和中线,更要最大限度地减少和保证线下结构变形量。

(2)建立CPⅢ测量控制网,并将CPⅢ测量控制网的使用贯穿于无砟轨道施工的全过程,并根据不同施工工序选择不同的高精度测量设备予以保证。

(3)严格控制线下结构竣工平整度和高程,混凝土底座的中线、高程及表面平整度,轨道板预制厚度及扣件螺栓孔定位精度、轨道板定位精度等,通过一系列严格的精度控制最终保证无砟轨道的结构质量和精度质量。

2. 形式多样的物流保障

(1)依据不同条件,选择不同的物流保障措施。

(2)除了沿线路修建贯通便道并与既有道路连通外,路基地段设置马道可使汽车直接到达施工现场,长桥地段利龙门吊或汽车吊、塔吊作为物料提升站,隧道内利用隧道进出口或斜井、横洞等作为物流通道。

(3)根据不同物流吊装,选择不同的物流装备,采用汽车泵、输送泵或龙门吊、汽车吊+料斗进行混凝土运输,采用小汽车或小平车进行普通机具及设备的转运,采用汽车吊或龙门吊和轮胎式双向运板车进行轨道板的运输和铺设。

6.2.7.3 工艺流程

CRTSⅢ型板式无砟轨道施工工艺流程如图6-14所示。

6.2.7.4 主要工序工艺

1. 沉降评估及CPⅢ测量控制网测设评估

铺设无砟轨道前,线下工程的主体和底座混凝土(包括桥梁上防撞墙、遮板等二期恒载)应

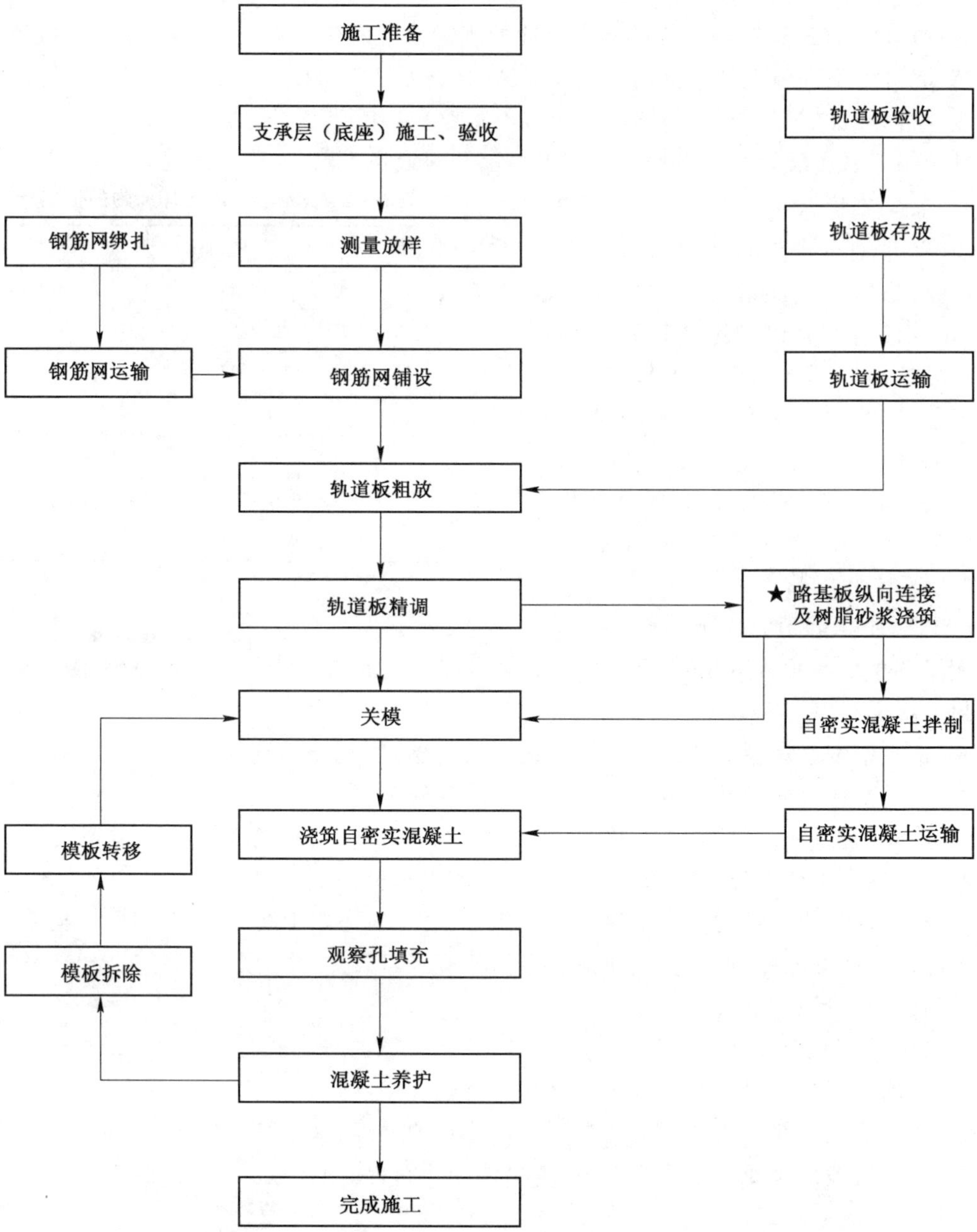

图 6-14 CRTSⅢ型板无砟轨道施工工艺流程

全部完工,检验合格。未完成的附属工程不得影响无砟轨道铺设。

铺设无砟轨道前,按照《客运专线铁路无砟轨道铺设条件评估技术指南》(铁建设〔2006〕158 号)对路基、桥涵、隧道变形进行系统评估,确认工后沉降和变形、梁体长期变形、各种过渡段的差异沉降等符合设计要求,满足无砟轨道铺设条件。

2. 路基上水硬性支承层施工

路基上水硬性支承层采用摊铺碾压法施工,施工工艺主要包括:施工准备、测量放样、水硬性材料制备及运输、混和料摊铺、支承层碾压、支承层养护等。

(1)施工准备。水硬性支承层前,应对路基基床的压实质量、路基高程及中线、平整度等进行检查验收,确认满足设计及技术标准的要求。做好路基基床表层的清洁和交通管制工作,避免二次污染。

配足水硬性支承层摊铺碾压施工所需要的摊铺机、光轮压路机和胶轮压路机,并对进场后的设备进行检查确认,并准备满足支承层覆盖养护的土工布或其他覆盖物。

(2)施工测量。路基水硬性支承层施工最好根据CPⅢ测量控制网进行放样,CPⅢ测量控制网尚未建立或通过评估的,可采用加密后的CPⅡ测量控制点进行。放样采用带自动伺服功能的全站仪和"自由设站,后方交会"模式。放样点位应满足同时控制支承层中线、宽度和高程的需要。

(3)摊铺机就位。模型安装完成后摊铺机准确就位,摊铺机就位后挂摊铺机探头高程线,探头高程线采用 ϕ8 mm 钢丝绳,用紧线器拉紧,确保摊铺机探头在钢丝绳滑动时不变形。

(4)水硬性材料制备。水硬性材料采用拌和站集中制备,根据设计的施工配合比参数进行,并将水泥用量提高0.5%。各种原材料的称量误差应符合铁路混凝土施工的相关要求。

水硬性材料制备过程中,应及时掌握现场的施工条件,合理调整用水量,以保证水硬性材料具有施工所需的最佳含水量。

水硬性材料制备过程中,应特别监控是否出现水泥堵塞、卡料以及拌和物结团、塑性坍塌等不良现象,若有发生,应立即停机检查和调整。

搅拌机出料时不允许采取自由跌落式的落地成堆和装载机装料运输的办法。须配备带活门漏斗的料仓,由漏斗出料直接装车运输,装车时车辆应前后移动,分3次装料,避免混合料离析。搅拌机中止生产时,应及时进行清洗。

(5)混合料运输。搅拌好的水硬性混合料采用自卸式汽车运输。运输车辆数量一定要满足拌和出料与摊铺需要,并略有富余。

运输汽车装车前,应将车厢清洗干净,并尽快将搅拌好的混合料运送到铺筑现场使用。运载过程中,应对车厢进行覆盖以减少水分损失。如运输车辆中途出现故障,必须立即以最短时间排除,当有困难时,若车内混合料不能在初凝时间内运到工地,或碾压完成最终时间超过3 h时,必须予以废弃。

运输车辆进入施工现场时,应采取措施清除黏附在轮胎上的泥土等污染物。运输车辆卸料时,应慢速行车卸料,避免集中卸料造成堆积离析。

(6)支承层摊铺。水硬性支承层应选择在温度适宜、无雨的天气施工,摊铺前应将基床表层或支承层适当洒水湿润。

摊铺机摊铺开始后,调整好传感器臂与导向控制线的关系;严格控制支承层厚度和高程,保证高程和横向坡度满足设计要求。

摊铺机应连续摊铺。在用摊铺机摊铺混合料时,应采用最低速度摊铺,禁止摊铺机停机待料。摊铺机的摊铺速度一般宜在1 m/min左右,摊铺机的螺旋布料器应有三分之二埋入混合料中。

自卸汽车将混合料卸入摊铺机喂料斗时严禁撞击摊铺机。混合料摊铺如图6-15所示。

(7)支承层碾压。紧接摊铺机之后,应采用光轮振动压路机和胶轮压路机对摊铺成型的支承层进行碾压,一次碾压长度一般为50~80 m。碾压段落必须层次分明,设置明显的分界标志。

图 6-15　水硬性支承层摊铺施工

碾压应遵循生产试验路段确定的程序与工艺。注意稳压要充分,振压不起浪、不推移。压实时,可以先稳压(光轮碾压 2 遍)→胶轮碾压 2 遍→振动碾压 2 遍→胶轮稳压 2 遍。碾压过程中,可用核子密度仪初查压实度,不合格时,重复再压(注意检测压实时间)。

压路机碾压时应重叠 1/2 轮宽。压路机碾压时的建议行驶速度第 1～2 遍为 1.5～1.7 km/h,以后各遍应为 1.8～2.2 km/h。

压路机倒车换挡要轻且平顺,不要拉动基床表层,在第一遍初步稳压时,倒车后尽量原路返回,换挡位置应在已压好的路段上,在未碾压的一头换挡倒车位置错开,要成齿状。

压路机停车要错开,而且离开 3 m 远,最好停在已碾压好的路段上,以免破坏支承层结构。严禁压路机在已完成的或正在碾压的路段上调头和急刹车,以保护支承层表面不受破坏。

碾压宜在水泥终凝前及试验确定的延迟时间内完成,并达到要求的压实度,同时没有明显的轮迹。支承层应在碾压完成后 12 h 内进行横向切缝,缝深 8 mm。支承层碾压如图 6-16 所示。

图 6-16　水硬性支承层碾压施工

(8)支承层养护。每一段支承层碾压完成以后应立即采用土工布或粗麻巾覆盖养护,并同时进行压实度检查。覆盖2 h后,再用洒水车洒水进行保湿养护7 d以上。

支承层覆盖养护期间,应设置路障、禁行标志等措施,禁止车辆通行。同时还应避免其他施工破坏支承层。

3. 桥梁上及隧道内钢筋混凝土底座施工

钢筋混凝土底座主要作业内容包括:基础面处理、测量放样、钢筋加工、混凝土浇筑、混凝土养护等。

(1)基础面处理。桥梁及隧道底座范围内基础面应进行拉毛或凿毛处理,凿毛处理时混凝土见新面不小于50%。底座施工范围内及影响区域内的浮渣、浮浆应清除干净。路基面应平整。

桥梁与底座连接的预埋钢筋套筒应清洗理干净,连接钢筋旋入套筒的长度不小于28 mm,拧紧力矩应满足设计要求,连接钢筋端头螺纹应辊轧成型。当梁面套筒被堵塞而导致连接钢筋不能安装时,须两侧各植入一根同规格的连接钢筋,植入深度和外露长度应分别不小于25 cm和15 cm,采用专用植筋胶锚固。

此外,桥梁与底座连接的钢筋还有预留门形钢筋和现场植筋两种设计方式。当采用预留门形钢筋时,应将保护层混凝土凿除,重新扶直和清理门形钢筋。当采用现场植筋时,植筋位置应严格按设计进行,通过测量、划线确定植筋区域,再采用钻孔植筋,植入深度和外露长度应分别不小于25 cm和15 cm,采用专用植筋胶锚固。

(2)测量放样。根据CPⅢ测量控制网,利用全站仪按“自由设站,后方自由”的方式放样底座施工的中线、每段底座的起终点桩及高程控制桩,并直接在基础面标注点位。桥梁及隧道地段可通过控制桩直接用墨线划出模板安装的边线。

(3)底座钢筋绑扎。底座钢筋先在生产基地内存放和加工,之后将散料运输到工地现场绑扎成型。在有条件的地方,也可提前在生产基地将底座钢筋网预扎成型后整体运输到工地吊装铺设。钢筋保护层垫块采用与底座混凝土同级或高一等级的水泥砂浆制作。钢筋加工前,应根据施工图编制配料斗,钢筋的下料及弯曲应符合《铁路混凝土工程施工质量验收标准》(TB 10424)的相关要求。弯曲成型的钢筋应分类集中堆放,根据需要运输到现场绑扎。

现场绑扎钢筋时,根据放样控制点,弹出底层钢筋网片安装墨线,采用定位卡具安装底层钢筋网片,以保证钢筋位置及间距。按规定数量呈梅花形布置保护层垫块。之后绑扎架立钢筋,再绑扎顶层钢筋网片。底座内需要安装的预埋件及接地端子应在钢筋绑扎时同步安装或焊接完成。

若底座表面采用限位凸台,凸台钢筋提前加工成型,与底座钢筋同步安装,并按规定将凸台立筋与底座上下层钢筋焊接连接。桥梁上钢筋绑扎时,应提前完成与梁体连接钢筋的安装或植入。

当基础面高程与设计高程有误差时,应调整底座板架立钢筋高度,使底座板钢筋上、下层保护层厚度符合设计要求。

(4)底座模板安装。钢筋混凝土底座采用组合式可调高钢模板。钢模板设计为分块结构,直线段模板制作高度比底座设计高度低30 mm,模板底部设有调高螺栓,调高螺栓调节范围−30～+50 mm,曲线段超高段按30 mm递增设加高模板,模板分块长度结合底座分段情况设置,原则上模板分块长度不超过5 000 mm。模板安装时,通过调高螺栓调整模板顶面高度与底座设计顶面高程一致,并在模板内侧加垫2 mm厚钢板并用卡具卡住以封闭模板底部与基础面间空隙。通过在基础面上钻孔植入钢筋并在钢筋与模板间加楔子以固定模板。

模板安装前应对模板及零部件进行检查、清理和整修,确保模板板面平整、光洁、无凹凸不平,清除模板上的灰渣和基层表面的杂物,检查支架及模板焊缝处是否有开裂破损,如有均应及时补焊、整修合格。模板清理干净后应均匀涂刷脱模剂。

模板对位安装完成并加固后,应检查模板垂直度,拉线检查伸缩缝模型、端模和侧模的线形,同时检查模板支撑及加固情况,并全部逐点抄平检查,并拉线检查伸缩缝模型、端模和侧模的线形。对检查发现的不合项,应立即整改并再次检查确认。

模板与混凝土接触面涂刷脱模剂,用适量砂浆进行封堵模型和基础面之间的接缝,封堵面齐平侧模内侧面且接缝严密不漏浆。

底座表面凸台(或凹槽)模板采用整体加工成型,安装时用木杆或方木等将凸台(或凹槽)模板与底座模板固定,以防止混凝土浇筑过程中跑模。

(5)混凝土浇筑。底座混凝土浇筑施工应密切关注天气变化,高温烈日、大风、雨雪天气应尽量避免施工。

混凝土制备及运输。混凝土应采用有自动计量装置的搅拌设备拌制,混凝土运输方式为地面由混凝土罐车运送,桥是采用汽车泵或输送泵输送混凝土上桥和浇筑,在特殊地段采用桥面单线作业,混凝土罐车沿桥面运输混凝土进行浇筑施工。混凝土入模前检查混凝土温度、坍落度,一般条件下混凝土的入模温度不应低于 5 ℃、炎热的夏季不宜超过 25 ℃。

浇筑前,应对模板范围内的杂物和积水进行彻底清理,混凝土入模前应对基床面喷水雾湿润。混凝土浇筑时,混凝土布料应缓慢均匀连续进行,由模板低边往高边布料,左右两副布料的速度要基本保持一致。混凝土采用插入式捣固棒振捣,应注意避免漏捣、过振,振捣过程中应加强检查模板支撑的稳定性和接缝的密合情况,以防漏浆,发现螺栓、支撑等松动应及时拧紧和打牢。振动棒移动距离不得超过振动棒作用半径的 1.5 倍,每点振动时间约 20~30 s。

混凝土抹面及顶面高程控制。混凝土浇筑完成后,应仔细对混凝土顶面收浆、抹面,底座的中间部分搭设跳板进行,抹面时严禁洒水拉毛。混凝土顶面高程控制以模板顶面为准,用铝合金刮尺对混凝土面找平,并根据实际情况补充混凝土。混凝土面找平后,用木砂板抹面。横向排水坡采用定制尺寸的铁抹子设置,排水坡应光滑平整且不小于 3%。为避免两模板间混凝土出现错台,施工时在两块伸缩缝模型顶部放置水平尺将两侧底座顶面控制在同一高度。

(6)混凝土养护及拆模。底座混凝土施工完成且初凝后立即用土工布覆盖并洒水保湿养护,强度满足设计要求后方可拆除模板,如设计无具体要求,侧模应在混凝土强度达到 2.5 MPa 以上,表面及棱角不因拆模而受损时方可拆模。脱模后拆去土工布,洒水后用土工布覆盖,保证 95%以上的湿度,养护时间不少于 7 d。在混凝土未达到设计强度 75%之前,严禁各种车辆在底座上通行。

4. 路基段底座伸缩缝施工

路基段低塑性混凝土底座伸缩缝分为假缝和真缝两种类型。伸缩缝按每隔 4~6 块轨道板设置一道,假缝在真缝以外板与板之间设置。真缝位置需要先安装伸缩阀板,之后才能浇筑混凝土。为保证伸缩缝设置平顺,一般可将伸缩缝模板顶部设一横方钢或圆钢,并将伸缩缝通过铁丝或绝缘扎带绑扎固定在方钢或圆钢上。施工完成后,拆除方钢或圆钢,即可形成平直的伸缩缝。

5. 测量放样及底座验收

底座混凝土施工完成后，应对CPⅢ测量控制网进行复核，确认成果满足无砟轨道道床板施工的要求。根据CPⅢ测量控制网对底座表面、中线及凸台(或凹槽)位置和几何尺寸进行检查验收，放样凸台(或凹槽)中心及轨道中线并划墨线标识，同时放样轨道板粗铺中线控制点。

为保证轨道板铺设前的准备工作，底座混凝土施工完成后应进行严格的检查，主要内容包括：底座板混凝土结构密实、表面平整、颜色均匀，有无露筋、蜂窝、孔洞、疏松、麻面和缺棱掉角等外观缺陷，外观尺寸符合设计要求。

6. 中间隔离层及弹性垫层铺设

在轨道板铺设前，底座板和限位凸台(或凹槽)应采用清洁高压水和高压风进行清洁和清理，保证铺设范围内底座板洁净且无砂石类可能破坏中间隔离层和弹性垫层的磨损性颗粒。按照测量人员精确放出的轨道板铺设宽度线铺设土工布。

中间隔离层(土工布)应铺贴平整，无破损，搭接及边沿无翘起、空鼓、褶皱、脱层或封口不严。同一块轨道板的中间隔离层应整块铺设，不得搭接。

弹性垫层设置在限位凸台(或凹槽)四周，在设置范围将泡沫塑料板与混凝土面密贴，用长度为30 mm的钢钉将弹性垫层钉在限位凸台(或凹槽)侧面。弹性垫层需平整、无翘起、无气鼓和无褶皱现象。

7. 轨道板存放及运输

轨道板存放及运输之前，应按规定进行外观质量及几何尺寸的检查验收，不合格的轨道板坚决不用。

(1)轨道板存放。为保证轨道板存放过程不变形，存放时一般设置条形的钢筋混凝土存放台座，按照轨道板的规格类型及铺设顺序分类侧面立式存放，尤其要特别注意缓和曲线地段用轨道板的存放顺序。为防止轨道板损坏及污染，在存放台座上铺设木板和土工布。同时，为防止轨道板易倾斜甚至倾倒，轨道板存放时应将板之间间距控制在2 cm以内，并在轨道板顶端扣上钢制卡具，将轨道板串成整体。如图6-17所示。

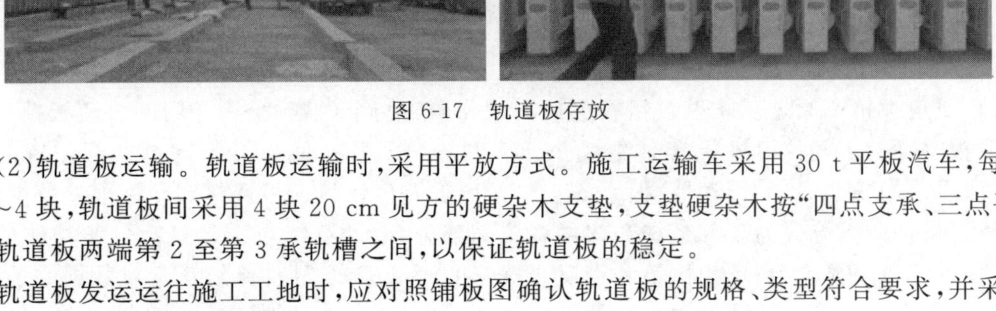

图6-17 轨道板存放

(2)轨道板运输。轨道板运输时，采用平放方式。施工运输车采用30 t平板汽车，每车运输3～4块，轨道板间采用4块20 cm见方的硬杂木支垫，支垫硬杂木按“四点支承、三点平衡”置于轨道板两端第2至第3承轨槽之间，以保证轨道板的稳定。

轨道板发运运往施工工地时，应对照铺板图确认轨道板的规格、类型符合要求，并采用高压水将轨道板四周及底面冲洗干净。

8. 轨道板吊装

CRTSⅢ型无砟轨道板两侧预留轨道板吊装孔,在吊带末端设置连接螺栓,将连接螺栓旋入吊装孔后即可进行轨道板的吊装。

9. 轨道板粗铺

(1)施工准备。轨道板铺设前,底座混凝土或支承层表面应清理干净,不得有积水和浮渣。在轨道板铺设位置两侧前后位置各放置一块 300 mm×100 mm×100 mm 的支承垫木。

按照钢筋保护层厚度采用与自密实混凝土相同强度等级的长条形砂浆垫块,并提前摆放于中间隔离层上。保护层垫块按梅花形布置,数量及面积符合设计要求。

(2)钢筋网片加工。自密实混凝土钢筋网片在基地内集中加工和存放,钢筋间距及绑扎应符合设计及相关标准的要求。钢筋网片应与轨道板同步铺设,采用专用吊具吊装。

钢筋网片在运往工地铺设之前,应进行检查验收。

(3)钢筋网片铺设。钢筋网片采用平板汽车运输到工地,通过汽车吊+专用吊具吊装上线临时存放,铺板前用汽车吊或龙门吊+专用吊具进行铺设,人工配合就位。铺设时,应严格控制钢筋网片边缘距自密实混凝土边绝缘的距离,检查和调整条型砂浆垫块的支垫位置,确保钢筋保护层厚度满足要求。

(4)轨道板粗铺。轨道板粗铺时,由跨线龙门吊或汽车吊将轨道板吊至铺设位置,人工扶稳轨道板缓缓下落,把轨道板放在预先放置的支承垫木上,并辅助检查使轨道板中心线、边线尽量与设计中线、边线对齐。曲线地段,应注意轨道板的方向。轨道板粗铺时,应将有接地端子的一侧安放在线路外侧。

当钢筋网片阻碍门形钢筋时,可适当调整钢筋网片上钢筋位置以使轨道板顺利就位。轨道板粗铺如图 6-18 所示。

图 6-18 轨道板粗铺

10. 轨道板精调

(1)轨道板精调原理。轨道板精调包括测量和调整两个内容,采用专门的轨道板精调系统对轨道板实际的空间位置进行实时测量并计算和输出实际空间位置与理论空间位置的偏差值,之后再使用精调门架、精调器、扳手等工具按照偏差值将轨道板调整到允许限差范围内。

轨道板精调系统分为硬件系统和软件系统两部分,硬件系统包括带自动伺服功能的全站仪、工控计算机及显示屏、反光棱镜和带反光棱镜的测量标架,硬件系统负责对数据的采集,而软件系统则主要用于理论数据与实测数据的处理。操作时,全站仪及后视反光棱镜对 CPⅢ测量控制网进行多点后视完成自由设站,之后全站仪对安装在轨道板承轨槽上的测量标架进行测量，而对测量标架所测量的位置即是铺轨后钢轨顶面以上 20 mm 与钢轨中线的交点位置，通过这个过程得出轨道板铺轨后的实际位置。由此，经过软件系统的处理即可得出轨道板实际位置与理论位置的偏差，也就是调整工作所需要完成的调整量。

由于轨道板沿线路中心线纵向方向的细微偏差不会影响轨道板的轨道线形，因此轨道板调整只需要进行横向和高程两个方向。而用于轨道板调整的精调门架和多向精调爪，都可进行轨道板横向和高程等两个方向调整。通过反复几次的测量和调整，即可将轨道板调整到允许限差范围内。轨道板精调工艺流程如图 6-19 所示，轨道板精调如图 6-20 所示。

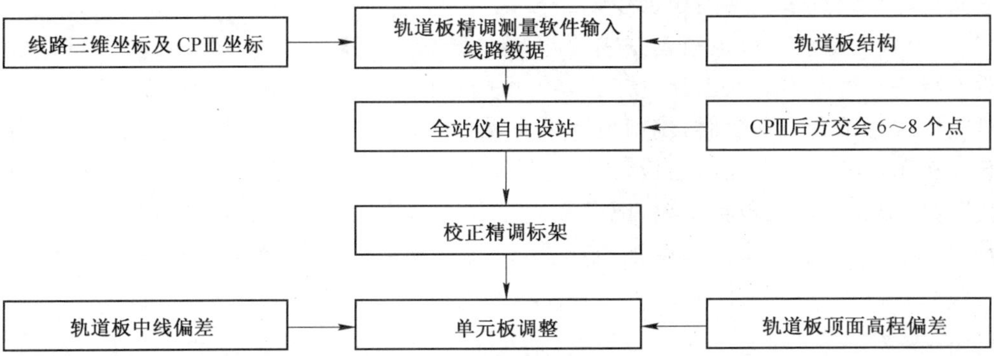

图 6-19　轨道板精调流程

图 6-20　轨道板精调示意图

(2)轨道板精调系统设站定向。轨道板精调系统每次设站可调 4～5 块轨道板。建站时，全站仪设在精调作业前方距最近的待精调轨道板 5～10 m 的轨道中线位置，全站仪设置高度应尽量靠近标架棱镜的高度。

全站仪自由设站后，一般后视 4 对 CPⅢ测量控制点，困难地段可后视 3 对点。相邻的两次设站，后视 CPⅢ测量控制点应搭接。

(3)轨道板精调系统测量。全站仪设站完成后，开始对安装于轨道板承轨槽上的精调标架和适配器进行测量。用已设程序控制的全站仪测量放置在适配器或标架上的 4 个棱镜，连接工控机选板，获取温度传感器温度值，确定板型，获取 4 个工位的调整量，根据调整量对轨道板实施调整。

需要注意的是，测量标架应放置于轨道板承轨槽的固定位置上，标架触头与挡肩密贴，并保持密贴指示灯亮。

(4)轨道板调整。每次精调换站，应对前一次精调的最后一块轨道板搭接测量以消除错台误差，当搭接测量的轨道板位置偏差超过限差时，应对前一站精调的轨道板重新精调。

根据轨道板精调系统测量得出的轨道板偏差，使用精调门架将轨道板精调到偏差值 0.5 mm 以内。之后，再安装精调器，并拆除精调门架，通过轨道板精调系统的测量，并配合精调器、扳手将轨道板精调到合格状态。合格状态的要求为：板内 4 承轨点平面及高程误差≤0.4 mm，板与板间相邻承轨点平面及高程误差≤2 mm。

(5)轨道板固定。轨道板精调完成后，安装扣压装置将轨道板固定于底座上，以避免自密实混凝土浇筑时可能引起的上浮。扣压装置由扣压板、扣压螺杆和螺母组成。安装前，安放精调器对应的位置钻孔。安装时，使用植筋胶安装并固定扣压螺杆，待轨道板精调完成后，将扣压板套在扣压螺杆上并扣住轨道板，再装上螺母扭紧即可。

(6)数据记录。轨道板精调时，记录文件的内容包括：板型和板号、观测员、精调时间和温度、精调日期、天气说明、调控点的铺设误差(理论－实际值)、轨道基准网和定向点上的最终误差。

11. 轨道板检测

在模板安装完成，自密实混凝土浇筑之前，应对全部轨道板进行检测，检测的内容及标准见表 6-12 的规定。

表 6-12 轨道板检测内容及标准

序号	项 目	允许偏差(mm)	检验数量
1	中线位置	2	每板检查 2 处(两端)
2	支撑点处承轨面高程	±1	全部检查
3	相邻轨道板接缝处承轨台相对横向偏差	±2	5 块板检查 1 处
4	相邻轨道板接缝处承轨台相对高差	±2	5 块板检查 1 处

12. 路基上纵连式轨道板纵向连接及板缝填充

路基上纵连式轨道板主要分为预应力张拉和非预应力张拉，张拉连接完成后，再采用树脂砂浆填充板缝。其目的是保证纵连式轨道板之间的整体性，减少或避免板间填充材料开裂。轨道板纵向连接及板缝填充在轨道板精调之后、自密实混凝土浇筑之前完成。

13. 非预应力方式纵向连接

非预应力方式纵向连接与 CRTSⅡ无砟轨道轨道板纵向连接基本相同。

每块板与板之间需要 6 块张拉锁件对轨道板上预留的预应力钢筋张拉连接，连接采用扭力扳手进行螺母紧锁，当扭力达到 40 kN 即纵向连接完成。

14. 预应力方式纵向连接

先通过钢筋连接器将成组的轨道板和预应力钢棒连成一体，通过在轨道板两端使用千斤顶对预应力钢棒进行对称张拉，实现对轨道板预应力施加。

(1)为保证对轨道板及板缝后张预应力的施加，设计上采用两项专门的措施：一是轨道板预制时内设张拉孔道，每块轨道板 4 个，分左右、上下对称布置。轨道板铺设前，在张拉孔道内穿出两端已经加工螺纹的预应力钢棒，张拉时通过钢筋连接器可将多根预应力钢棒连成整体。二是轨道板预制时，板端预留了剪力钢板，相邻板之间通过剪力钢板的作用可使轨道板在预应力作用下板端不顶在一起，为板缝砂浆填充提供空间。

（2）张拉前检查及准备工作。检查相邻轨道板间的板缝宽度、预应筋端部丝扣以及预应力筋是否与板分离（可来回松动）。清除无黏结预应力钢棒露出的保护套。

按对张拉的轨道板进行编号，沿张拉施工方向顺序为9、8、7、……，如图6-21所示。

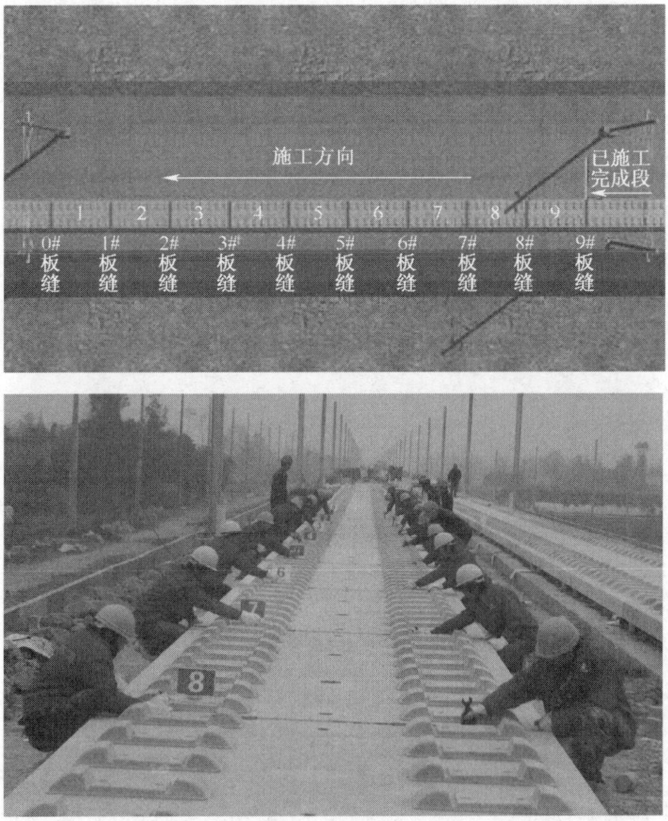

图6-21　轨道板纵向连接顺序示意图

（3）预应力钢棒连接。采用钢棒连接器将板间钢棒全部连接，连接时，应考虑预应力钢棒与钢棒连接器安装时的伸长或缩短问题，做好充分的计算。钢棒连接器安装完成后，应尽量使用钢棒连接器处于各板缝中间位置。预应力钢棒连接示意如图6-22所示。

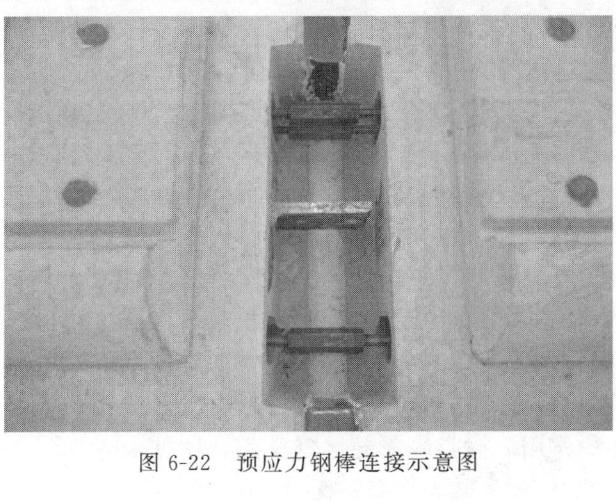

图6-22　预应力钢棒连接示意图

15. 窄缝树脂砂浆浇筑

浇筑采用竹胶板作模板,两边对拉。树脂砂浆由双组分材料组成,施工时按照说明书将不同组分的A、B材料倒入搅拌桶内,使用电动搅拌器搅拌。搅拌后,直接灌入模型内。搅拌好的材料在规定的时间未浇筑完成的,应报废弃用。树脂砂浆浇筑如图6-23所示。

图6-23 窄缝树脂砂浆浇筑

16. 轨道板张拉

先通过钢棒连接器张紧轨道板。树脂砂浆固化达到一定强度后,进行轨道板纵向连接张拉,用专用扳手旋紧连接件,两侧各旋进12 mm,具体控制位置应事先在螺杆上标出。张拉时按照设计顺序进行张拉,即:先张拉3号和6号,再张拉1号、4号、7号,再张拉2号、5号、8号,且每个板缝处先张拉中间两个连接件,再张拉外侧两个连接件。之后,通过液压千斤顶按122 kN张拉力从两端对称张拉。待张拉稳定并达到要求后,再拧紧中部3号和6号板缝处的紧固螺母。

按照上述相同方法连接并张拉上层连接件。

17. 剪力钢板焊接

张拉完成后,将剪力板咬合紧贴,安装高强螺栓,再将剪力板与轨道板端面预埋钢板焊接在一起,每道焊缝需双面满焊,确保焊接质量。

18. 浇筑连接件处树脂砂浆

将剪力板和连接件及两侧预应力钢棒包裹密封,剪力板用密封胶带缠紧密实;连接件及预应力钢棒露出部分用胶管剖开后装上黄油包裹住,再在外面裹上密封胶带。

待连接器与剪力板密封包裹完后,即可浇筑剩余部分板缝的树脂砂浆,树脂砂浆搅拌与浇筑方法同前。浇筑成型的板缝砂浆如图6-24所示。

19. 板缝砂浆填充

板缝填充使用的树脂砂浆由界面胶黏剂、浇筑树脂与面层涂料3部分构成。界面胶黏剂的作用是保证浇筑树脂与轨道板间的良好黏接,浇筑树脂提供轨道板间浇筑材料的合适弹性模量、抗压强度及延伸率,持续保持对轨道板的良好连接,面层涂料则对浇筑树脂起到耐紫外线、湿热老化的良好保护作用。树脂砂浆各组分及配合比见表6-13。主要施工步骤分为涂刷胶黏剂、树脂砂浆搅拌及浇筑、涂刷表面保护涂料。

图 6-24　连接器处树脂砂浆浇筑

(1)涂刷胶黏剂。打开配套的胶黏剂 EJ-01A,用搅拌器将可能出现的沉淀物充分搅起后,根据使用量(每个板缝 1.5～2.5 kg)与胶黏剂 EJ-01B,搅拌 4～5 min。搅拌均匀后,均匀涂刷在轨道板两端板面。厚度控制在 0.5～1 mm。

表 6-13　树脂砂浆各组分及配合比

组分名称	牌　号	配合比(重量比)
胶黏剂	EJ-01A/EJ-01B	7∶1
浇筑树脂	PUJ-01A/PUJ-01B	100∶27
面层涂料	EC-01A/EC-01B	100∶18

(2)树脂砂浆搅拌。当涂刷的胶黏剂表面凝胶约 1～2 h 后,开始树脂砂浆搅拌,先用齿盘式电动搅拌分散器(速度 600～1 500 r/min)将 A 组分 PUJ-01A 搅拌 3～5 min,将可能出现的沉淀物充分搅拌均匀后,边搅拌边加入 PUJ-01B,混合搅拌约 2～3 min。

(3)树脂砂浆浇筑。浇筑前,用塑料薄膜将板缝边缘进行保护,防止污染,然后将搅拌好的树脂砂浆缓缓的倒入板缝。拌制好的树脂砂浆浇筑时间一般不得超过 15 min,同一板缝树脂砂浆浇筑间隔时间不超过 1 h。

(4)涂刷表面保护涂料。树脂砂浆 PUJ-01A/B 浇筑完成 0.5～1 h,树脂砂浆表面干燥后,即可涂刷表面保护涂料,待 EC-01A 搅拌均匀后,加入 EC-01B,混合搅拌 5～8 min,混合均匀后进行涂刷。涂刷厚度控制在 2 mm 左右。

20. 自密实混凝土浇筑

(1)自密实混凝土质量要求。CRTSⅢ型板式无砟轨道自密实混凝土的结构和施工性能受原材料供应影响较大,需要结合当地原材料供应作大量的配合比设计和工艺试验才能得出,其主要性能指标应满足:结构特性符合 C40 高性能混凝土的相关要求,具有微膨胀性能且满足低收缩、无收缩混凝土的相关规定;施工特性应保证混凝土扩展度在 650～750 mm 之间,具有足够的黏聚性能,施工过程不出现离析、泌水等现象,其流动性满足施工工艺的要求,其他性能符合铁路工程高性能混凝土的相关要求。自密实混凝土扩展度及流动性情况如图 6-25 所示。

(2)自密实混凝土制备。自密实混凝土采用普通高性能混凝土材料制备,外掺料按水泥、磨细矿渣粉双掺,粗骨料采用最大公称粒径不超过 20 mm 的连续级配碎石,外加剂包括聚羧酸减水剂和铝粉膨胀剂。混凝土制备所需的所有材料均符合《客运专线高性能混凝土暂行技术条件》(科技基〔2005〕101 号)的规定。混凝土配合比参数基本要求:胶凝材料用量不大于 600 kg/m^3,用水量不大于 190 kg/m^3,自密实混凝土单位体积的量宜为 0.35～0.42 m^3,单位

图 6-25 自密实混凝土扩展度及流动性情况

体积粗骨料绝对体积 0.26～0.32 m^3。

自密实混凝土的配合比设计的施工性能应符合自动计量搅拌站搅拌、混凝土罐车运输、输送泵一次输送及料斗中转浇筑的要求。在正式施工之前,应模拟施工条件进行从搅拌、运输、泵送到中转浇筑等全过程的工艺试验,以寻求最佳的配合比及施工工艺。

自密实混凝土采用自动计量搅拌站搅拌,搅拌站生产能力满足现场施工的要求。

(3)自密实混凝土模板安装施工。CRTSⅢ型无砟轨道自密实混凝土浇筑采用组合式钢模板,钢模板应严格按自密实混凝土调整层结构的厚度、宽度和设计超高值进行设计和加工。

钢模板安装时,不设超高值的地段线路两侧模板一般比轨道板各宽 10 cm;超高值大于 50 mm 的地段,则曲线内侧模板紧贴轨道板侧面安装;轨道板两端模板则须紧贴轨道板端面安装,端面安装允许偏差±5 mm;模板高度应高于自密实混凝土调整层表面 10 cm 以上。模板四周及底部缝隙采用砂浆、胶布或泡沫块进行封堵,以防止漏浆及漏浆对自密实混凝土的流动性及密实度产生影响,如图 6-26 所示。

图 6-26 自实混凝土调整层模板安装

模板安装时,应清除轨道板底及底座表面的杂物,检查和调整钢筋保护层厚度,检查预埋件安装完整,采用 PVC 管+胶布的方式对精调器进行保护。在混凝土浇筑前,还应对轨道板底部、底座表面进行预湿。

(4)自密实混凝土浇筑前检查。混凝土浇筑前,认真检查搅拌站是否清理和运转正常,混凝土罐车及汽车泵、中转料斗或其他需要的设备、机具的数量和状态是否满足施工需要。

混凝土浇筑前，应采用快速精调系统复测轨道板线形，确认轨道板状态满足自密实混凝土浇筑的要求。

(5)混凝土浇筑。自密实混凝土材料对设备、工艺以及外部环境较为敏感，施工时除了做好设备、材料等准备外，还要根据天气条件决定是否施工，如遇高温、大风、大雨等恶劣天气时应避免施工，此外，自密实混凝土浇筑应尽量避免冬期施工。

自密实混凝土通过罐车运输到工地后，采用汽车泵或输送泵输送，现场试验人员直接从汽车泵或输送泵的泵管管口取样进行流动度、扩展度、含气量、黏聚性等性能检测，当确认施工性能满足施工要求，方可正式施工。在施工过程中，也要按规定加强对自密实混凝土的抽查，确保其施工性能满足要求。

CRTSⅢ型无砟轨道板自密实混凝土采用三角浇筑料斗以自重方式浇筑。三角浇筑料斗由高度约 2 m 的料斗和 3 个带阀门的浇筑导管组成，通过阀门可控制混凝土浇筑的速度。自密实混凝土浇筑时，应提前在待浇筑轨道板上安装好三角浇筑料斗，并将浇筑导管依次放于轨道板上预留的浇筑孔，当轨道板上未预留浇筑孔时，浇筑导管则按前中后三个位置依次放于轨道板一侧的模板内，如图 6-27 所示。

图 6-27　自密实混凝土浇筑施工过程

自密实混凝土经汽车泵或输送泵泵入浇筑料斗后，开启阀门，使混凝土持续沿浇筑导管和浇筑孔注入轨道板底部，当混凝土布满轨道板底部并沿四周模板上涨超过计划浇筑高度后，放缓混凝土注入速度。混凝土浇筑应注意“先慢，后快，再慢”及持续浇筑的节奏，先慢是为使混凝土逐渐填充底座表面，之后加快速度直到混凝土布满轨道板底部并达到计划浇筑高度后，放缓浇筑速度，边清除浮浆，边补充混凝土，以保证整个混凝土的饱满和密实，直到混凝土已达计划浇筑高度，关闭阀门，完成混凝土浇筑。浇筑料斗移至下一块轨道板施工。

为防止混凝土溢出或混凝土供应中断，应保证混凝土汽车泵或输送泵的泵送速度与浇筑导管的浇筑速度一致。

待混凝土流动性逐渐减弱或初凝时，对混凝土外露部分压光抹面并设置向外 3％的横向排水坡。

(6)混凝土拆模及养护。待混凝土终凝后，将精调器松开半圈，并采用土工布覆盖保湿养护 7 d。混凝土强度超过 5 MPa 后，拆除模板和精调器，对精调器预留槽四周进行拉毛并用同标号的新鲜混凝土浇筑，同时修补混凝土表面缺陷，继续用土工布覆盖保湿养护。模板及精调器拆除后，应及时清理修补，以待下一次使用，同时清理道床四周的杂物和垃圾，以保证轨道结构及线路整洁。

6.2.8 资源配置

6.2.8.1 劳动力配置

CRTSⅢ型板式无砟轨道通常采取架子队组织模式,根据工作面情况分成若干班组,通常底座与轨道板施工分开组织,按照工序实行平行作业。各工序人员相对固定,推行专业化管理。

1. 管理人员组织

CRTSⅢ型板式无砟轨道一般以作业队为单位设置管理机构,负责多个作业面的技术管理和施工组织。管理人员组织见表 6-14。

表 6-14 管理人员组织表

序号	岗位或工种	人数	主要工作内容
1	作业队队长	1	全面主持双块式无砟道床施工组织工作
2	技术负责人	1	负责生产技术工作;负责建场规划工作
3	作业队副队长	2	负责设备、物资及施工生产管理工作
4	工程技术室	4	负责生产技术、施工测量
5	安全质量室	5	负责安全、质量,主管安质、工程试验
6	物资设备室	10	负责设备及物资供应,含库管
7	办公室	5	负责治安、保卫工作及行政事物、食堂、司机、文化娱乐的管理及对外接待联络工作
8	工程调度	2	负责生产指挥调度,协调对外关系
合计		30	

2. 生产人员组织

每个作业工序,工地负责人、工班长、技术人员和专兼安质人员由正式员工担任,且持上岗证上岗。其余根据需要可配置劳务用工,但岗前必须进行培训并经考试合格后上岗。特殊工种必须按规定持证上岗。以下工序按路基及桥梁上日进度 120 双延米、隧道内日进度 100 双延米配置劳动力。

(1)底座或支承层施工。路基及隧道内底座或支承层施工同 CRTSⅠ型双块式无砟轨道施工。

(2)CRTSⅢ型轨道板安装施工。CRTSⅢ型轨道板安装施工单作业面生产人员配置见表 6-15。

表 6-15 CRTSⅢ型轨道安装板施工单班生产人员配置(单作业面)

序号	工作内容	人数	备 注
1	管理人员	10	
2	存板场运吊轨道板	20	含存板厂看守,轨道板卸存
3	吊装及铺设	16	含上桥吊装、运铺
4	轨道板精调	12	含配合精调、钻孔
5	混凝土模板安拆	30	含扣压装置安装
6	自密实混凝土浇筑	20	含桥上、桥下

续上表

序号	工作内容	人数	备　注
7	CPⅢ平面控制网测量	12	含水准测量
8	路基地段轨道板纵向连接	12	含树脂砂浆浇筑
9	其他	50	隔离层制作、钢筋网片加工等
合　计		182	

6.2.8.2　主要设备机具配置

施工设备及机具按作业面配置，生产能力符合上述进度指标要求。

(1)混凝土底座或支承层施工。混凝土底座或支承层施工同CRTSⅠ型双块式无砟轨道施工。

(2)CRTSⅢ型轨道板安装施工。CRTSⅢ型轨道板安装施工主要设备及机具配置见表6-16。

表6-16　CRTSⅢ型轨道板安装施工主要设备及机具配置

序号	设备及工装名称	规　格	单位	数量	备　注
一	轨道板运铺				
1	平板运输汽车	12 t	台	6	
2	汽车起重机	25 t	台	2	
3	轮胎式铺板龙门吊	10 t	台	1	
4	轮胎式双向运板车	30 t	台	1	
二	轨道板精调				
1	全站仪	测角精度≤1″，测距精度≤1 mm+2 ppm	台	1	带自动照准功能
2	电子水准仪	精度≤0.3 mm/km	台	1	
3	后视棱镜		套	8	与CPⅢ网匹配
4	轨道板精调系统	CRTSⅢ型	套	2	含全站仪、工控计、精调标架
5	精调门吊	自制	套	2	
6	双向精调爪	自制	套	250	每套4块
7	扣压装置		套	250	
三	轨道板纵向连接				
1	扭力扳手		套	12	
2	组合模板		套	120	板缝浇筑用
3	齿盘式电动搅拌分散器	速度600～1 500 r/min	套	2	树脂砂浆搅拌用
四	自密实混凝土浇筑				
1	组合钢模板		套	200	
2	混凝土搅拌站	90 m^3/h	套	1	
3	钢筋加工设备		套	1	含切割、焊接、绑扎
4	混凝土罐车	12 m^3	台	6	
5	混凝土汽车泵		台	2	

续上表

序号	设备及工装名称	规　　格	单位	数量	备　　注
6	三向浇筑料斗	$8m^3$	台	4	
7	水车		台	2	
8	储水罐	$1m^3$	个	50	

6.2.9 质量安全控制要点

6.2.9.1 质量控制要点

除应满足施工工艺的要求外，质量控制还应符合下列措施的要求：

(1)建立健全质量管理体系，配置质量控制要素，严格施工过程控制，针对不同工序、不同施工内容制定并实施作业指导书、质量实施细则和质量检测大纲，以工序质量、细节质量保证最终的施工质量。

(2)控制无砟轨道施工边界条件，铺板前，桥梁沉降和徐变评估、路基沉降评估等必须达标，桥面系及底座混凝土施工二期恒载基本完工，CPⅢ网复测精度达标。

(3)在轨道板精调测量中，配置高精度的全站仪、电子水准仪、轨道板精调系统等，测量人员进行针对性的培训并经考核合格后上岗，施工过程应加强设备的经常性校正、日常保养和维护，计量器具定期送检标定。

(4)根据气候条件，进行严格的施工作业控制，如测量和精调应选择在温差不大、阳光不强、少风、无雨的天气，轨道板张拉应选择在基于接近中和温度时进行，而自密实混凝土浇筑则应选择在温差不大、阳光不强、无雨或小雨的天气。进入冬季时，应根据天气条件采取冬期施工措施。

(5)轨道板在储存和运输、吊装过程中，应加强对成品的保护，特别是储存过程中严格侧面立放平衡支垫，防止轨道板发生翘曲变形。

(6)轨道板自密实混凝土调整层浇筑之前，必须进行轨道板复测，并设置隔离区，以防止车辆和行人从上通过扰动轨道板。

(7)轨道板调节装置和固定装置必须保证其加工精度，安装稳固、牢靠，防止轨道板精调后产生移位变形，影响轨道板铺设精度。

(8)为确保技术标准和施工工艺落到实处，在正式施工之前，应按技术培训及设备验证、工艺试验、线下试验段、线上先导段的顺序依次开展试验及分级评估工作，每个阶段经评估达到合格要求后方可进入下一阶段的试验或施工。其中线下试验段应由建设单位组织评估，线上试验段应由铁道部组织对建设单位的评估后，再由建设单位组织对施工单位的评估。

6.2.9.2 安全控制要点

(1)按要求配足安全生产要求，确保安全管理体系正常运转。

(2)做好经常性的安全教育和技术培训，设备操作人员和特殊工种持证上岗。

(3)加强对施工机具设备、临时设施的例行检查和强行保养，确保设备及临时设施安全可靠。

(4)施工基地、运输道路、作业面布置科学合理，物流顺畅，临空、临边作业防护措施到位；涉及交通疏解或交通干扰的地段，应设置警示或防护设施、标牌，必要时设专人管理和防护。

(5)施工用电严格执行五线三相制和一机一闸制，做好漏电保护，电线外皮不能破损，不能超负荷用电，严禁私拉乱接，违规用电。

(6)施工现场的布置应符合防火、防风、防雷击、防洪、防触电等安全规定及安全施工的要求，各临时存板点等应按规定统一布置。

(7)生产料库应加强防火措施，乳化沥青库房周边应严禁使用明火。

(8)吊装作业时，应有专人进行指挥，要经常检查钢丝绳、吊钩、夹具等的安全状况，吊臂下及吊装范围内严禁站人。

(9)轨道板装卸时应利用轨道板上的起吊装置水平起吊，四角均匀受力；把吊环安在插入螺栓上时，应注意充分上紧螺栓，不使螺栓损伤。

(10)轨道板、砂浆或其他物料吊装时，必须设专人看护，遇高压线横跨线路上空时，不得伸臂至高压线安全区内，且应通知当地电力部门协助看护吊装。

(11)物料堆码牢靠，夜间施工时照明充分。

(12)临时上桥通道应按规定搭设牢固，并定期进行检查维修。

6.2.9.3　环境保护控制要点

(1)废弃混凝土及砂浆材料必须按照规定集中统一处理，严禁随意排放污染环境。

(2)施工作业时要对所有生活和生产废水经过过滤、沉淀后集中处理；施工营地设置集中垃圾收集地，设专人管理，经无害化处理后排放，定期填埋，严禁就地焚烧；对营地生活垃圾(包括施工废弃物)集中装运至指定垃圾处理场处理，对不能处理的垃圾拉到设有处理设施的厂处理。

(3)严格按照使用要求检修和保养发动机，使用合格的燃料油，以提高发动机的燃烧和工作质量，减少发动机废气对环境的污染。

(4)经常检查各种油液管路和接头，发现泄露、渗漏及时更换或维修；对擦洗机械后的油液和更换下来的废润滑油、废液压油分类回收。

(5)针对施工过程中产生的噪声对动植物和人体损害均较大，为了保护环境，应尽量减少噪声污染，机械设备使用低噪声发动机。

7 道岔施工技术

7.1 概　述

为满足高速列车高速、安全、舒适的运营要求，目前高速铁路使用了长枕埋入式无砟道岔、板式无砟道岔及有砟轨道道岔三大类道岔，本章主要介绍三类道岔的结构设计和技术标准，新创新的板式无砟道岔的生产制造，以及三种道岔的施工方法、工艺等内容。

7.1.1 长枕埋入式无砟道岔

长枕埋入式无砟道岔在结构上与CRTSⅠ型双块式无砟轨道相似，均采用预埋轨枕的现浇混凝土道床结构。施工时，在底座施工完成并达到无砟轨道施工条件后，通过道岔钢轨部件及预制混凝土岔枕组装成轨排并使用螺杆调节器等支撑和调整系统将其架立在底座上，再经过轨排组装及粗调、钢筋绑扎和模板安装、轨排精调、电务转换设备安装调试、浇筑道床混凝土等工序形成整体道床结构。最后完成道岔轨道精调、钢轨焊接、工电联调及后续施工等工序。

长枕埋入式无砟道岔是施工组织难度最大的无砟轨道项目，涉及道岔部件运输及吊装、高性能混凝土施工、道岔精度控制及前后顺接、钢轨焊接及无缝线路锁定，而且施工过程往往受周边环境影响较大。

7.1.2 板式无砟道岔

板式无砟道岔是我国大规模推进高速铁路建设中再创新形成的一种新型岔区无砟轨道结构形式。该型无砟道岔分为混凝土预制、道岔板铺设和道岔安装三个阶段。混凝土道岔板采用固定台座工厂预制，通过设备和工序传递来完成产品的生产过程，有相对固定的工艺流程，实行分班作业制度，有相对固定的场区保护、消防、安全、绿化环保等设施来提供质量、安全保证。

混凝土道岔板分为预埋套筒式和整体预制钻孔式两种生产方式，均为非预应力结构，每组道岔板依据对应道岔线形的不同并结合制造、运输、铺设等施工工艺的需要，划分成很多块。道岔板钢筋通过预扎胎具绑扎成型后置入整体式模型一次浇筑混凝土成型，其外形精度主要由模型实现，生产和检测设备精度要求高，质量控制和管理过程要求严格。此外，整体预制钻孔式道岔板在预制完成且混凝土强度、弹模达到要求后利用钻床钻取扣件螺栓孔。

板式无砟道岔是在下部基础上铺设预制道岔板，通过自密实混凝土或水泥乳化沥青砂浆进行调整和支承，并适应ZPW-2000轨道电路传输需要。板式无砟道岔施工分为道岔板铺设和道岔部件安装两个阶段。

道岔板铺设又分为两种情况。一种是路基及隧道内施工，道岔板下浇筑自密实混凝土，施工方法及工艺与CRTSⅢ型板式无砟轨道相似。另一种是桥梁上施工，道岔板下浇筑水泥乳化沥青砂浆，施工方法与CRTSⅡ型板式无砟轨道相似。

道岔部件安装在道岔板铺设完成后进行，通过公路或铁路将道岔部件运输进场并吊装就位，采用轨检小车配合测量进行道岔线形的调整，安装电务转换设备并进行工电联调，最后焊接道岔钢轨并与区间线路形成跨区间无缝线路。

7.1.3 有砟轨道道岔

高速铁路有砟轨道道岔设计为大号码、可动心轨、无缝结构，除因道床结构特点而采用预应力岔枕、碎石道床结构外，道岔钢轨件及扣件系统、转换设备等与高速铁路无砟轨道道岔基本相同。施工组织以原位法组装铺设为主，与高速铁路有砟轨道线路施工相似，道岔铺设前，需预铺底砟并对预铺底砟的平整度和碾压密度有严格要求，道岔组装及工电联调后采用大型整道机组整道，最后焊接成无缝线路。为保证道岔区轨道的整体性和道岔与线路的平稳过渡，施工时对控制测量、上砟整道、无缝线路锁定等要进行严格的控制。

由于道岔轨件运输及组装要求，有砟道岔施工周期长，施工时一般采用铺轨到达前提前预铺或铺轨通过后换铺等两种施工组织模式，以减少道岔施工对线路铺轨的影响，其中提前预铺是目前主要的施工组织模式。

7.2 结构设计

7.2.1 长枕埋入式无砟道岔

长枕埋入式无砟道岔由道岔部件、预制长岔枕、钢筋混凝土道床板、隔离层和钢筋混凝土底座等部分组成。长桥地段钢筋混凝土底座与梁面间通过植筋或预留连接钢筋连在一起。为保证轨道电路传输的需要，道床板内纵横向钢筋交叉点采取绝缘卡隔离和绝缘扎带绑扎的措施。如图 7-1～图 7-3 所示。

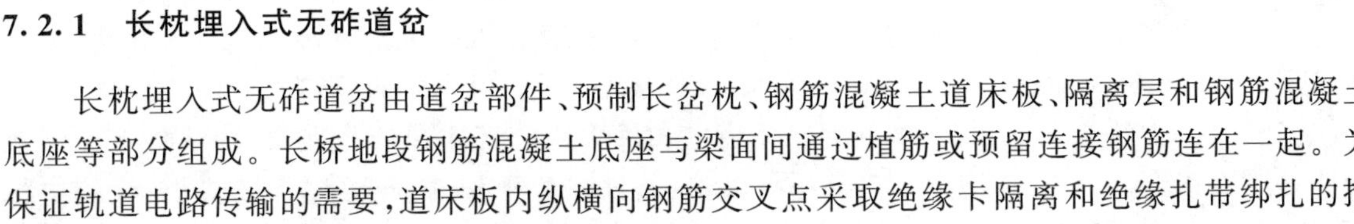

图 7-1 路基及隧道内长枕埋入式无砟道岔结构横断面图(单位：mm)

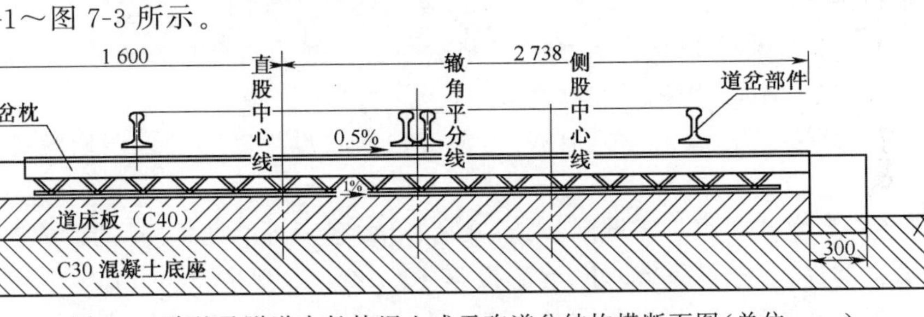

图 7-2 桥梁上长枕埋入式无砟道岔结构横断面图

图 7-3　长枕埋入式无砟道岔实景

(1)道岔部件。道岔部件包括钢轨件和扣件系统，高速铁路大号道岔一般采用 60 kg/m 钢轨，道岔号码有 12 号、18 号、42 号和 62 号等规格，有单开、单渡线及联络线道岔等类型。道岔侧向最大允许通过速度为:12 号道岔 45 km/h，18 号道岔 80 km/h，42 号道岔 160 km/h，62 号道岔 220 km/h。若道岔采用德国 BWG 技术体系，则还有 39 号道岔和 50 号道岔。

目前国内宝桥、山桥和株桥等道岔供应商所生产的高速铁路道岔，道岔基本轨、导轨、叉跟轨采用60 kg/m钢轨制造，设 1∶40 轨底坡;尖轨、心轨用 60D40 钢轨制造，中间不焊接，设 1∶40轨顶坡;护轨采用 UIC33 槽型钢轨。道岔扣件采用分开式弹条Ⅱ型扣件，铁垫板在钢轨中心处厚度为 27 mm。轨下设 5 mm 厚橡胶垫板，铁垫板下设 20 mm 厚橡胶垫板;橡胶垫板下采用调高垫板进行调高，最大调高量 30 mm。铁垫板与钢轨轨底间设轨距块，工作边采用 10 号轨距块，非工作边采用 11 号轨距块。铁垫板与岔枕间用岔枕螺栓连接，岔枕内预埋塑料套管，铁垫板与岔枕螺栓间设复合定位套和缓冲调距块。

若采用德国 BWG 道岔或其他类型道岔，则应根据其设计图和铺设图确定各部件材料及规格。

(2)轨道结构高度。参照京津城际、沪宁城际、哈大客专等高速铁路，岔区长枕埋入式无砟道岔结构除道岔部件(含扣件系统)外，道床板厚 400 mm，底座厚 300 mm。道床板混凝土顶面略低于岔枕顶面约20 mm，并设置向外 0.5%的横向排水坡。转辙机基坑深度满足转辙机安装及使用的要求，其表面设置向外 1%的排水坡。

(3)预制长岔枕。长枕埋入式无砟道岔采用预制混凝土岔枕结构，岔枕的数量及规格根据设计不同而不同。长岔枕设计为先张预应力结构，一般按上宽 260 mm，下宽 290 mm，高度 130 mm，长度根据设计确定。长岔枕上表面为承轨面，预埋扣件螺栓套管，采用无挡肩分开式扣件结构，承轨面不设凸台和排水坡。

7.2.2　板式无砟道岔

板式无砟道岔结构分为路基及隧道内和桥梁上两种轨道结构形式。路基及隧道内板式无砟道岔结构主要由道岔部件、预制道岔板、自密实混凝土底座及混凝土垫层等部分组成，道岔板与底座间通过道岔板预留门形钢筋连接。桥梁上桥上岔区板式无砟轨道结构主要由道岔部件、预制道岔板、水泥乳化沥青砂浆调整层、钢筋混凝土底座板及纵横向限位结构等部分组成，其中道岔板与底座板之间设置剪力筋连接，底座板与桥梁通过桥梁上预留齿槽及连接筋连接。必要时，在道岔两侧设侧向挡块进行限位。板式无砟道岔结构如图 7-4～图 7-6 所示。

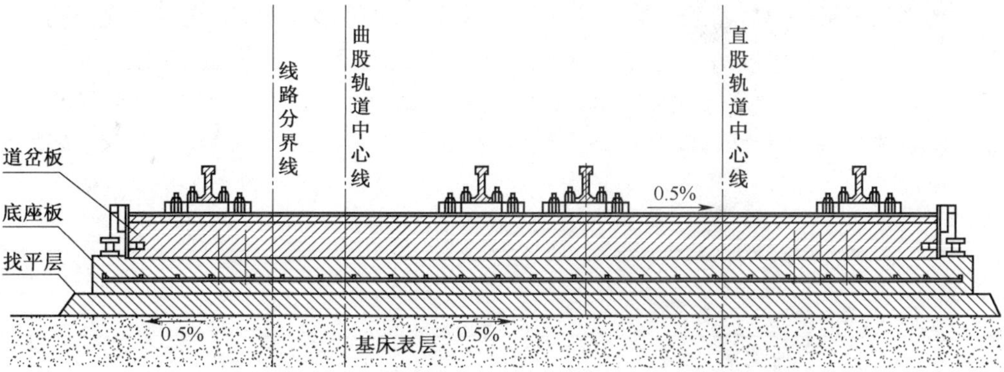

图 7-4　路基及隧道内板式无砟道岔结构（横断面）

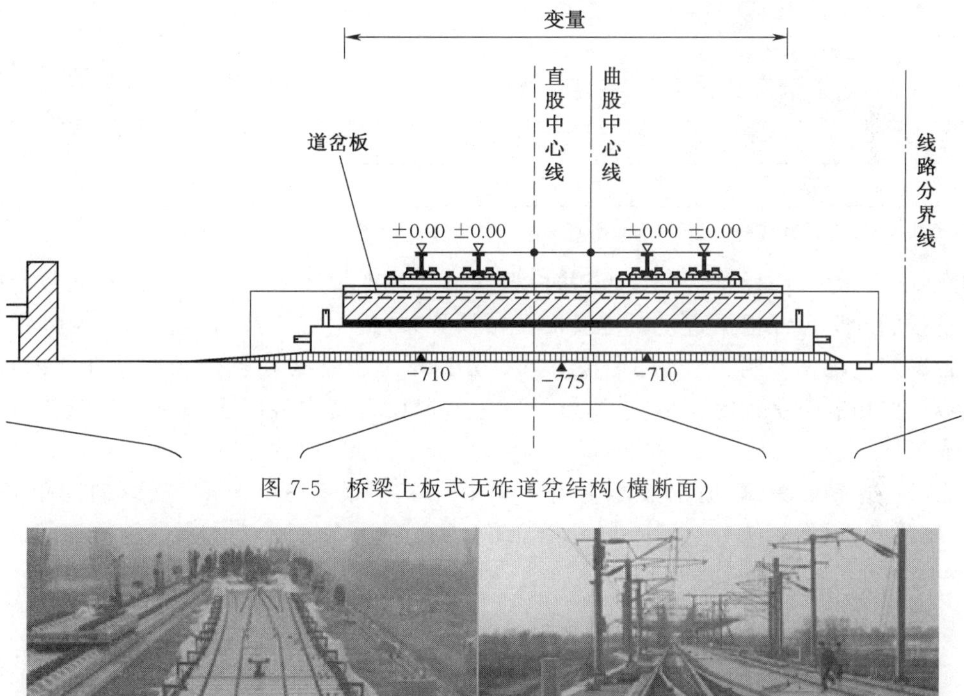

图 7-5　桥梁上板式无砟道岔结构（横断面）

图 7-6　板式无砟道岔实景

(1)道岔部件。道岔部件包括钢轨件和扣件系统,高速铁路道岔一般采用60 kg/m钢轨,道岔号码有12号、18号、42号和62号等多种号码,包括单开、单渡线及联络线道岔等类型。道岔侧向最大允许通过速度为:12号道岔45 km/h,18号道岔80 km/h,42号道岔120 km/h,62号道岔220 km/h。若道岔采用德国BWG技术体系(即中国CNTT道岔),则还有39号和50号道岔,其侧向通过速度最大允许通过速度与国产42号和62号道岔相当。

(2)轨道结构高度。为保证板式无砟道岔与相邻无砟轨道之间的顺接,板式无砟道岔高度与相邻无砟轨道的高度一致。以京沪高速铁路为例,板式无砟道岔在路基、隧道、桥梁地段的结构高度见表7-1。

表7-1 板式无砟道岔结构高度(mm)

序号	名称	路基	桥梁	隧道	备注
1	道岔钢轨件	176	176	176	
2	道岔扣件垫板高度	64	64	64	
3	厂制道岔板	240	240	240	
4	水泥乳化沥青砂浆垫层	—	30	—	
5	钢筋混凝土底座	—	169	—	
6	自密实混凝土底座	180	—	180	
7	混凝土垫层	130	—	130	即找平层
8	总高度	790	679	790	

注:轨道结构高度为钢轨轨面至底座底面最小高度。

(3)预制道岔板。每组道岔对应道岔板根据道岔长度及线形的需要分为不同数量的道岔板。道岔板的外形尺寸根据道岔轨道线形及扣件分布,道岔板制造、运输、吊装及铺设工艺的需要综合确定。根据预制工艺的不同,道岔板分为预埋套管式和整体预制钻孔式两种类型。路基或隧道内预制道岔板需在板底预埋门形钢筋,以便自密实混凝土底座浇筑时使道岔板与底座构成整体。

以京沪高速铁路为例,道岔板厚度为240 mm,其上设置340 mm宽、纵向间距600 mm(特殊区域除外,根据扣件节点间距布置)的横向承轨面,承轨面表面水平。承轨面间的道岔板设0.5%的向外的横向排水坡及横向预裂缝(图7-7)。

图7-7 预制道岔板

(4)桥梁上水泥乳化沥青砂浆垫层。水泥乳化沥青砂浆垫层厚30 mm,采用模筑法自重力方式浇筑施工。

(5)桥梁上钢筋混凝土底座及侧向挡块。为保证与相邻无砟轨道结构的高度一致,桥梁上板式无砟道岔设钢筋混凝土底座,底座与桥梁间通过桥面预留齿槽、连接筋或桥面植筋进行连接。

(6)路基上或隧道内自密实混凝土底座。路基上或隧道内自密实混凝土底座厚 180 mm,宽度超出道岔板约 440 mm,超出道岔板的露出部分设 4%向外的横向排水坡。底座内在道岔范围内设纵向贯通的 HRB335 钢筋。

(7)路基上或隧道内混凝土垫层。为保证路基上或隧道内自密实混凝土浇筑时基础面的平整度,在路基表面和隧道仰拱表面设置 130 mm 厚的 C25 素混凝土垫层。垫层宽度超出自密实混凝土底座两侧各 300 mm。

7.2.3 有砟轨道道岔

有砟轨道道岔由道岔部件、扣件系统、混凝土岔枕、电务设备、碎石道床等部分组成。如图 7-8 所示。

图 7-8 高速铁路有砟轨道道岔实景

(1)道岔部件。我国高速铁路有砟轨道道岔采用 60 kg/m 钢轨制造,包括钢轨件和扣件系统,目前已经定型的道岔号码有 12 号、18 号、42 号等规格,包括单开、单渡线及联络线道岔等类型。道岔侧向最大允许通过速度为:12 号道岔 45 km/h,18 号道岔 80 km/h,42 号道岔 160 km/h。此外,我国还试铺了 30 号和 38 号高速道岔。

按照国内宝桥、山桥和铁建重工等道岔供应商所生产的高速铁路道岔,道岔基本轨、导轨、叉跟轨采用 60 kg/m 钢轨制造,设 1∶40 轨底坡;尖轨、心轨用 60D40 钢轨制造,中间不焊接,设 1∶40 轨顶坡;护轨采用 UIC33 槽型钢轨。道岔扣件采用分开式弹条Ⅱ型扣件,铁垫板在钢轨中心处厚度为 27 mm。轨下设 5 mm 厚橡胶垫板,铁垫板下设 20 mm 厚橡胶垫板;橡胶垫板下采用调高垫板进行调高,最大调高量 30 mm。铁垫板与钢轨轨底间设轨距块,工作边采用 10 号轨距块,非工作边采用 11 号轨距块。铁垫板与岔枕间用岔枕螺栓连接,岔枕内预埋塑料套管,铁垫板与岔枕螺栓间设复合定位套和缓冲调距块。

(2)混凝土长岔枕。高速铁路有砟轨道道岔采用先张预应力混凝土长岔枕结构,岔枕的数量及规格根据设计不同而不同。长岔枕一般按上宽 260 mm,下宽 300 mm,高 220 mm,最短

2.3 m,最长 4.2 m,长度根据设计确定。长岔枕上表面为承轨面,预埋扣件螺栓套管,采用无挡肩分开式扣件结构,承轨面不设凸台和排水坡。此外,转辙机或密检器位置对应岔枕端头顶面上预留设备安装所需的螺栓孔。

(3)岔区铺设一级或特级水洗碎石道砟道床,道床宽度随道岔轨道线形变化,按轨枕端头以外 60cm 控制且不设砟肩堆高,道床厚度 35 cm,道床边坡 1∶1.75,道床顶面低于岔枕顶面 3 cm。转换设备位置安装 U 形钢模型形成转辙机基坑,采用浆砌圬工筑筑转换设备安装平台。

道岔区与前后线路间通过路基顶面高程的调整完成道床厚度的顺接。

7.3 混凝土道岔板预制技术

板式无砟道岔是我国大规模推进高速铁路建设中再创新形成的一种新型岔区无砟轨道结构形式,而长枕埋入式无砟道岔、高速铁路有砟轨道道岔的岔枕预制技术与传统轨枕预制技术相似,在此仅介绍混凝土道岔板的预制技术。

板式无砟道岔分为混凝土预制、道岔板铺设和道岔安装三个阶段。混凝土道岔板采用固定台座工厂预制,通过岗位人员操作设备和工序传递来完成产品的生产,有相对固定的工艺流程,实行分班作业制度,有相应的场区保护,消防、安全、绿化环保设施等相对固定。

混凝土道岔板分为预埋套筒式和整体预制钻孔式两种生产方式,均为非预应力结构,每组道岔板依据对应道岔线形的不同并结合制造、运输、铺设等施工工艺的需要,划分成很多块。道岔板钢筋通过预扎胎具绑扎成型后置入整体式模型一次浇筑混凝土成型,其外形精度主要由模型实现,生产和检测设备精度要求高,质量控制和管理过程要求严格。此外,整体预制钻孔式道岔板在预制完成且混凝土强度、弹模达到要求后利用钻床钻取扣件螺栓孔。

7.3.1 混凝土道岔板制造工艺流程

7.3.1.1 工艺流程

混凝土道岔板制造主要分为钢筋制作、混凝土制备、道岔板预制、道岔板养护、道岔板钻孔及扣件套管安装(如果有)等 5 个生产流程。主要工序如下:

(1)钢筋制作。采用钢筋预扎台座集中预扎,整体入模的方式;入模后在浇筑混凝土前进行绝缘性能检测,确认电阻大于 2 MΩ。

(2)模型安装。采用拼装组合式钢模型,模型安装后采用配套仪器检测,模型外形尺寸允许误差为道岔板外形尺寸允许误差值的 1/2。

(3)混凝土制备及道岔板预制。一般采用 120 型或 90 型拌和站制备混凝土,混凝土使用平板小车配合混凝土料斗方式运输进入制板车间,之后再用桥式起重机吊运料斗至道岔板模型位置进行混凝土浇筑作业。

(4)道岔板养护。混凝土浇筑完毕后采用自动蒸养系统进行养护,最高温度不超过 45 ℃,道岔板芯部温度不超过 55 ℃。之后进入水养阶段,水温不得低于 5 ℃,养护时间不少于 3 d。水养完成后将道岔板存放到存板区进行自然养护,时间不少于 4 d。

(5)道岔板钻孔及扣件套管安装。若为整体预制钻孔式道岔板,在预制道岔板养护结束且混凝土龄期达到 28 d 后,钻床按照道岔线形及扣件节点坐标在道岔板钻取扣件螺栓孔,之后再安装扣件套管。

7.3.1.2 关键工序

钢筋制作与绝缘检测,模型检测及预埋套管安装,混凝土浇筑,道岔板养护,道岔板钻孔及扣件套管安装。

7.3.2 道岔板预制场规划及建设

7.3.2.1 设置原则

混凝土道岔板预制一般按区域结合1个或多个工程项目的工程量统筹考虑,既可单独设置,也可结合其他无砟轨道构件预制统一设置。原则上应结合生产规划、供应距离、地理环境及地势条件等综合考虑,尤其要选择靠近公路交通要道并与施工便道相连的位置。若条件许可,预制场可利用废弃厂矿、预制场、规划用地或取弃土场等,以减少土石方量,节约用地,节约投资。此外,还应考虑材料进出场、水电供应等因素。

混凝土道岔板生产工效受制于模具配置,而模具配置又需要厂房及相关设备予以支持。每套模具周转时间约为24 h,每月可按28 d有效工作日计。

7.3.2.2 预制场总体规划

按生产工艺原理,混凝土道岔板预制场总体规划应结合工程工期及场地条件尽量做到布局合理、工序清明、物流顺畅,生产规模满足工程工期并略有富余,适度预留长远发展余量。一个功能完整的混凝土道岔板预制场一般包括生活办公区、混凝土拌制区、钢筋加工车间、道岔板生产车间、道岔板存放区等区域。以下以中铁二局石武客专铁路元氏道岔板预制场为例介绍道岔板预制场的规划及建设。

根据工程任务及工期要求,元氏道岔板预制场计划6个月向石武客专河北段生产和供应18号单渡线、18号渡线和42号联络线道岔共计98组道岔178种规格2 134块道岔板。为此,根据现场条件,选址和规划道岔预制场。

元氏道岔板预制场占地约75亩,临近元氏轨道板场修建,紧临既有省道公路,交通方便。道岔板预制场平面划分为生活办公区和道岔板生产区两大区域,其中生活办公区占地约12亩,包括办公区、住宿区、食堂及生活辅助区等;道岔板生产区占地约63亩,包括钢筋加工区、道岔板预制区、道岔板水养区、道岔板检测区、道岔板存放区、拌和站及生产辅助区等设施,其中钢筋加工区、道岔板预制区等集中在主生产厂房内布置。道岔板生产区内各工序的物流衔接采用桥式起重机、平板车、运输车及龙门吊等完成,各区根据自身特点配备相应的生产机具。

7.3.2.3 道岔板预制场建设

(1)生产量设计。按照设计文件和技术条件要求,混凝土道岔板按混凝土强度发展(即蒸养时间)确定模型周转,而脱模开始到钢筋及预埋件安装、混凝土浇筑成型的时间大约为4 h,混凝土养护16 h,模型周转的理论时间为20 h。但考虑到劳动力组织及正常的生产组织,一般都按24 h单班作业考虑,故模型的周转时间为24 h。以一套模型每个月正常生产28 d计,即每套模型的月产量为28块。因此,道岔板预制场的模型配置则需根据供板量及工期确定模型配置数量。

(2)生活办公区。生活办公区在规划用地内尽量避开生产区设置。生活办公区主要包括办公室、会议室、员工宿舍、食堂和文化活动区等。此外,还应修建试验室、物资仓库等辅助房屋。

(3)混凝土拌和站。混凝土搅拌区配置1台90 m^3/h全电脑控制混凝土搅拌站。搅拌站主机采用1.5 m^3/盘的强制式搅拌机,配备计算机自动控制系统。散装水泥及矿物掺和料储存罐的储备能力,满足连续2 d的混凝土浇筑能力所用量的要求。另外在主生产厂房另一侧设置1台4 t蒸汽锅炉、热交换房、抽水房及空压机房等满足生产需要的辅助设备。

砂石料仓应满足混凝土半个月内的供应,冬季应有备用料仓可满足3个月的储料能力。

(4)生产主厂房。预制道岔板作业规划为工厂化生产。车间依据道岔板生产工艺流程、工序顺序和物流方便布置进行设计,采用单跨整体钢框架结构、钢筋混凝土扩大独立柱结合连续地基梁式基础、牛腿钢柱、工字钢走行梁,钢构件间采用高强螺栓连接、彩钢板绝热墙面和顶棚。

主厂房设三条道岔板预制生产线,长约100 m,进口段主厂房左侧前段设车间办公室,右侧前段为温控室,左侧中段为钢筋加工绑扎区,主厂房右侧中段后段及左侧后段设置为道岔板预制区。厂房内布置拼装式底模41套和178套侧模,41套底模按直列式分一长两短共3条生产线布置,钢筋加工和绑扎区靠近与生产线平行布置。厂房内配备2台33 m跨度10 t桥式起重机、3套自动温控系统、道岔板脱模设备,2套道岔板浇筑设备、模型清理设备以及混凝土运输设备。如图7-9所示。

图7-9 混凝土道岔板预制场主生产厂房布置图(整体预制钻孔式)

(5)道岔板预制区。主厂房内3条道岔板预制生产线,24 h最大生产量为35块。道岔采用组合拼装式底模固定于整体型钢支架上,并在型钢支架上布置高频振动器和蒸养管道。工艺设计为:混凝土用平板车通过运输通道运至道岔板生产线,桥式起重机吊装混凝土料斗入模浇筑,一次浇筑成型,初凝完成后,人工进行拉毛。一条生产线全部道岔板混凝土浇筑完成后集中进行蒸汽养护,温控操作系统进行控制,蒸汽管道铺设在每个制板台座底部,蒸汽养护罩采用活动式钢管架外罩隔热篷布。

(6)钢筋加工区。钢筋加工区对应轨道板预制生产线布置,投入10台钢筋弯曲机、6台钢筋定长切断机和2台直流电焊机(ZX7-500),设16套钢筋绑扎胎具,每套胎具上通过更换活动卡具可实现1套胎具对多种规格钢筋网片的绑扎。钢筋网片紧靠绑扎胎具布置,共设10个区,每个区存放3层,加上绑扎胎具上可存放1个,共可存放36个钢筋网片,满足日产35块的要求。工艺设计为:钢筋进场后,通过运输车直接进入钢筋存放车间,人工配合10 t桥式起重机进行卸料，经加工后运输到道岔板生产车间进行钢筋网片绑扎，采用专用 10 t 桥式起重机将绑扎合格的钢筋网片送进道岔板生产线。钢筋入模前绝缘检测工序集中在钢筋网片存放台上面进行。

(7)道岔板水养区及存放区。道岔板存放区由水养区、翻板区、成品板存放区组成，由道岔板运输车辆运至道岔板存放区，再利用桥式起重机将道岔板转移到翻板机处翻转后吊入水养池内，水养 3 d 后再由龙门吊将道岔板转移到存放区存放台座上湿养和存放。如图 7-10、图 7-11 所示。

道岔板存放区内配置 1 台跨度为 40 m、悬臂 12 m、起重量 16 t 的龙门吊。水养区设置 2 台道岔板翻板工装。

图 7-10 道岔板预制场水养区

图 7-11 道岔板预制场成品板存放区

(8)道岔板钻孔区。当道岔板为整体预制钻孔时，设专门的钻孔及螺栓安装区。按日产 35 块道岔板计算，每个区设 12 个钻孔台座，每个台位配 1 个钢板定位胎具和 3 台磁力钻。

(9)生产辅助区。根据板场生活生产所需的用电总功率，电力供应由设在附近的 10 kV 高压线路引入，根据道岔板各部分用电情况进行电线布置。为确保道岔板生产时电力的正常供应，道岔板场内备用 1 台 350 kW 发电机。

道岔板场用水一般采用钻打机井解决,生活用水采用外接自来水。为满足道岔板预制时蒸汽养护的需要,另设 1 台 4 t 的蒸汽压力锅炉。

7.3.3 制板关键设备及工装

道岔板钢模的周转主要受混凝土的浇筑、道岔板蒸汽养护及脱模环节的制约,设备的优化和布置是生产线的设置重点。

7.3.3.1 道岔板预制模型

(1)模型结构概述。拼装式道岔板模型为钢模型,由固定支架、拼装式底模及活动侧模组成,振动器及蒸养管布置于支架及底模下。其中,拼装式底模由┌┐形的承轨轨面和—形的汇水面等两种组件拼装而成,同一┌┐形组件设置多处预埋套管定位孔,同一┌┐形组件或—形组件可用于不同位置或不同类型的道岔板底模拼装。经过组合调试,178 种不同规格类型的道岔板模型可在 41 套底模上预制完成。有效地节约了空间和成本。如图 7-12、图 7-13 所示。

图 7-12 拼装成型的道岔板生产线(模型)

图 7-13 拼装成型的道岔板模型

(2)模型结构特点。道岔板模具采用拼装式模型,由地脚螺栓及支撑钢板、缓冲橡胶块、支架、侧模以及辅助部件组成。模型结构主要有针对性、独立性、特殊性、可组装性和可调配性等 5 个特点。

1)针对性。道岔板依据不同地段而设计的道岔,其各型号道岔板具有相当强的针对性。

2)独立性。各道岔板规格型号不一样,其外形规格均不一样。

3)特殊性。道岔板具有特殊性,道岔板型号不同其外形规格均不相同,因而道岔板模型只能采用独立模型结构形式单独生产各型号道岔板。

4)可组装性。道岔板模型为单一的个体,其模型为底、侧、模等组装而成,可拆卸。

5)可调配性。道岔板生产车间共有 41 套道岔板模型,然而要生产出 178 种型号的道岔板,因而其中部分道岔板模型具有可调配性,可以根据需要选择性生产。

7.3.3.2 钢筋绑扎胎具

为保证钢筋网片绑扎时的定位精度,道岔板钢筋网片采用专用绑扎胎具辅助绑扎。原则上每种规格类型的钢筋应至少配置一套钢筋绑扎胎具,但由于道岔板预制通常有多种规格类型,为节省空间,需要尽量减少绑扎胎具的数量。因此,经研究总结形成了"活动卡具,组合拼装"式钢筋网片绑扎胎具,在同一绑扎胎具上通过更换用硬塑料制作的活动卡具,即可满足多种规格类型钢筋网片绑扎的要求。

(1)绑扎胎具的结构及部件加工。道岔板钢筋绑扎胎具主要由支腿、平面架、活动卡具组成。支腿采用工字钢加工制作。平面架采用 14 号槽钢格状焊接,并在槽钢中预留出活动卡具滑动和安装的洞道。活动卡具采用 L 形硬塑料制作,其一端根据道岔板钢筋布置图制作成凹形的钢筋定位安装卡槽,另一端为滑动固定。如图 7-14 所示。

图 7-14 "活动卡具,组合拼装"式钢筋绑扎胎具示意

(2)绑扎胎具的安装。支承基础经过混凝土硬化,达到平整、坚实的要求。胎具在正式投入使用前,进行钢筋绑扎试制,且在试制产品满足要求的前提下,投入正常生产。

钢筋在绑扎前需根据道岔板型号的需要,调试平面架大小和活动卡位置,并经严格检查确认达到要求后方可进行钢筋绑扎。在使用过程中,要定期检测,活动卡件一经调整须由质管人员现场确认,发现问题及时处理解决,确认后方可进行施工,确保钢筋网片型式尺寸满足钢筋施工图要求。

制作钢筋网片编制胎具固定底座与活动卡件,再根据钢筋网片编制图移动活动卡件使钢筋网片的编制符合设计要求。

7.3.3.3 道岔板螺栓孔胎具(整体预制钻孔式道岔板用)

道岔板螺栓孔定位胎具是整体预制钻孔式道岔板制造所必须的关键工装,主要用于道岔板螺栓孔定位所用。道岔板螺栓孔定位胎具采用 20 mm 厚钢板整块加工而成,在工厂内通过数控机床按照对应道岔板上的螺栓孔坐标进行钻孔加工,其加工后检测精度应不大于道岔板螺栓孔定位精度的 1/2。道岔板螺栓孔胎具按照每种规格类型的道岔板加工一种,左右对称布置的道岔板可共用同一块胎具。如图 7-15 所示。

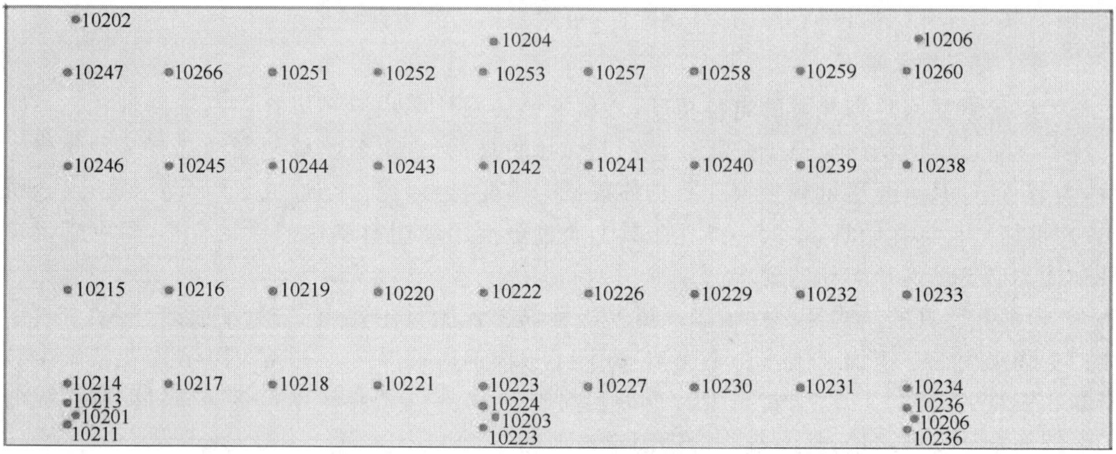

图 7-15　道岔板螺栓孔定位胎具示意(整体预制钻孔式道岔板用)

除了对应道岔板上的全部螺栓孔外,每块胎具还在对应轨道板的四周各设 1 个螺栓孔,主要用于道岔板铺设时定位测量所用。该定位螺栓孔与其他螺栓孔的关系也应根据图纸及最终检测结果确定。

7.3.3.4　道岔板精调系统

道岔板精调系统借鉴了 CRTS 型系列板式无砟轨道精调系统的经验,通过以计算机数据处理为核心,通过全站仪测取道岔板上各个点位(通常为螺栓孔或定位孔)的相对坐标,经与理论相对坐标对比分析,得出各个点位的相对偏差,以此进行道岔板的精度检测、模型调整和道岔板铺设时的精度调整。

道岔板精调系统分为硬件和软件两部分。硬件配置包括工控计算机、全站仪、调板基座、强制对中大三角架、精调器及后视棱镜等。软件配置主要是道岔板精调系统软件。整套系统运用了先进的测量设备和尖端的计算机技术,适用于道岔板模型检测、成品道岔板检测和道岔板铺设精调等施工,不仅测量精度高、速度快,而且系统运行稳定,操作界面友好,具有很强的拓展性和智能性。

7.3.4　道岔板原材料

混凝土道岔板主体材料主要采用 C55 高性能耐久性混凝土、环氧涂层钢筋、低碳热轧光圆盘条钢筋和热轧带肋钢筋,其中混凝土配合比可以使用水泥等级不低于硅酸盐或普通硅酸盐水泥,聚羧酸减水剂,碎石规格 5～20 mm,掺和料可为复合型掺和料或单掺矿粉及粉煤灰,同时满足技术条件和施工工艺要求。

道岔板预制生产辅助材料包括:预埋套管、起吊套管、接地端子、绝缘卡、防腐油脂、脱模剂等。

7.3.5 制板施工工艺

7.3.5.1 质量标准

(1)模型质量控制。模型应具有足够的强度、刚度和稳定性,应能够保证道岔板各部形状、尺寸及预埋件的位置准确。模板的制造允许公差为成品道岔板允许公差的 1/2。模板支承基础应平整、坚实,不得因其不均匀下沉引起模型变形。

模型应进行日常检查和定期检查,检查结果应记录在模型运转记录中。日常检查应每班进行,内容包括外观和平整度。定期检查每月进行一次,内容包括外形尺寸和承轨面平整度。组装完成的模型在使用前几何尺寸允许偏差应符合表 7-2 的规定。

表 7-2 道岔板模型尺寸允许偏差

序号	检查项目	允许偏差(mm)
1	宽度	±3.0
2	长度	±3.0
3	厚度	+2.0 0
4	全部承轨面平整度	±0.5
5	相邻两承轨面平整度	±0.3

(2)钢筋编组及预埋件安装质量控制。钢筋加工在常温下以不损害材质的方法进行,钢筋下料偏差不超过 10 mm,其弯折应利用机具一次成型,不得回复操作。

钢筋骨架的绑扎在专用胎具上进行制作。道岔板内钢筋位置的允许偏差应满足表 7-3 的规定。道岔板内所有预埋件应按设计准确安装,并应与模型牢固连接,确保混凝土振捣时不变位。道岔板内钢筋不得与预埋件相碰。其纵横向钢筋节点间应按设计进行绝缘处理,采用 500 V 兆欧表测量钢筋骨架间电阻值不小于 2 MΩ。

表 7-3 道岔板内钢筋位置的允许偏差

序号	检查项目	允许偏差(mm)
1	普通钢筋间距	±5.0
2	钢筋保护层厚度	+5.0 0
3	接地端子的位置	±10.0

(3)混凝土耐久性。混凝土中应选用聚羧酸盐系减水剂及能提高混凝土早期强度及后期耐久性的掺和料;混凝土胶凝材料用料不应超过 500 kg/m^3,水胶比不宜大于 0.35,混凝土含气量不应大于 3%。

试生产前应将所选用的材料制作混凝土试件进行耐久性试验,并确保由不同原材料带入混凝土内的总碱含量和总氯离子含量符合技术条件的要求,混凝土配制、浇筑及养护的相关工艺应符合设计文件及技术条件的要求。

(4)成品道岔板的质量要求。道岔板成品检测包括外观检查和预埋套管抗拔力检测两部分。道岔板外观须逐块检验,外观质量符合表 7-4 的规定。

表 7-4　成品道岔板外观质量要求

序号	检查项目	检查方法	技术标准		
			合格品	返修品	废品
1	肉眼可见裂纹	目测	宽度不大于 0.1 mm,不允许出现贯通裂纹	—	有肉眼可见裂纹,宽度≥0.1 mm
2	扣件安装面部位表面缺陷	目测 深度尺	气孔、粘皮、麻面等缺陷的深度不大于 5 mm,长度不大于 20 mm	—	气孔、粘皮、麻面等缺陷的深度>5 mm,且不能通过打磨修复
3	上边缘破裂或混凝土掉角	目测 深度尺	深度不大于 5 mm 面积不大于 50 cm^2	深度>5 mm 面积>50 cm^2	断裂、较大孔洞、磕损严重等不能满足使用要求
4	底面边缘破裂或混凝土脱落	目测 钢板尺	长度不大于 15 mm	长度>15 mm	
5	可见范围内的泌水深度	目测 深度尺	深度不大于 5 mm	深度>5 mm	
6	外观表面	目测	表面颜色一致,无油污	表面颜色不一致,有油污	

扣件套管抗拔力检测应满足《客运专线扣件系统暂行技术条件》(铁科技函〔2006〕248 号)的规定。

7.3.5.2　工艺特点

(1)预埋套管式混凝土道岔板采用工厂化预制生产,生产工位及设备配套与工艺流程有机结合,自动化程度和生产效率高,产品质量和施工成本容易控制。

(2)采用的拼装式道岔板模型,可在同 1 套模型上生产多块道岔板,工程实践已实现 41 套道岔板模型生产 178 种不同规格类型的道岔板。

(3)采用的"活动卡具,组合拼装"式钢筋网片绑扎胎具,经实践验证可在 15 套绑扎胎具上绑扎完成了 178 种不同规格类型的道岔板钢筋网片,且活动卡具采用硬塑料使用,最大限度地避免绑扎胎具对绝缘涂层钢筋的损伤。

(4)采用的定位销锁定式道岔板翻板工装,制造简单,费用低廉,使用方便。

(5)采用的道岔板精调系统,操作界面友好,测量精度高,成果输出灵活,不仅能用于道岔板模型、成品道岔板的外观及精度检测,而且可用于道岔板的安装精调,通过连续使用可将道岔板制造的偏差带入安装精调进行修正。

7.3.5.3　工艺流程

预埋套管式混凝土道岔板制造工艺流程如图 7-16 所示。

7.3.5.4　施工工艺

结合施工现场管理的特点,以下施工工艺按模型工程、钢筋工程、混凝土工程、预应力工程和道岔板检测、道岔板吊运及存放、道岔板钻孔及套管安装等 6 大部分进行描述。

1. 模型工程

(1)模型加工与安装。道岔板模具采用拼装式结构,由固定支架、拼装式底模及活动侧模组成,振动器及蒸养管布置于支架及底模之下。其加工部件主要包括地脚螺栓及支撑钢板、缓

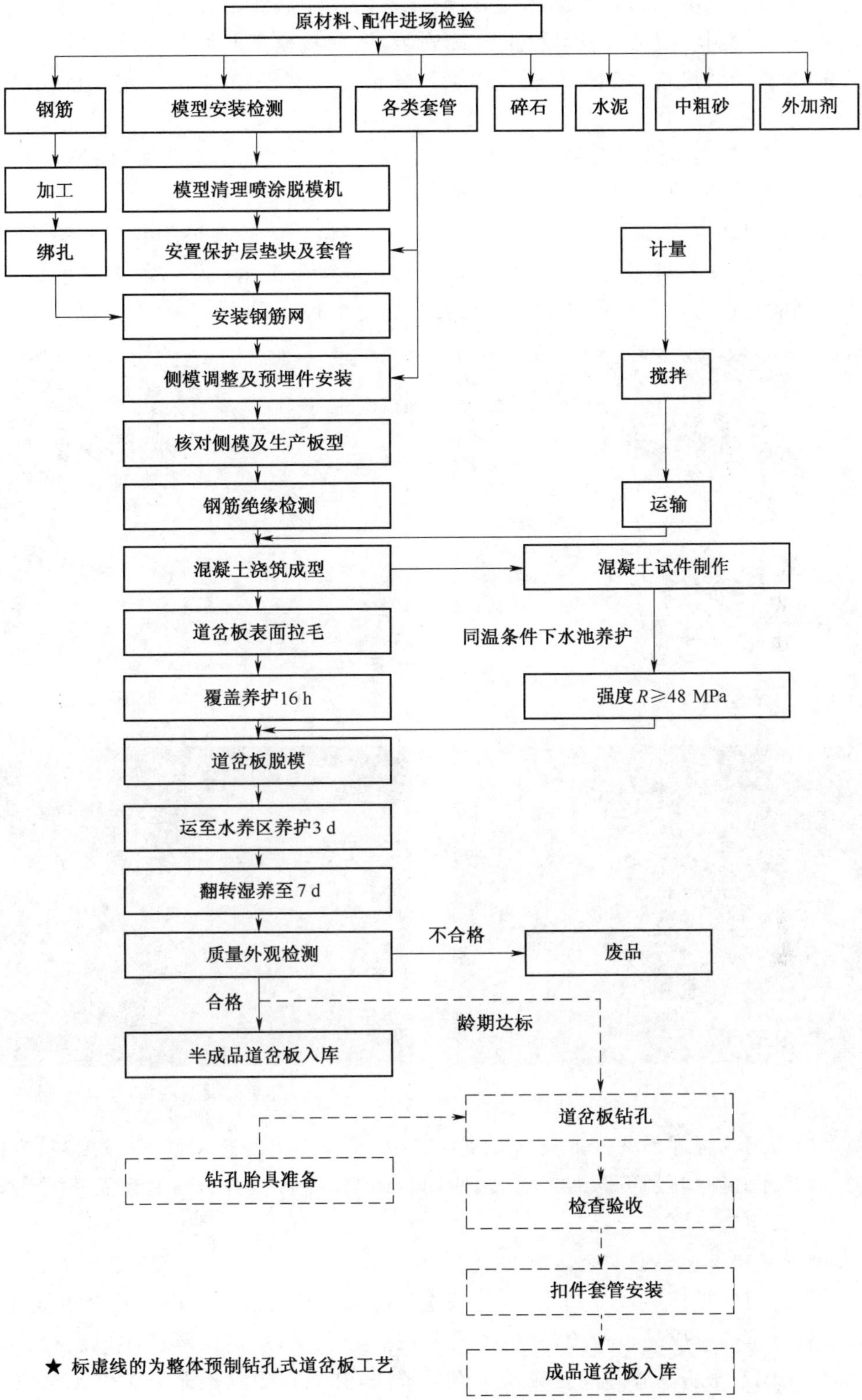

图 7-16　预埋套管式混凝土道岔板制造工艺流程图

冲橡胶块、支架、底模、侧模以及辅助部件等,振捣系统及蒸养系统则采用定制产品。

为满足道岔板结构、尺寸及预埋件的准确安装,道岔板模型的加工部件选材采用工字钢、槽钢加工支架,拼装式底模的冂形承轨台面采用 6 mm 厚钢板,汇水面采用 4 mm 厚钢板,侧模采用 8 mm 厚钢板。

道岔板模型安装时支承基础采用混凝土硬化,且保证平整、坚实,以避免因地基下沉造成模型的不均匀变形。

道岔板模型组装完成投入正式使用前,应进行产品试制以检验模型及产品质量能否满足规模生产的要求,其中预埋套管定位精度、承轨台面平整度、汇水面汇水坡及平整度是模型及产品尺寸检测的重点。道岔板模型的加工与安装如图 7-17～图 7-20 所示。

图 7-17 模型支架及正式安装中的底模

图 7-18 活动侧模组件

图 7-19 道岔板模型示意图

图 7-20 道岔板模型底模(整体预制钻孔式)

模型是形成道岔板外形并保证精度的重要工装,不仅要求制造质量好、精度高、方便操作、方便维护,而且还必须加强管理,严格安装、使用、维护并经常检查。新制模型正式启动前,更应进行专项验收检查。

(2)模型安装要点。模型安装示意如图 7-21 所示。

为持续保持道岔板模型尺寸精准、状态良好,应建立健全模型的随时检修和定期检修制度。随时检修就是通过成品板检验,发现模具存在如侧模错台、侧模弯曲不成直线、承轨面钢模变形、橡胶端模不密实漏浆等问题应及时修理解决,并填写模具检验和维修记录表,严禁不合格模具在生产线上使用。而定期检修则是在开始批量生产前以及正式生产后每月由专职质量检验人员依据道岔板模具图对模具关键部位进行检验,发现问题及时修理解决,并填写模具

图 7-21 安装就位的道岔板模型

检验和维修记录表，严禁不合格模具在生产线上使用。

除道岔板模型的检修和维护外，在混凝土浇筑之前，主要需要进行模具清理、密封和脱模剂喷涂。

模具清理。道岔板脱模后，用铲刀、毛刷等清理模板上的混凝土残渣及其他附着物；检查模具结构缝隙是否密封完好，如有损坏处，用硅树脂或者玻璃胶重新做密封处理。

喷涂脱模剂。为保证道岔板混凝土外观质量、强度和耐久性，在混凝土浇筑入模前，必须将模具清理干净，喷涂脱模剂。

(3)模型拆除要点(道岔板脱模)。模型拆除(道岔板脱模)示意如图 7-22 所示。

图 7-22 模型拆除(道岔板脱模)

道岔板混凝土强度。道岔板拆模时的混凝土强度应达到设计强度的 80% 以上(≥40 MPa)，且能保证构件棱角完整时方可拆模。用与道岔板混凝土同等养护条件的试件强度确定拆模时间。

拆模温度。道岔板混凝土芯部与表层温差、道岔板表层与环境温差均不应大于 15 ℃方可拆模，以防止道岔板混凝土产生早期裂缝，气温急剧变化时不宜脱模。

拆模顺序为。拆模顺序为：松开紧固件→拆除端模→使用桥式起重机及吊带吊起道岔板。

(4)模型整修。模型日常维护主要有三点：一是道岔板吊离底模后，应立即将底模上的混凝土进行清除，清除各接缝处的混凝土砂浆，特别是连接处、字模槽中残渣；更换破损、脱落的胶条;二是清渣完毕后,用喷雾器将脱模剂均匀喷涂在模板上,不得出现积液、漏刷现象;三是质检人员对底模平整度及是否水平进行检查,如有超标应及时整改。

模型在使用过程中发现缺陷时,应及时制定方案进行处理,并做好相关记录,存入模型档案。

(5)模型质量控制要点。道岔板模型安装时必须保证模型面水平,需定期用电子水平仪或全站仪进行复测。同时采用道岔板精调系统对道岔板预埋套管定位锥进行复测。

钢筋笼吊装入模前,必须均匀涂刷脱模剂,同时保证模型接缝严密,不得漏浆。混凝土浇筑前必须检查附着式振动器是否牢固,防止振动过程中,振动器脱落。必须定期或不定期对模型进行保养维护,同时检查道岔板模型的尺寸,保证道岔板预制精度。

2. 钢筋工程

(1)钢筋存放及发放使用的一般要求。钢筋按批号分堆存放,并挂牌明示,存放时垫离地面 200 mm 以上且堆放整齐覆盖篷布,以防止受潮锈蚀;不合格的钢筋单独堆放,并挂上不合格品的专色牌,防止混杂,对不合格材料需及时联系供货商清退;钢筋须逐批按试验检测报告和合格通知单核对后发放使用。

(2)环氧树脂涂层钢筋管理的要求。环氧树脂涂层钢筋现场存放期不宜超过 6 个月;当环氧树脂涂层钢筋在室外存放的时间需要 2 个月以上时,须采取保护措施,避免阳光、盐雾和大气暴露的影响。

支承环氧涂层钢筋的垫块和绑扎环氧树脂涂层钢筋的铁丝需采用尼龙、环氧、塑料或其他材料包裹。同一构件中,环氧树脂涂层钢筋与无涂层钢筋不得有电连接。

环氧树脂涂层钢筋存放及架立后,不能在其上行走,须防止工具或重物跌落其上,以免损伤环氧树脂涂层钢筋。存放时,不能够拆除涂层钢筋的尼龙包裹。

(3)钢筋加工作业的总体要求。浇筑混凝土前,钢筋加工班组必须对所加工绑扎的钢筋按要求进行自检,自检后报质量管理部门专职钢筋检查人员检查合格,填写钢筋检验批报现场监理检查合格并签字确认后方能进行混凝土浇筑,检查项目有:

1)钢筋的品种、规格、数量、位置、间距;

2)钢筋连接方式、接头位置、接头数量和接头面积百分率等;

3)预埋件的规格和数量等;

4)钢筋保护层厚度。

(4)环氧树脂涂层钢筋加工及使用要求。环氧树脂涂层钢筋由厂家直接提供,进厂时需对钢筋尺寸、长度、绝缘涂层进行严格检查。环氧树脂涂层钢筋如有损坏时需进行修补。存放时需立标识牌,标识牌上应注明钢筋的进厂时间、钢筋种类、检验批号、是否合格、钢筋编号等。使用时按钢筋标识牌上的编号与胎具上标明的钢筋摆放位置编号逐一对号安装。

若环氧树脂涂层钢筋涂层厚度不满足要求,在环氧涂层的任一点上,当涂层脱开、剥离或损伤到下列程度时,不得修补和使用:

1)一点上的面积大于 25 mm^2 或长度大于 50 mm,其中不包括钢筋剪切端头的修补面积;

2)1 m 长度内有 3 个点以上,即使每个点的面积小于 25 mm^2 或长度均小于 50 mm;

3)环氧树脂涂层钢筋切下并弯曲的一段上涂层有 6 个点以上的损伤。

环氧树脂涂层钢筋在搬运、加工、架立过程中造成的涂层脱开、剥离或损伤,应按下列规定进行修补:

1)修补材料应采用环氧树脂涂层钢筋生产厂家提供的材料；

2)修补前，应除尽不黏着的涂层和修补处的锈迹；

3)当修补时的环境相对湿度大于85%时，应以电热吹风器适当加热；

4)修补时，应使涂抹修补材料与已有牢固涂层搭接的范围适当，不宜使已有牢固涂层过量增厚；

5)修补后涂层厚度不得少于180 μm。

(5)普通钢筋加工及使用要求。普通钢筋采用定尺加工，用钢筋切断机定长切除端面的马蹄，下料长度偏差控制在±10 mm 范围内。

普通钢筋和环氧树脂钢筋经检验合格后需按钢筋长度进行单独存放。环氧树脂涂层钢筋的下料长度须符合相关技术条件的规定。存放时需立标识牌，标识牌上须注明钢筋的进厂时间、钢筋种类、检验批号、是否合格、钢筋编号等。使用时按钢筋标识牌上的编号与胎具上标明的钢筋摆放位置编号逐一对号安装。

(6)钢筋网片绑扎加工。在专用胎具上绑扎钢筋网片，将接地端子焊接在钢筋上，确保接地端子的位置准确，焊接质量符合设计要求。钢筋位置允许偏差应符合表7-5的规定。

表7-5 钢筋位置允许偏差表

序号	项　目	允许偏差
1	钢筋间距	±5.0
2	钢筋保护层	+5.0 0.0
3	接地端子的位置	±10.0

根据钢筋网片编制图移动钢筋编制胎具上的活动卡件使卡槽调整至规定位置，首先将横向钢筋与纵向钢筋放入对应的卡槽内，以胎具的基准端为标准放好对齐。横向钢筋与纵向钢筋交叉处均用绝缘垫片绝缘后绑扎，下层绑扎完毕后将箍筋、架力钢筋与下层网片绑扎固定，接着绑扎上层钢筋网片，最后将下层网片与上层网片连接。

纵横向钢筋交叉点间，架立筋、U形箍筋、起吊套管处加强钢筋与受力钢筋并行处等均用绝缘垫片进行绝缘。所有普通钢筋与绝缘钢筋交叉处必须先放垫片再进行绑扎。绝缘垫片的长度由两钢筋并行的长度来确定。绝缘垫片采用聚乙烯材料制作。

(7)钢筋网片绝缘性能的检测。每个钢筋网片编制完成并入模后，需对钢筋骨架进行电气绝缘情况检测。检测工具包括绝缘电阻表、夹子及导线若干。在用绝缘电阻表测量之前，先对各层钢筋间的电气绝缘性进行外观检查。各层构造钢筋之间不允许直接接触，所有的交叉点都通过绝缘片及环氧涂层钢筋进行电气绝缘。

按规定用500 V兆欧表对钢筋骨架进行电气绝缘情况检测。通常以纵向钢筋为测量的基准钢筋，测量每根横向钢筋与相交叉的纵向钢筋间及各层钢筋间的电阻值，其值不小于2 MΩ，钢筋间电气绝缘性能正常。否则须查明原因并进行处理，直至其电阻值满足要求。

(8)钢筋网片的检查及存放。操作人员依据道岔板钢筋施工图，以一个模型所对应的成型钢筋网片为一批，对每批成型钢筋网片进行全检，并填写钢筋网片检查记录。

自检合格后，以每个台座为单位，用专用吊具将上、下层钢筋网片分别码放在规定位置，每垛3层，每层之间用4～6个垫木条隔开，并分别作好标识。

专职检验员依据道岔板钢筋施工图,对钢筋网片编制各个环节进行监督检查,其中关键环节作工序检验记录。

(9)钢筋入模。通过桥式起重机将成型钢筋网片运到对应模型的对应安装位置,人工配合使成型钢筋网片正确入模。

依据道岔板钢筋施工图检查、调整成型钢筋网片位置,检查混凝土垫块数量及其位置是否正确,确认其满足钢筋保护层厚度要求。检查接地端子等在模型中的位置是否正确,并将其固定在模型上。

(10)钢筋网片安装完成的检查验收。在钢筋全部安装工作完成后,专职检验员会同施工班组依据道岔板钢筋施工图对钢筋网片、各种配件数量和位置,钢筋网片接地绝缘状况进行验收,并填写钢筋入模、配件安装验收记录,在确认满足施工图要求后,通知相关施工班组进入下道工序。

3. 混凝土工程

混凝土浇筑包括施工准备、混凝土浇筑、道岔板养护及脱模等内容。其中施工准备涉及搅拌机及配套设施准备、模具清理、喷涂脱模剂、道岔板混凝土配合比的选择、劳动力准备,还包括组织混凝土施从拌和、运输、浇筑和振捣的协调一致,以及突发事件状态下保证浇筑顺利进行的应急措施等。

(1)搅拌机及配套设施准备。混凝土配制拌和之前,须确认所有机械是否在检定的有效期内;检测工具数量是否满足生产要求,是否在检定的有效期内。

(2)道岔板模型准备。除道岔板模型的检修和维护外,在混凝土浇筑之前,主要需要模具清理和脱模剂喷涂。

模具清理。道岔板脱模后,用铲刀、毛刷等清理模板上的混凝土残渣等其他附着物;检查模具结构缝隙是否密封完好,如有损坏处,用硅树脂或者玻璃胶重新做密封处理。

喷涂脱模剂。为保证道岔板混凝土外观质量、强度和耐久性,在混凝土浇筑入模前,必须将模具清理干净,喷涂脱模剂。

(3)混凝土浇筑前的准备工作检查。道岔板混凝土浇筑开盘前,安排专人负责组织并检查下列准备工作:设备、工具、使用材料进行认真检查,确保混凝土的拌制和浇筑正常连续进行。检查搅拌机、上料装置、加热装置、混凝土料斗、电子称、控制系统工作状态是否正常,并在投料前清洗搅拌机和混凝土料斗,进行无负荷试运转,确认一切正常后开始搅拌混凝土。检查生产所需的各种检测仪器工作状态是否正常,是否在检定的有效期内。

取得施工配合比通知单,确认本次浇筑混凝土的骨料、水泥、掺和料、外加剂等已到达拌和站,并检验合格,不得采用边运输材料边开盘搅拌的方法进行道岔板混凝土浇筑作业。

核对并检查骨料、水泥、掺和料、外加剂品种和质量。混凝土搅拌站和输送设备处于正常状态,衡器已检查并校正。机具须进行试运转,并确认状态良好。附着式振动器(包括备用振动器),测试完毕。意外停水、停电的备用措施已落实。容易损坏的机具和零部件有备用品,机械故障停盘有应急方案。浇筑安全防范设施确认安全可靠。模板、钢筋、尼龙套管和各种预埋构件等工序的检查签证及整修手续均已办妥。人员、机械、工具等准备就绪。技术交底、劳动力(包括后备人员)、机电维修力量配备安排已落实。

(4)混凝土浇筑原材料准备。道岔板混凝土制备采用 HLS90 型自动计量搅拌站,搅拌站设采用三罐三仓存储原材料。三罐即为两罐水泥和一罐掺和料。三仓则为一个砂仓和两个石仓,碎石分为两级(5～10 mm和 10～20 mm)分别储存和计量。

砂石料入仓前要进行检查,如发现含泥量和泥块含量超标不得使用。料仓不得混料,严禁混料进行施工。

(5)混凝土制备。混凝土配料必须严格按试验室通知单进行,并有试验人员在现场进行施工控制。混凝土原材料配料采用自动计量装置(每年需经国家计量部门进行检定),且计量设备砂石每 1 个月系统自行校验 1 次,水泥、掺和料、外加剂、水系统每周检验 1 次,每班混凝土灌筑前要检查电子秤及其他计量器具,根据施工配合比调整用料,并由试验人员复核。如施工中发现异常时须及时校核。根据施工配合比用料考虑下料重量,由试验员复核。开盘后,前三盘要逐盘检查实际下料重量,以后每十盘检查一次,秤料误差(均以质量计)规定为:水、外加剂、水泥、掺和料≤±1%;砂、石≤±2%。

混凝土搅拌站搅拌时按“先下细骨料、水泥和掺和料,再加粗骨料,搅拌均匀后,再加入所需用水量和减水剂,并继续搅拌至均匀为止”工艺进行搅拌,总搅拌时间约 180 s,且混凝土必须搅拌均匀,颜色一致。

混凝土拌和物的控制指标为:温度 5 ℃～30 ℃;含气量≤3%;混凝土坍落度由施工时的混凝土配合比确定。

混凝土拌制速度和浇筑速度要密切配合,拌制服从灌注,调度人员现场根据混凝土浇筑速度,用对讲机现场统一协调,拌和站须时刻保持与施工现场的联系沟通,在施工过程中,如因机械故障搅拌中断,通知试验室,总工程师根据情况现场确定。如因故障灌板中断,板体混凝土间隔时间一般不超过 20 min。

(6)混凝土浇筑成型。混凝土运输车在搅拌站和生产厂房之间来回运输混凝土料罐,厂房内采用桥式起重机来回浇筑混凝土,以确保每个台座混凝土供应的连续性,直至混凝土浇筑完成。在运输混凝土过程中,要保持平稳性,运到浇筑地点时不分层、不离析,并具有要求的坍落度、温度等性能,严禁向混凝土内加水。

混凝土浇筑使用桁车配合料斗依次、连续、均匀地将混凝土浇筑入模,同时以每块模板为独立单元启动振动装置,将混凝土密实成型。

每个台座详细工作流程如下:

1)将桁车开到要浇筑混凝土模具正上方。

2)打开料斗,将料斗内混凝土浇筑入模。

3)混凝土浇筑时,桁车来回布料,直至模具内混凝土灌满。与此同时,人工配合将多余混凝土铲到混凝土不足的地方,以保证模板内混凝土的平整。

4)布料 50%后,启动安装在每套模具下部的振动器,振动密实混凝土,直到表面泛浆和只有零星气泡出现为准。

5)在对下一个模型布料的同时,人工将模型周围的混凝土清理干净。

(7)混凝土表面刷毛、温度传感器安装及覆盖。在每块道岔板振动刮平完成之后,混凝土初凝前,使用自制的刷毛装置,依次、连续、均匀地对混凝土表面进行刷毛,刷毛方向沿道岔板横向,刷毛时间间隔不能太长,刷毛深度为 1～2 mm。

在第一块和最后一块道岔板刷毛完成后,分别在板内预埋一个温度传感器,作为下道工序混凝土养护控制的温度采集点。

在每班施工全部完成后,安装篷布架,对已浇筑的混凝土进行整体覆盖养护,以保温保湿,防止混凝土水分蒸发,保证水泥水化反应正常进行,为道岔板混凝土强度稳步快速提高创造良好的环境。

(8)混凝土蒸汽养护及脱模。道岔板混凝土浇筑完毕后,立即覆盖养护膜进行保养。为保持养护温度一致,在每块道岔板模具的下部布置有养护专用的蒸汽管道。

道岔板采用蒸汽养护时,分为静置、升温、恒温、降温四个阶段。混凝土浇筑后在温度5 ℃～30 ℃的环境中静置3 h以上方可加温,升温速率不大于15 ℃/h;板芯温度不超过55 ℃,降温速率不大于15 ℃/h。

养护时间达到16 h后,从水槽中取出第1组混凝土试件,用压力试验机检测试件抗压强度,强度达到45 MPa,混凝土表面与环境温差小于15 ℃时,相应台座混凝土养护过程结束,则可脱模。

(9)道岔板水养。道岔板脱模后,通过运输车、龙门吊及专用吊具等将道岔板放入水养池进行水养。如图7-23所示。

图7-23 道岔板水养

道岔板运输时,应在运输车上按照道岔板尺寸安放4～6个垫木,垫木规格200 mm×200 mm×200 mm,道岔板平稳的放置在运输车上,每跺放两层。垫块要上下对齐,支点位置需符合要求,高度允许偏差为±2 mm。垫木水平位置根据道岔板尺寸确定。

水养池中以水淹没最上层道岔板表面为宜,水养时间为3 d。

4. 道岔板存放及成品检测

(1)道岔板存放。道岔板养生工序完成后,用龙门吊与吊具将道岔板从水养池中吊起并存放在道岔板存板区。如图7-24所示。

道岔板存板区地面采用混凝土硬化,保证基础坚固、平整。道岔板存放所使用运输车、龙门吊、专用吊具及配套设施等应工作状态良好,各种工具、配件配置齐全。

道岔板成品应按按型号和批次分别存放,不合格道岔板单独存放。道岔板存放时,每垛为三层,道岔板与存放基础之间及道岔板间安放4～6个垫木,垫块要上下对齐,垫块的规格尺寸及支点位置需符合设计要求,垫块高度允许偏差为±2 mm,承载面须平行。

(2)道岔板成品检测。道岔板成品检测包括外观检查和预埋套管抗拔力检测两部分。

道岔板外形尺寸偏差需符合表7-6的要求,表中第4项、第5项和第7项的检查须采用道岔板精调系统测量。

图 7-24 道岔板存放

表 7-6 道岔板外形尺寸偏差要求

序号	检查项目		检查方法	技术标准		
				允许偏差(mm)	每批检验数量(出场检验)	检验项别
1	长度		钢卷尺	±6.0	3 块	B
2	宽度		钢卷尺	±6.0	3 块	B
3	厚度		游标卡尺	+4.0 −2.0	3 块	B
4	每一横排各套管	套管直线度	全站仪	±1.0	全检	A
		转换设备安装孔间距	全站仪	±0.5	全检	
		套管距离≤1.55 m	全站仪	±0.7	全检	A
		套管距离>1.55 m	全站仪	±1.0	全检	A
		套管轴心线与承轨面垂直	专用工装、塞尺	1.5(120 mm 处)	全检	A
		套管下沉	深度尺	1.0	全检	A
5	各排预埋套管之间的相互位置关系	直股最外排套管直线度	全站仪	±0.5	全检	A
		横排首尾套管连线与直股最外排首尾套管连线的垂直度(到最远套管)	全站仪	±1.0	全检	A
		直股最外排各套管到中间控制套管的距离	全站仪	±1.0	全检	A
6	预埋件数量			齐全	全检	A
7	承轨面平整度	全部承轨面		±1.0	全检	A
		单个或相邻两承轨面		±0.5	全检	A
8	门形钢筋	数量		不允许少一个	3 块	B
		直股第一排门形筋到直股第一排套管间距		±10	3 块	B
		各门形筋到直股第一排门形筋间距		±10	3 块	B

道岔板外观须逐块检验，外观质量符合表 7-7 的规定。

表 7-7　道岔板外观质量要求

序号	检查项目	检查方法	技术标准		
			合格品	返修品	废品
1	肉眼可见裂纹	目测	宽度不大于 0.1 mm，不允许出现贯通裂纹	—	有肉眼可见裂纹，宽度≥0.1 mm
2	扣件安装面部位表面缺陷	目测 深度尺	气孔、粘皮、麻面等缺陷的深度不大于 5 mm，长度不大于 20 mm	—	气孔、粘皮、麻面等缺陷的深度>5 mm，且不能通过打磨修复
3	上边缘破裂或混凝土掉角	目测 深度尺	深度不大于 5 mm 面积不大于 50 cm^2	深度>5 mm 面积>50 cm^2	断裂、较大孔洞、磕损严重等不能满足使用要求
4	底面边缘破裂或混凝土脱落	目测 钢板尺	长度不大于 15 mm	长度>15 mm	
5	可见范围内的泌水深度	目测 深度尺	深度不大于 5 mm	深度>5 mm	
6	外观表面	目测	表面颜色一致，无油污	表面颜色不一致，有油污	

扣件套管抗拔力检测应满足《客运专线扣件系统暂行技术条件》(铁科技函〔2006〕248 号)的规定。

5. 整体预制钻孔式道岔板钻孔及扣件套管安装

(1)道岔板翻转。道岔板存放 48 h 后，即可进行钻孔，钻孔前先将道岔板翻转。翻转道岔板由桥式起重机上的两台行车配合人工完成。其作业程序如下：

用两台桥式起重机和吊梁同步移动将道岔板吊运到地面空间较大的位置；将道岔板平稳下放到支承的长垫木上，并在需要翻转的道岔板侧增加弹性橡胶垫；摘开一侧行车的挂钩，缓慢升起另一侧行车，并向需翻转侧缓慢提升并移动行车，直至将道岔板成直立状态后，再继续向前移动行车并人工配合将道岔板缓慢向相反方向降下，直到将道岔板平稳落到支承枕木上后，道岔板即完成翻转。

(2)道岔板钻孔。道岔板钻孔采用磁力钻孔机，如图 7-25 所示。具体工艺如下：

图 7-25　道岔板钻孔及已钻孔的道岔板

1)将翻转后的道岔板,在其板面两边端部划出中线的位置;

2)将所对应的胎具上定位孔与划线位置对应复核,待达到要求的位置后,进行下步工作的施工;

3)先钻角部的测量孔,将钻机对准要钻的孔位后,调整钻杆使其达到要求的平面位置和垂直度后,开始钻孔;

4)钻好第一个测量孔后,安装好定位销,再钻对角的第二个测量孔,安装好另外一个定位销后,再依次按顺序钻孔;

5)每次钻孔时,一定要分清及识别钻孔的位置,避免出现较大的误差;

6)钻完孔后,再核对孔的数量,确认无误后取下定位销,将胎具吊走,则道岔板钻孔完成,即可进行下一块板的钻孔。

(3)道岔板的孔位检测。道岔板钻孔完成后,要进行孔位检测,检测仪器采用全站仪或道岔板精调系统进行。道岔板的孔位纵横向误差均应控制在±0.5 mm 范围内。

(4)螺栓安装。由于所有的道岔板的扣件全部都在现场安装,车间内只安装道岔板螺栓套管。

6. 成品道岔板运输

成品道岔板出场必须满足道岔板铺设现场的实际进度要求,按照道岔板到场计划合理组织道岔板运输,确保现场道岔板铺设的稳步、有序进行,尽量避免道岔板在现场的积压,并制定相应的运输措施。

(1)道岔板装车。根据道岔板的长、宽、高选用合适的车辆运输,一般选用加长重载汽车运输。为防止选用重载汽车运输的主轴在运输途中产生侧向变形,可选择合适的支撑点,并调整道岔板的放置方式,将 6 块道岔板分两垛放置在卡车车厢内,一堆三块重叠放置,大体积道岔板放置最下层,车厢内支撑点应设在钢柱的柱脚处,确保钢柱在水平方向的平稳性。

装车时,将运输车辆停放在道岔板成品区域车辆通道上,车的方向与龙门吊轨道方向平行,道岔板采用起吊套筒吊运,用钢丝绳连接螺栓旋进起吊套筒,钢丝绳与道岔板接触部位用胶皮垫平、垫稳,避免钢丝绳对道岔板表面混凝土的划伤。道岔板起吊后在空中平吊行走并缓慢下降至运输车辆上,整个过程中吊车司机、装车人员必须由专人统一指挥,密切配合,避免磕碰事故发生或造成道岔板的损坏。道岔板装车中道岔板最后端与车板前、后端距离不应超过 50 cm。

道岔板必须用木架、枕木支牢、垫平,并用绳子绑牢、卡紧,封车时道岔板边角要加垫木或胶皮,防止运输途中滑动碰撞或跌落,并在道岔板最外侧悬挂安全标志牌。道岔板层与层之间用专制方木垫平、支稳,防止道岔板表面混凝土的损伤。

(2)道岔板运输。道岔板运输过程中必须有专人全程进行跟踪、引路,时刻关注道岔板的捆绑状态,如道路不平时更要特别注意,避免由于道路颠簸造成绳索捆绑的松动,若发现情况立即停车重新进行封车、捆扎。道岔板转弯时(转弯半径 5 m)必须有人下车进行指挥,运输过程中行车必须平稳,切忌急行、急停。

(3)道岔板防护措施。道岔板养护作业完成后,待发运前 1d 用高压水枪将板体冲洗干净,再用吸尘器吸取套管内积水和杂物,盖上胶盖并用透明胶带封堵,防止杂物进入套管内。构件运输过程中如果局部混凝土划伤或碰撞脱落后必须按照道岔板修补方案进行修补。

7.3.6 资源配置

7.3.6.1 劳动力配置

根据实际试生产情况、岗位工作量以及机械设备自动化程度,采取相应措施,提高工作效率,根据工期要求,可以灵活采取两班制或者三班制生产。管理人员组织见表 7-8。生产及辅助人员配置见表 7-9。

表 7-8 管理人员组织表

序号	岗位或工种	人数	主要工作内容
1	场长	1	全面主持道岔板预制场工作
2	总工程师	1	负责生产技术工作;负责建场规划工作
3	生产副经理	1	负责施工生产、设备管理工作
4	书记	1	负责党务、工会、后勤工作
5	工程部长	1	负责生产技术,主管工程部
6	安质部长	1	负责安全、质量,主管安质部、试验室
7	物资设备部长	1	主管设备的选型、采购、物资订购,主管物资设备部
8	财务合同部长	1	负责计划、财务管理
9	办公室主任	1	负责行政办公、文件资料、接待
10	工程部	4	负责技术管理、生产指挥调度,协调与各部门的工作;验工计价
11	财务合同部	2	负责成本控制、合同管理、财务管理和生产计划
12	物资部(含司机)	4	负责材料采购和管理
13	安质部	3	负责质量、安全和技术资料管理,负责与监理工程师的联络
14	试验室(含主任)	4	负责试验检验及生产过程控制、产成品检验等工作
15	办公室	2	负责治安、保卫工作及行政事物、食堂、司机、文化娱乐的管理及对外接待联络工作
合计		28	

表 7-9 生产及辅助人员配置表

序号	工种	每班人数	主要工作内容
1	混凝土班	32	负责道岔板混凝土的浇筑、养护及修补
2	模型班	36	负责模型安装、模型拆除、模型维修、模型加固,安装预埋件、锚具、套管等工作
3	钢筋班	48	道岔板钢筋加工、绑扎、安放、绝缘检测
4	吊运班	20	负责道岔板转移台位、存放、道岔板装车、各种运输机械的驾驶操作等工作(包括司机 12 人)
5	张拉班	30	负责道岔板的张拉、封锚、预埋套管封盖等
6	拌和站	10	负责板场拌和站的操作、值班、拌和站及砂石料场日常维护工作
7	机电班	7	负责板场所有机械设备、用水管道、供电及线路维修、生产用电值班、维修振动器等工作
8	混凝土班	32	负责道岔板混凝土的浇筑、养护及修补
9	钻孔班	24	负责道岔板翻转运输,钻孔
10	安全保卫	5	生产区门卫 2 人、看守 1 人、巡逻 2 人
11	食堂后勤	8	员工 3 人、民工食堂 3 人、生活区卫生 1 人、门卫看守 1 人

7.3.6.2　主要设备机具配置

工艺装备配置的基本原则：符合工艺要求，满足生产效率，各工序能力平衡且环保节能。

混凝土道岔板设备配置除符合上述基本原则外，还具有自动化程度高，采用新技术、新装备等特点。以中铁二局石武客专铁路元氏道岔板预制场日产35块道岔板为例，生产主要设备配置见表7-10。

表7-10　主要设备配置

设备部位	序号	设备名称	型号	单位	数量	用途其说明
钢筋加工车间	1	桥式单梁葫芦起重机	QD(10 t/31.5 m)	台	1	卸料、吊送钢筋网片
	2	角度定位自动弯箍机	GW18	台	6	钢筋弯曲成型
	3	钢筋调直切断机	GT6/16	台	3	钢筋调直切断
生产车间	4	桥式单梁葫芦起重机	QD(10 t/31.5 m)	台	2	吊装
	5	混凝土浇筑斗(手动式)	ZT.DJZ.00	个	3	生产板时布料用
	6	混凝土转运车	ZT.DZYC.00	台	3	混凝土运输
	7	混凝土搅拌站	HLS90	套	1	
	8	逆变直流手工弧焊机	ZX7-400	台	4	
存板区	9	双梁吊钩门式起重机	MG(16 t/40 m)	台	1	
	10	翻转机	非标	台	1	翻板用
	11	吊板吊具	非标	套	6	吊板用
其他设备	12	锅炉	DZL4-1.25AⅡ	台	2	给生产区供热等用
试验及测量设备	13	高精度水平测量仪		套	1	测量模型的平面度
	14	高精度全站仪		套	1	用于产品检验
	15	电阻测试表	500 V	套	2	检测钢筋节点电阻
	16	道岔板精调系统		套	1	模型及成品板检测
道岔板钻孔	17	磁力钻孔机		台	24	道岔板钻孔

7.3.7　质量安全控制要点

7.3.7.1　质量控制要点

除施工工艺及设计文件、技术条件要求以外，混凝土道岔板制造质量控制要点还有以下几点：

(1)道岔板制造是一项系统工程，涉及各个环节，施工组织必须组织高效管理团队和技术服务团队，加强人力、设备、工装等资源配置，选择优质的工程材料。

(2)人是质量管理的第一要素，道岔板制造必须开展经常性的技术培训，针对关键环节、薄弱环节、安全质量控制重点等开展QC攻关活动，并定期开展经验交流和技术总结，提高施工标准化水平。

(3)科学规划道岔板制造临时工程和生产线布局，提高生产水平，以设备质量和精度为道岔板制造质量提供保障。

(4)正式施工前，依据设计文件、技术条件及相关标准及经验编写翔实的工艺细则和检验细则，并加强技术交底和工艺试验，批量生产前邀请铁道部主管部门组织上道审查。

(5)道岔板模型由于采用拼装式结构,容易产生漏浆,因而在施工时应采用橡胶条封堵大口、玻璃胶封堵小缝、透明胶整体封堵等3道工序彻底保证模型封堵和道岔板成品质量。

7.3.7.2 安全控制要点

(1)建立健全场内安全管理体系,成立安全生产领导小组,落实安全生产责任制,配齐安全生产要素,严格安全操作规程,认真执行安全监控制度和措施。

(2)认真规划和布置场内各种管线线路、各种设备走行进出线路和停放位置、人行通道以及各种原材料、半成品和成品的运输路线和存放位置,确保场内作业整齐和人员设备合理整齐的工作环境。

(3)进场作业人员要先经安全培训合格,电工、电焊工、行车司机、机动车及各种机械司机要经过专业培训,并经考试合格获得上岗证才可上岗。

(4)蒸汽锅炉定期进行保养和检修,定期进行水垢清理,检查压力表的灵敏度和有效工作性能。

(5)水养池处设置一定量的救生器具,并对工作岗位的人员进行培训,熟练操作溺水紧急抢救。

(6)各种机械作业要有针对性的安全操作规程。

(7)现场各种安全防护齐全完好(如登高作业安全护栏、危险作业的安全网和安全界限),安全标示要齐全。

(8)要有专职电工和修理工经常性检查电路、电器、设备等的状态,禁止使用漏电电路、电器和不良状态的设备。

(9)各种电器、机械要专人管理使用,禁止无关人员动用机械、电器设备,禁止非工作人员攀爬龙门吊、行车、拌和站、布料机等设备。

(10)起吊作业时,禁止在起重物下站人,辅助起吊作业人员要离开适当距离,并在起吊前检查挂钩及吊绳等是否牢靠,真空吸盘状态是否良好。

(11)各种机械使用前,必须经检查状态良好,启动前要经检查无安全隐患,翻转机作业时禁止非工作人员靠近,布料机使用时布料斗上出入口必须设安全网。

(12)进场人员必须配带安全帽、登高作业要系安全绳。

7.4 长枕埋入式无砟道岔施工技术

7.4.1 施工工艺流程

长枕埋入式无砟道岔施工分为无砟道床施工、道岔轨道线形调整(轨道精调)、钢轨焊接及无缝线路锁定、工电联调、道岔使用及维护管理等内容,后几个部分施工时相互穿插,互为影响。主要施工流程包括:

(1)无砟轨道施工。线下工程主体完工且沉降变形经评估满足无砟轨道施工条件后,建立CPⅢ测量控制网,并根据CPⅢ测量控制网测量放样。模筑法施工钢筋混凝土底座,待底座强度达到75%以上后,汽车运输道岔件及轨枕进场,汽车吊配合现场组装道岔轨排并用螺杆精调器及侧向支撑系统架立道岔。之后,绑扎钢筋并安装模板。采用轨检小车测量道岔线形,通过螺杆精调器及侧向支撑系统调整和固定道岔轨排。待钢筋绝缘检测、道岔轨道线形精调、工电联调等合格后，模筑法浇筑道床板混凝土。

(2)道岔轨道线形调整。道床板混凝土浇筑完成且强度达到要求后，利用轨检小车检测道岔轨道线形，采用调整扣件进行道岔轨道线形的调整。道岔轨道线形的调整贯穿于道床板混凝土浇筑完成至线路开通的始末，在钢轨焊接、工电联调前后都要进行道岔轨道线形调整，只有当道岔轨道线形满足各阶段的施工要求后，方可进行下一阶段的施工。

(3)钢轨焊接及无缝线路锁定。道岔钢轨焊接在道岔轨道线形及工电联调达到一定合格要求后进行，采用铝热焊焊接。为满足道岔及前后无缝线路单元管理的要求，道岔钢轨焊接分为岔内焊接和岔外焊接。道岔区及岔区前后至少各 150 m 的线路共同形成一个单元的无缝线路。

(4)工电联调。工电联调是工务与电务一起配合调试，属接口管理的范畴，是高速道岔施工的重要环节。即在满足工务质量的前提下，保证道岔电务转换设备的正确安装和使用，分为非带电状态和带电状态两个阶段。一般来说，在道岔轨排组装完成至道床混凝土浇筑和道岔钢轨焊接之前，需要将转辙机安装在道岔上确认道岔转换正常且各指标符合要求，否则不能进入下一阶段施工。在带电调试阶段，需要道岔在电控操作时转换正常且各指标符合要求。

7.4.2 施工物流组织

长枕埋入式无砟道岔一般按一个铺轨标段或一条线作为一个施工单元。施工组织结合作业面划分及相邻段的无砟轨道施工确定物流方案。

长枕埋入式无砟道岔利用已有的公路或便道作为物流通道，必要时根据道岔钢轨长组件运输的要求进行局部加宽加固。道岔工厂距工地较近的，可采用汽车运输道岔钢轨进场，距工地较远的，可采用火车运输后再经公路转运到现场。为保证无砟道岔施工不受道岔件供货影响，一般需要在现场设道岔存放场进行道岔、岔枕及其他钢轨件的临时存放和道岔试组装。

长枕埋入式无砟道岔施工需要在现场设临时基地，进行钢筋加工及模板机具的存放，混凝土就近借用拌和站生产。

施工时，主要物料机具通过汽车运输到现场，汽车吊配合装卸，长大桥梁或隧道地段，也可采用龙门吊或双向运板车配合中转。

7.4.3 关键设备及工装

长枕埋入式无砟道岔施工，关键设备及工装主要包括：轨检小车、螺杆精调器及侧向支撑系统等。

7.4.4 主要临时工程

考虑到无砟道岔施工的专业特点，同一铁路项目一般结合铺轨工程标段划分无砟道岔施工单元，每个施工单元负责的无砟道岔施工范围都很大，多则几百公里。为此，除无砟道岔施工专有的设施外，无砟道岔施工单元生活办公基地一般就近租借民房解决，其他如运输道路、施工用电、混凝土拌和站等则就近借用其他无砟轨道施工的设施或临时工程。

需要自行设置的临时工程主要包括：道岔件存放场，临时道路加宽等，钢筋加工房。道岔存放的数量应结合施工工期、道岔件供应计划综合考虑。

道岔件应架空支垫存放，支垫间距不超过 4 m，支垫面应大面平整，相邻支点高差不大于

10 mm、全部支点的最大高差不大于 20 mm。道岔件全部按正立存放,最高不超过 4 层。铺岔基地内还应设道岔预组装场,投入道岔预组装工装一套。

7.4.5 原 材 料

7.4.5.1 普通材料

长枕埋入式无砟道岔采用C40 钢筋混凝土道床板结构。钢筋包括热轧光圆钢筋和热轧带肋钢筋两种规格,分为 Q235 和 HRB335 等规格。混凝土配合比可以使用水泥等级不低于P·O42.5,聚羧酸减水剂,碎石规格 10～40 mm 均匀级配,细骨料为中粗砂或机制砂,掺和料可为复合型掺和料或单掺矿粉及粉煤灰,同时满足技术条件和施工工艺要求。

长枕埋入式无砟道岔施工辅助材料包括:接地端子、嵌缝胶、养护剂、植筋胶、脱模剂、工具轨(与道岔钢轨规格类型相同的新钢轨)等。

7.4.5.2 国产大号道岔

目前,国内高速铁路铁路大号道岔主要分为国产道岔和德国 BWG 道岔(中国 CNTT 道岔)两种类型。

我国高速铁路大号道岔自 2005 年 6 月开展研发以来,按照“用、产、学、研”相结合的方式,瞄准世界先进水平,加大创新力度,开展了国内外道岔分析、系统设计、结构比选、标准制订、厂内试制、组装验收、现场试铺、动力试验等工作,并经过沪宁、广珠、沪杭、哈大、石武等高速铁路工程的工程实践,取得自主知识产权。初步形成了 18 号单渡线、18 号单开、42 号联络线、62 号联络线等多种规格类型的高速铁路道岔产品体系。我国高速铁路大号道岔主要技术参数见表 7-11。

表 7-11 中国高速铁路主要技术参数

道岔号码	18 号	42 号	62 号
道岔直向允许通过速度(km/h)	250/350	250/350	350
道岔侧向允许通过速度(km/h)	80	160	220
平面线形	单圆曲线 *R*1100	圆缓、*R*5000+三次抛物线	圆缓、*R*8200+三次抛物线
道岔全长(m)	69.000	157.200	201.000
道岔前长(m)	31.729	60.573	70.784
道岔后长(m)	37.271	96.627	130.216

1. 道岔钢轨件结构

(1)钢轨件。基本轨、导轨、叉跟轨均采用中国 60 kg/m 钢轨制造。尖轨、心轨采用60D40 钢轨制造,护轨采用 33 kg/m 槽形钢制造,侧面工作边作淬火处理。

尖轨、心轨可动部分采用整根钢轨制造。钢轨件材质为 U71Mn(K)或 U75V,要求道岔钢轨与区间线路钢轨材质一致。尖轨、心轨降低值根据理论研究分析确定,见表 7-12。

表 7-12 道岔尖轨及心轨降低值

道岔号码	18 号				42 号				62 号			
尖轨断面宽(mm)	0	5	20	50	0	5	15	40	0	5	15	40
尖轨降低值(mm)	23	14	4	0	23	14	4	0	23	14	4	0
心轨断面宽(mm)	0	5	20	50	0	10	20	45	0	10	20	45
心轨降低值(mm)	23	21	5	0	23	21	5	0	23	21	5	0

(2)尖轨跟端结构。尖轨跟端锻压成中国标准60 kg/m 钢轨断面,成型段设计长度为450 mm,过渡段长度为150 mm。

尖轨跟端的基本轨内侧采用弹性夹扣压,外侧采用Ⅱ型弹条扣压。道岔按跨区间无缝线路设计,岔内钢轨件全部焊接,根据道岔所处地区的温差,尖轨跟端可采用限位器或间隔铁结构。

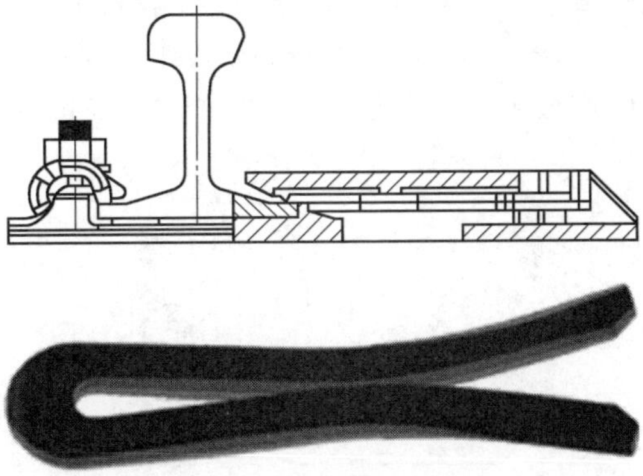

图 7-26　与滚轮滑床板配合的弹性夹结构

(3)滑床板的弹性扣压及减磨系统。道岔转辙器部分采用滑床板弹性夹及减磨系统。弹性夹扣压基本轨,装卸方便,使用效果好,如滑床板结构设计将过去的滑动摩擦改为滚动摩擦,大大减少了摩擦阻力,滚轮高度在0.5～6 mm之间,可任意调整。根据尖轨长度、转换位移情况,合理设置滚轮滑床垫板。其余滑床垫板的台板均采用镍基合金(MoS_2)自润滑减摩涂层。如图7-26、图7-27 所示。

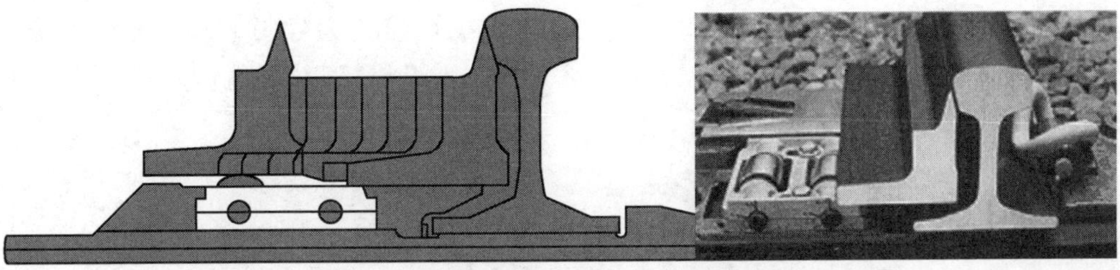

图 7-27　滚轮系统

(4)特种断面翼轨。翼轨采用特种断面轧制轨。翼轨顶面设有1∶40 轨顶坡,在翼轨趾端进行1∶40 扭转,轨端450 mm 范围内形成1∶40 轨底坡并进行标准轨断面加工。在心轨第一牵引点处,为满足电务锁钩转换空间需要,翼轨内侧轨底需进行刨切,轨底上表面作适当的刨切,心轨轨底刨切10 mm 并作圆弧倒角,电务锁钩宽度25 mm。新型特种断面翼轨为转换装置的安装提供了足够的空间,使心轨第一牵引位置得以提高,有效解决了4 mm 检查失效的问题。如图7-28 所示。

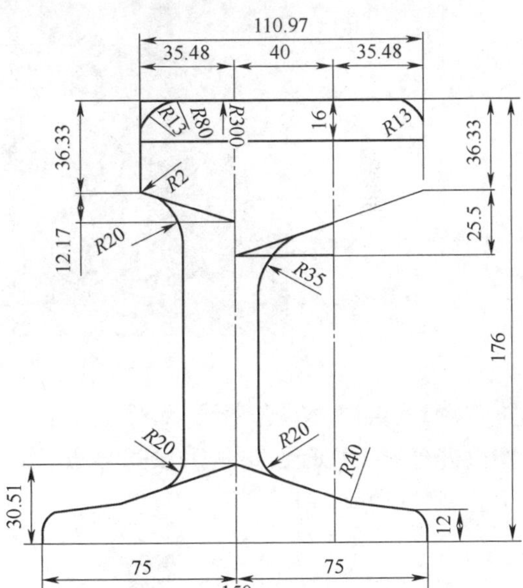

图 7-28　翼轨断面图(单位:mm)

(5)可动心轨结构。可动心轨结构心轨采用60D40 钢轨组合结构,长短心轨拼接方式。该种结构具有制造简单、实现容易的特点,既有线道岔具有多年的使用经验,技术成熟。250 km/h 道岔心轨采用垂直藏尖结构,可进一步提高动车通过的平稳性,350 km/h 道岔心轨采用水平藏尖结构。心轨尖端水平藏入翼轨内,为保证行车安全,心轨实际尖端宽度不小于9 mm,同时翼轨工作边要作相应的刨切。18

号道岔心轨采用拼装式结构,42 号、62 号道岔,由于侧向速度较高,心轨采用双肢弹性可弯结构,取消了尖轨后端的斜接头,将短心轨直接与线路钢轨连接,优点是结构简单,改善了列车侧向通过时的运行条件,不足之处是心轨转换力会增大。如图 7-29 和图 7-30 所示。

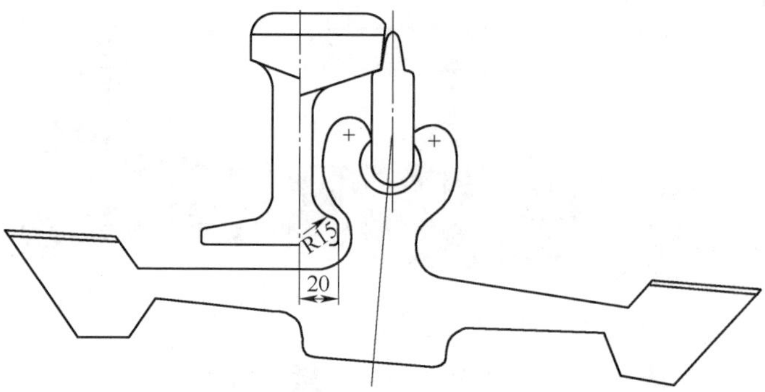

图 7-29　心轨第一牵引点断面图

图 7-30　水平藏尖式心轨结构

(6)翼轨跟端结构。翼轨跟端结构设计必须考虑温度力的作用,并通过导曲线将温度力传递到基本轨。18 号道岔采用大间隔铁,并与心轨和翼轨胶接。大号码道岔除翼轨跟端设大间隔铁外,两心轨间也需设间隔铁,并将心轨与其下的大垫板连接,对翼轨跟端做最大限度的加强。如图 7-31 所示。

图 7-31　18 号道岔翼轨跟端结构

(7)护轨结构。客运专线 18 号道岔侧向设置护轨,护轨采用 33 kg/m 槽形钢制造,侧面工作边进行淬火处理。垫板采取焊接方式,如图 7-32 所示。基本内侧采用弹性夹扣压,外侧采用Ⅱ型弹条扣件扣压。

2. 道岔扣件系统

(1)道岔扣件系统结构。高速道岔扣件采用带铁垫板的弹性分开式结构,如图 7-33 所示,分为无螺栓扣件系统和有螺栓扣件系统两种方案。钢轨与铁垫板间设轨下橡胶垫板,铁垫板与混凝土岔枕间设弹性垫层,用于减缓轮轨冲击作用。铁垫板与混凝土岔枕通过螺栓与预埋套管连结,铁垫板与螺栓间设置复合定位套,用以缓冲铁垫板对螺栓的横向冲击,同时使得螺栓紧固时对铁垫板不产生较大的压力,有利于充分发挥铁垫板下弹性垫层的弹性。扣件扣压

图 7-32 18 号道岔护轨结构

力、防爬阻力不小于 10 kN。轨距调整量为－8～＋4 mm，调整级别为1 mm。高低调整量，无砟道岔为 30 mm，有砟道岔为 10 mm，调整级别为 1 mm。

(2)道岔岔区刚度匹配及均匀化。高速道岔岔区刚度的良好匹配及均匀化，是减缓轮轨作用和轨面动态不平顺的关键。高速道岔扣件系统设计采取“上硬下软”的原则，即轨下弹性垫层刚度较大，铁垫板下弹性垫层刚度较小。

(3)弹性垫层。铁垫板下弹性垫层采用分块式结构，如图 7-34 所示，通过结构设置改变刚度。铁垫板与橡胶弹性垫层通过硫化成为一体，如图 7-35 所示。

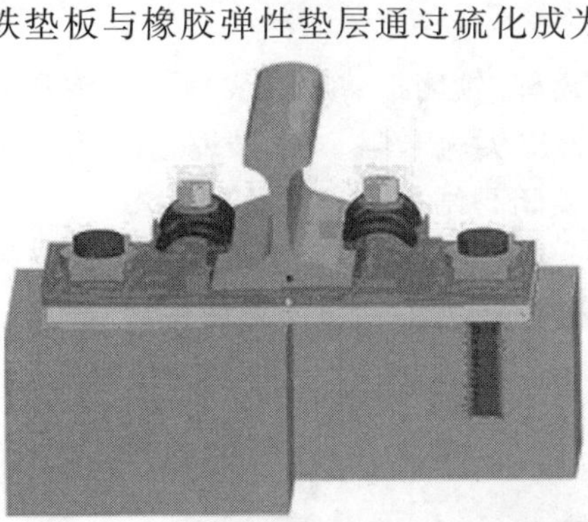

图 7-33 有螺栓道岔扣件系统结构

图 7-34 铁垫板下橡胶弹性垫层结构

图 7-35 硫化弹性铁垫板

3. 混凝土岔枕结构

高速道岔采用混凝土岔枕,垂直于道岔直股布置,岔枕间距一般为 600 mm,转辙机两侧岔枕间距为 650 mm。

无砟道岔岔枕上宽 260 mm,下宽 290 mm,高 130 mm。主筋为 8 根 ϕ14 mm 的螺纹钢筋和 4 根ϕ7 mm的预应力钢丝。岔枕外形如图 7-36 所示。

图 7-36 高速铁路道岔岔枕外形(无砟)

4. 电务转换系统

道岔尖轨及心轨转换采用多机多点牵引方式。18 号道岔尖轨设 3 个牵引点,心轨设 2 个牵引点;42 号道岔尖轨设 6 个牵引点,心轨设 3 个牵引点;高速道岔采用混凝土岔枕,垂直于道岔直股布置,岔枕间距一般为 600 mm,转辙机两侧岔枕间距为 650 mm。62 号道岔尖轨设 8 个牵引点,心轨设 4 个牵引点。

(1)尖轨外锁闭机构。尖轨外锁闭机构主要由锁闭杆、锁闭框、锁钩、尖轨连接铁和防护罩组成。18 号道岔尖轨外锁闭结构设计的主要问题是解决尖轨卡阻。42 号道岔尖轨外锁闭结构,适应无缝线路尖轨大位移自由伸缩和稳定可靠地锁闭是结构设计的关键。

(2)心轨外锁闭机构。心轨外锁闭机构由锁闭杆、锁闭框、锁钩组成。心轨外锁闭机不仅适应心轨自由伸缩,而且稳定可靠,通过改用轧制翼轨、优化工电结合部部件结构,解决了心轨转换时外翻,4 mm 不锁闭的问题。如图 7-37 所示。

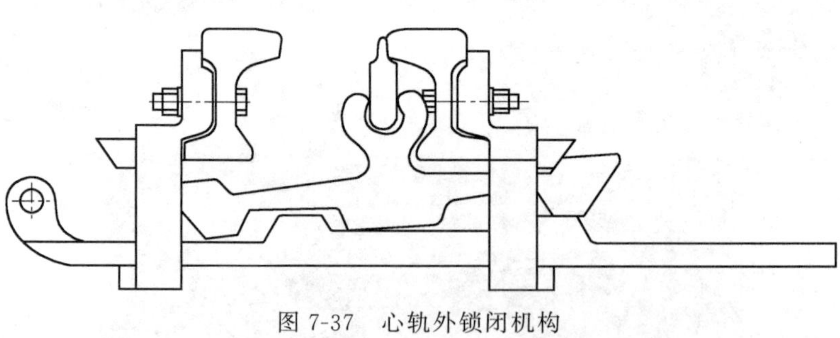

图 7-37 心轨外锁闭机构

(3)转辙机、密贴检查器。高速道岔可采用 3 种类型转辙机:S700K,ZDJ9 型电动转辙机和 ZYJ7 型电液转辙机。研制的新型密贴检查器连接杆增设关节轴承,适应尖轨水平和垂直位移。密贴检查器枕间安装改为岔枕上安装,有利于有砟道岔捣固作业。如图 7-38 所示。

图 7-38 转辙机及密贴检查器

7.4.5.3 德国 BWG 大号道岔(中国 CNTT 道岔)

德国 BWG 大号道岔是世界先进的大号道岔供应商。根据引进技术再创新的需要，中铁山桥与德国 BWG 公司合作于 2007 年在山海关联合成立了新铁德奥道岔有限公司按照德国技术生产和供应 BWG 大号道岔(中国 CNTT 道岔)。截止目前，我国已在京津、武广、京沪等高速铁路铺设了德国 BWG 大号道岔，主要类型包括 18 号和 42 号。主要技术参数见表 7-13。

表 7-13 中国高速铁路主要技术参数

道岔号码	18 号	42 号
道岔直向允许通过速度(km/h)	250/350	250/350
道岔侧向允许通过速度(km/h)	80	160
平面线形	单圆曲线 $R1100$	圆缓 $R10119$＋圆 $R4000$＋缓曲线 $R\infty$
道岔全长(m)	69.000	136.926
道岔前长(m)	31.729	60.573
道岔后长(m)	37.271	76.353

1. 转辙器结构

(1)FAKOP® 结构。FAKOP® 是德文的缩写，其意思是动态轨距优化，因此，上述 2 种 BWG 道岔的转辙器是带有动态轨距优化(FAKOP®)的转辙器。FAKOP® 结构的转辙器基本轨向外弯曲加宽轨距，尖轨厚度可迅速增加，提早承受轮重，能够减少磨损面积，改善轮轨的接触状态，最大轨距加宽为 15 mm。主线基本轨也不再是一条直线，而是一种特殊的轨道曲线，直基本轨向外凸起。

(2)转辙器钢轨。基本轨采用中国 60 kg/m 标准断面型式钢轨；尖轨采用特种断面 60E1A1(即 Zu1-60)钢轨，均匀锻造成型段 580 mm＋过渡段 150 mm 至 60 kg/m 标准断面钢轨；基本轨设 1∶40 轨底坡，尖轨采用 1∶40 轨顶坡；基本轨、尖轨全长无焊接点，均采用 R350HT 硬头轨制造。

(3)转辙器跟端结构。转辙器跟端采用限位器结构，由高强螺栓与基本轨和尖轨连接；18 号道岔每侧设 1 个限位器、42 号道岔每侧设 4 个限位器。

2. 可动心轨辙叉结构

(1)辙叉组件构成及跟端连接。辙叉的心轨前段为整体结构,采用与钢轨同一材质的钢坯经机械加工后与心轨后段 2 根叉跟连接轨拼焊。

18 号道岔心轨全长 13 288 mm,焊接部位在 179.6 mm 断面,心轨前段锻造岔尖长 4 710 mm,后段心轨长叉跟焊接轨 8 518 mm、短叉跟焊接轨 4 277 mm。短心轨后接叉跟尖轨,长度为 6 350 mm,采用特殊断面钢轨,为单肢弹性可弯结构。

42 号道岔叉心全长 20 257 mm,焊接部位在 158.8 mm 断面,心轨前段锻造叉尖长 9 965 mm,心轨后段长都是 10 292 mm。为双肢弹性可弯结构。其心轨拼接分开后,心轨之间设置间隔铁,辙叉跟端下部为很长的大垫板,心轨—心轨、翼轨—心轨间长大间隔铁通过螺栓与大垫板连接,同时还有横向螺栓连接,为单肢弹性可弯结构。

(2)辙叉翼轨及心轨牵引处的结构。辙叉翼轨用 60 kg/m 标准断面钢轨制作。18 号和 42 号道岔的牵引杆件均从翼轨轨底与心轨轨底转换凸缘连接。翼轨轨底有削弱,轨腰没有削弱。二者不同的是:18 号道岔心轨的转换凸缘和叉尖为一整体;42 号道岔用组装转换架结构起到转换凸缘的作用。

(3)心轨防跳措施。高速道岔可动心轨辙叉的活动段较长,为防止心轨跳动,采取了多种手段,在心轨尖端和顶铁上也都设置有心轨防跳的功能,心轨尖端深入翼轨间隔铁下。除此之外,无砟道岔设置液压下拉装置,是防跳效果最好、最可靠的办法。

有砟道岔不设液压下拉装置。

3. 扣件及弹性基板

(1)弹性扣压件。道岔的弹性扣压件主要采用 Skl12 弹条扣件,扣压力也为 12 kN,扣件与钢轨间也不调距,以保证钢轨方向稳定,防爬阻力为 8～10 kN。如图 7-39 所示。

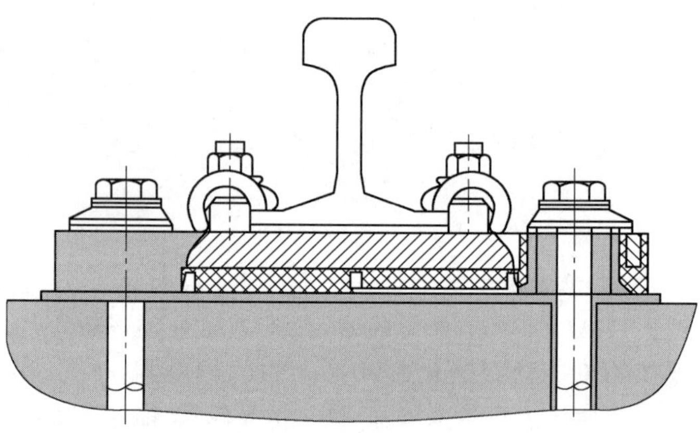

图 7-39　道岔扣件系统

(2)弹性基板支座。弹性基板支座是专门用于高速铁路道岔和轨道的,它是通过硫化在肋形基板中的弹性橡胶提供弹性的。具有规定尺寸的弹性元件布置在每个支撑点上可以具有相同的弹簧刚度,而与基板的尺寸无关。在基板上的硫化橡胶垫可以实现动态荷载的减振。支撑点的标准刚度为 17.5 kN/ mm。

弹性中间垫片应注意区分是否带有 1∶40 轨底坡,当肋形基板不带有 1∶40 轨底坡时,使用带有 1∶40 轨底坡的倾斜型中间垫片 Zw60-40,当肋形基板带有 1∶40 轨底坡时,使用不带 1∶40 轨底坡的中间垫片 Zw60。

道岔高度需要调整时，可以通过调高垫来调整，道岔出厂时，布置的是厚度为 6 mm 的调高垫片。备件可以按 2 mm、3 mm、6 mm 和 10 mm 厚等规格准备，这样可以在－4～26 mm 之间调整。如需要更大的高度调整时，就需要更换更长的岔枕螺栓。

道岔需要进行横向调整时，可以通过偏心调整锥套来进行。调整锥套的备件规格为偏心距为 0～12 mm，以 1 mm 为一级，道岔出厂时一般使用 0 偏心距调整锥套，为调整轨距一般使用 2 mm 或 4 mm 偏心距调整锥套，特殊情况下才使用 6 mm 偏心距调整锥套。

(3)带有滑床台板的弹性肋形基板。带有滑床台板的弹性肋形基板，即滑床垫板。基本轨外侧靠弹条的扣压来固定，基本轨内侧通过一个单独的滑床台板来固定。该滑床台板一侧位于基本轨的轨脚处，而另一侧位于一个弹性中间垫片上，即位于基板上。滑床板是通过基板来固定的，因此，基本轨也是由基板来固定的。扣压是通过两根弹性压条来实现的，弹性压条的两端在滑床板上，中间在基板上的孔内。基本轨与尖轨滑床台板各有垫片，经由垫片将载重传递至基板，基板断面均匀，抗弯刚度无突然变化，无应力集中，抗疲劳度性能好，保证了弹性基板使用寿命及安全性。如图 7-40 所示。

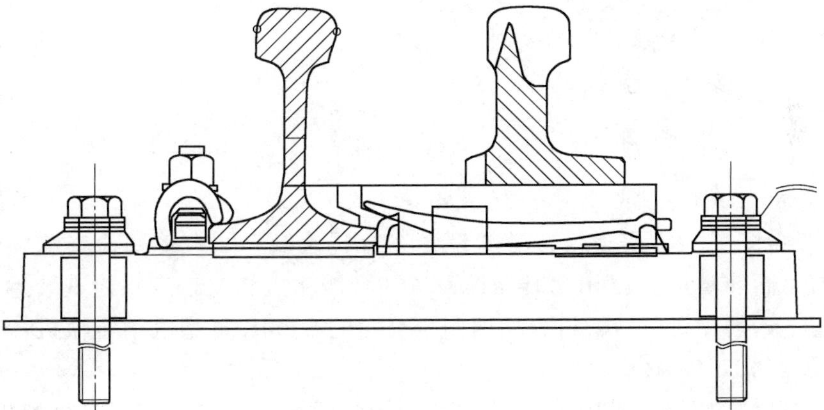

图 7-40 带有滑床台板的弹性肋形基板

(4)尖轨辊轮及带有尖轨辊轮滑床垫板。铝硅涂层的滑床台板以及尖轨辊轮滑床垫板可以改善尖轨的活动性能，降低转辙力。在道岔转换过程中尖轨被辊轮抬起而不是在滑床台板上滑动，如图 7-41 所示。尖轨辊轮滑床板和有铝硅涂层的滑床板不能进行润滑。

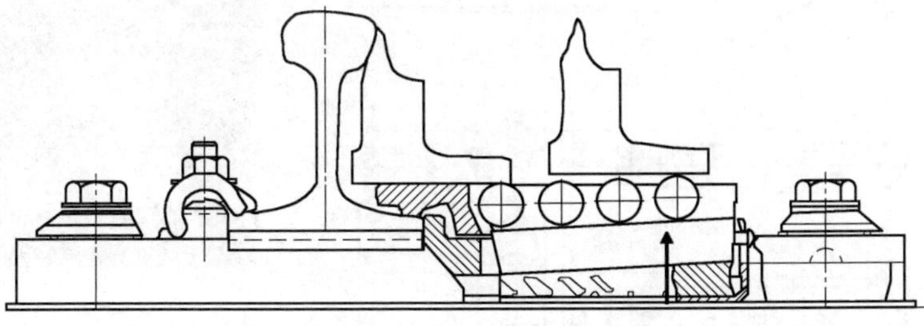

图 7-41 尖轨辊轴滑床台板

尖轨在与基本轨贴合位置时，尖轨只在一个辊轮上，而且它的自重压缩了尖轨辊轮的弹性元件。在尖轨转辙过程中，当第二个辊轮开始受力时，刚度开始增大，从而抬起尖轨，并且将其滑至张开位置。

(5)可动心辙叉弹性基板如图 7-42 所示。

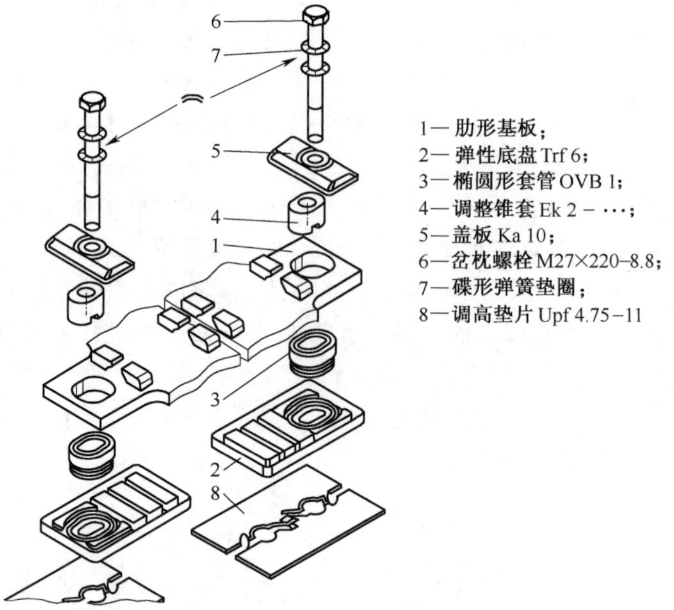

图 7-42　可动心轨辙叉弹性基板各部件组成

4. 锁闭装置

(1)转辙设备配置。18 号道岔转辙器设置 3 台转辙机和 3 台密贴检查装置(ELP),可动心轨辙叉设置 2 台转辙机。42 道岔转辙器设置 6 台转辙机和 6 台密贴检查装置(ELP),可动心轨辙叉设置 3 台转辙机。转辙机采用西门子公司的 S700K-C 型电动转辙机,密贴检查装置采用西门子公司的 ELP 319。

(2)转辙器区域的 HRS 锁闭装置。HRS 锁闭装置固定了尖轨和基本轨的相对位置。如图 7-43 所示。

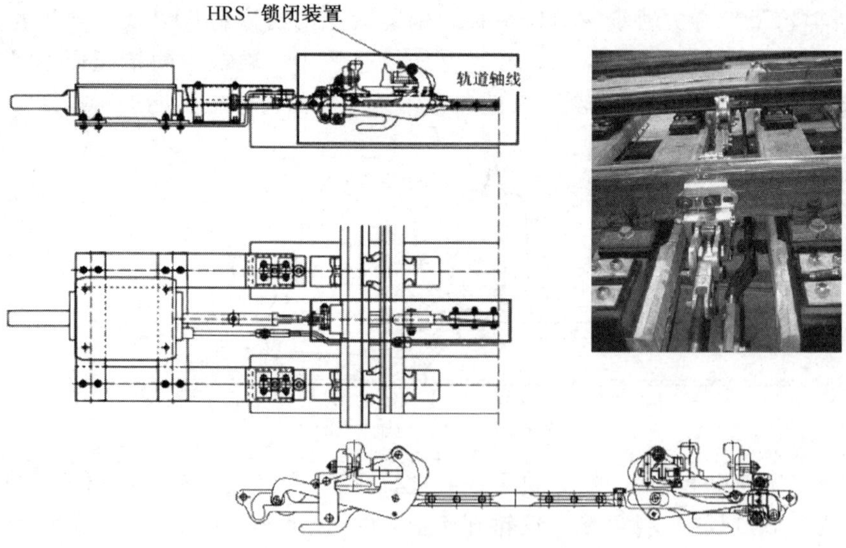

图 7-43　转辙器区域的 HRS 锁闭装置

连杆的特殊链节运动允许需要控制的锁闭装置的解锁、移动和锁紧。在转辙时，尖轨从滑床板上抬起，采用滚动摩擦，可减少转换阻力。夹具的形式使它能够水平和竖向地将尖轨紧固于基本轨，这样，即使在基本轨的弹性降低后，也能保证尖轨和基本轨高度方向的相对位置。转辙器区域的 HRS 锁闭装置结构原理如图 7-44 所示。

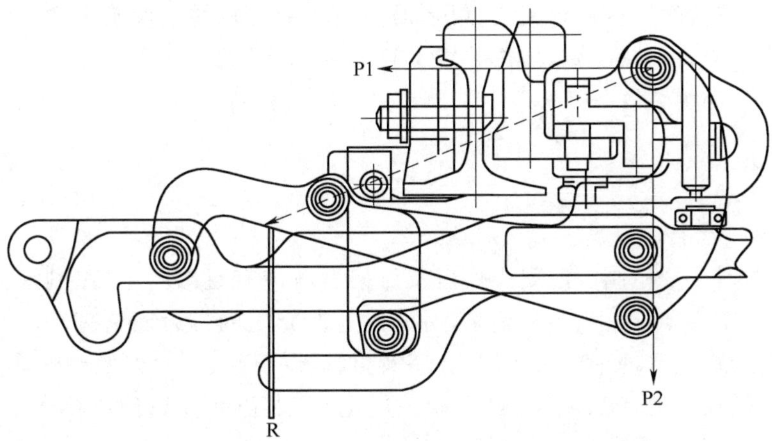

图 7-44　转辙器区域的 HRS 锁闭装置结构原理图

连杆销接支架 Bkl 80 的型式允许尖轨能够相对于基本轨（自动补偿尖轨的位移）往前和往后移动±40 mm。所有的运动都通过使用免维护的辊轮完成。

(3)可动心轨辙叉区域的 HRS 锁闭装置。HRS 锁闭装置固定了可动心轨轨尖和翼轨的相对位置。连杆中的特殊链节运动允许需要控制的锁闭装置的解锁、移动和锁紧。所有的运动都通过使用免维护的辊轮完成。

5. 下拉装置

18 号无砟道岔、42 号无砟道岔辙叉区域均设有 1 套下拉装置。当列车通过可动心轨时，翼轨或者心轨会弹性地下沉。使用液压下拉夹具来使两个部件能够平稳地下沉，以避免在这个区域的高动态荷载。该装置是与翼轨相连的，并用一根连接横梁来把心轨压到垫板滑动面上。作用的压力(约 70 kN)是由碟形弹簧垫圈产生的。

18 号单肢弹性可弯道岔可动心轨辙叉的下拉装置，布置在下拉夹具中的液压缸把叠片碟形弹簧垫圈下压直到连接横梁压在安装在翼轨上的支架辊轮上，而心轨被轻微地抬起，这样能够使心轨可以转辙。

42 号双肢弹性可弯道岔可动心轨辙叉的下拉装置，在道岔转辙之前，布置在下拉夹具中的液压缸把碟形弹簧垫圈下压直到连接横梁可以活动以及可动心轨能够移动。这种方式的下拉装置不抬起可动心轨。液压下拉装置驱动器 NH145-WS 是一个驱动功率为 1.1 kW 的电动液压系统，一个齿轮泵产生液压力而一个阀门控制部件能够实现必要的液压功能。

液压下拉装置驱动器 NH145-WS 带有一个铸铝的外壳和可移动的盖子。当水平放置时，它能提供大约 6 L 的安全空间。如果在液压组件中有故障，剩下的 2 L 油可以安全地留在油箱内。

6. 混凝土岔枕结构

18 号、42 号无砟道岔设计均采用 Rheda2000 岔枕，也可采用道岔板轨道。长度超过 3 310 mm 的长岔枕采用长、短枕式结构，长短枕之间用连接板进行临时性连接。在组装、运输和安装过程中确保轨距和道岔尺寸上的精度。在浇筑混凝土之后,可以移除连接板,竖向的孔用砂浆进行填孔。

7. 融雪装置

北方寒冷地区,大号无砟道岔都预留了融雪装置的安装位置,以备需要时安装。加热装置结构比较简单,与道岔的结构设计无关,仅是根据尖轨和心轨的长度确定加热线长度、功率大小等。安装方式简单,拆装容易。加热装置本身的维修、保养工作量很小,仅需定期检查。可根据需要选择安装融雪装置。

7.4.6 施工工艺

7.4.6.1 质量标准

(1)混凝土模型质量控制。混凝土模板及支架材料应有足够的强度、刚度、稳定性和平整度,且安装稳固牢靠、接缝严密、不得漏浆,对模板与混凝土的接触面清理干净并涂刷隔离剂,模板内的积水和杂物应清理干净。垫层、底座及板缝等模板安装允许偏差应符合《高速铁路轨道工程施工质量验收标准》(TB 10754)的相关规定,其中预埋件和预留孔道留置等应做好与相关接口工程的衔接。

(2)钢筋质量控制。钢筋的制作、加工和焊接、绑扎、接头设置除符合设计及铁路混凝土工程的要求外,接地端子等材料应满足设计要求及产品技术条件的要求。钢筋网片的绑扎安装应做好模型的协调,并保证结构混凝土保护层厚度符合设计要求。钢筋绝缘性能的检测应符合设计要求。

(3)混凝土质量控制。路基或隧道内设计混凝土垫层,桥梁上设计钢筋混凝土底座。混凝土采用高性能混凝土,混凝土质量除满足结构性能要求外,还应满足施工工艺的要求。混凝土原材料、配合比设计、搅拌及施工养护应满足《铁路混凝土工程施工质量验收标准》(TB 10424)的相关规定,外形尺寸、表面裂纹及排水坡等应符合设计及相关规定。混凝土拆模后,结构表面应密实、平整、颜色均匀,且不得有露筋、蜂窝、孔洞、疏松、麻面和缺棱掉角等缺陷。混凝土施工时,道岔板范围内的表面应按规定对进行横向拉毛,道岔板范围外的表面应抹光并设置不小于3%的横向排水坡。

混凝土道床板及转换设备基础外形尺寸允许偏差应符合表7-14和表7-15的规定。

表7-14 混凝土道床板外形尺寸允许偏差

序 号	检查项目	允许偏差(mm)
1	道床板顶面与承轨台面相对高差	5
2	顶面宽度	±10
3	中线位置	2
4	平整度	3 mm/m

表7-15 转换设备基础外形尺寸允许偏差

序 号	检查项目	允许偏差(mm)
1	深度	±10
2	宽度	±5
3	轴线位置	2
4	轴线偏斜	5
5	平整度	2 mm/m

(4)隔离层及弹性垫层质量控制。隔离层及弹性垫层原材料应符合设计和相关技术规定，加工尺寸应符合设计要求。隔离层及弹性垫层的基底应平整清洁、干燥，不得有空鼓、空洞、蜂窝、麻面、浮渣、浮土和油污等。

隔离层铺设应平整，无破损，接缝处及边沿无翘起、空鼓、皱褶、脱层或封口不严等缺陷。弹性垫层与凹槽侧面应粘贴牢固，顶面与底座表面平齐，接缝缝与周边无翘起、空鼓、皱褶、脱层或封口不严等缺陷。

(5)道岔组装及调整质量控制。道岔各部件及岔枕的规格、型号、质量等符合设计及技术条件要求，钢轨无碰伤、擦伤、掉块、凹陷、硬弯、扭曲等缺陷。岔枕外观质量符合要求，岔枕桁架钢筋应位置正确，无明显锈蚀、扭曲变形，并不得有开焊或松脱。

道岔应按铺设图铺设，各零部件应安装正确、齐全，精调后的道岔各部允许偏差应符合相关技术条件的要求。其中，道岔定位精度允许偏差为轨面高程－5～0 mm和中线2 mm。道岔直(曲)尖轨第一牵引点前与直(曲)基本轨密贴，缝隙不大于0.5 mm；道岔心轨尖端第一牵引点与直(曲)基本轨密贴，缝隙不大于0.5 mm。转辙器部分最小轮缘槽不得小于65 mm，查照间隔(辙叉心作用面与护轨头部外侧的距离)不得小于1 391 mm。

轨排支撑架及轨排固定的相关要求与CRTSⅠ型双块式无砟轨道施工相同。

(6)道岔钢轨焊接与无缝线路锁定质量控制。道岔钢轨按照先岔内后岔外的顺序采用铝热焊焊接，岔内焊接应按设计焊接顺序。道岔钢轨焊接前，道岔定位精度及几何尺寸应满足必要的条件。

道岔钢轨焊接应按规定提前进行焊接型式试验和工艺试验。焊接时，钢轨焊头及附近钢轨表面不应有裂纹、明显压痕、划伤、碰痕、打磨灼伤等，每个焊接接头必须进行打磨和超声波探伤，焊头质量符合《钢轨焊接第1部分：通用技术条件》(TB/T 1632.1)和《钢轨焊接第3部分：铝热焊接》(TB/T 1632.3)的规定。

道岔与两端线路钢轨锁定焊联时，限位器子母块应居中，无缝道岔与相邻轨条的锁定轨温不应大于5 ℃。道岔及岔区、岔区两端至少各150 m的线路应作为一个无缝线路单元进行管理。

钢轨铝热焊焊缝距离承轨台边缘应不小于100 mm。

7.4.6.2　工艺特点

长枕埋入式无砟道岔是一项系统工程，涉及高精度测量、高性能混凝土制备及浇筑、大件运输与吊装、道岔组装及精调、道岔工电联合调试、钢轨焊接、无缝线路锁定、工程道岔行车管理等诸多环节，施工过程中需要做好与线下基础、四电专业及前后无砟轨道施工的接口管理和协调。长枕埋入式无砟道岔是高速铁路轨道工程施工中技术含量最高、专业配合最广、质量控制最严的项目之一，必须高度重视。

1. 精度要求高，工序控制严格

无砟道岔既要保证高精度的轨道几何形位，又要保证混凝土底座、混凝土道床板外形及耐久性。因此，必须持续地系统地进行精度和质量控制。主要有以下几点：

(1)将高精度系统控制的理论延伸于线下结构施工，既要保证线下结构的表面高程、平整度和中线，更要最大限度地减少和保证线下结构变形量。

(2)建立CPⅢ测量控制网，将CPⅢ测量控制网的使用贯穿于无砟轨道施工的全过程，根据不同工序施工选择不同的高精度测量设备予以保证。

(3)严格控制线下结构竣工平整度和高程,混凝土底座的中线、高程及表面平整度,长岔枕预制厚度及扣件螺栓孔定位精度等,通过一系列严格的精度控制最终保证无砟轨道的结构质量和精度质量。

(4)严格控制道岔前后无砟轨道施工时机,道岔区及前后至少各 200 m 的无砟轨道应在道岔板铺设完成且精度复测后进行,同一岔区的道岔应同步测量和施工。

(5)严格控制道岔轨排组装和精调质量,确保道岔部件安装齐全、正确,道岔定位应在满足道岔内几何形位的基础上进行精确定位,确保道岔线形满足要求,并严格控制各细部精度。

2. 自动化程度高,四新技术应用广泛

(1)使用大号无缝道岔系统、高性能混凝土、斯密特铝热焊、隔离层及橡胶垫板、弹性限位板及植筋胶等新型材料。

(2)采用了无缝道岔及无缝线路结构,并对新结构的设计计算、施工工艺等要求严格。

(3)大量开发和使用了机械化、自动化程度高的专用施工设备,如高精度全站仪(智能测量机器人)、轨检小车、道岔精调系统(螺杆精调器)、铝热焊机、超声波探伤仪、平直度检查仪、道岔打磨列车、道岔轨排运输车等。

(4)应用了许多新工艺及新技术,包括道岔部件运输及吊装工艺,道岔轨排组装及精调工艺,高性能混凝土制备及浇筑工艺,钢轨焊接及无缝线路锁定工艺,道岔工电联调工艺。

3. 专业接口多,协调管理工作繁琐

长枕埋入式无砟道岔施工涉及专业多、接口多,施工过程做好施工质量严格控制外,还应严格把握道岔施工的边界条件,做好繁琐的协调管理工作。

(1)施工前应加强线下结构及 CPⅢ 测量控制网的验收评估工作,做好道岔前后无砟轨道暂缓施工的预留工作,确保线下结构沉降变形及竣工后的工程质量满足无砟道岔铺设施工的需要。

(2)施工前应加强与设计、道岔供应商的沟通,提前组织道岔供货并开展现场储存,协调好施工通道、混凝土搅拌站等工作,确保物流顺畅。

(3)加强与四电专业的沟通,共同确认接地端子、预埋件及预留孔道设置等工作,为四电专业的后续施工创造条件,尤其要确认道岔区绝缘设置的类型及要求。

(4)施工过程中加强与电务专业的沟通,共同做好道岔转换设备安装及工电联调工作,确保道岔质量一次满足工务及电务专业的要求。

(5)无缝线路锁定、道岔线形调整时应做好前后轨道施工单位的协调,确保无缝线路锁定轨温、无缝单元管理长度、道岔线形顺接等满足设计及技术条件要求。

(6)施工完成后,加强道岔区行车管理,做好联调联试的配合工作,确保道岔区通行顺畅,并根据动态检测结果,做好道岔区轨道线形的补充调整。

7.4.6.3 工艺流程

长枕埋入式无砟道岔施工工艺流程如图 7-45 所示。

7.4.6.4 主要施工工艺

1. 道岔区混凝土底座施工

(1)施工准备。提前结合设计及工期要求确定道岔组件进场方案,打通运输通道,必要时对既有道路尤其半径较小地段进行加宽加固。完成高性能混凝土配合比设计及工艺试验。完成道岔钢轨焊接型式试验并获取试验报告,完成道岔部件、调整件的订货。

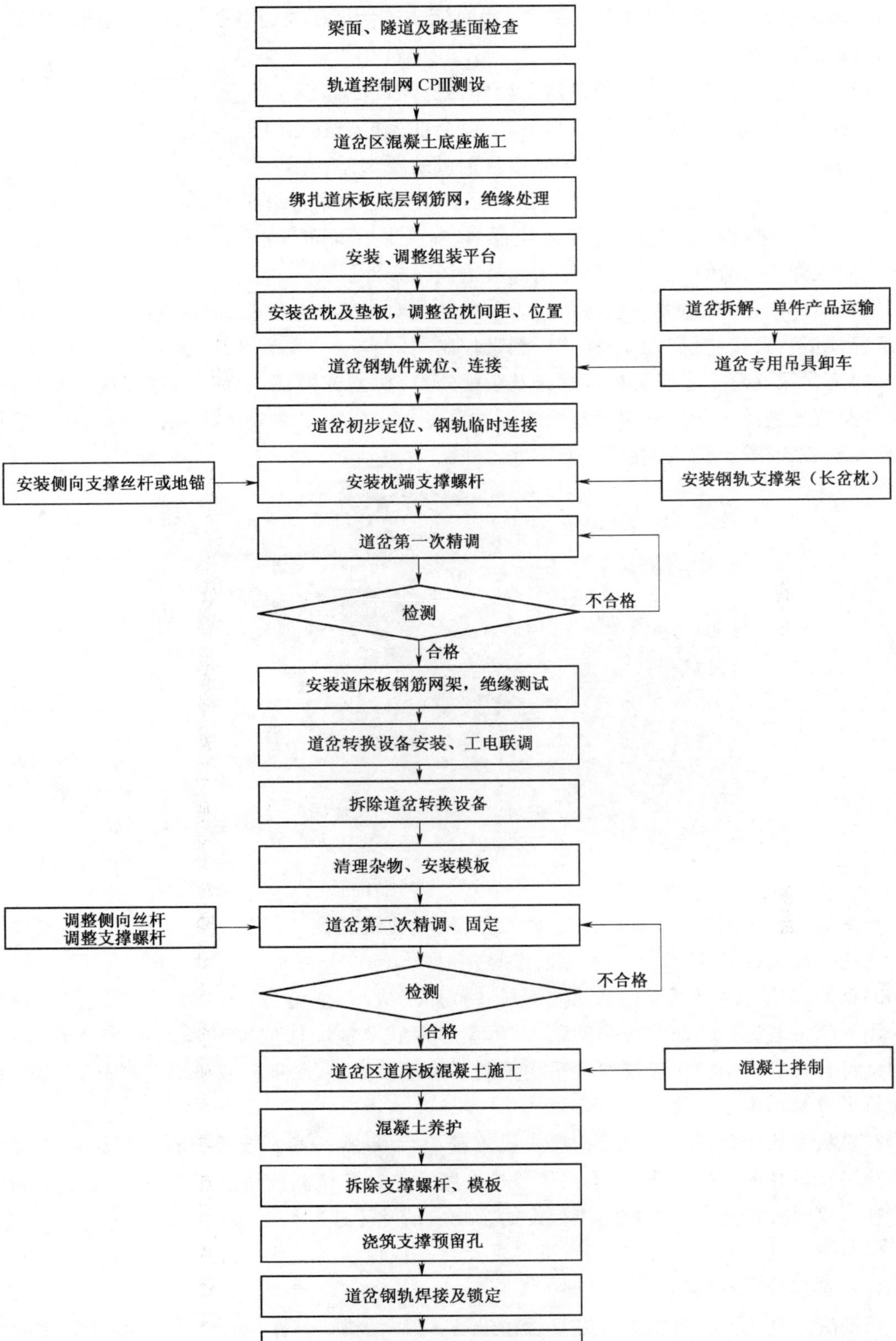

图 7-45 长枕埋入式无砟道岔施工工艺流程

协调相关线下及无砟轨道施工单位,共同确认道岔区及前后各 200 m 的无砟轨道留待无砟道岔施工完成后施工。

(2)沉降评估及 CPⅢ测量控制网测设评估。铺设无砟道岔前,线下工程的主体和底座混凝土(包括桥梁上防撞墙、遮板等二期恒载)应全部完工,检验合格。未完成的附属工程不得影响 CPⅢ测量控制网测设及评估和无砟道岔铺设的要求。

铺设无砟道岔前,按照《客运专线铁路无砟轨道铺设条件评估技术指南》(铁建设〔2006〕158 号)对路基、桥涵、隧道变形进行系统评估,确认工后沉降和变形、梁体长期变形、各种过渡段的差异沉降等符合设计要求,满足无砟轨道铺设条件。

铺设无砟道岔前,由业主组织各施工单位共同对线下结构工程进行验收(宽度、平整度、高程、沉降评估)、交接,交接和复测 CPⅢ测量控制网。

(3)道岔区混凝土底座施工。在路基级配碎石、桥梁或隧道内仰拱清理完成且复核高程、平整度及宽度满足条件后采用模筑法施工。混凝土底座施工主要工序包括测量放样、钢筋绑扎、模板安装、混凝土浇筑、混凝土养护等。如图 7-46 所示。

图 7-46　道岔区混凝土底座施工

1)测量放样。依据 CPⅢ测量控制网进行模板边线及高程控制点的放样。放样点位主要包括中线及高程控制线、模板四角控制点等。

2)钢筋绑扎。底座钢筋在基地内下料并预加工成型,通过汽车运输到工地安装。钢筋绑扎采用专门工装进行钢筋定位和间距控制,预埋钢筋及预埋件位置正确、定位牢固,钢筋搭接或焊接符合要求。钢筋保护层厚度采用预制砂浆垫块支垫,底部砂浆垫块呈梅花形布置,垫块数量每平方米不少于 4 块。

3)模板安装。模板采用组合钢模板或竹胶板,L 形或三角形支撑。模板安装以模板顶面作为垫层顶面高程的控制线,模板支撑通过在路基上钻孔植筋或桥梁防撞墙、隧道水沟侧壁固定支撑。模板安装应牢固、密贴,模板内的杂物应清除干净。

模板安装完成后,应再次使用水准仪逐点检查模板顶面高程,复测误差应不大于±5 mm。对不合要求,应重新调整并再次复测。

4)混凝土浇筑。混凝土通过罐车运输进场,采用溜槽或汽车泵泵送入模,插入式捣固或振捣梁振捣密实,一次浇筑完成。混凝土初凝前,采用铝合金刮尺大面平整并人工收面压光。混凝土初凝后,应及时对道床板范围内的表面进行拉毛,拉毛深度 1.5～2 mm。对道床板范围外的部分，人工收面压光并设置向外4%的横向排水坡。

5)混凝土养护及拆模。底座混凝土施工完成且初凝后立即用土工布覆盖并洒水保湿养护，强度满足设计要求后方可拆除模板，如设计无具体要求，侧模应在混凝土强度达到2.5 MPa以上，其表面及棱角不因拆模而受损时方可拆模，并对混凝土表面缺陷及时修补。脱模后拆去土工布，洒水后用土工布覆盖，保证95%以上的湿度，养护时间不少于7 d。

24 h内，每隔2.5～5 m切割横向伸缩缝，伸缩缝深度应不小于垫层厚度的1/3。在混凝土未达到设计强度75%之前，严禁各种车辆在底座上通行。

2. 道岔装卸运输及存放

道岔装卸、运输及存放应保证道岔质量、安全。装卸作业应由有作业资格的人员操作，并采用专用吊具，运输路线和存放场地应提前调查、规划，必要时应对已有道路加宽加固、修建新便道或拆除既有设施，以保证道岔组件运输顺畅和按计划有序进场。

(1)总体要求。道岔出厂前应逐组进行试拼装，组装合格的道岔方可拆解运输，转辙器、辙叉及心轨等应整体装运，同时对主要部件进行编号，标注吊装点，以保证运输到现场后能顺利装卸和组装。

道岔运输应根据道岔组件的长度选择不同的运输车辆，长大组件可选用拖挂汽车或轴线运输车。现场装卸与运输作业应采用专用吊具在专业技术人员指导下作业。

道岔的、运输与存放作业不得变形、损坏、污染所有部件及零部件。装载、加固、运输方案应成熟可靠，新方案需经有关部门审批。产品包装在道岔铺设前不得拆除。

(2)道岔部件厂内验收。每组道岔在运往施工工地前都应在厂内将道岔的转辙器区域、连接部分、辙叉区域安装在轨枕上进行组装、调试、检验，安装内容包括钢轨件、锁闭装置、转辙机、密检器等，并按设计规定对整组道岔的各部分尺寸、零部件的安装及偏差进行检测记录，对各部位尺寸严格按照设计及标准进行检查，直到各部位尺寸符合要求为止。道岔厂内组装如图7-47所示。

图7-47　道岔厂内组装及验收

道岔预组装完成后，对道岔进行出厂前检验，道岔出厂后必须带有明显标识，其内容包括：产品名称、规格型号、出厂编号或出厂日期、制造厂名或厂标等。

可动心辙叉上应带有标识，标识内容应包括辙叉型号、左右开向、出厂编号或出厂日期、制造厂名或厂标等。基本轨、尖轨、配轨、护轨等在轨腰上标识出长度数值、厂标或厂名、出厂日期,基本轨、尖轨还应标出开向、直曲;铁垫板应按图纸规定标出清晰、不易损的标识,道岔各单元均应厂内组装全,进行包装。

(3)道岔部件装卸。

1)钢轨组件及单根轨的装卸。大号道岔可动心轨辙叉与轨下垫板组装发运,整体装卸,起吊时按图 7-48 所示布置吊点。

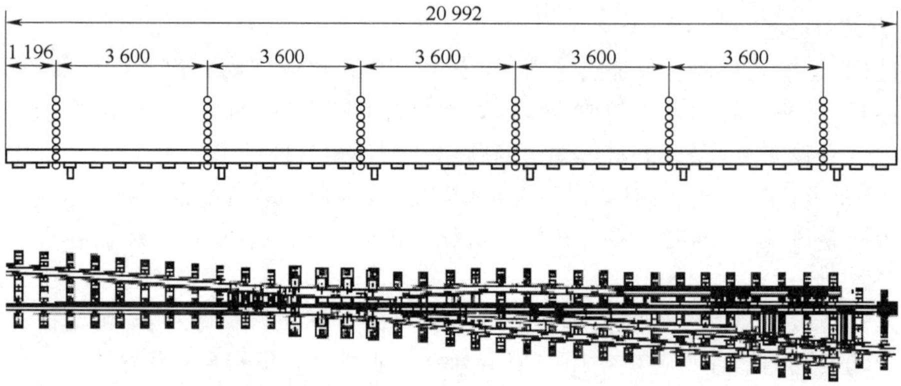

图 7-48 大号道岔可动心轨辙叉装卸吊点布置(单位:mm)

导轨(胶接绝缘轨)组件装卸时,吊点位置按如图 7-49 所示布置,且钢轨端头距离最近吊点不得大于 4 m。

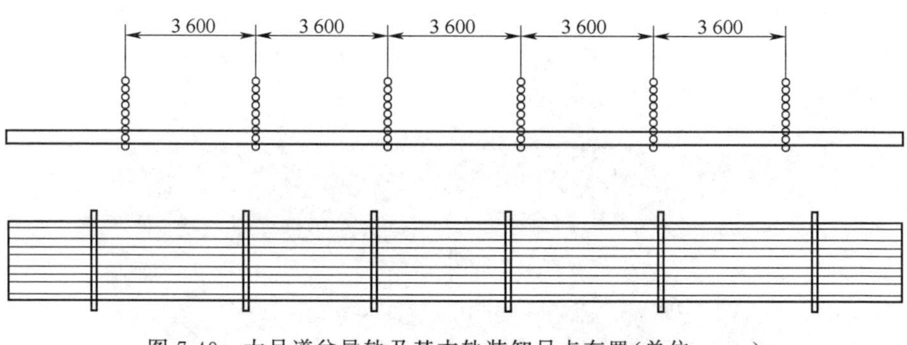

图 7-49 大号道岔导轨及基本轨装卸吊点布置(单位:mm)

基本轨及尖轨组件的起点位置与图 7-49 所示相同。

长度为 15～25 m 的钢轨件,吊点间距允许最大值为 4 m。单根标准断面轨吊装时,吊点位置如图 7-50 所示布置,且钢轨端头距离最近吊点间距不得大于 3 m。当吊装尖轨时,按图 7-50 所示所的有吊点位置向尖轨跟端方向移动 1 m 即可。严禁采用活卡吊具吊卸,应采用吊

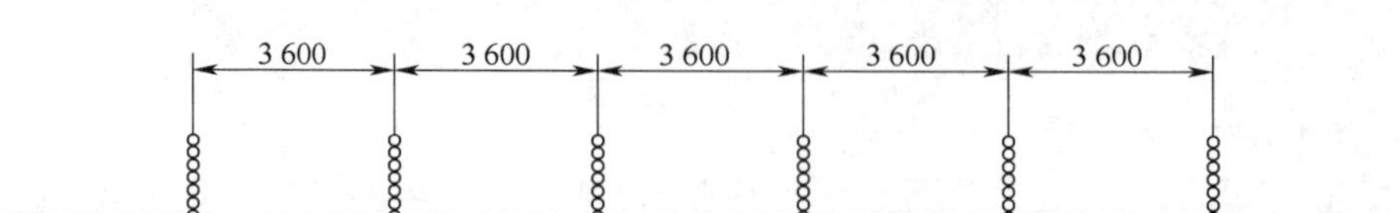

图 7-50 单根标准断面轨装卸吊点布置(单位:mm)

带锁吊卸。当起吊超过 25 m 钢轨时，吊点间距允许最大值为 4 m，起吊点距端头距离不得大于 3 m。

2)弹性铁垫板等扣配件装卸。弹性铁垫板等扣配件采用装箱装运，在装卸过程中应轻拿轻放，应保证产品及产品包装完好，避免产品在装卸过程中的磕碰、摔打及撞击。禁止将产品及产品包装一边放在地面上进行拖动。

弹性铁垫板等扣配件、零部件在装卸过程中严禁与油类、有机溶剂等有害于橡胶的化学药品接触，并应防止曝晒。开箱后取出的产品应水平放置在转运托盘上，每个托盘上只允许堆码一层产品。

3)长岔枕装卸。长岔枕一般采用柔性吊带装卸。每次吊装不超过 3 根。单根岔枕装卸时，吊带应对称布置且固定，吊点最小间距为岔枕总长的 1/2，吊带与水平线夹角须不小于 60°。

长岔枕应按组存放，不合格品应单独存放。长岔枕在存放和运输中应水平放置码垛，长岔枕在下，短岔枕在上，每两层间使用两根木条支垫，最下层至最上层的垫木应在一条竖线上，码垛的水平层数最高不超过 12 层。

长岔枕在存放和运输中，应保持预埋套管内的清洁，应将螺栓旋入套管内，也可以用木塞或胶带(布)等封住管口。螺栓或封口物的外露高度不应大于垫木高度。

4)道岔部件吊装技术要求。当采用汽车吊吊装钢轨部件及轨排时，横梁宜采用 25 m 长工字钢焊接制作，吊索采用尼龙软索，吊点布置不超过 4 m。

按照不同的轨件吊装图布置吊点，吊具与钢轨连接完成后，要对锁具锁紧的可靠性和平衡性进行检查。

先进行不大于 100 mm 起升高度的试吊，验证起吊起具、吊具及锁具的可靠性，纵横向最大变形量不超过 100 mm。试吊无误可直接起吊，起吊时应慢速启动，注意保持平稳。钢轨组件起吊时特别注意防止翻转，起升与转向应分开进行，严禁边起升边转向。

(4)道岔部件运输。

1)长距离运输。钢轨部件运输：①钢轨部件分类装车，通过铁路或公路进行运输。运输时，钢轨部件应通过绑带或铁丝固定于运输车辆上以免受到撞击，钢轨部件两端超出拖车或者铁路货车的长度不得超过3 m。②用于钢轨部件运输的拖车和铁路货车等运输设备的承载能力应该能满足道岔部件的重量和长度的要求。钢轨部件不得超过规定的装货极限尺寸界线。③在采用液压轴线车运输道岔部件时，必须限制运输车辆的弯曲半径。④对于铁路货车上的货物堆放，钢轨组装件或钢轨件最大堆载高度不得超过 4 层。⑤道岔区段最大堆载高度不得超过 2 层。应采取固定措施以防止在运输过程中的移动。⑥铁路运输应遵循铁道运输部门的有关规定。⑦长岔枕的运输应遵循轨枕制造商提供的运输程序，以防止损伤岔枕。未安装螺栓的岔枕套管螺栓孔须封闭，以防止落入泥土等杂物。

箱体的运输：①需要吊装的木箱应该在良好的条件下，没有腐烂、撞痕、损坏。②铁路运输应遵循铁道运输部门的有关规定。

2)短距离运输。短距离运输主要是道岔钢轨组件、岔枕及弹性垫板等部件由工地存放地点运输至组装平台之间的运输。

钢轨组件通过汽车吊吊装运输，人工配合落点定位。吊点布置及吊运要求与钢轨组件的装卸相同。

岔枕采用单根运输方式，由人工利用麻绳、抬杠等工具进行搬运。弹性垫板及其他零部件均采用人工搬运方式。

(5)道岔部件存放。道岔及部件存放场地应平整坚实,支垫顶面高差不大于 10 mm,并应采取防雨措施,排水通畅,严禁积水。

道岔零部件应按组分类放置、安全稳固且易于检查和搬运,留够运输设备走行空间,防止雨淋、锈蚀等情况发生。

道岔基本轨尖轨、可动心轨辙叉组件最多码放两层。钢轨的码垛层数不得多于 4 层、钢轨件与地面间铺垫木质垫块,每层用木块垫实、垫平,木块应按高度方向垂直设置。

包装箱应单层存放。道岔扣件存放采取相应措施进行防雨、防晒、防锈、防腐、防盗、防变形损坏。

弹性铁垫板不安装使用时,应存放在包装箱内,装有产品的包装箱不允许堆码摆放。弹性铁垫板应放在清洁、通风、不被日光直射、远离热源及化学试剂污染处储存,储存期为一年。

(6)道岔缺损件的处理。发送道岔列车、汽车到站时,应根据"道岔零部件发送明细表"和"装箱单"对道岔零部件,零部件的品种、规格及数量等进行清点,并检查外观。若发现道岔零部件在运输过程中被盗或破损时,应及时向道岔厂家报告并要求补充。若发现道岔质量问题时,应尽快填写用户反馈信息表并报告道岔厂家,以便厂家及时处理。

3.道岔铺设前的准备工作

道岔铺设前准备工作主要包括施工队伍组建、技术文件准备及设备资源配置,以及混凝土底座检查、测量放样、道床板底层钢筋绑扎等。

(1)施工前组织及技术准备。按照铁道部关于高速铁路道岔施工专业化队伍建设的要求,组建道岔施工专业化队伍,配齐相关管理、技术及专业施工人员,特种作业人员应持证上岗。并应就设计文件、技术标准、作业工艺等开展技术培训和工艺演练,提前对道岔组装、精调、焊接等的工装设备进行检查验证。

按规定编写道岔铺设施工作业指导书,并报监理和建设单位审批。做好参加铁道部首件工程评估的准备。

完成道床混凝土配合比设计及工艺试验。提前落实物流通道。

(2)混凝土底座检查。当道岔底座混凝土施工完成并养护 7 d 以上后,由监理单位组织底座及道岔铺设施工单位共同对底座及转辙器平台外形尺寸和施工质量进行检查复核。

底座混凝土结构应密实、表面平整、颜色均匀,没有露筋、蜂窝、孔洞、疏松、麻面和缺棱掉角等缺陷。对验收合格的底座混凝土应全面清理,并对道床板范围内的底座表面(滑动膜铺设范围除外)凿毛,混凝土见新面不小于 50%。

(3)测量放样。测量放样之前,对同一车站及前后线路纳入同一 CPⅢ测量控制网单元进行统一评估。检查和确认线下工程主体结构及附属施工满足无砟道岔施工后方可进行道岔铺设的测量放样施工。

道岔铺设测量放样依据 CPⅢ测量控制网按"自由设站,后方交会"法进行。道岔铺设测量放样主要包括道岔中线控制基桩、岔区前后 100 m 控制桩及外移桩、道岔前中后控制基桩、模板边线控制点等。道岔中线控制基桩,每隔 5 m 设置 1 个,直股应布置不少于 5 个,侧股应不少于 2 个,转辙器、导曲线、辙叉起始点各增设 1 个,基桩设置在线路中线上外侧 1.8 m。道岔中线及前后中控制基桩应进行中线、里程和高程偏差的测量,控制基桩采用底座表面钻孔、植筋胶预埋测钉方式设置,道岔控制基桩横向允许偏差为 1 mm,相邻基桩间允许偏差为间距

2 mm、高程 1 mm。相邻道岔控制基桩偏差应在相邻 CPⅢ测量控制点内调整。道岔前中后控制基桩如图 7-51 所示。道岔模板边线及转辙机相应位置的点位采用墨线弹出标注。

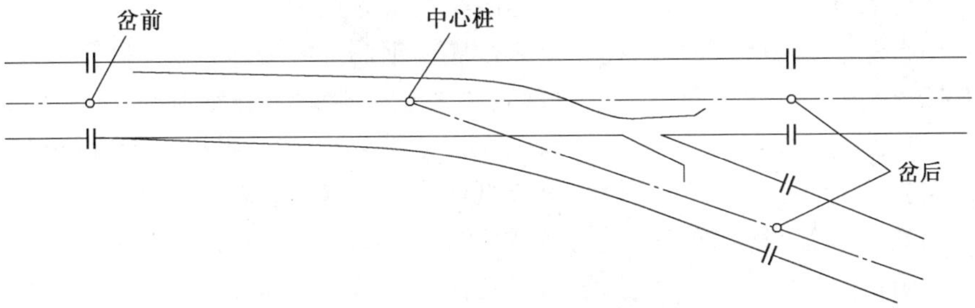

图 7-51 道岔前中后控制基桩

道岔控制基桩测量时，所有点必须强制对中，且通视良好，无障碍物。同一岔区的无砟道岔控制基桩宜一次测设完成，并复核道岔间相互位置。站线无砟道岔的测量宜与正线道岔同时进行，道岔与区间或站线无砟轨道衔接时应以道岔控制基桩为依据进行调整，误差的调整应在站线测量中消除。

(4)道床板底层钢筋绑扎。道床板钢筋在基地内预加工成型。钢筋加工前应进行除锈、除污处理，带有颗粒状或片状老锈的钢筋不得使用，钢筋加工的形状、尺寸应符合设计要求，为确保钢筋长度准确，钢筋切断应在调直后进行，定尺挡板的位置固定后应进行复核，其允许偏差为±5 mm。加工后的钢筋允许偏差为：钢筋长度±10 mm，弯起钢筋的弯折位置 20 mm，箍筋内净尺寸±3 mm。

使用平板汽车将已加工的钢筋运到现场后进行摆放和标识，对钢筋的型号、规格、力学性能等按规定进行出厂检查和常规检查，确认合格后正确使用。

道床板钢筋绑扎分为底层钢筋绑扎和中上层钢筋绑扎。底层钢筋绑扎工序在道岔组装前进行，如图 7-52 所示。绑扎之前，应对底座混凝土表面进行清洗，铺设接缝滑动膜，并按规定布置钢筋保护层垫块，用预加工的钢筋绑扎道床板底层钢筋，钢筋位置及间距采用角钢胎具控制。对影响道岔组装平台等后续施工的部分，可调整钢筋间距，或暂缓施工。之后，将道床板面层钢筋放在底层钢筋上方。

图 7-52 道床板底级钢筋绑扎

中上层钢筋绑扎在道岔初定位后进行,待道岔安装并最终调整完毕后再进行钢筋的固定,并按设计要求安装绝缘卡,并进行钢筋绝缘性能的检测。

4. 道岔组装及精调

(1)道岔组装平台或平移台车组装。道床板底层钢筋绑扎完毕,根据测设的道岔控制基桩进行道岔组装平台或平移台车的组装。道岔组装平台一般采用型钢制作,主要为道岔组装及调试提供一个平台,包括垫木及纵横梁等组成。道岔平移台车采用标准型钢杆件组合的模块式结构设计,包括走行轨道、轨道走行部、组合纵梁和组合横梁,主要用于道岔基地或工厂内组装、直接运输轨排进场铺设、汽车吊不能直接将道岔粗铺就位的地方,需要通过道岔平移台车进行道岔轨排的纵横向移动。道岔组装平台、道岔平移台车分别如图 7-53 和图 7-54 所示。

图 7-53 道岔组装平台

图 7-54 道岔平移台车

1)道岔组装平台安装。道岔组装平台安装前,应先根据道岔控制基桩放样组装平台的纵梁位置,纵梁顶面高程按设计线路轨面高程返算确定,以保证道岔组装完成后轨面高程低于设计高程。组装平台纵梁顶面高程调整到位后进行固定,之后在纵梁上按岔枕间隔标出岔枕位置,根据道岔的岔尖、岔心、岔尾等控制基桩,定出主要岔枕的位置,并依此布置道岔的组装调试平台。

道岔组装平台直股一侧的边线应与道岔直股的中心线平行,并预留岔枕的调整量。组装平台安装高度与道岔的设计坡度一致,并使岔枕就位后与设计高程低 10～15 mm。

道岔组装平台安装时应使各部位的调整丝杆居中,以保证组装平台的设计调整量到最大值,调整螺纹调节杆高程,保证组装平台安装高度,高低水平公差为 5 mm/5 m。

道岔组装平台安装就位后,应使支撑点支撑牢固,防止倾斜。

2)道岔平移台车安装。当施工现场不具备道岔直接吊装就位条件时,可在适当位置安装道岔平移台车,通过道岔平移台车将道岔推送就位。与道岔组装平台安装相同,应先根据道岔控制基桩放样道岔平移台车的走行轨道位置。走行轨道采用 24 kg/m 钢轨或型钢安装,轨道下按 1.0 m 间距铺设 10 cm 厚方垫木,检查轨道高度及平顺性,之后按自下而上的顺序依次安装台车纵梁及走行部、横抬梁,最后安装就位工装和横移工装。

道岔平移台车安装完成后,应复核整体高度,以保证道岔组装后的轨面高程低于设计高程,检查每个单元的平移台车是否与计划的道岔轨排长度相符。同时将就位工装和横移工装的调整丝杆居中,以保证各调整丝杆的调整量达到最大值。

(2)道岔原位组装。道岔各部件由专业运输公司运抵现场后,严格按照确定的方案分步分段将道岔件吊装到组装平台,人工配合就位。道岔各部件运输、装卸及临时存放应符合相关内容的要求。

道岔原位组装的主要流程包括:岔枕摆放、道岔垫板及扣件安装、道岔钢轨组件安装、道岔连接轨及工具轨安装、道岔粗调定位、道岔组装精度检测。

1)岔枕摆放。按照道岔铺设图,采用汽车吊+吊带吊装逐根完成长岔枕的摆放。

首先根据道岔开向,确定道岔第一根岔枕的位置和方向(里程与中线偏差均不超过2 mm),调整组装平台限位机构,使岔枕安放到位。

每段以第一根和最后一根岔枕为基线摆放岔枕,岔枕摆放时必须注意其正确方向,用大钢尺控制调整岔枕间距和位置,不得以岔枕间距累积测量,特别注意牵引点处岔枕位置和间距不得小于设计尺寸,可动心轨第一牵引点岔枕间距可按+5 mm 控制,且不允许后一根岔枕后移。

方正岔枕,以第一根岔枕为基准方正岔枕,同时调整岔枕间距。岔枕定位以直股外侧第一岔枕螺栓孔为基准拉弦线确认,岔枕方正应采用两把长尺平行放置,使岔枕间距找正。

精调岔枕高低,对高低差明显的岔枕进行粗调。岔枕摆放及调整时,严禁使用撬棍插入岔枕扣件螺栓孔内撬拨岔枕。

岔枕方正完毕后,再次核实岔枕摆放间隔、方正及全长,同时检查岔枕外观质量。

2)道岔垫板安装。对照铺设图摆放和安装道岔弹性铁垫板,并使轨底坡向轨道内侧,螺栓孔中心与预埋绝缘套管孔对正。

选择适当型号的缓冲调距块(调整量为0)安放在弹性铁垫板的复合定位套内,缓冲调距块有四个沟槽面的朝下,并保证其下表面与复合定位套下表面平齐。

将盖板安装在弹性铁垫板上,装有橡胶垫圈的一面朝下。

选择适当型号的垫板螺栓,套上弹簧垫圈,并将螺纹部分涂满铁路专用油脂,穿过盖板旋入预埋绝缘套管中。

在铁垫板承轨面上放置轨下橡胶垫板。

组装道岔扣件垫板时严格区分不同使用部位的静刚度、左右开向及安装方向,确认钉孔对中,并按标记位置确定内外股摆放方向正确后,才可用螺栓连接垫板和岔枕,垫板组装时,注意保持岔枕位置和方向不变。

道岔垫板安装完成后,再次对照铺设图进行逐项检查,确认道岔垫板及零部件的规格类型、安装位置、左右开向及安装方向、安装质量等符合要求。

3)道岔基本轨及尖轨组件安装。首先检查并确认基本轨跟端支距垫板状态良好,拆除垫板防护罩。通过汽车吊+吊具将曲基本轨及直尖轨组件吊装就位,基本轨落入垫板承轨槽,注意后端滑床垫板入槽困难时,可拆下前移,依次安装。若跟端固定垫板支距已在厂内完成调整,不应采用拆卸跟端垫板的方式安装。

确认基本轨前端位置及基本轨方向,并通过撬棍调整使基本轨前端位置准确到位。

按设计号码安装滑床板垫板上的轨距块,禁止锤击砸入。外拨基本轨,使基本轨与轨距块处于密贴切状态。之后,安装弹性夹到扣压装置,使弹性扣压上基本轨,但不施加扣压力。安装外侧Ⅱ型弹条,施维格弹性扣压到位。

调整基本轨的方向,尽量不采用缓冲调距块调整。锁定岔枕螺栓及Ⅱ型弹条扣件系统。

重新检查直基本曲轨前端位置及方向。相同方法摆放和安装曲基本轨及直线尖轨组件,注意前端与直基本轨端头的方正与位置。摆放和安装道岔直股外侧和曲股外侧钢轨,与可动心轨辙叉共同用轨枕的部分暂不安装扣件系统。

4)道岔可动心轨辙叉组件安装。首先确认可动心轨辙叉区垫板组件安装良好。

拆除可动心轨辙叉包装用件(固定心轨位置的包装暂不拆除),通过汽车吊+吊带吊运可动心轨辙叉就位。人工搬运时,注意不得突然下落。

调整并确认可动心轨辙叉位置正确,并与岔枕连接。辙叉组件的垫板及方向在道岔厂内已经调好,一般不得随意调整、更改。

安装直股普通垫板的轨距块及弹条Ⅱ型扣件系统,达到连接及扣压作用,但不要锁紧。在此期间要做好直股方向和道岔全长的确认工作。

调正辙叉跟端的尺寸及方向,测量长心轨股道的道岔全长,确认可动心轨辙叉的纵向位置正确。依据直股方向确定可动心轨辙叉翼轨外侧轨距块的规格型号,当所有规格型号均满足要求时方可定位。

5)道岔连接导轨及工具轨安装。道岔转辙器组件及可动心轨辙叉安装就位后,摆放并连接其余垫板件,安装导轨并安装和锁定扣件系统。

道岔前后长岔枕及双块式无砟道床地段也一并铺设长岔枕、双块枕及工具轨,使道岔及前后线路一并组装和施工,以此保证道岔及前后线路轨道线形的连续性。相邻的两组道岔原则上应同时组装和铺设。

6)道岔组装注意事项。钢轨件组装前对钢轨质量进行检查,严格控制钢轨弯曲(包括高低和水平),若有较大质量差异应用顶调设备预先进行调整。

拉钢弦线控制道岔岔枕直股端螺栓孔在一条直线上,带编号的一侧铺设在道岔直股外侧,侧股辙叉后短岔枕带编号一侧铺设在道岔侧股外侧。

以第一根岔枕为基准方正岔枕,并与间隔调整配合进行。岔枕方正应采用按岔枕间距找正。调整岔枕时用2把长钢尺置于岔枕两端精调,避免公差累积。

调整岔枕水平,要求相邻岔枕顶面高差不大于2 mm,所有岔枕顶面高差不超过5 mm。辙叉跟端(直向)距基本轨前端定位,偏差不超过2 mm。以辙叉垫板孔为准适当调整岔枕位置。当辙叉垫板孔位与轨枕钉孔位置相距较大时,应及时向厂家反映,不得擅自拆移辙叉垫板或强行拨枕。

组装道岔扣件垫板时严格区分不同使用部位的静刚度、左右开向及安装方向。确认钉孔对中,并按标记位置确定内外股摆放方向正确后,才可用螺栓连接垫板和岔枕;垫板组装时,保持岔枕位置及方向不变。

汽车吊+专用吊具或吊带吊装道岔钢轨件及岔枕。吊装从前至后或根据现场条件确定的吊装顺序依次吊装就位。每段吊装顺序按先直向后侧向,先外股后内股进行。每段组装宜按照先转辙器基本轨和尖轨部分,再中间导曲线连接部分,后心轨辙叉部分的顺序进行组装。

钢轨严格按照厂内标记的接头顺序和设计预留轨缝值进行。轨缝允许偏差±2 mm,钢轨长度累积偏差不得超过整体要求,道岔全长允许偏差为±10 mm,必要时进行磨头或锯轨处理。

安装弹性夹,应使用专用工具,并按安装说明和铺设图的要求进行。

(3)道岔轨排吊装。当现场采用预组装道岔整体运输进场铺设时,需要通过运输车将道岔轨排分段运输进场，并用汽车吊＋专用吊具吊装以及平移台车平移就位。如图 7-55 所示。

图 7-55 道岔轨排吊装

为保证道岔节段在运输和吊装过程不变形。根据道岔节段的长度及重量选择不同的运输车辆，30 m 以下用拖挂汽车，30 m 以上用轴线汽车，运输时，在车体上安装足够刚度的专用托架，道岔节段层与层之间按不小于 6 m 间距用木枕横向支垫。

根据轨排节段的长度选用 1 台或多台大吨位汽吊吊装道岔，配专用吊具梁，吊具梁上设有多根等距布置的吊索，吊索按对称布置，并保证道岔节段竖向变形不超过 1‰，横向变形不超过 2‰。如 54.5 m 转辙器轨排吊装时，则需要 2 台 200 t 级汽吊配 2 个吊具梁同时吊装。

道岔轨排吊装卸车直接落在提前安装就位的道岔平移台车上，再经人工推送到铺设位置，用无孔夹具和轨距拉杆将道岔轨排连接成整体。

(4)道岔粗调及精调支架的安装。道岔及前后过渡段轨排组装完成后，按照道岔铺设图进行岔枕位置的检查复核，转辙器、辙叉区域及辙叉后长岔枕位置的岔枕位置不符合要求时会直接影响轨距及道岔方向的调整。之后进行道岔粗调、螺杆调节器及精调支架的安装。

1)道岔轨距及支距调整。检查并确认道岔直股尖轨及曲股尖轨的质量状态，若发现问题应预先顶调。对滑床垫板位置进行顶调，一般情况下将垫板外调至极限位置。

检查和确认道岔框架尺寸(尖轨尖端轨距和直线尖轨轨头切削起点轨距或基本轨间距离)；检查和确认直线尖轨固定端及跟端轨距；调整直线尖轨与曲基本轨密贴。

从基本轨前端及道岔跟端，通过拨道的方式调整直线尖轨的直线度。使用 30 m 或更长的弦线对尖轨开始测量直尖轨工作边直线度，要求最大偏差不超过 2 mm。相同方法，调整曲线尖轨密贴段至尖轨跟端的支距。

结合轨距调整、尖轨直线度调整，调整直线尖轨与曲基本轨密贴。此时轨距的调整以调整轨距块为主，偏心调距块为辅，调整过程应严格检查道岔零部件安装的准确性。

调整密贴段以后的直侧股轨距。调查尖轨轨底与滑床台板间的密贴。调整可动心轨辙叉范围内轨距时，采用更换不同的缓冲调距块改变垫板位置实现叉心位置的调整，但仍要适当的拨道来确保辙叉心直股的直线度。辙叉直股直线度调整好后，将心轨拨通至曲股，通过复核检查心轨曲股的支距来验证辙叉心摆放位置、方向的正确性，如不合适则重复上述步骤进行调整。

曲股辙后支距垫板区域或通过轨距块调整支距,曲股其他区域还可以通过更换不同的缓冲调距块配合支距调整。

2)安装拉杆式侧向支撑,对轨排进行横向调整。侧向支撑主要用于道岔轨排的横向调整,侧向支撑分为拉杆式和地锚式两种。拉杆式侧向支撑由托盘、调节丝杆(拉杆)、固定支架组成,路基地段固定支架一般通过两侧底座预埋膨胀螺栓固定,如图 7-56 所示,桥梁或隧道地段固定支架可卡在防撞墙或水沟侧墙上固定,如图 7-57 所示。地锚式侧向支撑由地锚、横向螺杆组成,地锚式侧向支撑主要用于道岔轨排的固定,防止混凝土浇筑时道岔轨排上浮。

图 7-56 路基地段拉杆式侧向支撑

图 7-57 桥梁或隧道地段拉杆式侧向支撑

侧向支撑设置沿纵向间隔两根岔枕设置 1 对,辙叉部位可加密设置。在底座混凝土上根据测设的道岔控制基桩,用油漆标识侧向支撑预埋件的设置位置,按侧向支撑底座螺栓孔间距设置。

采用冲击钻成孔,植筋胶植筋方式埋入膨胀螺栓,按照预先标记的位置安装侧向支撑。安装前,侧向支撑的调节丝杆应居中并涂油。安装时,应保证侧向支撑各零部件安装准确,与钢轨间的间隙应尽量小。

依据道岔外移基桩,通过L尺检查和确认所处点位道岔中线的偏差值,调整侧向支撑的丝杆,使道岔轨排横移对中并固定道岔。道岔轨排的横移调整应左右两侧侧向支撑同时对称进行,并沿线路方向逐根调整。

3)安装地锚式侧向支撑。道岔初调完成后进行地锚钻孔,钻孔深度200 mm,地锚采用直径12 mm的螺纹钢筋,加工成L形,每隔3根岔枕设置1对(直曲股对应),并与岔枕钢筋桁架下层钢筋中靠内侧的一根钢筋头对齐。地锚钢筋在道岔一次精调完毕后采用锚固胶进行植入固定,在浇筑道床混凝土前将地锚钢筋与道岔桁架钢筋焊联,以防止浇筑混凝土时道岔轨排上浮。

4)安装竖向螺杆调节器,对轨排高程进行调整。依据道岔外移基桩,通过L尺逐点检查和确认道岔轨面高程以及高程调整量。

按每2根岔枕在钢轨上对岔枕中间的位置对称安装竖向螺杆调节器,辙叉部位适当加密。螺栓杆调节器一般与侧向支撑统一安装,1个螺杆调节器和1个侧向支撑可共同1个托盘。一般情况下,螺杆调节器在轨排横向调整完成后再安装,且每根螺杆下需要安装PVC套管,以方便道床混凝土浇筑完成后螺杆调节器的顺利拆除。

逐点调整道岔高程,调整完成后。再进行二次检查和确认,不合格之处应重新调整。

5)道岔钢轨连接。道岔高程逐点调整到位后,进行钢轨的连接。先以方尺检查和方正左右股钢轨,再按照铺设图加装轨缝片,以控制道岔全长符合铺设图要求。之后,使用U形无孔夹具对钢轨连接固定,并保证钢轨连接平顺,无错牙、错台。

6)竖向螺杆安装及粗调质量检查确认。道岔轨排经过3遍以上的粗调后,将定位螺栓旋入岔枕端部的预留孔内,并使螺栓端头铁垫板顶紧、承力。定位螺栓旋入前应涂油、埋入道床板的部分加装PVC套管。定位螺栓端头与底座表面应加装支垫垫板,以使支撑螺栓受力均匀。

通过L尺检查,确认道岔调整到设计位置(横向及竖向偏差均在2 mm以内)。检查道岔点里程偏差不大于5 mm,预留轨缝偏差不大于2 mm,道岔全长偏差不大于10 mm。

道岔粗调完成后,道岔铺设主要结构的允许偏差应符合表7-16的规定。

表7-16 道岔铺设主要结构尺寸允许偏差

序号	检测项目	允许偏差(mm)
1	轨距	±1
2	支距	±1
3	尖(心)轨第一牵引点前与基本轨密贴	缝隙≤0.5
4	尖(心)轨其余部分与基本轨密贴	缝隙≤0.8
5	顶铁与尖轨或可动心轨轨腰的间隙	缝隙≤0.5
6	尖轨轨底与滑床台、心轨轨底与台板的缝隙	缝隙≤1.0,且1.0 mm缝隙不得连续出现
7	闭合状态下,尖轨轨底和辊轮的间隙	≤2
8	打开状态下,尖轨轨底和滑床台板的缝隙	2≤Δ≤3
9	各牵引点前后各一块滑床台板	缝隙≤0.5
10	尖轨限位器两侧缝隙偏差	±0.5
11	尖轨各牵引点处开口值	±3

续上表

序号	检测项目	允许偏差(mm)
12	转辙器最小轮缘槽宽度 65 mm	不小于 0
13	查照间隔 1 391 mm	不小于 0
14	可动心轨跟端开口距	±1
15	心轨实际尖端至直股翼轨趾端的距离	+4 0
16	护轨轮缘槽宽度	+1.0 −0.5
17	岔枕铺设相对于直股的垂直度	牵引点两侧和心轨部分 4,其余 10
18	岔枕位置偏差	牵引点两侧及心轨部分±2,其余部分±5
19	道岔全长	18 号道岔±10,大于 18 号道岔±20

之后,拆除道岔组装平台或平移台车,也可拆除岔枕区域竖向调节螺杆,拆除的部件应进行清理维护和分类归放。

(5)道岔第一次精调。道岔粗调完成,道岔组装平台或平移台车拆除及所有安装工作完成之后,即可开始道岔精调工作。道岔精调采用轨检小车配合测量。利用 3～4 对 CPⅢ测量控制点和轨检小车进行全面检查,全站仪设站坐标分量中误差不应大于 0.7 mm,定向中误差不大应于 1.4″。道岔精调的调整顺序依次为:道岔轨向及高低调整,道岔轨距及水平调整,道岔各部密贴及间隔调整、弹性夹的安装与调整、辊轮的安装与调整。

1)道岔轨向及高低调整。根据轨检小车检测数据确定精调数值,调整竖向螺杆调节器或竖向螺杆,精调起平道岔。

道岔钢轨平面位置和高程偏差不应大于 0.7 mm,超高偏差不应大于 0.5 mm,侧股曲线段不得有反超高;相邻两根轨枕的钢轨高差不应大于 0.5 mm,水平差不应大于 0.5 mm。

轨检小车测量时,前后两次测站间的重复测量应不少于 10 根岔枕,重复测量偏差值应小于 2 mm,平顺度搭接长度应不大于 1 mm/10 m 的变化率,并在下一站测量区间顺接。

以直股为基准调整道岔轨向,直线尖轨工作边的直线度、密贴段直线度不大于 0.2 mm/m,全长不大于 2 mm。直线尖轨圆顺且无硬弯。

可动心轨辙叉直股工作边直线度不大于 0.2 mm/m,全长(可动心轨尖端前 500 mm 至弹性可弯中心后 500 mm)直线度为 2 mm,心轨尖端前后各 1 m 范围内不允许抗线。可动心轨辙叉曲股工作边曲线段应圆顺,不允许出现硬弯。

道岔的高低通过竖向螺杆调节器或竖向螺杆调整,道岔的方向通过侧向支撑调整,使道岔轨向及高低满足要求。

对于直基本轨一侧轨向的调整,应使用 30 m 及以上的钢弦线进行辅助检查。检查时,先用轨检小车对钢弦线的安装起始点进行中线检查及确认,之后再使用钢弦线检查和调整中间部分。两次钢弦线安装搭接长度应不小于 5 m。

2)道岔轨距及水平调整。道岔轨距及水平调整时,以直基本轨一侧为基准,按照先调支距再调轨距的步骤进行，使尖轨跟端起始固定位置支距、尖轨跟端支距和导曲线支距允许偏差符合设计要求并尽可能的小。

通过轨检小车对道岔轨面逐根岔枕进行测量，确定道岔高程调整数值，精调起平道岔。轨面高程精调确定后，道岔的高低、水平应不超过设计限值。滑床台板应坐实坐平，垫板与台板的间隙不超标。

3)道岔各部密贴及间隙调整。通过增减顶铁调整片，调整尖轨、心轨顶铁间隙，并同时调整轨距、支距，确保尖轨与基本轨密贴，可动心轨在轨头切削范围内应分别与两翼轨密贴，开通侧股时，叉跟尖轨应与短心轨密贴。

结合道岔高低、水平的调整，使尖轨或可动心轨轨底与台板间隙不超标。调整限位器位置使两侧的间隙值对称均匀并满足技术要求。轨撑的顶面应与翼轨轨头下颚密贴。通过调整扣件使尖轨跟端支距、趾跟端开口、护轮轨轮缘槽宽度等满足要求。

4)弹性夹的安装与调整。弹性夹安装时应使轨底与轨下橡胶垫板接触，弹性夹的安装方法如下：

用手将弹性掰成一定角度，从滑床台板开口上方放入；按下弹性夹跟端并向钢轨方向推入，确保弹性跟端位于台板止退凸台前面；将安装工具的一边插入一侧的安装口；用安装工具的水平面拉起弹性夹的一个跟端，并向台板的外侧板动安装工具，将弹性夹的跟端置于安装台上；将安装工具放在相对的另一边开口处，抬起处于预备位置状态的弹性夹跟端，将安装工具下压，就会使弹性夹外移至凸台根部；用安装工具的头部放在弹性夹中间，将弹性夹向里推，确保弹性夹处于正确的位置。弹性夹的拆卸方法：将弹性夹的拆卸边插入滑床台板的安装口，沿两弹性夹跟端内侧方向扳动安装工具，即可将弹性夹撬开，另一侧重复同样动作，可使弹性夹处于放松状态，即可取出弹性夹。

5)辊轮的安装与调整。为了更好地对辊轮进行防护，辊轮的安装宜在道床板混凝土浇筑后进行。辊轮的调试应在尖轨密贴状态下进行，此时要求尖轨轨底与滑床台板密贴。

松动辊轮支架上的定位螺钉，可使辊轮系统沿滑床台板方向移动，调整辊轮位置。

通过扳手转动辊轮轴，可调节辊轮最高点与滑床台板上面的高度差。一般情况下，靠近尖轨轨底的辊轮(里侧辊轮)应高出滑床台板表面 2～3 mm，外侧辊轮高出 3～4 mm。里侧辊轮与尖轨轨底应留出 1 mm 的间隙，并用 1 mm 厚的塞尺定位。

预紧支架螺栓后，应重新测定辊轮高度和内侧辊轮与轨底间隙，确认合格后以 70 N·m 的扭矩紧固支架螺栓。

单辊轮系统的调整方式与双辊轮系统类似，与尖轨轨底的间隔相同，单辊轮高度应高出滑床台板 3～4 mm。

在进行转辙器部位的轨距、密贴、高低、方向等指标调整时，均应对辊轮系统的各项指标进行核实或调整。

辊轮系统调整后综合状态应为：尖轨拆离状态下，两辊轮间尖轨与滑床台板滑动表面的间隙为 1.5～2.5 mm，特殊情况下应保证尖轨轨底与台板不接触。

6)道岔精调质量检查。整组道岔精调完毕，应对弹条螺栓、岔枕螺栓、限位器螺栓、翼轨间隔铁螺栓、长短心轨与间隔铁螺栓等进行复拧，其复拧扭矩值应符合设计要求。

道岔精调完成后的各部分几何尺寸允许偏差除应符合表 7-16 的规定外，道岔(直向)静态铺设平顺度允许偏差应符合表 7-17 的规定。

表 7-17 道岔(直向)静态铺设平顺度允许偏差

<table>
<tr><th>序号</th><th>项　目</th><th>允许偏差(mm)</th></tr>
<tr><td>1</td><td>高低(10 m 弦量)</td><td>2</td></tr>
<tr><td>2</td><td>轨向(10 m 弦量)</td><td>2</td></tr>
<tr><td>3</td><td>水平</td><td>2</td></tr>
<tr><td>4</td><td>扭曲(基长 3 m)</td><td>2</td></tr>
<tr><td rowspan="2">5</td><td rowspan="2">轨距</td><td>±1</td></tr>
<tr><td>变化率 1/1 500</td></tr>
</table>

(6)转换设备的安装与调试。道岔首次精调完成后,在道床板混凝土浇筑前,应对转换设备进行预安装及调试(此处工电调试主要以转辙机手摇柄进行操作),满足设备设计性能指标后,方可拆除转换设备,进行道床板混凝土浇筑。道床板混凝土浇筑完成后,再次安装转换设备。

1)转辙器外锁闭装置安装。锁闭杆连接后,两锁闭杆应保持平直,与绝缘垫板、夹板配合良好,各螺栓、螺母、垫圈等紧固连接。

尖轨连接铁与尖轨间隙应预留 3 mm 调整片,当尖轨开口出现偏差时可进行增减以调整尖轨开口。锁钩销轴螺纹应远离尖端铁位置。锁闭框安装后,同一牵引点处左右侧两锁闭方孔中心应同轴,允许偏差±3 mm。

安装时锁闭铁与锁闭框之间预留 5 mm 调整片,并根据尖轨与基本轨的密贴情况进行增减。锁闭铁与锁闭框紧固后,应保证锁闭铁内侧上面顶面与锁闭框方孔面接触。

外锁闭安装后,转换过程中,锁闭杆、锁钩应动作平衡、准确到位。转换到位后,尖轨与基本轨应密贴良好。

2)辙叉外锁闭装置安装。锁闭框与翼轨连接后,锁闭框应与翼轨的轨头和轨底侧面贴靠,同时保证锁闭框与锁闭杆的接触面水平。

安装时锁闭铁与锁闭框之间预留 5 mm 调整片,调整片可根据心轨与翼轨的密贴情况进行增减。锁闭铁与锁闭框紧固后,应保证锁闭铁内侧上面顶面与锁闭框方孔面接触。

外锁闭安装后,转换过程中,锁闭杆、锁钩应动作平衡、准确到位。转换到位后,尖轨与基本轨应密贴良好。

3)转辙机安装。转辙机安装于底座的转辙机平台上,安装时应根据实际电缆走线安装。

转辙机基础弯板与岔枕固定后,基础弯板组件方正,保证弯板与道岔基本轨垂直。转辙机垫板应与弯板垂直并安装牢固。

转辙机及其垫板安装后应保持水平。当基本轨与岔枕进行高低调整时,基础弯板应作同样调整,以满足转辙机与外锁闭装置高低变化的需要。连接应平顺,无别卡,连接销应易于置入或退出,不应强行敲击。

调整动作连接杆使尖轨开口,外锁闭量符合指标要求。调整表示连接杆长度,在道岔定、反位时,转辙机的检测柱落入表示(锁闭)杆缺口,并使缺口内两侧间隙相等。

转辙机安装后,转辙机动作杆应与道岔直基本轨垂直。

4)密贴检查器安装。密贴检查器安装后,应保证两侧调整连接杆件在同一轴线。调整连接杆件,检查尖轨与基本轨密贴状态,满足 5 mm 无表示、4 mm 有表示的要求。

5)转换设备安装注意事项。电务转换设备安装及调试,应由工务和电务技术人员配合进行道岔工电联调及定位。

道岔几何配合电务转换设备调试的工作主要是对轨距、支距及轨向的局部细调,重点对尖轨和可动心轨密贴段调整,使允许偏差符合设计要求。

密贴调整与电务转换设备调整应同步进行,确保尖轨与基本轨密贴、可动心轨在轨头切削范围内应分别与两翼轨密贴以及开通侧股时叉跟尖轨尖端与短心轨密贴。

经过工电联调之后,可使道岔可动机构在转动过程中动作平稳、灵活,无卡阻现象,锁闭装置正确锁闭、表示正确。道岔轨距、方向、密贴和间隔等检测项达到设计要求。道岔系统工电联调检测过程中,应对转换装置、锁闭装置的工作性能检测和道岔轨距、方向、密贴和间隔等几何尺寸检测值进行详细记录。

道岔电务转换设备在道岔系统工电联调结束后,应按操作规程进行拆除,在拆除前,应作好定位标记。道岔电务转换设备拆除后,应再次检测道岔几何形位,复测轨道高程、方向,对因拆除作业产生的偏移及时调整复位,精细调整道岔。

道床板混凝土浇筑后的道岔电务转换设备安装施工,转辙机通电后,应检测各牵引点动程及牵引力,检查转换机的工作状态,检查锁闭装置锁闭到位和表示状态,并分别调试到位。电务转换设备调试合格后的允许偏差应符合表 7-18 的规定。

表 7-18 电务转换设备调试合格后的允许偏差

序号	检测项目	允许偏差(mm)	特性分类
1	转换杆件沿线路纵向偏移量	≤5	B
2	转辙机外壳边缘与基本轨直线距离偏差	≤3	B
3	牵引点密贴检查	<4	A
4	牵引点间密贴检查	<5	A
5	尖轨第一牵引点外锁闭量 35 mm	≥0	A
6	心轨第一牵引点外锁闭量 35 mm	≥0	A
7	其余牵引点外锁闭量 20 mm	≥0	A
8	外锁闭锁闭量	两侧相差≤2	A

6)电务转换设备拆卸后保管防护措施。工电联调检验测试合格后,应对转辙机、锁闭装置、转辙装置及密贴检查器等电务转换设备进行拆卸并采取措施保护。专人负责组织拆卸工作,对拆卸设备应现场清点并检查外观质量,避免在拆卸过程中损坏零部件。经检查符合要求,及时装箱并做好标识,汽车运回库房内保管并办入库登记手续。

电务转换设备装卸时应轻装轻放,重不压轻,大不压小,堆放平稳,捆扎牢固。人工搬运、装卸物件应视物件大小及轻重配合人员。堆放物件不可歪斜,高度要适宜。对易滑物件应用木块或木楔垫塞。

5. 道岔道床板混凝土浇筑

(1)道床板钢筋绑扎。道岔首次精调完成后,在岔枕下按设计数量、间距铺设道床板底层横向钢筋和上层纵向钢筋。绑扎钢筋时在架立钢筋、纵横向钢筋的交叉处、纵向钢筋与轨枕桁架下层钢筋交叉处以及纵向钢筋搭接处设置绝缘卡,并用塑料带绑扎牢固。钢筋绑扎时,必须确保钢筋保护层厚度和钢筋间距,当钢筋与螺杆精调器相碰时,相适当调整钢筋间距或位置。道床板底层钢筋应保证每平方米有不少于 4～6 块高强度砂浆垫块垫实。原则上,钢筋间距允许偏差为 20 mm,保护层厚度允许偏差为－2～＋5 mm。

道床板钢筋绑扎完成后,应进行绝缘性能测式,钢筋间绝缘电阻值不得小于 2 MΩ。

按照施工图,进行接地钢筋和接地端子的焊接。接地钢筋焊接时,单面焊接长度不小于 200 mm,双面焊不小于 100 mm。焊接接地端子时,接地端子端头应紧贴纵向模板。路基段接地端子靠近接触网基础或桥台处设置,通过接地钢缆与桥台处的接地端子连接,并入桥梁接地系统,但并入后形成的接地单元应满足不大于 100 m 的要求。

(2)道床板及转辙机基坑模板安装。道床板混凝土边模采用定型组合钢模板,转辙机基坑模板则采用竹胶板制作。模板安装通过道岔铺设控制基桩定出的模板边线进行控制,模板安装定位偏差为高程±5 mm、中线 3 mm。如图 7-58 所示。

图 7-58　道床板混凝土边模安装

模板安装前,应清理道床板范围内的遗留杂物,并对底座表面采用高压水清洗。模板安装时,模板必须清洗且涂刷脱模剂,相邻模板间拼缝应密贴,纵向模板与下部底座表面应相互垂直。模板固定装置应与底座层预埋件牢固连接,防止跑模,必要时增加横向拉杆。

根据转辙机基坑结构尺寸加工和设置转辙机基坑模板,并在两侧岔枕之间加设临时支撑,固定岔枕间距。

道床板模板安装完毕并符合要求后,应将接地端子与接地钢筋焊接,焊接要求见"道床板钢筋绑扎",同时必须保证接地端子与模板密贴,并采用塑料薄膜对接地端子进行包裹保护,以防止污染。

道床板模板安装时,应同步安装道床伸缩缝材料,为保证伸缩缝安装顺直,可采用型钢固定的方式。道床板及转辙机基坑模板安装允许偏差应符合表 7-19 的规定。

表 7-19　道岔道床板及转辙机基坑模板安装允许偏差

序号	项　目	允许偏差(mm)	序号	项　目	允许偏差(mm)
一	道床板模板		二	转辙机基坑模板	
1	顶面高程	±5	1	高度	±5
2	顶面宽度	±5	2	宽度	±3
3	中线位置	2	3	轴线位置	2
4	伸缩缝位置	5	4	轴线偏斜	5

(3)道岔二次精调。道床板混凝土浇筑前，应对道岔系统进行二次精调。道岔二次精调，采用轨检小车检测道岔方向、高低、水平、轨距等几何状态指标，根据轨检小车检测数据确定精调数值。

使用轨检小车逐根轨枕检查轨道几何状态指标，根据检测反馈数据逐点对道岔水平、方向进行微调定位。主要有以下几点：

1)调整竖向螺杆及螺杆调节器的高度，精调起平道岔。道岔高低、水平不超过设计限值，滑床台板坐实坐平，垫板与台板间的间隙不超标。

2)调整侧向支撑，对道岔方向超限点作局部精调。直股钢轨通过钢弦线检查直线度符合规定指标，曲股工作边曲线段圆顺无硬弯或鹅头。

3)调整轨距、支距。使尖轨检测点支距和导曲线支距允许偏差符合设计要求。

4)调整尖轨、可动心轨密贴和顶铁间隙。保证密贴段密贴良好、间隙值不超标。

整组道岔调试完毕后应再次对弹条螺栓、岔枕螺栓、限位器螺栓、翼轨间隔铁螺栓、长短心轨间隔铁螺栓等进行复拧，复拧扭矩符合设计要求。

(4)道床板混凝土浇筑前检查。道岔二次精调到位后，检查道岔竖向螺杆、螺杆调节器、侧向支撑的 PVC 套管是否完好，如有破损应及时用胶带封好。并在道岔及岔枕部件上加防护罩或用塑料薄膜封闭，防止混凝土浇筑时被污染。如图 7-59 所示。

图 7-59 道岔部件防护

进行道床板侧模及转辙机基坑模板加固状态检查和混凝土泵送、捣固设备的工前检查，确保混凝土浇筑施工顺利进行。预留转辙机和电务设备的安装位置。

混凝土浇筑前确认接触混凝土的底座表面不得有积水和异物，伸缩缝要放置弹性材料。清理岔区杂物后洒水湿润混凝土底座及岔枕，以利新旧混凝土的界面结合。

道岔前后至少 30 m 过渡段的双块式无砟轨道或高速道岔应一并铺设和精调，渡线道岔也一并铺设和精调，并同步浇筑道床板混凝土。

提前检查混凝土搅拌、运输及泵送设备，提前进行混凝土试拌和工艺试验，确认混凝土自搅拌到浇筑完毕的时间不超过混凝土初凝时间，并且混凝土的性能能满足泵送施工的要求，以确保混凝土浇筑能顺利进行。

道床板混凝土浇筑前，还应确认合理的施工天气及施工时机，原则上雨天或烈日天气不进行道床混凝土浇筑施工，而且应保证道床混凝土浇筑过程及混凝土终凝前，气温变化不超过 15 ℃。同时，应做好中途下雨及夜间施工的应急预案，做好防雨、夜间照明等施工措施。冬期施工时，制定相应的冬期施工措施。

(5)道床板混凝土浇筑。道床板混凝土浇筑前，应完成所有的准备工作，并经监理检查确认合格后方可进行混凝土浇筑施工。

在浇筑道床板混凝土前应对到场的混凝土进行含气量、坍落度及温度检查，不合格的混凝土不得使用。浇筑过程中每 50 m^3 混凝土做一次含气量、坍落度及温度测试，并制作混凝土试件取样留置。夏季施工时，混凝土入模温度不宜高于气温，且不宜超过 30 ℃，浇筑施工应避开高温时段。

道床板混凝土按一次浇筑完成组织施工，浇筑由道岔的辙叉区向两端浇筑，渡线道岔应同时分别浇筑。施工要点如下：

1)混凝土浇筑过程中，在保证振捣密实的同时，应有专人负责守漏和模板、钢筋及道岔固定状况的检查和修复，防止漏浆及道岔、模板、钢筋等移位。

2)混凝土浇筑时应逐个轨枕盒浇筑，使每空轨枕盒的混凝土浇筑饱满，混凝土经岔枕底部流入下一空轨枕盒且混凝土面高于轨枕底部后方可移入下一空轨枕盒浇筑。浇筑时应来回摆动浇筑导管，使每空轨枕盒内混凝土尽量均布到位，减少混凝土的自然流动距离，同时也应避免混凝土冲击轨枕、模板及精调支架等。

3)混凝土入模后，插入振动棒振捣。振动棒移动距离不超振动棒作用半径的 1.5 倍，每点振动时间约为 20～30 s，以确保混凝土密实。对岔枕底部位置和转辙机基坑位置的混凝土应加强振捣，确保混凝土密实。同时，振捣时应避免接触模板、定位螺栓、侧向支撑及钢轨件等。

4)道床板抹面分两次进行，一是混凝土浇筑后，及时进行抹面，多余的混凝土及时清出，不足部分及时补充，排水坡由专用工装设置，同时将附着在模板、岔枕、钢轨件等上的混凝土清除。二是混凝土初凝后，及时进行两次压光抹面，分为抹大面设排水坡和收光抹面，以确保道床板及转辙机的顶面高程、平整度和排水坡度符合设计要求。

5)混凝土浇筑过程中，如出现任何明显影响轨道线形的轨道临时支撑移动，必须立即中止混凝土浇筑，待检查确认无影响后方可恢复施工。若事态严重时，应停止施工并设置施工缝，必要时清除已浇筑的混凝土。

(6)道床板混凝土养生、清理及拆除模板。道床板混凝土浇筑初凝且压光抹面完成后，在混凝土表面喷洒养护剂并覆盖毛毡或土工布，之后洒水保湿养护 14 d。在道床板混凝土养生期间，施工区域应严格封闭，严禁行车车辆通过。道床板混凝土强度达到设计强度的 75%之前，严禁碰撞道岔部件。

混凝土初凝后，必须进行两次压光抹面，分为抹大面设排水坡和收光抹面。新鲜混凝土表面鱼鳞纹必须抹平，对混凝土表面的轻微缺陷应及时处理。

混凝土初凝后应立即松开钢轨连接夹板螺栓，松动钢轨件和其他固定装置，以释放钢轨温度应力，以防止钢轨与混凝土的温差变形不一致而造成混凝土开裂。

道床板混凝土强度达到 5 MPa 后，可松开垂直定位螺栓或侧向支撑螺栓。并清除附着在钢轨、岔枕、扣件及精调支架上的混凝土或杂物。

次日拆除其他临时支撑及模板，修复混凝土表面缺陷，并用同级砂浆封堵螺栓孔。将定位螺杆移动，清理螺杆调节器、侧向支撑和竖向螺杆并上油保存，将模板清理后涂刷脱模剂。

(7)道岔前后过渡段施工。道岔前后双块式无砟道床过渡段与岔区道床板混凝土一并施工。

对道岔钢轨、岔枕及扣件等加装临时防护罩或防护膜，防止过渡段混凝土浇筑时造成污染。

过渡段道床板施工前，应加强与无砟道岔和区间(或站线)无砟轨道的复测、联测工作，消除偏差，在过渡段调整好轨道的平顺，使轨道几何尺寸和平面位置偏差满足设计及相关要求。

(8)道岔轨道线形及道床板质量检测。道岔混凝土养生结束，重新恢复道岔扣件系统，用轨检小车再次检查道岔几何尺寸，为道岔轨道线形精调作好准备。

认真检查和复核道床板及转辙机基坑外形尺寸，尤其转辙机基坑深度和宽度，确保电务转换设备的正常安装。道床板及转辙机基杭外形尺寸允许偏差应符合表 7-20 的规定。

表 7-20 道床板及转辙机基坑外形尺寸允许偏差

序号	检 查 项 目	允许偏差(mm)	序号	检 查 项 目	允许偏差(mm)
一	道床板		二	转辙机基坑	
1	顶面宽度	±10	1	深度	±10
2	道床板顶面与承轨台面相对高差	5	2	宽度	±5
3	中线位置	2	3	轴线位置	2
4	平整度	3 mm/m	4	轴线偏斜	5
			5	平整度	2 mm/m

6. 道岔轨道精调

(1)道岔轨道精调的原则及流程。道床板混凝土浇筑完成且养护期满后，尽量选择轨温在设计锁定轨温范围内的合适时机，重新安装和拧紧道岔扣件，消除道岔内部缺陷。并对道岔内外几何尺寸等轨道线形进行检查和精调，确保道岔内外几何尺寸满足设计及相关标准要求。道岔轨道线形精调贯穿于道床板混凝土浇筑完成至道岔钢轨焊接及无缝线路锁定、道岔转换设备安装及工电联调、联调联试及开通运营的各个时期，每个时期的施工对道岔内外几何尺寸都有严格的要求。

道岔轨道精调遵循“将轨道线形调整至合格状态，满足施工及运营要求”的质量原则和“先保证短波，再保证长波；先保证直股，再兼顾曲股；转辙器及辙叉区少动，两端线路顺接”的施工原则，即根据大号无砟道岔的线形和结构特点，不是将直曲股轨道的各项指标调整到设计绝对位置，而是将轨道线形的方向、高低、水平、轨距及轨距递减率调整至规定允许范围内，保证前后轨道平顺。主要施工流程如图 7-60 所示。

(2)调整前准备工作。

1)队伍组建及技术培训。按照专业原则组建专门的道岔精调作业队，包括测量组和作业组。测量组包括 1 名测量工程师和若干名测量工，负责道岔轨道线形测量的计算、实施、数据分析和调整量计算。作业组包括作业工长、工程技术员和若干线路工，负责道岔轨道线形的精调工作。必要时，还要增加安全防护人员及器具。

道岔精调作业队根据需要配置轨检小车、全站仪、电子水准仪、数字式万能道尺、支距尺、钢弦线(带紧线器)、螺栓紧固机、起道机、小平车及钢轨焊缝打磨机等设备。

正式施工前，道岔精调作业队应针对施工设计及技术标准等开展技术培训和考核，保证每个施工人员应知应会，充分掌握道岔结构特点及关键技术，掌握相关标准及规范要求，掌握施工方法。必要时，道岔精调作业队还要增加安全防护人员及防护器具。

2)现场准备。施工现场道岔按规定铺设完成，道岔区及前后 200 m 范围内的轨道已经铺设并放散锁定完成，道岔区 CPⅢ测量控制网按规定复测完成。

道岔钢轨件(过渡段工具轨)及偏心锥、调高垫片、间隙片及滑床板调整件等调整用零配件等已经到位。严禁随意性加工和更换道岔零部件及调整件。测量设备及施工机具等全部到位，并经检校合格。

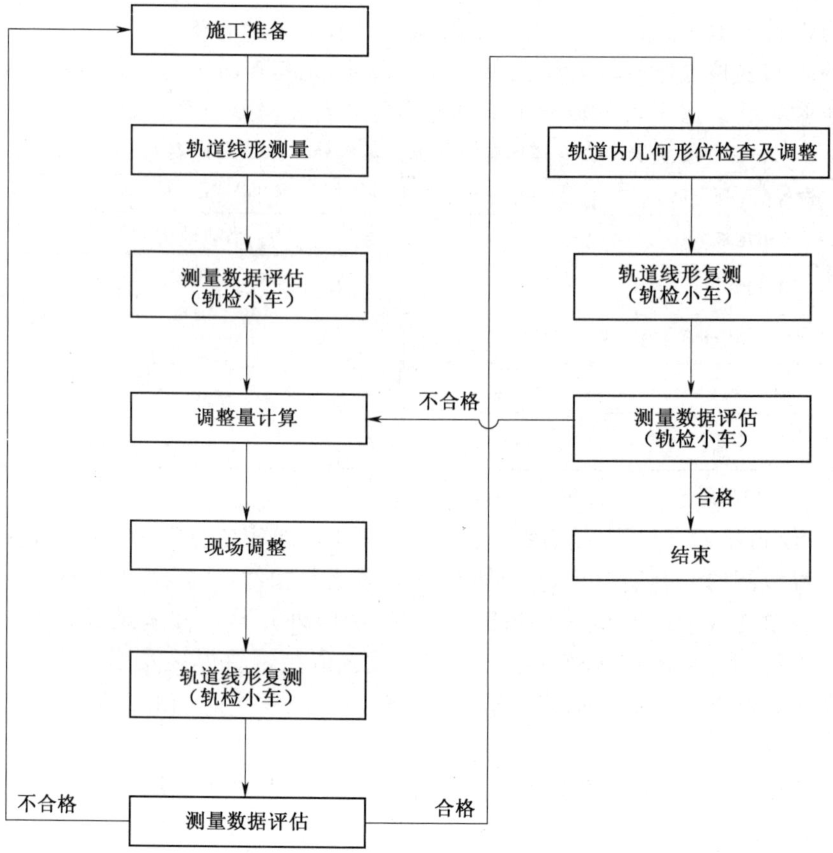

图 7-60　大号道岔轨道精调工艺流程

3)检查清理施工现场。清理道岔卫生。对黏附道岔钢轨、扣件、轨枕上的尘土、污垢、油污等予以清除,清除的方法是用扫帚、毛刷及高压风管或水枪,严禁使用钢丝刷,以防破坏钢轨件表面的防护层。

检查钢轨扣件的完好性。对照图纸,逐一检查钢轨部件特别是零部件的完整性,对缺损件进行更换,用测力扭距扳手检查并拧紧扣件螺栓,检查和调整心轨、尖轨的密贴,调整道岔钢轨到扣件外侧,有间隙的加入间隙片。

用方尺和钢板尺检查道岔工装点及尖轨平齐。对超限的偏差进行必要处理,钢轨未焊接的直接调整尖轨位置使之对正,钢轨已经焊接的,重新确定道岔锁定和焊接的计划。对于没有焊接的钢轨接头,利用紧固器予以连接,已经焊接的钢轨接头,接头平顺度要达到要求。

(3)道岔轨道线形测量。采用轨检小车测量道岔轨道线形,在道岔线形短波调整阶段,轨道线形的测量范围包括道岔及前后各 30 m 范围,直股和侧股同时测量。

每次测量时全站仪依据 CPⅢ基准测量网按“自由设站,后方交会”的方法在轨道中线位置进行全站仪的设站,轨检小车置于两轨道上,对每对扣件螺栓对应的轨道位置进行逐点测量,为保证测量数据的准确性,全站仪距轨检小车 5～80 m,两次设站时测量的搭接区不小于 8 个点,且搭接区应避开转辙器及辙叉区,同时轨检小车的主轴应始终保持在一个方向,通常是直向的直尖轨侧和曲向的曲尖轨侧。

道岔侧向轨道线形测量。将道岔尖轨、心轨转至侧向位置并锁闭。轨检小车使用道岔侧向轨道线形设计完成道岔侧向线形测量。

为方便道岔直向、侧向线形测量数据与现场的对照检查,测量时应对每1对承轨台位置按岔枕编号的方式进行标记。

测量完成后,通过轨检小车系统可直接得到单独的道岔直向、侧向线形数据,每个数据可直接显示轨道的绝对高程、方向、轨距、水平以及30 m、150 m的方向短长波和高低短长波,并以表格直接显示轨道线形超差处所及项目。

(4)数据评估及调整量计算。

1)数据评估。轨检小车测量数据可直接通过轨检小车软件系统的测量数据报表进行评估,评估的标准应提前输入轨检小车软件系统。对于德国BWG道岔(中国CNTT道岔)转辙器的FAKOP结构区轨距采用了加宽设计,而输入轨检小车软件系统的轨道设计线形没有反映该轨距加宽值,因此,轨检小车测量显示全部为超差,故该段线路轨距需要对比设计值与实测值之差进行单独评估。

道岔辙叉区由于涉及道岔直向和侧向两条线路的交叉,属结构特殊位置,其轨道轨距、方向应以优先直向兼顾侧向的原则单独评估。

道岔直向、侧向线形数据应对照评估,当直向线形良好,对应的侧向线形有超差时,应作对照分析。若是不在同一弹性基板位置,应按不合格评估,若在同一弹性基板位置,则需要综合直向、侧向的方向念头,以优先直向兼顾侧向的原则酌情判定是否合格。

轨道线形评估还应结合调整量计算综合判定。

2)调整量计算。道岔轨道线形良好,超差点少,可凭经验直接判定道岔线形的调整量。除此之外,应使用专门的软件对轨道线形进行调整量计算。道岔轨道线形超差调整量计算,应将轨道的中线、轨距、轨向和高程、水平、高低等分开计算。

使用专业的道岔轨道线形超差调整量计算软件,将道岔直向、侧向的设计轨道线形数据分别输入计算软件列表,再在计算软件窗口列表所示的调整区间输入计划调整量,此时,列表可实时反映道岔调整后的轨道线形数据,通过不断地输入和调整计划调整量,即可得出最优化的轨道线形,即超差点最少、超差值最小。最后,再通过计算软件输送一份可对照原有调整件基础上的调整量清单,施工现场对照调整量清单即可开展道岔轨道线形的调整工作。

道岔轨道线形中线、轨距、方向的调整量计算应遵循“先保证直股,再兼顾曲股;转辙器及辙叉区少动,两端线路顺接”的原则,轨道线形高程、水平、高低调整量计算与轨道线形中线、轨距、方向调整量计算的方法相似。

(5)道岔轨道线形现场调整。道岔轨道线形现场调整按“按水平,后方向;先直股,后侧股;先整体,后局部”的原则,道岔方向调整的同时,应消除钢轨外侧与弹性基板挡肩之间的间隙。

1)道岔高程及水平、高低调整。道岔高程及水平、高低调整,主要对照调整量清单,现场找出调整位置并通过更换不同厚度的调高垫片的方式完成道岔高程及水平、高低的调整,道岔高程及水平、高低的调整,应按“先直向,后曲向”的顺序分别调整。高程调整时,以尖轨一侧为基本轨,对照调整量清单直接更换调高垫片,以左右钢轨的水平变化值控制调整量,之后再用电子水准仪或轨检小车复测调整效果。

调整侧向高程时,道岔直向与侧向高程在转辙区和辙叉区是一致的,转辙区调整应以直向高程控制侧向高程,导轨段可自由调整。此外,道岔转辙器尖轨地段,应注意检查是否因为尖轨与滑床台板的滑动面间隙过大引起了道岔高程、水平或高低的不合格，并采取相应的调整措施。

道岔高程及水平、高低调整完成后，再进行道岔中线、轨距及方向调整，调整完成后，再使用轨检小车复测道岔轨道线形数据，并再次评估和计算新的轨道线形调整量。

2)道岔中线、轨距及方向调整。

除调直基本轨外，不需要计算量调整清单。对照调整量清单，将道岔尖轨、心轨转至直向位置，优先调整道岔直基本轨的岔前缝及与导轨相连的位置，为道岔转辙器调整确定基本方向。

沿道岔直基本轨外侧沿转辙器全长范围安装并张拉 30 m 以上的钢弦线，使用钢板尺检查每个扣件螺栓处钢轨与弦线的间距，以确认直基本轨的直线度，对超过 1 mm 的点通过更换缓冲调距块或轨距块的方式予以调整。缓冲调距块与轨距块应优先采用轨距块，当轨距块不能满足要求时，再使用缓冲调距块，下同。

对照设计图，使用支距尺检查曲基本轨与直基本轨间距，对偏差超过 1 mm 的点通过更换缓冲调距块或轨距块的方式调整曲基本轨方向。

利用塞尺检查曲尖轨与直基本轨、直尖轨与曲基本轨间隔铁间隙，对于间隙超标的点进行调整，调整的方法：首先调整两尖轨尖端平齐，其次调整辙叉跟端以使远尖轨外侧与弹性基板挡肩密贴，调整时可在尖轨内侧与弹性基板挡肩间加入间隙片，但间隙不得加在尖轨外侧与弹性基板挡肩之间。

使用轨距尺检查转辙器区段直向轨距，对偏差超过 1 mm 的点通过更换缓冲调距块或轨距块的方式调整曲基本轨与直尖轨方向。

根据调整量清单完成直基本轨后导轨的方向调整，其控制方法是先检查并记录调整位置的轨距值，再按新轨距值调整直基本轨方向，新轨距值＝实测轨距值＋计划调整量。

30 m 以上钢弦线依次向岔后平移，两线布线至少有 5 m 的搭接区，使钢板尺检查每个扣件螺栓处弦线距钢轨外侧的距离，以此确认钢轨直线度，对偏差超过 1 mm 的点通过更换缓冲调距块或轨距块的方式予以调整。

以直向轨距控制完成对尖轨后导轨方向的调整，以支距控制完成侧向尖轨后导轨方向的调整，以侧向轨距控制完成对曲向基本轨后导轨方向的调整。

辙叉区原则上不作调整，这在调整量计算时应作考虑。

直向调整时，同时完成道岔前 10 m 及道岔后 30 m 线路方向的调整，方法同前。相邻道岔或渡线道岔，应同时进行调整量计算，并对线路中线顺接作统筹考虑。直向调整完成后，将道岔尖轨、心轨转到侧向位置。

通过轨距检查核对转辙器区段轨道线形质量，通常情况下直向调整到位后，轨距值偏差不会超出设计范围。若有超出，应仔细分析原因，重点要核查是否因为道床板混凝土浇筑前就已经存在问题或岔枕间距、岔枕垂直度或道岔部件、扣件系统安装出现了问题，并根据原因采取相应的调整措施。通过轨距控制完成对辙叉区段侧向基本轨导轨方向的调整。

按照上述方法完成道岔后 30 m 线路方向的调整。调整完成后，使用轨检小车复测道岔轨道线形数据，并再次评估和计算新的轨道线形调整量。

3)道岔轨道线形长波平顺性调整。道岔轨道线形长波平顺性调整在短波平顺性调整合格的基础上，结合道岔前后轨道线形调整，其调整的工作主要在区间线路，原则上道岔区不调整大的方向和高低。

实际上，为保证道岔轨道线形长波平顺性调整，施工时应将道岔前后各 200 m 的无砟轨道推迟到道岔道床板混凝土浇筑后施工，同时该段无砟轨道施工应对道岔实际轨道线形与设计轨道线形在中线和高程的差值进行轨道线形的调整，以保证道岔区轨道与前后无砟轨道的顺接。通过这种方式，可最大限度地保证道岔轨道线形长波平顺性的调整。

对照调整量清单，按直接更换缓冲调距块或轨距块的方式完成拟定的轨距、方向超差点的调整，通过30 m以上钢弦线、支距尺和轨距尺等检查调整效果。

每调整完一次，即使用轨检小车复测道岔轨道线形数据一次，并重新评估和计算新的轨道线形调整量，再重新调整，再复测，直到评估结果显示道岔轨道线形满足合格要求。

通过上述方式，在静态状态下一般经过 3～4 次，道岔轨道线形即可满足合格要求。

4)道岔轨道内部几何形位检查和调整。道岔轨道内部几何形位的检查和调整部位主要包括：尖轨与基本轨密贴，尖轨与滑床台板间隙合格或密贴，尖轨跟端限位器，以及道岔各部螺栓扭矩合格等。

尖轨与基本轨密贴及尖轨跟端限位器的调整，前面已述。尖轨与滑床台板间存在较大间隙的调整，优先使用调高垫板，最后再使用辊轮调整片调整。

道岔轨道内部几何的检查和调整，可以安排在道岔线形调整的后期(即调整量较少、较小时)与道岔轨道线形调整同步进行，每次轨道线形调整时，同步检查和调整道岔轨道内部几何形位。

每次轨道线形和轨道内部几何形位调整完成后，都应对动过的连接螺栓进行检查和复紧，以确保螺栓扭矩满足设计要求。

道岔轨道线形最终评估合格，包括道岔轨道线形测量数据和道岔轨道内部几何形位全部合格。

7. 电务转换设备安装及工电联调

电务转换设备安装及工电联调见“转换设备的安装与调试”的相关内容。

电务转换设备安装及工电联调应在道岔轨道线形精调合格并钢轨焊接锁定完成后进行。电务转换设备安装也会扰动道岔轨道线形，因此，在道岔电务转换设备安装及调试过程中，应加强对道岔轨道线形的检查和调整。工务与电务密切配合，做好工电联调工作。

8. 道岔钢轨焊接及锁定(含胶接绝缘接头)

(1)道岔钢轨焊接及锁定的原则。大号无砟道岔采用无缝结构，道岔钢轨采用铝热焊接，道岔内侧股绝缘接头为厂制绝缘钢轨，道岔前绝缘接头一般采用现场胶结施工。

道岔内钢轨焊接在道岔轨道线形调整完成后进行，采用铝热焊焊接，超声波探伤仪检测焊头质量，焊接技术要求应符合《钢轨焊接第 1 部分：通用技术条件》(TB/T 1632.1)及《钢轨焊接第 3 部分：铝热焊接》(TB/T 1632.3)的规定。道岔外钢轨焊接及道岔锁定在道岔内钢轨焊接完成及道岔两端无缝线路铺设完成且轨道精调完成后进行。

为保证道岔及前后线路内应力稳定和轨道线形的持续稳定，道岔内非锁定焊接原则上应在设计锁定轨温±5 ℃范围内进行，且同一道岔及相邻道钢轨焊接应集中在同一时段进行，道岔前后的胶接绝缘接头施工也应遵循这一原则。

道岔钢轨焊接以“先焊接岔内接头，再焊接岔外接头”的原则按道岔铺设图及设计说明进行。焊接及锁定过程中，应采取措施使道岔两尖轨尖端平齐并始终保持限位器子母块位置居中,两侧间隙差不应大于 0.5 mm。

道岔区(含相邻道岔)及前后各不少于 200 m 的线路应作为 1 个无缝线路单元统一锁定和管理。

道岔钢轨铝热焊接,应按规定进行钢轨焊接型式试验和周期检测,焊轨及探伤作业人员必须持证上岗。

(2)道岔钢轨铝热焊工艺。道岔钢轨铝热焊接施工工艺流程如图 7-61 所示。

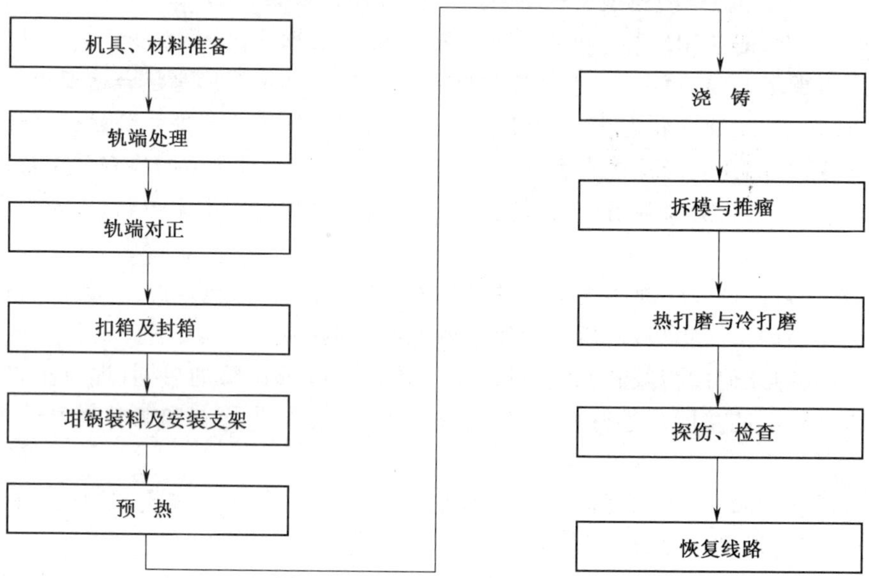

图 7-61　道岔钢轨铝热焊接施工工艺流程

1)施工准备。检查施工现场,焊接前专人根据焊接物品清单进行清点,以防遗漏现场施工。检查施工机具且试用,保证焊接前设备的完好率 100%。用肥皂水检测氧气瓶、燃气瓶及其他系统,如有漏气情况不能使用。

检查相邻钢轨的平直度和表面情况,确认钢轨端头有无裂缝、倾斜或其他缺陷,当轨端有低接头时必须锯掉低接头。有大于 2 mm 深的掉角等必须锯除。

检查轨缝大小与位置以及接头相错量情况,焊缝宽度与铝热焊技术手册规定值的差值不得大于 2 mm。焊缝应距两侧岔枕边绝缘 100 mm 以上。

测量轨温。在钢轨背光一侧测量轨温,当轨温低于 5 ℃时不进行焊接。

待焊钢轨两侧 50 m 范围内必须严格按规定上紧扣件,确保焊接时轨缝间隙不得发生移动,影响焊接质量甚至发生钢水泄露。

2)轨端干燥。对轨端除锈去污前可用预热枪对钢轨焊缝两侧 1 m 范围内烘烤,充分排除钢轨表面水分及油污。

3)轨端除锈去污。用带有钢丝刷的角磨机对焊接钢轨端部、两侧、轨头和轨底的锈污进行打磨清洁,范围为 50 mm,特别要重视轨底的清洁,轨端不垂直度≤1 mm。打磨完成后,轨头端部边缘需倒角1 mm×45°。

4)对轨。轨缝调整:在轨头和轨底的两侧进行测量,同等条件下,轨缝须满足(28 mm+2 mm)~(28 mm−1 mm),宁大勿小。焊接过程中保持间隙不变,从对轨开始禁止在焊缝两端各 50 m 范围内松扣件通行车辆，直至焊接完毕，轨温降至 300 ℃以下为止或推瘤 20 min 以后。

尖点对正：将 1 m 直尺的中点与焊缝隙中点重合，用钢楔子或者对轨架进行高度调节，使焊缝两侧0.5 m处钢轨轨顶面与直尺的间隙为 1.5～2 mm。

水平对直：用 1 m 直尺分别紧贴钢轨的轨头、轨腰，并用钢板尺紧贴轨脚，一般情况下必须做到三处均密贴方为水平对正。必须保证接头的作用面一侧水平对正，钢轨内侧纵向要求平直，以 1 m 直尺同时测量两轨平顺度，错动不大于 0.2 mm。

对轨先调高低，后调水平。对钢轨两端需加重重量，以提高对轨精度。

5)夹具安装。夹具装置安装要与轨面平行；在调整预热枪高度时，首先要调整预热枪与轨面平行；用多用塞尺测定夹具安装位置，并调整定位预热枪的高度，预热枪头到轨面的高度为 40 mm。

6)砂模安装。检查砂模应无受潮、无裂纹、无变形，各组件完整，状态良好。有裂痕或受潮的砂型不能使用；砂模浇筑孔略作休整，防止高温时砂粒脱落；将砂模与钢轨接触面进行摩擦，使砂模与钢轨结合部位密贴；如果砂模与钢轨接触面吻合不好，则会发生漏钢水的严重后果；底模一定要对中，并且与钢轨紧贴；砂模浇筑孔要与左右轨角对称，以确保两侧轨底受热均衡；砂模中央与轨缝中央一致，砂模与钢轨垂直，两片砂模要对齐，不要错开，不要忘记放入白卡纸。在扭紧夹具时，应由一人完成，均匀夹紧。要试放分流塞，使分流塞在砂模中高低松紧合适，安装侧模时，倾斜 45°。

7)封箱。封箱过程是比较关键的步骤之一，在操作的时候应该特别留意，如果封箱不严密，会发生漏钢水的现象。封箱完成后，焊接负责人应该检查封箱是否达到要求，以确保焊接质量。

在封箱时要盖上砂型盖，防止砂粒落入砂型中形成夹渣。封箱分两步进行，首先对各缝隙关键部位压紧封砂，打好基础，然后整体封箱并用捣实棒捣实；在封箱过程中，两侧模板之间的砂要高于砂型模板，防止钢水从两侧流出。封箱先从轨底开始，从下往上按顺序进行，封箱速度快。

8)预热过程的控制。

工作压力控制：氧气和丙烷的工作压力分别是 3.5 bar 和 1.0 bar，如果使用的是氧气和乙炔气，其工作压力也分别是 3.5 bar 和 1.0 bar。在调压过程中，首先将氧气打开，而后开启并调节丙烷压力与流量，调节预热枪火焰。

预热火焰的调节：先稍开氧气阀门，再打开燃气阀门，然后点火逐渐交替打开两个阀门，直至氧气阀门完全打开为止，再通过调节丙烷阀门来调节火焰大小，使火焰的长度保持在 15～20 mm，火焰为中性焰，预热枪头应距轨头 40 mm；

密切关注整个预热过程：在预热过程中，应该密切关注轨头受热颜色变化过程，轨腰预热完成的温度为 950 ℃～1 000 ℃，预热时间为 5.5～6.5 min，其颜色为鲜红色；预热枪头须调至轨缝中央，以保证预热效果。预热完后，先关丙烷，枪头朝上，注意安全。

注意：须使用施密特公司提供的预热系统。

9)坩埚的使用。使用坩埚前须检查坩埚，受损、受潮的坩埚不能使用。须清除坩埚内的杂物，易熔塞表面须干净。

从焊剂包装中取出焊剂，混合均匀后(反复倾倒 3 次)，将焊剂旋转倒入坩埚中，并使其顶部形成锥形,插入高温火柴,盖上坩埚盖,预热完成后,立即放入分流塞并将坩埚安置在砂模侧模板顶部定位槽内。

10)焊剂高温反应。焊剂反应时间:8～15 s;镇静时间:8～18 s(若大于 30 s,燃烧不均匀)。

注意:焊剂反应及浇铸过程中,操作者应该距离坩埚 3 m 以上的距离,确保人身安全。反应完成后,如果钢水不能漏下来,应该让钢水在坩埚中冷却了 20 min 后才能移动坩埚。

11)拆模。浇铸完成后 1 min,移去坩埚,并将其放在安全的地方,然后移去灰渣盘,并将灰渣倒入坩埚中,保持环境干净。浇铸完成 4.5 min 后,先拆除侧模板和夹紧装置,再拆除底模板。

注意:在拆摸过程中要小心,不要将砂型一起脱下,造成钢水流出;拆模后,及时将轨面清理干净,防止推瘤时残渣拉伤轨面。

12)推瘤。浇铸完成 8 min 以后开始推瘤。浇铸棒在推瘤完成 20 min 后去除。推瘤过早会因为焊头硬度不够而拉伤轨面,推瘤过迟会给推瘤带来困难。去除浇铸棒时,要注意敲击方向,不能由内向外敲击。

13)热打磨。推瘤完成后,就可以进行粗打磨。焊后接头温度降低到 300 ℃以下才能放车通行。打磨焊头使其轮廓与两侧钢轨相同。打磨后,焊头处的凸出量不小于 0.5 mm。

14)冷却打磨。当轨温降至常温时进行冷打磨,打磨位置包括轨顶及内侧工作面、轨底上表面、轨底。使钢轨表面整体平齐。焊缝两侧 100 mm 范围内不得有明显的压痕、碰痕、划伤等缺陷。打磨后的焊头平直度允许偏差应符合表 7-21 的规定。

15)外观检查。焊缝两侧 10 mm 范围内不得有明显的压痕、碰伤、划伤等缺陷。当轨温降至 50 ℃以下时进行探伤。首先清理焊缝两侧各 100 mm 范围,确定无锈、无裂纹、无毛刺等再涂抹机油,进行全端面探伤,不合格焊头须切掉重焊。编写焊头编号,作好记录。

表 7-21　焊接接头平直度允许偏差

序号	部　位	允许偏差(mm/m)
1	轨顶面	+0.2 0
2	轨头内侧工作面	+0.2 0
3	轨底(焊筋)	+0.5 0

注:1. 轨顶面中,符号"+"表示高出钢轨母材规定基准面。
2. 轨头内侧工作面中,符号"+"表示凹进。
3. 轨底(焊筋)中,符号"+"表示凸出。

经打磨后的焊接接头轨头部位满足:不应出现裂纹;可出现 1 个最大尺寸为 1 mm 的气孔;在轨头下颚与焊筋边缘交界处半径为 2 mm 的区域内,可出现 1 个最大尺寸为 1 mm 的气孔、夹渣或夹砂。

焊接接头焊筋表面应满足:最多可出现 3 个最大尺寸不超过 2 mm 的气孔;焊筋表面夹渣或夹砂等缺陷的尺寸应符合规定,这些缺陷不应侵入钢轨的横断面内;焊筋表面夹渣或夹砂等缺陷的最大允许尺寸应符合表 7-22 的规定。

表 7-22 焊筋表面夹渣或夹砂等缺陷的最大允许尺寸

缺陷面积(mm^2)	缺陷深度(mm)
≤10	≤3
≤15	≤2
≤20	≤1

16)焊缝探伤。

探伤人员资质要求：

探伤人员应持有铁道部门无损检测人员技术资格鉴定考核委员会颁发的Ⅱ级或以上级别的技术资格证书，并经过钢轨焊缝探伤技术培训方能独立上岗作业。

焊接接头探伤要求：钢轨焊接后均应对焊接接头进行超声波探伤，并填写探伤记录。记录应包括仪器、探头、焊接接头编号、测试数据、探伤结果及处理意见。

探伤时焊接接头的温度不应高于 40 ℃时，当焊接接头的温度高于 40 ℃时，可浇水冷却，浇水冷却时的轨头表面温度应低于 350 ℃。探伤前应对探测系统校准。扫查前检查探测面表面粗糙度，应无锈蚀和焊渣，打磨面应平顺、光滑，打磨范围应能满足探伤扫查的需要。使用双探头或单探头对轨头、轨腰、轨底分别进行探测。如发现内、外缺陷要及时采取补救措施。

焊接接头中的缺陷当量大于探伤灵敏度规定值时，应判定焊接接头不合格(判废)，即焊接接头中发现如下缺陷时应判废，经探伤检查不合格者应锯切重焊：

①双探头探伤时：轨底角(距轨底角 20 mm 范围)大于等于 $\phi3-6$ dB(比 $\phi3$ 平底孔反射波低 6 dB)平底孔当量；其他部位大于等于 $\phi3$ 平底孔当量；

②横波单探头探伤时：轨头和轨腰大于等于 $\phi3$ 长横孔当量；轨底大于等于 $\phi4$ 竖孔当量；轨底角(距轨底角 20 mm 范围)大于等于 $\phi4-6$ dB(比 $\phi4$ 竖孔反射波低 6 dB)竖孔当量；

③缺陷当量比探伤灵敏度规定的缺陷低 3 dB，但延伸长度大于 6 mm。

17)收尾工作。检查焊好的接头，做好原始记录并编写焊接序号。将轨道恢复正常，并进一步清理焊接现场。把灰渣、废钢料、砂模等清理干净，装入坩埚中，在离开的时候带到指定的场所处理。禁止将其乱丢在铁路沿线，造成对铁路沿线的污染。

(3)道岔锁定工艺。大号无缝道岔原则上不进行扣件松开的应力放散和锁定工作，从道岔组装开始到最后焊接、精调都应在无缝线路设计锁定轨温范围内进行道岔钢轨扣件的松开和锁紧施工。

为保证道岔及前后线路内应力稳定和轨道线形的持续稳定，无缝道岔需要与相邻无缝线路进行焊联锁定。

无缝道岔与相邻无缝线路的焊联锁定原则上应在设计锁定轨温范围内进行。施工时，道岔区钢轨件及扣件保持不动，道岔之间及前后至少 200 m 的线路松开钢轨扣件，并使钢轨的一端处于自由状态，按 10 m 间距支垫滚轮，并通过橡胶锤敲打或撞轨器撞击钢轨使之处于零应力状态，之后拆除支垫滚轮，安装和锁紧全部钢轨扣件，即完成道岔及前后无缝线路的锁定，按规定设置位移观测桩和位移观测标记。

当实际轨温略低于设计锁定轨温但不低于 15 ℃时，无缝道岔及相邻无缝线路锁定施工可采取温度补偿的方式进行，即道岔区及道岔间钢轨件及扣件依然保持不动，与上述同样方式使道岔两端至少 200 m 线路的钢轨处于零应力和自由状态，通过加热或拉伸的方式使钢轨伸长量等于道岔区及线路钢轨计划伸长量的总和，之后锁定线路。应注意的是，道岔前后钢轨承受的拉应力不应传入道岔内部，与道岔相邻 100 m 范围内的钢轨锁定轨温应不大于道岔区实际轨温 5 ℃，并按相同梯度进行锁定轨温的传递。待实际轨温达到设计锁定轨温范围内，再次对道岔区及前后线路进行重新放散和锁定，施工方法为道岔区钢轨件及扣件依然保持不动，松开道岔间及前后线路钢轨(无缝线路单元范围内的钢轨)并支垫滚轮,通过撞轨器或橡胶锤作用使之达到应力均匀后,恢复线路并锁紧钢轨,重新设置位移观测桩和位移观测标记。

当实际轨温略高于设计锁定轨温或低于设计锁定轨温 15 ℃以上时,不得进行道岔及前后无缝线路的焊联锁定工作。

(4)胶接绝缘接头施工工艺。

1)概述及技术标准。胶接绝缘接头由绝缘夹板、高强度螺栓、绝缘塞片、绝缘套管、增强胶泥等组成,施工时将夹板和绝缘胶板经垫压形成一体。施工时对天气、施工工具、施工工艺等要求严格。主要技术标准有 6 点:

①除道岔区按设计布置以外,正线地段绝缘接头与焊接接头距离最小不得小于 25 m;

②安装完成后的接头轨端垂直错牙和水平错牙均不得超过 0.3 mm;

③为减少绝缘塞片与钢轨之间的缝隙,安装绝缘塞片时必须与拉伸器配合;

④安装前检查绝缘夹电阻值,电阻值大于 10 MΩ 的方可使用;

⑤合成胶泥凝固后钢轨间电阻应大于 1 000 Ω;

⑥高强度螺栓的紧固力不小于 1 100 N・m。

2)工艺流程。胶接绝缘接头现场施工主要工艺流程:钢轨准备、钻孔、打磨除锈、干燥处理、对轨、预安装、合成胶泥、安装、紧固。

3)钢轨准备。现场施工时,应将待胶接接头两侧的钢轨各松开钢轨扣件并支垫平整,检查接头两端各1 m范围内的钢轨是否有硬弯,轨头及钢轨轨底的受力表面不得有伤损。

4)绝缘缝切割。切割绝缘缝时尽量使用一张锯轨片,断面平直度要求在 0.5 mm 范围内。轨底毛刺用角磨机打磨平顺,防止夹破塞片。

绝缘缝宽度除满足塞片尺寸要求,还应满足结构两端线路拉伸锁定时所需的计划拉伸量,保证胶接绝缘施工时绝缘缝宽度满足要求。

5)钢轨钻孔。钢板尺测量孔位并划线,使用ϕ31 mm空心钻头对两端接头进行外钻孔,钻孔后使用直尺复测孔距。

6)打磨除锈。用直砂机、角磨机对绝缘缝两端各 60 cm 范围内的钢轨轨腰、轨底进行打磨,要求打磨后的钢轨具有金属光泽。打磨后必须将铁屑清理干净,以便上胶。钢轨端头应做成 1 mm×1 mm 的 45°倒角。安装绝缘塞片时,塞片应与钢轨顶面平齐。钢轨有油迹的部位应用四氯化碳清洗干净。打磨、清洗、安装塞片的钢轨接头如图 7-62 所示。

7)干燥处理。如阴雨天或阴天须用汽油喷洒或丙烷气体烘烤钢轨和绝缘夹板,去除附着水分。雨天需准备遮雨棚。

8)对轨。用 1 m 钢轨板检查接头两端平直度,用钢楔子调整钢轨。调整后的钢轨平度直应满足:轨顶0~0.2 mm,严禁低凹,侧面工作边 0~0.2 mm。

9)预安装。预安装的主要作用是复查螺栓孔,确保绝缘接头和胶结成功;保证安装方向的正确性。安装前,需要对钢轨进行拉伸的,应提前用液压拉伸机对钢轨进行拉伸并保压,以保证轨缝能夹住绝缘塞片。塞片应稍高出钢轨顶面。绝缘塞片与钢轨间不得有缝隙,否则会因雨水进入造成绝缘失效。上胶前用毛刷仔细清理绝缘塞片处铁屑、灰尘,防止短接。塞片高出轨顶的,待胶泥干燥后用锉刀挫平。钢轨拉伸及塞片调整如图 7-63 所示。

10)合成胶泥。合成胶泥时不能接触到水分,合成胶泥开盖搅拌时间在绝缘夹板试安装成功后,搅拌完成后必须立即使用,在强烈阳光下施工时,搅拌或涂抹合成胶泥需搭遮阳棚进行。

图 7-62　打磨、清洗、安装塞片的钢轨接头

在绝缘夹板的干燥内表面上涂抹已准备好的合成胶泥，用一把油漆铲刀将合成胶泥涂抹成楔形，与钢轨侧面形状一致，沿着绝缘夹板方向慢慢地移动铲刀，压上合成胶泥并使之不掉落下来。如有掉落胶泥不能使用。合上夹板时检查绝缘胶套是否安装，有无掉落。

11）螺栓紧固。绝缘夹板安装后穿好螺栓，用电动扳手初次紧固直到接触到垫片，用扳手夹持螺栓方头确保螺栓不能转动，然后再用专用扭力扳手按由内向外的顺序将高强螺栓紧固到 1 100 N·m 或规定扭矩值。与此同时，用榔头敲击相对应的螺栓。合成胶泥达到最终硬化之后，需再次拧一遍，并将多余胶泥用抹布擦干净。

拆除液压拉伸机，清理道床并恢复轨道。螺栓紧固及胶泥清理如图 7-64 所示。

图 7-63　钢轨拉伸及塞片调整

图 7-64　螺栓紧固及胶泥清理

12）电阻检查。电阻测量应在胶泥干燥后进行。要求钢轨与钢轨、钢轨与夹板之间的电阻大于 1 000 Ω。测量时应仔细检查绝缘塞片处轨底、轨底脚有无铁屑。

9.道岔使用及维护管理

为保证大号道岔施工完成至线路开通期间的安全管理，施工期间必须加强道岔使用与维护管理工作，由建设单位或铁路主管部门制定道岔使用与维护管理办法并严格执行。

（1）道岔使用许可流程。施工仅有两种情况允许道岔使用，一是道岔需要维护和调试施工时，二是工程列车需要通过时。

道岔使用许可流程为：道岔使用单位编制道岔使用计划；由道岔使用单位提前 1 d 将使用

计划报车站值班室审查;车站值班室专人申请计划,调度长审批;车站值班室组织扳动道岔(如果需要);调度长现场确认道岔进路,并指挥行车;使用单位使用道岔;使用单位使用完成后专人向车站值班室销号。

(2)道岔管理职责划分。

1)道岔铺设单位。道岔铺设单位是道岔使用、维护管理的主体单位,其职责包括:负责在每个车站设车站值班室,专人负责管理道岔;负责成立道岔扳动小组,按照批准后的道岔使用计划扳动道岔;负责道岔使用计划审核、使用记录登记;负责现场确认进路、指挥行车;建立道岔使用、登记、销号管理台账;负责转辙机手摇柄及机箱钥匙保管,建立使用台账;定期对道岔进行维护,确保道岔始终处于良好的运行状态。

2)道岔使用单位。负责编制道岔使用计划,并报车站值班室审核批准、登记;每个车站至少派驻1名专业人员,专门负责向车站值班室办理道岔使用前登记,确认使用时道岔状态及使用后销号工作;对由于施工不当造成的道岔伤损,全权负责整修;确认道岔使用完成后,及时向车站值班室销号。

3)电务施工单位。每个车站至少派1名专业人员,积极检查道岔使用状态,指导转换设备的正确使用。

4)车站值班室人员管理。车站值班室靠近车站设立,由道岔铺设单位派人组成,调度长由道岔铺设单位担任。

每个车站配备专门的道岔手工扳动人员和行车人员,禁止任何其他人员无故扳动道岔,并严格执行批准后的道岔使用计划。扳动人员由车站值班室负责选派,纳入车站值班室管理。

道岔铺设单位设专人看守道岔,非专业人员禁止靠近、调整和使用道岔,防止意外破坏。看守人员纳入车站值班室管理。

以上人员必须进行专业培训,考试合格后上岗。每个车站值班室人员固定后不得随意更换。

(3)道岔扳动操作。道岔扳动操作确保两个确认:一是在扳动之前,拆除所有钩锁器,并确认道岔转辙部位及辙叉部位没有影响道岔扳动的异物、硬物等;二是扳动之后确认道岔的密贴情况、锁定情况及其开向正确等,保证道岔正确使用。

人工扳动道岔时,操作应缓慢、匀速进行,保持整体的同步性,并随时观察道岔工作部分的状态,发现异常情况立即停止操作。转辙机在未接通外部电源时,道岔转辙部位及辙叉部位要使用钩锁器锁定。

(4)道岔交验前保养。无砟道岔道床板混凝土浇筑完成后,经自检,电务互检合格后,电务及时安装转辙及锁闭装置,安装转辙机时,工务、电务部门配合施工,并将道岔调试到最佳工作状态。

道岔焊接锁定,对整组道岔包括前后过渡段进行最终精调。精调后的道岔应满足设计及列车高速运行的要求,同时满足《客运专线无砟轨道道岔铺设暂行技术条件》的相关要求。

道岔施工完成后,用钩锁器锁定尖轨,直向限速通过,侧向使用道岔前须按相关程序协商,征得道岔铺设单位同意,并做好相关限速及防护工作,轨行车辆禁止在岔区起停。

设置专人看守道岔,防止道岔零部件、扣件、电务设备等丢失或破坏,按有关要求进行涂油及扣件复拧工作。同时应防止其他施工污染道岔部件及混凝土道床。

7.4.7　资源配置

7.4.7.1　劳动力配置

长枕埋入式无砟道岔施工通常采取架子队组织模式，根据工作面情况分成若干班组，把道岔铺设及混凝土浇筑、道岔精调、道岔焊接锁定分开组织，按照工序尽量平行作业。各工序人员相对固定，推行专业化管理。

(1)管理人员组织。一般以无砟道岔施工作业队为单位设置管理机构，负责多个作业面的技术管理和施工组织。管理人员组织见表7-23。

表7-23　管理人员组织表

序号	岗位或工种	人数	主要工作内容
1	作业队队长	1	全面负责长枕埋入式无砟道岔施工组织工作
2	技术负责人	2	分别负责工程技术和钢轨焊接技术
3	作业队副队长	3	负责设备、物资及施工生产管理工作
4	工程技术室	4	负责生产技术、施工测量
5	安全质量室	4	负责安全、质量，主管安质、工程试验
6	物资设备室	4	负责设备及物资供应，含库管
7	办公室	5	负责治安、保卫工作及行政事物、食堂、司机、文化娱乐的管理及对外接待联络工作
8	工程调度	2	负责生产指挥调度，协调对外关系
合　计		25	

(2)生产人员组织。每个作业工序，工地负责人、工班长、技术人员和专兼安质人员由正式员工担任，且持上岗证上岗。其余根据需要可配置劳务用工，但岗前必须进行培训并经考试合格后上岗。特种工种必须按规定持证上岗。以下工序按单作业面月铺4组道岔板为例介绍生产人员组织。见表7-24。

表7-24　生产人员组织(单作业面)

序号	岗位或工种	人数	主要工作内容
一	混凝土底座施工		
1	施工测量	4	
2	模板安装	8	
3	钢筋制作与绑扎	8	
4	混凝土浇筑	12	含养护
二	道岔装卸及运输		
1	道岔装卸	12	
2	道岔运输	4	不含设备操作
三	道岔组装及道床板混凝土浇筑		
1	测量放样	4	
2	钢筋制作及绑扎	12	
3	模板安装	12	

续上表

序号	岗位或工种	人数	主要工作内容
4	道岔拼装及精调	20	含施工测量3人
5	混凝土浇筑及养护	20	
6	电务设备安装及调试	4	
7	材料转运及相关辅助工作	12	
四	道岔轨道线形精调	12	含施工测量3人
五	电务设备安装及调试	4	
六	钢轨焊接及锁定	12	含胶接绝缘接头施工
七	道岔看守及维护管理	2	
合　计		162	

7.4.7.2　主要设备机具配置

长枕埋入式无砟道岔铺设单作业面主要设备机具配置见表7-25。

表7-25　长枕埋入式无砟道岔施工主要设备机具

序号	设备名称	规　格	单位	数量
一	检测设备			
1	全站仪		台	1
2	电子水准仪		台	1
3	轨检小车(含配套软硬件)		台	1
4	钢弦线	30 m以上	把	4
5	轨道几何检查尺	含道尺、支距尺、方尺等	套	4
6	测力扭矩扳手	电动	台	8
7	钢筋绝缘检测		套	1
二	施工机具			
1	汽车吊	50 t、100 t	台	2
2	专用吊具	24 m	台	1
3	道岔组装平台		套	2
4	道岔平移台车组		套	1
5	侧向支撑	0.2 mm精度	套	1 200
6	竖向螺杆调节器	0.2 mm精度	套	1 000
7	竖向螺杆	0.2 mm精度,岔枕支撑用	套	800
8	轨距拉杆		根	160
9	无孔夹具	P60kg轨用	个接头	100
三	混凝土设备			
1	组合钢模板	组合钢模	M2	600
2	混凝土泵车		台	2
3	混凝土罐车		辆	6

续上表

序号	设备名称	规　　格	单位	数量
4	捣固棒	ϕ50 mm	根	16
5	刮尺或振动梁		套	1
四	铝热焊设备	斯密特		
1	铝热焊砂箱及钳锅		套	12
2	锯轨机		台	1
3	液压拉伸机		台	2
4	滚轮	5 cm 高	个	120
5	仿型打磨机		台	2
6	数字式超声波探伤仪		台	1
7	数字式钢轨平直度检查仪		台	1
8	数字式轨温计		个	4
五	转换设备安装及调试工具		套	1
六	钩锁器及防护器具			
1	钩锁器	每组道岔 1 套		
2	防护器具及限速牌等	每个车站 1 套		
3	对讲机等通信设备	每个车站 1 套		

7.4.8　质量安全控制要点

7.4.8.1　质量控制要点

除满足设计及工艺要求，长枕埋入式无砟道岔施工还应加强以下质量控制要点：

(1)建立健全质量管理体系，配置质量控制要素，严格施工过程控制，针对不同工序、不同施工内容制定并实施作业指导书、质量实施细则和质量检测大纲，以工序质量、细节质量保证最终的施工质量。

(2)控制无砟轨道施工边界条件，铺板前，桥梁沉降和徐变评估、路基沉降评估等必须达标，桥面系及底座混凝土施工二期恒载基本完工，CPⅢ测量控制网复测精度达标。

(3)在精调测量中，配置高精度的全站仪、电子水准仪、道岔板精调系统等，测量人员进行针对性的培训并经考核合格后上岗，施工过程应加强设备的经常性校正、日常保养和维护，计量器具定期送检标定。

(4)根据气候条件，进行严格的施工作业控制，如测量和精调应选择在温差不大、阳光不强、少风、无雨的天气，道床板混凝土浇筑则应选择在温差不大、阳光不强、无雨或小雨的天气。进入冬季时，应根据天气条件采取冬期施工措施。

(5)道岔部件在储存和运输、吊装过程中，应切实采用诸如吊机＋吊梁吊装、轴线运输车＋托架运输、硬化地面并轨木支垫等措施以确保道岔部件特别是钢轨件不变形、无损伤。

(6)道岔组装采用道岔组装平台或道岔平移台车，首先保证道岔组装的内部几何质量，确保道岔部件组装正确、完整，以良好的道岔内部几何形位为轨道线形提供保障。

(7)道岔轨排调节装置和固定装置必须保证其加工精度，安装稳固、牢靠，防止道岔板精调后产生移位变形，影响轨道板铺设精度。

(8)道岔道床板混凝土浇筑之前,必须进行道岔轨道线形复测,并设置隔区,以防止车辆和行人从上通过扰动道岔轨排。

(9)严格控制施工条件,混凝土浇筑安排在晴天的夜间施工,对混凝土表面喷洒养护剂并覆盖洒水养护,保证道岔道床板混凝土从浇筑至终凝期间温度变化幅度不超过15 ℃。应特别重视混凝土终凝时及时松开精调支架系统螺栓1/2~1圈,混凝土终凝后及时拆除精调支架系统和松开道岔钢轨扣件系统螺栓。拆除模板后修复混凝土表面缺陷并用同级砂浆封闭预留孔等。

(10)严格控制道岔焊接锁定及工电联调边界施工条件,焊缝打磨时应严格控制打磨情况,避免出现过打磨,即不可恢复性打磨,如轨顶凹陷等。钢轨焊接接头必须逐一进行探伤检查。

(11)为确保技术标准和施工工艺落到实处,在正式施工之前,应按技术培训及设备验证、工艺试验、线下试验段、线上先导段的顺序依次开展试验及分级评估工作,每个阶段经评估达到合格要求后方可进入下一阶段的试验或施工。其中线下试验段应由建设单位组织评估,线上试验段应由铁道部组织对建设单位的评估后,再由建设单位组织对施工单位的评估。

(12)加强与设备接收单位的联系和沟通,争取设备接收单位从道岔组装施工开始到交验结束全过程参与质量控制。

(13)无砟道岔铺设后,应及时完成道岔前后无砟轨道的施工,因故不能施工的,应及时将恒载施工完成,如完成轨道板预铺等,以防止岔区因地基变形引起的道岔两端无砟轨道翘曲变形。

7.4.8.2 安全控制要点

长枕埋入式无砟道岔施工涉及道岔部件运输与吊装、混凝土浇筑、施工用电、夜间作业等多个环节,须针对危险源及危险因素制定和实施有效的安全措施。

(1)总体要求。认真贯彻“安全第一,预防为主”的方针,施工队配置专职安全员和班组安全员,执行安全生产责任制,明确各级人员的安全职责,特殊工种持证上岗,确保安全生产。施工方案中应有专项安全措施,安全设施按要求配置到位,安全交底与技术交底同步进行。

(2)施工现场。施工现场的布置符合防火、防爆、防洪、防雷电等安全规定及文明施工的要求,其生产、生活、办公用房,仓库、材料堆放场、停车场、修理场等按批准的总平面布置图布置。

现场道路平整、坚实、保持畅通、危险地点悬挂按照《安全色》(GB 2893)和《安全标志及其使用导则》(GB 2894)规定的标牌,夜间行人经过的坑、洞应设红灯示警,施工现场设大幅安全宣传标语。

现场的生产、生活区要设足够的消防水源和消防设施网点,消防器材有专人管理,不得乱拿乱动。组建义务消防队,所有施工人员要熟悉并掌握消防设备的性能和使用方法。

各类房屋、库棚、料场等消防安全距离符合规定,室内不得堆放易燃品;严禁在木工加工场、料库等吸烟;现场的易燃杂物,应随时清理,严禁在有火种的场地堆放或在其近旁堆放。

(3)施工现场临时用电。施工场地的临时用电,严格按照《施工现场临时用电安全技术规范》(JGJ 46)的规定执行。

临时用电工程的安装、维修和拆除,均由经过培训并取得上岗证的电工完成,非专业电工不得进行电工作业。

电缆线路采用“三相五线”接线方式,电气设备和电气线路必须绝缘良好,场内架设的电力线路其悬挂高度及线距符合安全规定,并架在专用电杆上。

变压器必须设接地保护装置，其接地电阻不得大于 4 Ω，变压器设护栏，设门加锁，专人负责，近旁悬挂“高压危险、请勿靠近”的警示牌。

室内配电盘、配电柜必须有绝缘垫，并安装漏电保护装置。各类电器开关的金属外壳，均设接地或接零保护。配电箱能防火、防雨、箱内不得存入杂物并设门加锁，专人管理。移动的电气设备供电线，使用胶套电缆，穿过行车道时，套管埋地铺设，破损电缆不得使用。检修电器设备时必须停电作业，电源箱或开关握柄挂“有人操作，严禁合闸”的警示牌或设专人看管，必须带电作业时应经有关部门批准。

现场架设的电力线路，不得使用裸导线，临时铺设的电线路，不得挂在钢筋、模板和脚手架上，必须设绝缘支承物。

施工现场用的手持照明灯采用 36 V 的安全电压。严禁用其他金属丝代替熔断丝。

(4)钢筋绑扎及混凝土浇筑。钢筋调直、焊接、切断、弯曲等过程，操作人员应严格按操作规程操作相关设备，做好防电、防机械伤害等安全措施。

混凝土浇筑料斗在使用前应安装平稳、牢靠。混凝土浇筑多在夜间作业，应有足够的照明措施，避免施工人员因碰撞、摔倒或设备操作、物具堆放不稳等造成伤害。

(5)道岔焊接施工。从事钢轨铝热焊接工种人员必须经专门培训并持证上岗，焊接作业必须制定和实施专项安全施工方案。

在焊接作业区间，必须清除周边所有的易燃易爆物品，如无法清除，应采用安全可靠措施加以防护。

焊接作业前，应认真检查燃气、氧气瓶等是否分开放置各 5 m 以上位置，安装压力表和开气时不准使用有油的手套，检查管线是否连接牢固并无漏气。焊接作业人员必须按规定佩戴防护用品，闲杂人员不得靠近焊接施工。

(6)道岔材料装卸和运输。轨料的现场装卸和运输作业，应先编制施工方案并经批准后，采用专用吊具在专业技术人员的指导下进行。

产品包装在铺设前不得拆除。装卸、运输与存放作业所有零部件不得有变形、损坏和污染。在进行装卸作业时，必须指定专人指挥和负责作业人员的安全。

按照技术要求布置吊点，吊具与钢轨连接完成后，要对锁具锁紧可靠性和平衡性进行检查；先进行不大于 100 mm 高度起升的试吊，验证起吊设备、吊具的可靠性，轨排垂直和横向最大变形量不超过 100 mm；试吊无误后可直接起吊，起吊时应慢速启动，注意保持平稳；起升与转动应分别进行，严禁边起升边转向；吊件落地后，要保持起重机一定的受力状态，检查无误后方可落实。

钢轨及组件吊卸过程中，要注意防止钢轨发生位移、翻转，引发事故。长度 15～25 m 的钢轨，吊点间距允许最大值为 4 m，当起吊超过 25 m 钢轨时，起吊点间隔距离不得大于 5 m，起吊点距离端头不得大于 3 m。吊装尖轨时所有吊点位置向右移动 1 m，同时严禁采用吊卡吊卸，应采用吊带锁吊卸。吊卸时应轻吊缓放，避免相互碰撞，同时应避免断续加载和急促启动。吊带必须呈对称布置且固定，吊带与水平线夹角须不小于 60°。

(7)交通安全。经常组织机动车驾驶人员学习《道路交通安全法》，提高其交通安全意识。

机动翻斗车在施工现场内行驶，限速 10 km/h；卸料时，先察看周围环境，确认安全后方可卸料；往坑、沟、槽内卸料时，车距坑边 10 m 处应减速行驶，在坑边 1～2 m 处卸料，卸料处设车挡；严禁机动翻斗车载人。

临时道路严格按照设计的标准修建，弯道、坡度以及会车道的设置满足安全行车的要求。

临时道路与其他公路、人行道交叉时，在交叉道口设置警示牌，车辆、人员繁忙的道口，派专人看守，并设围栏。

装运易燃、易爆和危险品的车辆符合国家有关安全规定的要求。

7.4.8.3 环保控制要点

(1)施工过程中应有完善的环保措施，确保工程所处的环境不受污染和破坏。

(2)采取合理措施，减少施工引起的扬尘、噪声等，生产生活垃圾、废水、废油等按规定排放和处理。

(3)施工营地、料场、临时租用地、便道等在完工后应及时平整恢复植被或复耕，符合环境保护及水土保持规定的要求。

(4)在施工过程中采取有效措施，注意保护饮用水源避免施工活动造成的污染。

(5)划定施工范围，加强对施工人员的教育，防止对作业范围外的生态环境产生破坏。

7.5 板式无砟道岔施工技术

板式无砟道岔是我国铁路在系统总结国际无砟轨道先进经验的基础上，自主创新形成的新型的岔区无砟轨道结构形式，该结构在下部基础上铺设预制道岔板，通过自密实混凝土或水泥乳化沥青砂浆进行调整和支承，并适应 ZPW-2000 轨道电路传输需要。板式无砟道岔施工分为道岔板铺设和道岔部件安装两个阶段。

道岔板铺设又分为两种情况。一种是路基及隧道内施工，道岔板下浇筑自密实混凝土，施工方法及工艺与 CRTSⅢ型板式无砟轨道相似。另一种是桥梁上施工，道岔板下浇筑水泥乳化沥青砂浆，施工方法与 CRTSⅡ型板式无砟轨道相似。

道岔部件安装在道岔板铺设完成后进行，通过公路或铁路将道岔部件运输进场并吊装就位，采用轨检小车配合测量进行道岔线形的调整，安装电务转换设备并进行工电联调，最后焊接道岔钢轨并与区间线路形成跨区间无缝线路。

本节内容仅介绍道岔板铺设施工，道岔部件安装施工见“7.4 节长枕埋入式无砟道岔施工技术”相关内容。

7.5.1 施工物流组织

板式无砟道岔与长枕埋入式无砟道岔施工基本一致，结合前后无砟轨道施工及无砟道岔数量综合确定工序及作业面划分。一般修建从施工基地经既有公路至施工现场的运输通道，有条件的地方尽量设置沿线路的贯通便道，长桥地段需要设置上下桥梁的人行步梯或采用龙门吊、汽车吊、塔吊等作为材料及机具上下的通道，隧道地段则主要结合隧道进出口、应急通道或施工斜井、横洞设置物流通道。混凝土供应、道岔板及相关材料存放等结合作业面划分按车站设置临时基地生产或存放，临时基地同时规划人员居住、材料存放及加工、机具维修等。

施工现场结合路桥隧结构物特点，采用人工、龙门吊、汽车吊或输送泵等进行材料运输及机具转运等。

7.5.2 关键设备及工装

板式无砟道岔施工，关键设备主要包括：道岔板精调系统、水泥乳化沥青砂浆搅拌车、精调器、自密实混凝土浇筑料斗等。除精调器外，其余设备与 CRTSⅠ型、CRSTⅡ型和 CRTSⅢ型板式无砟轨道施工基本相同，此处不再表述。

道岔板铺设除竖向和横向的定位有严格要求外，对纵向的定位的也有严格的要求。因此，道岔板精调器在竖向、横向和纵向等三向都能调整，如图 7-65 所示。

图 7-65 道岔板精调器

7.5.3 主要临时工程

考虑到无砟道岔施工的专业特点，同一铁路项目一般会结合铺轨工程标段划分无砟道岔施工单元，每个施工单元负责的无砟道岔施工范围都很大，多则几百公里。为此，除无砟道岔施工专有的设施外，无砟道岔施工单元生活办公基地一般就近租借民房解决，其他如运输道路、施工用电、混凝土拌和站等都会就近借用其他无砟轨道施工的设施或临时工程。

需要自行设置的临时工程主要包括：道岔板及道岔存放场；临时道路加宽；钢筋加工房等。道岔板存放原则上不超过 3 个月，存放要求为平放，每垛不超过 3 层，层与层之间按设计加垫方木支承。

7.5.4 原 材 料

板式无砟道岔路基上及隧道内垫层采用 C25 素混凝土，桥梁上底座采用 C40 钢筋混凝土结构，钢筋包括热轧光圆钢筋和热轧带肋钢筋两种规格，分为 Q235 和 HRB335 等规格。混凝土配合比可以使用水泥等级不低于 P·O42.5，聚羧酸减水剂，碎石规格 10～40 mm 均匀级配，细骨料为中粗砂或机制砂，掺和料可为复合型掺和料或单掺矿粉及粉煤灰，同时满足技术条件和施工工艺要求。

板式无砟道岔施工辅助材料包括：接地端子、嵌缝胶、养护剂、植筋胶、脱模剂等。

7.5.5 施工工艺

7.5.5.1 质量标准

(1)混凝土模型质量控制。混凝土模板及支架材料应有足够的强度、刚度、稳定性和平整度，且安装稳固牢靠、接缝严密、不得漏浆，对模板与混凝土的接触面清理干净并涂刷隔离剂，模板内的积水和杂物应清理干净。垫层、底座及板缝等模板安装允许偏差应符合《高速铁路轨道工程施工质量验收标准》(TB 10754)的相关规定,其中预埋件和预留孔道留置等应做好与相关接口工程的衔接。

(2)钢筋质量控制。钢筋的制作、加工和焊接、绑扎除符合设计及铁路混凝土工程的要求外,接地端子等材料应满足设计要求及产品技术条件的要求。钢筋网片的绑扎安装应做好模型的协调,并保证结构混凝土保护层厚度符合设计要求。

(3)混凝土质量控制。路基或隧道内设计混凝土垫层,桥梁上设计钢筋混凝土底座。混凝土采用高性能混凝土,混凝土质量除满足结构性能要求外,还应满足施工工艺的要求。混凝土原材料、配合比设计、搅拌及施工养护应满足《铁路混凝土工程施工质量验收标准》(TB 10424)的相关规定,外形尺寸、表面裂纹及排水坡等应符合设计及表 7-26 的规定。混凝土拆模后,结构表面应密实、平整、颜色均匀,且不得有露筋、蜂窝、孔洞、疏松、麻面和缺棱掉角等缺陷。混凝土施工时,道岔板范围内的表面应按规定进行横向拉毛,道岔板范围外的表面应抹光并设置不小于 3%的横向排水坡。

表 7-26 混凝土底座板外形尺寸应符合下表规定

序号	检查项目	允许偏差(mm)	检验方法
1	纵向位置	±10	全站仪测量和尺量
2	中线位置	10	全站仪测量和尺量
3	纵向位置	±20	尺量
4	宽度	±20	尺量
5	厚度	±10%设计厚度	尺量
6	顶面高程	±10	水准仪
7	表面平整度	15 mm/4 m	4 m 直尺
8	两侧横向排水坡	±0.5%	用直尺配合坡度尺量

(4)自密实混凝土。板式无砟道岔用自密实混凝土属首次大规模应用铁路工程建设,结合无砟道岔结构体系及工艺设计特点,确定自密实混凝土施工技术条件:结构特性符合 C40 高性能混凝土的相关要求,具有微膨胀性能且满足低收缩、无收缩混凝土的相关规定;采用普通高性能混凝土材料制备,外掺料按水泥、磨细矿渣粉双掺,粗骨料采用最大公称粒径不超过 20 mm的连续级配碎石,外加剂包括聚羧酸减水剂和铝粉膨胀剂。

混凝土配合比参数基本要求:胶凝材料用量不大于 600 kg/m^3,用水量不大于 190 kg/m^3,自密实混凝土单位体积的量宜为 0.35～0.42 m^3,单位体积粗骨料绝对体积 0.26～0.32 m^3。

自密实混凝土施工特性应保证浇筑前混凝土扩展度在 650～750 mm 之间,具有足够的黏聚性能,施工过程不出现离析、泌水等现象,其流动性满足施工工艺的要求,其他性能符合铁路工程高性能混凝土的相关要求。

(5)水泥乳化沥青砂浆垫层质量控制。乳化沥青、干粉材料、外掺料、外加剂及拌制用水等主要性能指标等符合《客运专线铁路 CRTSⅡ型板式无砟轨道水泥乳化沥青砂浆技术条件》(科技基〔2008〕74 号)的规定。浇筑袋的规格、类型及质量应符合相关技术条件的要求。

浇筑之前应检查确认道岔板的位置,砂浆浇筑厚度不小于 20 mm,不宜超过 40 mm。砂浆浇筑的施工环境应在 5 ℃～35 ℃范围内，当天气温低于－5℃时，全天不得进行砂浆浇筑。

水泥乳化沥青砂浆拌制应采用专门的数控及电子计量搅拌设备，应严格按施工配合比进行原材料称量，称量误差应符合相关技术条件的要求。砂浆浇筑前，应按规定进行流动度、温度、含气量等指标的检测。

砂浆浇筑应饱满，与道岔板密贴，不应有空隙。填充质量应外观平整、无损伤，个别缺陷经修整后不得影响使用。封边材料不得侵入板底，拆除封边材料时不得损伤砂浆层。

(6)道岔板铺设质量控制。成品道岔板应有标识(编号)，扣件完整，预埋件齐全且埋置深度及位置正确，预埋套筒内不得有混凝土淤块或积水，纵向连接精轧螺纹钢筋端部完整、无弯曲。

混凝土底座或垫层外观及几何尺寸满足铺板要求。道岔板的类型、规格、质量等与设计及技术条件符合。道岔板与底座或支承层之间的间隙符合要求。

道岔板精调用精调系统、精调器等满足要求。精调完成后的道岔板应定位牢固，中线及高程偏差、相邻轨道板间横向和竖向的搭接偏差等符合《高速铁路轨道工程施工质量验收标准》(TB 10754)的相关规定。

7.5.5.2　工艺特点

板式无砟道岔实行多工序流水作业施工，混凝土底座或垫层、自密实混凝土底座采用模筑法现浇施工，道岔板铺设时以理论的钢轨及轨道中心作为施工控制的基准面和基准线，通过快速精调系统和精调器的使用，使得轨道铺设几何形位极为精准，铺设施工误差近似于“零”。同时，为保证水泥乳化砂浆浇筑厚度，施工时还应严格控制道岔板底座高度及几何尺寸。

1. 精度要求高，工序控制严格

板式无砟道岔既要保证高精度的轨道几何形位，又要保证混凝土底座、水泥乳化沥青砂浆厚度及耐久性。因此，必须持续地系统地进行精度和质量控制。主要有以下几点：

(1)将高精度系统控制的理论延伸于线下结构施工，既要保证线下结构的表面高程、平整度和中线，更要最大限度地减少和保证线下结构变形量。

(2)建立 CPⅢ测量控制网，并将 CPⅢ测量控制网的使用贯穿于无砟轨道施工的全过程，并根据不同工序选择不同的高精度测量设备予以保证。

(3)严格控制线下结构竣工平整度和高程，混凝土底座的中线、高程及表面平整度，道岔板预制厚度及扣件螺栓孔定位精度、道岔板定位精度等，通过一系列严格的精度控制最终保证无砟轨道的结构质量和精度质量。

(4)严格控制道岔前后无砟轨道施工时机，道岔前后至少各 200 m 的无砟轨道应在道岔板铺设完成且精度复测后进行，同一岔区的道岔应同步测量和施工。

2. 自动化程度高，四新技术应用广泛

为保证板式无砟道岔的高质量和高精度要求，施工过程采用大量自动化程度高的设备，四新技术应用广泛。

(1)使用水泥乳化沥青砂浆、自密实混凝土、隔离层及橡胶垫板、弹性限位板及植筋胶等新型材料。

(2)采用了板式无砟道岔结构。

(3)开发了大量的机械化、自动化程度高的专用施工设备，包括轮胎式可调跨铺板龙门吊(分悬臂和非悬臂)，道岔板精调系统、水泥乳化沥青砂浆搅拌车等。

(4)应用了许多新工艺及新技术,包括道岔板精调及定位工艺,自密实混凝土制备及浇筑工艺,水泥乳化沥青砂浆现场搅拌及浇筑工艺。

7.5.5.3 工艺流程

路基上及隧道内板式无砟道岔施工工艺流程如图 7-66 所示,桥梁上板式无砟道岔施工工艺流程如图 7-67 所示。

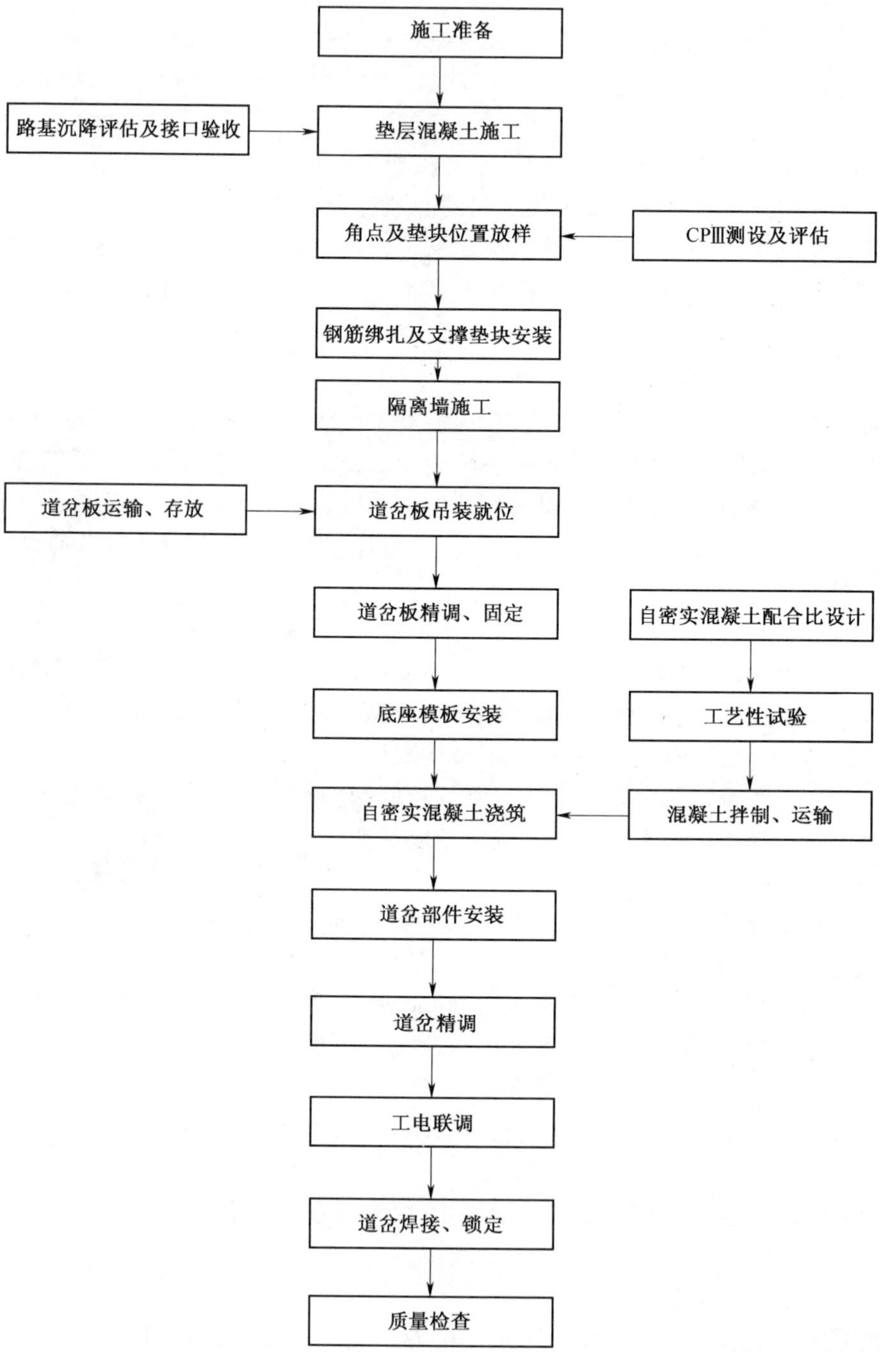

图 7-66 路基上及隧道内板式无砟道岔施工工艺流程

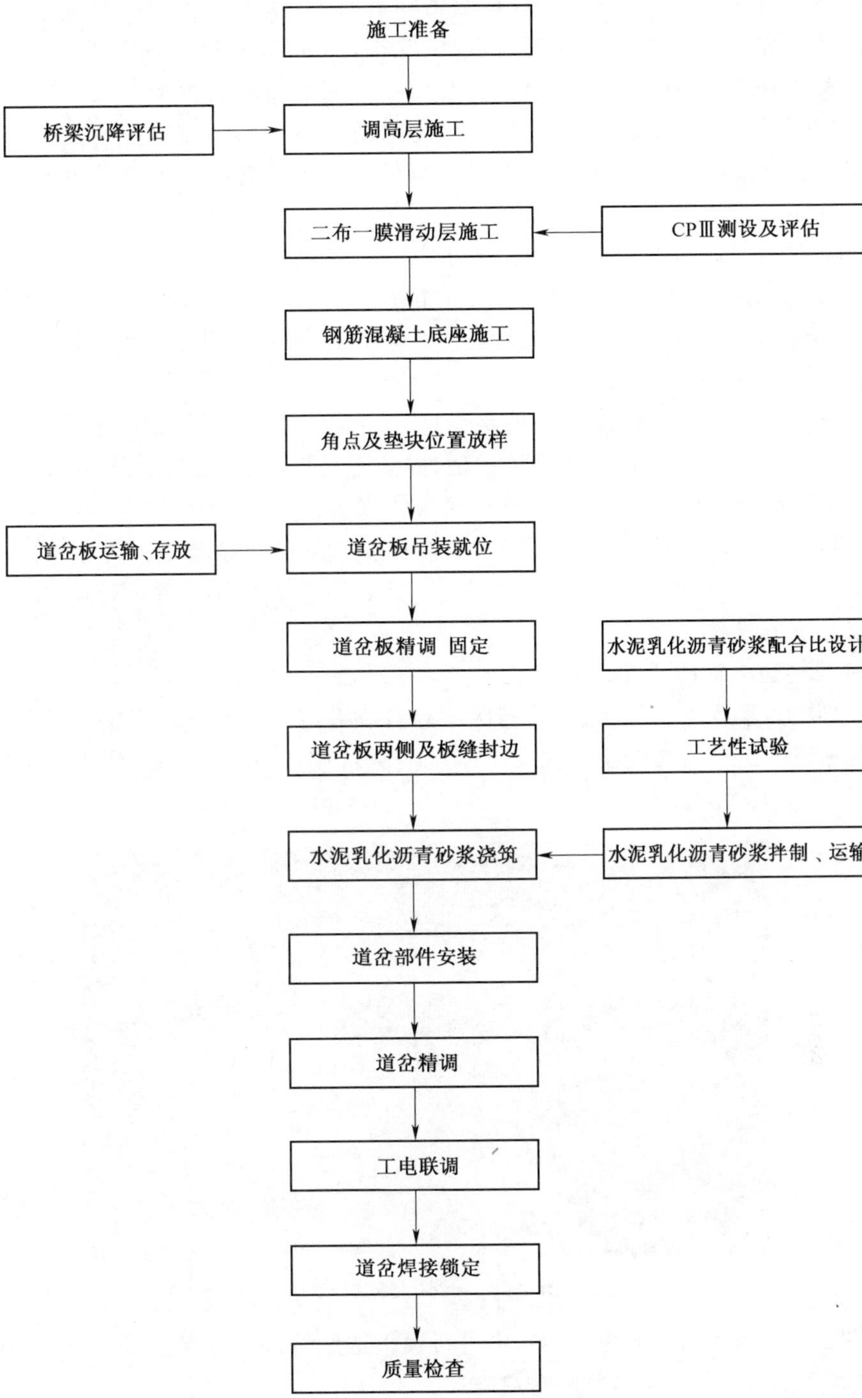

图 7-67　桥梁上板式无砟道岔施工工艺流程

7.5.5.4　板式无砟道岔施工

1. 施工准备

正式施工之前，应结合设计及工期要求确定道岔板及道岔组件进场方案，必要时对既有道路尤其半径较小地段进行加宽加固。完成自密实混凝土、水泥乳化沥青砂浆材料的配制及工艺试验。完成道岔钢轨焊接型式试验并获取试验报告,完成道岔件、调整件的订货。

与道岔板预制场协调道岔板供货计划,对已生产完成的道岔板按照设计文件要求进行检查验收,并重点做好道岔板预埋螺栓孔的检查和封堵。

协调相关线下及无砟轨道施工单位,共同确认道岔前后各 200 m 的无砟轨道留待无砟道岔施工完成后施工。

2. 沉降评估及 CPⅢ测量控制网测设评估

铺设无砟道岔前,线下工程的主体和底座混凝土(包括桥梁上防撞墙、遮板等二期恒载)应全部完工,检验合格。未完成的附属工程不得影响 CPⅢ测量控制网测设及评估和无砟道岔铺设的要求。

铺设无砟道岔前,按照《客运专线铁路无砟轨道铺设条件评估技术指南》(铁建设〔2006〕158 号)对路基、桥涵、隧道变形进行系统评估,确认工后沉降和变形、梁体长期变形、各种过渡段的差异沉降等符合设计要求,满足无砟轨道铺设条件。

铺设无砟道岔前,由建设单位组织各施工单位共同对线下结构组织交接确认,主要包括复测线下结构外形尺寸(高程、中线、宽度、平整度)、移交 CPⅢ测量控制网资料、线下工程沉降评估报告及相关技术资料。

3. 路基及隧道内混凝土垫层施工

混凝土垫层为素混凝土结构,在路基级配碎石或隧道内仰拱清理完成且经复核高程、平整度及宽度满足条件后模筑法施工。主要工序包括测量放样、模板安装、混凝土浇筑、混凝土养护等。如图 7-68 所示。

图 7-68　混凝土垫层施工

(1)测量放样。依据 CPⅢ测量控制网进行模板边线及高程控制点的放样。放样点位主要包括中线及高程控制线、模板四角控制点等。

(2)模板安装。模板采用组合钢模板或竹胶板,L 形或三角形支撑。模板安装以模板顶面作为垫层顶面高程的控制线,模板支撑通过在路基上钻孔植筋或隧道两侧水沟侧壁固定支撑。模板安装应牢固、密贴,模板内的杂物应清除干净。

模板安装完成后,应再次使用水准仪逐点检查模板顶面高程,复测误差应不大于±5 mm。

(3)混凝土浇筑。混凝土通过罐车运输进场,采用溜槽或汽车泵泵送入模,插入式捣固或振捣梁振捣密实,一次浇筑完成。混凝土初凝前,采用铝合金刮尺大面平整并人工收面压光。混凝土初凝后,应对道岔板范围内的表面进行横向拉毛,拉毛深度 1.5～2 mm。对道岔板范围外的部分,人工收面压光并设置向外 4%的横向排水坡。

混凝土终凝后,采用土工布覆盖并保湿养护 7 d。24 h 内,每隔 2.5～5 m 切割横向伸缩缝,伸缩缝深度应不小于垫层厚度的 1/3。

拆模时应注意保护混凝土棱角不被碰撞损坏。并对混凝土表面缺陷及时修补。

4. 桥梁上钢筋混凝土底座施工

桥梁上无砟道岔钢筋混凝土底座施工与 CRTSⅢ型板式无砟轨道施工相同。主要工序包括:基础面处理、测量放样、钢筋加工、混凝土浇筑、混凝土养护等。

(1)基础面处理。桥梁底座范围内基础面应进行凿毛处理,凿毛处理时混凝土见新面不小于 50%。底座施工范围内及影响区域内的浮渣、浮浆应清除干净。与底座连接的预埋钢筋套筒应清理干净,连接钢筋旋入套筒的长度不小于 28 mm,拧紧力应满足设计要求,连接钢筋端头螺纹应采用辊轧成型。当梁面套筒被堵塞而导致连接钢筋不能安装时,须在两侧各植入一根同规格的连接钢筋,植入深度和外露长度应分别不小于 25 cm 和 15 cm,并采用专用植筋胶锚固。

桥梁与底座连接的钢筋还有采用预留门形钢筋和现场植筋的设计方式。当采用预留门形钢筋时,应将保护层混凝土凿除,重新扶直和清理门形钢筋。当采用现场植筋时,植筋位置应严格按设计进行,通过测量、划线确定植筋区域,再采用钻孔植筋,植筋的要求为植入深度和外露长度应分别不小于 25 cm 和 15 cm,采用专用植筋胶锚固。

(2)测量放样。根据 CPⅢ测量控制网,利用全站仪按"自由设站,后方自由"的方式放样底座施工的中线、每段底座的起终点桩及高程控制桩,并直接在基础面标注点位,端头模板安装位置等标注准确。也可通过控制桩直接用墨线划出模板安装的边线。

(3)底座钢筋绑扎。底座钢筋预先在生产基地内加工成型,再运输到工地现场绑扎成型。在有条件的地方,也可提前在生产基地将底座钢筋网整体预扎后运输到工地吊装铺设。钢筋保护层垫块采用与底座混凝土同级或高一等级的水泥砂浆制作。

钢筋加工前,应根据施工图编制配料斗,钢筋的下料及弯曲应符合《铁路混凝土工程施工质量验收标准》(TB 10424)的相关要求。弯曲成型的钢筋应分类集中堆放,根据需要运输到现场绑扎。

现场绑扎钢筋时,根据放样控制点,弹出底层钢筋网片安装墨线,采用定位卡具安装底层钢筋网片,以保证钢筋位置及间距。按规定数量呈梅花形布置保护层垫块。之后绑扎架立钢筋,再绑扎顶层钢筋网片。底座内需要安装的预埋件及接地端子应在钢筋绑扎时同步安装或焊接完成。

若底座表面采用限位凸台,凸台钢筋提前加工成型,与底座钢筋同步安装,并按规定将凸台立筋与底座上下层钢筋焊接连接。桥梁上钢筋绑扎时,应提前完成与梁体连接钢筋的安装或植入。

当基础面高程与设计高程有误差时,应调整底座板架立钢筋高度,使底座板钢筋上、下层保护层厚度符合设计要求。

(4)底座模板安装。钢筋混凝土底座采用组合式可调高钢模板。钢模板设计为分块结构,直线段模板制作高度比底座设计高度低 30 mm,模板底部设有调高螺栓,调高螺栓调节范围 −30～+50 mm,模板分块长度结合底座分段情况设置,原则上模板分块长度不超过 5 000 mm。模板安装时,通过调高螺栓调整模板顶面高度与底座设计顶面高程一致,并在模板内侧加垫 2 mm 厚钢板并用卡具卡住以封闭模板底部与基础面间空隙。通过在基础面上钻孔植入钢筋并在钢筋与模板间加楔子以固定模板。

模板安装前应对模板及零部件进行检查、清理和整修,确保模板板面平整、光洁、无凹凸不平,清除模板上的灰渣和基层表面的杂物,检查支架及模板焊缝处是否有开裂破损,如有均应及时补焊、整修合格。模板清理干净后应均匀涂刷脱模剂。

模板安装并加固完成后,应再次检查模板垂直度,全部逐点抄平检查模板顶面高程,并拉线检查伸缩缝模型、端模和侧模的线形,同时检查模板支撑及加固情况。模板与混凝土接触面应涂刷脱模剂,用适量砂浆封堵模型和基础面之间的接缝,以防接缝漏浆。

底座表面凸台(或凹槽)模板采用整体加工成型,安装时用木杆或木方等将凸台(或凹槽)模板与底座模板固定,以防止混凝土浇筑过程中跑模。

(5)混凝土浇筑。底座混凝土浇筑施工应密切关注天气变化,高温烈日、大风、雨雪天气应尽量避免施工。

混凝土制备及运输。混凝土应采用有自动计量装置的搅拌设备拌制,混凝土罐车运送到工地,再通过汽车泵或输送泵输送上桥并浇筑。特殊地段可采用单线作业,即混凝土罐车沿桥面运输混凝土并浇筑施工。混凝土入模前应检查混凝土温度、坍落度,一般条件下混凝土的入模温度不应低于 5 ℃、炎热的夏季不宜超过 25 ℃。

混凝土浇筑。浇筑前,应对模板范围内的杂物、积水进行彻底清理,混凝土入模前应对基床面喷水雾湿润。混凝土布料应缓慢均匀连续进行,由模板低边向高边进行,左右两副布料的速度要基本保持一致。混凝土采用插入式捣固棒振捣,并避免漏捣和过振,振捣过程中应加强检查模板支撑的稳定性和接缝的密合情况,以防漏浆,发现螺栓、支撑等松动应及时拧紧和打牢。振动棒移动距离不得超过振动棒作用半径的 1.5 倍,每点振动时间约 20～30 s。

混凝土抹面及顶面高程控制。混凝土浇筑完成后,应仔细对混凝土顶面收浆、抹面,底座的中间部分应搭设跳板进行,抹面时严禁洒水拉毛。混凝土顶面高程控制以模板顶面为准,用铝合金刮尺对混凝土面找平。混凝土面找平后,用木砂板抹面。横向排水坡采用定制尺寸的铁抹子设置,排水坡应光滑平整且不小于 3%。为避免两模板间混凝土出现错台,施工时在两块伸缩缝模型顶部放置水平尺进行两侧底座顶面高程控制。

(6)混凝土养护及拆模。底座混凝土施工完成且初凝后立即用土工布覆盖并洒水保湿养护,强度满足设计要求后方可拆除模板,如设计无具体要求,侧模应在混凝土强度达到 2.5 MPa 以上,其表面及棱角不因拆模而受损时,方可拆模。脱模后拆去土工布,洒水后用土工布覆盖,保证 95%以上的湿度,养护时间不少于7 d。在混凝土未达到设计强度 75%之前,严禁各种车辆在底座上通行。

5. 路基上及隧道内角点及垫块位置放样

混凝土底座或垫层验收合格后,依据设计坐标,利用 CPⅢ 测量控制网采用“自由设站,后方交会”的方式对底座板各角点进行测量放样,对道岔板位置进行放样,包括每块道岔板角点、精调垫块位置点、基准点等,同时明显标出点位处距设计点位的距离,放样误差控制在±5 mm 以内。放样完毕,用尺交叉丈量各点位间长度对放样结构进行复核。

6. 路基及隧道内钢筋绑扎及垫块安装

路基及隧道内板式无砟道岔采用 C40 自密实钢筋混凝土底座结构，在道岔板铺设前，需要进行钢筋绑扎及垫块安装。如图 7-69 所示。

钢筋绑扎前，对找平层进行清理，依据道岔板角点及垫块放样位置用墨线进行钢筋位置及底座板轮廓放样，准确布置和绑扎钢筋并安放精调垫块和调高垫块。标出道岔板门形筋的位置，以便在底座钢筋绑扎及垫块安装时加以回避。

钢筋在基地内下料并预加工成型，通过平板车运输到现场绑扎成钢筋网，钢筋下支垫与保护层厚度一致的砂浆垫块，垫块的数量及分布应符合设计要求。钢筋纵横向节点间采用绝缘卡或塑料扎带＋绝缘片绑扎和固定。底座钢筋通过植入垫层内的门形筋支撑，门形钢筋与底座钢筋间进行绑扎和绝缘处理。钢筋绑扎完成后，按要求进行绝缘测试，测试要求与 CRTSⅠ型双块式无砟轨道施工相似。

精调垫块及调高垫块采用与底座混凝土同标号的高性能混凝土提前预制成型，外形尺寸及偏差应符合设计要求。精调垫块及调高垫块采用早强、黏结性的砂浆按坐浆法安装。当钢筋绑扎与垫块冲突时，可适当调整钢筋间距，必要时也可调整垫块安装的位置或垫块大小。

7. 路基及隧道内隔离墙浇筑施工

钢筋及垫块经检验合格后，进行中间扣压装置锚杆和隔离墙混凝土浇筑施工。如图 7-70 所示。

图 7-69 钢筋绑扎及垫块安装

图 7-70 隔离墙施工

扣压装置锚杆采用电钻钻孔，注入植筋胶固定锚杆钢筋。

隔离墙混凝土采用模筑法。隔墙混凝土采用梳字形模板以保证混凝土浇筑与底座钢筋的协调，并用泡沫块堵漏。隔墙混凝土采用与底座同标号的高性能混凝土浇筑，浇筑高度应低于道岔板高度。养护仍按土工布覆盖保湿养护。

8. 道岔板基准点测设

与 CRTSⅡ型无砟轨道施工相同，为保证道岔板铺设精度，需要在道岔板铺设前于相邻道岔板板缝间安装垫块并测设道岔板精调用基准点。道岔板基准点设于道岔直股中线位置。道岔板基准点依据 CPⅢ测量控制网进行空间坐标测设，经软件评差后精度应达到两相邻基准点间允许相对误差为平面±0.2 mm、高程±0.1 mm。道岔板基准点测量放样及评估的相关要求同 CRTSⅡ型无砟轨道基准点测设。如图 7-71 所示。

图 7-71　道岔板基准点测设

9. 道岔板存放及运输

施工便道应尽量沿线路贯通设置，满足道岔板运输及吊装作业的要求。桥梁地段采用 50 t 汽车吊或悬臂式龙门吊直接将道岔板吊装上桥。必要时，需要采用轮胎式双向运板车进行中转运输。如图 7-72 所示。

图 7-72　道岔板存放及运输

道岔板运输一般由厂家负责，采用平板汽车运送至各车站道岔铺设或临时存放位置。每台平板汽车可装道岔板 2 层，每层道岔板间加垫 4 块 20 cm 方垫木支垫，方木支垫与道岔板和车厢接触处采用防滑塑料垫，并在平板汽车四周加装角钢围挡，道岔板与围挡之间的间隙采用硬杂木填充，以防止道岔板在运输过程中晃动碰损。

道岔板原则上不在工地作长时间临时存放，最长存放时间不宜超过 3 个月。临时存放时，应保证存放台位坚固、牢靠，道岔板下支垫应符合设计要求，各支点间相对高差不大于 2 mm，层与层之间加垫 6 块 20 cm 方垫木。每垛道岔板不超过 3 层。

10. 道岔板粗铺

道岔板粗铺如图 7-73 所示。

现场钢筋绑扎、垫块安装、隔离墙混凝土、基准点测设经检验合格后，方可粗铺道岔板。道岔板粗铺前，应将混凝土底座或垫块表面再次清理干净，确认钢筋绑扎状态符合要求，同时应采用高压水将道岔板清洗干净，尤其是道岔板底部。

道岔板粗铺可采用大吨位汽车吊或铺板龙门吊进行。粗铺前，在道岔两侧各摆放 2 块

图 7-73 道岔板存放及运输

20 cm方垫木，以备道岔板临时支垫时使用。

道岔板采用专用吊具吊装，专具吊具由 4 根带连接螺栓的吊链组成，吊装时将吊链上的连接螺栓与道岔板上预埋螺栓孔连接即可。根据工地条件使用大吨位汽车吊或铺板龙门吊将道岔板铺设到位，必要时增加双向运板车中转。

粗铺时，人工使用小撬棍配合将道岔板铺设就位，通过对照道岔板轨道中线标志和找平层上轨道中线可使道岔板的粗铺精度控制在 5 mm 以内。道岔板就位前，将 20 cm 方垫木摆放于在距精调器安装位置最近的预裂缝位置，之后将道岔板缓缓下落就位。

粗铺到位后，及时在道岔板两侧安装支撑牛腿及多向精调器，将道岔板支起。之后，可拆除临时支垫的方垫木。精调器安装前，应将精调器各向调整螺杆调至中间位置。

由于道岔板重量较大，采用汽车吊粗铺时，通常每铺一块板就需要更换一次位置。

11. 道岔板精调

道岔板精调通过专用的道岔板精调系统配合三向精调器实现。精调实现方式与 CRTSⅡ型无砟轨道施工相似，利用全站仪测量道岔板四周及中间位置定位孔上的棱镜的三维坐标，经精调系统软件系统对比处理后，确定每个点位的三维方向的偏差值(即计划调整量)，再使用精调器的三维调整器进行逐步调整，最终使道岔板达到设计理论位置及高程。如图 7-74 所示。

图 7-74 道岔板精调

全站仪设站及定向。全站仪及对中站架设于道岔板之间的基准点上，利用基准点进行设站(设站位置应距离精调道岔板 6～20 m)和对中,利用 1 块已精调到位的道岔板直股上的棱镜点及对应的基准点来实现定向。通过精调系统,测量正在调整的道岔板四周或中间定位孔上的球形棱镜的实际三维坐标,工控计算机将事先输入置放棱镜点的理论坐标与实测坐标进行对比并实时显示其偏差值。

道岔板调整。依据工控计算机显示的偏差值(即调整量),按照“先调整 4 个角点高程,再调整平面位置;短板精调时,先使用对角两点调整,在角点的高度及平面调整好后,再调整板中部高程”的原则,通过道岔板四周的精调爪,实现对道岔板各点位横向、纵向及竖向的调整,消除偏差量,直到道岔板满足表 7-27 所规定的偏差要求。

表 7-27 道岔板精调精度要求(mm)

纵向	横向	高程	相邻道岔板承轨面相对横向偏差及高差
±0.3	±0.3	±0.3	0.3

道岔板精调完成后,按施工图在道岔板两侧及两道岔板之间预定位置安装扣压装置。采用植筋方式安装锚固螺杆,再在锚固螺杆上安装 L 形扣压装置和—形扣压装置,固定道岔板。

精调注意事项:

(1)精调完成后,应借辅助量尺、游标卡尺等,对相邻道岔板上的定位孔之间测距进行测量检查,可获得纵向补充控制;

(2)仪器三角架的尺寸、目标棱镜的高度、棱镜加常数等必须准确无误;

(3)精调完成后,对道岔板要加以保护,并安装警示牌,严禁踩踏。

12. 路基上及隧道内道岔板模板安装及横向封边

模板安装及 L 形扣压装置如图 7-75 所示。

图 7-75 模板安装及 L 形扣压装置

路基及隧道内道岔板逐块浇筑自密实混凝土,需要对道岔板横向板缝进行封边。道岔板板缝处应采用与底座混凝土同标号的高性能细石混凝土进行封边。封边之前,应将既有隔离墙清理干净并凿毛、洒水湿润。道岔板封边应高出底座板 5 cm 以上,封边应严密,封边时应对基准点进行保护,并预留排气孔。

根据底座板边线采用定制钢模板进行模板安装，模板及其支护应垂直、稳固、平顺，具有足够的承载能力、刚度和稳定性，应能可靠地承受浇筑混凝土的自重、侧压力和施工过程中产生的荷载，相邻模板错台不超过 1 mm，采用粘贴双面胶确保接缝严密。模板安装时，模板应与混凝土垫块外侧平齐，如果模板与混凝土垫块外侧不平齐则采用软纤维垫层填充。

每组道岔板设尖轨转辙机基础 3 个，心轨转辙机基础 1 个，为简化施工工序，可将转辙机基础与底座板同时立模，在自密实混凝土施工完成后采用 C40 混凝土一次浇筑成型。

13. 桥梁上道岔板封边及水泥乳化沥青砂浆浇筑

桥梁上板式无砟道岔结构与 CRTSⅡ型板式无砟轨道相似，其水泥乳化沥青砂浆结构与 CRTSⅡ型板式无砟轨道相同。

14. 路基及隧道内自密实混凝土浇筑施工

板式无砟道岔自密实混凝土浇筑施工与 CRTSⅢ型板式无砟轨道相似，主要作业内容包括：施工准备，混凝土搅拌，混凝土运输，混凝土浇筑，混凝土养护，混凝土拆模及附属施工等。混凝土浇筑如图 7-76 所示。

图 7-76 自密实混凝土浇筑

(1)准备工作。首先清除道岔板下的杂物，采用可旋转的高压喷水枪对道岔板及垫层间提前进行充分湿润，但不得有积水。

依据计划浇筑的道岔板号，并结合道岔板底部的空间高度，计算每块道岔板浇筑所需的混凝土数量，根据计算数量及损耗确定混凝土每次的运输量。

再次对道岔板的平面、高程进行复测，确认道岔板状态满足浇筑要求，必要时对道岔板补充调整。用胶带及 PVC 薄膜对接地螺栓孔、吊装螺栓孔、扣压装置、精调器进行防护。提前完成自密实混凝土的配合比设计及工艺性试验。

(2)混凝土搅拌。自密实混凝土应在配有自动计量系统和强制式搅拌机的拌和站内搅拌，混凝土原材料称量最大允许偏差(按重量计)应符合以下规定：胶凝材料(水泥，矿物掺和料等)、外加剂、搅拌用水为±1%，骨料±2%。

混凝土搅拌前，应测定骨料含水率，并实时调整施工配合比，一般情况下，含水率应每天抽查 2 次，雨天随时抽查，并按测定结果及时调整施工配合比。

混凝土搅拌时，宜先投细骨料、水泥和矿物掺和料，搅拌均匀后，再加入所需用水量和外加剂，待砂浆充分搅拌后再投入粗骨料，并继续搅拌至均匀为止。每个阶段的搅拌应不少于

30 s,总搅拌时间不宜少于 2 min,也不宜大于 3 min。

冬期施工时,直接与水泥接触水的加热温度不宜高于 80 ℃,自密实混凝土搅拌时间可较常温施工延长 50%。夏(热)季施工时,水泥进入搅拌机的温度不宜高于 50 ℃。

(3)混凝土运输。选用能确保自密实混凝土浇筑工作连续进行,运输能力与混凝土搅拌站的搅拌能力相匹配的混凝土专用运输设备运输自密实混凝土。

自密实混凝土的运输速率应保证施工的连续性,当罐车到达浇筑现场时,应使罐车高速搅拌 20～30 s 方可卸料。

运输自密实混凝土过程中,应保持运输混凝土的道路平坦畅通,确保混凝土在运输过程中能够保持均匀性,运到浇筑地点不发生分层、离析和泌浆等现象。

运输自密实混凝土过程中,应对运输设备采取保温隔热措施,防止局部混凝土温度升高或受冻。应采取适当措施防止水分进入运输容器或蒸发,严禁在运输过程中向混凝土内加水。

应尽量减少自密实混凝土的转载次数和运输时间。从搅拌机卸出混凝土到混凝土浇筑完毕的延续时间以不影响混凝土的各项性能为限。

(4)混凝土浇筑。自密实混凝土浇筑前,应检查以下准备工作:浇筑口的位置及数量、工装模型等;钢筋网片的位置,门形筋数量及其坚固程度;道岔板四周模板的密封情况,道岔板之间横向封边缝的密封及排气孔预留情况;道岔板高程及轴向平顺,精调器的受力状态及其紧固程度;底座混凝土表面和道岔板底面用水湿润情况,并确定不得有明显积水。

在炎热季节浇筑自密实混凝土时,应避免模板和混凝土直接受阳光照射,保证混凝土入模前模板和钢筋的温度以及附近的局部气温均不超过 40 ℃。低温条件下(当昼夜平均气温低于 5 ℃或最低气温低于－3 ℃时)浇筑自密实混凝土时,混凝土入模温度不得低于 5 ℃。在相对湿度较小、风速较大的环境下浇筑自密实混凝土时,应取适当的挡风措施,以防止混凝土失水过快。

自密实混凝土浇筑前,应对混凝土的坍落扩展度、扩展时间、障碍高差、入模温度等进行检测,确认混凝土满足扩展度≤70 cm,扩展时间 T50 为 2～6 s,障碍高差＜18 mm,L 形仪 $H_2/H_1 \geq 0.9$,T700L 为10～18 s,泌水率为 0,含气量≤5%等要求。

施工时混凝土入模温度应控制在 5 ℃～30 ℃,混凝土自由倾落高度不大于 1.0 m。浇筑时,浇筑速度不宜过快,应保证下料的连续性和混凝土在道岔板下的连续流动。浇筑完毕后,应将模板内多余的混凝土及时清除。

对于窄板(宽度小于 4.0 m 的道岔板),可采用运输罐车通过溜槽直接从一侧进行不间断浇筑或采用吊车＋料斗方式浇筑。浇筑必须一次性完成,严禁二次浇筑。在宽板浇筑时,必须在板的两侧以均匀速度同时进行浇筑,利用道岔板上及板缝预留的排气孔排气。待混凝土浇筑超过道岔板下沿大于 15 mm 时,在排气孔中插入 S 形铁钩,确保浇筑层和后浇混凝土更好地连接。

在自密实混凝土浇筑过程中,应按要求取样制作混凝土强度和耐久性试件,试件制作数量应符合相关规定。

(5)混凝土养护。自密实混凝土浇筑完成后,应及时用土工布覆盖保湿养护,养护时间不小于 14 d。混凝土暴露面初凝后,应卷起土工布,将暴露面积压光抹平后覆盖养护。去除土工布或拆模后,可用养护膜、喷养护剂等进行养护。

混凝土养护用水温度与混凝土表面间温度之差不得大于 15 ℃。拆模后,若天气骤变,应采用适当的保温隔热措施，以防混凝土表面开裂。

冬期施工，应对混凝土做好保温养护措施，保证抗压强度达到设计强度 30% 之前不得受冻。

(6)混凝土拆模。道岔板两侧模板及精调器的拆除应在自密实混凝土强度达到 10 MPa 以上，且表面及棱角不因拆模而受损时方可进行。

拆模宜按立模顺序逆向进行，不得损伤道岔板四周混凝土，并减少模板破损。当模板与自密实混凝土脱离后，方可拆卸、吊运模板。

拆模后，若天气发生骤然变化时，应采取适当的保温隔热措施，防止混凝土表面开裂。在自密实混凝土未达到 100% 设计强度前，道岔板不可承受全部设计荷载。

(7)转辙机平台浇筑。转辙机平台采用 C40 高性能混凝土模筑法施工，模板及钢筋与底座模板及钢筋同步施工，混凝土浇筑在自密实混凝土终凝且脱模后进行。施工时，应严格控制其顶面高程。

(8)其他附属施工。混凝土达到足够强度后在道岔板两侧做 3% 的横向排水坡。

道岔板板缝间以微膨胀混凝土填充，强度等级符合设计要求。施工前对道岔板界面进行凿毛，涂刷界面剂以加强新老混凝土的粘连效果。

板缝间设一根通长钢筋，钢筋两端的保护层厚度为 5 cm，同时在板缝间等间距植入 3 根钢筋，单根钢筋长度为 380 mm，钢筋的规格、钻孔直径及深度等符合设计要求。

浇筑的板缝混凝土与承台间的混凝土平齐，混凝土达到一定强度后用切缝机对板缝混凝土与道岔板接触处切缝，缝深 20 mm、宽 8 mm，缝内采用热熔改性沥青填塞。

15. 道岔板复测及成品保护

道岔板自密实混凝土浇筑完成后，应采用道岔板精调系统复测道岔板线形，根据复测的线性形偏差，确保道岔调整件的订货量并提前订货。必要时，应修正道岔线形，为前后待铺无砟轨道的线形调整提供依据，以保证前后无砟轨道的顺接符合高速铁路运行的要求。

道岔板施工期间及之后，应加强道岔板成品保护，除避免施工人员及设备碰撞导致道岔板缺角掉边，还应重点做好以下两个方面的工作：

(1)避免周边施工时，混凝土或砂浆污染道岔板；

(2)加强对道岔板定位孔及扣件螺栓孔的保护，使用塑料盖或胶布封闭，避免杂物进入孔内，影响测量或扣件安装。

已施工完成的道岔板如图 7-77 所示。

7.5.6 资源配置

本节仅介绍道岔板铺设所需的资源配置，道岔部件安装所需的资源配置见第 7.4 节的相关内容。

7.5.6.1 *劳动力配置*

板式无砟道岔施工通常采取架子队组织模式，根据工作面情况分成若干班组，把道岔板铺设及道岔部件分开组织，按照工序尽量平行作业。各工序人员相对固定，推行专业化管理。

(1)管理人员组织。道岔板铺设一般以无砟道岔施工作业队为单位设置管理机构，负责多个作业面的技术管理和施工组织。管理人员组织见表 7-28。

图 7-77 已施工完成的道岔板(待安装道岔部件)

表 7-28 管理人员组织表

序号	岗位或工种	人数	主要工作内容
1	作业队队长	1	全面主持岔区板式无砟道床施工组织工作
2	技术负责人	1	负责生产技术工作;负责建场工作
3	作业队副队长	2	负责设备、物资及施工生产管理工作
4	工程技术室	4	负责生产技术、施工测量
5	安全质量室	5	负责安全、质量,主管安质、工程试验
6	物资设备室	10	负责设备及物资供应,含库管
7	办公室	5	负责治安、保卫工作及行政事物、食堂、司机、文化娱乐的管理及对外接待联络工作
8	工程调度	2	负责生产指挥调度,协调对外关系
合　计		30	

(2)生产人员组织。每个作业工序,工地负责人、工班长、技术人员和专兼安质人员由正式员工担任,且持上岗证上岗。其余根据需要可配置劳务用工,但岗前必须进行培训并经考试合格后上岗。特种工种必须按规定持证上岗。以下工序按单作业面月铺 4 组道岔板为例介绍生产人员组织,见表 7-29。

表 7-29 生产人员组织(单作业面,路基地段)

序号	岗位或工种	人数	主要工作内容
1	施工负责人	1	
2	安质、机械、工程、试验、材料技术人员	6	
3	后勤、食堂、看守	6	
4	测量(放样,抄平)	5	
5	L 形垫块预制	3	
6	钢筋加工及绑扎	8	
7	道岔板粗铺及精调	10	
8	立模、锚杆及扣压装置安装	10	

续上表

序号	岗位或工种	人数	主要工作内容
9	混凝土施工	10	不含搅拌站及混凝土运输
10	混凝土养护	2	
11	电工及机修工	3	
合　计		64	

桥梁上水泥乳化沥青砂浆封边及浇筑施工见 CRTSⅡ型板式无砟轨道施工相关内容。

7.5.6.2　主要设备机具配置

板式无砟道岔铺设单作业面主要设备机具配置见表 7-30。

表 7-30　板式无砟道岔施工主要设备机具

序号	设备及机具名称	单位	数量	备　注
1	混凝土设备	套	1	采用厂拌混凝土，罐车运输、泵车泵送、料斗入模
2	钢筋加工机具	套	1	切割、绑扎及绝缘测试
3	轮胎式铺板龙门吊	台	1	道岔板铺设，隧道内必用
4	150 t 汽吊	台	2	路基下吊岔枕板上路基面
5	道岔板吊具	套	2	配尼龙吊带
6	道岔吊具	套	1	配尼龙吊带
7	基准点测量设备	套	1	TCA1800 全站仪、DINI12 电子水准仪各 1 台，含棱镜 20 个
8	道岔板精调系统	套	1	含 TCA2003 全站仪、精调棱镜、后视棱镜
9	道岔轨吊梁	根	1	含吊带、吊具
10	铝热焊设备	套	1	含配套设备
11	道岔钢轨及扣件组装机具	套	1	
12	轨检小车	套	1	道岔及线型调整
13	板间竖向调节螺杆	套	40	每套包括 ϕ28 mm 螺杆 36 cm 长 1 根，另带 2 个螺母
14	铜质测量基标	个	120	基准点测设用
15	混凝土模板	m^2	100	组合钢模板
16	多向精调爪	个	180	三向调节
17	精调爪支承牛腿	个	180	用两个螺栓连接在岔枕板上，单个重 30 kg
18	道岔板固定装置	套	180	即扣压装置
19	水泥乳化沥青砂浆搅拌车	台	1	桥梁上板式无砟道岔用
20	混凝土汽车泵	台	2	
21	内燃锯轨机 HC355	台	2	
22	端面打磨机	台	2	
23	仿型打磨机 MR150E	台	2	
24	发电机	台	4	15 kW
25	内燃螺栓扳手 NLB-300	台	30	
26	超声波探伤仪 TS-23plus	台	2	

7.5.7 质量安全控制要点

7.5.7.1 质量控制要点

除满足设计及工艺要求,板式无砟道岔道岔板铺设施工还应加强以下质量控制要点:

(1)建立健全质量管理体系,配置质量控制要素,严格施工过程控制,针对不同工序、不同施工内容制定并实施作业指导书、质量实施细则和质量检测大纲,以工序质量、细节质量保证最终的施工质量。

(2)控制无砟轨道施工边界条件,铺板前,桥梁沉降和徐变评估、路基沉降评估等必须达标,桥面系及底座混凝土施工二期恒载基本完工,CPⅢ网复测精度达标。

(3)在道岔板精调测量中,配置高精度的全站仪、电子水准仪、轨道板精调系统等,测量人员进行针对性的培训并经考核合格后上岗,施工过程应加强设备的经常性校正、日常保养和维护,计量器具定期送检标定。

(4)根据气候条件,进行严格的施工作业控制,如测量和精调应选择在温差不大、阳光不强、少风、无雨的天气,轨道板张拉应选择在基于接近中和温度时进行,而自密实混凝土浇筑则应选择在温差不大、阳光不强、无雨或小雨的天气。进入冬季时,应根据天气条件采取冬期施工措施。

(5)道岔板在储存和运输、吊装过程中,应加强对成品的保护,特别是储存过程中严格三点支承平放支垫,防止道岔板发生翘曲变形。

(6)道岔板自密实调整层浇筑之前,必须进行道岔板复测,并设置隔离区,以防止车辆和行人踩踏扰动道岔板。

(7)道岔板调节装置和固定装置必须保证其加工精度,安装稳固、牢靠,防止轨道板精调后产生移位变形,影响轨道板铺设精度。

(8)严格控制施工条件,混凝土浇筑安排在晴天的夜间施工,对混凝土表面喷洒养护剂并覆盖洒水养护,钢轨焊接环境温度大于 5 ℃。

(9)C40 高性能自流平混凝土浇筑之前,除按试验方法检查混凝土工作和质量性能外,还应进行浇筑模拟试验,检验实际工作性能。

(10)混凝土浇筑过程中,严禁扰动道岔板,并注意对道岔板预留孔道的保护,避免落物堵塞。

(11)除按高性能混凝土施工的一般项目检查外,道岔板混凝土浇筑前,采用电阻表对混凝土钢筋骨架进行绝缘测试,测试的方法和结果应符合设计要求。

(12)为确保技术标准和施工工艺落到实处,在正式施工之前,应按技术培训及设备验证、工艺试验、线下试验段、线上先导段的顺序依次开展试验及分级评估工作,每个阶段经评估达到合格要求后方可进入下一阶段的试验或施工。其中线下试验段应由建设单位组织评估,线上试验段应由铁道部组织对建设单位的评估后,再由建设单位组织对施工单位的评估。

(13)岔区板式无砟轨道铺设后,应及时完成道岔前后无砟轨道的施工,因故不能施工的,应及时将恒载施工完成,如完成轨道板预铺等,以防止岔区因地基变形引起的道岔两端无砟轨道翘曲变形。

7.5.7.2 安全控制要点

板式无砟道岔道岔板铺设施工涉及道岔板运输与吊装、混凝土浇筑、施工用电、夜间作业等多个环节，须针对危险源及危险因素制定和实施有效的安全措施。

(1)总体要求。认真贯彻“安全第一，预防为主”的方针，施工队配置专职安全员和班组安全员，执行安全生产责任制，明确各级人员的安全职责，特殊工种持证上岗，确保安全生产。

施工方案中应有专项安全措施，安全设施按要求配置到位，安全交底与技术交底同步进行。

(2)场地布置。结合工程需要和现场实际，合理布置进出通道、机具及材料堆放、电线和施工作业面，运输道口、安全用电等按要求设置安全标识。

现场施工用电采用“三相五线”接线方式，采用绝缘电缆布置，做到一机一闸一盒一漏，落实安全用电负责人。

施工场地严禁闲杂人员进出，以免发生意外事件。

(3)道岔板的运输与吊装。道岔板装车时在平板汽车四周加装角钢围挡，道岔板与围挡之间的间隙采用硬杂木填充，以防止道岔板在运输过程中晃动碰损。

选择在场地平整、坚硬的位置吊装道岔板，并应依据道岔板的最大重量及吊装高度、距离计算汽吊规格，必要时对作业场地进行平整加固。道岔板吊装时使用专用吊具或吊带，并设置揽风绳以免道岔板滑落。

(4)钢筋绑扎及混凝土浇筑。钢筋调直、焊接、切断、弯曲等过程，操作人员应严格按操作规程操作相关设备，做好防电、防机械伤害等安全措施。

混凝土浇筑料斗在使用前应安装平稳、牢靠。混凝土浇筑多在夜间作业，应有足够的照明措施，避免施工人员因碰撞、摔倒或设备操作、物具堆放不稳等造成伤害。

7.5.7.3　环境保护控制要点

(1)废弃混凝土及砂浆材料必须按照规定集中统一处理，严禁随意排放污染环境。

(2)施工作业时要对所有生活和生产废水经过过滤、沉淀后集中处理。施工营地设置集中垃圾收集地，设专人管理，经无害化处理后排放，定期填埋，严禁就地焚烧。对营地生活垃圾(包括施工废弃物)集中装运至指定垃圾处理场处理。对不能处理的垃圾拉到设有处理设施的厂处理。

(3)严格按照使用要求检修和保养发动机，使用合格的燃料油，以提高发动机的燃烧和工作质量，减少发动机废气对环境的污染。

(4)经常检查各种油液管路和接头，发现泄露、渗漏及时更换或维修。对擦洗机械后的油液和更换下来的废润滑油、废液压油分类回收，利用。

(5)针对施工过程中产生的噪声，对动植物和人体损害均较大，为了保护环境，应尽量减少噪声污染。机械设备使用低噪声发动机。

7.6　有砟轨道道岔施工技术

7.6.1　施工工艺流程

高速铁路有砟轨道道岔施工分为底层道砟预铺、道岔组装及调整、上砟整道、道岔轨道精调、钢轨焊接及无缝线路锁定、工电联调、道岔使用及维护管理等内容，后几个部分施工时相互穿插，互为影响。主要施工流程包括：

底层道砟预铺。线下工程主体完工且沉降变形经评估满足无砟轨道施工条件后,建立CPⅢ 测量控制网,并根据CPⅢ测量控制网测量放样。原则上,同一车站的线下工程沉降变形评估、CPⅢ测量控制网测设及评估等应作为一个单元进行。不论采用提前预铺或换铺法施工,都需要对岔区及前后至少 25 m 的线路预铺道砟并进行摊铺碾压。

道岔组装及调整。道岔在搭设组装平台组装,将道岔内部几何尺寸调整达标后,用道岔起道机组将道岔起升至计划高程后,回填和补充道砟,小机分次整道达标。

道岔轨道精调。

钢轨焊接、无缝线路锁定及工电联调与长枕埋入式无砟道岔基本一致,见第 7.4 节"长枕埋入式无砟道岔施工技术"相关内容。

7.6.2 施工物流组织

高速铁路有砟轨道道岔一般按一个铺轨标段或一条线作为一个施工单元。施工组织结合作业面划分及相邻段的轨道施工确定物流方案。

当采用提前预铺方案时,利用已有的公路或便道作为物流通道,必要时根据道岔钢轨长组件运输的要求进行局部加宽加固。道岔工厂距工地较近的,可采用汽车运输道岔钢轨进场,距工地较远的,可采用火车运输后再经公路转运到现场。为保证道岔施工不受道岔件供货影响,一般需要在现场设道岔存放场进行道岔、岔枕及其他钢轨件的临时存放和道岔试组装。

当采用铺轨通过后换铺施工方案时,过渡线路按正线线路铺设方案进行,之后通过轨道运输道岔部件及材料进场。

施工时,主要物料机具采用汽吊配合装卸,必要时也可采用龙门吊装卸。

7.6.3 关键设备及工装

长枕埋入式道岔施工,关键设备及工装主要包括:道岔组装平台、道岔起道机组、道岔捣固车。

7.6.3.1 道岔组装平台

道岔组装平台一般采用型钢制作,主要为道岔组装及调试提供一个平台,包括垫木及纵横梁等组成。道岔组装平台、道岔组织平台如图 7-78 所示。

图 7-78 道岔组装平台结构示意

7.6.3.2 道岔起道机组

道岔起道机组是由多台内燃液压起道机组成的能够用于重型道岔及线路轨排整体提升、降落的施工设备，每套机组的配置数量根据道岔或轨排长度确定。内燃液压起道机采用自带汽油机动力，由机架、动力机构、起道油缸、钩轨器及行走机构等组成，钩轨器为竖向双钩夹轨，左右起道油缸可联动也可单动，起道油缸单机起升力可达 125 kN，有效起道高度可达 950 mm。如图 7-79 所示。

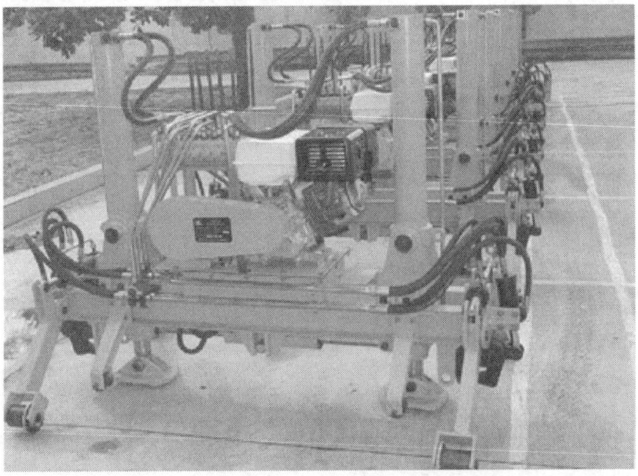

图 7-79 道岔起道机组(内燃液压起道机)

7.6.3.3 道岔捣固车

CD08-475 型道岔捣固车是我国引进奥地利 PLASSER 公司技术进行国产化生产的具有世界先进水平的集机械、液压、激光、计算机技术于一体的铁路有砟轨道道岔专用大型整道机组。该车在道岔维修中采用科学的 3 线起道、4 线捣固作业原理，有 4 个捣固装置，由滑移回转装置和伸缩旋转装置实现铁路线路、铁路道岔的起道、拨道、抄平、钢轨两侧枕下道砟捣固和枕端道砟夯实作业。利用车上测量系统，可以对作业前后线路的轨道几何参数进行测量及记录，并可通过控制系统，实现按设定的轨道几何参数进行作业。如图 7-80 所示，其主要性能参数见表 7-31。

图 7-80 CD08-475 型道岔捣固车

表 7-31 CD08-475 型道岔捣固车主要性能参数

序号	性能		参数
1	外形尺寸(长×宽×高)		32 200 mm×3 080 mm×3 790 mm
2	轨距		1 435 mm
3	转向架心盘距		14 000 mm
4	转向架固定轴距		1 800 mm
5	整机质量		99.5 t
6	发动机额定功率		348 kW
7	最高自行速度		80 km/h
8	最高联挂速度		100 km/h
9	紧急制动距离		≤400 m(在平直道上速度为 80 km/h 时)
10	最小运动半径		180 mm
11	最小作业半径		180 mm
12	走行速度		0～4 000 m/h
13	作业效率		≤35 min(捣固 12 号道岔)
14	作业精度	纵向水平	≤4 mm(10 m 弦长内测量前后高低差)
		横向水平	±2 mm
		正　矢	±2 mm(20 m 弦长在中点测量误差)
15	最大捣固深度		580 mm(镐尖距轨顶面)
16	最大起道量		150 mm
17	最大拨道量		±150 mm

7.6.4 主要临时工程

考虑到有砟道岔施工的专业特点,同一铁路项目一般结合铺轨工程标段划分有砟道岔施工单元,每个施工单元负责的有砟道岔施工范围都很大,多则几百公里。为此,除有砟道岔施工专有的设施外,有砟道岔施工单元生活办公基地一般就近租借民房解决,其他如运输道路、施工用电等则就近借用线下工程施工的设施或临时工程。

需要自行设置的临时工程主要包括:道岔件存放场,临时道路加宽等。道岔存放的数量应结合施工工期、道岔件供应计划及可靠性综合考虑。道砟存放场等结合线路铺轨工程一并设置。

道岔件存放时,应对存放场地进行硬化,并用硬杂木支垫,支垫间距不超过 4 m,每垛道岔最高不超过 4 层。铺岔基地内还应设道岔预组装场,投入道岔预组装工装一套。

7.6.5 原材料

高速铁路有砟轨道道岔应按设计要求采用特级或一级碎石道砟,道砟必须水洗,道砟的生产、检验及质量等应符合《铁路碎石道砟》(TB/T 2140)的规定。除设计有特殊要求外,道岔颗粒级配及料粒径也应符合《铁路碎石道砟》(TB/T 2140)的规定。

7.6.6 施工工艺

7.6.6.1 质量标准

(1)一般规定。正线道岔应采用组装平台组装铺设。铺岔完成后,经自检和工电互检确认后,及时安装道岔转换及锁闭装置。道岔转换及锁闭装置未启用前,应加装钩锁器固定尖轨和心轨。同一车站的线下工程变形及沉降评估、CPⅢ测量控制网测设及评估等应按同一单元进行。

工程列车通行,应减少避免在道岔范围内停靠、起动或制动,并限速通过,其中侧向允许通过速度不大于 15 km/h。

(2)铺岔前铺砟。道砟材质及进场和上道前的检验包括粒径级配、颗粒形状及清洁度应符合设计及《铁路碎石道砟》(TB/T 2140)的相关规定。

底层道砟预铺厚度为预留起道量 80～100 mm,并做好前后 30 m 线路间砟面顺接,砟面平整,其平整度允许偏差 10 mm/3 m,砟面中间不得凸起。铺轨前道床密度应不低于1.7 g/cm^3。

(3)道岔铺设。道岔各部件及岔枕的规格、型号、质量等符合设计及技术条件要求,钢轨无碰伤、擦伤、掉块、凹陷、硬弯、扭曲等缺陷。岔枕外观质量符合要求。

道岔应按铺设图铺设,各零部件应安装正确、齐全,精调后的道岔各部允许偏差应符合技术条件要求。其中,道岔定位精度允许偏差为轨面高程－5～0 mm 和中线 2 mm。道岔直(曲)尖轨第一牵引点前与直(曲)基本轨密贴,缝隙不大于 0.5 mm;道岔心轨尖端第一牵引点与直(曲)基本轨密贴,缝隙不大于0.5 mm。转辙器部分最小轮缘槽不得小于 65 mm,查照间隔(辙叉心轨作用面与护轨头部外侧的距离)不得小于 1 391 mm。

(4)上砟整道。道岔捣固车捣固前应根据 CPⅢ测量控制网和轨道施工控制桩对道岔整体平顺性进行人工整治,并小机整道,保证道岔内高低偏差不超过 5 mm/10 m 弦。轨向偏差不大于 3 mm/10 m 弦。水平偏差不大于 2 mm。

道岔结构尺寸调整时,应兼顾方向和轨距,实现综合调整,调整后道岔内轨距偏差应控制在±1 mm 范围内,轨距变化率不大于 1/1 500。支距偏差控制在±1 mm 范围内。

(5)道岔组装及调整质量控制。道岔各部件及岔枕的规格、型号、质量等符合设计及技术条件要求,钢轨无碰伤、擦伤、掉块、凹陷、硬弯、扭曲等缺陷。岔枕外观质量符合要求,岔枕桁架钢筋位置正确,无明显锈蚀、扭曲变形,并不得有开焊或松脱。

质量控制见上文"道岔铺设"。

(6)道岔钢轨焊接与无缝线路锁定质量控制。道岔钢轨按照先岔内后岔外的顺序采用铝热焊焊接,岔内焊接应按设计焊接顺序。钢轨焊接前,道岔定位及几何尺寸应满足必要的精度。

道岔钢轨焊接应按规定提前进行焊接型式试验和工艺试验。焊接时,钢轨焊头及附近钢轨表面不应有裂纹、明显压痕、划伤、碰痕、打磨灼伤等,每个焊接接头必须进行打磨和超声波探伤,焊头质量符合《钢轨焊接第 1 部分:通用技术条件》(TB/T 1632.1)和《钢轨焊接第 3 部分:铝热焊接》(TB/T 1632.3)的规定。

道岔与两端线路钢轨锁定焊联时,限位器子母块应居中,无缝道岔与相邻轨条的锁定轨温度不应大于5 ℃。道岔及岔区、岔区两端至少各 150 m 的线路应作为一个无缝线路单元进行管理。

钢轨铝热焊焊缝距离承轨台边缘应不小于100 mm。

7.6.6.2 工艺特点

高速铁路有砟轨道道岔施工质量控制标准高、系统性强,涉及大件运输与存放、高精度测量、道砟摊铺、大型整道机组使用、工电配合等,而且点多线长、工期紧、配合多、干扰大是施工组织的显著特点,应严格按照专业化管理的要求组建专业队伍施工。

(1)原材料是质量控制的前提和基础。高速铁路有砟轨道道岔工程的高标准、高精度要求,首先体现在对道岔部件、岔枕及扣件系统、转换设备、道砟材料等原材料上,并且国家铁路行政主管部门对此作出了明确详尽的要求。

一是对道岔部件、岔枕及扣件系统、转换设备的质量控制较以往明显加强,不仅表现在对产品的生产、认证、检验和验收等质量标准明显提高,而且对产品的招标、采购、验收和使用都有严格的程序和要求;

二是对道砟材料的材质和质量要求明显提高,高速铁路道砟明确要求采用一级或特级道砟,且道砟在铺设前应进行水洗。

(2)"准备周期长,施工周期短"且工期保证意义重大。高速铁路大多具有线下工程结构复杂、施工组织难度大的特点,通常导致铺轨工程准备周期长、施工周期短,而铺轨工程又具有承上启下的作用,其施工工期往往具有标志性意义,建设各方及社会各界会广泛关注。因此,在施工组织过程中,必然要求铺轨开始前的准备工作尽可能地做细做实,对保障施工工期要有充足的把握,而在铺轨开始后则要一鼓作气、按期甚至提前完成。同时,加上广泛的社会关注度,相应地对施工过程中安全、质量和文明施工管理也提出了更高的要求。

(3)系统控制保证轨道高精度。高速铁路有砟轨道道岔施工引入了无砟轨道工程系统控制的理念,自始至终、全方位确保高精度轨道质量的实现。

一是将高精度系统控制的理论延伸于线下结构施工,加强线下结构设计和施工,对道岔区域、路桥过渡段等提出铺轨施工前进行沉降变形评估的要求,对线下结构的竣工交接也有明确要求。

二是建立CPⅢ测量控制网,并将CPⅢ测量控制网的使用贯穿于轨道施工及维护的全过程,并根据不同工序施工选择不同的高精度测量设备予以保证。

三是严格控制线下结构竣工平整度和高程,底层道砟预铺厚度及平整度,铺轨后的线路中线及高程、各阶段上砟整道的精度等,通过一系列严格的精度控制最终保证轨道的结构质量和精度质量。

四是严格控制道岔组装和精调质量,确保道岔部件安装齐全、正确,并严格控制各细部精度。

五是严格控制道岔无缝线路锁定时机,同一岔区及前后各不少于150 m的线路应作为一个无缝线路单元进行锁定和管理。

(4)"设备保工艺,工艺保质量"特点突出。高速铁路有砟道岔铺轨工程主要采用大型专业化施工设备施工,实现"设备保工艺,工艺保质量"。

一是底层道床粗铺过程中,使用摊铺机和大吨位压路机进行道砟的摊铺和碾压,保证了道床的平整度和密实度。

二是铺岔过程中,使用专门的龙门吊、轨道运输列车、大型机械化整道作业车组(主要是道岔捣固车)、K 型石砟漏斗车设备等,保证铺设质量。

三是无缝线路焊接锁定过程中,使用铝热焊接设备、钢轨液压拉伸机等专用机械,保证焊接质量。

四是轨道精调及联调联试过程中,使用轨检小车、道岔打磨列车以及动态检测车等先进设备,提高道岔最终精度,并满足质量总体要求。

(5)专业接口多,协调工作繁琐。高速铁路有砟轨道道岔施工涉及专业多、接口多,施工过程中,在做好施工质量严格控制外,还应严格把握道岔施工的边界条件,做好繁琐的协调管理工作。

一是施工前应加强线下结构及 CPⅢ 测量控制网的验收评估工作,确保线下结构沉降变形及竣工后的工程质量满足无砟道岔铺设施工的需要。

二是施工前应加强与设计、道岔供应商的沟通,提前组织道岔供货并开展现场储存,协调好施工通道等工作,确保物流顺畅。

三是加强与四电专业的沟通,共同确认接地端子、预埋件及预留孔道设置等工作,为四电专业的后续施工创造条件,尤其要确认道岔区绝缘设置的类型及要求。

四是施工过程中加强与电务专业的沟通,共同做好道岔转换设备安装及工电联调工作,确保道岔质量一次满足工务及电务专业的要求。

五是无缝线路锁定、道岔轨道精调时应做好与前后轨道施工单位的协调,确保无缝线路锁定轨温、无缝线路单元管理长度、道岔线形顺接等满足设计及技术条件要求。

六是施工完成后,加强道岔区行车管理,做好联调联试的配合工作,确保道岔区通行顺畅,并根据动态检测结果,做好道岔区轨道线形的补充调整。

七是加强与设备接管单位的协调,铺轨及上砟整道期间应主动邀请设备接管单位介入,为质量监控和后期竣工验收交接创造条件。

7.6.6.3 工艺流程

高速铁路有砟轨道道岔施工工艺流程如图 7-81 所示。

7.6.6.4 主要施工工艺

1. 施工准备及底层道砟预铺

(1)施工准备。

1)施工前组织及技术准备。高速铁路有砟轨道道岔施工应组建道岔施工专业化队伍,配齐相关管理、技术及专业施工人员,特种作业人员持证上岗。针对设计文件、技术标准、作业工艺等开展技术培训和工艺演练,检查验证道岔组装、精调、焊接等工装设备。编写道岔铺设施工作业指导书报监理和建设单位审批。做好首件工程评估的准备。

工程进场后,应加强与建设和设计单位的沟通,提前确认工程规模、技术标准等,结合设计、工期、指导性施工组织要求以及线下工程进度和重难点工程分布,科学规划铺轨基地和施工基地,开展材料设备储备。完成道岔部件、调整件的订货,协调公路及铁路运输组织,与铁路部门就既有线过轨运输及配送车管理等达成一致意见,确保物流顺畅。

调查掌握线下工程进度及竣工工期,作好道岔铺设施工准备。通过建设单位协调将对影响道砟、道岔轨件等材料进场的运输通道保留至铺轨施工结束,必要时对既有道路加宽加固。

抓好道砟的生产、取证和储备,完成道岔钢轨焊接型式试验并获取试验报告。

注:图为铺轨前预铺道岔工艺流程,当采用铺轨通过后换铺法施工时,道岔组装平台搭设前需要进行过渡线路的铺设与拆除,过渡线路的整道与普通线路相同

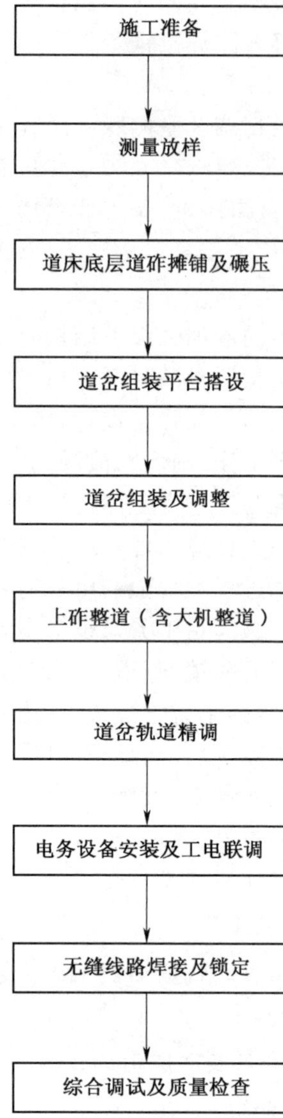

图 7-81　高速铁路有砟轨道道岔施工工艺流程

2)沉降评估及 CPⅢ测量控制网测设评估。铺轨施工前,同一车站线下工程的主体应全部完工,检验合格。未完成的附属工程不得影响 CPⅢ测量控制网测设及评估和铺轨施工的要求。

道岔铺设前,应对重点路基、桥涵、隧道及过渡段进行系统评估,确认工后沉降和变形、梁体长期变形、各种过渡段的差异沉降等符合设计要求,满足道岔铺设条件。

道岔铺设前,由建设单位组织各施工单位共同对路桥隧等线下工程组织验收,重点是基础宽度、高程、中线及平整度、CPⅢ测量控制网的资料。

3)测量放样。道岔铺设前,除路基及桥隧基础面中线、高程及平整度复核外,还应完成轨道施工控制桩的测设。道岔铺设所需的轨道施工控制桩应包括道岔中心桩、岔前桩、岔后及道岔前两端各 50 m 范围内按 20 m 间距设置的加密桩等。同一岔区的轨道施工控制桩应统一

测设、统一平差。

(2)底层道砟摊铺。道岔区底层道砟的存放、运输和摊铺与区间线路一致，其摊铺厚度结合岔区道床设计厚度、轨顶高程、线下结构顶面高程及大机整道的遍数综合确定，原则上道岔区及前后 30 m 线路(长岔枕以外)的底层道砟摊厚度应按预留起道量 8～10 cm 控制，同一岔区的底层道砟应尽量同步摊铺、碾压。

道砟运输前，应严格检查道砟质量特别是颗粒级配和清洁度。摊铺机提前就位，自卸汽车靠近摊铺机卸砟，边卸砟边摊铺，摊铺过程中应跟进检查摊铺宽度及平整度。当采用平地机摊铺，自卸汽车卸砟后，采用装载机或挖掘机配合摊铺，平地机平整。底层道砟的摊铺宽度一般为单线 4.5～5 m 或双线 9～10 m。

底层道砟采用压强不小于 160 kPa 的光轮压路机碾压，路基及隧道内可开启振动碾压，一般碾压 2～3 遍，桥梁上不得开启振动，碾压遍数可视道砟的压实密度适当增加。

底层道砟碾压后，应及时进行压实密度和砟面平整度检测。压实后的道砟密度应不低于 1.7 g/cm^3，岔枕及道床两端各 20 cm 范围内砟面平整度不得大于 10 mm/3 m，道岔区及前后 30 m 范围内应作顺坡碾压。

底层道砟压实密度、砟面平整度及高程检测合格后，应采用钉设“木桩＋铁钉”的方式测设轨道中线以用于道岔组装时轨道中线的控制，铁钉及木桩放样依据轨道施工控制桩进行控制。

2. 道岔部件装卸、运输及存放(与长枕埋入式无砟道岔相仿，见“长枕埋入式无砟道岔施工技术”相关内容)

3. 道岔组装及调整

(1)总体要求。道岔各部件运抵现场后，将道岔部件吊装到组装平台，人工配合就位。道岔原位组装的主要流程包括：道岔组装平台组装、岔枕摆放，道岔垫板及扣件安装，道岔钢轨组件安装，道岔连接轨及工具轨安装，道岔粗调定位，道岔组装精度检测。

(2)道岔组装平台组装。道床底层道砟摊铺碾压且检验合格后，根据测设的道岔施工控制桩进行道岔组装平台或平移台车的组装。

道岔组装平台安装前，应先根据道岔施工控制桩或 CPⅢ测量控制网放样组装平台的纵梁位置，纵梁顶面高程按设计线路轨面高程返算确定，以保证道岔组装完成后轨面高程低于设计高程。组装平台纵梁顶面高程调整到位并固定，之后在纵梁上按岔枕间隔标出岔枕位置，根据道岔的岔尖、岔心、岔尾等控制基桩，定出主要岔枕的位置，并依此布置道岔的组装调试平台。

道岔组装平台直股一侧的边线应与道岔直股的中心线平行，并预留岔枕的左右调整量。组装平台安装高度与道岔的设计坡度一致，并使岔枕就位后与设计高程低 10～15 mm。

道岔组装平台安装时应使各部位的调整丝杆居中，以保证组装平台的设计调整量能达到最大值，调整螺纹调节杆高程，保证组装平台安装高度，高低水平公差为 5 mm/5 m。

道岔组装平台安装就位后，应使支撑点支撑牢固，防止倾斜。

(3)岔枕摆放。按照道岔铺设图，采用“汽车吊＋吊带”方式逐根完成长岔枕的摆放。

首先根据道岔开向，确定道岔第一根岔枕的位置和方向(里程与中线偏差均不超过 2 mm)，调整组装平台限位机构，使岔枕安放到位。

以第一根岔枕为基线摆放岔枕，岔枕摆放时必须注意其正确方向，用钢尺控制和调整岔枕间距，不得以岔枕间距累积测量，特别注意牵引点处岔枕间距，不得小于设计尺寸，可动心轨第一牵引点岔枕间距可按＋5 mm控制，且允许后一根岔枕后移。

以第一根岔枕为基准方正岔枕,同时调整岔枕间距。岔枕定位以直股外侧第一岔枕螺栓孔为基准拉弦线确认,岔枕方正应采用两把长尺平行放置,使岔枕间距找正。

精调岔枕高低,对高低差明显的岔枕进行粗调。岔枕摆放及调整时,严禁使用撬棍插入岔枕扣件螺栓孔内撬拨岔枕。岔枕方正完毕后,再次核实岔枕摆放位置、岔枕间距、方正及全长,同时检查岔枕外观质量。

(4)道岔垫板安装。对照铺设图摆放和安装道岔弹性铁垫板,并使轨底坡向轨道内侧,螺栓孔中心与预埋绝缘套管孔对正。

选择适当型号的缓冲调距块(调整量为0)安放在弹性铁垫板的复合定位套内,缓冲调距块有四个沟槽面的一面朝下,并保证其下表面与复合定位套下表面平齐。

将盖板安装在弹性铁垫板上,装有橡胶垫圈的一面朝下。选择适当型号的垫板螺栓,套上弹簧垫圈,并将螺纹部分涂满铁路专用油脂,穿过盖板旋入预埋绝缘套管中。在铁垫板承轨面上放置轨下橡胶垫板。

组装道岔扣件垫板时严格区分不同使用部位的静刚度、左右开向及安装方向,确认钉孔对中,并按标记位置确定内外股摆放方向正确后,才可用螺栓连接垫板和岔枕,垫板组装时,注意保持岔枕位置和方向不变。

道岔垫板安装完成后,再次对照铺设图进行逐项检查,确认道岔垫板及零部件的规格类型、安装位置、左右开向及安装方向、安装质量等符合要求。

(5)道岔基本轨及尖轨组件安装。首先检查并确认基本轨跟端支距垫板状态良好,拆除垫板防护罩。通过汽车吊+吊具将曲基本轨及直尖轨组件吊装就位,基本轨落入垫板承轨槽,注意后端滑床垫板入槽困难,可拆下前移,依次安装。若跟端固定垫板支距已在厂内完成调整,不应采用拆卸跟端垫板的方式安装。

确认基本轨前端位置及基本轨方向,并通过撬棍调整使基本轨前端位置准确到位。

按设计号码安装滑床板垫板上的轨距块,禁止锤击砸入。外拨基本轨,使基本轨与轨距块处于密贴状态。之后,安装弹性夹到扣压装置,使弹性扣压上基本轨,但不施加扣压力。安装外侧Ⅱ型弹条,弹性扣压到位。

调整基本轨的方向,尽量不采用缓冲调距块调整。锁定岔枕螺栓及Ⅱ型弹条扣件系统。重新检查直基本轨前端位置及方向。按相同方法摆放和安装曲基本轨及直线尖轨组件,注意前端与直基本轨端头的方正与位置。摆放和安装道岔直股外侧和曲股外侧钢轨,与可动心轨辙叉共同用轨枕的部分暂不安装扣件系统。

(6)道岔可动心轨辙叉组件安装。首先确认可动心轨辙叉区垫板组件安装良好。

拆除可动心轨辙叉包装,用件(固定心轨位置的包装)暂不拆除,通过汽车吊+吊带吊运可动心轨辙叉就位,人工搬运时,注意不得突然下落。

调整并确认可动心轨辙叉位置正确,并与岔枕连接。辙叉组件的垫板及方向在道岔厂内已经调好,一般不得随意调整、更改。

安装直股普通垫板的轨距块及弹条Ⅱ型扣件系统,达到连接及扣压作用,但不要锁紧。在此期间要做好直股方向和道岔全长的确认工作。

方正辙叉跟端尺寸及方向,测量长心轨股道的道岔全长,确认可动心轨辙叉的纵向位置正确。依据直股方向确定可动心轨辙叉翼轨外侧轨距块的规格型号,当所有规格型号均满足要求时方可定位。

(7)道岔连接导轨及工具轨安装。道岔转辙器组件及可动心轨辙叉安装就位后,摆放并连接其余垫板件,安装导轨和锁定扣件系统。

道岔前后长岔枕及至少15根普通轨枕的线路也应一并铺设长岔枕、双块枕及工具轨,使道岔及前后线路一并组装和施工,以此保证道岔及前后线路轨道线形的连续性。相邻的两组道岔原则上应同时组装和铺设。采用无孔夹具连接道岔钢轨和工具轨。

(8)道岔组装及调整措施。

1)道岔组装质量控制。钢轨件组装前对钢轨质量进行检查,严格控制钢轨弯曲(包括高低和水平),若有较大质量差异时应用顶调设备预先进行调整。

拉30 m钢弦线控制道岔岔枕直股端螺栓孔在一条直线上,带编号的一侧铺设在道岔直股外侧,侧股辙叉后短岔枕带编号一侧铺设在道岔侧股外侧。

以第一根岔枕为基准方正岔枕,并与间隔调整配合进行。岔枕方正应采用按岔枕间距找正。调整岔枕时用2把长钢尺置于岔枕两端精调,避免公差累积。调整岔枕水平,要求相邻岔枕顶面高差不大于2 mm,所有岔枕顶面高差不超过5 mm。

辙叉跟端(直向)距基本轨前端定位,偏差不超过2 mm。以辙叉垫板孔为准适当调整岔枕位置。当辙叉垫板孔位与轨枕钉孔位置相距较大时,应及时向厂家反映,不得擅自拆移辙叉垫板或强行拨枕。

组装道岔扣件垫板时严格区分不同使用部位的静刚度、左右开向及安装方向。确认钉孔对中,并按标记位置确定内外股摆放方向正确后,才可用螺栓连接垫板和岔枕;垫板组装时,保持岔枕位置及方向不变。

汽车吊+专用吊具或吊带吊装道岔钢轨件及岔枕。吊装从前至后或根据现场条件确定的吊装顺序依次吊装就位。每段吊装顺序按先直向后侧向,先外股后内股进行。每段组装宜按照先转辙器基本轨和尖轨部分,再中间导曲线连接部分,后心轨辙叉部分的顺序进行组装。

钢轨严格按照厂内标记的接头顺序和设计预留轨缝值进行。轨缝允许偏差±2 mm,钢轨长度累积偏差不得超过整体要求,道岔全长允许偏差为±10 mm,必要时进行磨头或锯轨处理。

安装弹性夹,应使用专用工具,并按安装说明和铺设图的要求进行。

2)道岔调整。道岔组装且检查合格后,首先应进行道岔轨距和支距的调整,以确定道岔方向基本准确。主要措施如下:

①检查并确认道岔直股尖轨及曲股尖轨的质量状态,若发现问题应预先顶调。

②对滑床垫板位置进行顶调,一般情况下将垫板外调至极限位置。

③检查和确认道岔框架尺寸(尖轨尖端轨距和直线尖轨轨头切削起点轨距或基本轨间距离);检查和确认直线尖轨固定端及跟端轨距;调整直线尖轨与直基本轨密贴。

④从基本轨前端及道岔跟端,通过拨道的方式调整直线尖轨的直线度。使用30 m或更长的弦线对尖轨开始测量直尖轨工作边直线度,要求最大偏差不超过2 mm。相同方法,调整曲线尖轨密贴段至尖轨跟端的支距。

结合轨距调整、尖轨直线度调整,调整直线尖轨与曲基本轨密贴。此时轨距的调整以调整轨距块为主,偏心调距块为辅,调整过程应严格检查道岔零部件安装的准确性。调整密贴段以后的直侧股轨距。调查尖轨轨底与滑床台板间的密贴。

调整可动心轨辙叉范围内轨距时,采用更换不同的缓冲调距块改变垫板位置实现叉心位置的调整,但仍要适当的拨道来确保叉心直股的直线度。辙叉直股直线度调整好后,将心轨拨通至曲股,通过复核检查心轨曲股的支距来验证叉心摆放位置、方向的正确性,如不合适则重复上述步骤进行调整。

曲股辙后支距垫板区域可通过轨距块调整支距,曲股其他区域还可以通过更换不同的缓冲调距块配合支距调整。

(9)道岔起道及道砟回填。道岔组装合格后,采用内燃起道机组起道,拆除道岔组装平台并回填道砟。

1)道岔起道机组布置。道岔起道机组各起道机沿道岔方向不大于 7 m 间距左右对称布置,侧股方向增加布置。通过道岔起道机组各起道机同步起升或降落,将道岔轨排整体起升或降落。施工时,道岔起道机组的布置及起降作业应保证两起升点起升高度的相对高差不大于 1 cm,道岔轨排钢轨顶面的高差不大于2 cm。每组 18 号道岔一般需要约 12 台起道机。

2)道岔轨排起升。道岔起道机组安装及作业前,应再次检查道岔中线、轨向、里程(纵向)等符合要求,道岔及零部件等安装正确完整,道岔道床底层道砟无明显的凹凸不平,同时确认各起道机机况良好。

道岔起道机组应布置均匀,且不影响道岔组装平台拆除。之后,同步起动道岔起道机组,将道岔轨排整体提高约 20 cm。

按道岔组装平台安装顺序逆向拆除各组件。

3)道岔轨排高程调整。待道岔组装平台拆除后,通过道岔施工控制桩检查道岔轨排高程,道岔起道机组通过联动或单动将道岔轨排顶面高程降至计划铺设高程(预留起道量 5～8 cm),使用道尺检查和调整道岔水平,目视检查和调整道岔高低。

确认道岔轨排(含岔前及岔后工具轨轨排)高程、水平及高低符合要求后,道岔起道机组保持不动。

4)道砟回填。使彩条布覆盖道岔转辙器及辙叉区域,人工配合挖掘机或装载机将线路两侧的道砟收拢至线路中心,以保证道岔小机捣固所需道砟。多余的道砟则分别填入岔枕盒内和道床两侧。

道砟回填时,应避免施工人员、工具或设备扰动道岔起道机组,以保持道岔位置不动。施工后,撤离道岔起道机组,并清除附着于钢轨及扣件系统上的道砟及杂物,保证道砟不高于岔枕顶面位置。

4. 上砟整道(含大机整道)

(1)总体要求。与线路上砟整道相比,由于工程数量少、分布广,加上道岔捣固车及配套大型整道机组设备配置的问题,高速铁路有砟轨道道岔上砟整道一般分为小机整道和大机整道两个阶段,其中小机整道即采用小型起拨道设备和捣固设备保证道岔道床基本稳定,道岔及前后线路轨道几何基本达标,最后再集中采用道岔捣固车等大型整道机组进行整道,使道岔轨道达到设计及验收标准。一般来说,小机整道达标后的道岔便可以进行轨道精调、电务转换设备安装及工电联调、无缝线路焊接锁定等作业。

(2)小机整道。一般来说,道岔组装完成且道砟回填后,首先采用小型道岔捣固机作业,使道岔达到工程列车通行条件。待铺轨通过后,即可通行工程列车,同时利用 K 型石砟漏斗车补充道床道砟,然后再根据道岔轨道几何状况采用小型整道设备进行道岔起拨道和线路捣固作业。通过 2～3 次的起拨道、补充道砟、线路捣固,有条件的地方在道岔捣固作业之后还可采用动力稳定车稳定，之后道岔轨道几何和道床稳定就可基本达标。最后，按设计道床断面将道床整理成型。

1)小机整道作业设备。小机整道作业设备主要包括道岔起拨道机和道岔捣固机等。

道岔起拨道机分为内燃液压起拨道机和液压起拨道器。内燃起拨道机采用轨行式结构，即可抬道，又可拨道，也能调整轨道水平，如图 7-82 所示，当道岔起拨道量较大时可优先选用内燃起拨道机。液压起拨道器采用人工操作，即可抬道，也可拨道，拨道时容易抬高股道，作业效率和精度相对较低。

道岔捣固机又分为液压捣固机、插入捣固棒和软轴捣固棒等形式。其中液压捣固机与普通线路捣固机相同，其捣固镐可来回移动以满足道岔转辙器、可动心轨区域的线路捣固，具有作业质量高，操作灵活简便的特点，如图 7-83 所示。

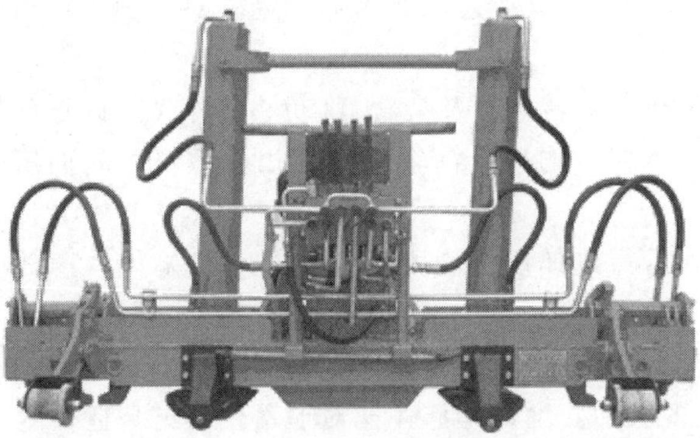

图 7-82　内燃道岔起拨道机

图 7-83　道岔捣固机(内燃液压式)

2)线路起拨道。在底砟摊铺碾压和采用道岔组装平台组装道岔的条件下，道岔组装完成后的线路起拨道量都比较小，一般中线 30 mm 以内、高程 50 mm 以内。采用液压起拨道器或内燃起拨道机都能满足施工要求。

线路起拨道采用钢弦线控制中线、水准尺控制起道，先拨道，后起道。拨道时，由岔前向岔后方向按10 m间距设置拨道控制点，根据施工控制桩先将控制点位置的道岔中线拨移到位，之后，再张拉钢弦线控制，逐点将道岔及前后轨排拨到中线位置，拨道后的中线偏差应按不大于2 mm要求控制，并避免有 S 线。为避免拨道时将道岔抬高，拨道前，应根据拨道量大小将岔枕盒内或端头的道砟扒到岔枕底部位置。

拨道完成后，采用道岔起拨道机或道岔起道机组起道。起道之前，先通过水准仪及张拉弦线等方法确定各点的抬道量，再采用道尺控制先抬一股再抬另一股的方式依次完成线路起道。起道作业，按先起高程，再起高低，后起水平的方式，以保证线路平顺。起道时，应采用 2 台或多台起道机同时作业。起道后的高程偏差应按不大于 2 mm 控制，并避免线路出现波浪起伏。

3)线路捣固。线路起拨道完成，岔枕盒内钢轨以下道砟填充饱满后，便可采用道岔捣固机进行捣固。为保证道岔道床的捣固质量。每次捣固，每根岔枕位置至少插捣两次，转辙器及尖轨区域、可动心轨辙叉区域等重点位置捣固时可适当将道床道砟整理至岔枕顶面以下 10 cm 位置。

4)道床恢复。每次起拨道和捣固作业结束，应及时回填道砟，优先保证钢轨位置及岔枕端头的道砟，同时清除附着在道岔部件、扣件系统、转换设备及岔枕表面的石砟或杂物。按道床设计断面尺寸，尽量将道床整理成型，多余道砟均匀在其他位置或清除出线路范围。

5)注意事项。道岔小机整道应注意与前后线路的顺接，尤其是起道作业，应结合已铺道岔的实际高程、两端线路大机整道达标后的线路高程，综合确定道岔小机整道阶段的最终高程控制值。避免道岔预留起道量不足造成大机作业将道岔抬高，或道岔预留起道量过大造成道床密实度不够的缺陷。

(3)道砟补充。一次小机整道结束且长轨铺轨通过后，应及时组织石砟漏斗车卸车补充岔区道床道砟。与普通线路卸砟作业相比，岔区进行石砟漏斗车卸砟作业，需要注意以下事项：

1)机车牵引的石砟漏斗车数量应相对减少，石砟漏斗车的装载量也相对减少，以减少机车牵引重量，避免车辆起停时轮对打滑而损伤道岔钢轨；

2)运输之前，应检查石砟装车情况及车辆状况，尤其要避免对运输车辆轮对磨损等可对岔区钢轨造成的损伤的情况出现；

3)岔区卸砟作业前，应采用土工布或彩条布等对转辙器及尖轨、可动心轨辙叉等区域的钢轨部件及扣件系统等进行覆盖，以免卸砟时石砟或杂物进入钢轨部件或扣件系统之间而影响道岔调试或使用；

4)机车牵引或推送石砟漏斗车进入岔区时，行进速度不得大于 5 km/h，且不得紧急停止或起动；

5)岔区卸砟作业时，应准备足够的清道人员，边卸砟边清道，严防车辆掉道；

6)岔区卸砟作业，应尽量一次卸够，以免多次卸砟增加卸砟作业对道岔伤损的风险。

(4)道岔调整。通过小机整道作业后，道岔的轨道几何形位已基本达标，为使道岔大机整道前保证良好状态以提高大机整道的作业效果。因此，在道岔捣固车等大型整道机组作业之前，应对道岔进行调整。除道岔正常进行的轨道几何调整外，道岔调整的重点是道岔内部几何形位的调整。主要包括以下内容：

1)道岔高低、水平不超过限值，滑床台板坐实坐平，垫板与台板间的间隙不超标；

2)直股钢轨通过钢弦线检查直线度符合规定指标，曲股工作边曲线段圆顺无硬弯或鹅头；

3)调整轨距、支距。使尖轨检测点支距和导曲线支距允许偏差符合设计要求；

4)调整尖轨、可动心轨密贴和顶铁间隙。保证密贴段密贴良好、间隙值不超标；

5)整组道岔调整完毕后应再次对弹条螺栓、岔枕螺栓、限位器螺栓、翼轨间隔铁螺栓、长短心轨间隔铁螺栓等进行复拧。

(5)大型整道机组作业。

1)作业流程及基本要求。高速铁路有砟轨道道岔大型整道机组作业，主要在道岔轨道几何形位基本达标、道床初步稳定后进行，属达标整道作业。

道岔大型整道机组一次完整的作业包括道岔捣固车捣固(含起道、拨道)、动力稳定和配砟整形等，其中，配砟整形一般在整道达标后与区间线路一同进行。当线路道床外形较好时，也可人工整形。

2)道岔捣固。道岔捣固车可用于线路和道岔捣固作业，捣固作业的同时完成线路起拨道。道岔捣固车机况、施工方法及操作手水平是影响施工质量的主要因素。道岔捣固车作业一般分为施工准备、线路测量、道岔捣固车作业。

施工准备：每次捣固车作业前，道床内应有足够的道砟，其中岔枕盒内和岔枕端头道砟应充足，必要时应提前安排K型石砟漏斗车卸砟，使道床饱满均匀，不影响捣固车连续作业，同时拆除影响道岔捣固作业的护轮轨、防爬设施、电务转换设备、四电设备或电缆等。线路捣固车调试检查合格且状态良好，设备操作手按规定持证上岗。

线路测量：线路测量的目的是为了确定线路起拨道量及捣固遍数。线路测量的内容有三个方面：一是道岔轨道实际高程的测量，通过实际高程与设计高程的对比，再结合道岔捣固车计划作业遍数确定每次捣固时的起道量；二是道岔最后两次捣固作业时，还应结合道岔轨道实际高程与两端已整道达标线路轨道实际高程的差值，确定道岔区与区间线路的高程顺坡量及顺坡范围；三是测量道岔实际中线与设计中线、两端已整道达标线路轨道实际中线的差值，确认道岔捣固时的中线拨移量和与区间线路中线顺接的范围。

同一岔区的道岔及道岔之间的线路、两端道岔以外各100 m的线路应统一采用道岔捣固车作业，且不再安排普通线路捣固车作业。在道岔捣固车作业之前，应一同进行小机整道。

道岔捣固车作业：道岔捣固车采用“三线起道、四道捣固”作业模式。道岔捣固车作业的施工组织与线路捣固车差不多，也需要采用激光照准仪指导拨道。为保证整道后岔区线路的平顺性和一致性，道岔捣固车作业时还应注意以下几点：

①为保证整道线路的平顺性和道床结构的统一，同一岔区同一股道的道岔应一次连续作业，且作业起终点应在道岔区两端100 m以外的直线线路上顺接。

②作业时应充分利用道岔捣固车“三线起道、四道捣固”的特点，有条件的地方使用第3轨起道装置同步作业，提高岔区直股和曲股轨道线形的整体性。

③作业时道岔捣固车只能在直股方向进行拨道作业，曲股方向不允许拨道作业。

④道岔捣固车作业完成后，应通过记录仪检查作业后的线路状态，了解作业质量。

3)动力稳定及配砟整形。道岔区及前后线路进行道岔捣固车作业后，应及时进行动力稳定和配砟整形，动力稳定和配砟整形的要求与线路整道作业相同。

5. 道岔轨道精调

道岔轨道精调的原则及流程与长枕埋入式无砟道岔一致，见“长枕埋入式无砟道岔施工技术”相关内容。

6. 电务转换设备安装及工电联调

电务转换设备安装及工电联调一般在小机整道结束、道岔轨道几何形位基本达标后进行。此外，在大型整道机组作业时，应拆除影响道岔捣固作业的设备，待作业完成后重新安装并调试达标。道岔无缝线路焊接锁定时，也可能会影响电务转换设备，因此在无缝线路焊接锁定结束后，应再次检查电务转换设备并进行工电联调。

电务转换设备安装也会扰动道岔轨道线形，因此，在道岔电务转换设备安装及调试过程中，应加强对道岔轨道线形的检查和调整。加强与工务与电务密切配合，做好工电联调工作。电务转换设备安装及工电联调与长枕埋入式无砟道岔相仿，见“长枕埋入式无砟道岔施工技术”相关内容。

7. 道岔钢轨焊接及锁定

道岔钢轨焊接及锁定的原则与长枕埋入式无砟道岔相仿，见“长枕埋入式无砟道岔施工技术”相关内容。

8. 道岔使用及维护管理

道岔使用及维护管理的原则与长枕埋入式无砟道岔相仿，见“长枕埋入式无砟道岔施工技术”相关内容。

7.6.7 资源配置

7.6.7.1 劳动力配置

高速铁路有砟轨道道岔施工组建专业施工队伍负责施工,专业施工队伍采取架子队组织模式,根据工作面情况分成若干班组,把道岔铺设及小机整道、道岔精调、道岔焊接锁定分开组织,按照工序尽量平行作业。道岔捣固车捣固及道岔打磨等工序,借用铁路局专业施工队伍及大型专业设备施工。

(1)管理人员组织。一般以道岔施工作业队为单位设置管理机构,负责多个作业面的技术管理和施工组织。管理人员组织配置的原则与长枕埋入式无砟道岔相仿见“长枕埋入式无砟道岔施工技术”相关内容。

(2)生产人员组织。每个作业工序,工地负责人、工班长、技术人员和专兼安质人员由正式员工担任,且持上岗证上岗。其余根据需要可配置劳务用工,但岗前必须进行培训并经考试合格后上岗。特种工种按规定持证上岗。以下工序按单作业面月铺 4 组道岔板为例介绍生产人员组织,见表 7-32。

表 7-32 生产人员组织(单作业面)

序号	岗位或工种	人数	主要工作内容
一	底层道砟摊铺碾压		
1	施工测量	4	
2	道砟供应(含运输)	2	协调
3	道砟摊铺	12	配合施工
二	道岔装卸及运输		
1	道岔装卸	12	
2	道岔运输	4	不含设备操作
三	道岔组装及小机整道		
1	测量放样	4	
2	道岔拼装及精调	40	含施工测量 3 人
3	小机整道	40	含配合人员
4	电务设备安装及调试	4	
5	材料转运及相关辅助工作	12	
6	K 型石砟漏斗车卸砟		
四	道岔轨道线形精调	12	含施工测量 3 人
五	电务设备安装及调试	4	
六	钢轨焊接及锁定	12	含胶接绝缘接头施工
七	配合大机整道(含打磨)	20	
八	道岔看守及维护管理	4	每个车站

7.6.7.2 主要设备机具配置

高速铁路有砟轨道道岔铺设单作业面主要设备机具配置见表 7-33。

表 7-33 高速铁路有砟轨道道岔施工主要设备机具

序号	设备名称	规　　格	单位	数量
一	检测设备			
1	全站仪		台	1
2	电子水准仪		台	1
3	轨检小车(含配套软硬件)		台	1
4	钢弦线	30 m 以上	把	4
5	轨道几何检查尺	含道尺、支距尺、方尺等	套	4
6	测力扭矩扳手	电动	台	8
7	钢筋绝缘检测		套	1
二	施工机具			
1	自卸汽车		台	6
2	平地机		台	2
3	光轮压路机		台	2
4	汽车吊	50 t、100 t	台	2
5	专用吊具	24 m	台	1
6	道岔组装平台		套	2
7	工具轨	新轨	双米	200
8	无孔夹具	P60 kg 轨用接头	个	100
三	整道设备			
1	起道机组	内燃液压	台	24
2	起拨道机	内燃液压	台	4
3	道岔捣固机	内燃液压	组	4
4	道岔捣固车		台	1
5	动力稳定车		台	1
6	配砟整形车		台	1
7	道岔打磨列车		台	1
四	铝热焊设备	斯密特		
1	铝热焊砂箱及钳锅		套	12
2	锯轨机		台	1
3	液压拉伸机		台	2
4	滚轮	10 cm 高	个	120
5	仿型打磨机		台	2
6	数字式超声波探伤仪		台	1
7	数字式钢轨平直度检查仪		台	1
8	数字式轨温计		个	4
五	转换设备安装及调试工具		套	1
六	钩锁器及防护器具			
1	钩锁器(每组道岔)		套	1
2	防护器具及限速牌等(每组道岔)		套	1
3	对讲机等通信设备(每组道岔)		套	1

7.6.8 质量安全控制要点

7.6.8.1 质量控制要点

除满足设计及工艺要求,高速铁路有砟轨道道岔施工还应加强以下质量控制要点:

(1)建立健全质量管理体系,配置质量控制要素,严格施工过程控制,针对不同工序、不同施工内容制定并实施作业指导书、质量实施细则和质量检测大纲,以工序质量、细节质量保证最终的施工质量。

(2)比照有砟轨道施工边界条件,道岔铺设前,桥梁沉降和徐变评估、路基沉降评估等必须达标,桥面系及底座混凝土施工二期恒载基本完工,CPⅢ测量控制网评估合格。

(3)在精调测量中,配置高精度的全站仪、电子水准仪、轨检小车等,测量人员进行针对性的培训并经考核合格后上岗,施工过程应加强设备的经常性校正、日常保养和维护,计量器具定期送检标定。

(4)根据气候条件,进行严格的施工作业控制,如测量和精调应选择在温差不大、阳光不强、少风、无雨的天气。进入冬季时,应根据天气条件采取冬期施工措施。

(5)道岔部件在储存和运输、吊装过程中,应切实采用诸如吊机+吊梁吊装、轴线运输车+托架运输、硬化地面加轨木支垫等措施以确保道岔部件特别是钢轨件不变形、无损伤。

(6)同一岔区的道岔及道岔前后各 100 m 的线路应按同一标准进行底砟预铺、小机整道和大机整道作业,以保持道岔及前后线路道床稳定、轨道几何平顺。

(7)严格控制底砟预铺厚度及平整度,并结合大机整道方案预留道岔起道量,大机整道时应做好道岔区与区间线路的顺接。

(8)道岔组装采用道岔组装平台,首先保证道岔组装的内部几何质量,确保道岔部件组装正确、准确、完整,以良好的道岔内部几何形位为良好轨道线形提供保障。

(9)道岔轨排起升、拨移等采用专业施工设备,设备应安装稳固、牢靠,并缓慢操作,以保持道岔轨道线形平顺。防止轨道板精调后产生移位变形,影响轨道板铺设精度。

(10)严格控制道岔焊接锁定及工电联调边界施工条件,焊缝打磨时应严格控制打磨质量,避免出现过打磨(即不可恢复性打磨,如轨顶凹陷等)。钢轨焊接接头必须逐一探伤检查。

(11)为确保技术标准和施工工艺落到实处,在正式施工之前,应按技术培训及设备验证、工艺试验、线下试验段、线上先导段的顺序依次开展试验及分级评估工作,每个阶段经评估达到合格要求后方可进入下一阶段的试验或施工。其中线下试验段应由建设单位组织评估,线上试验段应由铁道部组织对建设单位的评估后,再由建设单位组织对施工单位的评估。

(12)加强与设备接收单位的联系和沟通,争取设备接收单位从道岔组装施工开始到交验结束全过程参与质量控制。

7.6.8.2 安全控制要点

高速铁路有砟轨道道岔施工涉及道岔部件运输与吊装、混凝土浇筑、施工用电、夜间作业、工程线运输管理等多个环节,须针对危险源及危险因素制定和实施有效的安全措施。高速铁路有砟轨道道岔安全控制要点的原则,基本与长枕埋入式无砟道岔相仿,见第 7.4 节“长枕埋入式无砟道岔施工技术”相关内容。

7.6.8.3 环保控制要点

高速铁路有砟轨道道岔施工环保控制要点的原则与长枕埋入式无砟道岔相仿,见“长枕埋入式无砟道岔施工技术”相关内容。

8　有砟轨道施工技术

8.1　有砟轨道概述

高速铁路有砟轨道与传统有砟轨道有所不同，从秦沈客运专线建设以来，特别是近几年以来，我国在大规模推进无砟轨道高速铁路建设的同时，也推进了有砟轨道高速铁路建设，同样通过引进、消化、吸收、再创新以及系统集成，已经形成了高速铁路有砟轨道线路施工的技术体系，主要包括：主要材料技术标准及生产工艺、铺轨基地规划及大宗材料存放、道砟运输及铺设、一次性铺设长钢轨、大型机械整道、长轨焊接及无缝线路锁定、轨道精调、联调联试等。有砟轨道与无砟轨道施工不同之处在于有砟轨道铺轨和道床形成是交替进行，而无砟轨道道床工程可于铺轨前单独形成。本章主要介绍有砟轨道施工技术的相关内容。

8.2　结构设计

高速铁路有砟轨道主要由长钢轨、扣件系统、混凝土轨枕、碎石道床等组成。如图 8-1～图 8-3 所示。

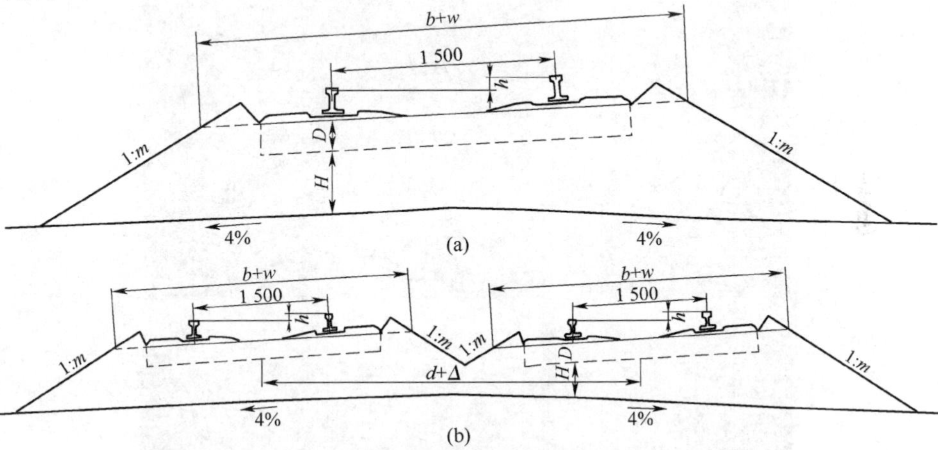

图 8-1　路基单线及双线地段有砟轨道结构(横断面)(单位：mm)

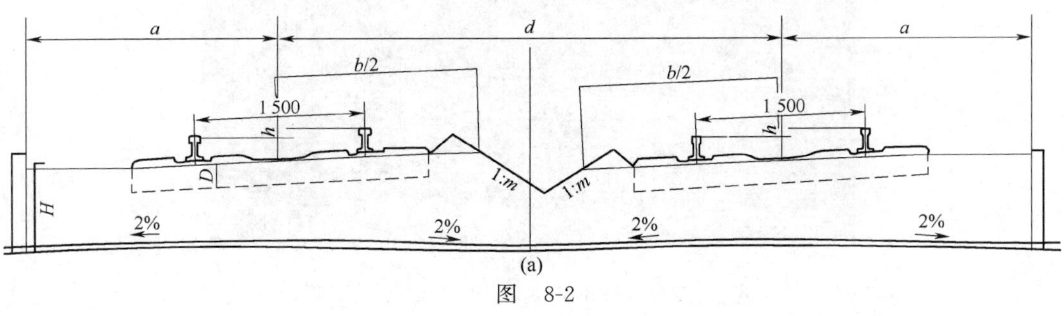

图　8-2

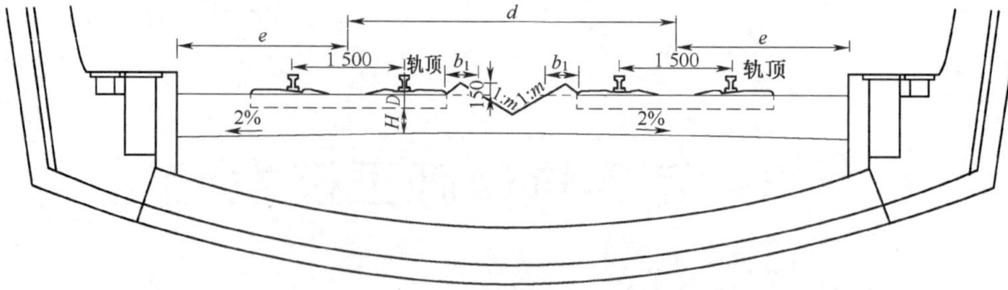

(b)

图 8-2　桥梁及隧道双线地段有砟轨道结构(横断面)(单位:mm)

(a) 近景

(b) 远景

(c) 道砟特写

图 8-3　建成运行的高速铁路有砟轨道线路实景

(1)钢轨。无缝线路采用 100 m 定尺长、60 kg/m U75V 无螺栓孔热轧新轨，有缝线路及缓冲区钢轨采用 60 kg/m、25 m 定尺长 U75V 有螺栓孔热轧新轨。钢轨质量符合《250 km/h 客运专线 60 kg/m 钢轨暂行技术条件》(铁科技函〔2005〕298 号)及相关检验验收标准的规定。

铺设跨区间无缝线路地段道岔区钢轨件及胶接绝缘钢轨采用与两端线路钢轨材质一致的钢轨。

(2)轨枕及扣件。采用 2.6 m 长有挡肩的先张预应力混凝土轨枕，铺设护轨地段采用预应力混凝土桥枕，轨枕铺设数量按 1 667 根/km 标准。配套采用弹条Ⅴ型扣件，需要设置小阻力扣件的地段采用弹条Ⅴ型小阻力扣件。道岔区、伸缩调节器处铺设配套的混凝土岔枕。弹条Ⅴ型扣件如图 8-4 所示。

轨道电路专用电容枕和电气绝缘专用枕，由设计确定，采用与普通轨枕同等级的专用枕及配套扣件。铺设时与信号专业共同确认。

当采用无挡肩的先张预应力混凝土轨枕时，扣件相应采用配套的弹条Ⅳ型扣件。弹条Ⅳ型扣件如图 8-5 所示。

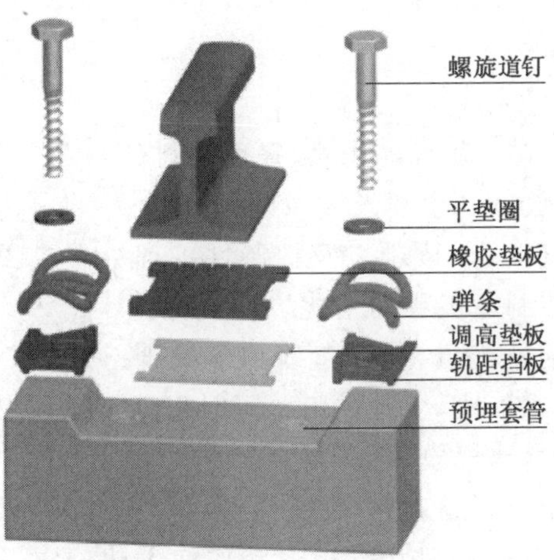

图 8-4　弹条Ⅴ型扣件系统

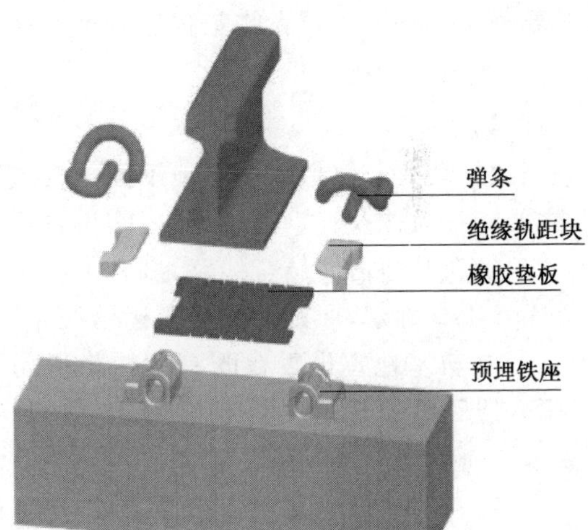

图 8-5　弹条Ⅳ型扣件系统

(3)碎石道床。采用一级碎石道砟或特级碎石道砟，道砟材质应符合《铁路碎石道砟》(TB/T 2140)和《铁路碎石道床底砟》(TB/T 2897)的规定。

单线道床顶面宽度为 3.60 m，双线道床顶面宽度应分别按单线设计。砟肩堆高 15 cm，道床边坡1：1.75。桥上与隧道内，线路中心线一侧砟肩、边坡与区间线路相同，线路外侧的道床砟肩与高挡砟墙、边墙(或高侧水沟)之间以道砟填平。

小半径或低速地段，道床宽度作相应调整，必要时采用双层道床，其中底层道床改为碎石底砟材料。

(4) 轨道高度。速度 200 km/h$<v\leqslant$250 km/h 高速铁路有砟轨道结构高度见表 8-1。

表 8-1　轨道结构高度表(mm)

基础类型	钢轨高度 h_1	轨下胶垫厚度 h_2	轨枕高度 h_3	内轨枕下道床厚度 h_4	$H=\sum_{i=1}^{4}h_i$
级配碎石路基	176	10	230	350	766

续上表

基础类型	钢轨高度 h_1	轨下胶垫厚度 h_2	轨枕高度 h_3	内轨枕下道床厚度 h_4	$H=\sum_{i=1}^{4}h_i$
硬质岩石路堑	176	10	230	350	766
桥梁	176	10	230	350	766
隧道	176	10	230	350	766

8.3 有砟轨道施工技术

8.3.1 铺轨基地及大临工程

铺轨基地是高速铁路有砟轨道线路施工主要的也是最重要的大临工程，是材料和设备集结、运输中枢、调度中心，也是联系既有铁路与新建铁路的纽带，规划和建设好铺轨基地具有至关重要意义，此外，主要大临工程还有道砟存放场、临时生产生活区、运输便道、材料存放场等。

8.3.1.1 铺轨基地

1. 设置原则

高速铁路有砟轨道铺轨基地不同于普通铁路有砟轨道铺轨基地，普通轨排的组装工作量少，主要储存轨枕及长钢轨，因而还需设置长钢轨存放区。主要设置原则如下：

(1)铺轨基地需要结合线路走向、工程规模、进度要求、重难点及控制性工程分布、接轨条件等因素综合确定，原则上应避开运营线路和工期控制性工程的干扰。

(2)铺轨基地宜设置在既有车站附近，并靠近铺轨起点、与运营线路干扰少、列车进出方便、引入线路短的开阔平坦处，并尽量利用红线用地或荒地，少占农田。同时根据工程规模、进度要求、使用年限、现场条件等经技术比选确定铺轨基地规模，略有富余生产能力。

(3)铺轨基地设施宜永临结合，注意环境保护，充分利用现有水源、电源以及运输通道。

(4)铺轨基地内股道及联络线的坡度、曲线半径，应根据地形、运量和作业方法确定，运送长轨的股道及联络线最小曲线半径不宜小于 350 m。

(5)铺轨基地布置应根据地形及生产方式，使调车作业顺向，材料堆置合理，取送方便，并应使各种起重吊运移动距离最短。

(6)铺轨基地内应设消防通道，相邻料堆间应根据作业需要留有不小于 0.5 m 的距离。场内堆置物与轨道及走行线间应留有安全距离。

(7)铺轨基地内临时工程的设置，应尽量避开对正式工程特别是铺轨及站后工程施工的影响。

(8)铺轨基地内股道及联络线道岔应不小于 9 号，股道及联络线尽头应有相应的安全设施。装卸车线宜设在直线上，坡度不宜大于 1.5‰，最大不大于 2.5‰，作业时应有防止车辆溜逸的措施。

(9)铺轨基地的整体规划还应考虑防洪、路地干扰等因素，最大可能地减少与周边环境的相互影响。

2. 铺轨基地总体规划

高速铁路铺轨基地总体规划应结合工程规模、进度要求及场地条件尽量做到布局合理、工序清明、物流顺畅，生产规模满足工程工期并略有富余。一个功能完整的高速铁路铺轨基地一般包括生活办公区、长轨存放区、短轨及道岔部件存放区、轨枕存放区、道砟装卸及存放区、机务整备库以及材料库房等，另设施工电力线、运输便道以及轨道便线等。轨道便线至少设置长轨装卸线、轨枕及短轨装卸车、设备存放线、进出场线、安全线、道砟装卸线及机车停留线等。以下以新建龙(岩)厦(门)铁路龙岩铺轨基地为例介绍高速铁路铺轨基地总体规划。

(1)工程概况。新建龙厦铁路全长 111.3 双线公里，设计为客货共线有砟轨道铁路一次铺设跨区间无缝线路设计。线路从既有龙岩站东端引出，设马坑、龙山、南靖、草坂等 4 个中间站，最后引入新建厦(门)深(圳)铁路漳州南站，除既有龙岩站外，施工期间沿线无其他地点可与既有线接轨。根据设计及合同约定，龙厦铁路长轨由南昌铁路局焊轨厂负责将 100 m 定尺轨焊成 500 m 长轨后运输到铺轨基地存放，其余轨枕、道岔、扣件等按厂发料经铁路运输到铺轨基地存放。因拟选铺轨基地场地受限，不考虑道砟存放及装车作业。

(2)铺轨基地规划方案。按照“永临结合，保障工期，少占耕地，节省投资”的原则，依据投标文件及施工调查，本项目铺轨基地拟设在龙岩车站北侧扩建站场红线用地范围，占地约 90 亩，按纵列式布置分别修建长钢轨存放区、进场通道、轨料存放区和轨排线组装区、轨道便线，其中轨道便线从龙岩车站东端 4 号岔后牵出线上插铺岔线接轨进入铺轨基地。生活办公区设置在铺轨基地西侧空地位置。

铺轨基地规划生产能力：存短轨 20 km、长轨 220 km、轨枕 200 000 根(95 km 路/25 km 桥)、道岔 30 组。

铺轨基地规划轨道便线包括：1 条长钢轨装车线、1 条轨料卸车线、1 条存车线、1 条调车线，分别满足长钢轨存放、轨料装卸及轨排生产、铺架设备及运输车辆存放的施工需要。在铺轨基地外侧预留车辆存放线 1 条。铺轨基地主要设施投入：500 m 长轨存放群吊 1 套，16 t 轨行式龙门吊 4 台。

正在建设中的铺轨基地如图 8-6 所示，建立后的铺轨基地如图 8-7 所示。

图 8-6 正在建设中的高速铁路有砟轨道铺轨基地

(3)铺轨基地大临工程规划及建设。

1)生产能力设计。龙厦铁路共需铺轨 241 km，其中有砟轨道长钢轨 189 km、无砟轨道长

图 8-7　建成后的高速铁路有砟轨道铺轨基地

钢轨 33 km、站线轨道 17 km,道岔 55 组,全线不负责道砟供应。计划铺轨工期 3.5 个月,平均日铺轨 2.3 km。厂焊长钢轨由南昌铁路局向塘焊轨厂供应,轨枕由南昌铁路局邵武轨枕厂供应,道岔由铁路局统一招标供应。

根据工程所处时期铁路建设形势,道岔供应紧张,路局焊轨厂和轨枕厂生产能力大但供应任务也大。结合以往经验,按道岔存放 50%(尤其是正线道岔基本到齐)、轨枕满足 20 d 施工、长轨满足 2 个月施工,以此倒排铺轨基地材料存放能力,相关设备、设施及区域规划满足物流顺畅、施工方便。最终确定铺轨基地规划生产能力:存短轨 20 km、长轨 220 km、轨枕 120 000 根(50 km 路/22 km 桥)、道岔 30 组。

2)生活办公区。生活办公区在规划用地内避开生产区设置。生活办公区主要包括办公室、会议室、员工宿舍、食堂和文化活动区等。此外,还应修建机修加工、物资仓库等辅助房屋。生活办公区除应满足办公需要外,还应结合沿线民房供应条件及经济性比选确定满足铺轨、整道、运输组织及相关施工人员的生活需要。

3)长轨存放区。长轨存放区用于 500 m 厂焊长钢轨装卸及存放,安装 32 台 21 m 跨 2 t 固定式门吊组成的联动门吊。C4 道作为 500 m 长钢轨装车线,安装 32 台 2 t 17 m 跨度固定式门吊组成的联动群吊。

长轨存放区沿长轨装卸线单侧布置,按 6 m 间距浇筑钢筋混凝土承轨台座,同一承轨台座为连续结构,承轨台座应大面平整,相邻台座间高差不大于 2 cm。长轨按正立摆放,不得扣放,层与层之间支垫宽 10 cm、厚 10 mm 的钢板,底层钢轨与承轨台座间设横向垫轨,支垫钢板与垫轨应对承轨台座中间位置上下对齐。

为保证长轨存放的稳定性,避免地基因长轨荷载产生较大下沉量,基础施工时应做好地基碾压及承载力检测。同时做好防排水措施,避免因积水原因导致地基承载力下降。

长轨存放区存轨能力计算:以 21 m 跨联动群吊计算,扣除轨道及车辆宽度、车辆与龙门吊、长轨间必要的安全距离共计 4.0 m,承轨台座表面的可存轨宽度为 16.5 m,60 kg/m 钢轨底板宽 152 mm,按每根钢轨宽度 165 mm 计(考虑钢轨间空隙),则最底层可存放钢轨 100 根,以后往上每层递减 1 根,最高存放 10 层,可一次性存放全线长钢轨 955 根,满足存放全部 880

根即 220 km 长钢轨的需要。

4)道岔及短轨、轨枕存放区。道岔及短轨、轨枕存放区设在同一存放区内,存放区内设轨道装卸线和贯通龙门吊走行线,采用 5 台 17 m 跨 16 t 轨行式龙门吊进行装卸。

道岔及短轨存放区长 120 m,采用混凝土硬化地面,按不大于 4 m 间距搭设木枕进行支垫。短轨按一正一反扣放存放,最高不超过 15 层,1 个 25 m 存轨区可存放 25 m 短轨 1 905 根,折合 23.8 km。道岔区按转辙器、辙叉、导轨分开存放,其中转辙器及辙叉存放,最高不超过 4 层。道岔轨枕存放要求与普通轨枕相同。

轨枕存放区采用经碾压、平整的砂夹石硬化地面。轨枕存放最高不超过 12 层,两侧递减,以杜绝轨枕坍塌的风险。按平均存放 10 层计算,包括龙门吊悬臂范围内 500 m 轨枕存放区,可一次存放 12.1 万根轨枕。轨枕设锚固生产线用于锚固螺旋道钉。

5)轨道便线及出岔。铺轨基地从既有车站 4 道东端 4 号岔后既有牵出线引出工程便线,插入 L1 号道岔岔后引入铺轨基地,作为既有线与铺轨基地间联络线。铺轨基地经 L1 号岔进入牵出线到达新建龙厦铁路起点位置,左右线在适当位置铺设 Q1 号岔进行连接,以保证铺轨设备分别进入区间左右线铺轨。

铺轨基地内轨道便道除进出既有车站及区间新线联络线外,分别设 1 条长钢轨装卸线、1 条轨料装卸线、2 条调车线兼作存车线,长轨装卸线 C4 道远端作为机车整备线,设检修坑 1 处。

6)水电设备及进场道路。铺轨基地施工用水量较小,只要生活用水能保证就能满足施工生产需要。本项目铺轨基地全部采用城市自来水,在基地修建 50 t 水池 1 个,安装直径为 100 mm的输水管路 1 500 m,其他输水管路根据需要安装。

基地用电主要是吊装设备用电和生活用电,电源就近 T 接,安装 400 kVA 变电站 1 座,配备 150 kW 发电机组 2 台。

进场道路由就近公路引入,宽度 5 m,采用混凝土硬化。场内道路根据需要设置,根据不同功能采用不同标号和不同厚度的混凝土硬化。

7)防排水设施。防排水是事关铺轨基地防洪安全和轨料存放的稳定性,必须高度重视。铺轨基地防排水设施包括场外防水和场内排水两大部分。

一是场外排水必须采用“堵,疏,导”相结合的方式使场外排水不得对铺轨基地设施造成破坏;二是做好场内排水,生产生活污水经沉淀池沉淀达标后排入地表水或地下水,生产生活区规划好排水系统,保证雨水能及时排走,避免浸泡地基而降低其承载力和稳定性。

8)其他。铺轨基地内根据需要修建机加工房、工具房、零星材料房等。油库及硫锚材料应远离生活办公区设置。铺轨基地四周采用防护栅栏围蔽,铺轨基地设进出人员及车辆大门 1 处和轨道进出大门各 1 处,并设保卫值守。

8.3.1.2 道砟存放场

设置道砟存放场有两个目的:一是提前储存道砟,减少铺轨期间道砟供应,缓解道砟生产与道砟需求之间的矛盾,尤其道砟生产受季节性和政府管控的影响会在一定时期间大幅降低产量甚至停止生产,要保证铺轨期间道砟的正常供应,就必须设置道砟存放场提前储备道砟;二是除部分道砟可在铺轨前采用汽车通过便道或路基运输进场外,施工所需要的大部分道砟都必须在铺轨通过后经工程线轨道运输进场,该部分道砟除了由铁路既有道砟场有条件直接装车进入工程线运输外,一般需要靠近工程线装车运输,因此有必要在铺轨基地或靠近工程线设置道砟存放场。

道砟存放场的布置应结合道砟生产、公路运输、既有铁路和工程线运输、铺轨方案等因素设置,尽量减少多次倒运,二次转运的距离宜控制在 20 km 左右,即道砟存放场一般不超过 30 km 设置。

道砟存放场一般选择在靠近公路的地势开阔的荒地位置,以减少临时工程量和农田绿地占用量,有条件的可直接借用废弃仓库、厂区等场地,并避开居民区,以免噪声和扬尘扰民。道砟存放场地基处理应密实、平整、排水顺畅,雨水较多的地区可采用混凝土或砂夹石硬化地面。需要靠近工程线进行列车装卸时,应设置简易站台。道砟存放场四周可采用钢丝网或栅栏围蔽,以免外部干扰。

道砟存放场一般应配置装载机、洗石机等必须的施工设备。

8.3.1.3 运输道路及其他

除了铺轨基地和道砟存放场外,高速铁路有砟轨道铺轨工程还设置运输通道、工程线临时岔线、过渡工程以及其他生产生活基地等临时设施。

运输通道,主要指通过公路运输道砟进入路基的运输公路或便道。运输通道一般由建设单位根据铺轨单位提出的需求计划纳入线下工程统一施工,线下工程施工完成后应将运输通道保留使用至铺轨施工结束。运输通道包括:对既有公路或乡村道路的加宽加固,新建运输便道,运输便道与路基间接口(俗称“马道”),临时桥涵,隧道斜井通道等。

工程临时岔线,指铺轨通过后,为保证运输车辆正常交会或为区间施工与运输划定相对隔离的施工区域,而在长大区间的一定位置铺设临时道岔形成岔线的线路。包括车站在内,工程临时岔线一般应在 25 km 范围内设置,临时岔线按车站进行管理。

过渡工程。一是临时改造既有线,为铺轨基地提供出岔便线或施工通道,且施工完成后需要及时恢复的过渡工程,如既有车站到发线插铺道岔及配套的接触网、信号改造等;二是为保证铺轨进度,新铺道岔无法通过公路运输进场提前铺设的临时线路,道岔位置可按临时线路先铺轨通过,再通过工程线轨道运输道岔料进场,并在工程线运输间隙进行临时线路和铺设正式道岔的过渡工程,类似过渡工程还包括电气绝缘枕及电容枕因供货或设计问题,先以普通枕替代铺设,再换铺正式轨枕的施工。

生产生活基地。主要指除铺轨基地外,为保障正常施工,在区间位置增设的站线轨料存放场、施工队伍临时驻地及临时设施等。

8.3.2 关键设备及工装

8.3.2.1 轨排铺轨机

1. 概述

DPK32 型和 DJ32 型轨排铺轨机是目前具有代表性的两种轨排铺轨机类型,都可用于 25 m 长 75 kg/m 及以下钢轨、Ⅲ型及以下混凝土轨枕和混凝土宽枕轨排的铺设,也可用于跨度 16 m 以下铁路 T 梁架设。两种类型轨排铺轨机的作业原理和工法一样,主要区别在于:DPK32 型轨排铺轨机是铁路主管部门批准允许在既有铁路上作业和挂运的铺轨设备,其特点是结构不可完全分解,不能通过公路运输转场,不能满足绕行既有铁路的新建铁路铺轨施工;DJ32 型轨排铺轨机针对 DPK32 轨排铺轨机不能通过公路运输的缺点进行了升级改造,整套设备可通过大解体经公路运输转场,不仅转场灵活、快捷,而且适用性广,但该设备车底所采用的分体式结构还未取得铁路主管部门的认可，不能在既有铁路上挂运和作业。

以下以 DPK32 型轨排铺轨机为例介绍轨排铺轨机结构及作业流程。

2. 轨排铺轨机结构

DPK32 型轨排铺轨机是全悬臂单臂式的集机、电、液于一体的多功能大型铺轨设备，以铺设铁路 25 m 普通轨排为主，也可铺设 25 m 宽轨枕轨排、架设 16 m 及以下跨度桥梁，还可以铺设混凝土枕道岔，适用于铁路新线和旧线改造中铺轨施工。该铺轨机具有结构简单、操作简便、施工高效、功能全面的特点，由主机、机动平车和倒装龙门吊组成。

（1）主机。DPK32 轨排铺轨机主机由机臂、吊轨排（梁）扁担、1 号柱、2 号柱、车辆部分、主机起吊系统、拖拉系统及导轨回送系统、摆臂机构、液压系统、动力及电气系统组成，如图 8-8 所示。主要技术参数见表 8-2。

图 8-8 DPK32 型轨排铺轨机

表 8-2 DPK32 轨排铺轨机主机技术参数

序号	性 能	技 术 参 数
1	起重量	铺轨时 32 t（含吊具 4 t），架梁时 59 t（含吊具 4 t）
2	轨排容量	5 层 25 m 长度特重型轨排、6 层 25 m 长度重型轨排或 4 层 25 m 长度宽枕轨排，最大作业载重量 110 t
3	作业线路条件	最大纵坡 12‰，最小曲线半径 300 m，复线最小间距 4 m；可通过最小曲线半径 180 m
4	车辆	长 28 m 特种车辆，前五轴后四轴
5	动力	100 kW，100GF 柴油发电机组一台
6	技术速度	铺普通轨排：3.5 min/排；架梁：30 min/片
7	挂运速度	60 km/h
8	自重	171.8 t
9	外形尺寸（mm）	45 373×4 100×6 262（作业）； 45 373×3 650×4 433（运输）

（2）机动平车。机动平车由 2 辆 N17 平板车连挂组成，主要用于轨排及桥梁的倒运，装载量与主机相匹配。主要技术参数见表 8-3。

（3）倒装龙门吊。倒装龙门吊由 2 台 66 t 龙门吊组成，主要用于跨线路吊装轨排及桥梁，配合轨排或桥梁倒运。主要技术参数见表 8-4。

表 8-3 DPK32 轨排铺轨机机动平车技术参数

序号	性　　能	技 术 参 数
1	作业载重量	110 t,与主机匹配
2	车辆及走行	两辆 N17(加装设备)联挂不摘钩;四轴驱动,电机功率 4×24 kW(直流);0～20 km/h 无级调速。JZ-7 型制动系统
3	作业线路条件	最大纵坡 12‰,通过最小曲线半径 180 m
4	动力	100 kW,100GF 柴油发电机组一台
5	自重	59.7 t
6	外形尺寸(mm)	27 876×3 795×3 680(作业); 27 876×3 340×3 160(运输)

表 8-4 DPK32 轨排铺轨机倒装龙门吊(单台)技术参数

序号	性　　能	技 术 参 数
1	起重量	660 t
2	液压缸	缸径 200 mm,行程 1 950 mm
3	功率	15 kW,外电驱动
4	动力	100 kW,100GF 柴油发电机组一台
5	自重	10.4 t
6	外形尺寸(mm)	3 650×4 440×5 555(作业)

3. 轨排铺轨机作业流程

DPK32 型轨排铺轨机采用主机铺轨、机动平车转运、倒装龙门吊倒装的作业程序。铺轨机三部分(主机、机动平车、倒装龙门吊)平行作业,铺架施工连续进行。

轨排用不带滚轮的轨道平板车装载运输,每组 6 层。在铺轨基地装车时,应力求各层轨枕上下对齐,方便于倒装时挂钩,还要求轨排组在车上左右位置对中。发电机组给倒装龙门架供电,也可用外部电源供电。

8.3.2.2 *有砟轨道长轨铺轨机组*

1. 概述

有砟轨道长轨铺轨机组是高速铁路有砟轨道无缝线路施工的一次革命性进步,将轨排组装流水生产线运用到施工设备,可将轨枕及长钢轨一次铺设就位并组装长轨排形成轨道线路。有砟轨道长轨铺轨机组采用了计算机、机械、电气、液压集成技术,不仅自动化程度高,而且施工精确、快速,最大限度地减少了劳动强度,设备的控制、维护简化,具有极强的技术应用前景,不足之处在于设备一次性投入大。

目前,国内外有砟轨道长轨铺轨机组有单枕法、群枕法和长轨排法 3 种模式,其中单枕法、群枕法为主要模式。

(1)单枕法长轨铺轨机组。单枕法长轨铺轨机组分为单枕连续铺设法(一次连续铺设 300 根以上的轨枕)和单枕间歇铺设法(一次连续铺设 20 根轨枕)两种。目前,国内外用得最多的是单枕连续铺设法,铺轨特点是轨枕布设和长轨铺设一次完成,施工时,铺轨机组先将长钢轨放置到道床两侧,再将轨枕单根、依次、顺序地放置在道砟面上,接着进行轨枕间距的调整和轨枕定位，然后把长钢轨收拢、就位。这种方法适应曲线能力强，铺出的线路圆顺，质量好。其代表机型有国产 CPG500 型、CCPG500 型和 DPG500 型铺轨机组，国外的有瑞士产 TCM60 型和奥地利产 SVM1000S 型及其改进型铺轨机组。

国产单枕法铺轨机组是自 1999 年秦沈客运专线铁路开工建设以来特别是近年国家推进大规模铁路建设过程通过产学研用共同吸进国外先进技术、消化、吸收、再创新而研发的。

(2)群枕法长轨铺轨机组。群枕法铺轨机组采用步进式作业方式，施工时先把长钢轨放置到道床两侧，然后用带有专用吊具的两台龙门铺枕机，一次提取成组轨枕铺设到道砟上，随后进行收轨作业，最后进行拨枕和钢轨的定位工作。群枕法铺轨机组与单枕连续法长轨铺轨机组相比，主要是铺轨设备的布枕、走行方式不同。该设备具有施工准确、造价较低、工效适中等特点，施工工效接近单枕连续法铺轨机组。其代表机型是国产 CYP500 型群枕式长轨铺轨机组。

国产 CYP500 型群枕法长轨铺轨机组由中铁二局与株洲长远公司联合开发，已应用于龙厦、湘桂和钦北铁路铺轨工程。

(3)长轨排法铺轨机组。长轨排法铺轨机组主要采用龙门吊铺轨方式，在铺轨基地内组装轨排，运输台车组运至施工现场，多台轨行式龙门吊同时作业吊起长轨排并向前走行至铺设位置准确就位。长轨排法铺轨机组使用设备数量多、工序繁琐，施工效率低下，适应曲线能力差，而且轨排长度最多不超过 150 m。目前，在国内还未使用这种类型长轨铺轨机组。

2. 单枕法长轨铺轨机组

各种类型的单枕法铺轨机组在设计原理、主要技术、整机布置等方面大同小异，以下以 CPG500 型长轨铺轨机组为例介绍单枕法长轨铺轨机组。

(1)CPG500 型长轨铺轨机组组成及主要性能参数。CPG500 型长轨铺轨机组为钢轨铺设和轨枕布设一体机，主要由履带式钢轨拖拉机、主机(包括作业车、辅助动力车)、枕轨运输车组、车载龙门吊及其动力系统、液压系统、电气控制系统等部分组成。铺轨机组的作业牵引采用履带式牵引装置与 6 根轮轨式动力轴联合操控牵引的方式。机组的牵引、车载龙门吊走行以及主机和车载龙门吊的各作业机构均采用液压驱动。CPG500 型长轨铺轨机组主要性能参数见表 8-5。

表 8-5 CPG500 型长轨铺轨机组组成及主要性能参数

序号	性 能	参 数
1	基本尺寸	机组总长度(作业状态) 约 566 m； 机组最大宽度(挂运状态) 3 245 mm； 机组最大高度 4 730 mm； 轨距 1 435 mm
2	作业模式	单枕连续作业
3	作业牵引方式	履带式牵引装置与 6 根动力轴联合操控牵引
4	机组主机动力系统总功率	383 kW
5	牵引重量(12‰坡道上)	2 500 t
6	铺设轨枕类型	Ⅱ型枕或Ⅲ型枕
7	铺设钢轨类型	60 kg/m

续上表

序号	性　能	参　数
8	铺设钢轨长度	500 m及以下
9	铺设道床类型	有砟与无砟道床
10	机组自重(含37辆平车、车载龙门吊及运输支架)	约1 060 t
11	满载时车组总重	约2 470 t
12	最小作业半径	250 m
13	作业爬坡能力	12‰
14	作业走行速度(铺轨作业时)	0～0.6 km/h
15	布枕速度:平均值 最大值	12根/min 16根/min
16	布枕误差: 轨枕间距误差 连续6根轨枕间距误差 轨道偏离线路中心线误差	 ±10 mm ±30 mm ±10 mm
17	布枕间距调节范围	500～800 mm
18	长途挂运最大商业运行速度	100 km/h
19	通过最小曲率半径	145 m
20	照明条件	满足夜间作业条件
21	机械作业效率	2 km/12 h
22	限界	挂运状态下机组符合《标准轨距铁路机车车辆限界》(GB 146.1)的要求;作业状态下满足高速铁路建筑限界要求

(2)CPG500型长轨铺轨机组主要结构。

1)履带式钢轨拖拉机。履带式钢轨拖拉机由PD220Y-1型履带式推土机改装而成,其后端安装有钢轨拖拉装置和放置滚筒的升降支架。两侧安装有钢轨夹钳,用于夹持拖拉的钢轨,可一次拖拉500 m钢轨一对。

2)主机作业车。主机作业车主要由履带式牵引装置、车体、转向架、钢轨收放装置、钢轨就位器、轨枕传送装置、钢轨导向框、布枕装置、动力室、计程装置、轨桥、卷扬装置、液压支腿、操作控制室、制动装置、轨枕橡胶垫板安装台及车钩缓冲装置等组成。如图8-9所示。

3)主机辅助动力车。辅助动力车主要由车体、动力转向架、动力室、制动装置、车钩缓冲装置、钢轨推送装置、钢轨对中装置、轨道扣件工具箱、分轨装置等组成。

4)车载龙门吊。车载龙门吊由走行机构、提升取枕装置、限位装置、锁定机构、龙门架、动力和液压系统、电气控制系统、操纵控制室等组成。

5)动力系统、液压系统、电气控制系统。主机动力系统由1台BF8M1015C型364 kW的柴油发动机和1台40 kW柴油发电机组组成。

6)枕轨运输车组。枕轨运输车组用于运送轨枕和钢轨;铺轨机组作业时枕轨运输车组由机组主机牵引,无需机车推送。

图 8-9 主机作业车

车组由 37 辆枕轨运输车组成，枕轨运输车辆为 N17 型平车。编组顺序为 1 辆首车＋16 辆Ⅰ型枕轨运输车＋3 辆Ⅱ型运输车＋16 辆Ⅰ型枕轨运输车＋1 辆尾车。枕轨运输车组底层最多可装运 10 根 500 m 长钢轨，铺设有砟轨道时装载 8 根 500 m 钢轨，铺设无砟轨道时装载 10 根 500 m 钢轨，上层可装载 4 层共3 360根轨枕(2 km 线路所需轨枕量为 3 334 根)。

(3)CPG500 型长轨铺轨机组主要技术特点。

1)牵引力大。机组在 12‰坡道上牵引质量达 2 500 t，满足铺设 500 m 长轨条要求。

2)机组适用范围广。铺轨机组可铺设 500 m 及以下长轨条；能适应Ⅱ型、Ⅲ型枕的布设，可铺设有砟轨道和无砟轨道，适应环境温度范围在－20 ℃～50 ℃。

3)综合作业效率高。机组采用单枕连续作业法，机组功能齐全，集拉轨、分轨、收轨、牵引等于一体。综合作业效率为 300 m/h，单班铺轨作业达 2 km 以上。

4)可靠性、性价比高。机组关键的电气控制元件和液压元件均采用具有较高性价比的优质进口元件；机组主要构件采用大型设计分析软件进行有限元计算和疲劳寿命分析计算，从而保证了机件的使用寿命和可靠性，电气控制技术采用经应用考验的成熟技术。

5)机构设计紧凑。优化了布枕机构，有效避免了机组铺轨作业时的翻枕现象。长钢轨收放共用了部分机构，优化了作业程序，提高了综合作业效率。

6)铺设作业自动控制。采用 CCD 图像传感与处理技术实现了机组铺轨作业方向的自动控制。

7)设备使用维护方便。机组主机与车载龙门吊均设计有故障诊断系统接口，配备故障诊断系统可以帮助操作维护人员进行设备维护和故障诊断。

3. 群枕法长轨铺轨机组

CYP500 型群枕式长轨铺轨机组是我国首创研发的能够与单枕连续梁铺设工法相当的群枕法长轨铺轨机组，对丰富和完善我国高速铁路有砟轨道铺轨技术具有重要意义。

(1)CYP500 型群枕式长轨铺轨机组组成及主要性能参数。CYP500 型群枕式长轨铺轨机组采用群枕式步进作业法，机型为长钢轨铺设和轨枕布设一体机。铺轨机组由履带式钢轨拖拉机、主机、辅机、枕轨运输车组、轨枕搬运车及其动力系统、电气控制系统、液压系统等几部分组成。如图 8-10 所示。CYP500 型群枕式长轨铺轨机组主要性能参数见表 8-6。

图 8-10　CYP500 型群枕式长轨铺轨机组实物

表 8-6　CYP500 型群枕式长轨铺轨机组组成及主要性能参数

序号	性　能	参　数
1	基本尺寸	机组总长度(作业状态)　约 569 m; 机组最大宽度(挂运状态)　3 400 mm; 机组最大高度　4 730 mm; 轨距　1 435 mm
2	作业模式	群枕式步进作业
3	作业牵引方式	履带式牵引装置与 6 根动力轴联合操控牵引
4	机组动力系统总功率	668 kW
5	牵引重量(12‰坡道上)	2 500 t
6	铺设轨枕类型	Ⅱ型枕或Ⅲ型枕
7	铺设钢轨类型	75 kg/m 及以下
8	铺设钢轨长度	500 m 及以下
9	铺设道床类型	有砟与无砟道床
10	机组自重(含 37 辆平车、车载龙门吊及运输支架)	约 1 020 t
11	满载时车组总重	约 2 460 t
12	最小作业半径	400 m
13	作业爬坡能力	12‰
14	作业走行速度(铺轨作业时)	0～0.45 km/h
15	布枕速度:平均	7 根/min
16	布枕误差: 轨枕间距误差 连续 14 根轨枕间距误差 轨道偏离线路中心线误差	 ±10 mm ±20 mm ±10 mm
17	布枕间距调节范围	500～800 mm
18	长途挂运最大商业运行速度	100 km/h
19	通过最小曲率半径	180 m
20	照明条件	满足夜间作业条件
21	理论综合作业效率	2 km/10 h
22	限界	挂运状态下机组符合《标准轨距铁路机车车辆限界》(GB 146.1)的要求;作业状态下满足高速铁路建筑限界要求
23	公路运输	可解体经公路运输转场

(2)CYP500 型群枕式长轨铺轨机组主要结构。

1)履带式钢轨拖拉机。履带式钢轨拖拉机由 PD220 型履带式推土机改装而成。拖拉机履带板上加装组合式橡胶履带块,可以减小履刺对道砟的扰动。拖拉机后端设置有滚筒架,用于钢轨拖拉时装载所需滚筒等;两侧安装有钢轨夹钳,用于夹持拖拉的钢轨。该履带式钢轨拖拉机可一次拖拉 500 m 钢轨一对。如图 8-11 所示。

图 8-11 履带式钢轨拖拉机

2)主机。主机由履带式牵引装置,轨枕布设机,匀枕装置,钢轨收放装置Ⅰ、Ⅱ、Ⅲ,轨枕橡胶垫板安装台及工具箱等组成,车体内侧设有轨枕传送小车走行轨道。车体两端安装车钩缓冲装置,一位端作业时,用随车吊将履带式牵引装置吊至道砟上,一位端转向架走行至履带式牵引装置上方并锁定,车体底架两侧设有轨枕搬运车走行轨道。如图 8-12 所示。

图 8-12 CYP500 型群枕式长轨铺轨机组主机

3)辅机。辅机的作用主要是辅助主机牵引走行,并实现传送轨枕、推送钢轨等功能。轨枕搬运车走行轨道采用 43 kg/m 钢轨,固定安装在车体两侧,钢轨中心距为 3 000 mm。钢轨靠近车辆端部的一端与轨枕搬运车走行轨轨桥装置相连接。

辅机由钢轨推送装置、钢轨对中装置、轨道扣件工具箱、分轨装置、滚筒防护装置等组成。如图 8-13 所示。

图 8-13　CYP500 型群枕式长轨铺轨机组辅机

4)枕轨运输列车及支架。枕轨运输列车由运输平板车辆和安装于车体上的钢轨滚道、轨枕运输支架、轨枕搬运车走行轨支架及轨枕搬运车走行轨道、护轨、钢轨锁定装置等组成。运输车组底层装放钢轨、上部装放轨枕。如图 8-14 所示。

图 8-14　轨枕运输列车及车架

运输平板车组由 37 辆枕轨运输支架成,枕轨运输车车辆为 N17 平车。编组顺序为 1 辆首车+16 辆Ⅰ型枕轨运输车+2 辆Ⅱ型运输车+17 辆Ⅰ型枕轨运输车+1 辆尾车。

枕轨运输车列车的装车及运输要求:

①底层不放轨枕,并在靠近主机一端安装有活动钢轨挡架,防止钢轨意外窜出。

②Ⅰ型枕轨运输车安装有轨枕运输支架、钢轨滚道组成、轨枕搬运车走行轨支架及轨枕搬运车走行轨道、旋转式间隔铁等。

③Ⅱ型车除在车辆中部设每层可存放 28 根轨枕的轨枕运输支架、钢轨滚道组成、轨枕搬运车走行轨支架及轨枕搬运车走行轨道外,还在轨枕运输支架设钢轨纵向锁定装置,不安装旋转式间隔铁。

④尾车不放轨枕,但在尾部安装有固定钢轨挡架,另外,装有钢轨滚道组成、轨枕搬运车走行轨支架及轨枕搬运车走行轨道、旋转式间隔铁等。

⑤枕轨运输列车底层最多可装运 10 根 500 m 钢轨,铺设有砟轨道时装载 8 根 500 m 钢

轨,铺设无砟轨道时装载 10 根 500 m 钢轨,上层可装载 4 层共 3 360 根轨枕(2 km 线路所需轨枕量为 3 334 根)。

5)动力系统、液压系统、电气控制系统。主机动力系统由 1 台 275 kW 的柴油发动机和 1 台 75 kW 柴油发电机组组成。

(3)CYP500 型群枕式长轨铺轨机组主要技术特点。

1)CYP500 型群枕式长轨铺轨机组,首次采用群枕式步进作业模式,既能满足有砟轨道铺轨,也能满足无砟轨道铺轨,设备总体功能及效率与单枕法铺轨机组相当,且安全可靠、运行稳定、维护方便,其制造、使用、维护的综合费用远低于单枕法长轨铺轨机组。

2)CYP500 型群枕式长轨铺轨机组在机车辅助牵引条件下,可满足 12‰以上大坡道铺轨。

3)CYP500 型群枕式长轨铺轨机组整体解体后全部组件可通过公路运输,使用方便。

8.3.2.3 大型整道机组

1. 概述

大型整道机组是高速、重载有砟轨道铁路施工和维护的核心设备,也是铁路进步的重要标志。目前我国使用的大型整道机组主要有线路捣固车、道岔捣固车、动力稳定车、道床清筛机、配砟整形车、钢轨打磨车、道岔打磨车等。当线下结构沉降变形、温度应力变化、列车动载等作用引起的线路或道岔横向、竖向和纵向几何形位发生改变时,可通过线路或道岔捣固车进行起道、捣固和砟肩夯拍,作业后可使线路或道岔水平、高低、轨向和三角坑扭曲量等参数符合作业标准的要求,并通过动力稳定车作业提高道床密实度和线路稳定性,配砟整形车进行道床整理并夯实砟肩,进一步提高道床横向阻力和道床稳定性。对钢轨表面缺陷等,可采用钢轨或道岔打磨车作业消除,以提高轨道平顺性和耐久性。对线路长期运行过程中出现的翻浆冒泥、道床粉化等,则可使用道床清筛机作业清除污砟并补充道床道砟。

根据我国铁路建设施工和运营管理的经验,在高速铁路有砟轨道新线建设中,施工单位一般配置线路捣固机、动力稳定车、配砟整形车等施工使用频繁、作业量大的设备,而道岔捣固车、钢轨打磨车、道岔打磨车等施工使用较小的设备主要借用铁路局工务维管部门设备,道床清筛机主要在既有线改造中使用,也借用铁路局工务维管部门设备。

我国自 20 世纪 80 年代开始大型整道机组的引进和使用,并采用铁道部牵头产学研用联合创新的模式通过消化、吸收、再创新,从无到有,发展和形成了以昆明中铁为代表的大型整道机组的研发和生产企业。目前,我国高速铁路有砟轨道施工和维护管理也主要使用昆明中铁生产的大型整道机组设备。

2. DC-32 型线路捣固车

DC-32 型线路捣固车是新线铁路整道和运营铁路维修的主力机型,为双枕捣固车。DC-32 型线路捣固车能进行起道、拨道、抄平、钢轨两侧枕下道砟捣固和枕端道砟夯实作业。该机利用车上测量系统,可对作业前、后线路的轨道几何参数进行测量及记录,并通过控制系统,实现按设定的轨道几何参数进行作业。如图 8-15 所示。DC-32 型线路捣固车又分为 D08-32 型和 D09-32 型两种规格。

(1)D08-32 型线路捣固车。D08-32 型线路捣固车是集机、电、液、气为一体的大型养路机械,为双枕捣固车,采用步进模式。主要技术参数见表 8-7。

D08-32 型线路捣固车已在全国铁路线路修理、提速线路改造和新线建设中得到广泛应用,是我国铁路线路维修的主力机型。作业控制可选择手动或自动形式。

图 8-15 DC-32 型线路捣固车

表 8-7 D08-32 型线路捣固车主要性能参数

序号	性　　能		参　　数
1	外形尺寸(长×宽×高)		23 200 mm×3 120 mm×3 750 mm
2	轨距		1 435 mm
3	转向架心盘距		11 000 mm
4	转向架固定轴距		1 500 mm
5	整机质量		58 t
6	发动机额定功率		235 kW
7	最高自行速度		80 km/h
8	最高联挂速度		100 km/h
9	紧急制动距离		≤400 m(在平直道上速度为 80 km/h 时)
10	最小运动半径		100 mm
11	最小作业半径		120 mm
12	作业效率		1 000～1 300 m/h
13	作业精度	纵向水平	≤4 mm(10 m 弦长内测量前后高低差)
		横向水平	±2 mm
		正矢	±2 mm(16 m 弦长在每 4 m 距离内测量)
14	最大捣固深度		560 mm(镐尖距轨顶面)
15	最大起道量		150 mm
16	最大拨道量		±150 mm

D08-32 型线路捣固车捣固车必须封闭线路进行作业，捣固车在运行状态下进入封闭区间，到达作业地点后捣固车由运行状态转换为作业状态后开始工作，作业中捣固车需要人员共 5～7 人，若线路封闭 3 h，捣固车可以完成 2 km 左右的线路维修。

(2)D09-32 型线路捣固车。D09-32 型线路捣固车是 D08-32 型线路捣固车的升级换代产品，采用了包括电液伺服控制、自动检测、计算机控制和激光准直等先进技术，集机、电、液、气、计算机、激光等为一体的大型养路机械，采用连续作业模式，作业中可实现人工、半自动、自动控制。与D08-32型线路捣固车相比，作业效率和作业精度大幅提升，设备稳定性和可靠性进一步增强。主要技术参数见表8-8。

表8-8 D09-32型线路捣固车主要性能参数

序号	性能		参数
1	外形尺寸(长×宽×高)		23 200 mm×3 120 mm×3 750 mm
2	轨距		1 435 mm
3	转向架心盘距		11 000 mm
4	转向架固定轴距		1 500 mm
5	整机质量		58 t
6	发动机额定功率		235 kW
7	最高自行速度		双向 90 km/h
8	最高联挂速度		120 km/h
9	紧急制动距离		≤400 m(在平直道上速度为 80 km/h 时)
10	最小运动半径		100 mm
11	最小作业半径		120 mm
12	作业效率		1 000～1 500 m/h
13	作业精度	纵向水平	≤4 mm(10 m 弦长内测量前后高低差)
		横向水平	±2 mm
		正矢	±1 mm(16 m 弦长在每 4 m 距离内测量)
14	测量精度		±1 mm/20 mm，采用计算机控制系统
15	最大捣固深度		560 mm(镐尖距轨顶面)
16	最大起道量		150 mm
17	最大拨道量		±150 mm

3. WD-320型轨道动力稳定车

WD320型动力稳定车，可迅速提高线路的横向阻力和道床的整体稳定性，一般与线路捣固车、配砟整形车组成机械化整道机组。如图8-16所示。

图8-16 WD320型动力稳定车

WD-320 轨道动力稳定车通过两个激振装置,强迫轨排及道床产生横向水平振动并向道床传递垂直静压力。使道砟流动重新排列,互相填充达到密实,实现轨道在振动状态下有控制地均匀下沉而不改变线路原有的几何形状和精度,以提高作业线路的横向阻力和道床的整体稳定性。主要技术参数见表 8-9。

表 8-9 WD-320 型轨道动力稳定车主要性能参数

<table>
<tr><th>序号</th><th colspan="2">性 能</th><th>参 数</th></tr>
<tr><td>1</td><td colspan="2">外形尺寸(长×宽×高)</td><td>18 942 mm×2 700 mm×3 970 mm</td></tr>
<tr><td>2</td><td colspan="2">轨距</td><td>1 435 mm</td></tr>
<tr><td>3</td><td colspan="2">转向架心盘距</td><td>12 000 mm</td></tr>
<tr><td>4</td><td colspan="2">转向架固定轴距</td><td>1 500 mm</td></tr>
<tr><td>5</td><td colspan="2">整机质量</td><td>60 t</td></tr>
<tr><td>6</td><td colspan="2">发动机额定功率</td><td>235 kW</td></tr>
<tr><td>7</td><td colspan="2">最高自行速度</td><td>双向 80 km/h</td></tr>
<tr><td>8</td><td colspan="2">最高联挂速度</td><td>120 km/h</td></tr>
<tr><td>9</td><td rowspan="4">作业条件</td><td>线路最大超高</td><td>150 mm</td></tr>
<tr><td>10</td><td>线路最大纵坡</td><td>33‰</td></tr>
<tr><td>11</td><td>最小曲线半径</td><td>180 m</td></tr>
<tr><td>12</td><td>最大轴重</td><td>23 t</td></tr>
<tr><td>13</td><td colspan="2">运行时最小通过半径</td><td>100 m</td></tr>
<tr><td>14</td><td colspan="2">轴重</td><td>15 t</td></tr>
<tr><td>15</td><td colspan="2">作业效率</td><td>200～2 500 m/h</td></tr>
</table>

4. SPZ-200 型双向道床配砟整形车

SPZ-200 型双向道床配砟整形车用以完成道床的配砟和整形,使道床布砟均匀,道床断面按技术要求的规定成型,作业后达到线路道床布砟均匀、外观整齐、美观。如图 8-17 所示。

图 8-17 SPZ-200 型双向道床配砟整形车

SPZ-200 型双向道床配砟整形车工作装置由中犁、侧犁和清扫装置组成,工作原理就是中犁和侧犁完成道床的配砟及整形作业,使作业后的道床布砟均匀,并按线路的技术要求使道床断面成型。清扫装置将作业过程中残留于轨枕及扣件上的道砟清扫干净,收集后通过输送带移向道床边坡，达到线路外观整齐、美观。主要技术参数见表 8-10。

表 8-10 SPZ-200 型双向道床配砟整形车主要性能参数

序号	性能		参数
1	外形尺寸(长×宽×高)		13 508 mm×3 025 mm×3 900 mm
2	轨距		1 435 mm
3	转向架固定轴距		5 500 mm
4	整机质量		28 t
5	发动机额定功率		235 kW
6	最高自行速度		双向 80 km/h
7	作业走行速度		0～12 km/h
8	最高联挂速度		120 km/h
9	作业条件	线路最大超高	150 mm
10		线路最大纵坡	33‰
11		最小曲线半径	120 m
12		最大轴重	23 t
13	运行时最小通过半径		100 m
14	每侧最大作业宽度		3.3 m(由轨道中心起)
15	轴重		14 t
16	连续工作时间		≤6 h

5. CDC-16 型道岔捣固车

CDC-16 道岔捣固车在道岔维修中采用科学的三线起道、四线捣固作业原理，有 4 个捣固装置，由滑移回转装置和伸缩旋转装置实现铁路线路、铁路道岔的起道、拨道、抄平，钢轨两侧枕下道砟和枕端道砟夯实作业。该机利用车上测量系统，可以对作业前、后线路的轨道几何参数进行测量优化记录，并可通过控制系统，实现按设定的轨道几何参数进行作业。如图 8-18 所示。

图 8-18 CDC-16 型道岔捣固车

8.3.2.4 *石砟漏斗车和收轨平车*

(1)石砟漏斗车。石砟漏斗车，原称风动卸砟车，是我国为促进铁路轨道施工机械化而设计制造的无盖漏斗车，主要用于铁路维护和新线铺设碎石道砟及运送散料货物等，可有节制地、均匀地将石砟散布卸出。因其结构像K字形,故又称为老K车。主要由K13型和KZ70型系列规格,其中KZ70型为升级换代产品,装载能力由原来的60 t提高到70 t。

(2)收轨平车。收轨平车主要用于铁路施工、线路维护中25 m及以下短轨的回收吊装,由轨道平车、固定型门架、固定梁、固定梁与走行梁连接的连接机构、走行梁上的电动葫芦等组成,是换铺法施工无缝线路时工具轨回收的重要设备。如图8-19所示。

图8-19 收轨平车

8.3.3 施工物流组织及原材料供应

高速铁路有砟轨道线路工程物流分为轨道运输和公路运输两部分。物流组织的目的是尽量减少物流供应对施工的影响,无论轨道运输还是公路运输都需要根据现场条件和工期要求进行组织,必要时还应设置物流基地等。

对于钢轨、轨枕及扣件等厂发料,主要通过既有铁路运输进场,在铺轨基地内储存,待铺轨施工后再通过铺轨设备运输到现场,而铺轨基地内材料储存的规模则需要根据厂家供应能力、既有铁路可提供的运输能力以及施工工期及进度指标确定,必要时轨枕和扣件也可通过经济技术比选后选择公路运输进场的方式。

对道岔、岔枕等,原则上采用既有铁路运输进场,再通过铺轨设备运输到现场。对于公路运输条件较好的地方,也可通过公路运输进场并在铺轨到达前完成铺设。

对于铁路道砟,根据经济比选确定公路或轨道运输方式,储存场设置的数量及规模主要根据工期和需求量确定。一般条件下,不论以哪一种运输方式为主,在铺轨开始前至少有20%的道砟需要通过公路或便道提前运输到线路上并摊铺成型,在铺轨结束后至少有30%的道砟需要通过轨道运输进行道床补充。

总之,有砟轨道铺轨施工物流组织中应注意以下事项:一是应结合各种材料的供应能力、进场运输方式、工程规模、进度指标及工期等综合确定铺轨基地规模,对厂焊长钢轨、轨枕、道岔等大宗材料的储存能力应略有富余;二是应提前规划碎石道砟的生产、运输和储存,并结合经济运距确定储存场地及规模;三是应结合线下工程施工统筹规划和设置物流运输通道,特别是运输便道及上线马道;四是铺轨开始后,应结合车站布局做好工程岔线的设置,做好车辆交会,避免工程运输与线上施工相互干扰;五是准备充足的运输能力,其中长钢轨、道岔、碎石道砟运输等应采用专用车辆。

8.3.4 原 材 料

8.3.4.1 轨道材料

厂焊长钢轨、定尺长钢轨、混凝土轨枕、钢轨扣件等轨道材料应满足设计文件的要求，各类轨道材料应按照规定的批量，出具产品质量合格证明文件。施工单位按规定检验，不合格的不得使用。

各类轨道材料堆码应便于装卸、取放、清点。应竖立标牌标识产地、型号、规格、数量及质量状态。

厂焊长钢轨进场，应按左右股分别存放，并对厂焊接头逐个进行平直度、探伤、编号及标识、外观质量等检验。

8.3.4.2 道砟材料

高速铁路有砟轨道线路应按设计要求采用特级或一级碎石道砟，道砟的生产、检验及质量等应符合《铁路碎石道砟》(TB/T 2140)的规定。

碎石道砟应按规定进行建场检验、生产检验和出场检验。建场检验和生产检验由铁道部指定单位进行，出场检验由采石场进行。

道砟采购时应严格执行《铁路碎石道砟》(TB/T 2140)的规定。道砟进场时应检查生产检验报告和产品合格证，并对其粒径级配、颗料形状及清洁度进行检验。施工过程中应按批对道砟材质进行抽检，其材质应符合《铁路碎石道砟》(TB/T 2140)的规定。

高速铁路使用的道砟必须经过水洗，未经水洗及不合格的道砟产品不得进场和铺设上道。道砟存放、运输等按规定做好防污和防尘工作。

8.3.5 施工工艺

8.3.5.1 质量标准

(1)一般规定。除轨道材料、道砟材料等符合相关规定外，铺轨前铺砟宜采用摊铺机和压路机一次摊铺压实成型，铺轨前应编制轨节表依次铺设长钢轨。

长钢轨铺设后应及时使用大型整道机组进行分层上砟和整道作业。桥隧地段有砟道床的稳定作业应遵循设备使用的相关规定。

(2)铺轨前铺砟。道砟材质及进场和上道前的检验包括粒径级配、颗粒形状及清洁度等应符合《铁路碎石道砟》(TB/T 2140)的相关规定。

底层道砟预铺厚度一般为200～250 mm，且砟面平整，其平整度允许偏差20 mm/3 m，砟面中间不得凸起。铺轨前道床密度应不低于1.6 g/cm^3。

(3)铺枕铺轨。长钢轨、轨枕及扣配件的类型、规格、质量等应符合设计及产品标准(含技术条件)的规定，轨枕及其扣配件的铺设数量应符合设计要求。胶接绝缘接头、特殊轨枕(如电容枕、电气绝缘枕、电磁枕)的质量及布置应符合设计要求。

轨枕铺设应方正，并与轨道中线垂直。轨枕间距允许偏差为±20 mm，连续6根轨枕的距离允许偏差为±30 mm。轨道中心线与设计中线应一致，允许偏差为30 mm。

扣配件应安装齐全、位置正确，绝缘轨距块的配置应符合产品标准要求。

(4)上砟整道。铺轨后的线路应分层上砟整道，整道后的道床断面应基本达到设计要求，曲线外轨超高按设计要求设置,并在缓和曲线全长范围内均匀递减。

道床经分层上砟整道达到初期稳定状态时,力学性能应符合道床支承刚度不应小于70 kN/mm 和道床横向阻力不应小于7.5 kN/根轨枕的规定。且线路轨道静态几何形位允许偏差应符合表8-11的规定。

表8-11 初期稳定阶段轨道静态几何形位允许偏差

序号	项目	允许偏差(mm)	检验方法
1	高低	4	10 m 弦量
2	轨向	4	直线10 m弦量,曲线20 m弦量
3	扭曲(基长3 m)	4	轨距尺量
4	轨距	±2	轨距尺量
5	水平	4	轨距尺量

8.3.5.2 工艺特点

与传统的有砟轨道铺轨工程相比,高速铁路有砟轨道铺轨工程的质量标准更高、质量控制的系统性更强、大型专业化施工设备的使用更广、影响工程质量的环节更多。主要表现在以下几个方面。

(1)原材料是质量控制的前提和基础。高速铁路有砟轨道铺轨工程的高标准、高精度要求,首先体现在对钢轨、轨枕及扣件系统、道砟材料的原材料生产、使用和检验等方面,并且国家铁路行政主管部门对此作出了明确的详尽的要求。

一是对钢轨、轨枕和扣件系统的质量控制较以往明显加强,不仅对产品的生产、认证、检验和验收等质量标准明显提高,而且对产品的招标、采购、验收和使用都有严格的程序和要求。

二是对道砟材料的材质和质量要求明显提高,高速铁路道砟明确要求采用一级或特级道砟,且道砟在铺设前应进行水洗。

(2)"准备周期长,施工周期短"且工期保证意义重大。高速铁路大多具有线下工程结构复杂、施工组织困难的特点,通常导致铺轨工程准备周期长、施工周期短,而铺轨工程又具有承上启下的作用,其施工工期往往具有标志性意义,备受建设各方及社会各界广泛关注。因此,在施工组织过程中,必然要求铺轨开始前的准备工作尽可能地做细做实,对保障施工工期要有充分的准备,而在铺轨开始后则要求一鼓作气、按期甚至提前完成。同时,加上广泛的社会关注度,相应地对施工过程中安全、质量和文明施工管理也提出了更高的要求。

(3)"设备保工艺,工艺保质量"特点突出。高速铁路有砟轨道铺轨工程几乎全过程使用大型专业化施工设备,通过"设备保工艺,工艺保质量",标准化程序全面提高。

一是底层道床粗铺过程中,使用摊铺机和大吨位压路机进行道砟的摊铺和碾压,保证了道床的平整度和密实度。

二是铺轨过程中,使用专门的长轨群吊、长轨或轨枕运输列车、有砟轨道长轨铺轨机组、大型整道机组、K型石砟漏斗车以及铁路运输动力及平板车等。

三是无缝线路焊接锁定过程中,使用闪光接触式移动焊轨车、铝热焊接设备、钢轨液压拉伸机。

四是轨道精调及联调联试过程中,使用了轨检小车、钢轨打磨列车、道岔打磨列车以及动态检测车等。

(4)系统控制保证轨道高精度。高速铁路有砟轨道铺轨工程引入了无砟轨道工程系统控制精度的理念，自始至终、全方位确保高精度轨道质量的实现。

一是将高精度系统控制的理论延伸于线下结构施工，加强线下结构设计和施工，对道岔区域、路桥过渡段等提出铺轨施工前进行沉降变形评估的要求，对线下结构的竣工交接也有明确要求。

二是建立 CPⅢ测量控制网，并将 CPⅢ测量控制网的使用贯穿于轨道施工和维护的全过程，并在不同阶段选择相应高精度测量设备和测量技术予以保证。

三是严格控制线下结构竣工平整度和高程，底层道砟预铺厚度及平整度，铺轨后的线路中线及高程、各阶段上砟整道的精度等，通过一系列严格的精度控制最终保证轨道的结构质量和精度质量。

四是严格控轨道组装和精调质量，确保轨道部件安装齐全、正确，并严格控制各细部精度。

(5)专业接口多，协调工作繁琐。高速铁路有砟轨道铺轨工程涉及专业多、接口多，施工过程做好施工质量严格控制外，还应做好繁琐的协调管理工作。

一是施工前应加强线下结构及 CPⅢ测量控制网的验收评估工作，做好沿线运输通道的协调和管理，确保地面运输物流顺畅。

二是施工前应加强与设计、材料供应商的沟通，科学规划铺轨基地及临时存放场，提前组织轨料及道砟材料储存。

三是除合理确认铺架通道和铺轨工期目标外，施工中应加强与建设、线下施工各单位的协调，及时把握施工动态，为适时调整施工工期和资源配置提供依据，保证铺轨工期目标按期完成。

四是加强与四电专业的沟通，共同确认电容枕、钢轨绝缘设计等工作，为四电专业的后续施工创造条件。

五是施工过程中加强工程线轨道运输管理，统一协调运输与施工事宜，确保工程线运输安全。

六是加强与最终接管单位的协调，铺轨及上砟整道期间应主动邀请最终接管单位介入，为质量监控和后期竣工验收交接创造条件。

8.3.5.3 工艺流程

高速铁路有砟轨道线路工程施工工艺流程如图 8-20 所示。

8.3.5.4 主要施工工艺

1. 轨料及道砟材料运输、装卸及存放

钢轨、轨枕及扣件系统、道砟等材料的运输、装卸及存放，既要保证质量，更要保证安全。对钢轨、轨枕等大件物资的装卸作业应由有作业资格的人员操作，钢轨、长钢轨等应采用专用吊具。材料的运输道路、存放场应提前调查、规划，既要确保存放安全，又要保证物流顺畅，满足施工和工期要求。

(1)厂焊长钢轨的运输、装卸及存放。

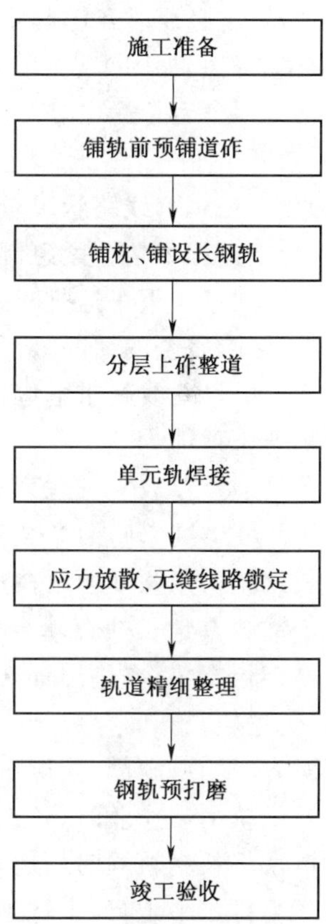

图 8-20 高速铁路有砟轨道线路工程施工工艺流程

1)装车。厂焊长钢轨从焊轨厂至铺轨基地的运输由铁路局焊轨厂负责使用 T11 长轨运输列车或专业长轨运输平车装车运输,从铺轨基地到铺轨现场的运输由铺轨施工单位自备长轨运输列车或枕轨混装列车运输。无论何种运输方式,长钢轨的装车及运输都应符合铁路长钢轨运输列车管理办法的要求。

长钢轨装车时,由机车牵引或推送长轨列车到装轨位置准确对位并做好防溜措施,经检查确认车辆设备状态良好时,方可进行装车作业。长钢轨装车应由下向上逐层进行,每层装轨前,应先关闭该层所有滚道梁并翻下间隔铁,再逐根装车。装轨完成,拨顺长钢轨与间隔铁空位对齐并按规定扭矩锁紧长钢轨后,再装载下一层。整车按计划装轨作业完成后,关好安全车活动门并插好销挡,并将空载层的滚道梁全部置于关闭状态。

长轨列车一般每层限装 14 根(7 对)长钢轨,不足满载时,应左右对称均匀装载,严禁偏载。在锁定长轨列车时,锁定螺栓要准确对位并按规定扭矩扭紧,防止运行途中螺栓松动和锁定失效。长轨轨端应与滚道梁间保持适当的安全伸缩距离,防止运行过程中长轨伸缩撞断滚道梁,当轨端位于安全车上,500 m 长轨轨端至末端滚道梁距离应不小于 2.5 m,其他长度的长轨悬伸长度按比例调整。当装车的长钢轨长度不一时,对悬伸长度小于规定的长轨应采用捆绑等措施,同时不得将短长轨装于最外侧。装车时长钢轨应尽量并排整齐,并在每层钢轨顶面横向划一条标记线,以便检查运输过程中长轨的窜动情况。

2)运输。长轨列车运输前,应对途经线路进行调查,确认线路曲线、限界等满足长轨列车通行的要求,必要时还应制定相应的限速通行措施。长轨列车发车前,应进行专项安全检查,确认装载平稳、加固牢靠、车辆连接正常。

长轨列车运行途中,应按规定平稳起动、运行和停车。除特殊规定外,重车情况下,经过 300～500 m 曲线半径时限速 45 km/h,经过 300 m 及以下曲线半径或侧向通过 9 号以下道岔时限速 25 km/h,线路状况较差的工程线路应进一步降低运行速度。在不危及列车安全的情况下,运行过程中禁止紧急制动,一旦紧急制动,应重新检查确认车辆及装载状态后方可起动。

长轨列车在重车运行时,随车作业人员应注意观察运行情况、轨端摆动量和钢轨窜动情况等,发现影响安全的情况,应及时停车检查。运行过程中,长轨上部、长轨与安全挡之间严禁人员停留。电气化线路带电区段,严禁把工具、物品等置于距接触网 2 m 范围之内,作业人员不得攀爬列车顶部。

3)吊装及存放。长轨列车进入铺轨基地后,限速 15 km/h 或更低速度进行长轨存放区对位停车并安装列车防溜车装置。之后按卸轨顺序逐层拆除锁轨装置。

长钢轨采用联动群吊按吊点间距不大于 16 m、端头悬出长度不大于 6 m 进行吊装,分类存放于铺轨基地长轨存轨台座。长钢轨存放时台座顶面及各层之间应采用 10 mm 厚 10 cm 宽的薄钢板支垫,支垫位置于各存轨台座中心并上下对齐。长钢轨置于存轨台座时应摆放顺直,以免钢轨长时间存放产生塑性变形。长钢轨应正向排列,不得采用扣轨方式码放,排列应一端对齐、平直、牢固,同层钢轨不得叠压。

长钢轨吊装作业时,各组作业人员手动操作夹轨作业,并由施工负责人指挥总控司机操作联动群吊将长钢轨同时吊起运送至存放位置存放。长钢轨吊运过程应同步动作,水平起吊,起升或下落再水平走行,走行到位后确认平稳后同步下落。长钢轨吊装过程应保持钢轨平顺,相邻吊点间高差不得大于 150 mm、水平差不大于 120 mm,全长范围内各吊点间高差不得大于 300 mm、水平差不大于 500 mm。长钢轨应单根吊装,轻吊轻放,严禁跌落碰撞。钢轨出现跌落后，应单独存放，经主管部门检查确认质量无恙后，方可用于工程，跌落高度超过 1 m 的，不得用于正式工程。

长钢轨存放时应按塔形分层堆放，自下而上每层递减 1 根，长时间存放应不超过 9 层。长钢轨存放时应按轨腰上标明的编号、长度，分类堆码，不同钢种、厂家及轨型的钢轨不得混放，并有明显标识。同时对钢轨的牌号、型号、长度、产地、交货状态等进行记录并作明显标识。存轨期间，应加强对长钢轨热胀冷缩及存轨台座沉降变形情况的观测和记录。对伤损钢轨或不合格钢轨应单独存放并明显标识。

(2)普通钢轨的运输、装卸及存放。本处普通钢轨系指 25 m 及以下长度的钢轨。普通钢轨根据钢轨长度选择不同的轨道车辆运输，当钢轨长度超过单个平板车长度时，应采用 2 个平板车连挂运输并在每个平板车上加装专用的钢轨运输转向架。普通钢轨运输可采用正反扣轨方式装车，每车应不超过 80 根，并用铁丝或钢筋加固车辆。

普通钢轨采用汽车吊或轨行式龙门吊＋吊带或吊轨梁装卸，其吊点间距不应大于 7 m。钢轨装卸时，应尽量单根吊装，轻吊轻放，避免钢轨产生碰撞或损伤。

普通钢轨一般架空支垫呈塔形存放，支垫间距不宜超过 8 m，支垫应坚硬、表面平整，可选用旧轨、硬杂木或混凝土台座或条形基础等。钢轨可按正反扣轨方式码放，每层之间至少递减 1 根钢轨，钢轨间可采用钢板、硬杂木或旧钢轨支垫，支垫位置应上下对齐。

普通钢轨在运输与存放过程中，都应摆放平顺，不得侧翻，并切实采用防护措施以免钢轨被碰撞、擦伤等。对伤损钢轨或不合格钢轨应单独存放并明显标识。

(3)轨枕及扣件系统的运输、装卸与存放。轨枕可采用火车或汽车运输到铺轨基地和工地，轨枕应分层装置，层与层之间在承轨台位置加垫 5 cm 厚度的硬杂物，以保证轨枕间不相互碰撞和吊索的正常挂取。轨枕应按车辆横向方向装车，装车后采用钢丝绳等捆扎加固，车辆启动前，应进行专项检查。

轨枕采用钢丝绳或软吊索吊运，应轻吊轻放，避免产生碰撞和损伤。轨枕按码垛方式存放，最高不超过 15 层。轨枕存放基础应平整坚实且排水畅通，存放过程应定期进行沉降或变形监测，以免轨枕发生坍塌。

当轨枕采用预埋套管时，运输、装卸与存放过程中应加强对预埋套管的保护，以避免杂物进入预埋套管无法取出而致预埋套管失效。

扣件系统一般按类装箱运输、装卸和存放。轨枕及扣件系统存放时，均应分类挂牌标识。

(4)道砟的运输、装卸与存放。道砟采用自卸汽车、K 型石砟漏斗车或敞车运输，严禁超载、超限装车，运输过程应采取适当的覆盖措施，以免扬尘产生。

道砟在存砟场存放、装卸时，应采取措施避免污染道砟，一是存放基础应硬化并做好排水措施，以免地基翻浆冒泥；二是进出车辆或装载设备应对车底进行冲洗，以免带入污染物；三是必要时对所存放的道砟进行覆盖。

2. 施工准备及底层道砟摊铺

(1)施工准备。铺轨施工单位进场后应加强与建设和设计单位的沟通，提前确认工程规模、技术标准等，结合设计、工期、指导性施工组织以及线下工程进度和重难点工程分布等情况，科学规划铺轨基地并提前建成开展材料及设备储存等。提前完成材料订货，协调公路及铁路运输组织，尤其对既有线过轨运输及配送车管理等应尽早与铁路部门达成一致意见，确保物流顺畅。

协调线下施工单位,共同确认线下进度及竣工工期,提前作好铺轨施工准备。对影响道砟等材料进场的运输通道,应通过建设单位协调保留至铺轨施工结束。

抓好道砟的生产、取证和储备。车站路基交铺后,有条件的地段可提前进行正线道岔的铺设及整道。

(2)沉降评估及CPⅢ测量控制网测设评估。铺轨施工前,线下工程的主体应全部完工,检验合格。未完成的附属工程不得影响CPⅢ测量控制网测设评估及铺轨施工的要求。

铺轨之前,应按规定对重点路基、桥涵、隧道及过渡段进行系统评估,确认工后沉降和变形、梁体长期变形、各种过渡段的差异沉降等符合设计要求,满足轨道铺设条件。

铺轨之前,由建设单位组织各施工单位共同对路桥隧等线下工程组织验收,重点是基础宽度、高程、中线及平整度、CPⅢ测量控制网的资料。

(3)测量放样。铺轨之前,除路桥隧基础面中线、高程及平整度复核外,还应完成轨道施工控制桩的测设。轨道施工控制桩按平面和高程合二为一设置,用于从线下结构基础面交接、底砟铺设、上砟整道及轨道精调等施工全过程的精度控制。轨道施工控制桩主要包括道岔桩(含岔前、岔后及中心桩)、曲线要素控制桩、变坡点控制桩以及沿线路20 m间距设置的中线及高程控制桩。

轨道施工控制桩设在线路两侧护肩墙、水沟边墙、接触网基础或支柱、桥梁防撞墙上,采用预埋测钉方式设置,逐一编号。采用全站仪依据CPⅢ测量控制网按自由设站、后方交会法测量轨道控制桩的平面和高程坐标,利用软件平差并计算每个控制桩与对应位置轨道的水平(横向)和高程(竖向)差值,以此作为铺砟、铺轨及整道作业的控制依据。施工控制桩设置应有醒目标识,以便现场寻找和使用。铺轨通过后,应将施工控制桩位置标识在线路轨枕或钢轨上。铺轨通过且线路达到初期稳定条件后,应二次复测施工控制桩以用于后续的大机整道及轨道精调作业。不同区段或不同时期设置的施工控制桩,其搭接测量的长度应不小于150 m,并与CPⅢ测量控制网联测。

(4)底层道砟摊铺。底层道砟采用自卸汽车通过运输便道、马道和正式路基运送至线路上,装载车配合散铺,摊铺机或平地机摊铺平整,振动压路机碾压密实。

底层道砟摊铺厚度控制在15~25 cm,一般按线路捣固车3次捣固作业预留起道高度,并结合路基及桥隧基础面宽度、运输条件(经济比较)等计算道砟的摊铺数量和铺设数量。预铺道砟数量占总铺道砟数量的比例一般为40%、桥隧道地段30%。原则上,预铺道砟的数量以既能满足底层道砟摊铺厚度及宽度又不致于多得掉入路基边坡或影响桥梁及隧道内车辆限界为宜。

道砟运输前,应严格检查道砟质量特别是颗粒级配和清洁度。摊铺机提前就位,自卸汽车靠近摊铺机卸砟,边卸砟边摊铺,摊铺后应及时检查摊铺厚度、宽度及平整度。底层道砟的摊铺宽度一般为单线4.5~5 m或双线9~10 m。

底层道砟采用压强不小于160 kPa的光轮压路机碾压,一般碾压2~3遍,碾压遍数可视道砟的压实密度适当增加,路基及隧道内可开启振动碾压,桥梁上不得开启振动碾压。

底层道砟碾压后,应及时进行压实密度和砟面平整度检测。压实后的道砟密度应不低于1.7 g/cm^3,轨枕及道床两端各20 cm范围内砟面平整度不得大于2 cm/3 m,轨道中间60 cm范围内的砟面应不得高于两侧砟面,必要时应在砟面碾压完成,将该位置的砟面挖成低于两侧砟面50 mm的凹槽,道岔区及前后30 m范围内应作顺坡碾压。

底层道砟压实密度、砟面平整度及高程检测合格后，应采用钉设“木桩＋铁钉”的方式设置轨道中线桩以用于铺轨时线路中线的控制。

3. 混凝土轨枕硫磺锚固

铁路长大干线有砟轨道铺轨工程，混凝土轨枕螺旋道钉硫磺锚固施工采取在铺轨基地设锚固生产线集中施工，其锚固工艺分为正锚法和反锚法两种，正锚法主要用于单枕法或群枕法铺轨施工，反锚法主要用于轨排法铺轨施工。

(1)正锚法锚固生产线及工艺流程。正锚法，即轨枕正放状态下，由上至下依次浇筑砂浆并安装道钉锚固的工艺。正锚法施工工装及工艺简单，施工组织方便，工地现场锚固多采用该工艺。正锚法锚固生产线主要用于长轨铺设时的轨枕锚固，即铺轨基地不需要组装轨排。正锚法锚固生产线设于轨枕存放区，除轨枕装卸由轨行式龙门吊完成外，其余设施主要包括硫磺砂浆熔制炉(或铁锅)、运浆线及运浆小车、轨枕锚固台位等。

硫磺砂浆熔制炉可采用铁锅或带搅拌器的封闭式炉具，采用柴火或燃煤加热，人工添加材料，当采用铁锅时，砂浆熔制过程应人工不断进行砂浆材料的搅拌。当一炉或一锅砂浆熔制符合要求后，应立即停止加热，采用运浆小车(带容器)将砂浆沿运浆线送到锚固工位，并在最短时间完成全部砂浆料的施工。通常，一条轨枕锚固生产线应设 2 个硫磺砂浆熔制炉。

(2)反锚法锚固生产线及工艺流程。反锚法，即轨枕在翻转放置状态下，由轨枕底部浇筑砂浆进行道钉锚固的工艺。反锚法施工需要设置专门的锚固生产线，一般与 25 m 轨排生产线合并设置，除龙门吊、硫磺砂浆熔制炉(或铁锅)、运浆线及运浆小车外，反锚法锚固生产线还包括作业平台、卷扬机、匀枕台车、轨枕翻转装置等。

(3)硫磺水泥砂浆配合比及工艺要求。混凝土轨枕螺纹道钉锚固主要靠硫磺水泥砂浆作用，硫磺砂浆既起着锚固作用，也起着绝缘作用。其主要成分及材料要求应符合表 8-12 的规定。

表 8-12　硫磺水泥砂浆主要成分及材料要求

序号	材料名称	技术性能要求
1	硫磺	纯度不小于 95%，配制前破成碎块，如果受潮应在配制前干燥
2	水泥	42.5 普通硅酸盐水泥
3	砂子	粒径不得大于 2 mm，使用前应过筛，含泥量小于 5%，配制前烘干
4	石蜡	一般工业石蜡，配制前破成碎块

注：上述各种材料不得掺有杂物。

根据多年经验，硫磺砂浆配合比一般为硫磺：水泥：砂子：石蜡＝1：(0.3～0.6)：(1.0～1.5)：(0.01～0.03)。

硫磺砂浆熔制时，结合铁锅的一次熔制量，按照选定的配合比称好各种材料的熔制量。先将砂子加热到 100 ℃～120 ℃，再将水泥倒入加热到 130 ℃，最后加入硫磺和石蜡，继续搅拌加热到 160 ℃，砂浆由稀变稠成液胶状时即可使用，硫磺砂浆熔制火力应均匀，不得过猛，加热到 160 ℃后可降低火力，保持砂浆状态即可。

从砂子加热、熔制过程直到熔制铁锅内砂浆全部清出，均应对砂浆材料不断搅拌。熔制好后的硫磺砂浆应及时使用，以免砂浆产生燃烧或浆液温度过低影响使用性能。

(4)轨枕锚固。锚固前，先将混凝土轨枕预留道钉孔清理干净，螺旋道钉上的附着物也应清理干净,并保持混凝土轨枕及螺旋道钉温度在 0 ℃以上。

1)正锚法锚固工艺。当采用正锚法施工时,将混凝土轨枕正放于锚固生产线上,使生产线上托梁刚好对准以严密封堵混凝土轨枕预留道钉孔。之后逐个向预留道钉孔内灌入干砂,灌砂深度离孔口 10 cm 左右,再用 150 mm 探孔器逐个探孔,以使每个预留道钉孔内有 150 mm 的深度用于硫磺砂浆浇筑,并将轨枕表面清理干净。

利用运浆小车将硫磺砂浆运至锚固工位,采用舀勺向预留道钉孔内一次浇筑砂浆成型,之后使用锚固架夹持螺旋道钉并及时将道钉左右旋转缓慢插入定位,灌浆时预留孔不易过满也不易过少,以免砂浆过多溢出造成二次熔浆或砂浆过少引起二次补浆而影响锚固质量。

待砂浆冷却固化后,撤离锚固架,并用铁铲将浆面铲平整齐,清除和回收多余砂浆。最后,在硫磺砂浆表面与轨枕结合部涂刷一层绝缘胶。

2)反锚法锚固工艺。混凝土轨枕翻转后置于锚固生产线,使用螺旋道钉安装托盘安装螺旋道钉,将螺旋道钉插入预留道钉孔并将托盘固定于生产线托梁上,并逐个检查螺栓道钉的安装质量和预留道钉孔的密封状况。之后,从混凝土轨枕底面向螺旋道钉孔内一次浇筑硫磺砂浆,浇筑深度符合设计要求。待硫磺砂浆固化冷却、轨枕翻转后,再涂刷绝缘胶。

(5)轨枕锚固注意事项。

1)锚固作业前,混凝土轨枕预留道钉孔及螺旋道钉应清理干净,且不被水湿润。

2)硫磺砂浆制备及运输途中,应不断搅拌,其温度不过高或过低,以保证砂浆均匀且不产生自燃,温度过低会导致流动性降低、容易快速固化而影响锚固质量。

3)硫磺砂浆灌入道钉孔时的温度应不低于 130 ℃,并一次浇筑成型。

4)锚固好的螺旋道钉的垂直度、中线度及预留高度等符合设计要求,施工应采用锚固架、托盘等专用工装进行固定。

5)每作业班应进行螺旋道钉锚固质量的检查,抗拔力检查应每公里做 1 组(3 个)试验,实测抗拔力值均不得小于 60 kN。若抗拔力检查不合格,应加做 2 组,仍不合格则应检查配合比并将本批锚固轨枕全部返工。

6)锚固完成的混凝土轨枕应按规定进行码放,并注意对螺旋道钉的保护。

7)硫磺锚固砂浆生产线应避开生产办公区及居民区的上风口,作业人员应在上风处,并佩戴防护用品。施工现场周边严禁堆放易燃易爆物品。

4. 单枕连续法铺轨

(1)概述。采用单枕连续法长轨铺轨机组,一次铺设有砟轨道轨枕及长钢轨,主要流程包括:施工准备、长轨和轨枕装车及运输、长轨铺轨机组铺轨。其中,对于非预埋套管式混凝土轨枕而言,施工准备还应完成轨枕硫磺锚固。

(2)施工准备。根据设计文件及现场实际,完成长轨轨节表编制,并制定铺轨计划表。组织施工技术培训和技术交底。长轨铺轨机组完成组装及调试,到达铺轨地点待命。

(3)轨枕运输列车装车及铺轨机组准备。长轨铺轨机组及枕轨运输列车在铺轨基地内组装调试,履带式钢轨拖拉机通过便道运输到达铺轨位置作好准备。长轨铺轨机组按铺轨主机、枕轨运输列车、机车的顺序进行编组,枕轨运输列车应以钢轨拖拉端紧靠铺轨主机。轨枕转运龙门吊在运输过程中必须固定在长钢轨分轨车上,确保安全。长轨铺轨机组主机应通过机车推送提前到达铺轨位置,自行对位,至距已铺轨道轨端0.5 m处停机,并将走行方式由轮轨走行转换为履带走行,解除轨枕转运龙门吊与长钢轨分轨车上的锁定,确保轨枕转运龙门吊在走行轨道上安全自由地走行。

(4)长钢轨及轨枕装车与运输。长钢轨、轨枕及扣配件采用双层枕轨运输列车运输，其中长钢轨装载于底层，可装 14 根，轨枕装载于长钢轨之上的双层支架上方，可装 4 层，每列枕轨运输列车一次可装载 2 km 轨料。

长钢轨装车时应对照轨节表按铺轨里程左右股配对装车，对号入座，并对每根钢轨编号和标识，以免现场铺设时拖拉错误。长钢轨采用联动群吊吊装，吊装时，应同步起动，缓吊缓移缓落，保持长钢轨基本平稳。长钢轨装车后应及时锁定。

长钢轨装车完毕后进行轨枕装车。装车时应结合轨节表和铺轨吊装顺序，注意不同规格和特殊轨枕的装车位置和顺序，以确保现场施工顺畅。轨枕吊装采用轨行龙门吊，按每组 16 根将轨枕吊装到双层支架上方。轨枕装车时，轨枕中心线应与车辆中心线重合，避免偏载，每装完一层须在轨枕承轨槽的正中央位置放置 10 cm×10 cm 的通长硬方木。轨枕装车完毕，应对轨枕进行捆扎加固，并检查是否偏载、漏垫支垫物等。

长钢轨及轨枕装车完毕且经检查符合要求后，由机车牵引或推送至铺轨位置。当采用机车牵引方式，务必在前方岔线或车站通过由牵引改为推送方式使枕轨运输列车到达铺轨位置后与铺轨机组主机连挂。枕轨运输列车运输时应缓起缓停，避免紧急刹车，运行速度一般按重点整道后线路重载不超过 15 km/h、空载不超过 30 km/h，初期整道后线路重载不超过 20 km/h、空载不超过 40 km/h。道岔区段，铺岔后未整道的过岔正向不超过 10 km/h、侧向不超过5 km/h，铺轨后完成初期整道的正向不超过 25 km/h、侧向不超过15 km/h。车辆通过隧道、道口前时要鸣笛减速通过。

轨枕运输列车由机车推送进入铺轨现场，距铺轨机组 30 m 处一度停车，再以不大于 3 km/h 的速度将枕轨运输列车与铺轨机组连接，摘开机车。铺轨过程中，由铺轨机组主机连接并牵引枕轨运输列车前行。长大坡道地段需要由机车补充动力的，应另行研究和编制专项技术方案。

(5)长钢轨拖拉。正式铺轨前，枕轨运输列车与铺轨机组主机连接编组后应开机试运行一段时间，以确认设备机况良好。

解除待铺 1 对长钢轨的锁定装置，通过铺轨机组主机前端的卷扬机钢丝绳及钢轨夹钳拖出长钢轨，并引导送入长钢轨分轨装置与推送装置。开启长钢轨推送装置，将长钢轨沿导向装置推送至铺轨机组前端钢轨拖拉机拖拉架下，用轨卡和钢丝绳将长钢轨端部与钢轨拖拉机连接牢靠，开始长钢轨拖拉。

钢轨拖拉机拖拉长钢轨匀速前进，按每隔 10～15 m 间距在长钢轨正下方放置导向滚轮，拖出的左右两根长钢轨间距为 3.2～3.3 m，并尽量在轨道中线两侧对称布置。长钢轨末端拖拉至分轨装置附近时，钢轨拖拉机速度降低。长钢轨末端将要拉出最后一个导向框时，钢轨拖拉机再次降速，使拉出的长钢轨终端与已铺轨道的前端基本对齐，以后每次拖拉长钢轨均在前一对长钢轨还未全部收入承轨槽之前进行，以便于两对长钢轨首尾衔接。当长钢轨末端超过已铺轨道端头时应停止拖拉。铺轨机组前转向架轮运行到距已铺轨道端头 200 mm 时，用液压收轨装置将长钢轨收入承轨槽内，按焊缝要求结合实时轨温调整预留轨缝，并安装无孔连接夹板将轨缝两端长钢轨连接。

长钢轨拖拉时左右两根长钢轨应同时拖拉，长钢轨从枕轨运输列车上向前拖拉时应由两侧向中间依次拖拉，拖拉开始及过程中应保证轨卡与长钢轨锁定牢固。

长钢轨拖拉及铺设过程中应特别注意避免以下现象发生:长钢轨卡固不牢,造成拉脱;拖拉时导向不准,碰伤长轨条;长轨条倾覆,扭伤钢轨;漏垫滚轮或支垫间距过大,或拖拉线路上底砟高低不平,将底砟拖出沟槽或擦伤钢轨。

(6)轨枕转运、铺设及收轨。

1)轨枕转运。轨枕转运由车载龙门吊完成,每次按 16 根轨枕 1 组进行转运。轨枕转运前,应连通各枕轨运输车之间及与铺轨机组之间的龙门吊走行轨桥。

车载龙门吊取轨枕时,先取走轨枕上长方木条,再将轨枕端头调整平齐,以不影响车载龙门吊取枕和走行。按组钩挂轨枕并确认挂钩牢靠后,车载龙门吊缓慢吊起轨枕,吊起高度至吊起轨枕底部高出枕轨运输列车上轨枕顶面 10 cm 以上。严禁轨枕未可靠吊取而强行起吊,或未提升到规定高度便走行车载龙门吊。

确认轨枕挂取妥当及轨道连接妥当后,车载龙门吊按“前后慢,中间快”原则向前走行到轨枕转运平台后,缓慢下降并落放轨枕。落放轨枕时,严禁过度下降而导致钢丝绳脱槽,或碰损轨枕。

轨枕转运应尽量按层转运,以减少车载龙门吊因载重量差距造成车面高差,避免转运龙门吊重载爬坡,转运过程中还应注意转运速度与轨枕传送装置的配合,尽量使轨枕连续不断地供应,保证长钢轨连续铺设。

2)轨枕铺设。长轨拖拉完成后,应根据铺轨控制基桩或预设的铺轨中线(如棉线等)检查和调整长钢轨位置及间距,使之尽量与中线符合。之后,操作人员先将铺轨机组主机计程轮放下,打开自动操作开关并操作铺轨机组向前行进,行进过程中轨枕布设装置按规定间距自动布设轨枕。同时,收轨装置通过导向装置自动同步将长钢轨导入轨枕承轨槽中。

轨枕铺设时,轨枕从轨枕转运平台经传送带送到作业梁底部的轨枕布设装置,轨枕布设装置在间距控制信号控制下将轨枕推到道床上,最后由间距调整装置在计程轮的触发下自动完成轨距调整,并保证轨枕与轨道中心线垂直。轨枕铺设过程,应随时检查轨枕间距及垂直度,保证轨枕间距允许误差±5 mm、布枕横向精度±5 mm。当超限较多时,应停止作业,待检查和消除影响因素后,方可恢复作业。

在轨枕铺设到道床上的同时,人工配合从铺轨机上存放配件的地方向轨枕上及时正确放置橡胶垫块。

轨枕铺设过程,各岗位操作人员应按操作规格要求,严密监控铺轨机组作业状态,发现异常情况后应即时处理,对影响铺轨作业安全和质量的,应停止作业,待查明原因消除影响因素后再恢复作业。

3)收轨。收轨由铺轨机组收轨装置自动完成,紧随轨枕铺设同步进行。长钢轨拖拉时,长钢轨已经进入铺轨机组收轨导向装置,铺轨机组前行过程中将可钢轨依次置入各轨枕滚轮。操作人员操作液压夹钳滚轮,最终将钢轨收入轨枕承轨槽中。同时,回收支垫滚轮。

长钢轨落入承轨槽后及时散布轨枕扣件,并按每隔 9 根轨枕组装 1 组扣件,以保证铺轨机组及枕轨运输列车前行。小半径曲线地段或路桥过渡位置,可适当加密扣件安装数量。

铺轨机组至已铺设轨道端部的适当位置后,尺量长钢轨轨端相错量值,当相错量大于 40 mm时应使长钢轨左右股锯切平齐。同时,准备钢轨无孔连接夹板,以备下一对长钢轨铺设时的钢轨连接。

(7)轨道组装。铺轨机组铺设长钢轨和轨枕通过后,应及完成剩余扣件的安装,形成轨道

线路。轨道安装过程中,应注意下列问题:

1)扣件组装前,应方正轨枕并调整轨枕间距正确,绝缘缝位置应保证绝缘缝处于两侧轨枕的中间位置,轨枕间距铺设的允许偏差为±20 mm,连续6根轨枕的距离为3 m±30 mm,相邻轨枕间距的偏差不超过5 mm;

2)扣件安装应正确、齐全;

3)轨距正确;

4)扣件螺栓扭矩或扣件扣压力应符合要求;

5)应在轨枕上醒目标识线路里程和轨道控制桩的方位,以便查找;

6)轨枕类型及扣件系统应符合轨节表要求,需要更换电容枕、电气绝缘枕或电磁枕等特殊轨枕的,应作醒目标识。

(8)收尾。当1列枕轨运输列车所运轨料铺设完成后,转运龙门吊停放在铺轨机组主机上。应将枕轨运输列车先摘钩,并取掉转运龙门吊走行轨过桥,之后枕轨运输列车返回铺轨基面运送轨料。当全线铺轨完成后,钢轨牵引车由便道经公路运输返回,铺轨机组组机由机车牵引返回铺轨基地。

铺轨完成一段后,应再次对线路铺设质量、扣件及轨枕的完整性、钢轨接头连接等进行检查,以便后续的上砟整道作业。用后的扣件袋子、铁丝、方木条等杂物应随车回收。

5. 群枕法铺轨

(1)概述。群枕式长轨铺轨组一次铺设有砟轨道轨枕及长钢轨,施工流程与单枕法铺轨机组作业基本相同,施工准备、轨枕锚固、轨枕运输列车装车与运输等环节与单枕法铺轨机组施工完全相同。不同之处主要在于,铺轨机组铺轨时,轨枕采用分次布设而不是连续布设。

(2)铺轨机组准备。群枕式长轨铺轨机组一般在铺轨基地组装调试并编组,并在启动发动机和液压系统后进行轨枕搬运车、收分轨装置、布枕、匀枕装置等作业机构试运转,各项性能指标合格后方可用于正式施工。

与单枕法铺轨机组相同,群枕式长轨铺轨机组由机车推送到铺轨起点位置。群枕式铺轨机组首次铺轨时,主机前进距已铺轨线路轨端870 mm处停车,完成主机转向架与走行履带的连接。由于铺轨机组前端履带与布枕装置之间的距离无法由布枕装置布枕,因此在铺轨开始前,在主机履带走行到位后,需采用人工或其他方式预铺28根(16.8 m长)轨枕。

(3)长钢轨拖拉。长钢轨拖拉工艺与单枕法铺轨机组作业相似,不同之处在于长钢轨拖拉时,左右2根长钢轨的间距由3.3 m变为3.1 m。

(4)轨枕转运与铺设。

1)轨枕转运。轨枕转运由2台轨枕搬运车(也叫"车载龙门吊")完成,转运距离较长时可接力转运。轨枕搬运车每次可转运28根轨枕,轨枕搬运车沿轨枕运输列车两侧的走行轨道来回行驶完成轨枕的接力转运,后端轨枕搬运车(简称2号车)主要功能是将轨枕向前方倒运,前端轨枕搬运车(简称1号车)的主要功能是将轨枕转运至主机的支架上面。

轨枕转运的安全及技术要求与单枕法长轨铺轨机组铺轨相同。

2)轨枕间距均匀。轨枕间距均匀简称"匀枕",由匀枕机构完成。匀枕机构由轨枕支架、顶升装置和匀枕小车组成。

轨枕支架下设液压油缸,油缸能够使轨枕支架升高或降低。当轨枕支架顶起一组(14根)轨枕后,链轮驱动14辆匀枕小车沿轨道后退进入轨枕下方,全部匀枕小车到位后,通过液压油缸使轨枕支架下降,14 根轨枕一对一地落放到 14 辆匀枕小车上面,然后,由链轮驱动链条带动最前端的匀枕小车向前移动,按照设计轨枕间距(一般为 600～650 mm 的固定值)进行匀枕作业,14 辆匀枕小车通过链条“软”连接,当最前端的匀枕小车前进到预定位置时自动停止,匀枕作业即告完成,此时每辆匀枕小车上面各摆放着一根轨枕,并且轨枕间距均匀。待布枕机专用夹具吊走已经匀设好的 14 根轨枕后,匀枕小车后退,开始下一组轨枕的匀枕作业。

3)轨枕铺设。主机前端的轨枕布设机后退与匀枕小车对位。通过液压油缸驱动轨枕夹具开合,一次性提取 14 根轨枕,轨枕布设机沿轨道前行到位后,夹具下降,距地面 50～100 mm 时停车。根据轨道施工控制桩或中线(桩)检查轨枕是否在中线位置,并通过布枕机左右摆动将轨枕调整至中线位置,偏差不大于20 mm;测量前次铺设的最后一根轨枕与本次铺设的第一根轨枕间距,调整间距允许偏差±5 mm。当轨枕中线和间距符要求后将 14 根轨枕一次性铺放至道床上面。然后,轨枕布设机收起轨枕夹具并后退,准备提取第二组轨枕,铺轨机组整机向前行驶。

每铺设 14 根轨枕,铺轨机组向前进 8.4 m,铺轨机整机前进或铺设下一组轨枕的同时,人工配合从铺轨机组上存放配件的地方向轨枕上及时正确放置橡胶垫块。

轨枕铺设过程,各岗位操作人员应按操作规程要求,严密监控铺轨机组作业状态,发现异常情况后应即时处理、停止作业,待查明原因消除影响因素后再恢复作业。

6. 换铺法铺设长钢轨

(1)概述。换铺法铺设长钢轨,顾名思义,先采用轨排铺轨机先铺设短轨轨排,在线路上砟达标甚至线路开通运营一段时期后,待线路道床稳定后再拆除短轨并换铺长钢轨,最终焊接和锁定无缝线路。换铺法铺设长钢轨是有砟轨道无缝线路施工的传统作法,受设计、工期及现场条件的制约,在无法一次铺设长钢轨时,采用换铺法铺设长钢轨也是较好的选择方式。高速铁路有砟轨道换铺法铺设长钢轨主要流程包括:施工准备、轨排生产、轨排铺设、上砟整道、长轨换铺等。

换铺法铺设长钢轨在轨排铺设的同时,一般会涉及 T 梁架设,边铺轨边架梁,存在架桥机和铺轨机交替施工的问题。本节内容仅介绍轨排铺轨机铺轨和长钢轨换铺。

(2)施工准备。换铺法铺设长钢轨施工准备除修建铺轨基地进行材料储存外,还应进行路基及线下工程交接、轨道施工控制桩测设及底层道砟预铺等工作。施工材料除正式的轨枕、扣件、厂焊长钢轨外,还需要周转用 25 m 短钢轨及鱼尾夹板等。

(3)轨排生产。

1)生产方式。采用 25 m 长 60 kg/m 有孔轨作为工具轨,在轨排组装台座摆放轨枕并组装轨排。轨排生产一般为 6 个轨排为一个单元(即 150 m 长)进行轨排生产,以便于轨枕间距按 600 mm 间距布置,钢轨与轨枕的关系应使轨排组装后轨枕不致于刚好落入轨缝位置为宜。

采用两组扣轨束或工字钢纵向布置搭设轨排组装平台,并在组装平台上设轨枕间距控制装置。轨枕锚固作业量较大的,也可采用专门的轨排生产线进行轨枕锚固和轨排生产。

2)轨枕摆放。采用龙门吊＋钢丝绳等软索吊装轨枕,将轨枕均匀摆放于轨排组装平台。两人一组,用撬棍将轨枕拨到标定的位置,以保证轨枕方向、间距及方正。之后,将轨枕橡胶垫板按设计位置摆放于轨枕的承轨槽中。

3)钢轨吊装及轨排组装。采用龙门吊＋吊轨梁方式将两根钢轨左右摆放在轨枕的承轨槽中,钢轨端头应平齐。需要设置内外股缩短量的,应在配轨时加以解决。

逐根轨枕组装钢轨扣件，并保证扣件扭力或扣压力满足要求。轨排组装完成后，对轨距、轨枕间距等再次检查，确认轨排组装合格，并对轨排进行编号。

4)轨排存放。组装合格后的轨排采用2台龙门吊＋钢丝绳等软索将轨排吊放于存放位置码垛存放。轨排垛上下对齐叠放，龙门吊吊装时最高不超过12层。轨排存放时，应考虑运输、倒装和铺轨顺序的需要。

(4)轨排铺设。

1)铺轨机准备。轨排铺轨机在铺轨基地编组调试后，按铺轨机、机动平车、装载倒装龙门吊的平板车的顺序由机车推送到铺轨起点位置对位。倒装龙门吊按规定间距并避开桥梁、隧道及岔区位置或其他障碍物在铺轨机后方位置，对称线路中心两侧进行安装。

2)轨排装车及运输。25 m轨排采用N17平板车运输，每组轨排运输车由2辆N17平板车连挂组成，并在车钩处加装缓冲器，在车辆两端加转向架。每组轨排运输车一次装载6个轨排(150 m线路)，10组轨排运输车可一次装载60个轨排(1.5 km线路)，轨排运输车装车编组后由机车推送到铺轨前方。运输距离较远的，可先由机车牵引运输，在距铺轨前方较近的车站或岔线调车并重新编组。

3)轨排倒装。轨排通过倒装龙门吊、轨排运输车、机动平车相互配合由轨排运输车倒装至机动平车上。

机车推送轨排运输车使1组轨排位于倒装龙门吊下；倒装龙门吊吊起轨排组，轨排运输车退出；机动平车进入倒装龙门吊位置，倒装龙门吊将轨排组装入机动平车；机动平车将轨排组运向铺轨机。机动平车与铺轨机对位，通过铺轨机主机上卷扬机将轨排拖入铺轨机上。

4)轨排铺设。铺轨机进入铺轨位置停车，吊起1节轨排到位并将之放在底层道砟面上。当轨排接近底层道砟面时，人工用撬棍参照轨道施工控制桩或轨道中线，将轨排拨至设计中线位置，并使轨排后端与已铺轨排对位。在轨缝处安装轨缝卡片，保证轨缝大小适度。轨排落实后，用鱼尾夹板或无孔夹具将铺轨轨排与已铺轨排连接牢固。铺轨机前行铺设下一节轨排。

(5)长钢轨换铺。

1)基本要求。为加快25 m工具轨的周转，减少周转材料使用，施工组织一般以区间或区段(前站车站或区间岔线之间)为单元分段铺轨、分段整道、分段换铺长钢轨。长钢轨换铺在线路上砟整道达到初期稳定条件后进行，此时轨道几何尺寸、道床饱满及密实能保证无缝线路的稳定。

长轨换铺有两种方式，一是推送法施工，即先拆除工具轨，利用长轨推送车直接将长钢轨从长轨运输车上放入承轨槽内，最后回收工具轨；二是利用长轨运输车直接将长钢轨卸于线路两侧砟肩位置，之后再拆除工具轨，换入长钢轨，最后回收工具轨。第二种方式主要用于既有线换铺长轨施工。本节主要介绍推送法换铺长钢轨，主要施工流程包括：长轨装车及运输、长轨推送、工具轨回收等。

2)长轨推送车组成。长轨推送车由长轨运输列车、分轨装置、降坡装置、卷扬机、推送机构、A型下道架等组成。长轨运输列车为带滚轮的长轨运输列车或枕轨运输列车。

分轨装置、降坡装置、卷扬机和推送机构安装于2～3个平板车上，置于长轨运输列车前方。施工时，通过卷扬机及钢丝绳将长钢轨从长轨运输列车滚轮上拖出并引入分轨装置、降坡装置和推送机构，再由推送机构将长钢轨向前推送。

下道架由3个A型且带导向槽的门架组成，置于推送装置前方，施工时，长钢轨从平板车上推送装置沿 A 型门架逐渐到达地面,以免长钢轨跌落损伤。

施工时,设备布置顺序由前向后依次为下道装置、推送机构平板车(含入分轨装置、降坡装置、卷扬机和推送机构)、长轨运输列车和机车。推送机构平板车及下道装置可提前运送到现场布置,也可与首列长轨列车一起运输到现场布置。

3)长钢轨装车及运输。厂焊长钢轨采用长轨运输列车或枕轨运输列车运输,在铺轨基地内装车,也可由铁路局焊轨厂长轨运输列车直接从焊轨厂装运到现场。

长钢轨装车时应对照轨节表按铺轨里程左右股配对装车,每对长钢轨作业边应向内且对称于运输列车纵向中心,并对每根钢轨编号和标识,以免现场铺设时拖拉错误。长钢轨采用联动群吊吊装,吊装时,应同步起动,缓吊缓移缓落,保持长钢轨基本平稳。长钢轨装车一层,锁定一层。

机车推送长轨运输列车抵达卸轨现场,长轨运输列车的运行速度应满足安全施工的要求,原则上不超过 45 km/h。

4)长钢轨换铺。施工准备:长轨运输列车到达现场前,拆除拟换铺地段的工具轨并拨至承轨槽范围以外,整理橡胶垫板,按 10 m 间距左右对称在轨枕间钢轨中线位置安放支垫滚轮,曲线地段可适当加密,滚轮安放的间距及数量以道砟或轨枕不影响钢轨推送为准。并在换铺起点的已铺钢轨上安放枕木头,以防止长钢轨尾端落槽时与已铺钢轨碰撞。当已铺钢轨轨端不平齐时,应将其锯切平齐。

长轨运输列车与推送装置平板车连挂后,在距换铺起点轨端 7 m 位置一度停车,之后缓慢行进至距换铺起点轨端 1.2 m 处停车,安放铁鞋等制动设施。解除待铺 1 对钢轨的锁定约束,拆除该层挡轨装置。

钢轨拖拉:开动卷扬机反转,将钢丝绳牵引至长钢轨前端 4 m 处安装钢轨夹具,安装位置满足卷扬机能将长钢轨拖拉并导入推送装置。在长钢轨端头安装带船头坡的导向铁件,导向铁件可使长钢轨顺利进入分轨装置、降坡装置、推送机构、下道架及滚轮轮槽等。

开启卷扬机装置,人工配合导向使长钢轨前端向前移动并依次进入分轨装置、降坡装置和推送机构。当长钢轨前端穿过推送机构辊轮 0.5 m 以上时,停止卷扬并取下钢轨夹具。

开启推送机构辊轮,人工辅助导向使长钢轨前端依次通过下道架,经长钢轨前端安装带船头坡的导向梭头,之后继续推送长钢轨支垫滚轮向前移动,直至长钢轨尾端穿出推送机构辊轮。长钢轨推送过程应按先慢、后快、再慢的节奏,并加强对长钢轨及各装置的监控,出现异常应立即停机,待检查并排除异常后再恢复施工。

长钢轨就位:检查长钢轨尾端与已铺钢轨轨端的相对关系,确认长钢轨推送基本到位。

长轨运输列车及推送装置平板车后退一定距离,人工配合依次移除下道架并使长钢轨轨端下落至承轨槽内。根据长钢轨尾端与已铺钢轨端头的相对关系,通过人工调整或卷扬机牵引,使长钢轨尾端与已铺钢轨轨端连接,并调整轨缝大小后,采用无孔夹板连接。

轨道恢复:依次拆除并回收支垫滚轮,按 1/10 数量安装钢轨扣件后。长轨运输列车前进铺设下一对长钢轨。待长轨运输列车铺轨通过后,再按要求安装全部钢轨扣件。

长轨换铺后,已铺长钢轨与待换铺线路应及时插铺短轨连接,以恢复工程线通车。对不能及时连接恢复的,应将线路全部封锁。

5)工具轨回收。长钢轨换铺施工拆除的工具轨,采用专用收轨平车回收。施工时,由机车或轨道车牵引收轨平车进入区间,收轨平车靠近待收工具轨对位后,收轨平台两端的悬臂吊+

夹轨钳同时吊住工具轨并将工具轨装入转向架。收轨作业完成后，收轨平车将工具轨回送到铺轨基地卸车存放，以便继续生产轨排，工具轨使用3～5次应进行一次检查矫直。桥梁或高路堑地段需要铺设护轮轨的，长钢轨换铺施工拆除的工具轨可直接用于护轮轨安装。

6)长钢轨焊接及无缝线路锁定。高速铁路有砟轨道长钢轨焊接及无缝线路锁定，在线路达到初期稳定状态且道床饱满的条件下进行，施工组织及施工工艺与无砟轨道长钢轨焊接及无缝线路锁定相同，相关内容详见无缝线路有关内容。

7)轨道精细调整。高速铁路有砟轨道长钢轨焊接及无缝线路锁定轨道精细整理在无缝线路焊接锁定后进行，除线路中线、高程、轨向、水平高低及扭曲等主要通过大型整道机组作业调整外，其他局部调整和轨距调整等只能通过人工调整。该部分工作与无砟轨道无缝线路的精细整理相同，详见内容见无缝线路有关内容。

7. 上砟整道

(1)概述。铺轨后的上砟整道以大型整道机组作业为主，人工配合为辅，分次作业、分级达标。施工过程必须坚持道床饱满度满足整道机组作业的要求，因而做好道床道砟补充是施工质量保证的基础。

上砟整道主要施工流程包括：铺轨后重点整道、道砟补充、大型整道机组作业等。

(2)铺轨后重点整道。铺轨后应随即进行重点整道，保证枕轨运输列车等轨道车辆能按15 km/h的速度安全通行。主要作业要点：

1)严格轨道组装质量，方正轨枕和调整轨枕间距合格，齐全、正确地组装钢轨扣件，并保证轨距正确，扣件螺栓扭矩或扣压力符合要求。

2)依据轨道施工控制桩将轨道拨至中线位置，并使轨道前后方向顺直，夯实钢轨及承轨槽位置60 cm的枕下道砟，消除反超高、空吊板和三角坑。

3)钢轨接头全部采用无孔夹具连接，无大轨缝，无连续3个以上的死轨缝。

4)为减少后期大型整道机组的工作量，铺轨后重点整道除应满足轨道车辆按15 km/h安全通行的要求外，还应通过人工拨道使轨道中线尽量顺直，与设计中线偏差值控制在20 mm以内，并消除线路较大的高低起伏。

(3)道砟补充。

1)基本要求。道砟补充应根据底砟预铺数量、道床设计高程，并结合计划起道次数及起道量确定道砟的卸砟次数和每次卸砟量。道砟补充前，双向道床配砟整形车先将线路两侧散铺的道砟收回道床范围之内，再根据缺砟数量的多少，安排道砟补充。

一般情况下，大型整道机组首次作业前可铺设计道砟数量的65%，之后可按设计道砟数量的15%～20%分两次补充道砟，直到全部设计道砟数量都已铺在线路上。在线路联调联试期间，根据线路整道质量及道床饱满程度确定和补充大型整道机组作业所需消耗的道砟量。

2)道砟卸车作业要求。工程线道砟卸车一般按15～20辆石砟漏斗车编组由内燃机车牵引往返于道砟存放场和施工现场运输和卸车。

每次装车前，应对车辆及操作系统进行检查，确认设备状态良好。装车时，严禁装入片石或杂物、级配不合格或脏污严重的道砟。装车后应检查和确认道砟无偏载、无超重和泄漏，砟面平整，且车辆无行车安全隐患后，方准运输。

卸砟前，各车辆风压应保证达到400 kPa，否则应使用手动机械操作。卸砟时，砟车运行速度应控制在5～10 km/h，卸车顺序按列车运行方向由前向后逐辆完成。

卸砟作业由卸砟负责人统一信号指挥,卸车人员应配无线对讲机并佩戴防护用品。卸砟负责人应经培训考核,并对卸车人员详细交待里程和卸砟量及安全注意事项并安排专人及时清道。作业过程,应严禁 1 人同时卸两节及以上砟车,严禁开启边门和中门卸砟,必须安排一人在车下观察车底砟量,指挥操作,同时注意观察车辆剩余砟量和偏载情况,适时调整卸砟中门和边门开启量,防止两对角集重超限。

以下 5 种情况严禁卸砟:①夜间或隧道内照明不足,大雾天气;②道岔咽喉区,明桥及道口;③无底砟或有底砟,但未经压道的新铺线路;④线路单侧卸砟,线路旁堆积影响卸车时;⑤无足够人员清道或其他危及行车安全的情况。

卸砟后,应使轨枕盒饱满,砟肩丰富,以满足大型整道机组作业及无缝线路稳定的要求。

(4)大型整道机组作业。

1)作业流程及基本要求。高速铁路有砟轨道新铺线路大型整道机组作业,分为初步达标整道作业和精细整道达标作业两个阶段,在底砟摊铺平整且厚度均匀、线路初铺中线符合要求的情况下一般需要 2 次补砟、3~4 遍的整道作业,其中前两次为初步达标整道,之后为精细整道。精细整道在无缝线路焊接锁定后进行,以保证线路达到设计稳定状态及要求的开通时速标准,精细整道中,第一次主要针对形成无缝线路后所发生的变化进行仔细调整,并对线路中心和曲线正矢再次精确定位,此次还需要动力稳定车配合作业,之后主要针对局部不达标和前一次通过动力稳定车后所出现的变化进行最终的精细调整,整道遍数根据线路状态确认。

大型整道机组一次完整的作业包括线路捣固车捣固(含起道、拨道)、动力稳定和配砟整形等,其中,配砟整形作业根据现场条件穿插于线路捣固和动力稳定作业之中,可前,可中,可后。当线路道床外形较好时,也可人工整形。

2)配砟整形。配砟整形车一般在 K 型石砟漏车卸砟或线路捣固车作业后作业,通过其侧犁收拢道砟并向线路中心补砟。配砟整形车不仅能将轨道中线两侧各 3.3 m 以内的堆积或散落的道砟全部清理收拢,按设计边坡将道床整理成型,而且还能将散落于轨枕或扣件上的道砟或杂物清理干净,达到道床配砟、整形和清扫轨枕扣件的作用,使道床布砟均匀,道床断面按规定成型,作业后线路外观整齐、美观。如图 8-21 所示。

图 8-21 配砟整形车作业

对配砟整形作业后,富砟较多的地段,可将多余道砟暂时置于道床外侧,也可利用小平车转运清走。对缺砟较多的地段,应人工匀砟优先保证线路捣固及起拨道用砟,并再及时安排后续的补砟,对匀砟仍不能满足线路捣固和起拨道作业的,则必须先补砟再进行线路捣固及起拨道作业。

3)线路捣固及起拨道作业。线路捣固及起拨道作业由线路捣固车完成,线路捣固车机况、施工方法及操作手水平是影响施工质量的主要因素。线路捣固车作业一般分为施工准备、线路测量、线路捣固车作业。线路超高大于150 mm或纵坡大于33‰的地段不能进行线路捣固车作业。

施工准备:每次线路捣固车作业前,道床内应有足够的道砟,其中轨枕盒内和轨枕端头道砟应充足,必要时应安排K型石砟漏斗车卸砟或配砟整形车作业,使道床饱满均匀,以不影响捣固车连续作业,同时应拆除影响线路捣固作业的临时道口、护轮轨、防爬设施、四电设备或电缆等。线路捣固车调试检查合格且状态良好,设备操作手按规定持证上岗。

线路测量:线路测量的目的是确定线路起拨道量及捣固遍数。线路测量有两种方法。

第一种方法:利用轨道施工控制桩测量。该方法主要用于线路铺轨后初步达标阶段的捣固作业。线路铺轨时至未进砟前,通过铺轨机组作业控制或人工重点整道将使线路中线控制在设计中线偏差2 cm以内,最大不超过5 cm,并使线路圆顺。经配砟整形车进砟或K型石砟漏斗车卸砟后,对照线路设计资料,采用L形检查尺和万能道尺通过轨道施工控制桩检查线路中线及高程偏差,并结合道床预铺厚度及总的起道量确定分次起道量和拨道量,拨道量原则上应一次到位。在轨道施工控制桩对应位置的线路轨枕上标识线路里程和起拨道量,一般按5 m间距标识。同时将线路平面曲线要素点、断链点、变坡点及竖曲线起讫点及其他特点点位在轨道上标识,以作为后期线路捣固作业的控制基准。

第二种方法:利用轨检小车测量。该方法主要用于精细整道阶段的捣固作业。只要措施到位,通过初步达标阶段第一次和第二次线路捣固车及动力稳定车作业之后,线路实际中线、高程都能达到设计及允许偏差的范围,此时对线路测量的要求不仅要确定线路轨道的中线及高程偏差,更要确定线路轨道几何高低、方向偏差。因此,采用轨检小车测量速度快捷、数据准确,不仅能为线路捣固车提供施工数据,而且通过其测量成果可直接评价线路平顺性质量。该阶段的线路测量可采用绝对测量的轨检小车还可采用相对测量的轨检小车,相对测量的轨检小车即通常所指"轨检仪"。尤其是采用相对测量的轨检小车,测量速度可达到3 km/h,单台轨检小车即能满足单组线路捣固车作业的需要。通过轨检小车数据,可直接判别线路轨道几何的薄弱环节,确定大型整道机组作业的重点。实际上,对于起道拨量较小的线路测量,线路捣固车可通过自身测量系统测量指导起拨道作业,轨检小车能够提前确定需要线路捣固车作业的重点和范围。

线路捣固车作业:线路捣固车作业时,每次捣固两根轨枕并夯实道床砟肩道砟。当起道量在50 mm以上,一次连续捣固两下,当起道量在50 mm以下时,一次捣固一下。线路捣固车一般在直线地段开始和结束捣固作业,曲线地段起讫作业时,也尽量安排在圆曲线中间地段,严禁在缓和曲线或路桥结合部结束作业。

线路捣固车结合线路超高设置情况,通过自动化控制对线路进行起、拨、捣作业,并完成超高设置。对于起拨道量超过10 mm的,需要提前在轨枕上标注起拨道量指导作业,对于起拨道量小于10 mm的,则由线路捣固车自身测量系统测量并指导作业。

移动线路捣固车,使拨道指针位于红区,打开自动拨道系统,开始拨道作业。进入曲线地段必须现场对点确认数据与计算机输入一致,并确认同步点方可进入曲线地段作业。

线路捣固车作业时以不大于0.5‰的比率顺坡至标定起道量,以后按测量数据作业调整,终止作业前以同样的比率顺坡至起道装置无动作,必要时起道量可调整至负数,当起道量变化时,起道量应均匀调整。捣固频率控制在 18 次/min 以内,捣固装置夹持时间不低于 0.6 s(控制开关数字之间间隔 0.2 s),重点地段应延长夹持时间,提升捣固质量,捣固装置下插深度控制在镐掌上沿距轨枕底部 10～15 cm。

当采用 D08-32 型或 D09-32 型线路捣固车时,直线地段可在捣固车作业前方 200～600 m 范围内安装激光发射仪,线路捣固车根据激光发射仪测量值和线路数据自动控制对线路进行起拨捣作业。激光小车应安装在轨道中线合格的位置,必要时可采用轨道施工控制桩辅助测量、拨移轨道或调整激光发射装置。线路捣固车由远及近向激光小车位置作业,并在距激光小车 20 m 前停车,待激光小车安装或推至下一点调整好以后,才能继续作业。激光作业时,邻线来车时需停止作业,待邻线车通过后方可继续作业。

线路捣固车应连续作业,避免间断作业。线路轨道几何尺寸严重不良地段应进行二次捣固作业。线路捣固车作业完成后,应通过记录仪检查作业后的线路状态,了解作业质量。

4)动力稳定。动力稳定可使碎石道床的非均质性由不同的沉降表现出来,而所出的非均质性可通过下一次道砟的铺设、捣固和动力稳定得以消除。动力稳定是巩固线路起拨道和捣固质量的关键。动力稳定由动力稳定车完成,在线路捣固车作业后随即进行,否则其他通过的运输车辆会影响线路捣固后的轨道平顺性。

动力稳定车在线路捣固车首次捣固后对道床进行连续 2 次动力稳定,动力稳定车在路基上的工作速度一般为 0.6～0.9 km/h,由道床下层到道床上层,稳定作业速度逐渐降低。从路基向桥上进行动力稳定时,应在上桥前 30 m 范围再把加载值逐渐降低 50%,并在下桥后30 m 范围再将加载值逐渐提高至原来的数值。隧道内采用在桥上同样的方法处理。动力稳定车在桥上进行动力稳定应避开桥梁自振频率,工作速度不得低于 1 km/h,在桥上不得开始振动,也不宜结束动力稳定作业。

5)收尾工作。大型整道机组作业通过后,人工配合及时清除线路钢轨及轨枕面以上的道砟,将轨枕盒内道砟填充饱满,按设计断面将道床进行整形。

6)质量控制要点。大型整道机组作业质量的保证是一项系统工作,需要各个方面的密切配合,其质量控制主要有以下几点:

①整道作业前,轨道应平顺居中,高低均匀,轨枕间距正确,轨距正确,扣件安装齐全、正确,螺栓扭矩或扣件扣压力合格;

②线路铺轨后线路道砟均匀、底砟密实及厚度均匀、道砟补充充分,以减少线路起拨道量不一和道砟不足对线路捣固质量的影响;

③大型整道机组及作业应推行专业化管理,以良好的设备性能和状态、熟练的操作技能保证作业质量,设备作业前应进行检查和调试,严禁设备带病作业;

④整道作业前,应就线路坡道、曲线及超高设置、竖曲线、线路里程及标桩、桥隧分界、桥梁自振频率及起拨道量等向作业人员详细交底;

⑤线路捣固作业应在无缝线路锁定轨温－20 ℃～15 ℃范围内进行;

⑥线路捣固、动力稳定、配砟整形、道砟补充等作业应密切配合,尤其是道砟补充和动力稳定要做到与线路捣固的配合,道砟补充不得影响整道作业需要和无缝线路的稳定性;

⑦加强对整道质量的检查和评估,每次大型整道机组作业完毕应及时检查线路状况,以调整和优化线路捣固车和动力稳定车作业参数,针对性地安排精细调整方案,以期实现到最佳轨

道几何状态和稳定的线路状态，捣固及稳定作业参数和作业标准参考表 8-13 和表 8-14 的规定；

⑧施工过程应做好施工协调和运输管理，减少整道作业、工程运输及其他作业之间的相互干扰，确保进度和安全质量。

表 8-13 线路捣固车捣固作业参数及作业标准

序号	捣固作业参数及作业标准	第一遍作业	第二遍作业	第三遍作业	第四遍作业	第五遍及以上作业
1	捣固深度(mm)	插入枕底以下 100	插入枕底以下 100	插入枕底以下 100	插入枕底以下 80	插入枕底以下 80
2	夹持时间(s)	0.6	0.6	0.8	0.8	0.8
3	捣固次数	双捣	单捣	单捣	单捣	单捣
4	捣固速度(m/min)	20	20	20	18	18
5	捣镐振动频率(Hz)	35	35	35	35	35
6	中线偏差	≤50	≤30	≤30	≤30	≤30
7	轨向(mm)	—	—	≤3	≤2	≤2
8	水平(mm)	≤5	≤4	≤3	≤2	≤2
9	高低(mm)	—	—	≤3	≤2	≤2
10	扭曲(‰)	≤1.1	≤1	≤1	11	11
11	道床刚度(kN/mm)	—	—	≥70	≥120	≥120
12	纵向阻力(kN/枕)	—	—	—	≥14	≥14
13	横向阻力(kN/枕)	—	—	≥7.5	≥10	≥10
备注		依中桩拨道	绳正法或轨检小车拨道			局部找小坑

表 8-14 动力稳定车动力稳定作业参数及作业标准

序号	捣固作业参数及作业标准	第一遍作业	第二遍作业	第三遍作业	第四遍作业
1	动力稳定频率(Hz)	35	35	35	35
2	下沉量(mm)	20 左右	20 左右	10 左右	10 左右
3	稳定走行速度(km/h)	0.9	0.8	0.7	0.6
4	稳定荷载(kN)	19.8	19.8	19.8	19.8

(5)轨道精细整理。轨道精细整理在无缝线路焊接锁定后进行，除线路中线、高程、轨向、水平高低及扭曲等主要通过 2 次左右的大型整道机组作业调整外，其他局部调整和轨距调整等只能通过人工调整。

除了保证轨道几何尺寸良好和道床稳定外，轨道精细整理还应对道床外观进行整理，在保证道床宽度、边坡坡度、砟肩堆高等尺寸满足要求外，还应清除道床上包括轨道部件附着的杂物，清除道床范围内以外范围的道砟等，做到道床边坡坡脚线、砟肩线等四线平顺。

8.3.6 资源配置

8.3.6.1 *劳动力配置*

高速铁路有砟轨道线路工程施工采取架子队组织模式，根据工作面和作业内容组建若干个专业施工队,主要包括铺轨基地作业队、铺轨作业队、线路作业队、焊轨作业队、道砟供应队、道岔施工队、站线施工队和运输所等,各专业施工队依据施工流程平行作业。

(1)管理人员组织。一般以1个标段的有砟轨道线路工程为单位设置管理机构,负责多个作业面或专业施工队的施工组织。管理人员组织见表8-15。

表8-15 管理人员组织表

序号	职务或岗位	人数	主要工作内容
1	项目经理	1	全面负责管段内有砟轨道线路工程施工组织工作
2	项目副经理	3	协助项目经理负责施工管理、安全质量环保、物资供应、对外协调等方面的工作
3	项目党群工作负责人	2	负责项目党工团工作及后勤保障
4	总工程师	1	负责技术管理工作
5	副总工程师	2	协助总工程师负责技术管理工作
6	综合办公室	1	负责治安、保卫工作及行政事物、食堂、司机、文化娱乐的管理及对外接待联络工作
7	工程技术部	6	负责生产技术、工程试验、施工测量、工程调度
8	安全质量部	4	负责安全、质量、环保、工程试验
9	合同成本部	2	负责概预算及成本管理、验工计价等
10	物资设备部	4	负责设备及物资供应
11	财务会计部	3	负责财务会计工作
12	铺轨基地		负责铺轨基地建设,材料存放及装卸,轨枕锚固及轨排生产等
13	运输所		负责工程线运输及施工管理,负责除整道大机、铺轨机以外的轨行设备的使用、维护管理,负责运输组织,对外协调铁路管理部门
14	铺轨队		负责轨排铺轨机(组)和架桥机、收轨车、长轨运输列车、枕轨运输列车的使用和维护
15	线路作业队		负责线下工程交接、底砟预铺,配合大机整道、轨道精调及附属设备安装等
16	道砟供应队		负责道砟的存放、运输及卸车
17	焊轨作业队		负责无缝线路焊接锁定,负责焊轨设备的使用、维护
18	道岔作业队		负责正线高速道岔铺设及焊接锁定
19	站线作业队		负责站线轨道及道岔铺设

(2)生产人员组织。每个专业施工队,作业队长、工班长、技术人员和专兼安质人员由正式员工担任,且持上岗证上岗。其余根据需要可配置劳务用工,但岗前必须进行培训并经考试合格后上岗。特种工种必须按规定持证上岗。以下工序按双作业面日铺3 km(每个作业面1.5 km)为例介绍生产人员组织,见表8-16。

表8-16 专业作业队管理及生产人员组织

序号	岗位或工种	人数	主要工作内容
一	铺轨基地		
1	作业队队长	1	全面负责铺轨基地施工组织工作
2	技术负责人	1	负责工程技术
3	作业队副队长	2	负责施工生产、安全质量及物资供应

续上表

序号	岗位或工种	人数	主要工作内容
4	工程技术室	3	负责施工技术、施工测量
5	安全质量室	3	负责安全、质量、环保、工程试验
6	物资设备室	4	负责设备及物资供应,含库管
7	办公室	5	负责治安、保卫工作及行政事物、食堂、司机、文化娱乐的管理及对外接待联络工作
8	工程调度	2	负责生产指挥调度,协调对外关系
9	装吊班	25×2	含联动群吊、轨行式龙门吊
10	轨排组装	40×2	
11	机修班	6	含机械加工
12	巡守班	4×2	
二	运输所		
1	作业队队长	1	全面负责工程运输管理及既有线对外协调组织工作
2	作业队副队长	2	负责车务和机务管理工作
3	技术科	6	含行车调度、货运管理、安全监察
4	机务值班室	3	
5	铺轨基地站	15×2	含站长、值班员、调车员、连接员、列检员
6	铺架前方站	10×2	
7	中间站(每处)	3	根据需要设置
8	机车乘务组(每台)	4×2	含司机、副司机、调车员,乘务组数量根据机车数量及班次设置
9	轨道车乘务组(每台)		含司机、副司机、调车员,乘务组数量根据轨道车数量及班次设置
10	后勤保障	12	
三	铺轨队(每台机组)		单枕法或群枕法长轨铺轨机组
1	作业队队长	1	全面负责铺轨队施工组织工作
2	技术负责人	1	负责工程技术
3	作业队生产副队长	2	负责施工生产、安全质量
4	作业队设备副队长	2	负责设备保障
5	工程技术	4	配合技术、测量
6	安全管理	2	负责安全管理
7	物资及设备人员	2	负责设备及物资供应,含库管
8	铺轨机组人员	12×2	含设备操作、机修及电工等
9	辅助人员	20×2	含后勤保障
四	铺轨队		含轨排铺轨机、长轨推送及工具轨回收
1	作业队队长	1	全面负责铺轨队施工组织工作
2	技术负责人	1	负责工程技术
3	作业队生产副队长	2	负责施工生产、安全质量
4	作业队设备副队长	2	负责设备保障

续上表

序号	岗位或工种	人数	主要工作内容
5	工程技术	2	配合技术、测量
6	安全管理	2	负责安全管理
7	物资及设备人员	2	负责设备及物资供应,含库管
8	轨排铺轨机(每台)		
8.1	铺轨机组人员	10×2	含设备操作、机修及电工等
8.2	辅助人员	15×2	含后勤保障
9	长轨推送机		
9.1	铺轨机组人员	10	含设备操作、机修及电工等
9.2	辅助人员	70	含后勤保障
10	收轨车(每台)		
10.1	铺轨机组人员	2	含设备操作、机修及电工等
10.2	装吊及辅助人员	4	
五	线路整道队		
1	作业队队长	1	全面负责上砟整道(除道砟供应)施工组织工作
2	技术负责人	1	负责工程技术
3	作业队副队长	2	负责施工生产、安全质量、设备管理及物资保障
4	工程技术	30	负责路基交接、技术服务及施工测量等
5	安全管理	6	负责安全管理及环境保护
6	物资及设备人员	4	负责设备及物资供应,含库管
7	底砟摊铺	20	
8	重点整道	30	人工作业
9	大机作业		
9.1	设备操作及管理	20×2	
9.2	辅助人员	40×2	
10	轨道精调(垫片作业)	40	含施工测量
六	道砟供应队		
1	作业队队长	1	负责道岔采购、储存、运输等组织协调工作
2	作业队副队长	2	分别负责道砟采购及运输
3	道砟存放场(每处)	4	看守,接收及发运
4	道砟运输	—	协调运输事宜
七	焊轨作业队		
1	作业队队长	1	全面负责无缝线路焊接锁定工作
2	技术负责人	2	分别负责工程技术和焊接技术
3	移动焊作业机组(每个)		根据需要设置多个机组,一般为 2 个
3.1	作业副队长	1	负责单个机组施工组织
3.2	移动焊轨机机长	1	负责焊轨机操作及维护管理

续上表

序号	岗位或工种	人数	主要工作内容
3.3	工程技术	2	
3.4	焊轨操作专业人员	10	含锯轨、除锈、焊接、正火、打磨、探伤等以及设备维护等
3.5	辅助人员(单元焊)	60	
3.6	辅助人员(锁定焊)	120	
4	铝热焊作业机组		
4.1	作业副队长	1	负责单个机组施工组织
4.2	工程技术	1	
4.3	焊轨操作专业人员	10	含锯轨、除锈、焊接、打磨、探伤等
4.4	辅助人员	20	

8.3.6.2 主要设备机具配置

高速铁路有砟轨道线路铺设单作业面主要设备机具配置见表 8-17。

表 8-17 高速铁路有砟轨道线路工程施工主要设备机具

序号	设备名称	规格	单位	数 量
一	检测设备			
1	全站仪			
2	电子水准仪			
3	轨检小车			
4	电子道尺			
5	支距尺			
6	方 尺			
7	螺旋道钉抗拔仪			
8	道床阻力检测设备			
二	铺轨基地			
1	轨行式龙门吊	16 t×17 m	台	5
2	32 台联动长轨群吊	2 t×21 m	套	1
3	轨枕锚固生产线		条	1
三	轨道设备			
1	内燃机车	DF4	台	8
2	内燃轨道车	290 型	台	6
3	K 型石砟漏斗车	KZ70	辆	40
4	平板车	N17	辆	若干
5	宿营车或公务车		列	1
四	底砟预铺			
1	自卸汽车	12 t 及以上	台	若干
2	装载机	Z50	台	4

续上表

序号	设备名称	规格	单位	数　量
3	摊铺机		台	2
4	平地机		台	2
5	光轮振动压路机	25 t 及以上	台	2
6	履带式挖掘机	1 m^3 及以上	台	2
五	长钢轨铺设			
1	轨枕运输列车	500 m	列	2
2	单枕法长轨铺轨机组	CPG500 型	套	1
3	群枕式长轨铺轨机组	CYP500 型	套	1
4	支垫滚轮组	15 cm 高	个	200
5	轨排铺轨机	DJ32 型	台	1
6	轨排组装平台	自制	套	2
7	收轨平车	—	列	2
8	钢轨切割机		台	4
9	钢轨钻孔机		台	2
10	内燃螺栓紧固机		台	45
11	齿条式起道机		台	4
12	钢轨接头无孔夹具		套	200
13	25 m 工具轨	60 kg/m	km	60
六	整道设备			
1	内燃捣固机		台	12
2	齿条式起道机		台	40
3	内燃螺栓紧固机		台	40
4	线路捣固车	D08-32 或 D09-32 型	台	1
5	动力稳定车	WD320	台	1
6	配砟整形车	SPZ2000	台	1
7	钢轨打磨列车	PGM-48	台	1
七	钢轨焊接及无缝线路锁定设备			
1	移动式闪光接触钢轨焊接机	LR1200	台	2
2	铝热焊设备	斯密特	套	2
3	内燃锯轨机		台	2
4	除锈机		台	4
5	粗磨机		台	4
6	内燃钢轨仿型打磨机		台	6
7	仿型打磨机		台	2
8	数字式超声波探伤仪		台	1
9	数字式钢轨平直度检查仪		台	1

续上表

序号	设备名称	规格	单位	数　量
10	数字式轨温计		个	4
11	内燃式液压钢轨拉伸机		台	4
12	胶接绝缘接头设备		套	1
八	运输组织			
1	无线电通信系统		套	1
2	车辆防护器具		套	20
3	钩锁器		套	120
4	防护器具(含防护牌)		套	20

8.3.7 质量安全控制要点

8.3.7.1 质量控制要点

除满足设计及工艺要求外，高速铁路有砟轨道无缝线路施工质量控制要点还有以下几点：

(1)建立健全质量管理体系，配置质量控制要素，推进专业化管理和生产，严格施工过程控制，针对不同工序、不同施工内容制定并实施作业指导书、质量实施细则和质量检测大纲，以工序质量、细节质量保证最终的施工质量。

(2)加强各方协调与技术交底，尽早明确设计和技术标准，针对性编制施组织设计和作业指导书，开展技术培训和交底，确保设计和技术标准落到实处。

(3)严格控制轨道工程施工边界条件，铺轨前路桥隧过渡段、软基及高路堑地段、有砟与有砟轨道过渡段等特殊地段的线下结构沉降变形评估必须达标，防排水及接触网基础等附属施工基本完成，CPⅢ测量控制网复测精度达标。

(4)在精调测量中，配置高精度的全站仪、电子水准仪、轨检小车等，测量人员进行针对性的培训并经考核合格后上岗，施工过程应加强设备的经常性校正、日常保养和维护，计量器具定期送检标定。

(5)严格按技术条件开展轨料采购、运输、储存及检验，做好成品及半成品保护，不合格材料杜绝使用。对长钢轨吊装、运输、存放必须采用专有设备并制定专项施工方案，确保钢轨件不变形、无损伤；加强对预埋套管轨枕的保护，防止杂物进入预埋套管内。

(6)加强道砟生产检验及储存运输，对材质不合格、级配不合格、清洁不合格的道砟杜绝使用，道砟在运输、存储过程中严防二次污染。

(7)严格轨枕螺旋道钉硫磺锚固工艺控制，经常性地开展抗拔力检验。

(8)加强大型设备的使用、维护等，确保设备机况良好，专业人员必须持证上岗并按操作规程正确操作，以质量控制真正实现“设备保工艺，工艺保质量”。

(9)铺轨前严格检查预铺底砟平整度和碾实密度，预铺底砟平整度和碾实密度是轨道后期平顺度和稳定性的基本保证。同时，预铺底砟砟面中间不得凸起，否则会导致轨枕断裂。

(10)铺轨时严格控制轨道拼装质量，轨枕方正、间距正确，钢轨左右股正确，扣件安装齐全、扭矩或扣压力满足要求，轨道中心线与设计中心线一致，轨道平顺、无较大高低起伏，为后续上砟整道创造条件。

(11)大型整道机组作业时,道床道砟必须饱满、充足、均匀,每次作业应严格控制起拨道量,施工完毕,及时补充道砟,并检查轨道线路,以调整后续整道方案。大型整道机组不得在允许轨温范围外作业。

(12)换铺法施工无缝线路时,长轨换铺必须在线路达到初期稳定条件后进行。

(13)加强工程运输管理,严格控制工程线通行条件,杜绝设备掉道损伤线路部件,轨行设备严禁在道岔区段起步、制动或停机,大坡道应避免起步、制动或停机,以免损伤设备和钢轨。

(14)厂焊长钢轨进场后必须逐个焊头进行外观、平直度和探伤检查,不合格焊头杜绝上道使用。

8.3.7.2 安全控制要点

高速铁路有砟轨道线路工程施工涉及铺轨基地建设、大型设备安装与使用、长大轨件吊装与运输、轨道运输、施工用电、夜间作业等多个环节,须针对危险源及危险因素制定和实施有效的安全措施,并严格执行《铁路工程基本作业施工安全技术规程》(TB 10301)的规定。

(1)总体要求。认真贯彻"安全第一,预防为主"的方针,项目经理部和各作业队配置专职安全负责、安全员和班组安全员,执行安全生产责任制,明确各级人员的安全职责,特殊工种和各类设备操作人员必须经培训后持证上岗,确保安全生产。施工方案中应有针对性专项安全措施,对大型设备及工程运输必须制定专项方案或管理办法,安全设施按要求配置到位,安全交底与技术交底同步进行。

确保安全人员配置和安全费用投入,做好过程监督检查和安全应急预案,杜绝三违作业,加强对安全隐患的排查和清除,确保安全生产。

(2)施工现场。铺轨基地及存砟场等临时设施布置应符合防火、防爆、防洪、防雷电等安全规定及文明施工单位的要求,施工现场的生产、生活、办公用房,仓库、材料堆放场,停车场、修理场等按批准的总平面布置图进行布置。

现场道路平整、坚实、保持畅通、危险地点悬挂按照《安全色》(GB 2893)和《安全标志及其使用导则》(GB 2894)规定的标牌,夜间行人经过的坑、洞应设红灯示警,施工现场设大幅安全宣传标语。

现场的生产、生活区要设足够的消防水源和消防设施网点,消防器材有专人管理,不得乱拿乱动。组建义务消防队,所有施工人员要熟悉并掌握消防设备的性能和使用方法。

各类房屋、库棚、料场等消防安全距离符合规定,室内不得堆放易燃品;严禁在木工加工场、料库等吸烟;现场的易燃杂物应随时清理,严禁在有火种的场地堆放或在其近旁堆放。

轨道便线及安全设施符合要求,长轨列车通行的轨道便线曲线半径、坡度应满足要求。

(3)施工现场临时用电。施工场地的临时用电,严格按照《施工现场临时用电安全技术规范》(JGJ 46)的规定执行。

临时用电工程的安装、维修和拆除,均由经过培训并取得上岗证的电工完成,非专业电工不得进行电工作业。电缆线路采用"三相五线"接线方式,电气设备和电气线路必须绝缘良好,场内架设的电力线路其悬挂高度及线距符合安全规定,并架在专用电杆上。

变压器必须设接地保护装置,其接地电阻不得大于 4 Ω,变压器设护栏,设门加锁,专人负责,近旁悬挂"高压危险、请勿靠近"的警示牌。

室内配电盘、配电柜必须有绝缘垫,并安装漏电保护装置。各类电器开关的金属外壳,均设接地或接零保护。配电箱能防火、防雨,箱内不得存入杂物并设门加锁,专人管理。移动的电气设备供电线，使用胶套电缆，穿过行车道时，套管埋地铺设，破损电缆不得使用。

检修电器设备时必须停电作业，电源箱或开关握柄挂“有人操作，严禁合闸”的警示牌或设专人看管，必须带电作业时应经有关部门批准。

现场架设的电力线路，不得使用裸导线，临时铺设的电线路，不得挂在钢筋、模板和脚手架上，必须设绝缘支承物。

施工现场用的手持照明灯采用 36 V 的安全电压。严禁用其他金属丝代替熔断丝。

(4)轨料存放及运输。钢轨、轨枕及扣件配件等材料存放场地应坚固、平整，物料堆码应规范、整齐并符合技术条件的规定，做好逃生通道的预留。

参加起重作业的人员必须经过专项培训并持证上岗，起吊设备工装及起吊方法经检查评估符合要求后方可进行施工。

材料的装车及加固应符合相关要求，严禁超载运输，确需超限运输时，应制定专项防护方案，超限运输应征得有关部门的同意。

(5)大型设备使用。大型设备必须根据产品说明书的要求，制定安全技术操作规程。

大型设备在正式使用前，应进行测试、试运转或验收检查，确认满足要求后方可使用。施工过程应正确操作，并加强维护保养，严禁带病运转或违规操作。大型设备使用应配备必备消防、防护等应急设施。

(6)新线铁路运输。组建专门管理机构(如运输所)负责新线铁路运输与施工组织，加强设备管理，确保行车施工两不误。加强轨行设备的维护、使用、停放等管理，做好货物装载加固和车辆连接，确保机况良好、正确操作。加强线路设备养护管理，严格限速条件，工程道岔按规定钉闭使用。临时道口应设专人看守。加强施工防护，新线铁路上道施工必须按规定登记、封锁或限速，并做好施工防护，严禁物料侵限，车辆冒进。

(7)其他。做好长大隧道内施工防尘、防中毒措施，确保隧道内施工安全。做好施工现场焊接、焊轨等防火工作。临时道路严格按照设计的标准修建，弯道、坡度以及会车道的设置满足安全行车的要求。临时道路与其他公路、人行道交叉时，在交叉道口设置警示牌，车辆、人员繁忙的道口，派专人看守，并设围栏。

8.3.7.3 环保控制要点

(1)施工过程中应有完善的环保措施，确保工程所处的环境不受污染和破坏。

(2)采取合理措施，减少施工引起的扬尘、噪声等，生产生活垃圾、废水、废油等按规定排放和处理。

(3)施工营地、料场、临时租用地、便道等在完工后应及时平整恢复植被或复耕，符合环境保护及水土保持规定的要求。

(4)现场机械维修所使用的绵纱、油料包装、油品以及设备油管滴漏机油、废油料等应集中回收，统一处理，不得随意丢弃排放。

(5)在施工过程中采取有效措施，注意保护饮用水源以免施工活动造成污染。

(6)划定施工范围，加强对施工人员的教育，防止对作业范围外的生态环境产生破坏。

9 无缝线路施工技术

9.1 无缝线路概述

为保证高速列车高速、舒适、安全运营的要求，高速铁路的铺轨根据无砟轨道和有砟轨道的不同，采取了多种不同的铺轨方式。在铺轨及道岔安装完成后，经过焊接、锁定、轨道精调、打磨及联调联试等工序形成无缝线路。无缝线路对锁定轨温、道床对轨道的约束阻力、钢轨焊接质量有严格要求，焊接质量要求既能满足线路使用寿命和安全，同时满足轨道高速运营所需的线路平顺度。同时，除焊缝以外的其他区域，高速铁路无缝线路还要求线路轨道几何形位和道床稳定性状态良好，钢轨外轮廓尺寸和平顺度状态良好。归纳起来，钢轨焊接质量、无缝线路锁定轨温、道床约束阻力以及线路平顺性是高速铁路无缝线路质量控制的四大重点，也是高速铁路无缝线路施工技术必须要解决好的问题。

目前，我国已经逐步创新发展并总结形成了解决影响无缝线路施工质量的钢轨焊接质量、无缝线路锁定轨温、道床约束阻力以及线路平顺性等技术难题的成套施工技术，并在京津、武广、京沪、合宁等高速铁路无缝线路工程实践中取得了良好的效果。这些技术主要包括：100 m 定尺长轨（以下简称短轨）工厂焊接成 500 m 长轨（以下简称长轨），长轨运输和铺设技术，长轨工地焊接及无缝线路锁定技术，可动心轨道岔钢轨焊接及岔区无缝线路锁定技术，轨道精调技术，钢轨预打磨技术，联调联试管理技术等。

9.2 无缝线路结构设计

高速铁路无缝线路根据道床结构的不同而不同，有砟轨道无缝线路轨道结构由长轨、扣件系统、混凝土轨枕、碎石道床等部分组成，无砟轨道无缝线路由长轨、扣件系统、轨下无砟道床结构等部分组成，其中长轨采用短轨工厂焊接成长轨，再在现场焊接而成。此外，无缝线路还可能铺设可动心轨无缝道岔或钢轨伸缩调节器等。钢轨伸缩调节器如图 9-1 和图 9-2 所示。

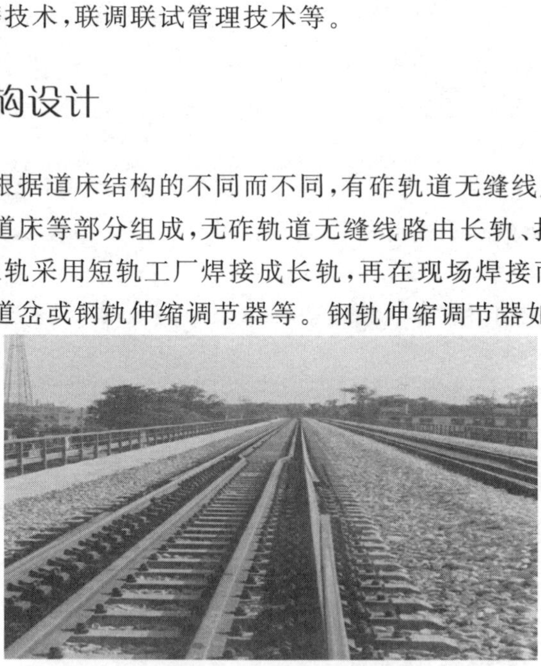

图 9-1 有砟轨道曲线型钢轨伸缩调节器

图 9-2 无砟轨道曲线型钢轨伸缩调节器

9.3 长钢轨工厂焊接基地

除高速铁路轨道施工铺轨基地及其他大临工程外，无缝线路施工最重要的大临工程就是长轨工厂焊接基地（以下简称“焊轨基地”）。焊轨基地在2007年之前一直由铺轨施工单位自行设置。2007年之后，按照铁道部要求，改由全路设置11个由铁路局负责管理的焊轨基地负责全路所有高速铁路厂焊长轨的生产和供应工作，铺轨施工单位只需根据现场条件设置长轨存放区临时存放长轨即可。

9.3.1 设置原则

焊轨基地生产能力及规模应符合周边地区高速铁路新建或改建无缝线路施工的需要。在特殊条件下，也不排除由铺轨施工单位自行设置临时焊轨基地。焊轨基地在功能上应满足长轨工厂焊接、长轨存放、长轨进出运输的需要。主要设置原则如下：

(1)铁路局规划永久焊轨基地应按长期使用考虑，其生产能力及规模、建场费用、周边干扰、运输组织等应与相应的长轨需求能力相匹配，兼顾与运营铁路的接轨和运输干扰，并尽量减少对周边环境的影响。

(2)铺轨施工单位自建临时焊轨基地一般仅为1个或相邻的少数几个铺轨项目供应长轨，其生产具有临时性，因而在规划上结合线路走向、工程规模、进度要求、重难点及控制性工程分布、接轨条件等可与铺轨基地统筹规划，原则上应避开运营线路和工期控制性工程的干扰。

(3)焊轨基地宜设置在既有车站附近，临时焊轨基地还应靠近铺轨起点，与运营线路干扰少、列车进出方便、引入线路短的开阔平坦处，尽量利用红线用地或荒地，少占农田。

临时焊轨基地的长轨及短轨存放区可结合铺轨基地一并设置，并应使各种起重吊运装载时的移动距离最短。

9.3.2 总体规划

焊轨基地，以焊轨生产线为中心，主要设置与既有铁路或新建铁路相连的铁路便线（含道岔)、短轨存放区、焊轨生产线和长轨存放区、生产办公区、材料库房及机加工区、水电及便道设施等。以下以京津城际铁路临时焊轨基地为例,介绍焊轨基地总体规划。

(1)工程概况。京津城际铁路全长约120 km,全线采用无砟轨道结构一次铺设跨区间无缝线路,是我国首条开工建设并运营通车的设计时速350 km的高速铁路。京津城际铁路无缝线路在国内首次采用短轨工厂焊接长轨并运输到现场铺设,再使用移动焊轨设备焊接和锁定跨区间无缝线路。为使长轨工厂焊接和运输铺设满足工程质量和工期的要求,施工组织在既有京山铁路杨村站出岔引出铁路便线并修建临时焊轨基地负责长轨的焊接和存放,全线无砟轨道铺设完成后,再将铁路便线接入新建京津城际铁路武清车站,并从武清向北京、天津方向分别完成长轨的运输和铺设。

京津城际铁路临时焊轨基地前后共焊接长轨300余铺轨公里,除京津城际铁路所需长轨外,铺轨后期还为北京铁路局大修工程提供了长轨。

(2)焊轨基地规划方案。京津城际铁路焊轨基地是在既有北京铁路局焊轨厂改造工期不能满足要求的前提下,由铺轨施工单位组织按照"保障工期,少占耕地,节省投资"的原则结合无砟轨道铺轨基地的其他功能自行设计和建设而成,是国内首个设计时速350 km高速铁路长轨焊轨基地。该焊轨基地充分利用既有京山铁路杨村站与新建京津城际铁路武清站相邻的有利条件,利用新旧铁路之间的红线用地沿纵向依次设置短轨存放区、焊轨生产线、长轨存放区等,其中焊轨生产线引进瑞士Gaas80/580闪光接触式焊轨机及其配套设备。焊轨基地全长2 200 m、宽20 m,占地约65亩,临建投资1 600万元,设备投资约5 000万元。

焊轨基地规划生产能力:存短轨50 km、长轨200 km、月焊长轨45 km(考虑首次焊接)。

焊轨基地铁路便线贯通布置,既作为长轨和短轨装卸线,也作为车辆存放线。铺轨期间,车辆编组及调车作业利用新建武清车站股道完成。

焊轨基地主要设施投入:17 m跨10 t轨行式龙门吊5台,Gaas80/580u闪光接触式焊轨机焊轨生产线1条。长轨存放群吊1套,16 t轨行式龙门吊4台。焊轨基地规划如图9-3所示。

图9-3 京津城际铁路临时焊轨基地(实景)

9.3.3 主要设施及设备

1. 生产能力设计

京津城际铁路临时焊轨基地设1个短轨存放区、1条钢轨焊接线、1个长轨存放区和1条轨道联络线。按照京津城际铁路1.5个月完成铺轨任务的工期目标，考虑到1条钢轨焊接生产，月焊长轨45 km的能力(基于当时情况)，规划短轨存放50 km、长轨存放220 km。一是短轨存放满足1个月焊轨工作量，以免短轨供应不足影响正常生产。二是考虑提前完成全部长轨焊接和存放，以防进入冬季后寒冷天气条件下焊轨生产线无法正常生产而影响铺轨进度。三是轨道联络线按短轨进场与长轨出场分开运输，互不干扰，短轨进场时利用既有杨村站调车，长轨出场时利用新建武清站调车和编组。

2. 生活办公区

生活办公区在规划用地内尽量避开生产区设置。生活办公区主要包括办公室、会议室、员工宿舍、食堂和文化活动区等。此外，还应修建机修加工、物资仓库等辅助房屋。

3. 短轨存放区

短轨存放区按2个或多个100 m存放区串联布置，使用同一套轨行式联动门吊装卸长轨。联动门吊由5台10 t轨行式龙门吊组成，且每台龙门吊配1根8 m长型钢制作的吊具，以保证短轨吊取时有10个吊点，每个吊点间距不大于10 m。

10 t轨行式龙门吊由主梁、支腿、大车走行机构、电动葫芦、电气控制系统以及司机室、梯子、走台等组成。5台龙门吊可联动也可单动。如图9-4所示。主要技术参数见表9-1。

图9-4 MH 10 t/17 m龙门吊

表9-1 MH 10 t/17 m龙门吊主要技术参数

序号	名 称	单 位	参 数	备 注
1	额定起吊能力	t	10	
2	跨度	m	17	
3	起升高度	m	8	
4	大车走行速度	m/min	3～30	
5	起升速度	m/min	7	
6	适应坡度		±1%	
7	整机功率	kW	21	
8	整机重量	kg	17 800	
9	外形尺寸(长×宽×高)	m	24×6.5×10.7	

短轨存放区沿铁路便线单侧布置，按 6 m 间距浇筑钢筋混凝土承轨台座，同一承轨台座为连续结构，承轨台座应大面平整，相邻台座间高差不大于 2 cm。短钢轨采用正立摆放，不得扣放，上、下层钢轨及钢轨与承轨台座之间支垫宽 10 cm、厚 10 mm 的钢板，底层钢轨与台座间设横向垫轨，支垫钢板与垫轨应在承轨台座中间位置上下对齐。

4. 焊轨生产线

焊轨生产线引进瑞士 Gaas80/580 闪光接触式钢轨焊接机及除锈、正火、精磨、四向调直等关键设备，并配套超声波探伤、水冷隧道、粗磨、检配轨等设备及工装，依焊轨工序先后顺序依次排列。

焊轨生产线从短轨存放区开始依次设除锈、焊接、粗磨、正火、四向调直、精磨及探伤工位，各工位按定尺长轨长度 100 m 的间隔呈一字型设置，直至进入长轨存放区，每个工位搭建彩钢板厂房并安装相应设备作为生产车间，各工位间通过辊轴输送线完成钢轨的传递。此外，在焊接工位设置喷号及锯轨设备。关键设备如下。

(1)钢轨除锈机。MBS-14-A 型钢轨除锈机主要由底座、打磨舱、气动系统、电气控制系统、操作系统、钢轨导向装置和除尘机等组成，用于钢轨端头焊接前的除锈，清除钢轨端面及顶面和轨底面 500 mm 范围内的铁锈，如图 9-5 所示。其主要技术参数见表 9-2。

图 9-5　MBS-14-A 型钢轨除锈机

表 9-2　MBS-14-A 型钢轨除锈机主要技术参数

序号	名　称	单　位	参　数	备　注
1	整机功率	kW	35	
2	电源		AC380 V,50 Hz	
3	水平刷转速	r/min	2 700	
4	垂直刷转速	r/min	2 700	
5	水平刷行程	mm	2×600	
6	气压	bar	7～9.5	
7	夹紧力	kN	20	
8	整机重量	kg	3 500	
9	外形尺寸(长×宽×高)	m	24×6.5×10.7	

(2)Gaas80/580 型钢轨焊接机。Gaas80/580 型钢轨焊接机用于钢轨的焊接，主要结构由机架、夹紧机构、推瘤机构、液压系统、冷却系统、电气控制系统、操作系统及钢轨导向装置等组

成，如图 9-6 所示。其主要技术参数见表 9-3。

图 9-6　Gaas80/580 型钢轨焊接机

表 9-3　Gaas80/580 型钢轨焊接机主要技术参数

序号	名　称	单　位	参　数	备　注
1	持续闪光功率	kW	370	
2	电源		AC380 V，50 Hz	
3	顶锻力	kN	800	
4	顶锻速度	mm/s	＞40	
5	夹紧力	kN	1 500	
6	气压	bar	7～9.5	
7	夹紧力	kN	20	
8	推瘤力	kN	400	
9	起拱量	mm	0～2	
10	整机重量	kg	30 000	
11	外形尺寸	m	6.2×1.7×2.5	

（3）KGPS-100-4 型正火设备。KGPS-100-4 型正火设备用于钢轨焊接后的正火处理，主要由中频变频装置，淬火变压器、空气压缩机、冷却系统、电气控制系统和走行装置等组成，如图 9-7 所示。其主要技术参数见表 9-4。

图 9-7　KGPS-100-4 型正火设备

表 9-4 KGPS-100-4 型正火设备主要技术参数

序号	名 称	单 位	参 数	备 注
1	额定功率	kW	100	
2	电源		AC380 V,50 Hz	
3	直流电压	V	510	
4	中频输出电压	V	700	
5	加热时间	min/次	3	
6	加热温度	℃	≥900	
7	加热长度	mm	≥150	
8	空气压力	MPa	>0.5	

(4)SPM-4-NL 型钢轨调直机主要结构特点及技术参数。SPM-4-NL 型钢轨调直机用于钢轨的四向调直,主要结构由机架、调直机构、钢轨导向装置、液压系统、电气控制系统、操作系统、测量系统和走行机构组成,如图 9-8 所示。其主要技术参数见表 9-5。

图 9-8 SPM-4-NL 型钢轨调直机

表 9-5 SPM-4-NL 型钢轨调直机主要技术参数

序号	名 称	单 位	参 数	备 注
1	整机功率	kW	13.7	
2	电源		AC380 V,50 Hz	
3	垂直调直压力	kN	2 100	
4	垂直调直行程	mm	100	
5	水平调直压力	kN	1 200	
6	水平调直行程	mm	180	
7	整机走行速度	m/min	28	
8	整机重量	kg	12 000	

(5)MMA-14-A 型钢轨精磨机。MMA-14-A 型钢轨精磨机用于钢轨焊接后精磨,使钢轨焊接处的平直度满足设计的要求,主要由机架、测量系统、电气控制系统、液压系统、操作系统、打磨系统和走行机构组成,如图 9-9 所示。其主要技术参数见表 9-6。

图 9-9　MMA-14-A 型钢轨精磨机

表 9-6　MMA-14-A 型钢轨精磨机主要技术参数

序号	名　称	单　位	参　数	备　注
1	整机功率	kW	13.5	
2	电源		AC380 V,50 Hz	
3	磨石转速	r/min	3 040	
4	磨石直径	mm	200	
5	整机重量	kg	6 700	

(6)辊轴输送线。辊轴输送线主要有主动滚筒、从动滚筒、压力送轨器、电气控制系统等组成。主、从动滚筒间间距为 3 m,为满足京津线焊轨基地布置于坡道上的要求,特在坡道地段设压力送轨器,间隔 50 m 布置,如图 9-10 所示。其主要技术参数见表 9-7。

图 9-10　辊轴输送线

表 9-7　辊轴输送线主要技术参数

序号	名　称	单　位	参　数	备　注
1	滚轮高程	mm	800	
2	电源		AC380 V,50 Hz	
3	滚筒直径	mm	190	
4	运行速度	m/min	30	

辊轴输送线贯通焊轨生产线布置,并连接短轨存放区和长轨存放区,以保证从短轨存放区顺利传送到焊轨生产线各工位和长轨存放区。此外,从焊接工位到正火、粗磨、水冷工位之间,辊轴输送线应加装防雨棚,以免钢轨在此之间传送时受到雨水影响。

5. 长轨存放区

长轨存放区与短轨存放区布置相似,安装1套由32台2 t固定式门吊组成的可集中控制操作的联动群吊,用于厂焊长轨的装卸与存放。32台固定式门吊均匀布置,保证长轨吊取时每个吊点间距不大于16 m,固定式门吊主要由固定支腿、主梁、电动葫芦和电气控制系统组成,可以实现单台动作、也可实现8台一组动作,也可32台一起动作,以满足挂钩装卸100 m或500 m长轨要求。如图9-11所示。主要技术参数见表9-8。

图9-11　联动群吊辊轴输送线

表9-8　联动群吊固定式门吊主要技术参数

序号	名　称	单　位	参　数	备　注
1	额定起吊能力	t	2	
2	跨度	m	17	
3	起升高度	m	7	
4	起升速度	m/min	8	
5	整机功率	kW/台	4	
6	整机重量	kg/台	4 600	

长轨存放区沿长轨装卸线单侧布置,按6 m间距浇筑钢筋混凝土承轨台座,承轨台座与短轨存放区承轨台座一致。长轨采用正立摆放,不得扣放,层与层长轨之间及长轨与承轨台座间支垫宽10 cm、厚10 mm的钢板,支垫钢轨应与承轨台座中间位置上下对齐。

为保证长轨存放的稳定性和避免地基下沉,基础施工时应做好地基碾压及承载力检测,同时做好防排水措施,避免因积水原因导致地基承载力下降。

6. 轨道便线及出岔

长轨工厂焊接基地从既有车站引出道岔及铁路便道进入焊轨基地,铁路便线的插入最小曲线半径应不小于300 m,插铺的临时道岔应不小9号。焊轨基地内铁路便线应满足长轨列车存放、调车及装卸车的需要,条件困难地段可在满足生产需要的前提下借用就近新建或既有车站道岔及线路进行调车、编组及存放。

7. 水电设备及进场道路

焊轨基地施工用水量较小,采用生活用水就能满足需要,基地用水全部采用城市自来水,有条件的地方也可自打机井供应,在基地修建50 t水池1个,安装直径为100 mm的输水管路1 500 m,其他输水管路根据需要安装。

焊轨基地内用电量较大,一般按焊轨机专用电力和其他电力分别引入,电源就近T接,安装65 kVA和400 kVA变压站各1座,配备400 kW发电机组1台备用。

进场道路由就近公路引入，宽度 5 m，采用混凝土硬化。场内道路根据需要设置，根据不同功能采用混凝土硬化。

8. 防排水设施

防排水事关焊轨基地防洪安全和轨料存放的稳定性，必须高度重视。焊轨基地防排水包括场外排水和场内排水两大部分，一是场外排水必须采用“堵，疏，导”相结合的方式使场外排水不得对铺轨基地设施造成破坏；二是做好场内排水，生产生活污水设沉淀池经沉淀达标后排入地表水或地下水，生产生活区内规划好排水系统，使雨水等及时排走，避免对地基产生浸泡而降低地基承载力和稳定性。

9. 其他

焊轨基地内根据需要修建机加工房、工具房、零星材料房等。油库及硫锚材料应远离生活办公区设置。此外，焊轨基地内还应设专门的钢轨落锤试验台 1 座。

焊轨基地四周采用防护栅栏围蔽，设人员及车辆进出大门 1 处和轨道进出大门各 1 处，并专人保卫值守。

9.4 关键设备及工装

9.4.1 概　　述

除焊轨基地内焊轨生产线设备外，高速铁路无缝线路施工的主要施工设备还包括有砟轨道长轨铺轨机组、精调用轨检小车、无砟轨道长轨铺轨机组、闪光接触式移动钢轨焊接机（简称“移动焊轨机”）、道岔及钢轨打磨列车等。

9.4.2 无砟轨道长轨铺轨机组

WZ500 型无砟轨道铺轨机组按拖拉法或拖拉推送法设计，主要由轮胎式钢轨牵引车、滚轮下道车、分轨推送车、过渡顺坡车和 500 m 长轨运输列车组成，可用于无砟道床地段长轨铺设施工，也可用于有砟道床地段推送法换铺长轨施工。此外，还有支垫滚轮等辅助工具。如图 9-12 和图 9-13 所示，主要技术参数见表 9-9。

图 9-12　无砟轨道长轨铺轨机组（全景）

图 9-13 无砟轨道长轨铺轨机组(主机部分)

表 9-9 无砟轨道长轨铺轨机组主要技术参数

序号	名 称	单 位	参 数
1	牵引车最大行车速度	km/h	10
2	铺设推送速度	km/h	0～3
3	卷扬速度	km/h	1.8
4	最大爬坡能力	‰	33
5	作业环境温度	℃	－20～50
6	作业海拔高度	m	0～2 500
7	一次最大装载钢轨数量	根	28 或 56 根 500 m 长轨
8	综合作业效率	km/8 h	7

轮胎式钢轨牵引车位于铺轨机组前方,用于长轨的拖拉和导向,主要由司机室、动力室、底盘、仿形导向装置、轮台式走行机构、长轨引导装置、过轨装置、液压系统、电控系统等组成。此外,还安装了轨行式走行机构,拆除轮胎并通过千斤顶辅助作用,即可使钢轨牵引车置于两股钢轨上,以方便钢轨牵引车通过轨道或道岔。

滚轮下道车由 3 个带滚轮的 A 型门架组成,呈前中后两个位置放置,通过 A 型门架可使长轨从分轨推送车顺坡到达道床顶面,避免长轨跌落或撞伤。

分轨推送车与顺坡下道车串联布置,顺坡下道车在平板车上设置可升降的带滚轮的门架,可将长轨运输列车第 2、3、4 层的长轨缓缓引入平车板顶面,再经支垫滚轮传送到分轨推送车。分轨推送车由平板车及其上的长轨推送机构、卷扬机和分轨装置组成,长轨推送机构可通过两轮轴的夹持和推送作用为两根长轨施加推力,使长轨前行,卷扬机主要用于将长轨从长轨运输列车上沿顺坡下道车、分轨装置拖拉至长轨推送机构。

长轨运输列车由多个平板车及安装其上的滚轮托架组成,除轨枕装载功能外,其结构及使用与枕轨运输列车的长轨装载部分相同,用于装载和运输长轨,每列长轨列车可装载 4 层长轨,每层最多 14 根,即 1 列长轨列车一次可满载 7 km 长轨。

一般情况下,过渡顺坡车、分轨推送车、滚轮下道车及钢轨牵引车按顺序编组一直留于铺轨前方铺设长轨。长轨运输列车主要用于长轨的装载和运输,到达现场后,由机车推送与过渡顺坡车连接,之后由机车推送配合长轨铺设。待长轨铺设完成后,长轨运输列车摘钩后由机车牵引返空,进入下一列长轨的装载和运输。

一般条件下，无砟轨道长轨铺轨机组不配置长轨推送机构也能按拖拉法进行长轨的铺设。特殊条件下，无砟轨道长轨铺轨机组在配置长轨推送机构时，不使用钢轨牵引车也可按推送法进行长轨的铺设，这种方式在以有砟轨道为主的长大隧道内无砟道床铺轨中使用较多。

9.4.3　移动焊轨机

目前，我国所使用的移动焊轨机主要包括从原乌克兰巴顿公司（该公司后被别的公司收购）生产的 K920、K922 型，以及国内引进该技术后自主研制的 LR1200 型等集装箱式移动闪光焊轨机。该类型移动焊轨机采用闪光接触式全断面焊接工艺，由焊机机头、提升架、柴油发电机组、液压系统、电器及计算机控制系统等组成。如图 9-14 所示，主要技术参数见表 9-10。

图 9-14　K922 型移动焊轨机

表 9-10　K922 型移动焊轨机主要技术参数

序号	名　称	单　位	参　数
1	外形尺寸	mm	焊机仓：6 850×2 168×2 990 动力仓：6 958×2 438×2 900
2	额定电压	V	400
3	额定功率	kW	400
4	液压工作压力	MPa	22
5	移动力	kN	1 000
6	额定夹持力	kN	2 900
7	额定顶锻力	kN	1 200
8	焊机机头重量	kg	3 500
9	可焊钢轨最大截面积	mm^2	10 000
10	生产率（连续闪光时）	个焊头/h	12

1. 移动焊轨机结构组成

（1）焊机机头。焊机机头由四部分组成，通过安装于顶部的液压油缸的动作，使安装于下部的四个电极块夹持在轨腰上，焊机机头承轨面上可增减调整垫片以满足不同轨型的要求；下部的两个顶锻油缸，可对钢轨进行拖拉或焊后顶锻；推凸刀用来切削顶锻后的挤出溶渣，机头内设有冷却水循环。

(2)提升架。提升架安装于移动车(集装箱)尾部,由转盘、吊臂、油缸及液压管路、线控器等组成。其作用主要用于提吊焊机机头并摆动至左右两钢轨的焊接位置和提升焊机机头于车内。

(3)柴油发电机组。柴油发电机组由发动机和发电机组成,安装于移动车(集装箱)内前部,用来提供焊轨机的动力和照明用电。

(4)液压系统。液压系统由油泵、液压马达、管路、执行元件等组成,用于完成对钢轨的夹持、拖拉、顶锻、提升摆动和移动车(集装箱)尾部的顶升动作。

(5)电器及计算机控制系统。电器及计算机控制系统主要由控制屏、计算机及打印机等组成,通过输送各种合适的参数后,能对焊轨过程(初焊、中焊、终焊、顶锻、推凸及冷却等系列工作)进行全自动控制,并将全部过程记录于电脑中,也可将该焊接过程以表格和曲线图形式进行表述。记录内容主要包括:日期、时间、接头序号、轨型,各焊接阶段的电压、电流、夹持力、顶锻力、顶锻距离、过程时间等。

2. 移动焊轨机工作原理

移动焊轨机采用闪光接触式焊轨,其基本原理是利用电流通过某一电阻时所产生的热量熔接焊件,再经顶锻完成焊接。即当两焊接钢轨之间通过电流时,由于两钢轨接触面之间存在着较大电阻,因电热效应使钢轨迅速得到加热。两钢轨的接触面微观存在凸凹不平,因此,首先接触的凸点瞬间被加热到融化状态,从而在钢轨接触面之间形成多个液体金属过梁。这些过梁在进一步加热中被“爆炸”破坏,使熔化的金属从钢轨接触面的缝隙中飞溅出,形成闪光,同时钢轨继续加热。通过加热和持续闪光的作用,钢轨端面的温度逐渐均匀一致,形成一熔化金属层,防止周围气体进入。同时,迅速施加顶锻力,迫使焊面相互挤压,使闪光时形成的火口得到充分闭合,并挤出全部液态金属,将两钢轨联成一体。

9.4.4　钢轨打磨列车

1. PGM-48 型钢轨打磨列车

PGM-48 型钢轨打磨列车主要用于钢轨打磨维修,去除钢轨波磨、剥离等表面缺陷,并修复轨头廓型,集打磨列车、动力、牵引(驱动)、检测和打磨于一体,是高速铁路钢轨维护的大型养护设备。如图 9-15 所示。

图 9-15　PGM-48 型钢轨打磨列车

PGM-48 型钢轨打磨列车由前、后动力车和中间生活车组成。动力车部分全部为进口设备,可靠性强,技术性能处于世界先进水平。整车打磨系统采用电驱动系统,全车共有 48 个磨头,每 8 个磨头安装在一台打磨小车上,而其中每侧的 2 个磨头为一组安装在打磨小车辅助架上,这 2 个磨头可以锁定共同工作,也可以独立工作。整车不仅打磨效率高,而且打磨精度高,由计算机控制自动检测和调整打磨量。其主要性能参数见表 9-11。

表 9-11　PGM-48 型钢轨打磨列车主要性能参数

序号	名　称	参　数
1	主柴油机	CUMMINS KTA38 910 kW×2
2	主发电机	KATO 8p6－1500 680 kW×2
3	传动形式	液压传动
4	制动形式	单元式机车制动机 WABC026L
5	轨距	1 435 mm
6	最高速度	80 km/h
7	构造速度	100 km/h
8	打磨作业最小曲线半径	100 m
9	打磨电机功率	持续 22 kW,间歇 29 kW
10	打磨电机转速	3 600 r/min
11	打磨速度	2～16 km/h,最高打磨速度 24 km/h
12	打磨量	平均 0.2 mm(单头、单遍、速度 7 km/h、60 kg/m HB=350)
13	打磨头	48 个
14	打磨程序	100 个(0～99)
15	磨头偏转角度	±50°～－45°
16	防火水容量	16 500 L
17	外形尺寸(长×宽×高)	62.39 m×2.9 m×4.34 m
18	列车总重	约 256 t

2. 道岔打磨列车

道岔打磨列车的功能与钢轨打磨列车相同,主要用于道岔区钢轨打磨。目前,我国还未自主开发和制造高速铁路用道岔打磨列车,现有设备都从国外进口,主要有两种,一种是瑞士 SPENO 公司生产的 RR16MS 型,另一种是美国 HTT 公司生产的 RGH20C 型。

道岔打磨列车可以对各类线路的道岔区段进行连续打磨作业,消除道岔区域钢轨的磨耗及其他局部钢轨缺陷,作业精度能够满足高速铁路线路的技术要求。每台道岔打磨列车一般配两套打磨装置共有 16 个打磨砂轮,可以在规定的角度范围内回转,实现对钢轨轨头和道岔轨头的不同成型,从而对直线线路和道岔区间的钢轨进行轨头全断面打磨作业。

9.5　施工物流组织及原材料供应

高速铁路无缝线路工程物流分为有砟轨道和无砟轨道两类。高速轨道有砟轨道线路施工本质就是高速铁路有砟轨道无缝线路施工,其物流组织及原材料供应已在铺轨施工中全部包括。高速铁路无砟轨道线路施工是在无砟道床及道岔施工后进行的长轨铺设及无缝线路焊接锁定施工,其物流只考虑长轨及道岔供应、施工设备调配使用等,一般情况下需要设置专门的铺轨基地。其铺轨基地设置的规模及作用除轨枕储存、道砟储存外与有砟轨道无缝线路铺轨基地相同。

在无缝线路施工物流组织中应注意以下事项:

(1)应结合各种材料的需求计划、需求工期、供应能力、进场运输方式等综合情况确定铺轨基地规模,厂焊长轨、轨枕、道岔等大宗材料的储存应保证略有富余;

(2)应结合线下工程施工统筹规划和设置物流运输通道,特别是运输便道及上线马道;

(3)铺轨开始后,应结合车站布局做好工程岔线的设置,做好车辆交会,避免工程运输与线上施工相互干扰;

(4)准备足够的运输能力,其中长轨、道岔运输等应采用专用车辆;

(5)对非铺轨施工单位自备的钢轨打磨列车、道岔打磨列车、道岔捣固车等专用设备,应提前确定设备供应单位,做好施工工作。

9.6 原材料

厂焊长轨、道岔、伸缩调节器、混凝土轨枕、钢轨扣件、铝热焊剂、胶接绝缘接头等轨道材料应满足设计文件及技术条件的要求,应有相应的产品质量合格证明文件。施工单位按规定检验,不合格的杜绝使用。

各类轨道材料堆码应便于装卸、取放、清点。应竖立标牌标识产地、型号、规格及数量。

厂焊钢轨进场,应按左右股分别存放,并对厂焊接头逐个进行平直度、探伤、编号及标识、外观质量等检验。

9.7 施工工艺

9.7.1 质量标准

(1)一般规定。无砟轨道铺轨应在无砟道床施工完毕且检查合格后进行,铺轨时还应注意成品保护,避免无砟道床受到破坏。

长轨铺设时,单元轨节的起止点避开不同轨道结构过渡段以及不同线下基础过渡段设置。有砟轨道钢轨铺设时,上砟整道应随即进行,以使轨道几何尺寸和有砟道床尽快达到初期稳定状态。

除道岔区钢轨可采用铝热焊接外,长轨工地焊接应全部采用移动式闪光接触焊。钢轨焊接应严格控制焊接工艺,低温焊轨应采取必要的加热、保温及防护措施。

工地钢轨焊接应符合长轨铺设布置图的要求,正线加焊短轨长度不宜小于 24 m,道岔侧股及到发线加焊短轨长度不宜小于 12 m。承受拉力的钢轨焊缝,在钢轨焊接结束至轨温达到 400 ℃之前应保持压力。无缝线路锁定时,其轨道几何尺寸及曲线超高应满足设计要求。

轨道精调应在无缝线路锁定后进行,使道床逐步进入稳定状态,线路逐步达到交验标准。无缝线路经精调整理完成至轨道工程验收前,应对钢轨和道岔进行预打磨作业。打磨列车到达工地后，根据轨面状态，可采用列车运行打磨、成型打磨等方式进行作业，打磨列车应回收打磨产生的铁粉。

(2)钢轨伸缩调节器铺设。钢轨伸缩调节器的规格、型号、质量等应符合设计及技术条件的要求，铺设前应经过工厂预组装且经检查确认质量满足设计及技术条件的要求。

钢轨伸缩调节器的实际铺设里程与设计铺设里程相差不大于±20 mm，且其基本轨始端和尖轨跟端焊接接头应避免在梁缝 2 m 以内。

钢轨伸缩调节器的铺设工艺可参照有砟或无砟道岔进行，并根据实际锁定轨温计算和准确预留伸缩量。钢轨伸缩调节器铺设后，其轨道几何状态及零部件安装质量应符合设计及技术条件的规定，精调完成后应达到基本轨伸缩无障碍、尖轨锁定不爬行的状态。

(3)长轨基地焊接。当长轨由铺轨施工单位自备临时焊轨基地焊接时，其生产应在临时焊轨基地的规划、生产工艺、设备及资源配置、质量保证体系等通过铁道部验收评估合格后进行。

钢轨闪光接触焊接型式试验和生产检验、生产工艺及质量保证等应满足钢轨焊接技术条件的要求。

(4)长轨铺设。长轨运输、吊装及存放过程中应始终保持钢轨平顺，严格碰撞跌落而损伤钢轨。

长轨、扣配件及钢轨胶接绝缘接头等的类型、规格、质量应符合设计及产品标准的规定。左右两股钢轨的胶接绝缘接头应相对铺设，且绝缘接头轨缝绝缘端板距轨枕边缘不宜小于 100 mm。扣配件安装应齐全、正确，绝缘轨距块的配置应符合设计要求。

(5)工地钢轨焊接。工地钢轨闪光接触焊、铝热焊等焊接接头的型式试验和生产检验应符合钢轨焊接技术条件的规定。

钢轨焊头必须按钢轨焊接技术条件的规定进行超声波探伤检验且质量合格。

除应满足钢轨焊接技术条件的规定外，钢轨焊头及其附近钢轨表面不应有裂纹、明显压痕、划伤、碰痕、电极灼伤、打磨灼伤等伤损；钢轨焊头工作面经外形精整后，在焊缝中心两侧各 100 mm 范围内，表面不平度不应大于 0.2 mm；轨底上表面焊缝两侧 150 mm 范围内及距两侧轨底角边缘各 35 mm 的范围内应打磨平整，不得有超磨现象。

钢轨焊接接头应纵向打磨平顺，不得有低凹接头，钢轨焊接接头平直度应符合表 9-12 的规定。

表 9-12 钢轨焊接接头表面质量和平直度允许偏差

序号	部 位	允许偏差(mm)
1	轨顶面	+0.2 0.0
2	轨头内侧工作面	+0.2 0.0
3	轨底(焊筋)	+0.5 0.0

注：1. 轨顶面中符号“+”表示高出钢轨母材轨顶基准面；
2. 轨头内侧工作面中符号“+”表示凹进；
3. 轨底(焊筋)中符号“+”表示凸出。

钢轨胶接绝缘接头的原材料、施工及质量等应符合设计及相关技术条件的规定，并进行绝缘性能检测。

工地钢轨焊接接头的标记应齐全，字迹清楚，记录完整，且具有可追溯性。同一单元轨节左右两股钢轨的焊接接头宜相对应，相错量不应大于100 mm。

(6)无缝线践路锁定。无缝线路单元轨节划分应符合设计要求，同一岔区及前后各不少于150 m的线路应作为一个无缝线路单元进行管理。

无缝线路应力放散时，应每隔100 m左右设置位移观测点，并进行放散时钢轨位移量的观测，应力放散应均匀、彻底。

无缝线路锁定时，钢轨扣件应全部安装齐全、正确，螺栓扭矩或扣件扣压力应符合要求。无缝线路锁定时，实际锁定轨温应在设计锁定轨温范围内，相邻单元轨节间的实际锁定轨温之差不得大于5 ℃，同一单元轨节左右股钢轨的实际锁定轨温差不得大于3 ℃，同一区间内单元轨节的最高与最低实际锁定轨温之差不得大于10 ℃。

无缝线路锁定后，应及时设置位移观测桩及“零点”标记，并按规定开始观测和记录钢轨位移情况。固定区的位移观测桩最大位移量应不大于10 mm或锁定轨温变化不大于±5 ℃。

(7)轨道精调。轨道精调前应对CPⅢ测量控制网进行复测并评估，优先采用轨检小车检测和确定轨道几何调整量。

经精调达标的线路或道岔，其轨面应远视平顺，轨向应直线顺直、曲线圆顺，钢轨编号及标记正确齐全、字体端正、字迹清晰。有砟道床应饱满，清洁无杂物，砟面整齐，道床断面符合设计要求，道床厚度、砟肩宽度及堆高允许偏差应符合表9-13的规定。

表9-13　有砟轨道道床厚度、砟肩宽度及堆高允许偏差

序号	项　目	允许偏差(mm)
1	道床宽度	−20
2	砟肩宽度	±20
3	砟肩堆高	不得有负偏差
4	道床顶面高度	低于轨枕承轨面40 mm，且不应高于轨枕中部顶面

无砟轨道经精调后线路静态精度应符合表9-14的规定。

表9-14　无砟轨道静态平顺度允许偏差

序号	项　目	允许偏差		备　注
1	轨距	±2 mm		相对于标准轨距1 435 mm
		变化率	1/1 500	测量基长3 m
2	轨向	2 mm		弦长10 m
		2 mm / 测点间距8a 10 mm /测点间距240a		弦长48a 弦长480a
3	高　低	2 mm		弦长10 m
		2 mm / 测点间距8a 10 mm /测点间距240a		弦长48a 弦长480a
4	水平	2 mm		不包含曲线、缓和曲线上的超高值
5	扭曲(基长3 m)	2 mm		包含缓和曲线上由于超高顺坡所造成的扭曲量
6	与设计高程偏差	10 mm		距水准点20 m测量，测点间距5 m，相邻测点的差值≤5 mm； 站台处的轨道高程不应低于设计值
7	与设计中线偏差	10 mm		

注：表中a为扣件节点间距，m。

有砟轨道经精调后，不仅道床稳定状态应达到表 9-15 的规定，而且线路静态铺设精度还应符合表 9-16 的规定。

表 9-15 有砟轨道道床状态参数指标

枕下道床密度 (g/cm^3)	道床支承刚度 (kN/mm)	道床横向阻力 (kN/枕)	道床纵向阻力 (kN/枕)
≥1.75	≥120	≥12	≥14

表 9-16 有砟轨道静态平顺度允许偏差

序号	项 目	容许偏差		备 注
1	轨 距	±2 mm		相对于标准轨距 1 435 mm
		变化率	1/1 500	测量基长 3 m
2	轨 向	2 mm		弦长 10 m
		2 mm / 5 m 10 mm /150 m		弦长 30 m 弦长 300 m
3	高 低	2 mm		弦长 10 m
		2 mm / 5 m 10 mm /150 m		弦长 30 m 弦长 300 m
4	水 平	2 mm		不包含曲线、缓和曲线上的超高值
5	扭曲(基长 3 m)	2 mm		包含缓和曲线上由于超高顺坡所造成的扭曲量
6	与设计高程偏差	10 mm		距水准点 20 m 测量，测点间距 5 m，相邻测点的差值≤5 mm；
7	与设计中线偏差	10 mm		站台处的轨道高程不应低于设计值

高速铁路大号道岔精调后道岔静态铺设精度除应符合道岔铺设技术条件的要求外，正站线道岔铺设精度还应符合表 9-17 和表 9-18 的规定。

表 9-17 正线道岔静态铺设标准

	高 低	轨 向	水 平	扭曲(3 m)	轨 距
幅值(mm)	2	2	2	3	±1，变化率小于 1/1 500
弦长(mm)		10		—	

表 9-18 站线道岔静态铺设标准

	高 低	轨 向		水 平	轨 距
		直线	支距		
到发线(mm)	4	4	2	3	+3 −2
其他站线(mm)	6	6	2	6	+3 −2

此外，精调后的线路扣件的轨距块离缝不应大于 6%，最大离缝不应大于 0.5 mm；扣压力小于规定的不应大于 8%；胶垫无缺损，偏斜量大于 5 mm 的不应大于 8%。

(8)钢轨及道岔预打磨。道岔尖轨及可动心轨、辙叉和钢轨伸缩调节器尖轨,应采用专用机械或手工操作的钢轨波纹研磨机进行打磨,严禁用普通打磨列车打磨。

钢轨预打磨后应消除钢轨微小缺陷、锈蚀及轨头表面的脱碳层,消除钢轨在轧制过程中形成的轨面斑点及微小不平顺,钢轨表面应光滑、平顺、无斑点。

钢轨预打磨后,钢轨顶面平直度 1 m 范围内允许偏差为 0～+0.2 mm,钢轨头部工作边实际横断面与理论横断面相比允许偏差为±0.3 mm,钢轨表面粗糙度不应大于 10 μm,且轨头打磨区无连续发蓝带。

钢轨打磨面最大宽度在轨距角圆弧上为 4 mm,在轨距角圆弧和轨顶圆弧的连续圆弧部分为 7 mm,在轨顶圆弧上为 10 mm,并从轨头打磨区向非打磨区平滑过渡,打磨面宽度的最大变化在沿钢轨长度 100 mm 范围内不应大于打磨面最大宽度的 25%。钢轨打磨完成后应将无砟道床及轨枕上的铁粉清除干净。

9.7.2 工艺特点

无缝线路是高速铁路轨道结构的最上层结构,也是最重要的组成部分。无缝线路是轨道施工最后的也是最重要的工序,是高速铁路先进设计理念和先进技术最集中的体现,其施工也秉承和持续了高速铁路质量控制系统的精度要求高、施工持续性的特点。

9.7.3 工艺流程

高速铁路无缝线路施工工艺流程如图 9-16 所示。

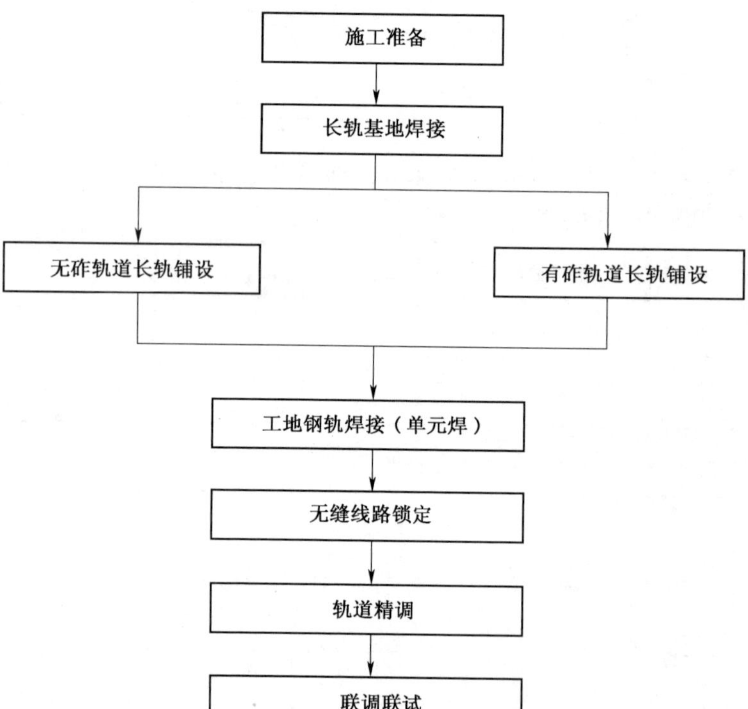

注:1. 钢轨伸缩调节器与道岔施工相同,在长轨铺设到达前完成;

2. 有砟轨道长轨焊接及无缝线路锁定在轨道几何形位基本达标、道床达到初期稳定状态后施工

图 9-16 高速铁路无缝线路施工工艺流程

9.7.4　主要施工工艺

1. 钢轨伸缩调节器铺设

(1)概述。钢轨伸缩调节器是稳定跨度大于120 m以上的大跨连续梁上无缝线路的重要结构，起着平衡轨道中由于温度变化、机车制动或起动、梁体收缩变形等造成的纵向应力的作用。钢轨伸缩调节器通过缓和的钢轨斜接头将钢轨中断而又不影响行车面的连续性，主要由纵向可动的基本轨及基本保持静止的尖轨、轨道零部件等配套轨下基础所组成。无砟轨道地段钢轨伸缩调节器以双块式道床结构为主，有砟轨道地段则与普通线路相同。

钢轨伸缩调节器一般在工厂预组装并调试检查合格后，按钢轨组件(基本轨与尖轨)整体运输到工地铺设。有砟轨道钢轨伸缩调节器施工一般采用换铺法施工，无砟轨道钢轨伸缩器采用原位组装施工，施工流程与道岔施工相似。

(2)钢轨伸缩调节器进场。钢轨伸缩调节器应在工厂内分组组装验收，验收时尤其应对轨道几何状态、各部件组装质量、伸缩阻力测试等严格把关，各项技术指标应符合设计及技术条件的规定。钢轨伸缩调节器组装验收合格后按整组(含岔枕及扣配件等)打包发运，对基本轨及尖轨应进行捆扎固定。装卸作业时应采用龙门吊或汽吊＋吊具(或吊索)方式，严禁摔、砸、碰、撞。

钢轨伸缩调节器存放时应采用钢轨或垫木支垫存放，支垫间距不大于4 m，最高不超过4层。存放时间较长时，应进行覆盖防护。钢轨伸缩调节器的运输、吊装及储存的其他要求与道岔组件一致。如图9-17所示为已组装完成的有砟轨道单向钢轨伸缩调节器。

图9-17　已组装完成的有砟轨道单向钢轨伸缩调节器实物

(3)钢轨伸缩调节器预留伸缩量设置。预留伸缩量设置是钢轨伸缩调节器铺设前一项最重要的工作，事关铺设后钢轨伸缩调节器可实现的最大伸缩量。预留伸缩量可提前设置，但必须在上砟整道或道床混凝土浇筑前，根据实际轨温进行准确设置，设置完成后应立即作好伸缩起点标志。预留伸缩量设置的原则如下：

1)在设计锁定轨温范围内铺设时，预留伸缩量为设计伸缩量的1/2。

2)在设计锁定轨温范围之外铺设时，预留伸缩量按下式计算。

$$\Delta l=\frac{a}{2}+\alpha \times L \times (t-t_s) \tag{9-1}$$

式中 Δl——铺设钢轨伸缩调节器时基本轨预留伸缩量,mm;

a——钢轨伸缩调节器设计伸缩量(600 mm 或 1 000 mm);

α——钢轨线膨胀系数,取 0.011 8 mm/(m·℃);

L——无缝线路伸缩区长度,m(按设计取值,一般为 150 m);

t——钢轨伸缩调节器锁定时轨温,℃;

t_s——无缝线路设计锁定轨温,℃。

(4)有砟轨道"换铺法"铺设钢轨伸缩调节器。钢轨伸缩调节器一般位于跨江河或跨重要建筑物的长大桥梁的大跨连续梁上,因提前铺设物流组织困难而采用换铺法施工。

1)施工准备。在长轨铺设时,钢轨伸缩调节器范围内以普通轨枕及短轨铺设临时线路替代通过,经上砟整道达到道床初始稳定状态后,可择机换铺钢轨伸缩调节器。原则上,铺轨通过后应尽早换铺钢轨伸缩调节器,以使换铺后的线路与前后线路在相同条件下上砟整道并同步达标。

换铺之前,拆除临时线路,并将轨道中线两侧各 1.5 m 范围的道砟清除至预留起道量 5 cm 位置,将砟面摊铺平整,其平整度不大于 20 mm/3 m。之后,采用短轨加钉木枕的方式铺设临时线路与两端线路连通,以作为钢轨伸缩调节器运输就位的临时通道。

2)钢轨伸缩调节器运输及就位。如图 9-18 所示。钢轨伸缩调节器通过运输台车经两端已铺轨轨道运输进场。钢轨伸缩调节器在吊上运输台车之前,应再次确认其组装质量满足设计及技术条件要求,重点包括轨距、轨枕间距、轨枕方正、零部件组装的完整性、螺栓扭矩等,并根据计划锁定轨温设定其预留伸缩量。钢轨伸缩调节器吊装时,应使其实际方向与设计一致,并使其中线与台车或已铺轨道线路中线相差不超过 5 mm。

图 9-18 有砟轨道钢轨伸缩调节器运输就位

人工推移钢轨伸缩调节器就位,现场根据轨道施工控制桩准确卡控铺设位置,并确保与设计铺设里程相比不超过 10 mm。

按 4 m 间距布置道岔起道机组,将钢轨伸缩调节器整体升起与运输台车完全离开,之后,退出运输台车并拆除临时轨道,最后将钢轨伸缩调节器整体落在道床上。

3)上砟整道及轨道调整。钢轨伸缩调节器整体就位后,应首先将其中线、前后位置拨至与设计位置一致,并调整至水平位置。待实际轨温与计划锁定轨温一致时,再次调整和确认预留伸缩量与计划预留伸缩量一致,并标记初始伸缩起点。采用U形夹板连接前后线路。

在计划锁定轨温范围内回填道床道砟,起拨道使前后线路顺接,小机整道和补充道床道砟。钢轨伸缩调节器及其前后各不小于50 m的线路应同步进行大型机械化整道作业机组整道,使线路轨道几何形位达标和道床达到稳定状态。

与道岔区管理相同,钢轨伸缩调节器范围内应尽量减少或避免工程车辆停留、起动或制动。道砟卸车时,应做好对钢轨伸缩调节器零部件的覆盖防护。

(5)无砟轨道"原位法"铺设钢轨伸缩调节器。无砟轨道钢轨伸缩调节器采用原位法铺设,施工组织与双块式或岔区无砟轨道施工相同。

1)施工准备。无砟轨道钢轨伸缩调节器应与两端各不少于25 m的无砟道床同步铺设。桥梁结构变形评估及CPⅢ测量控制网测设评估合格后,先完成梁面清理及底座施工。

底座施工完成后,铺设道床板底层钢筋,并搭设钢轨伸缩调节器组装平台或平移台车。

2)钢轨伸缩调节器运输及就位。钢轨伸缩调节器通过汽车运至就近位置,使用大吨位汽车吊+吊具(吊索)吊装上桥,不能直接铺设到位,采用铺板龙门吊或平移台车运输就拉。如图9-19所示。

图9-19　无砟轨道钢轨伸缩调节器吊装

3)钢轨伸缩调节器精调及道床混凝土浇筑。钢轨伸缩调节器吊铺就位后,应再次检查其组装质量,并精调调整铺设位置、中线与设计铺设位置一致。根据计划铺设轨温调整和确认预留伸缩量。之后,采用工具轨组装前后线路双块枕轨排并采用无孔夹具将钢轨伸缩调节器与两端轨排连接起来。

之后使用竖向螺杆精调器、侧向调节丝杆和地锚等支撑轨排,使用轨检小车测量并配合精调轨道几何状态。做好道床混凝土浇筑准备。

道床混凝土浇筑前,再次调整和确认预留伸缩量与实际轨温(混凝土浇筑时)一致,并设置伸缩起点标记。按双块枕无砟道床施工工艺进行钢轨伸缩调节器道床混凝土的浇筑、养护和拆模。道床混凝土终凝后,拆除竖向螺杆精调器、侧向调节丝杆等。

2. 长轨基地焊接

(1)概述。长轨工厂焊接质量事关高速铁路运行质量和安全,其施工组织不仅需要配备先进的自动化数控焊轨生产线及配套设备,还要求建立健全质量保证体系。在正式施工之前,除按规定进行工艺试验和焊接型式试验外,包括设备、人员和管理体系在内的所有生产体系还必须通过铁道部组织的验收评估。钢轨焊接工、超声波探伤工等关键岗位人员必须持有国家铁路主管部门认可的操作许可证,其他岗位人员也必须经过严格的培训且考核合格后上岗。

(2)钢轨焊接检验。按照钢轨焊接技术条件和铁道部相关规定,钢轨焊接检验分为型式检验、生产检验和成品检验三类,其中型式检验和生产检验必须将按规定制作焊接试件,委托铁科院金化所进行相关项目的检验,并由铁科院金化所出具检验报告。

1)型式检验。有下列情形之一者,必须进行钢轨焊接型式检验:焊轨组织初次生产;正常生产后,改变焊接工艺,可能影响焊接接头质量;更换焊轨设备;钢轨生产厂,钢轨型号、牌号,或钢轨交货状态改变后首次焊接时;生产检验结果不合格;停产一年后,恢复生产的。型式检验的项目及试件数量应符合表 9-19 的规定。

表 9-19 钢轨焊接型式检验的项目及试件数量

外观	超声波探伤	落锤		静弯		疲劳	拉伸	冲击	硬度	显微组织	断口
		移动式闪光焊	固定式闪光焊	轨头受压	轨头受拉						
全部试件	全部试件	15 个	25 个	12 个	3 个	3 个	1 个	1 个	2 个	1 个(利用硬度试件)	15 个(利用落锤试件)

注:硬度试件 2 个,包括测试轨顶面硬度 1 个和测试纵断面硬度 1 个。

不同牌号钢轨之间的焊接、焊接接头的质量要求按照强度级别较低的钢轨执行;热轧钢轨与热处理钢轨之间的焊接,焊接接头的质量按照热轧钢轨执行。

型式检验各项目的试件制作、试验方法及判定等应符合焊接技术条件的规定。

2)生产检验。有下列情形之一者,必须进行钢轨焊接型式检验:连续焊接 500 个接头;焊机工况变化,对某个焊接参数进行修正的;焊机出现故障、记录曲线异常,故障排除之后;焊机停焊 1 个月以上,开始焊接前。

生产检验的项目及试件数量应符合表 9-20 的规定。生产检验各项目的试件制作、试验方法及判定等应符合焊接技术条件的规定。

表 9-20 钢轨焊接生产检验的项目及试件数量

外观	超声波探伤	落锤	硬度	断口
7 个	7 个	5 个	2 个	5 个(利用落锤试件)

注:1. 硬度试件 2 个,包括测试轨顶面硬度 1 个和测试纵断面硬度 1 个;
2. 外观和超声波检验合格的试件作为落锤和硬度试件。

3)成品检验。钢轨焊接完成后应对每个焊接接头(成品)进行包括外观和超声波探伤检验,其检验方法及判定等应符合焊接技术条件及相关规定的要求。

(3)短轨整码及质量检查。短轨经钢轨运输列车运往现场后,采用 5 台龙门吊同步装卸,将短轨分层堆码,并保证钢轨轨端整齐。层与层钢轨间对应存轨台座中线位置支垫 10 cm 厚、1 cm 宽钢板,由下至上每层钢轨至少递减 2 根存放,最高存放不超过 15 层。不同厂家、轨型及规格的钢轨应分类堆码,并进行醒目标识,如图 9-20 所示。

在钢轨焊接之前,应依照钢轨订货技术条件逐根进行表面质量检查,确认待焊钢轨无硬

图 9-20　100 m 定尺钢轨存放

弯、扭曲、裂纹、折叠、划痕、压痕、碰伤等缺陷。检验不合格的钢轨应隔离堆放，并作醒目标识。

(4)待焊钢轨选配。为确保钢轨焊接质量，钢轨焊接之前，应对待钢轨进行选配，将质量合格且轨端断面对称、公差基本一致的钢轨进行相对焊接。

选配轨工作除了钢轨外观检查外，还必须采用钢轨样板尺(图 9-21)对钢轨高度、轨头宽度、轨底宽度、断面不对称、端面斜度(垂直、水平方向)、端面弯曲、轨身平直度及钢轨表面质量进行全面检查，选配的钢轨不得有拱背、硬弯和扭曲，钢轨踏面有深度超过 0.5 mm 的压痕、结疤等缺陷不得焊接；严重锈蚀、轨端钻孔的钢轨不得焊接，钢种不同的钢轨不得相互焊接；必要时，必须经过试焊，检验合格后方可焊接；两相邻的焊接钢轨作用边要对齐，高度相差应不大于 1.5 mm。配轨时要考虑轨料情况，短于 9 m 的钢轨不得焊接。

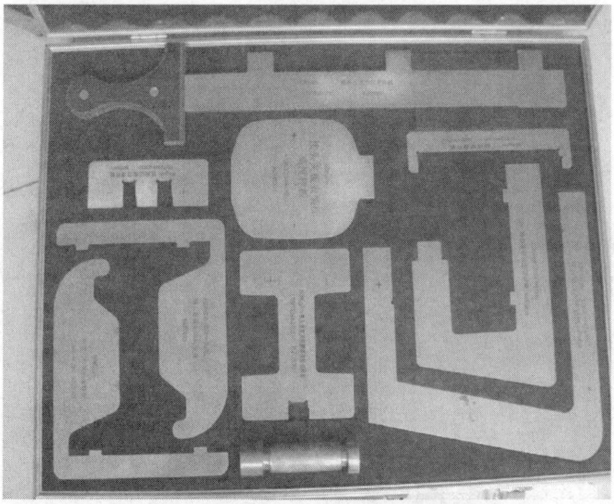

图 9-21　待焊钢轨选配用钢轨样板尺

选配好的钢轨应进行配对标识，并逐根吊入辊轮输送线，通过辊轮输送线将钢轨输送到除锈工位。

(5)轨端除锈调直。使用钢板尺检测钢轨轨端的平直度和扭曲，用液压调直对超出公差范围的钢轨作适当调直。对除锈轨端 0.5 m 范围内无法调直的死弯、翘头和扭曲超限的，应用锯轨机锯掉。

除锈机对钢轨距轨端 80～360 mm 范围内全断面及钢轨端面除锈(图 9-22),达到光洁程度,以使焊接时电极接触良好。加工好的打磨端面应显出金属光泽,在距端面 20 mm 以内的钢轨表面应无锈垢,打磨好的端面待焊时间超过 24 h 以上或打磨后有水、油、烟、灰污染时,应重新打磨处理。对母材的打磨量不超过 0.2 mm,除锈时,严禁横向打磨。除锈打磨结束后,焊接前应再次检查除锈部位的钢轨表面质量,应剔除不合格钢轨。必要时,也可人工对除锈机除不干净的部分进行辅助除锈,使用千叶片式抛机沿钢轨纵向进行除锈。

图 9-22　除锈机除锈

(6)钢轨闪光焊接。将经过焊前处理的钢轨由辊轴输送线传送给焊轨机,并再次确认除锈质量,且轨温不宜低于 10 ℃。

焊接前应检查和确认焊机状态正常,电压稳定,确认无误后方可焊接。并全过程打开焊机信息管理系统。

钢轨接头在焊轨机内对中,经过闪光预热、接触顶锻、推凸等程序后完成焊接全过程(图 9-23)。每焊接一个接头,应及时清扫焊机并检查焊接表面质量、推凸质量、接头质量和有无电极灼伤等。

图 9-23　钢轨焊接与接头编号

质量合格的焊接焊头应包括几个方面:未经打磨的接头,在焊缝两侧各 15 mm 的位置测量接头错边量,接头顶面和作用边不大于 0.3 mm,轨脚边缘不大于 0.5 mm;接头表面无裂纹、推凸时没有焊渣陷入，没有电极灼伤，焊接接头轨头和轨底、轨底顶面斜坡的推凸余量不大于 1 mm，其他位置推凸余量不大于 2 mm；没有焊渣挤入母材或划伤母材；焊接曲线没有出现工艺不合格曲线或异常曲线。出现上述的任何一种不合格情况，都视为焊接质量不合格，应将焊缝两侧各 100 mm 的钢轨锯掉重新除锈、焊接，锯轨时钢轨端面倾斜度应不大于 0.5 mm。

(7)自然冷却与接头编号。确认钢轨焊接合格后，将焊接接头传送到锯轨及喷号位置，采用自然冷却方式将钢轨焊接接头温度降至 500 ℃以下，同时对焊头进行编号，用油漆喷号。喷号位置位于同一侧轨腰，距焊缝 1～3 m 位置，标识应清晰、端正。接头编号应保证每个焊接接头（成品）能够依各项生产记录或信息实现追溯，一般由焊轨基地及焊轨生产线编码＋生产日期＋流水号组成（图 9-23），并明确该钢轨是用于左股还是右股的长轨，以便后续的粗磨和精磨施工。

(8)焊接接头热处理。当钢轨焊接接头轨温降到 300 ℃～500 ℃时，将钢轨焊接接头传送到正火工位进行热处理（图 9-24），以达到细化金属结晶、均匀组织，提高焊缝硬度，减少或部分消除焊接的残余应力，改善并提高焊缝及附近粗晶区的力学性能的目的。

图 9-24　焊接接头热处理

正火加热采用中频感应式正火机进行全断面加热到 A3（亚共析钢）或 ACM（过共析钢），加热温度850 ℃～950 ℃。接头进入线圈前，用钢丝刷清除接头表面的浮渣，接头进入线圈后，应检查接头各部位表面与线圈距离是否均匀一致，正火时要求测温仪对准焊缝中心。

正火加热完成后，待焊缝轨温低于 750 ℃后，采用喷风装置对焊缝进行快速冷却，使其轨温快速冷却至 500 ℃～550 ℃，雨雪天应将轨温冷却至 480 ℃以下。

从钢轨焊接、正火至轨温降到 400 ℃以下的过程中，焊接接头严禁与水接触。

(9)焊接接头粗磨。对焊接接头进行初打磨，清除轨头、轨腰、轨底和坡角的残余焊瘤（图 9-25）。

焊接接头粗打磨的部分包括：焊接接头踏面、工作边和非工作边、轨脚上表面 35 mm、轨脚、轨头下颚和轨底焊缝。焊接接头踏面、工作边和非工作边应使用仿型打磨机打磨；轨脚上表面、轨脚先使用手提砂轮机打磨，再使用抛光机抛光处理；轨头下颚使用手提砂轮机倒角；轨底焊缝则使用轨底打磨机打磨。

焊接接头打磨应顺钢轨纵向进行，不得横向打磨。打磨时用力不得过猛，不得冲击钢轨和

图 9-25　焊接接头粗磨

在钢轨上跳动，打磨量不得过大，严禁打亏，严禁打磨表面发黑发蓝。主要控制标准，粗磨后的焊接接头表面应平整光洁，与母材过渡圆顺且不伤及母材，轨顶踏面平直度 0.5～1.0 mm，工作边平直度±0.5 mm 以内，非工作边平直度±1.0 mm 以内，轨底焊缝打磨后焊筋余量不大于 0.5 m，接头处的轨底上、下脚应过渡圆顺。

(10)焊接接头水冷却。钢轨焊接接头从正火至喷风冷却、粗磨工位完成作业再传送到水冷却工位，检查确认焊接接头轨温低于 400 ℃以下后，焊接接头进入水冷却隧道进行焊接接头较长范围内的雾和水冷却，使焊接接头表面温度达到 50 ℃以下(图 9-26)。

图 9-26　焊接接头水冷却

(11)焊接接头四向调直。用四向调直机对钢轨不直处进行矫直，使钢轨在水平和垂直方向平直度达到要求标准(图 9-27)。焊接接头的轨头工作面经外形精整后表面不平度应满足：在焊缝中心线两侧各100 mm范围内，表面不平度不大于 0.2 mm，轨顶面及轨头侧面工作边母材打磨深度不应超过 0.5 mm。焊接接头及其附近钢轨表面不应有裂纹、明显压痕、划伤、碰伤、电极灼伤、打磨灼伤等伤损。测量钢轨焊接接头平直度应在温度低于 50 ℃时进行，测量长度 1 m，焊缝居中。平直度偏差的测量位置分别为：轨顶面纵向中心线、轨头侧面工作边上距轨顶面 16 mm 处的纵向线，测量应以焊缝中心线两侧各 500 mm 位置的钢轨表面作为基准点。

图 9-27 焊接接头四向调直

(12)焊接接头精磨。焊接接头精磨应经过四向调直(图 9-28),推凸余量和接头错边量检查合格不超标,轨温低于 50 ℃后方可进行精磨。

图 9-28 焊接接头四向调直

精磨采用数控用钢轨精磨机对轨头及工作面进行打磨,使其直线度达到标准要求,精磨的长度不应超过焊缝中心线两侧各 450 mm 限度,外形精整不应使焊接接头或钢轨产生任何机械损伤或热损伤,不应使用外形精整方法纠正超标的平直度偏差和超标的接头错边。精磨后应保持轨头轮廓形状。

(13)焊接接头探伤。钢轨焊接质量检查除了接头外观检查外,还应使用超声波探伤仪和全断面组合探头对每个焊缝进行无损检测,以确定焊缝各部位是否存在伤损缺陷(图 9-29)。探伤人员应持有二级以上的无损检测资格证书。

钢轨焊缝探伤之前,轨温应低于 40 ℃,探头扫查面应打磨光滑,无锈蚀和焊渣。超声波探伤的操作、质量判定等应严格执行钢轨焊接技术条件及相关技术标准的规定,探伤记录应包括仪器、探头、焊接接头编号、测试数据、探伤结果及处理意见。对存在疑虑的焊缝应反复探伤,以避免误判错判。对探伤检查质量不合格的焊接接头应锯掉重焊。

1)探伤范围:轨头,轨腰,轨底角,轨底三角区;

图 9-29 焊接质量探伤检查

2)探伤前焊缝准备:钢轨轨温低于 40 ℃,对焊缝两侧各 40 cm 范围内的锈斑、焊渣、水渍等清除干净,刷足耦合剂,确保探头与钢轨耦合良好;

3)探伤仪准备:使用前,先利用标准件对探伤仪进行标定,再进行基线校准和灵敏度测试,确认性能良好;

4)探伤仪操作:锁上输送线后进行探伤,探伤时一看波形显示、二看水平距离、三看波形分析、四定缺陷性质;先使用 22 dB 频率对焊头的轨头、轨腰及轨底进行超声波穿透扫查,发现焊头存在缺陷的,再用 26 dB 频率对缺陷放大搜查,确认缺陷的性质、位置和面积;

5)记录:探伤完毕,准确记录。

(14)厂焊长轨验收及存放。对焊接后的长轨进行全面检查,填写质量合格证明书。对于验收中发现的问题应及时处理。

厂焊长轨应根据规格、用途且左右股分别存放。长轨应采用联动群吊同步起吊,吊点间距不大于16 m,起吊、平移、下落应分步动作,缓起、缓移、缓落保证钢轨平顺,相邻吊点高差不大于 15 cm、水平不大于12 cm,全长范围内高低差不大于 30 cm、水平差不大于 50 cm。严防钢轨跌落碰撞,出现摔跌的,应单独存放,经铁路局或建设单位检查确认后处理,跌落高度大于 1 m 的,按报废处理。

长轨应正向顺排码放于存轨台座上,排列应整齐、平整、牢固,轨端应对齐,相错量不大于 100 m。分层堆码时,层间必须平直,不得窜动,上下层间宽 10 cm 厚 1 cm 的钢板对应存放台座上下对齐支垫,堆码层数及钢轨根数由存轨台的存载能力、取材方便和稳定性决定,永久焊轨基地长轨存放不宜超过 6 层,临时基地超过 6 个月存放不宜超过 8 层。存轨之前,还应加强对存放台座的沉降检测,相邻台座最大不平均沉降应小于 2 cm(图 9-30)。

厂焊长轨出厂前应检查每个焊接接头的外观质量,包括平直度和表面质量,检查各工序生产记录、生产检查报告和钢轨牌号等,并填写质量合格证书。

3. 无砟轨道长轨铺设

无砟轨道长轨铺设在线下结构及无砟道床、道岔等施工完成且经验收确认符合铺轨条件后进行。无砟轨道长轨铺设主要采用拖拉推送法施工,也可采用拖拉法或推送法施工。主要施工流程包括:铺轨基地内厂焊长轨的装卸与存放,长轨运输,长轨铺设。

(1)厂焊长轨的装卸与存放。厂焊长轨由铁路局焊轨厂负责使用 T11 长轨运输列车或专

图 9-30 厂焊长轨存放

业长轨运输平车从焊轨基地运输到铺轨基地(图 9-31)。长轨的装车及运输应符合铁路长轨运输列车管理办法的要求。

图 9-31 厂焊长轨运输(T11 长轨运输列车)

长轨存放之前,应对铺轨基地内轨道便线、存轨台座、联动门吊及支垫材料准备等进行检查验收。同时针对长轨交接及验收工作向施工人员进行技术交底或培训,并准备必要的检测验收工具。

厂焊长轨通过长轨运输列车运输到达铺轨基地后,按不大于 15 km/h 的速度由机车牵引或推送到长轨存放区装卸线准确对位停车,待安装止动铁楔后,解除长轨运输列车上的锁轨装置。

厂焊长轨应逐根起吊装卸,按规格、长度、用途及左右股分开存放,不同钢种及轨型的钢轨不得存放在一起,各存放区应对钢轨牌号、型号、长度及厂家、交货状态等进行显著标识,并填写长轨长度记录和轨温记录。伤损或不合格钢轨应单独存放并做好标识,建立台账。

厂焊长轨进场后,供需双方还应进行钢轨合格证书和焊轨合格报告的交接,并对长轨的型式尺寸、长度及重量、允许偏差、外观质量等进行检查验收。

每列长轨运输列车卸车完毕后应及时封车,并由机车牵引或推送退出铺轨基地。

(2)铺轨前准备工作。无砟轨道长轨铺设,应提前做好施工队伍组建、铺轨设备调试及技术准备等工作。并根据设计图纸(包括胶接绝缘接头位置),编制轨节表及长轨运输、铺轨计划表。对厂焊长轨逐根编号,确定装车顺序和铺轨顺序,就施工组织及施工工艺开展技术培训和交底。

加强与建设、监理及相关施工单位的协调和沟通,掌握铺轨前方施工动态,提前协调建设或监理单位组织线下工程移交,确认线下结构及无砟道床满足铺轨条件、限界的要求,落实钢轨扣配件预安装工作。

完成长轨铺轨机组、长轨运输列车、内燃机车等运铺设备的集结、组装、编组及调试等工作,各种机具材料满足铺轨施工要求。

根据建设单位工程运输管理办法,建立工程运输及施工管理机构,制定和颁布行车细则,配合建设单位统一指挥铺轨及铺轨后工程运输及上线施工管理等工作。

(3)长轨装车及运输。长轨装车时,由机车牵引或推送长轨列车到装轨位置准确对位并做好防溜措施,经检查确认车辆设备状态良好时,方可进行装车作业。长轨装车应由下向上逐层进行,每层装轨前,应先关闭该层所有滚道梁并翻下间隔铁,再逐根装车。每层装轨后,应拨顺长轨与间隔铁空位对齐并按规定扭矩锁紧长轨,之后再装下一层。整车按计划装轨作业完成后,关好安全车活动门并插好销挡。长轨列车空载层的滚道梁均应处于关闭状态。

长轨列车一般每层限装 14 根(7 对)长轨,不足满载时,应左右对称均匀装载,严禁偏载。在锁定长轨列车时,锁定螺栓要准确对位并按规定扭矩扭紧,防止运行途中螺栓松动和锁定失效。长轨轨端应与滚道梁间保持适当的安全伸缩距离,防止运行过程中长轨伸缩撞断滚道梁;当轨端位于安全车上时,500 m 长轨轨端至末端滚道梁距离应不小于 2.5 m,其他长度的长轨悬伸长度则按比例调整。当装车的长轨长度不一时,对悬伸长度小于规定的长轨应采用捆绑等措施,同时不得将较短长轨装于最外侧。装车时长轨应尽量并排整齐,并在每层钢轨顶面横向划一条标记线,以便检查运输过程中长轨的窜动情况。装车完毕后,应再次检查确认车辆装载平稳、加固牢靠、连接正常。

长轨列车运输前,应检查确认途经线路的曲线、限界等满足长轨列车通行的要求,必要时还应采取相应的限速通行措施。长轨列车运行途中,应按规定平稳起动、加速、运行、制动和停车。除特殊规定外,重车情况下,经过 300～500 m 曲线半径时,限速 45 km/h,经过 300 m 及以下曲线半径或侧向通过 9 号以下道岔时,限速 25 km/h,工程线路等线路状况较差的线路,应进一步降低运行速度。在不危及列车安全的情况下,禁止紧急制动,一旦紧急制动,应重新检查确认车辆及装载状态后方可起动。

长轨列车在重车运行时,随车作业人员应注意观察运行情况、轨端摆动量和钢轨窜动情况等,发现影响安全的情况,应及时停车检查。运行过程中,长轨上部、长轨与安全挡之间严禁人员停留。电气化线路带电区段,严禁把工具、物品等置于距离接触网 2 m 范围之内,作业人员不得攀爬列车顶部。

(4)长轨铺设。长轨铺设包括扣件安装、铺轨机组对位、长轨卷扬拖拉及推送、长轨拖拉铺设、轨道组装及尾工处理等工序。

1)扣件安装。由于新建铁路未开通前,沿线的防护体系尚未建立完善,钢轨扣件若随无砟道床施工提前安装,则可能在铺轨到达前产生丢失,造成不必要的损失。因此,为减少扣件丢失,无砟轨道钢轨扣件一般安排在铺轨到达前由各无砟道床施工单位负责安装完成和保管。

扣件安装时,应将轨道板(枕)承轨面清扫干净,将螺栓孔的杂物和积水清除干净并注入专用油脂，然后按技术条件要求正确安装扣件系统。其中，WJ-7 型扣件系统的安装还应采用专门工装，使扣件中线与设计轨道中线一致，以减少后期轨道精调工作量。

2)铺轨机组对位。首列长轨列车运输时，可将铺轨机组的过渡顺坡车和分轨推送车与长轨列车一起编组运输到铺轨起点位置，其编组由前向后依次为分轨推送车、过渡顺坡车、长轨列车和内燃机车，列车到达距铺轨起点位置 30 m 处一度停车，再以不大于 3 km/h 的速度接近铺轨起点位置停车。滚轮下道架和钢轨牵引车则由汽车经便道运输到现场，由汽吊吊至道床上，由前向后以钢轨牵引车、滚轮下道架的顺序依次布置，其中滚轮下道架全部安放在铺轨起点的已铺钢轨上，最前端的下道架的前轮中心距已铺钢轨末端 350 m，并在铺轨起点位置的承轨台上安放 1 个高度超过已铺轨钢轨顶的长约 0.5 m 的方垫木，以防长轨下落与已铺钢轨碰撞。

待每列长轨列车所装长轨铺设完成或铺轨完成后，长轨列车摘钩返回装运下一列长轨，过渡顺坡车、分轨推送车、滚轮下道架和钢轨牵引车继续留现场等待下一列长轨铺设。下一列长轨列车到达后，在距过渡顺坡度 5 m 位置一度停车，再以不大于 3 km/h 的速度接近过渡顺坡度并与之连接。

长轨拖拉开始之前，应对分轨推送车加装止动铁楔，滚轮下道架也相应安装止动铁楔。

3)长轨卷扬拖拉及推送。长轨列车与铺轨机组连接且经检查确认后，开始进行卷扬拖拉。

根据铺轨计划表，解除待铺 1 对长轨的锁定装置与安全挡板，如拖拉上层钢轨，还应预先将过渡顺坡车上的升降滚轮架调整到合适位置。将分轨导框调到与待拖拉长轨位置相应的宽度，长轨通过分轨导框即可使两根钢轨的位置刚好与线路上两股钢轨的位置一致，且轨距为 1 435 mm。用分轨推送车上的卷扬机钢丝绳(带夹轨器)到长轨列车的第一辆平车上拉钢轨。开启卷扬机卷扬，使长轨前端经升降滚轮架、分轨导框再沿钢轨推送机推送滚轮穿过钢轨推送机。卸掉卷扬机钢丝绳及夹轨器，启动钢轨推送机，由钢轨推送机推送长轨前端依次进入滚轮下道车下道滚轮，到达钢轨牵引车位置，停止钢轨推送。

4)长轨拖拉铺设。长轨前端到达钢轨牵引车后，将轨头与钢轨牵引车上锁轨装置进行连接并锁定牢固。

钢轨牵引车牵引长轨按不大于 5 km/h 的速度沿无砟道床向前走行，施工人员紧随钢轨牵引车后按每 10 m 间距在两承轨台间钢轨位置放置 1 对滚轮，使长轨顺利通过滚轮向前移动。当钢轨牵引车牵引力不足时，可启动钢轨推送机为长轨拖拉提供推力。

当长轨末端还有 10 m 到位时，钢轨牵引车速度降到 0.5 km/h。当长轨末端滑下前滚轮下道车滚轮并接近已铺钢轨末端对齐时立即停车，解开长轨前端与钢轨牵引车锁轨装置的连接，使用起道机配合拆除铺轨起点位置安放的垫木。

检查长轨就位情况，通过拉轨器或撬棍配合使长轨准确就位，并设置预留轨缝。采用无孔夹具将已铺钢轨与长轨末端连接。

5)轨道组装。从长轨末端位置依次向前，逐个检查并调整轨下胶垫安装质量，使用起道机配合拆除支垫滚轮，并用小车将滚轮回收至钢轨牵引车。用橇棍配合使长轨落槽，再次检查和调整轨下胶垫安装质量。

按每 10 个承轨台组装 1 组钢轨扣件，接头前后各两根轨枕的扣件应安装齐全。扣件组装完成后，长轨列车及铺轨机组(除钢轨牵引车已至前方外)按不超过 3 km/h 速度紧随其后跟进准备下一对长轨的铺设。全部扣件安装完成后，检查长轨前端的相错量，当相错量大于

40 mm 时,应采用锯轨机将其锯切平齐。

每对长轨铺设完成后,应准确记录铺轨里程,并对照轨节表等调整后续的铺轨计划。

6)尾工处理。铺轨通过后,及时补齐安装全部钢轨扣件,回收铺轨遗留的废弃物品等。

7)注意事项。铺轨过程中,应检查长轨左右股铺设位置是否正确,严格对照铺轨计划表确认道岔前后、线下及轨道结构过渡段、道岔区等特殊区域钢轨的铺设长度、轨缝设置位置、扣件类型及规格等是否满足设计及技术标准的规定。

铺轨过程中,应做好统一指挥和通信工作,确保施工各环节通信畅通、人员措施到位,尤其在铺轨机组起动或制动、长轨拖拉各环节均应做好安全防控措施。

长轨拖拉时,从长轨列车到拖拉现场,应有专人负责检查和防止滚轮卡阻等,曲线地段还应通过增加人员及工具、设置高边滚轮等措施防止长轨发生侧翻,无关人员应严禁上道。

铺轨通过后,应检查线扣件组装质量和线路清道情况,根据现场条件确定工程列车可否通行及通行速度。

铺轨通过后,已铺线路及道岔应纳入新线铁路运输管理,按照新线铁路管理制度的规定统一组织上道施工及工程运输,确保施工和运输两不误。

4. 工地钢轨焊接工艺

(1)概述。工地钢轨焊接包括一般焊接、长轨单元焊接、锁定焊接和道岔区单元焊接和锁定焊接等,其中长轨单元焊接和锁定焊接应采用闪光焊接工艺,闪光焊接工艺由闪光接触式移动焊轨机(以下简称"移动焊轨机")完成,道岔区单元焊接和锁定焊接宜采用铝热焊接。无缝线路地段信号绝缘接头采用现场胶接工艺。

工地钢轨焊接和现场胶接应在线路或道岔道床达到初期稳定状态且轨道几何形位基本达标后进行,其施工应严格遵循设计及技术条件的规定。钢轨焊接必须由经过专业培训、熟悉钢轨焊接质量标准并持有国家铁路行政主管部门认可的技术机构颁发的"钢轨焊接工操作许可证"的人员担当,正式施工前应结合现场条件对作业设备和作业工艺进行工艺试验和型式检验,以确定合格的焊接参数,施工过程做好成品检验和周期检验。工地钢轨焊接的型式检验、成品检验和周检验等应符合钢轨焊接技术条件的规定。

(2)工地钢轨闪光焊接工艺。工地钢轨闪光焊接根据工序分别配置闪光接触式移动焊轨机、锯轨机、拉轨机、钢轨打磨机、正火机、调直机及探伤仪等设备以及道尺、起道机、内燃螺栓扳手等辅助工具。施工流程如图 9-32 所示。

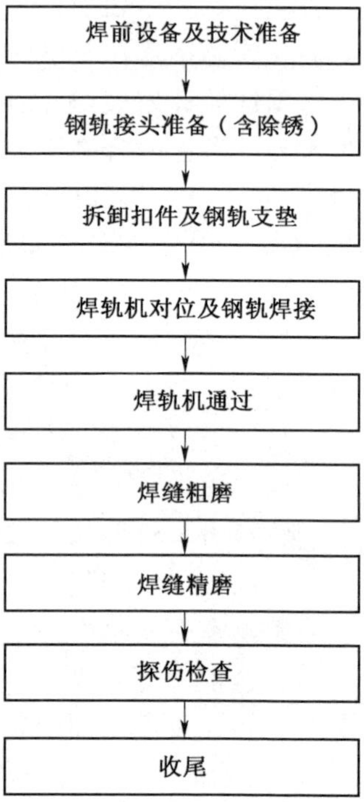

图 9-32 工地钢轨闪光焊接工艺流程图

1)焊前设备及技术准备。正式焊轨之前,应检查确认钢轨铺设及线路状态满足长轨焊接施工要求,有砟轨道线路还应确认道床达到初期稳定状态且道床饱满。

移动焊轨机按规定完成钢轨焊接型式检验和工艺试验,在已铺轨线路上按由前向后依次为移动焊轨机、工具运输平板车、内燃轨道车的顺序对焊轨设备进行编组,之后由内燃轨道车推送焊轨设备到施工现场等待焊轨作业。焊轨作业前,应提前开动移动焊轨,经试运转和检查确认设备运转正常、焊接参数符合试验结果后方可进行焊接工作。

2)钢轨接头准备(含除锈)。对待焊钢轨逐根进行检查,确认钢轨厂家、规格、类型、批次以及长度、外观质量等符合要求,不合格钢轨不允许焊接。

检查和调整待焊接头平齐,对钢轨端部有弯曲的采用弯轨器较直的方式矫直,对于无法矫直的应将弯曲的钢轨端部锯掉。钢轨端部如有明显压痕、碰痕、不平度大于 0.2 mm 和平直度大于 0.5 mm 的低接头时应进行锯轨。钢轨端面锯切应一刀成形,其平直度和端面垂直度应符合钢轨焊接技术条件的要求,其中端面垂直度应不大于 0.8 mm。

利用手提式砂轮机进行钢轨轨端除锈,对钢轨待焊端面及距其 600 mm 范围内的轨腰两侧表面除锈,使其露出 80%以上的金属光泽,且不得有任何污垢或锈斑。打磨焊轨机电极钳口与轨腰的接触区,使其完全露出金属光泽。若除锈范围有厂标及生产日期钢印的,也必须将其打磨至与轨腰平齐。打磨后的待焊时间超过 24 h 或遇有油水污染的,则必须重新打磨。

砂轮机打磨时应沿钢轨纵向打磨,严禁横向打磨,应保持轨头原曲线形状,对钢轨母材的打磨量不超过 0.2 mm。打磨时砂轮应与钢轨平稳接触,防止砂轮跳动,且应避免用力过猛而出现钢轨表面局部过热发黑发蓝。

3)拆卸扣件及钢轨支垫。焊接前松开待焊接头后方 10 m 范围内的钢轨扣件及前方一节待焊长轨全部的钢轨扣件,并在前方待焊长轨下按不大于 10 m 间距安装支垫滚轮,以使长轨可纵向移动串轨和焊接。通过撞轨器撞轨或钢轨拉伸机配合拉伸的方式,将前方待焊长轨纵向移动向待焊接头拉拢并根据焊接参数调整待焊接头轨缝大小。撞轨或串轨时应在轨缝处加装缓冲垫板以防焊缝两侧钢轨端面被撞伤。

焊接前应再次检查钢轨端面垂直度和钢轨端面、轨腰导电面及电极接触面的除锈质量。使用起拨道机将两待焊钢轨端部抬起一定高度进行对位夹轨,抬起高度根据钢轨和扣件类型确认,以保证两端钢轨对齐后端部顺直平齐。拆除焊缝两侧各 1.5 m 范围内的钢轨扣件橡胶或塑料零部件,并对该范围内的全部扣件螺栓孔进行覆盖。

4)焊轨机对位。准备工作完成后,由内燃轨道车推送移动焊轨机到达待焊接头位置,在装载移动焊轨机的平板车前方第一对轮对距待焊轨缝 3.2 m 的位置停靠并安装车辆止轮器,通过设置在该车底板上的四个液压油缸将整车顶起,使其轮对离开钢轨 20 cm 左右,完成移动焊轨机初定位。

5)钢轨焊接。开启移动焊轨机,操控提升架将焊机机头下降并接近钢轨,利用转盘转动,使焊机机头进入焊接工作位置。将焊机机头降下置于钢轨上,确保两钢轨间隙位于导轴上标记的正下方,降低焊机机头直至压到钢轨上。

操控焊机机头上的两对钳口将两端钢轨轨头夹紧,并通过自动对准系统对接头两侧各 500 mm 范围内的水平和纵各两个方向上自动地按 0.3 mm 精度精确对准,同时两端钢轨在纵向上自然地形成 0.6~0.8 mm/m的抬高量。操作人员用手摸的方式检查钢轨的上下方向是否对正,如没有对正,应松开夹钳重新对正。对正标准为钢轨踏面和作用边不大于0.5 mm、钢轨非作用边不大于 1 mm 以及焊缝中心不偏离焊机钳口中心,同时将轨缝调整至2 mm 左右。

再次检查确认移动焊轨机供电电压等焊机状态及焊接参数符合要求后,启动焊接,激活自动焊接程序,使待焊钢轨经过预闪阶段、稳定的高压闪光、低压闪光、加速闪光及顶锻阶段等全部焊接过程,随后钢轨夹紧装置快速松开两钳口,在焊机机头内的推瘤刀随即完成焊瘤推凸。

在此过程中,移动焊轨机计算机系统自动采集焊接过程全部数据,绘制焊接参数曲线图,通过对技术数据的分析,自动判断焊接过程是否合格。焊接参数应通过打印及硬盘保存的方式,实现每个焊接接头数据的可追溯性。

在此过程中,焊轨操控人员应认真观察焊接记录,分析焊接曲线,比对实际焊接曲线与型式试验焊接曲线的差异,当差异超出一定范围时,应及时与有关部门或专家联系分析,根据差异情况确定选择继续焊接、增加检验、调整参数或停止焊接等。对焊接不合格或是否合格疑虑较大的焊接接头应锯掉重焊。

焊接结束后,将焊轨机机架张至最大位置,提升架提升焊机机头完全离开钢轨焊接接头,去除推瘤焊渣,清理焊机内部。检查确认完成后,调整焊机机头完成另一侧钢轨接头的焊接。

焊接作业完成后的焊轨机钳口部位及钢轨钳口接触处应无打火烧伤,被钳口烧伤的焊接接头应判定为不合格,存在表面烧伤、严重错位、推瘤推亏(伤及母材)、裂纹等缺陷的焊接接头也应判定为不合格。焊机的导电钳口表面应光洁、平整,发生烧伤时应及时处理,必要时更换,更换后方可进行焊接。

6)焊轨机通过。同一位置两侧的钢轨接头焊接完成且初步判定焊接合格后,检查并调整已焊钢轨轨下垫板,撤除全部支垫滚轮,使钢轨完全落槽,并按 1/5 数量上齐钢轨扣件。之后,松开移动焊轨机装载平板车的四角油缸,使装载平板车落回钢轨上,撤除止轮制动器,待钢轨焊接接头轨温自然冷却至 400 ℃以下,移动焊轨机方可通过焊接接头位置进行下一处钢轨接头焊接作业。

7)焊后热处理。工地闪光接触焊接接头焊后热处理采用专用火焰加热正火机,在焊接接头轨温自然降至 500 ℃以下后进行,加热温度根据钢轨材质及现场条件所确定的 850 ℃～950 ℃ 之间的温度定值,且钢轨顶面加热温度不应高于 950 ℃,轨脚加热温度不应低于 850 ℃。专用火焰加热正火机采用氧气—乙炔火焰加热方式,由火焰加热器、流量控制箱、乙炔过滤器、乙炔瓶、氧气瓶和冷却水系统等组成(图 9-33)。

图 9-33　工地闪光接触焊接接头焊后热处理

施工准备:拆除焊接接头两侧各 1 套钢轨扣件,并在钢轨下支垫方木或短枕木,先将正火架放置在钢轨上,再将火焰加热器放在正火架圆柱形导柱上,调整加热器与钢轨表面间隙至均匀、对称后锁定;启动冷却水泵;调整加热器位置,使焊接接头处于加热器摆动中心,加热摆动幅度不小于 60 mm。

火焰加热：根据设备及工艺要求调节乙炔、氧气的输出压力和流量，点火后将火焰调到加热状态；按60 次/min的频率摆动火焰对焊接接头 60 mm 范围加热至规定温度，加热时的轨温采用光电测温仪测定，测温时测温探头应垂直于被测钢轨表面，每次测量接触时间不小于 3 s；达到正火温度后关闭乙炔、氧气流量，但乙炔应先于氧气关闭数秒。

注意事项：在钢轨焊接、正火加热阶段，当钢轨轨温高于 300 ℃以上时，钢轨焊接接头降温必须按自然冷却降温方式，不得利用雨雪或外来水降温。雨雪或大风天气时，应采取必要的防雨雪、防风或覆盖保温措施。

8）钢轨矫直。焊接接头正火加热完成，待温度降低到 300 ℃以下后，方可进行钢轨矫直和焊缝打磨。

钢轨矫直应在钢轨及焊接接头常温状态下，根据实测焊接接头原始平直度进行，不得使用矫直的方法纠正焊接接头错边。

原始平直度的测量以焊缝为中心，将 1 m 钢轨平尺置于钢轨顶面纵向中心线上，按住水平尺一端与钢轨顶面密贴，若另一端与钢轨顶面间有间隙，则焊接接头平直度向上，用塞尺检查间隙距离；若平尺的中间与钢轨顶面有间隙，则焊接接头为低接头，需切掉重焊。将水平尺放于轨端作用边距轨顶面 16 mm 的纵向线上，按住平尺一端与钢轨作用边密贴，若另一端与钢轨作用边间有间隙，则焊接接头不合格，需切掉重焊；若水平尺的中间与钢轨顶面有间隙，则用塞尺检查间隙距离。

对上述测量所确认的钢轨原始平直度，除所确认的不合格焊接接头外，应根据焊接技术条件判定接头两侧钢轨是否需要矫直，并将需要矫直的钢轨矫直至合格状态。钢轨矫直有时需要结合焊缝粗磨进行，即焊缝焊筋粗磨到一定程度后才能进行钢轨原始平直度的测量。

9）焊缝粗磨。工地钢轨闪光焊接接头粗磨与基地闪光焊接接头粗磨相似。焊缝踏面部位在常温下不能打亏，打磨时不得横向打磨，不应使砂轮在钢轨表面上下跳动而冲击钢轨母材，不能使钢轨表面“发蓝”。若打磨时温度过高，可适当停止打磨，待温度适宜时再进行打磨。

打磨后的钢轨表面应平整有光泽，与母材过渡圆顺，轨脚边缘上下棱角应倒成圆角，不得有发黑、发蓝。粗磨时，焊接接头表面粗糙度能够满足探伤扫查的需要。焊接接头非工作面在垂直、水平方向的错位应纵向打磨过渡。

对推凸余量超标的个别接头，可采用粗磨方式打磨平整，但不得损伤钢轨母材。当推凸余量连续超标时，应调整或更换移动焊轨机推凸刀具。

粗磨后应检查焊接接头表面质量，不应有裂纹、夹渣等缺陷，否则应切掉焊接接头重新焊接。

10）焊缝精磨。焊后精磨在焊接接头粗磨后进行，作业时钢轨表面温度不得高于 50 ℃。

通过使用仿型打磨机打磨焊接接头的轨顶面、各侧面的方式进行焊缝精磨，焊缝精磨应保持轨头轮廓形状。

焊接接头在轨底上表面焊缝两侧各 150 mm 范围内及距两侧轨底脚边缘各为 35 mm 的范围应打磨平整，不得打亏。焊缝精磨的长度不应超过焊缝中心线两侧各 450 mm，打磨长度越短越好，两侧母材的打磨深度应不大于 0.5 mm，除此之外不应使焊接接头及附近钢轨表面产生裂纹、划伤、明显压痕、碰伤、电极灼伤、打磨灼伤等损伤，也不应使用精磨的方法纠正超标的平直度偏差和超标的接头错边。

打磨时,应均匀控制砂轮的进给量,一般每次不超过 0.2 mm,并同步检查有无异常和磨痕的粗细。为避免焊接接头在线路开通前因工程列车等重车作用形成低接头,精磨作业一般分次进行,并在钢轨全断面预打磨之前至静态验收之前全部精磨到位,其中钢轨顶面平顺度可适当保留到 0.1~0.3 mm/m。

11)焊缝探伤。钢轨焊接质量检查除了接头外观检查外,还应使用超声波探伤仪和全断面组合探头对每个焊缝进行无损检测,以确定焊缝各部位是否存在伤损缺陷。除设备配置要求外,探伤人员还必须持有二级以上的无损检测资格证书。

钢轨焊缝探伤之前,轨温低于 40 ℃,探头扫查面应打磨光滑,无锈蚀和焊渣。超声波探伤的操作、质量判定等应严格执行钢轨焊接技术条件及相关技术标准的规定,探伤记录应包括所用仪器、探头、焊接接头编号、测试数据、探伤结果及处理意见。对存在疑虑的焊缝应反复探伤,以准确定质量是否合格。对探伤检查质量不合格的焊接接头应锯掉重焊。

探伤范围:轨头,轨腰,轨底角,轨底三角区。

探伤前焊缝准备:钢轨轨温低于 40 ℃,对焊缝两侧各 40 cm 范围内的锈斑、焊渣、水渍等清除干净,刷足耦合剂,确保探头与钢轨耦合良好。

探伤仪准备:使用前,先利用标准件对探伤仪进行标定,再进行基线校准和灵敏度测试,确认性能良好。

探伤仪操作:锁上输送线后进行探伤,探伤时一看波形显示、二看水平距离、三看波形分析、四定缺陷性质,先使用 22 dB 频率对焊头的轨头、轨腰及轨底进行超声波穿透扫查,发现焊头存在缺陷的,再用 26 dB 频率对缺陷放大搜查,确认缺陷的性质、位置和面积,确认合格的焊接接头不得有未焊透、过烧、裂纹、气孔、夹渣等有害缺陷。

记录:探伤完毕,必须完整、及时、准确地做好记录,并对检查发现的缺陷提出处理意见,处理意见包括打磨后再次探伤、锯掉重焊等。

12)接头编号及数据记录。每个焊接接头焊接、推瘤、打磨、探伤后,应将相关数据、信息等资料收集、整理,并加以分析、存档。现场焊接的接头应结合所处标段、里程、左右线、左右股等进行统一编号,并在钢轨内侧轨腰位置涂刷醒目标识。

13)线路恢复及收尾。焊轨施工结束后,应及时恢复线路。主要包括:准确、齐全地完成钢轨扣件安装,扣件间隙及扣压力等符合规定,对缺损件及时更换补充;清除现场遗留的焊渣、短轨头、工器具及杂物等,尤其是轨下承轨台部位、扣件螺栓孔等,以免影响扣件安装。

(3)工地钢轨铝热焊接工艺。钢轨铝热焊接以铝热焊剂燃烧反应产生铁水材料填充钢轨接头空隙,并以熔化两端钢轨后共同结晶、冷却的形式将两段钢轨焊接成整体。该焊接方式以填充、结晶方式,没有闪光顶锻过程,与闪光接触焊相比,更适合于道岔区内、道岔与区间线路间或区间线路最终锁定时的钢轨焊接施工。施工流程如图 9-34 所示。

1)焊接材料及机具设备要求。焊接材料:钢轨铝热焊接对焊接材料有严格的要求,包括焊剂、砂箱、一次性坩埚和封箱砂等,施工时根据钢轨的类型、施工条件等选择不同的焊剂和砂型。铝热焊剂有一定的保质期,且遇水失效。

焊接机具设备:工地钢轨铝热焊接涉及的机具设备较多,原则上应采用焊接材料供应商指定或允许的焊接设备,尤其是计量器具和预热器具等,以免使用非指定的关键设备可能导致焊接参数与型式检验、实际要求不符,造成焊接失败。

2)焊前技术准备。根据待焊钢轨的轨型及材质,正确选择砂型和焊剂的类型,道岔区焊接时应选用三片式砂型，以方便砂型的安装和拆卸。不论采用何种焊剂或砂型，都必须通过工艺试验和型式检验验证，且不得随意更换。

铝热焊接一般用于道岔区钢轨接头或锁定焊接头焊接，施工前，应结合现场条件编制专项作业方案，天气、气温、防风等施工条件除应满足铝热焊接作业需要外，还应满足道岔区焊接或锁定焊接施工的需要，尤其对道岔区钢轨铝热焊接，应尽量选择在同一时段完成，施工组织时在资源配置方面要有充分的考虑，在已经开行工程列车的线路上作业时，应作好上道申请及施工防护的准备。

对液压拉伸机、氧气瓶、丙烷瓶等，应加强对压力表的标定和校核。

道岔区焊接或锁定焊接施工前，应检查和确认线路轨道几何形位、道床稳定状态满足施工要求，对焊缝位置、焊缝两端钢轨质量进行确认，焊缝位置不正确且无法调整的，或焊缝处钢轨有缺口、损伤、磨损严重、端面不规则的钢轨，必须做好重切钢轨或更换插铺短轨的准备。

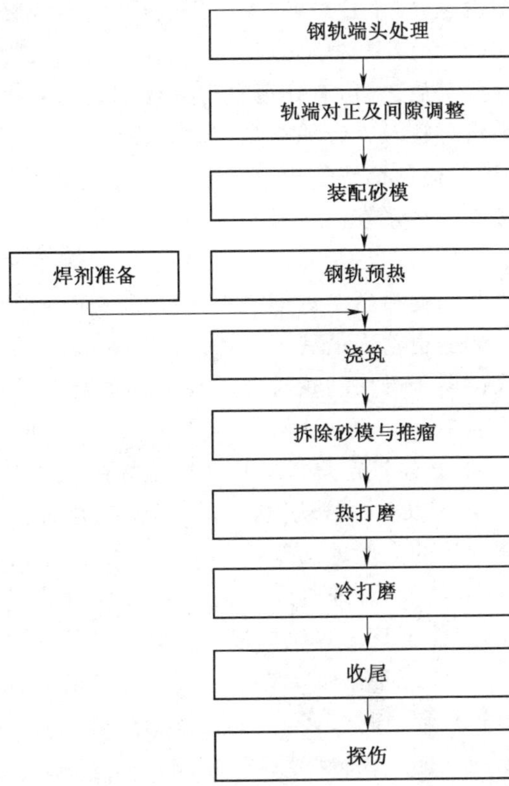

图 9-34　工地钢轨铝热焊接工艺流程

3)无缝线路钢轨铝热焊施工技术与道岔铝热焊施工技术一致，见“道岔施工技术”内容。

(4)工地钢轨绝缘接头现场胶接工艺与道岔胶接绝缘接头施工技术一致，见“道岔施工技术”内容。

5. 工地钢轨焊接技术要求

工地钢轨焊接除应符合焊接工艺的要求外，还应遵循无缝线路一般焊接、单元焊接、锁定焊接等各阶段的技术要求。主要有以下几点。

(1)长轨单元焊接。长轨单元焊接是指将厂焊长轨、定尺长轨或非标长度钢轨逐根焊接成设计或计划长度的无缝线路单元长轨条。焊接施工时，除了满足焊接工艺的要求外，还应注意以下几点：

1)焊轨之前，应确认线路几何状态及道床稳定状态满足无缝线路施工的要求，应避免焊接后因线路几何状态不良或道床薄弱导致胀轨或断轨而影响线路安全。

2)实际焊接的单元长轨条长度除了符合设计无缝线路单元长度的规定外，还应考虑现场条件下移动焊轨车焊接时顶锻的要求。

3)单元长轨条焊接完成后，不能按设计锁定轨温及时锁定，临时锁定除了满足工程列车安全通行之外，还应满足在轨温正常变化的条件下长轨条热胀冷缩不会导致断轨、影响线路安全的胀轨、损害已铺道岔的线形或内应力。临时锁定应上齐长轨条两端各 50 m 范围的全部钢轨扣件，长轨条中部 1/3 以上的全部钢轨扣件且扣件扣压力符合设计要求。

单元长轨焊接完成后，应在无缝线路锁定施工前完成所有焊接接头的粗打磨、外观检查和探伤检查,对不合格的焊接接头应在无缝线路锁定施工前全部处理完毕。

(2)无缝道岔单元焊接。无缝道岔钢轨焊接应在道岔工电联调初步完成且轨道几何状态符合要求后进行,有砟道岔道床还应达到初期稳定状态。为保持轨道几何状态的稳定性,道岔区钢轨焊接及无缝线路锁定时转辙器及辙叉区域不得通过拆卸扣件的方式调整轨道应力,因此,无缝道岔钢轨焊接应在接近或处于设计锁定轨温的条件下进行。同一道岔内的非锁定焊接接头应尽量在同一时段(同一轨温条件下)内一次焊接完成,同一岔区的所有道岔内的非锁定焊接接头应尽量在同一轨温范围内(焊接时最高和最低的轨温差值不宜超过 5 ℃)完成。相邻道岔间的最后 1 对钢轨焊接接头都应按锁定焊进行。

无缝道岔内最后一对焊接接头焊接前,都必须对应实时轨温检查和调整尖轨位置使其跟端限位器子母块的相对位置与实时轨温相匹配,以保证在设计锁定轨温条件下,限位器子母块位置居中。

(3)长轨锁定焊接。长轨锁定焊接位置应符合设计要求,采用拉升法锁定时,应远离道岔区 150 m 以上。长轨锁定焊接接头应及时进行粗打磨、外观检查及探伤检查,以免焊接质量问题导致的大量返工作业。

小半径曲线地段或低温施工时,可在设计或标准允许的范围内,将无缝线路单元长度适当减小,以保证移动焊轨机焊接时能顺畅拉伸或顶锻钢轨。

(4)无缝道岔锁定焊接。同一岔区的无缝道岔应尽量作为 1 个单元进行无缝线路管理,当股道较多或道岔较多,至少应将同一岔区同一股道的无缝道岔作为 1 个单元进行无缝线路管理。纳入同一无缝线路单元内的无缝线路内的所有锁定焊焊接接头(包括道岔内、道岔间及道岔与区间线路间钢轨焊接接头)应尽量在同一时段(同一轨温条件下)内一次焊接完成。

同一岔区内,相邻股道间分别纳入不同无缝线路单元管理的无缝道岔,其不同单元内锁定焊接接头应尽量在同一轨温范围内(焊接时最高和最低的轨温差值不宜超过 5 ℃)完成。且连接不同股道的所有无缝道岔的锁定焊接接头应尽量在同一时段(同一轨温条件下)内一次焊接完成。

(5)胶接绝缘接头。由于胶接绝缘接头施工工序繁琐,施工周期较长,原则上不宜将胶接绝缘接头作为锁定焊接接头放在最后施工。

6. 区间无缝线路锁定施工

(1)概述。新建铁路区间无缝线路锁定分为常温锁定和低温锁定两种方式。常温锁定即在无缝线路单元全长范围内,实际轨温刚好在设计锁定轨温范围内时,可通过支垫滚筒+撞轨器撞轨的方式进行无缝线路线路应力放散,使长轨处于零应力状态,之后锁紧钢轨扣件完成长轨锁定。低温锁定即在实际轨温低于设计锁定轨温范围时,在“支垫滚筒+撞轨器撞轨”使长轨释放内部应力并达到零应力状态后,通过加热或拉伸的方式均匀地补偿长轨达到设计锁定轨温时所需的内部应力,之后锁紧钢轨扣件完成长轨锁定。目前还没有可行的施工方法可用于实际轨温高于设计锁定轨温范围外的无缝线路锁定。

除隧道、室内等特殊环境外,受季节、天气变化的影响,实际轨温很难长时间地保持与设计锁定轨温相符合,常温锁定方式对施工组织和质量保证具有很大的不确定性,而低温锁定方式由于采用人工补偿方式具有较强的灵活性,一般都作为现场施工的首选。

(2)低温锁定的工艺原理。按长轨的力学和热力学理论,当实际轨温低于设计锁定轨温 ΔT 时,长轨的温度力、钢轨线膨胀系数、拉力、拉伸伸长量换算关系如下。

1)加热法使长轨均匀受热,长轨实际轨温升高 ΔT 至设计锁定轨温时,

$$\Delta L = \Delta T \times \alpha \times L \tag{9-2}$$

式中 ΔL——长轨伸长量,mm;

ΔT——轨温差,℃;

α——钢轨线膨胀系数,取 0.011 8 mm/(m·℃);

L——长轨长度,m。

2)拉伸法使长轨均匀伸长,拉伸伸长量 ΔL 与加热法温度伸长量相当时,长轨状态达到设计锁定轨温状态,拉伸力 F 为:

$$F = (E \times \Delta L / L) \times A \tag{9-3}$$

式中 E——拉伸力,取 210 GPa;

A——钢轨横断面积,取 77.45 cm^2。

以 2 000 m 单元长轨为例,当轨温差为 1 ℃时,采用拉伸法施工需要拉伸补偿的钢轨伸长量为23.6 mm,所需要的拉伸力(考虑 5%摩擦损耗)计算,采用拉伸法使 2 000 m 单元长轨均匀伸长的拉伸力约为 20.15 kN,折合 2.15 t。因此,考虑钢轨焊接施工必需的天气条件,采用最大拉伸力 90 t、最大行程750 mm的内燃液压钢轨拉伸力完全可满足低于设计锁定轨温 30 ℃以内的低温锁定要求(实际所需最大拉伸力 60.45 t、最大伸长值 708 mm)。

3)施工工艺流程如图 9-35、图 9-36 所示。

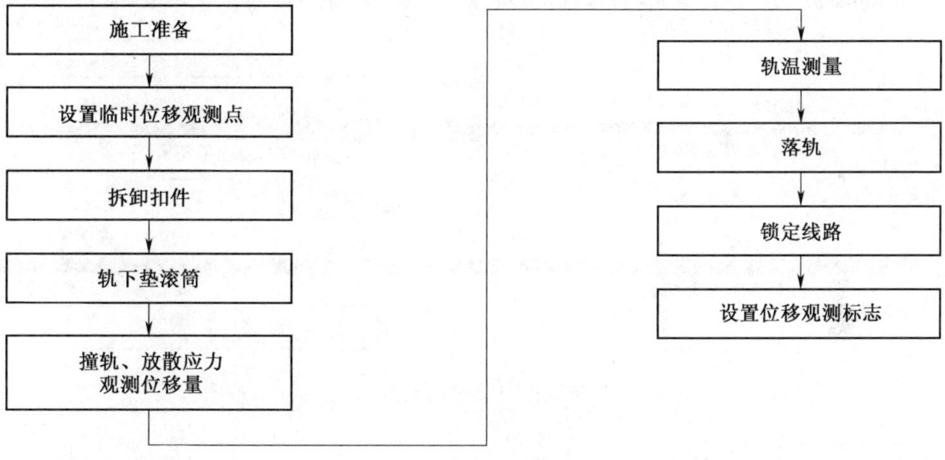

图 9-35 无缝线路常温锁定施工工艺流程

(3)低温条件下拉伸法锁定主要工艺(图 9-37)。

1)施工准备。检查确定线路轨道几何状态及道床稳定状态满足无缝线路锁定施工要求,有砟轨道应保证道床饱满。

根据设计文件及铁道部相关要求,结合建设单位和设备接收单位确定的位移观测桩设置方案,沿线路方向准确、完整地设置、埋设位移观测桩,并逐个编号。其中,桥梁地段,位移观测桩应设在桥梁固定支座对应的位置。

补齐全部钢轨扣件,若补充数量较小,应提前准备到位在线路锁定时一并安装完成。

2)设临时观测点。根据现场条件,按 100 m 间距从前向后依次设临时观测点,以便观测单元长轨应力放散、拉伸(加热)和锁定过程中的位移变化,低温锁定时还应增加对相邻已锁定

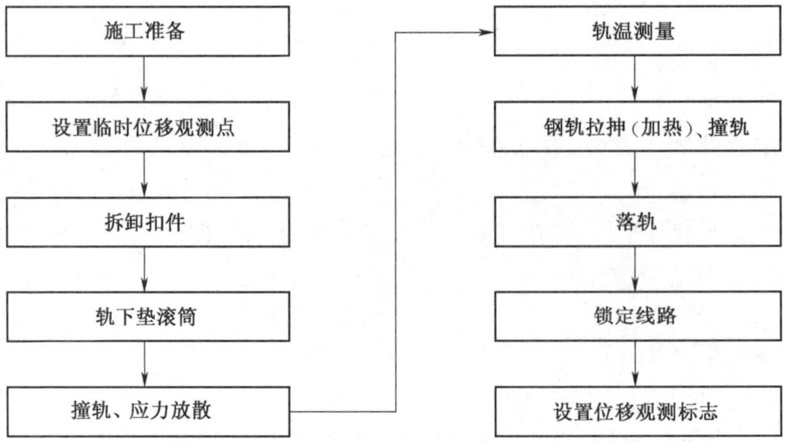

图 9-36 无缝线路低温锁定施工工艺流程

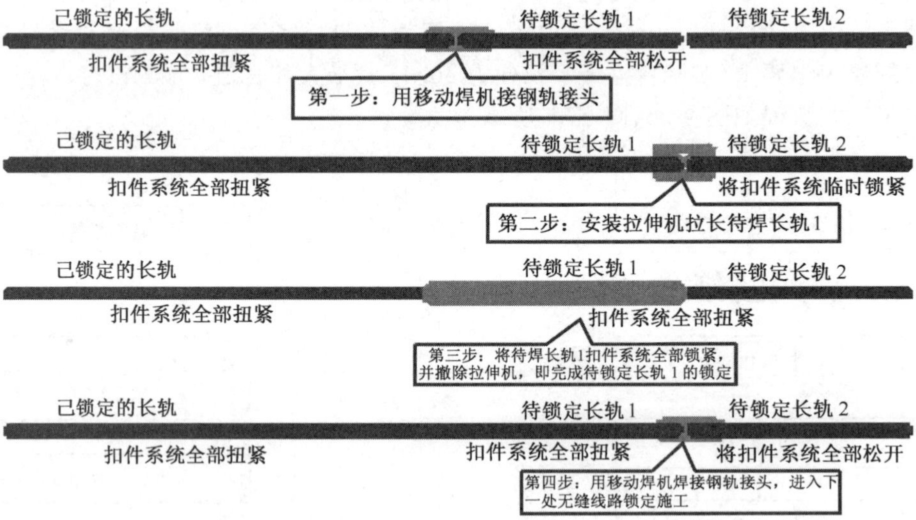

图 9-37 无缝线路低温锁定施工工艺流程示意图

长轨最后 2 个观测点的观测。

3)拆卸钢轨扣件。无缝线路长轨低温锁定由区间或股道的一端向另一端施工。人工拆除待锁定单元长轨后方已锁定长轨末端 10 m 范围内及待锁定长轨范围内除轨下垫板以外的全部钢轨扣件。当待锁定长轨为首对长轨时,应将其起点位置 100 m 范围内的钢轨扣件全部保留并扣紧以便为钢轨拉伸机拉轨提供反力。同时将待锁定长轨远方相邻的待锁定长轨起点位置的 100 m 范围内的钢轨扣件全部上齐,以便为钢轨拉伸机拉轨提供反力。在拆卸钢轨的同时,应按前、中、后 3 个位置在单元长轨轨腰背对太阳光位置安装各 2 个轨温计进行实时轨温的测量。

一般情况下,此时应根据实测轨温与计划锁定轨温的差值计算单元长轨末端的位移伸长量(含已锁定长轨末端的钢轨回缩量),并对照检查确认待锁定长轨末端与下一对长轨之间的间隙是否满足该位移伸长量,若不满足,应进行锯轨,锯轨时应尽量将长轨锁定焊焊缝调整到两承轨台中间位置。

4)轨下垫滚轮。上述待锁定区域的单元长轨全部扣件拆除后，按 10～15 m 间距在钢轨下支垫钢制滚轮，将长轨垫离道床或轨枕承轨台 30～50 mm，使前后钢轨处于"无阻力、无障碍"状态，曲线地段可适当加密滚轮的支垫数量。

5)撞轨、应力放散。按 200～300 m 间距在长轨条上安装撞轨器，通过撞轨器向按"先正向，再反向"的顺序进行同步撞轨，并辅以橡胶锤或木锤敲打钢轨，充分释放长轨内部应力。在此过程中，各观测点应严密观测和通报长轨的位移状况，直到长轨完全处于零应力状态。

6)轨温测量。读取轨温计上轨温数值，并将该轨温作为单元长轨锁定时的实测轨温，同时测量已锁定长轨末端钢轨的位移变化量(回缩量)。根据实测轨温与设计锁定轨温的差值，计算长轨计划拉伸量及各观测点对应位置的长轨伸长量。为避免拉伸后扣件锁定或后期管理中可能出现的长轨回缩，一般宜按设计锁定轨温值加上 1 ℃～2 ℃作为实际锁定轨温进行拉伸量计算。

同时，各观测点人员对应临时观测点位置设置临时位移零点。实际观测时，各观测点所需的长轨伸长量应加上已锁定长轨末端的位移变化量(回缩量)。

7)长轨拉伸。将钢轨拉伸机安装到待锁定长轨与下一对长轨之间的口子上，开启钢轨拉伸机进行钢轨拉伸，同时采用橡胶锤或木锤敲打钢轨。同时，各观测点开始按计划进行长轨伸长值(位移变化量)的观测和通报，并由施工技术负责人检查和核定长轨拉伸力与伸长值是否均匀一致，出现异常情况时应及时查找原因。一般情况下，各观测点的伸长值偏差不会大于轨温变化 1 ℃的伸缩量且不超过 10 mm。

长轨拉伸到位后，钢轨拉伸机应继续持力保压，直到钢轨扣件全部锁定完毕。

8)落轨。长轨拉伸到位后，逐个检查和调整轨下垫板到位。之后，从前向后依次撤除支垫滚轮，并再次检查确认各观测点的伸长值符合要求。

9)线路锁定。全部上齐钢轨扣件，并按先隔 1 紧 1，再全部紧固的原则锁紧钢轨扣件，其中长轨末端200 m的全部钢轨扣件和其余地段 1/2 的钢轨扣件应先全部锁紧，之后在设置完成位移观测标后，即可撤除钢轨拉伸机。剩余的钢轨扣件也应在 12 h 之内全部锁紧。

10)设置位移观测标志。长轨拉伸到位且落轨后，应及时完成位移观测标志的设置。位移观测标志的设置应对应预先埋设的位移观测桩进行，钢轨上的位移观测标志包括位移零点和位移标尺两部分。位移零点表示长轨设计锁定轨温条件下处于零位移状态，应采用红白油漆涂刷为永久标志，以便位移观测标尺的安装。

11)锁定焊接。一般情况下，同 1 对单元长轨应同步进行放散锁定，以加快施工进度。1 对单元长轨放散锁定完成之后，应进行下 1 对单元长轨的焊接和锁定。即，拆除下 1 对单元长轨全部的钢轨扣件并用滚轮支垫后，焊轨机由已锁定线路方向进入现场完成单元长轨的焊接，在下 1 对单元长轨拉伸作业之前，至少应完成该焊接接头的正火和粗磨作业且接头处轨温自然冷却至 250 ℃以下。

同一区间的无缝线路全部锁定完成之后，需要采用铝热焊进行最后的锁定焊接时，单元长轨拉伸之前，应精确地计算好钢轨伸长量并预留好焊缝宽度，且提前做好焊缝位置轨端锯轨、打磨和除锈等工作。拉伸到位后，应在拉伸力持力保压的状态下完成铝热焊接的全部工作，直到焊缝处轨温自然冷却至 50 ℃以下。

12)注意事项。采用拉伸法锁定施工无缝线路放散锁定，原则上应按设计锁定轨温范围内的定值进行控制，其实际锁定轨温的偏差留与施工误差调整，以确保无缝线路最终的锁定轨温符合设计锁定轨温及技术标准的规定。

无缝线路焊接锁定完成后，应按规定根据位移观测标志进行长轨位移量的定期观测和统计分析。之后，所有上道作业应符合无缝线路管理的相关规定。

(4)低温条件下加热法锁定主要工艺。加热法锁定分为电阻加热和火焰加热两种方式，实施成本都相对较高，而且加热不均匀，这也是加热锁定没有得到广泛推广应用的主要原因。

目前施工现场主要在道岔区或无缝线路铺设起点等无法采用拉伸法施工的局部区域采用火焰加热进行无缝线路低温锁定，加热范围一般不超过 200 m。以下以无缝线路铺设起点段为例介绍加热法锁定施工主要工艺。

与拉伸法施工相同，应首先将钢轨加热区段的钢轨扣件全部撤除，安装支垫滚轮及撞轨方式使钢轨完全处于自由状态，为保证钢轨在加热状态下能自由伸缩，加热区域内至少有一端长轨能自由伸缩。

确定加热区钢轨处于自由状态后，根据实测轨温计算钢轨的计划伸长量，并在加热区前中后等位置设临时位移观测点。按 5 m 左右间距布置火焰加热器以中性火焰来回对钢轨进行全断面加热，使钢轨均匀伸长直到加热区域的总伸长量达到计划伸长量以上。之后，撤除支垫滚轮，并快速完成加热区内钢轨扣件的锁定。加热过程中，必须确保加热均匀，应严格监控钢轨表面温度使钢轨一直处于低温状态过程中，以防钢轨局部过热而影响钢轨材质。

7. 岔区无缝线路锁定施工

(1)概述。由于道岔区轨道结构较为复杂，道岔扣件的拆卸作业牵一发而动全身，尤其是转辙器及辙叉区域零部件安装等直接影响道岔线形和电务设备安装质量。因此，道岔区一般不采取拆卸扣件的方式进行应力放散和锁定作业，而是提倡道岔施工各阶段、各环节、全过程遵循尽量符合设计锁定轨温的原则，并将道岔区的钢轨焊接和锁定焊接放在设计锁定轨温范围内进行。

但在实际施工中由施工季节、工序转换的影响，大多数条件下无法保证刚好在设计锁定轨温范围内进行焊接和锁定施工，对此，在操作上坚持在除设计有特殊要求，道岔区的焊接和锁定施工应在实测轨温不低于 15 ℃的条件下进行，若实际轨温低于设计锁定轨温的，应在道岔区前后各 200 m 或更长的区间线路上作补偿拉伸，以使整个无缝线路单元的锁定轨温(或应力状态)接近甚至处于设计锁定轨温状态，当轨温差值较大时，还应按不同的温差梯度设置做好与区间无缝线路的过渡。

为保证同一单元的岔区无缝线路的锁定轨温，岔区无缝线路道岔及线路的焊接应遵循“无缝道岔锁定焊接”的相关要求。

(2)岔区无缝线路常温锁定。当常温天气状态能保证岔区无缝线路能在设计锁定轨温范围内进行焊接或锁定作业时。可按以下工艺进行岔区无缝线路的焊接锁定作业。

1)施工准备。在确定施工天气能满足岔区无缝线路常温锁定的施工条件后，提前将待锁定区域内除道岔转辙器及辙叉区域外以外所有线路的扣件全部松开，并在轨下支垫小滚轮、聚氟乙烯板等滑动材料，并采用橡胶锤对钢轨进行敲打，在支垫大滚轮不影响轨道线形的条件下，也可支垫大滚轮和辅以撞轨器撞轨。同时作好钢轨焊接的施工准备，提前对待焊接的锁定焊接接头进行锯轨、打磨除锈和调轨对轨等工作。

按规定设置永久或临时位移观测标志。

2)线路锁定。待实测轨温符合设计锁定轨温要求后,再次通过敲打钢轨、撞轨等方式充分释放钢轨内应力。之后,撤除撞轨器、支垫滚轮及聚氟乙烯板等滑动材料,完成钢轨及道岔扣件的安装及锁紧,其中转辙器区域应通过调整尖轨位置使尖轨跟端子母限位器处于中间位置。线路锁紧完成后,及时设置位移零点和安装位移观测标尺。

3)锁定焊接。每天锁定的线路尽量在最短的时间内同时完成钢轨焊接施工。原则上,每天锁定的线路都必须在当天轨温接近的时间内完成锁定焊接施工。当天不能按时完成焊接或轨温温差变化较大的,应重新放散和锁定。

(3)岔区无缝线路低温锁定。当常温天气状态不能保证岔区无缝线路能在设计锁定轨温范围内进行焊接或锁定作业时。在实测轨温高于 15 ℃的条件下,可酌情采用取低温锁定工艺,但该低温锁定也应选择在该时段内轨温相对较高的时间进行。

1)道岔区及前后线路锁定。道岔区及前后线路锁定按常温法进行应力放散和焊接,但应将道岔区前后各不少于 200 m 的线路及锁定焊接留作岔区无缝线路的一部分作最后的锁定和焊接。

2)岔区无缝线路的最后锁定和焊接。道岔区及区间线路锁定完成后,一般会将道岔区两端各不少于 200 m 的线路作为岔区无缝线路与区间无缝线路过渡的结束部分放在最后锁定和焊接。

该 200 m 线路的最后锁定采用拉伸法施工,拉伸时应将道岔区长度范围内实际锁定轨温与设计锁定轨温的差值、道岔区长度所对应的伸长量一并拉伸,即保证整个岔区无缝线路单元的总的应力状态与设计锁定轨温相一致,需要注意的是,当拉伸机进行拉伸时,应保证拉伸不会使道岔内钢轨受到拉伸力。同时,为使道岔区、道岔前后线路、区间无缝线路之间的实际锁定轨温(或应力状态)不致相差过大,应做好梯度过渡。示例如下。

某线岔区无缝线路锁定,设计锁定轨温 $T_{sj}=28$ ℃±5 ℃,岔区及区间线路在实测轨温 $T_{sc}=20$ ℃条件下进行无缝线路锁定施工,其中区间线路采用拉伸法提前完成无缝线路锁定,道岔区长度 $L_1=250$ m。在此条件下进行岔区无缝线路锁定施工。

第一步:在实测轨温 $T_{sc}=20$ ℃条件下完成道岔区线路的无缝线路锁定。

由此,与设计锁定轨温相比,在岔区设计锁定轨温下限取值 25 ℃(不超过 28 ℃−5 ℃)的情况下,道岔区还需为道岔区长度 $L_1=250$ m、轨温差值 25 ℃−20 ℃=5 ℃所对应的钢轨伸长量,按钢轨线膨胀系数 α 计算得出该伸长量 14.75 mm。

第二步:在实测轨温 $T_{sc}=20$ ℃条件下将道岔前后各 1 000 m 的线路作为最后锁定的线路,采用钢轨拉伸机对拉方式。

为了相邻无缝线路的实际锁定轨温过渡,该 1 000 m 线路实际锁定轨温取 24 ℃(不超过 28 ℃−5 ℃及相邻单元间锁定轨温差不大于 5 ℃的规定),则该 1 000 m 线路的计划伸长量 47.2 mm,加上道岔区补偿的伸长量 14.75 mm,实际需要拉伸量为 62 mm,按此反算该段无缝线路的初始设计锁定轨温为 5.2 ℃。基本满足设计锁定轨温及技术标准的要求。

之后,即可进行拉伸法锁定施工。为保证钢轨拉伸不影响道岔转辙器及辙叉部位,根据扣件系统可提供阻力(一般为 0.9 t)状况,道岔外至少 50 m 范围内的钢轨扣件不可松动。温差梯度较大时,应相应延长道岔前后不可松动的线路长度,以保持道岔区无缝线路的稳定。

当实测轨温与计划锁定轨温相差较大时,可将道岔前后线路按梯度划分多个无缝线路单元并按不同的锁定轨温进行施工过渡,同时也可在满足设备施工能力的范围内将每个单元的长度适当延长。

8. 区间无缝线路轨道精调

(1)概述。无缝线路轨道精调是在轨道中线、高程等轨道几何形位基本达标、道床结构(主要指有砟道床)基本稳定的条件下,以更换扣件调整件为主要方法,以实现轨道相对精度满足要求为主要目的,以期达到轨道几何形位的高精度化。无缝线路轨道精调是高速铁路从铺轨及无缝线路焊接锁定完成到正式开通运营前最重要的一项工作,通过精密测量和精细调整(包括大机整道)最大限度地发现和消除线下工程施工缺陷、铺轨施工缺陷及轨道结构自身缺陷所造成的轨道不平顺和不稳定,其施工组织技术性和系统性极强,必须高度重视。

无缝线路轨道精调分为静态调整和动态调整两个阶段。静态调整是在联调联试之前,根据轨道静态测量数据,对轨道进行全面、系统地调整,对轨道线形进行优化调整,合理控制相邻轨枕之间轨距、水平、高程、平面等变化率,使轨道静态满足高速行车条件。动态调整是在联调联试期间,根据轨道动态检测情况,针对轨道局部进行整治,对部分区段轨道几何形位进行微调,对轨道线形进一步优化,是对轨道状态和精度进一步完善和提高的过程,以使轨道动、静态精度全面达标竣工验收条件。静态调整是基础,动态调整是补充。

与无砟轨道无缝线路轨道精调相比,有砟轨道由于道床稳定原因,在轨道精调期间会因为工程列车或试验列车通行以及道床自身稳定性等原因而造成道床基础变化,因此其轨道精调将以大型整道机组作业为主、以轨检小车测量和更换调整件为辅的作业方式。

(2)施工工艺流程如图 9-38、图 9-39 所示。

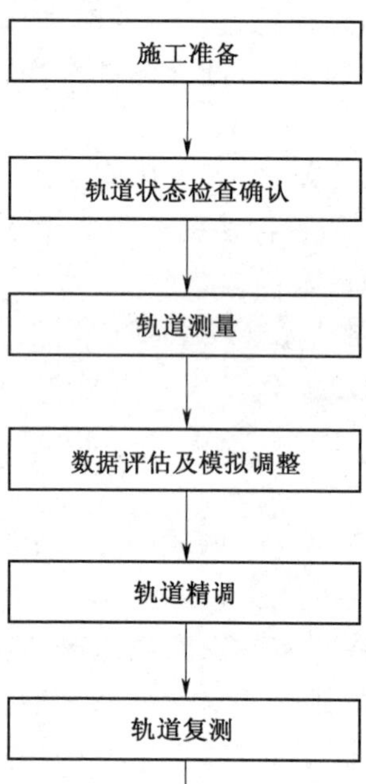

图 9-38 无砟轨道无缝线路轨道精调施工工艺流程

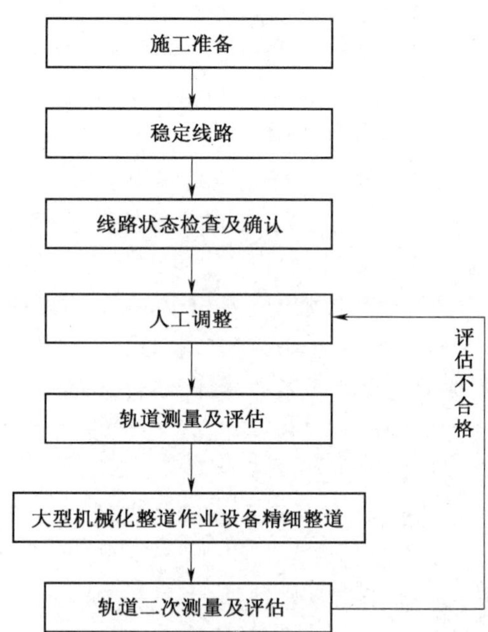

图 9-39 有砟轨道无缝线路轨道精调施工工艺流程

(3)无砟轨道无缝线路轨道精调主要工艺。

1)施工准备。轨道精调应组建专业的测量组和作业队。测量组一般由1名测量工程师和若干测量工组成,配备全站仪、电子水准仪及轨检小车等专业测量设备,测量组负责轨道几何数据测量的计算、实施、数据评估和调整量计算。作业队则由有经验的作业工长、工程技术员和线路工组成,配备电子道尺、弦线绳、电动扳手、小平车等工具。

测量组和作业队成立后,应对相关人员进行精调工艺、程序、标准的专业培训,使其全面掌握技术标准和操作要领,同时,作业人员应相对固定,不得任意调动。测量数据要有专人进行分析计算,制定精调工作表,以满足现场调整的需要。

轨道精调前应对CPⅢ测量控制网进行复测和评估。CPⅢ测量控制网复测应在线下CP0、CPⅠ、CPⅡ及线路水准基点控制网复测且评估合格的基础上进行,复测内容包括线上CPⅡ加密点、线上二等水准加密基点及CPⅢ测量控制网,复测成果合格且经评估程序后方可用于轨道精调。

轨道精调前应提前准备一定数量的调整件和部分标准扣件。调整件应包括用于调整轨距的绝缘轨距块和轨距挡板,以及用于钢轨高低位置调整的不同规格的轨下垫板、轨下微调垫板和铁垫板下调高垫板,同时也应准备少量的加长螺旋道钉。不同规格调整件的数量一般根据已有的工程经验准备,也可根据无砟道床施工后的复测成果确定。

轨道精调前的内业资料准备。整理施工管段内的平面曲线、竖曲线、超高等线路参数以及CPⅢ测量控制网复测资料等并输送轨检小车系统,换算施工里程与贯通里程,方便精调检测数据的分析解读。同时在现场标注里程或对轨枕(承轨台)逐根进行编号,编号方式可采用“里程+板号+轨枕号”的形式。

2)轨道状态检查确认。钢轨精调前尤其在轨道测量前,应对轨道的既有状态进行检查确认,并消除钢轨、扣件、焊缝的自身缺陷及扣件安装错误的缺陷。检查确认不满足下列要求的轨道状态应进行整改。

①钢轨无污染、低塌、掉块和硬弯等缺陷,钢轨工作边无残留混凝土等黏结物;

②扣件安装正确,无缺少、损坏和污染,扣件弹条与绝缘轨距块密贴,扣件扭矩力(或扣压力)符合设计要求,弹条中肢前端下颚与绝缘轨距块间隙不大于0.5 mm,轨底外侧边缘、绝缘轨距块、轨枕挡肩间间隙不大于0.3 mm;

③轨下垫板安装正确,无缺少、损坏、偏斜、污染和空吊;

④钢轨焊接接头平直度符合标准要求;

⑤清理道床板、扣件内部、承轨槽内混凝土残留杂物、灰尘等。

3)轨道测量。使用轨检小车进行轨道几何形位测量应选择无雨雪、少风、光照不强等较好的气象天气。首次测量前,应对轨检小车进行检校和标定,每次开始测量前,也应使用0级道尺对轨检小车进行现场标定。

轨检小车包括全站仪自由设站和轨检小车测量两个环节。全站仪自由设站后通过CPⅢ测量控制点完成空间定位,之后对置于轨道上的轨检小车棱镜进行测量,全站仪将测量数据传输回轨检小车软件系统,加上轨检小车自身对轨道水平和轨距的测量,轨检小车软件系统即可形成对轨道几何形位的测量数据,形成每个扣件节点位置的里程、轨道方向、高程、轨距的偏差以及连续测量数据所反映的轨道方向、高低的长、短波平顺度。

全站仪自由设站时,其位置应靠近轨检小车棱镜一侧,每次联测4～6对CPⅢ测量控制点,并且测站位于联测的CPⅢ测量控制点的中间位置,与近处控制点之间的距离一般应不小于 15 m,全站仪自由设站点精度应满足 X、Y、H 方向中误差均小于 0.7 mm,方向中误差小于 2″。完成自由设站后,CPⅢ测量控制点坐标不符值在 X、Y、H 方向的控制点余量小于 2 mm,当 CPⅢ测量控制点控制点坐标不符值大于限值时,该CPⅢ测量控制点不应参与平差计算,每一测站参与平差计算的 CPⅢ测量控制点不应小于 6 个。

全站仪与轨检小车的观测距离宜为 5~80 m。采用轨检小车应按由远及近地靠近全站仪方向对轨道进行逐个扣件节点的连续测量。更换测站后,两区段搭接长度不应小于 6.5 m(重复测量上一测站的 10 对扣件节点);区段测量以不超过 5 km 划分精调单元,两区段搭接长度一般为一站(该测站不应小于 20 m);同一点位的横向和高程的相对偏差均不应超过±2 mm,如果复测超限,应重新设站后再次观测。

车站道岔应单独测量,道岔直股应将道岔前后 200 m 的线路纳入道岔精调单元,统一完成精调作业。

4)数据评估及模拟调整。将轨检小车测量数据倒入专门的数据处理软件,数据处理软件可事先输入各项合格技术指标的限差值,对照限差值要求,数据处理软件即可自动形成轨检小车测量数据的评估结论。即,数据没有超标的部分,数据显示为合格,数据超标的部分,数据显示为不合格。

对不合格的部分,即需要通过扣件调整至合格状态。为便于现场精调操作,精调前,一般通过数据处理软件进行模拟调整,即在软件界面上填入不同的调整量,数据处理软件即可实时计算和反映出调整后轨道几何形位的变化情况,通过不断的优化调整,当所有数据都在合格范围内,即可完成调整量的模拟计算。最后,可通过计算程序输出调整量清单。通过调整量清单即可统计各种调整件的使用数量。

轨道模拟调整以相对精度及平顺性为主,横向调整量应考虑 0.5 mm 左右的余量,调整的整体思路是分析波形图,采用“削锋填谷”的方式消除超限处所,优化波形图实现直线顺直,曲线圆顺,过渡顺畅。调整过程严格控制周期性不平顺,特别注重轨向、高低及水平 10~20 m 周期性不平顺的控制,模拟调整的顺序如下:

明确基本轨,平面和轨向以曲线外轨为基准,高程和高低以曲线内轨为基准。

先整体,后局部。特别是在长波不佳的区段,可首先基于平面和高程偏差整体曲线图,大致标出期望的线路走向或起伏状态,先分整体调整方案,再细化局部调整方案。

先轨向,后轨距。轨距的优化通过调整曲线外轨的平面位置来实现,曲线内轨的平面位置利用轨距及轨距变化率来控制,单独轨距超限只调整横向曲线内轨即可。平面基准轨偏差导致的轨向不平顺:首先通过调整基准轨使轨向满足要求,然后通过调整非基准轨使轨距和轨距变化率满足要求。平面非基准轨偏差导致的轨距不平顺:在轨向良好的情况下,直接调整非基准轨使轨距和轨距变化率满足要求。

先高低,后水平。高低的优化通过调整曲线内轨的高程来实现,外轨的高程利用超高和超高变化率(扭曲)来控制。高程基准轨偏差导致的高低不平顺:首先通过调整基准轨使高低满足要求,然后通过调整非基准轨使超高和超高变化率满足要求。高程非基准轨偏差导致的高低不平顺:在高低良好的情况下,直接调整非基准轨使超高和超高变化率满足要求。

曲线调整。缓和曲线零缺陷调整,静态几何尺寸(特别是方向、水平、超高)务必严格控制,实现平顺过渡。与缓和曲线衔接的 150 m 直线段轨道精度务必达标,尽可能使用与曲线外轨同侧的钢轨比另侧钢轨略高 0~0.5 mm,切忌在缓和曲线头出现反超高和反弯;圆曲线方向、超高应严格控制，曲线全长范围内钢轨外侧扣件与轨底外侧必须密贴（特别是曲线外股），扣件扭力矩（扣压力）必须达到设计要求。

图 9-40 和表 9-21、表 9-22 分别为 CRTSⅡ型无砟轨道精调测量数据显示、方向模拟调整显示、方向调整量清单显示。高低模拟调整与高低调整量清单与此相似。

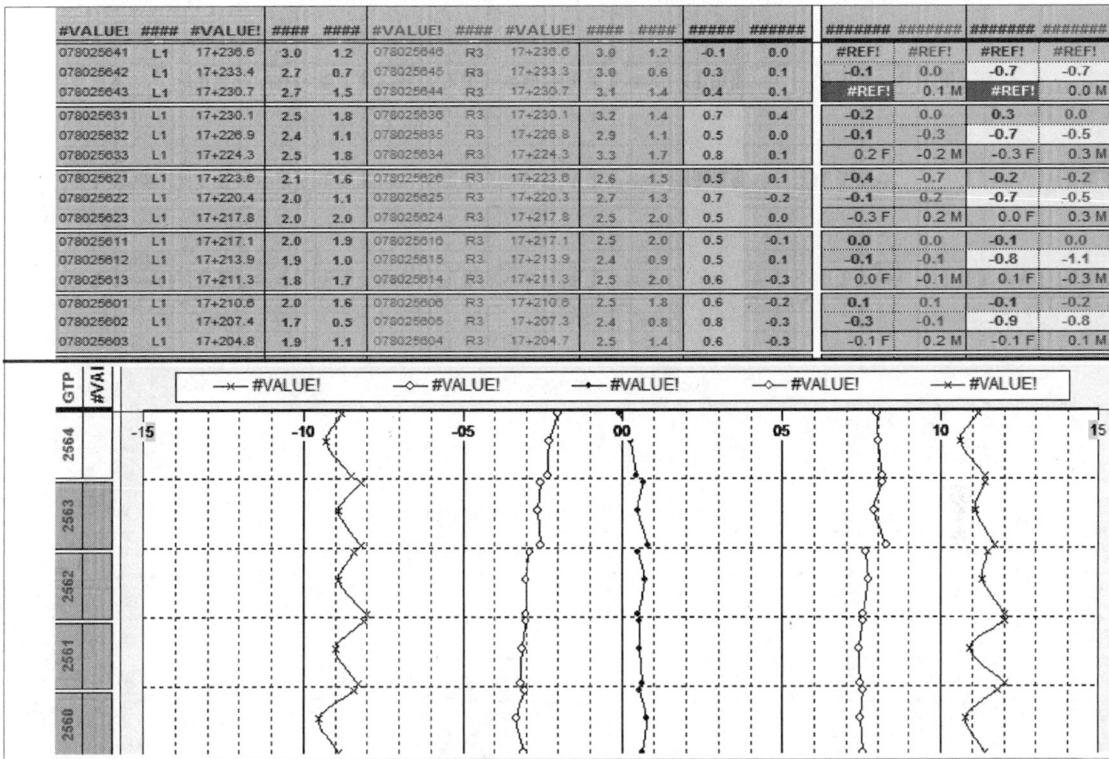

#VALUE!	####	#VALUE!	####	####	#VALUE!	####	#VALUE!	####	####	#####	######	#######	#######	#######	#######
078025641	L1	17+236.6	3.0	1.2	078025646	R3	17+236.6	3.0	1.2	-0.1	0.0	#REF!	#REF!	#REF!	#REF!
078025642	L1	17+233.4	2.7	0.7	078025645	R3	17+233.3	3.0	0.6	0.3	0.1	-0.1	0.0	-0.7	-0.7
078025643	L1	17+230.7	2.7	1.5	078025644	R3	17+230.7	3.1	1.4	0.4	0.1	#REF!	0.1 M	#REF!	0.0 M
078025631	L1	17+230.1	2.5	1.8	078025636	R3	17+230.1	3.2	1.4	0.7	0.4	-0.2	0.0	0.3	0.0
078025632	L1	17+226.9	2.4	1.1	078025635	R3	17+226.8	2.9	1.1	0.5	0.0	-0.1	-0.3	-0.7	-0.5
078025633	L1	17+224.3	2.5	1.8	078025634	R3	17+224.3	3.3	1.7	0.8	0.1	0.2 F	-0.2 M	-0.3 F	0.3 M
078025621	L1	17+223.6	2.1	1.6	078025626	R3	17+223.6	2.6	1.5	0.5	0.1	-0.4	-0.7	-0.2	-0.2
078025622	L1	17+220.4	2.0	1.1	078025625	R3	17+220.3	2.7	1.3	0.7	-0.2	-0.1	0.2	-0.7	-0.5
078025623	L1	17+217.8	2.0	2.0	078025624	R3	17+217.8	2.5	2.0	0.5	0.0	-0.3 F	0.2 M	0.0 F	0.3 M
078025611	L1	17+217.1	2.0	1.9	078025616	R3	17+217.1	2.5	2.0	0.5	-0.1	0.0	0.0	-0.1	0.0
078025612	L1	17+213.9	1.9	1.0	078025615	R3	17+213.9	2.4	0.9	0.5	0.1	-0.1	-0.1	-0.8	-1.1
078025613	L1	17+211.3	1.8	1.7	078025614	R3	17+211.3	2.5	2.0	0.6	-0.3	0.0 F	-0.1 M	0.1 F	-0.3 M
078025601	L1	17+210.6	2.0	1.6	078025606	R3	17+210.6	2.5	1.8	0.6	-0.2	0.1	0.1	-0.1	-0.2
078025602	L1	17+207.4	1.7	0.5	078025605	R3	17+207.3	2.4	0.8	0.8	-0.3	-0.3	-0.1	-0.9	-0.8
078025603	L1	17+204.8	1.9	1.1	078025604	R3	17+204.7	2.5	1.4	0.6	-0.3	-0.1 F	0.2 M	-0.1 F	0.1 M

注：1. 上表格中，从左到右依次为：左轨板号里程及高低、方向，右轨板号里程及方向、高低，左右轨方向、高低偏差，相邻板方向、高低偏差；

2. 上示意图中，6 条线从左到右：蓝色左轨高低、左轨方向、粉红色标准、黑色轨距、右轨方向、右轨高低

图 9-40　轨道板测量数据列表

表 9-21　方向调整量计算表

板号及承轨台编号	里程	绝对精度		轨距				方向		模拟调整量	
		平曲线	调整后	设计	实测	偏差	调整后	偏差	调整后	左股	右股
L2100-1	82 518	−5	0	1 435	1 431	4	−1	4	0		4.5
L2100-2	82 517	−5	0	1 435	1 430	5	0	5	0		5
L2100-3	82 516	−5	0	1 435	1 431	5	0	4	−1		4.5
L2100-4	82 516	−4	0	1 435	1 431	4	0	3	−1		4
L2100-5	82 515	−4	0	1 435	1 431	4	0	3	−1		4
L2100-6	82 515	−4	0	1 435	1 431	4	0	3	−1		4
L2100-7	82 514	−4	0	1 435	1 432	3	0	2	−2		3.5
L2100-8	82 513	−4	0	1 435	1 432	3	−1	1	0		4
L2100-9	82 513	−3	0	1 435	1 432	3	0	−2	0		3

续上表

板号及承轨台编号	里程	绝对精度		轨距				方向		模拟调整量	
		平曲线	调整后	设计	实测	偏差	调整后	偏差	调整后	左股	右股
L2100-10	82 512	−3	0	1 435	1 433	3	−1	−3	−1		3
L2101-1	82 512	−2	0	1 435	1 433	3	1	−2	0		2
L2101-2	82 511	−2	0	1 435	1 433	3	1	−2	0		2
L2101-3	82 510	−2	0	1 435	1 432	3	1	−2	0		1.5

表 9-22　方向调整量清单

板号	轨枕号	里程轨道轴线	左轨					右轨				
			竖向调整		侧向调整			竖向调整		侧向调整		
			轨下垫片	调整铁垫板	轨距挡板外	轨距挡板内	调整方向	轨下垫片	调整铁垫板	轨距挡板内	轨距挡板外	调整方向
			(mm)	(mm)	(mm)	(mm)		(mm)	(mm)	(mm)	(mm)	
03369	9	24+139.8										
03369	10	24+138.5										
03370	1	24+141.7			Wfp14	Wfp16	向左			Wfp14	Wfp16	向左
03370	2	24+142.4			Wfp14	Wfp16	向左			Wfp14	Wfp16	向左
03370	3	24+143.0			Wfp14	Wfp16	向左			Wfp14	Wfp16	向左
03370	4	24+143.7			Wfp14	Wfp16	向左			Wfp14	Wfp16	向左
03370	5	24+144.3			Wfp14	Wfp16	向左			Wfp14	Wfp16	向左
03370	6	24+144.3			Wfp14	Wfp16	向左			Wfp14	Wfp16	向左
03370	7	24+145.0										
03370	8	24+145.6	ZW5		Wfp16	Wfp14	向右	ZW5		Wfp16	Wfp14	向右
03370	9	24+146.3	ZW4		Wfp17	Wfp13	向右	ZW4		Wfp17	Wfp13	向右
03370	10	24+145.0										
03371	1	24+148.2										
03371	2	24+148.9										
03371	3	24+149.5										
03371	4	24+150.2										
03371	5	24+150.8										
03371	6	24+150.9										

注:本表中可显示详细的调整量清单,具体轨道板号及承轨台号位置。

5)轨道精调。根据模拟调整量清单,在需要更换调整件的扣件节点的钢轨顶面位置上用石笔标出起点和终点(左右股分别标注),用道尺和弦线进行确认,并在对应的道床板表面位置标示出平面的调整量和方向,在钢轨顶面标示出高程或水平的调整量。并现场摆放所需要更换的调整件。

现场调整宜先调基准轨的轨向和另一轨的高低,再调两轨的轨距和水平;轨距和轨向用绝缘轨距块或轨距挡板调整,高低和水平用垫板或垫片调整。当使用WJ-7型扣件系统时,轨距和轨向的调整可尽量通过移动大铁垫板的方式调整,调整余量再使用绝缘轨距块调整。为避免反复调整不能到位的情况,调整时应严格按顺序调整,基准轨未调整到位之前不得调整非基准轨。

更换调整件时,每次拆除扣件不得超过5个扣件节点,并且在更换扣件区段两端各松开1~2个扣件(只松开,不拆除),确保扣件更换能达到预期目的和平顺过渡,调整过程按照"摆(调整件)、测(轨距或水平)、松(螺栓)、拆(扣件)、顶(钢轨)、清(杂物)、装(调整件)、紧(螺栓)、查(扭矩)、核(调整量)、记(台账)"等11个步骤完成。

两股钢轨调整完毕后,记录现场实际调整件的部位、规格和数量,建立台账,使用道尺和弦线复测并确认调整量到位,并记录实际轨距、水平的偏差值。

在更换扣件的过程中,必须确保调整后的扣件正确安装到位,扣件扭矩值(扣压力)、扣件与钢轨及承轨台间隙值等符合要求。

6)轨道复测及评估。扣件调整或更换完成后用道尺和弦线进行检测,然后用轨检小车再次对轨道几何形位进行检核测量,并对超限地段进行反复调整,直到轨道状态符合标准要求,同时按相关规定整理调整资料和提交检测成果资料。

通常无砟轨道无缝线路精调一般需要重复3~4次循环,每次循环的调整量会超来越少。

(4)有砟轨道无缝线路轨道精调主要工艺。有砟轨道无缝线路轨道精调分为大型整道机组精细整道和人工调整两部分,两部分作业相辅相衬。大型整道机组主要进行线路中线、高程、轨向、水平、高低及扭曲等主要指标的调整,而人工调整主要进行大型整道机组无法进行的道床整治、钢轨外观清理、焊缝平顺打磨、轨距及扣件局部整治以及局部调整等。

1)施工准备。有砟轨道无缝线路轨道精调以机械为主、人工为辅,特别是后期作业基本以动态检测+大机整道相结合的模式,因而在无砟轨道静态调整施工准备的基础上,还增加了机械准备和材料准备等内容。

轨道精调前的内业资料准备。整理施工管段内的平面曲线、竖曲线、超高等线路参数以及CPⅢ测量控制网复测资料等并输送轨检小车系统,换算施工里程与贯通里程,并在现场进行标注,方便轨道检测数据的分析解读。

组建专业的测量组和精调作业队,相关人员应相对固定并准确掌握精调的技术标准和操作要领,测量数据或检测数据应有专人分析计算和编制精调计划表,所配设备及工器具满足测量及精调作业的要求。

组建专业整道队伍,通过自备或租赁方式配备线路或道岔捣固车、动力稳定车及配砟整形车等大型整道机组设备,且设备状态良好,作业精度满足要求。

轨道精调前应对CPⅢ测量控制网等进行复测和评估。并提前准备一定数量的调整件和部分标准扣件。

与铁路局联调联试工作机构建立良好的工作关系,做好轨道精调期间的施工及行车组织,确保轨道精调后及时进行轨道检测,畅通信息沟通机制。

2)稳定线路。铺设无缝线路后,有砟道床应逐步进入稳定阶段。按照已有经验,在正式进入轨道精调之前,应至少完成3捣2稳以上的大型整道机组整道作业,且道床饱满、稳定,以减少精调期间及精调作业后线路的不稳定变化。

3)线路状态检查确认。钢轨精调前尤其在轨道测量前,应对轨道及道床的既有状态进行检查确认,消除钢轨、扣件、焊缝的自身缺陷及扣件安装错误的缺陷。检查确认达不到下列要求的轨道状态应进行整改。

①钢轨无污染、低塌、掉块和硬弯等缺陷,钢轨工作边无残留混凝土等黏结物;

②轨枕铺设正确,电容枕、绝缘枕、电磁感应枕等其他特殊轨枕按设计铺设或更换完成;

③扣件安装正确、齐全,无损坏和污染,扣件弹条与绝缘轨距块密贴,扣件扭矩力(或扣压力)符合设计要求,弹条中肢前端下颚与绝缘轨距块间隙不大于 0.5 mm,轨底外侧边缘、绝缘轨距块、轨枕挡肩间间隙不大于 0.3 mm;

④轨下垫板安装正确,无缺少、损坏、偏斜、污染和空吊;

⑤钢轨焊接接头平直度符合标准要求;

⑥清理扣件内部、承轨槽内混凝土残留杂物、灰尘等;

⑦道床断面经过配砟整形车或人工整形,砟肩堆高、道床宽度、边坡等道床断面尺寸符合设计要求,且拍拢夯实。

4)人工调整。上述线路状态检查确认所发现的问题以及钢轨硬弯矫直、钢轨焊缝平直度超标打磨、轨距调整、道床缺砟补充等均应在大型整道机组精细作业前通过人工调整完成。

采用钢轨弯曲机对钢轨硬弯进行矫直作业,矫直后的钢轨平面不平顺矢度不得大于 0.3 mm/m,通过矫直作业仍不能满足要求的钢轨硬弯,应将该段钢轨截除,换铺为符合规定长度的短长轨。

对钢轨焊接接头进行精细打磨,钢轨顶面平顺度控制在 0.2～0.4 mm。

逐根轨枕进行轨距的检查和调整,超标轨距采用轨距调整块或轨距挡板调整。调整后轨距应达到以下标准:轨距允许偏差±1 mm,轨距变化率不得大于 1/1 500。

在精细整道前,利用风动卸砟车进行补砟作业。卸砟运行速度控制在 5～10 km/h;风动卸砟车卸砟、补砟应由专人引导。卸砟应均匀,两侧卸砟线路外侧风门比内侧风门先打开且稍大一些。卸砟后的道床应饱满。

卸砟后,通过配砟整形车整理道床,砟肩堆高、道床宽度、边坡等道床断面尺寸符合设计要求,且拍拢夯实。

5)轨道测量及评估。使用全站仪和电子水准仪通过 CPⅢ测量控制网测量线路中线或高程状态,测量间距不大于 5 m,并在线路上标注线路抬拨道量。有条件的,可采用绝对测量或相对测量轨检小车对线路轨道几何形位进行贯通测量。并通过轨检小车自带软件分析线路轨道几何状态,结合线路中线或高程的绝对差值计算线路起拨道量。

一般情况下,经过初期阶段 3 捣 2 稳以上的大型整道机组精细整道作业之后,线路中线、高程、方向长波、高低长波等都能满足要求。

根据轨道测量及评估的结果,确定轨道精调阶段需要大型整道机组重点整道区域及作业方案,对线路轨道几何状态较为薄弱的区段,应加强轨道测量,并在线路上标注线路起拨道量,确定加强整道作业的范围。

6)大型整道机组精细整道。进行轨道精调阶段,应至少采用 09-32 型线路捣固车或作业精度相当的线路捣固车精细整道,每次整道均应配备动力稳定车跟进其后同步作业。

线路轨道达到初始状态,首次人工调整后,应采用 09-32 型线路捣固车或作业精度相当的线路捣固车贯通线路进行一次或以上的整道作业,使线路轨道整体达到高精度状态。之后,再根据轨道测量或评估结果对重点区域加强整道。

除了整道设备的正常状态和正确操作外，大型整道机组精细整道还应注意以下几点要求：一是整道前精确测量和计算线路起拨道量，原则上最大起拨道量不宜大于 3 cm，前后两点的起拨道量之差也不宜大于3 cm；二是道床饱满密实；三是线路捣固及起拨道作业之后，应及时跟进动力稳定车作业；四是最后一次精细整道时，线路起拨道量不宜大于 1 cm，整道作业完成后，动态检测无Ⅱ级及以上超限点。

7)轨道二次测量及评估。大型整道机组整道作业之后，应通过轨检小车或动态检测车(铁路局)对线路轨道进行测量。由于有砟轨道铺轨工程线路相对较长，采用静态检测方式时间长、效率低，一般会结合行车试验采用动态检测车或动态检测仪检测。

根据动态检测数据确定线路轨道几何超差区段或处所，再采用轨检小车进对超差区段或处所进行静态测量，获取线路轨道几何形位的准确状态。通过数据分析，确定对超限区段的轨道几何形位采用人工调整或大型整道机组调整。

轨距超差的，采用人工更换轨距块或轨距挡座的方式调整。局部水平、方向或高低超差且人工调整作业量较小，首先应确定该部分超差是否因为钢轨硬弯、焊缝平顺性超差等因素引起并采取相应的措施，之后，再采用人工更换调整扣件的方式调整。水平、方向或高低超差较为连续且作业量较大，应选用大型整道机组作业。

8)道床补充及线路整理。轨道精调达标后，根据现场情况进行道床补充和线路整理。除了保证轨道几何尺寸良好和道床稳定外，轨道精细整理还应对道床外观进行整理，在保证道床宽度、边坡坡度、砟肩堆高等尺寸满足要求外，还应清除道床上包括轨道部件附着的杂物，清除道床范围内的外范围的道砟等，做好道床边坡坡脚线、砟肩线等四线平顺。

(5)施工注意事项。

1)高温时原则上不应安排影响线路稳定性的精调作业，可安排矫直钢轨、整理扣件、整理道床外观、钢轨打磨等作业。

2)有砟轨道无缝线路精调作业必须掌握轨温，观测钢轨位移，分析锁定轨温变化，按实际锁定轨温，根据作业轨温条件进行作业，严格执行“作业前、作业中、作业后测量轨温”的制度，并应做好以下各项工作：

①在整理地段按需要备足道砟；

②起道前应先拨正线路方向；

③起、拨道机不得安放在铝热焊缝处；

④扒开的道床应及时回填、夯实；

⑤无缝线路整理作业应遵守后述的作业轨温条件；

⑥当轨温在实际锁定轨温减 30 ℃以下时，伸缩区和缓冲区禁止进行整理作业。

3)在跨区间无缝线路上的无缝道岔尖轨及其前方 25 m 范围内综合整理，允许在实际锁定轨温±10 ℃内进行作业。

4)线路锁定后的精细整道，特别是需要拆卸扣件的作业，应严格按照有关要求进行，一次拆卸扣件不宜过长。

5)在轨道精调过程中，对于长大直线上的小折线，宜采用大半径曲线(R=1 500 000 m)拟合处理，以消除折线小偏角。

9.岔区无缝线路轨道精调

岔区无缝线路轨道精调除了满足轨道精度之外，还有工电配合的需要，其轨道精调作业应尽可能保证轨道结构的稳定性、轨道几何形位的平顺性和工电配合的协调性。因此,为提高轨道精调的效率和精度,有砟轨道岔区无缝线路轨道精调应在钢轨焊接完成、大型整道机组作业结束且道床饱满、稳定的条件下进行。本质上,进行轨道精调阶段,有砟轨道和无砟轨道的岔区无缝线路轨道精调都是以"垫片作业,人工调整"为主。

岔区无缝线路轨道精调与道岔轨道精调施工技术一致,见"道岔施工技术"内容。

10. 钢轨预打磨

(1)概述。钢轨预打磨,是在新建高速铁路无缝线路轨道开通之前,采用钢轨或道岔打磨列车对线路或道岔钢轨进行的全断面打磨,通过钢轨预打磨可有效消除钢轨制造、运输、铺设过程无法避免的断面轮廓尺寸误差、轨面不平顺、轨头扭曲变形,尤其是焊接接头对轨错牙、扭曲、打磨质量难以控制等产生的局部不平顺和前后相邻轨顶面连续性不良,有效提高钢轨平顺性,改善轮轨关系,不仅能有效提高高速列车的舒适性,而且能大幅延长钢轨的使用寿命。

(2)钢轨预打磨。目前,我国铁路钢轨和道岔打磨列车只装备了相关铁路局,各施工单位还未装备。因此,新建高速铁路钢轨预打磨工作一般由建设单位或相应铁路局统一组织施工,各设计、监理和施工单位按程序做好配合工作。

建设单位或相应铁路局根据新建高速铁路建设工期及开通计划,提前确定钢轨和道岔打磨列车使用计划,并制定相应的施工方案。原则上,钢轨和道岔打磨一般在无缝线路精调完成,道床进入稳定状态,轨道静态验收合格后进行。

施工单位应提前做好打磨前准备工作,提供各规格、种类钢轨铺设的具体位置,拆除影响打磨列车通行和作业的设备设施,清除线路两侧影响钢轨打磨作业的易燃易爆物品,合理安排配合打磨铁粉的清扫和回收工作。

打磨列车到达工地后,根据轨面状态,采用列车运行打磨、成型打磨等形式进行作业,新铺钢轨基本按打磨 3 遍模式,运行打磨速度 $v=12$ km/h,打磨时角度位于 $-5°\sim+35°$,消磨量 0.2～0.3 mm。全面施工前,首先按钢轨钢种选择包括一段曲线和直线在内的试验段进行试打磨,并根据打磨质量将打磨参数调整到最优,之后再大面积打磨。打磨过程中,除了即时关注打磨列车的打磨记录和质量测量数据外,还应加强重点测量,确保打磨质量。

打磨列车通过后,重点检查和测量焊缝位置轨面平顺度,对超标处所采用小型仿型打磨机人工打磨。

钢轨打磨结束后,建设单位应落实施工单位安排专人对钢轨打磨的铁粉进行清扫和回收,对道岔打磨后的滑床板进行清扫,原则上轨枕、扣配件及道床表面不得有铁粉堆积和污染,以免污染道床和影响轨道电路传输。

道岔打磨时,同一岔区及其前后各 300 m 线路应作为一个作业单元,通过打磨岔区直股钢轨,在钢轨顶面中心处形成 20～30 mm 宽的光带,以改善轮轨关系,提高整个岔区的平顺性。

(3)注意事项。

1)钢轨和道岔打磨前,应完成轨道精调和道岔工电联调,并经检查确认线路和道岔轨道几何状态良好,焊缝位置钢轨平顺度无超限。

2)钢轨和道岔打磨列车状态良好,配套机具完备,制定车站、长桥及隧道内钢轨打磨有针对性的施工技术方案。

3)钢轨打磨作业前,施工线路应经专项安全检查满足要求后,钢轨和道岔打磨施工计划按规定上报和批准,工电配合、打磨铁粉清扫及回收等配合措施到位。

4)钢轨和道岔打磨按打磨试验段,经检查确认合格且参数稳定后,再大面积打磨。

5)相邻两段线路或道岔重叠打磨的区域不少于 3 m,并适当减少打磨遍数,保证结合部的平顺性。

6)两组道岔间距离小于 500 m 的线路及道岔前后各 300 m 的线路必须采用道岔打磨车同步打磨,同一岔区及前后各 300 m 的线路应作为一个打磨施工单元。

7)钢轨和道岔打磨过程中,应加强打磨质量监控,打磨数据或检测结果异常应停止作业,待原因查清且确认无误后再恢复作业。

11. 无缝线路与联调联试

联调联试是高速铁路在完成静态验收之后,采用高速试验列车、检测列车及相关检测调试对各系统的工作状态、性能、功能以及各系统间匹配关系等进行综合测试、调整、优化并使整体系统达到设计要求的活动,是高速铁路建设的一项重要工作。联调联试具体到无缝线路专业,就是在轨道静态验收合格的基础,通过动态检测列车或人工添乘(动态检测仪检测)等手段,发现和确认轨道几何形位的动态超标处所。再通过静态检查确认的方式予以确认,并按无缝线路轨道精调的手段予以消除,使轨道几何状态符合要求,以进一步提高高速铁路运行的安全性和舒适性。联调联试阶段的无缝线路轨道精调应坚持以下原则:

(1)充分认识联调联试过程中病害整治的艰巨性、复杂性和反复性。前期精调质量的好坏,直接决定后期联调联试的质与量,必须高度重视、科学组织、精心施工、快速超前地完成静态精调工作,从而确保联调联试期间轨道精调满足高速行车要求。

(2)高度重视线路接管单位提前介入的重要性。建设、线路接管、联调联试和施工单位要密切配合,合理安排动车试验、静态检测及整改的时间,严格执行“施工不行车,行车不施工”的原则,保证满足轨道精调所需的必要时间,各单位间应加强沟通协调。

(3)提前做好数据分析、测量及维修人员的培训工作。认真执行“严检慎修”的原则,相关人员必须熟练掌握轨检小车测量、动静态数据分析、轨道调整方法。加强轨道检测波形分析工作,提前制定针对性的检测和调整方案。

(4)加强对扣件和焊缝的检查。高度重视长波不平顺的调整,在静态调整阶段力争将轨向精度控制在 0.5 mm 以内。焊缝平顺性差、钢轨硬弯、扣件扣压力不足和垫板不密贴是动力学检测中出现的减载率、脱轨系数偏大的主要原因,对此问题,必须首先检查和排除扣件完好性和焊缝平顺性较差的因素,发现问题及时处理。

(5)在满足绝对精度的条件下,应建立轨道几何状态相对平顺的理念,力求调整量最小。严格控制轨向、水平等周期性不平顺,注意变化率的控制,避免轨距、轨向、水平正负交替出现的情况。

9.8 资源配置

9.8.1 劳动力配置

高速铁路无缝线路轨道工程施工采取架子队组织模式,根据工作面和作业内容情况组建若干个专业施工队,主要包括铺轨基地、铺轨作业队、线路作业队、焊轨作业队、道砟供应队、道岔施工队、站线施工队和运输所等,依据施工流程平行作业。各施工队人员相对固定,推行专业化管理。其管理人员组织与生产人员组织与有砟轨道铺轨作业相似,见第 8.3 节“有砟轨道施工技术”相关内容。

9.8.2 主要设备机具配置

高速铁路无缝线路铺设单作业面主要设备机具配置见表 9-23。

表 9-23 高速铁路无缝线路铺设主要设备机具配置表(单作业面)

序号	设备名称	规 格	单位	数量
一	检测设备			
1	全站仪			
2	电子水准仪			
3	轨检小车			
4	电子道尺			
5	支距尺			
6	方 尺			
7	螺旋道钉抗拔仪			
8	道床阻力检测设备			
9	数字式超声波探伤仪			
10	数字式钢轨平直度检查仪			
11	波纹磨耗测量仪			
12	钢轨头部横断面绘图仪			
二	长轨铺轨基地			
1	轨行式龙门吊	16 t×17 m	台	5
2	32 台联动长轨群吊	2 t×21 m	套	1
三	轨道运输设备			
1	内燃机车	DF4	台	8
2	内燃轨道车	290 型	台	6
3	K 型石砟漏斗车	KZ70	辆	40
4	平板车	N17	辆	若干
5	宿营车或公务车		列	1
四	长轨运输及铺设			
1	枕轨运输列车	500 m	列	2
2	长轨运输列车	T11 型	列	2
3	有砟轨道长轨铺轨机组	CPG500 型或 CYP500 型	套	1
4	无砟轨道长轨铺轨机组	WZ500 型	套	1
5	支垫滚轮组	15 cm 高	个	200

续上表

序号	设备名称	规　格	单位	数量
五	大型整道机组			
1	线路捣固车	D08-32 或 D09-32 型	台	1
2	动力稳定车	WD320	台	1
3	配砟整形车	SPZ2000	台	1
4	道岔捣固车	CD08-475	台	1
六	钢轨焊接及无缝线路锁定设备			
1	移动式闪光接触钢轨焊接机	LR1200	台	2
2	铝热焊设备	斯密特	套	2
3	内燃式液压钢轨拉伸机		台	4
4	胶接绝缘接头设备		套	1
七	钢轨预打磨			
1	钢轨打磨列车	PGM-48	台	1
2	道岔打磨列车		台	1
3	钢轨波纹研磨机		台	1
八	运输组织			
1	无线电通信系统		套	1
2	车辆防护器具		套	20
3	钩锁器		套	120
4	防护器具(含防护牌)		套	20

9.9　质量安全控制要点

9.9.1　质量控制要点

除满足设计及工艺要求外，高速铁路无缝线路施工质量控制要点还有以下几点：

(1)建立健全质量管理体系，配置质量控制要素，推进专业化管理和生产，严格施工过程控制，针对不同工序、不同施工内容制定并实施作业指导书、质量实施细则和质量检测大纲，以工序质量、细节质量保证最终的施工质量。

(2)加强各方协调与技术交底，尽早明确设计和技术标准，针对性编制施组织设计和作业指导书，开展技术培训和交底，确保设计和技术标准落到实处。

(3)严格控制无缝线路铺设、焊接、锁定、轨道精调及钢轨预打磨施工的边界条件。无缝线路焊接锁定前，轨道几何形位基本达标。钢轨预打磨前，轨道几何形位全面达标。若是有砟轨道无缝线路铺设，无缝线路焊接锁定和钢轨预打磨前，有砟道床还应分别达到初步稳定和稳定状态。

(4)在精调测量中，配置高精度的全站仪、电子水准仪、轨检小车等，测量人员进行针对性的培训并经考核合格后上岗，施工过程应加强设备的经常性校正、日常保养和维护，计量器具定期送检标定。

(5)严格按技术条件开展轨料采购、运输、储存及检验,做好成品及半成品保护,不合格材料杜绝使用。对长轨吊装、运输、存放必须采用专有设备并制定专项施工方案,确保钢轨件不变形、无损伤;加强对预埋套管轨枕的保护,防止杂物进入预埋套管内。

(6)加强长轨铺轨机组、移动焊轨机、大型整道机组、钢轨及道岔打磨机等大型设备的使用、维护等,确保设备机况良好,专业人员必须持证上岗并按操作规程正确操作,以质量控制真正实现"设备保工艺,工艺保质量"。钢轨焊接前,按规定完成钢轨焊接型式检验。

(7)大型整道机组作业时,道床道砟必须饱满、充足、均匀,每次作业应严格控制起拨道量,施工完毕,及时补充道砟,并检查轨道线路,以调整后续整道方案。大型整道机组不得在允许轨温范围外作业。

(8)加强工程运输管理,严格控制工程线通行条件,杜绝设备掉道损伤线路部件,轨行设备严禁在道岔区段起步、制动或停机,大坡道应避免起步、制动或停机,以免损伤设备和钢轨。

(9)钢轨焊接接头必须逐个焊头进行外观、平直度和探伤检查,不合格焊头杜绝上道使用。

9.9.2 安全控制要点

高速铁路无缝线路轨道线路工程施工安全控制要点与有砟轨道铺轨作业相似,见第 8.3 节"有砟轨道施工技术"相关内容。

9.9.3 环保控制要点

高速铁路无缝线路轨道线路工程施工环保控制要点与有砟轨道铺轨作业相似,见第 8.3 节"有砟轨道施工技术"相关内容。

10　施工组织总体方案

10.1　概　　述

道床及钢轨是高速铁路的核心结构部分，而高速铁路道床所采用的无砟轨道及有砟轨道、钢轨所采用的无缝线路，均是高速铁路工程施工的最新技术，要保证高速铁路的工程质量、安全、环保、成本和工期等目标，除了掌握正确的施工方法和核心技术以外，施工组织方案也是保证实现上述目标的重要手段和措施。

10.1.1　无砟轨道

我国高速铁路的无砟轨道是2005年后出现的崭新技术，其工程质量直接决定高速铁路的安全性、舒适性和耐久性。无砟轨道施工技术复杂，精度要求高，并具有工厂化、机械化、专业化、信息化的特点。按照国家和铁道部标准化管理的要求，建设各方必须坚持以质量为核心，牢固树立精细施作、精确定位、系统集成的理念，严格源头控制、细节控制、过程控制，通过严谨的技术与质量管理，以先进的设备保工艺，以规范的工艺保质量，全面落实无砟轨道施工管理制度、人员配置、现场管理和过程控制标准化的各项要求，实现质量、安全、工期、投资效益、环境保护和技术创新等目标，达到世界一流水平。

无砟轨道施工必须提高工厂化、专业化、机械化和信息化水平。一是施工单位要整合资源，组建相对稳定的专业化队伍，固定专业管理、技术和作业人员，配置专业施工设备，建立健全专业的质量检验体系；二是在无砟轨道制造、运铺、精调、混凝土制备及浇筑、钢轨焊铺等采用数控化、自动化的成套机械设备，有效地提高作业精度和作业效率；三是在建设管理、施工组织、制造、铺设及成品检验和竣工验收等方面实现信息化，建设各方应及时收集、整理全过程的施工数据，做好数据库维护，确保无砟轨道施工质量和责任可追溯。

无砟轨道工程建设各方应制定项目管理规划，重点加强CPⅢ轨道控制网测量、工地钢轨焊接、无缝线路应力放散及锁定、轨道精调整理等工序的管理控制，注重轨道与相关专业接口衔接、无砟轨道工艺性试验、轨道过渡段施工等关键环节的管理。

10.1.2　有砟轨道

传统的有砟轨道铁路在我国已有成熟的施工技术和经验，主要采用铺轨机或架桥机铺轨排，通过小机整道或大机整道后开通线路，边运营、边维护，分级提速。无缝线路主要采用25 m定尺轨厂焊成200～300 m，再实施钢轨换铺法施工，现场铝热焊或气压焊焊接长钢轨并锁定区间或跨区间无缝线路。我国通过秦沈、合宁、合武等铁路客运专线有砟轨道的建设，逐步发展和形成了以长轨铺轨技术、长轨焊接技术和大型机械化整道技术为代表高速铁路有砟轨道施工成套技术，逐步实现施工组织工厂化、机械化、专业化和信息化，轨道施工的精度和质量全面提高并达到高速铁路运营的要求。

按照国家和铁道部标准化管理的要求,建设各方也通过坚持以质量为核心,牢固树立精细施作、精确定位、系统集成的理念,严格源头控制、细节控制、过程控制,通过严谨的技术与质量管理制度,以先进的设备保工艺,以规范的工艺保质量,全面落实有砟轨道施工管理制度、人员配置、现场管理和过程控制标准化的各项要求,确保有砟轨道施工时有序可控,实现质量、安全、工期、投资效益、环境保护和技术创新等目标,达到了世界一流水平。

10.1.3 无缝线路

无缝线路是高速铁路在道床结构上,最终实现高速铁路行车的钢轨及道岔综合系统,在无砟轨道施工后进行,与有砟轨道施工是交替进行,无缝线路施工组织方案结合有砟轨道施工组织方案一并叙述。

10.2 施工目标

10.2.1 总 目 标

按照质量、安全、工期、投资效益、环境保护和技术创新等"六位一体"的总要求,以标准化管理为手段,精心组织,精心设计,精心施工,精心管理,创建精品工程、安全工程、绿色工程,经受运营和时间的检验。

10.2.2 质量目标

(1)工程质量必须符合国家和铁道部有关标准、规范及设计文件要求。

(2)检验批、分项、分部工程施工质量检验合格率达到100%。

(3)单位工程一次验收合格率达到100%。

(4)主体工程质量零缺陷,实车最高检测速度达到设计速度的110%,开通速度达到设计速度。

(5)杜绝重大、较大质量事故。

(6)争创省部级及以上优质工程。

10.2.3 安全目标

(1)杜绝重大伤亡、设备、火灾、管线等重大施工安全事故。

(2)杜绝较大及以上道路交通责任事故。

(3)无业主、社会有关方及员工的重大投标。

(4)杜绝新线或运营线铁路行车一般及以上事故。

(5)控制和减少一般责任事故。

(6)安全达国标,争创省部级安全文明标准化工地。

10.2.4 工期目标

以系统管理的理念,严格控制各节点工期,以节点工期确保总工期目标兑现。

10.2.5　环境保护目标

环境污染控制有效，土地资源节约利用，工程绿化完善美观，节能、节材和水保措施落实到位，无集体投诉事件，环境监控达标，环境保护、水土保持设施与主体工程“同时设计、同时施工、同时投入使用”，努力建成一流的资源节约型、环境友好型无砟轨道工程。

10.3　总体施工规划

10.3.1　施工总体方案

10.3.1.1　高速铁路工程施工方案规划

无砟轨道、有砟轨道及无缝线路工程在高速铁路工程施工中起着承前启后的作用，施工组织因线下控制性工程影响往往具有准备周期长、施工周期短的特点。因此，施工总体方案应兼顾线下工程完工时间、竣工日期以及季节特点等，尽可能地按照“统筹规划、均衡生产；重点先行，分段展开；突出难点，有序推进”的原则，确保施工组织有序、资源投入合理、安全质量可控并如期兑现工期目标。

一是线下工程必须以桥梁架设和长轨铺设为主线控制站前、站后工期，线下工程服从总工期要求，充分考虑路基、桥涵、隧道等结构的沉降变形稳定时间，坚持“架梁及路基、隧道施工顺序服从于无砟轨道施工顺序；大型临时设施建设及生产服从于主体工程施工顺序及节点要求”的原则，工期规划特别是线下工程工期规划必须为无砟轨道施工考虑必要的施工周期。

二是优先突出重点难点工程，科学划分施工段落，铺架通道尽量避开工期控制性工程。对路基地基处理、路基沉降控制、重点控制工期隧道和特殊桥梁结构，箱梁预制架设，无砟轨道、有砟轨道及无缝线路工程施工、各专业接口结合等重点难点环节预先规划，并综合考虑站前、站后工程间及各专业间的接口，统筹安排，紧密衔接，使工程整体建设有序推进。

三是做到技术先行，提前落实施工设计和技术标准，无砟轨道预制场建设、有砟轨道的铺轨基地及材料供应需满足工期节点要求并有应急预案，队伍组建、科技攻关、技术培训、材料采购、设备制造、工艺试验等满足无砟轨道施工要求，同时做好临建规划及施工，协调与线下及站后工程的工期及接口管理。

四是围绕建设目标，合理划分施工区段，组建专业化施工队伍开展无砟、有砟轨道及无缝线路工程施工。

10.3.1.2　无砟轨道施工方案及施工组织

(1)施工组织。施工单位应组建专门机构负责无砟轨道工程的实施，按轨道板(枕)预制、轨道板(枕)安装、无砟道岔铺设、站线铺轨、铺轨基地及长钢轨铺设(焊接)组建专业化施工队伍，每个专业队伍数量及资源配置结合工期、工程量及现场条件确定。其中，长钢轨铺设应组建专门的工程线运输管理机构统一负责工程线施工及行车管理。

(2)主要设备设施。轨道板(枕)预制成套设备：厂房、模具、生产线(台座)、混凝土搅拌站及输送、钢筋加工、混凝土养护、吊装及存放、预应力张拉系统等。

轨道板(枕)运输及吊装设备：铺板龙门吊、双向运板车、汽车吊等。

精密测量设备：高精度全站仪、电子水准仪、轨道板快速精调系统、轨检小车。

混凝土施工设备:混凝土罐车、汽车泵、拖泵、组合钢模板、钢筋加工设备等。

轨道板(枕)安装设备:如精调器、侧向支撑系统、工具轨(双块枕铺装用新轨)、轨排组装及检测工具。

水泥乳化沥青砂浆设备:干粉生产线,水泥乳化沥青砂浆储存站,水泥乳化沥青砂浆搅拌车,中转仓及运输车等。

道岔施工设备:如道岔组装平台、道岔平移台车、道岔组装及检测工具。

长轨铺轨设备:包括长轨群吊、长轨运输车、长轨铺轨机、内燃机车、内燃轨道车、轨道平板、螺栓扳手、无孔夹具。

焊轨设备:移动闪光焊机、铝热焊接机、胶接绝缘接头安装设备、超声波探伤仪、平直度检查尺、液压拉伸机等。

工程试验室及配套检测设备。

(3)大型临时设施。轨道板(枕)预制场及临时存放场,铺轨基地(含道岔存放场),临时水电设施,施工通道,钢筋加工场,水泥乳化沥青材料储存场,施工队伍施工基地。

(4)进度指标。轨道板(枕)预制场生产能力以满足现场施工为主,轨道板(枕)场预制场的生产能力规划日平均生产能力一般为双块枕 1 000～1 200 根、CRTSⅠ型或 CRTSⅢ型轨道板 50 块左右、CRTSⅡ型轨道板 81～84 块、混凝土道岔板 30 块左右。

无砟道床安装每个作业面 100 双线米/d;18 号无砟道岔每组需 20 d,其他规格道岔可按长度折算;长轨铺设每个作业面 3 km。

(5)施工流程。高速铁路建设初期,作好无砟轨道施工准备工作,与线下工程施工相关的工作需要纳入线下工程施工统筹规划、实施;轨道板(枕)预制场、铺轨基地等提前规划和建设,其规模、工期等满足现场施工需要,作好相关协调。

提前组建施工机构开展准备工作,重点设备、材料开发及试验等应提前完成,提前开展设备进场及材料订货、储存工作。

按照无砟轨道开始工期要求,提前组建专业化施工队伍,完成临时设施修建,组织人员、设备及材料到位,开展人员培训、设备验证及工艺试验。

线下工程完工且评估合格后,测设和评估 CPⅢ测量控制网。之后,按照“大分段,小流水”组织无砟轨道安装施工。即,根据工程量、工期、现场条件及作业面生产能力划分多个作业面同步组织施工,每个作业面按工序顺序呈流水布置平行作业。无砟轨道安装总体满足长轨铺设工期的要求。

无砟轨道(含道岔)施工完成且达到铺轨条件,由铺轨基地出发按铺轨方向依次完成长轨铺设,轨道焊接、无缝线路锁定、轨道精调及后续的四电施工紧跟铺轨进度同步组织施工。

全线或大段落站前、站后主要工程全部施工完成后,进行联调联试,最后开通线路行车。

10.3.1.3 有砟轨道施工方案及施工组织

(1)施工组织。施工单位应组建专门的项目经理部负责有砟轨道工程的实施,建设各方应指定专职领导负责协调和配合事宜。施工单位应依据专业特点组建铺轨基地、长轨铺设、大机整道、道岔铺设、长轨焊接、工程运输、材料供应等专业化队伍。其中,工程运输管理机构应统一负责工程施工及行车管理。

(2)主要施工设备。铺轨基地设备:500 m 长轨联动群吊、走行式龙门吊、轨枕锚固生产线等。

道砟生产及供应设备：道砟生产设备，道砟水洗设备，装载机，自卸汽车，平地机或摊铺机，压路机。

轨道运输设备：内燃机车，内燃轨道车，铁路平板车，K 型石砟漏斗车，宿营车或公务车。

精密测量设备：高精度全站仪、电子水准仪、轨检小车。

铺轨设备：轨排铺轨机，单枕法或群枕法长轨铺轨机组，枕轨运输列车。

整道设备：线路捣固车，动力稳定车，道岔捣固车，配砟整形车。

焊轨设备：铝热焊设备，长钢轨基地焊接生产线，移动闪光接触式钢轨焊接机（简称"移动焊轨机"），钢轨超声波探伤仪，钢轨平直度检查仪，胶接绝缘接头施工设备，液压拉伸机。

钢轨打磨设备：钢轨打磨列车，道岔打磨列车。

道岔施工设备：道岔组装平台，道岔平移台车，道岔组装及检测工具，道岔起道机组。

工程试验室及配套检测设备。

(3)大型临时设施。铺轨基地（含道岔存放场）；道砟加工场或道砟存放场；施工通道结合线下结构施工统一修建，原则上应沿线路贯通布置；水电需求结合线下结构施工统一设置；施工队伍生产生活基地。

(4)进度指标。铺轨基地：轨枕及扣件存放能力满足 20 d 铺轨施工需要，长轨存放满足 3 个月使用量。长轨铺设：单作业面有砟地段每天铺设 1 km。

底层道砟预铺提前铺轨到达时间 20 d 以上，单作业面每天铺 1 km；18 号道岔铺设每组需要 15 d，其他规格道岔可按长度折算；大机整道单作业面每天综合整道 2 km。

(5)施工流程。高速铁路建设开始，作好有砟轨道准备工作；运输通道、临时用地及水电设施等纳入线下工程施工统筹规划、实施；铺轨基地、道砟加工场及存放场等提前规划和建设。

施工队伍提前进场，完成机构组建、人员配置并开展准备工作，提前完成重点设备、材料开发及试验等，提前开展设备进场及材料订货、储存，提前开展道砟生产及储存工作。

按照有砟轨道开始工期要求，提前组建专业化施工队伍，完成临时设施修建，组织人员、设备及材料到位，开展人员培训、设备验证及工艺试验。

线下工程完工后，及早完成 CPⅢ 测量控制网的测设及评估，完成线路贯通测量及线下结构检查验收。按照"大分段，小流水"组织底层道砟预铺和正线道岔铺设施工。底层道砟预铺、道岔铺设、长大隧道或特殊地段有砟道床施工等必须满足铺轨工期的需要。

铺轨开始后，由铺轨基地出发按铺轨方向依次完成长轨铺设，上砟整道、长钢焊接、无缝线路锁定、轨道精调及后续的四电施工。

全线或大段落站前、站后主要工程全部施工完成后，进行联调联试，最后开通线路行车。

10.3.2 总体部署

10.3.2.1 建设各方职责划分

按照铁道部关于推进工程建设标准化管理的要求，无砟轨道、有砟轨道及无缝线路工程建设各方都应根据工程设计和工期要求制定相应的项目管理规划，确保工程建设安全、质量和有序推进。除建设管理及合同约定的职责外，建设各方针对无砟轨道、有砟轨道及无缝线路工程施工组织及管理的主要职责划分如下：

1. 建设单位职责

全面负责无砟轨道、有砟轨道及无缝线路工程施工的组织及技术质量管理工作，主要包括：

(1)负责施工组织的领导与协调，负责全过程监督检查；

(2)负责编制指导性施组，组织施工、监理单位编写实施性施组、施工工艺和作业指导书等，并予审批；

(3)负责组织设计交底和施工技术培训；

(4)负责组织线下工程与无砟轨道、有砟轨道及无缝线路工程的接口验收和线下工程沉降变形及CPⅢ测量控制网评估，组织关键施工设备及工艺、试验段、先导段评估等。

2. 设计单位职责

(1)负责无砟轨道、有砟轨道及无缝线路工程设计及施工技术支持；

(2)提供设计文件和设计交底；

(3)参与制定和审查相关施组及作业指导书；

(4)参与线下工程与无砟轨道、有砟轨道及无缝线路工程的接口验收和线下工程沉降变形、关键施工设备及工艺、试验段、先导段评估等工作；

(5)提供有关的施工技术支持。

3. 监理单位职责

(1)监理单位负责监理责任；

(2)参与制定指导性施组并负责编写监理细则；

(3)负责对施工单位实施性施组、作业指导书及相关技术文件的审查；

(4)参与线下工程与无砟轨道、有砟轨道及无缝线路工程的接口验收和线下工程沉降变形及CPⅢ测量控制网评估，组织关键施工设备及工艺、试验段、先导段评估等，负责提交验收或评估所需的相关监理资料；

(5)审批混凝土配合比；

(6)负责办理无砟轨道、有砟轨道及无缝线路工程施工相关的工序验收。

4. 施工单位职责

全程负责无砟轨道、有砟轨道及无缝线路工程的实施和质量控制，是无砟轨道、有砟轨道及无缝线路工程施工质量控制的主体，其主要工作包括：

(1)参与制定指导性施工组织设计，负责编制实施性施组、作业指导书及质量自控体系等文件，对道岔铺设、钢轨焊接、工程运输等编制专项施工方案；

(2)负责组建无砟轨道、有砟轨道及无缝线路工程施工专业化队伍，并组织满足施工需要的人员、材料、设备等资源，进行无砟轨道、有砟轨道及无缝线路工程的施工，保证施工质量；

(3)负责完成线下工程沉降变形观测、CPⅢ测量控制网测设等工作，对数据的真实性负责，并向评估单位提交相关资料；

(4)组织路基、桥梁、隧道、涵洞等线下结构物施工，对线下工程及无砟轨道、有砟轨道及无缝线路工程间接口的施工质量负责；

(5)建立符合要求的预制场、施工基地及试验室，并按要求开展配合比设计及工艺试验等工作；

(6)负责提供材料需求计划及自购材料的供应，并对进场材料进行检查验收，对交货后的运输、存储和铺设质量负责；

(7)做好成品保护，避免对道床产生破坏、扰动及污染等。

5. 咨询单位职责

咨询单位对无砟轨道、有砟轨道及无缝线路工程专项技术进行审核、指导，对咨询工作的质量负责，其工作内容主要包括：

(1)对无砟轨道、有砟轨道及无缝线路工程施工全过程开展专项技术审核、指导和咨询；

(2)对施工、监理单位的技术、管理人员进行培训；

(3)协助编写指导性施组，无砟轨道、有砟轨道及无缝线路工程施工管理办法，统一无砟轨道、有砟轨道及无缝线路工程作业标准。协助审批实施性施组、作业指导书和监理细则等相关技术文件，协助无砟轨道、有砟轨道及无缝线路工程技术质量管理，对施工队伍进行审查；

(4)参加审查工程试验和工艺试验，参与沉降变形及CPⅢ测量控制评估、试验段、先导段评估及接口验收等；

(5)参加无砟轨道、有砟轨道及无缝线路工程技术交底；

(6)协助规划信息化建设。

10.3.2.2 程序管理

(1)做好统筹规划。无砟轨道、有砟轨道及无缝线路工程建设是系统工程，建设单位在工程规划或开工阶段，应牵头规划指导性施组，确定线下工程、无砟轨道、有砟轨道及无缝线路工程实施、四电工程、联调联试各阶段的施工工期安排、现场布置原则、资源配置标准、总体施组等，统筹无砟轨道、有砟轨道及无缝线路工程各阶段工作。建设单位还应对材料供应、技术咨询、重大项目科技攻关等作出统一安排，各设计、监理、施工和咨询单位及其他相关方配合实施。

施工单位依据指导性施组和节点工期要求，结合现场实际编制实施性施组，明确现场方案，人员及设备等资源配置，施工单元划分及工期节点，施工方法，物流组织等。实施性施组经监理单位和建设单位批准后实施。

设计单位应配合做好施工图设计及施工设计。

(2)推行标准化管理。建设单位应组织各单位在工艺试验和先导段经验的基础上，根据设计及技术标准编制统一的无砟轨道、有砟轨道及无缝线路工程作业指导书，统一本工程作业标准。

施工单位应建立满足无砟轨道、有砟轨道及无缝线路工程施工需要的试验室，人员资质和数量、设备数量及性能满足要求，经验收合格后投入使用。对水泥乳化沥青砂浆材料等重要材料应在咨询单位的指导下统一开展试验工作。

施工单位按照试验室试验、线下试验段的顺序，对无砟轨道、有砟轨道及无缝线路工程施工的全过程进行模拟施工，检验工艺参数、资源配置、施工效率等，为完善作业指导书提供依据。线下试验段验收合格后，方可开展线上先导段施工。

轨道板(枕)预制场的建设与投产除符合建设单位标准化管理的相关要求，在正式投产前还应申请并通过铁道部运输局按照工业产品生产许可的相关要求进行的上道审查。

(3)加强施工前工序验收。在无砟轨道、有砟轨道及无缝线路工程施工开始前，必须对相应段落的线下结构表面、防水层进行验收，并按规定完成沉降变形和CPⅢ测量控制网评估。验收和评估通过后方可进行后续的无砟轨道施工。

(4)合理资源配置。首先，加强对无砟轨道、有砟轨道及无缝线路工程施工的组织领导，明确各级负责的专职领导，配足专业管理和技术人员，尤其在工程测量、试验、质量、带班和特种设备操作人员等必须满足专业施工的要求。只有人员能力及数量的配备满足施工要求,才有可能实现无砟轨道、有砟轨道及无缝线路工程的专业化施工。

无砟轨道、有砟轨道及无缝线路工程施工必须实行全员培训、持证上岗制度。各级单位应分层次地对管理、技术和操作人员进行专项技术培训,考试合格后上岗。施工单位尤其要对精密测量、轨道板(枕)制造、底座板施工、乳化沥青砂浆浇筑、道砟运输与摊铺、大型设备操作、轨道铺设及调整、钢轨及道岔精调、长钢轨焊接及无缝线路锁定、工程线运输管理等关键工序的操作和质检人员进行深化培训,理论和实践考核合格后持证上岗。而特种设备操作、钢轨焊接、超声波探伤、行车管理、焊接及相关人员必须按国家及行业规定持有相应资格证书方可上岗。

配备先进的成套施工设备。施工单位必须按照铁道部及建设单位相关要求,对照批准的实施性施组,以保证施工质量为原则,配备先进的无砟轨道、有砟轨道及无缝线路工程施工成套设备,对轨道板(枕)模型、混凝土搅拌设备、混凝土养护自动温控系统、预应力张拉系统、双块枕生产线设备、轨道板打磨设备、轨道板(枕)精密测量设备、水泥乳化沥青砂浆搅拌设备、上砟整道、长钢轨群吊、长钢轨运输及铺设设备、移动闪光焊接设备等必须采用数控化、自动化的成套机械设备,有效保证作业精度和工作效率。

(5)以首件工程推进全面施工。按照铁道部关于无砟轨道、有砟轨道及高速道岔首件工程评估的要求,无砟轨道、有砟轨道及高速道岔必须推行标准化管理,建立首件工程(先导段)评估制度。其中,建设项目全线施工开展前,由铁道部工管中心组织首件工程评估,评估合格后,建设单位方可组织全线的无砟轨道、有砟轨道施工。各标段施工展开前,由建设单位组织标段首件工程评估,评估合格后,施工单位方可组织管段内无砟轨道、有砟轨道施工。

施工单位在全面开始无砟轨道、有砟轨道施工前必须安排首件工程施工。首件工程按照审查通过的线下试验段评估和施工工艺、作业指导书开展施工。施工前,施工单位按程序申请开工报告,施工完成后,及时总结施工方法和工艺,完善作业指导书。之后,由建设单位组织首件工程评估,并再次批准完善后的作业指导书。

建设项目首件工程评估,由建设单位指定,施工单位按要求完成施工后,经建设单位初评合格后,申请铁道部工管中心进行正式评估。

(6)原材料及轨道预制件供应。原材料及轨道预制部件的生产与供应。按照施工组织设计安排和现场情况、施工工艺要求和工装设备性能,做好预制轨道板(枕)预制场建场规划及工艺流程设计,同时做好场内与现场存放,确保预制件质量。落实水泥乳化沥青砂浆材料、道砟生产方案,尽早组织试验和生产。严格按照有关标准和施工工艺要求,组织做好原材料及轨道预制部件的检验,确保质量合格。

10.3.3 区段划分

10.3.3.1 区段划分原则

1. 无砟轨道工程区段划分

根据铁道部关于铁路建设项目施工招标标段划分的指导意见,无砟轨道工程应纳入线下工程,结合现场实际,按照以下原则进行施工区段划分:

(1)施工区段划分宜大不宜小,有利于集中力量和施工资源,适应大规模铁路建设迅速、有序、高效展开;

(2)按照施工组织设计工期安排、工程特点,统筹兼顾、系统策划,有利于各工程的施工在工序、时间、空间和管理各环节的统筹安排和合理衔接,有利于资源合理配置和均衡使用,有利于工程质量、施工安全和进度控制;

(3)推进工程总承包,合理利用和充分发挥专业装备优势,体现工程承包规模优势和减少管理协调工作,有利于施工技术管理、施工队伍、工装设备(包括运架制梁、铺轨基地、施工机具等重要设施和设备)、相关产品及构件的经济运距等有效资源的合理调配,发挥规模效益;

(4)结合行政区划分,划分要有利于土石方调配、合理组织材料运输,有利于大型临时设施(制梁场、制板(枕)场、铺轨基地、混凝土搅拌站)、过渡工程和辅助工程的合理配置;

(5)应充分考虑铺轨基地、箱梁预制场的设置位置、长大隧道、结构复杂桥梁等,有利于分段施工,实现均衡生产。

2. 有砟轨道工程区段划分

根据铁道部关于铁路建设项目施工招标标段划分的指导意见,有砟轨道铺轨工程应结合铺轨基地统一划分。重难点工程、技术复杂或科学试验研究工程可单独划分施工区段。同一工程,一般来说,结合铺轨基地设置条件和区段长度划分 1 个或 2 个及以上的铺轨基地。

10.3.3.2 区段划分指导思想

站前工程应竖向一体划分。

线下工程施工区段的划分充分考虑铺轨基地、箱梁预制梁场的设置位置、长大隧道、结构复杂的桥梁、运架梁设备、无砟轨道、有砟轨道及无缝线路工程施工设备投入、省界、施工总工期等要求。

重点难点工程、技术复杂或科学试验研究工程可单独划分施工区段。

10.3.3.3 区段划分示例

1. 无砟轨道工程区段划分

以合福铁路闽赣段施工为例。合福铁路闽赣段全长 466.8 km,桥隧比 90%,设车站 11 座,设计为高速铁路,采用 CRTSⅠ型双块式无砟轨道结构。主要重难点工程包括 9 座结构复杂桥梁、13 座长大高风险隧道以及全线无砟轨道(含道岔)铺设和无缝线路铺轨。工程规划建设工期 47.5 个月,其中隧道施工 29.5 个月、桥梁下部及连续梁 26 个月、箱梁制架 17.5 个月、无砟轨道 12 个月、铺轨 4 个月、无缝线路锁定及精调 3.5 个月、四电及站后工程 15 个月、联调联试和运行试验 6 个月。

按照上述原则及指导思想,在充分考虑铺轨基地、箱梁预制梁场的设置位置、长大隧道、结构复杂的桥梁、运架梁设备、无砟轨道施工设备投入、省界、施工总工期等要求的前提下。合福铁路闽赣段施工区段(标段)划分 8 个站前工程标段和 2 个站后工程标段,全线大型临时工程主要有 11 个箱梁预制场、5 个轨道板预制场、2 个铺轨基地和 59 座混凝土搅拌站,其中混凝土搅拌站设置以线下施工为主兼顾无砟轨道施工。

无砟轨道工程区段划分中,结合无砟轨道及重点难点工程的关系,按照方便施工组织、双块枕预制满足现场安装,无砟轨道及道岔铺设在铺轨到达前完成,铺轨由两端向中间铺设的原则进行资源配置。一是规划 5 座双块枕预制场,平均每座预制场供应范围为 92.5 双线公里,平均生产约 28.4 万根;二是投入 36 套双块式无砟道床施工设备,平均每套设备铺设 12.84 双线公里;三是设 2 座铺轨基地,分别铺轨 237 双线公里和 230 双线公里(含联络线及既有线改建),厂焊长钢轨由铁路局焊轨厂生产后提前运输到铺轨基地存放。

2. 有砟轨道工程区段划分

新建铁路长度较短，且方便与既有铁路接轨的，铺轨工程一般只划分1个标段，设1个铺轨基地。如津保铁路，津保铁路正线全长158 km，东起天津枢纽天津西站，西至京广铁路徐水站，中间与京九铁路相连，全线无隧道，桥梁占线路总长的65.4%，考虑到施工组织的均衡性，全线铺轨工程只有1个标段，利用与既有京九线的新建联络线出岔设铺轨基地1处，由中间向两端铺轨。

新建铁路线路较长，但受既有线接轨条件或控制工程限制的，铺轨工程一般划分为1个标段，设1个铺轨基地。如兰渝铁路兰广段，兰渝铁路受西秦岭特长隧道限制，分为兰州东至西秦岭段和西秦岭至广元、重庆段，分别为393 km和394 km，其中西秦岭至广元、重庆段因既有铁路交叉较多，接轨条件较好，铺轨工程划分3个标段设3个铺轨基地。而兰州东至西秦岭段除兰州东可与既有陇海铁路接轨外，其余地段无既有铁路可供铺轨基地接轨，因此该段只能划分1个标段设兰州东(夏官营)1个铺轨基地，由兰州向重庆单方向铺轨。

在运输组织困难的地方，也可将部分上砟整道工作划分给线下工程单位负责施工，但整道大机组作业则由轨道工程标段负责。

10.3.4　施工组织及施工任务划分

10.3.4.1　施工组织机构

为加强项目管理，兑现合同承诺，控制工程投资(成本)，确保工程建设工期、质量、安全、保护生态环境等建设目标的实现，一般会针对工程项目特点，采用项目法施工组建专业化的轨道工程项目经理部，按照预制规模化、工艺标准化、队伍专业化、测量精准化的原则全面负责无砟轨道、有砟轨道及无缝线路工程施工。

轨道工程项目经理部以轨道工程专业化公司为主抽调管理和技术骨干组建，可独立设置，也可隶属于标段(综合工程)项目经理部组建。隶属于标段(综合工程)项目经理部组建的，标段项目经理部应由专职领导负责管理和协调标段无砟轨道、有砟轨道及无缝线路工程项目经理部的工作，必要时可成立由各方面组成的工作领导小组。同时，为了对无砟轨道、有砟轨道及无缝线路工程工程提供更多的技术支持，还可组建专家团队定期为项目部开展施工培训、技术咨询提供帮助。

轨道工程项目经理部除项目经理管理层外，一般设六部二室职能部门，即工程管理部、物资设备部、质量管理部、安全环保部、合同成本部、财务会计部、综合办公室和工程试验室等。

无砟轨道工程结合轨道工程的项目、规模、工期等特点，按照架子队模式分别组建轨道板(枕)预制场、若干个无砟轨道安装作业队、无砟道岔作业队、无缝线路作业队、站线轨道作业队、工程运输所等分别负责轨道板(枕)预制、各型无砟轨道安装、无砟道岔铺设、长轨铺焊、站线铺轨及工程运输等工作。其中，为加强对轨道板(枕)预制质量管理，轨道板(枕)预制场由轨道项目经理部上级公司直接组建，按与轨道项目经理部同级设置，为方便管理，一般由轨道项目经理部经理兼任轨道板(枕)预制场场长。

有砟轨道工程结合轨道工程的项目、规模、工期等特点，按照架子队模式分别组建铺轨基地、铺轨作业队、线路作业队、大机作业队、焊轨作业队、道砟供应队、道岔施工队、站线施工队和工程运输所等，依据施工流程平行作业。各施工队人员相对固定，推行专业化管理。

轨道工程项目经理部下设各作业队、预制场也应结合管理需要，除作业队管理层外，也应选择性设工程、技术、质量管理、安全环保、物资设备、综合管理等部门，并根据工作量设置若干个作业面或作业班组。

10.3.4.2　工程任务划分

(1)无砟轨道工程由轨道项目经理部负责实施，一般按以下方式进行主要的专业队伍的设置及任务划分。

1)轨道板(枕)预制。标段内的轨道板(枕)设一座预制场全部负责预制，根据需要配置生产线及模具数量。预制场根据需要设钢筋加工、模型安装、混凝土浇筑、装运吊卸、张拉封锚、混凝土搅拌站、养护存放及机械维修等班组，按工序开展作业。

2)轨道板安装。轨道板安装以工程总量、工期及单作业面进度指标计算所需的作业面数量，每个作业面的作业量一般在10～15双线公里为宜。每个作业面设钢筋加工、施工测量、底座混凝土施工(含钢筋绑扎、模板安装、混凝土浇筑)或支承层施工、轨道板运输、轨道板粗铺、轨道板精调、水泥乳化沥青砂浆或自密实混凝土浇筑、后续工序以及基地管理等班组，基地管理主要负责设备维护、材料储存及装运、混凝土搅拌站等。

3)双块枕安装。双块枕安装与上相同，根据工程总量、工期及单作业面进度指标计算所需的作业面数量，每个作业面的作业量一般在10～15双线公里为宜。每个作业面设钢筋加工、施工测量、底座施工(含钢筋绑扎、模板安装、混凝土浇筑)或支承层施工、材料运输及吊装、轨排组装及精调、道床板施工(含钢筋绑扎、模板安装、混凝土浇筑)、双块枕精调、后续工序以及基地管理等班组，基地管理主要负责设备维护、材料储存及装运、混凝土搅拌站等。

4)无砟道岔施工安装。无砟道岔根据工程总量、工期及单作业面进度指标计算所需的作业面数量，一般按月铺8组道岔的作业量设置作业面。每个作业面设钢筋加工、施工测量、底座施工(含钢筋绑扎、模板安装、混凝土浇筑)或支承层施工、材料运输及吊装、道岔轨排组装及精调、道床板施工(含钢筋绑扎、模板安装、混凝土浇筑)、道岔轨道精调、转换设备安装、铝热焊焊接(含胶接绝缘接头施工)以及基地管理等班组，基地管理主要负责设备维护、材料储存及装运、混凝土搅拌站等。

5)长轨铺设施工。按每个铺轨基地及所包含的工程量设作业队，包括铺轨基地、长轨铺设作业面、钢轨焊接及无缝线路作业面。铺轨基地设长轨吊装、安全保卫、设备维护等班组。长轨铺设作业面根据铺轨进度设1个或2个，每个作业面设长轨运输、长钢铺设等班组。钢轨焊接及无缝线路作业面，根据铺轨进度设1个或多个，每个作业面设焊轨机组、多个施工配合班组。

6)工程运输。工程运输是与长轨铺设施工对应设置的专业管理机构，由轨道工程项目经理部直接管理，负责铺轨基地与既有线运输协调、运输设备管理、代表建设单位负责工程线行车及施工组织和车站管理等。其主要机构包括：行车调度室、对外协调室、车站、机务队、机修所等。

(2)有砟轨道工程一般按表10-1所示进行工程任务划分。

表10-1　有砟轨道工程施工专业作业队工程任务划分

序号	专业作业队名称	任务划分
1	铺轨基地	负责铺轨基地建设、材料存放及装卸，轨枕锚固及轨排生产等
2	工程运输所	负责工程线运输及施工管理，负责除整道大机、铺轨机以外的轨行设备的使用、维护管理，负责运输组织，对外协调铁路管理部门

续上表

序号	专业作业队名称	任务划分
3	铺轨作业队	负责轨排铺轨机(组)和架桥机、收轨车、长轨运输列车、枕轨运输列车的使用和维护
4	线路作业队	负责线下工程交接、底砟预铺、配合大机整道、轨道精调及附属设备安装等
5	大机作业队	负责整道大机组设备的管理、维护和操作,在线路作业队的配合下完成大机整道作业
6	道砟供应队	负责道砟的存放、运输及卸车
7	焊轨作业队	负责无缝线路焊接锁定,负责焊轨设备的使用、维护
8	道岔作业队	负责正线高速道岔铺设及焊接锁定
9	站线作业队	负责站线轨道及道岔铺设

10.3.5 主要施工机械配置

10.3.5.1 无砟轨道主要施工机械配置

各型无砟轨道工程施工设备已在以前作了详细介绍,以下仅列举主要施工机械(表 10-2),常规设备及小型机具不列入。

表 10-2 无砟轨道工程主要施工机械配置

序号	设备名称	规格型号	主要用途
一	双块枕预制设备		
1	箍筋弯曲机	12 d 型	桁架钢筋制作
2	冷轧生产线		桁架钢筋制作
3	桁架钢筋生产线		桁架钢筋制作
4	轨枕预制生产线	含浇筑、振捣、养护室、辊轴输送线等	为轨枕流水生产提供平面
5	混凝土搅拌站	HZS90	混凝土生产
6	桥式走行桁吊	多种规格	厂房内材料吊运
7	轨行式龙门吊		厂房外材料吊运
8	钢模具	4×1	轨枕预制
9	试验及检测设备		
二	测量及精调设备		
1	全站仪	高精度,可自动伺服	测量放样
2	电子水准仪		测量放样
3	轨道板精调系统	标架	轨道板精调
4	轨检小车		轨道线形测量
三	混凝土或支承层施工设备		
1	混凝土摊铺机		水硬性支承层施工
2	光轮压路机		水硬性支承层施工
3	钢筋加工		
4	可调高组合钢模板		混凝土底座施工,道床板不需调高
5	混凝土振动梁	可采用辊轴摊铺机	混凝土底座施工
6	混凝土运输及浇筑设备		运输罐车、泵车及捣固设备

续上表

序号	设备名称	规格型号	主要用途
四	CRTSⅠ型双块式无砟道床设备		
1	液压散枕装置	挖掘机式或龙门吊式	双块枕散铺
2	轨排粗调机组	内燃液压	轨排粗调
3	轨排精调支架	含侧向支撑、螺杆精调器等	轨排架立及精调
4	混凝土浇筑机		道床板混凝土浇筑
5	螺栓紧固机	内燃,可定扭矩	轨排组装
6	工具轨	新钢轨	轨排组装
7	组合式轨排框架	6.5 m一榀	框架法施工双块枕
8	轨道检测工具	道尺、支距尺、方尺、塞尺、弦线、测力扳手、钢板尺等	
五	CRTSⅡ型双块式无砟道床(机组法施工)		
1	CRTSⅡ型双块式无砟道床机组设备		
1.1	混凝土巡回车		
1.2	混凝土压实车		
1.3	轨枕安装单元		
1.4	轨枕装载单元		
1.5	拆卸单元		
1.6	回收单元		
1.7	固定架		
2	安装调试及调整设备		配套上述设备使用
六	CRTSⅠ型或CRTSⅢ型混凝土轨道板预制设备		
1	钢筋加工设备		钢筋网片制作
2	钢筋绑扎胎具		钢筋网片制作
3	混凝土搅拌站	HZS90	混凝土生产
4	桥式走行桁吊	多种规格	厂房内材料吊运
5	轨行式龙门吊		厂房外材料吊运
6	整体式预制台座	钢模具及振捣设备	轨道板预制
7	自动温控系统		混凝土养护
8	数控自动张拉系统		轨道板张拉
9	试验及检测设备		
七	CRTSⅠ、CRTSⅡ或CRTSⅢ型板式无砟道床设备		
1	轮胎式铺板龙门吊	10 t	轨道板铺设
2	轮胎式双向运板车	30 t	轨道板在线路纵向运输
3	多向精调爪		轨道板精调
4	水泥乳化沥青砂浆储存站		含干料及乳化沥青储存

续上表

序号	设备名称	规格型号	主要用途
5	干粉搅拌站		水泥乳化沥青砂浆干料生产
6	水泥乳化沥青砂浆移动搅拌车		水泥乳化沥青砂浆制备
八	CRTSⅡ型混凝土轨道板预制		
1	钢筋加工设备		钢筋网片制作
2	钢筋绑扎胎具		钢筋网片制作
3	混凝土搅拌站	HZS90	混凝土生产
4	桥式走行桁吊	多种规格	厂房内材料吊运
5	轨行式龙门吊		厂房外材料吊运
6	轨道板生产线台座	含混凝土布料机、多功能车	
7	钢模板	钢模具、振动器及控制系统	轨道板预制
8	数控自动张拉系统	含张拉及控制系统、张拉横梁及锚具	轨道板预应力张拉
9	真空吊具		轨道板脱模吊装
10	轨道板翻转机		
11	轨道板数控打磨机		轨道板打磨
12	试验及检测设备		
九	CRTSⅡ型板式无砟道床设备		
1	轮胎式铺板龙门吊	10 t	轨道板铺设
2	轮胎式双向运板车	30 t	轨道板在线路纵向运输
3	多向精调爪		轨道板精调
4	水泥乳化沥青砂浆储存站		含干料及乳化沥青储存
5	干粉搅拌站		水泥乳化沥青砂浆干料生产
6	水泥乳化沥青砂浆移动搅拌车		水泥乳化沥青砂浆制备
十	无砟道岔施工设备		
1	道岔组装平台		道岔原位拼装
2	道岔平移台车组		道岔轨排移动
3	精调支架	含侧向支撑、螺杆精调器、轨距拉杆等	轨排架立及精调
4	混凝土浇筑机		道床板混凝土浇筑
5	螺栓紧固机	内燃,可定扭矩	螺栓紧固
6	工具轨	新钢轨	螺栓紧固
7	道岔转换设备安装工具		
8	道岔轨道检测工具	道尺、支距尺、方尺、弦线、钢板尺等	
9	道岔调试专用工具包		
十一	长轨铺设施工设备		
1	长轨群吊	500 m	长钢轨装卸
2	长轨运输列车	500 m	长钢轨运输
3	长轨铺轨机组	含牵引车、下道车、推送机等	长钢轨铺设

续上表

序号	设备名称	规格型号	主要用途
4	支垫滚轮组	按 10 m 间布置	
5	内燃螺栓紧固机		钢轨扣件安装
6	内燃轨道车		
十二	钢轨焊接施工设备		
1	移动式闪光接触焊轨机		长钢轨焊接
2	铝热焊设备		
3	胶接绝缘接头安装设备		
4	支垫滚轮组	按 10 m 间布置	
5	内燃液压拉伸机	90 t	长钢轨拉伸
6	正火机		接触焊接头正火
7	钢轨仿型打磨机		焊接接头打磨
8	平直度检查仪	数字式	钢轨接头平直度检查
9	超声波探伤仪	数字式	钢轨焊接接头质量检查
10	轨温计		
11	内燃轨道车		

10.3.5.2　*有砟轨道主要施工机械配置*

各型有砟轨道工程施工设备主要由以下施工机械组成(表 10-3),常规设备及小型机具不列入。

表 10-3　高速铁路有砟轨道线路工程施工主要机械

序号	设备名称	规　格	用　途
一	检测设备		
1	全站仪		精密测量
2	电子水准仪		精密测量
3	轨检小车		轨道线形测量
二	铺轨基地设备		
1	轨行式龙门吊	16 t×17 m	轨料装卸
2	32 台联动长轨群吊	2 t×21 m	500 m 长轨装卸
三	轨道设备		
1	内燃机车	DF4	
2	内燃轨道车	290 型	
3	K 型石砟漏斗车	KZ70	装运道砟
4	平板车	N17	轨料及工具运输
5	宿营车或公务车		人员运输
四	底砟预铺设备		
1	自卸汽车	12 t 及以上	道砟运输

续上表

序号	设备名称	规　格	用　途
2	装载机	Z50	道砟装车
3	摊铺机		道砟摊铺
4	平地机		道砟摊铺
5	光轮振动压路机	25 t 及以上	道砟碾压
6	履带式挖掘机	1 m^3 及以上	道砟整道及装卸车
五	长钢轨铺设设备		
1	轨枕运输列车	500 m	长轨及轨枕运输
2	单枕法长轨铺轨机组	CPG500 型	长轨铺设
3	群枕式长轨铺轨机组	CYP500 型	长轨铺设
4	支垫滚轮组	15 cm 高	长轨铺设及放散
5	轨排铺轨机	DJ32 型	轨排铺设
6	收轨平车		短轨回收
7	钢轨接头无孔夹具		长轨临时连接
8	25 m 工具轨	60 kg/m	轨排组装
六	整道设备		
1	线路捣固车	D08-32 或 D09-32 型	
2	动力稳定车	WD320	
3	配砟整形车	SPZ2000	
4	钢轨打磨列车	PGM-48	
七	钢轨焊接及无缝线路锁定设备		
1	移动式闪光接触钢轨焊接机	LR1200	长轨焊接
2	铝热焊设备	斯密特	钢轨焊接
3	数字式超声波探伤仪		
4	数字式钢轨平直度检查仪		
5	内燃式液压钢轨拉伸机		
6	胶接绝缘接头设备		

10.4 主要施工方案和方法

10.4.1 无砟轨道主要施工方案和方法

10.4.1.1 轨道板(枕)预制

1. 概述

无砟轨道板(枕)预制采用修建预制场进行工厂化集中预制，一般按照工序流畅、物流合理的原则规划和建设生产厂房，配备相应的施工设备和设施。

无砟轨道板(枕)预制场尽量布置于供应范围的中部，选择地势平坦开阔，靠近公路交通要道并与施工便道相连的位置。若条件许可，预制场可利用既有或弃用场地，以节约用地和投资。

无砟轨道板(枕)预制场功能分区主要包括:生活办公区、混凝土搅拌站、钢筋加工区、轨道板(枕)预制区、预应力张拉区、混凝土蒸养区、轨道板打磨区、轨道板水养区及存放区等,其中钢筋加工区、轨道板(枕)预制区、预应力张拉区、混凝土蒸养区、轨道板打磨区等区域多集中于主厂房内布置,此外,还有机修区、试验室及材料库房。预制场内物流通过桥式起重机、龙门吊、轨道小车、辊轮输送线、汽车等完成。

2. 双块式轨枕预制

双块式轨枕制造分为桁架钢筋制作、混凝土制备及轨枕预制 3 个生产流程。

(1)桁架钢筋制作。桁架钢筋采用冷轧机将低碳热轧盘条冷轧成刻痕或光圆的冷轧钢筋后,分别用桁架钢筋自动焊接机及弯箍机加工成半成品。

(2)混凝土制备。采用自动计量的强制式混凝土拌和站制备后,用中转料斗盛装并经平面运输车辆运输至轨枕预制生产区使用。

(3)轨枕预制。轨枕外形及精度由轨枕钢模保证,通过轨枕钢模在流水生产线传递,经过模型清理及喷涂脱模剂、钢筋及套管安装、混凝土浇筑及捣固、轨枕蒸汽养护及翻转脱模等工序自动生产完成。最后,经成品检测后,由叉车转入存放区域进行自然养护。

3. CRTSⅠ型及 CRTSⅢ型轨道板预制

CRTSⅠ型及 CRTSⅢ型轨道板都采用后张预应力结构,采用整体台座法施工,主要区别在于 CRTSⅠ型轨道板模型采用固定结构,CRTSⅢ型轨道板模型采用整体制作可调的承轨台模具。两种轨道板预制工艺包括钢筋制作、混凝土制备、轨道板预制、预应力实施、轨道板养护等 5 个生产流程。

(1)钢筋制作。钢筋采用钢筋绑扎胎具集中绑扎,整体入模。入模前后,应进行钢筋绝缘性能检测。

(2)模型安装。采用专业厂家生产的高精度钢模,模型外形尺寸允许误差为轨道板外形尺寸允许误差值的 1/2。其中,CRTSⅢ型轨道板模型承轨台模具根据设计需要可进行横向和高度调整,并通过轨道板精调系统确认安装质量之后,模型可自动锁定承轨台模具。

(3)混凝土制备及轨道板预制。混凝土采用自动计量的强制式混凝土拌和站制备后,使用平板小车+浇筑料斗运输进入制板车间,之后再用桥式起重机吊运料斗至轨道板模型位置进行混凝土浇筑作业。高频振动器振动,振捣成型后,进行刮平和拉毛;之后用篷布覆盖进行蒸汽养护。

(4)预应力实施。混凝土强度达到 40 MPa 或设计规定强度时进行脱模作业,通过车间内桥式起重机转运至轨道小车送入张拉封锚区,采用全自动数控张拉系统对轨道板进行预应力施工,预应力作业按设计要求先进行横向单边张拉后进行纵向两侧张拉。预应力施加完毕后进行封锚作业,采用强制搅拌机对封锚砂浆进行搅拌,空气锤进行封锚作业。

(5)轨道板养护。混凝土浇筑完毕后采用自动蒸养系统进行养护,最高温度不超过 45 ℃,轨道板芯部温度不超过 55 ℃。张拉完成后进入水养阶段,水温不得低于 5 ℃,养护时间不少于 3 d。水养完成后将轨道板存放到存板区进行自然养护,时间不少于 4 d。

4. CRTSⅡ型轨道板预制

CRTSⅡ型轨道板设计为先张预应力结构,采用长线台座法工厂化生产,主要通过长线预制台座及模具完成轨道板的张拉、浇筑及养护后形成毛坯板,经 28 d 养护后利用数控磨床对

轨道板承轨槽进行精确打磨,实现轨道板承轨槽打磨精度 0.5 mm,形成高精度的轨道线形。主要工艺流程如下:

(1)模板安装及检测。模板采用定制的高精度钢模板,每条生产线设多组模板并联安装;模型使用期间应定期进行外观、平整度及细部尺寸、模板间距的检查;模板使用前,应清理干净并涂刷脱模剂。

(2)钢筋制作及预埋件安装。钢筋网片分为上下层两种规格,采用不同的钢筋绑扎胎具集中绑扎,整体吊装入模;入模后在浇筑混凝土前进行绝缘性能检测,确认电阻大于 2 MΩ;精扎螺纹钢筋在专用胎具安装绝缘垫缩套管;轨道板内预埋件按设计要求予以准确安装并与模板连接牢固。

(3)预应力施加。预应力钢筋由数控张拉台座按整体张拉方式施工;预应力钢筋采用定长截断机自动加工;预应力施加分初张和终张两个阶段,以张拉力为主、伸长值辅助校核的双控模式。

(4)混凝土制备及浇筑。采用自动计量搅拌站制备混凝土,通过混凝土布料机进行均匀布料;高频振动器振动,振捣成型后,进行表面刮平和拉毛;之后用篷布覆盖蒸汽养护。

(5)预应力筋放张及轨道板脱模。轨道板混凝土强度达到规定强度后,进行预应力筋放张及轨道板脱模;预应力筋采用整体放张,钢筋切断按张拉台座 1/2、1/4(或 3/4)长度再逐块切断的顺序。轨道板采用真空吊具吊装脱模,经临时存放后由轨道车运输至毛坯板存放区存放。

(6)轨道板打磨。毛坯板存放达到 1 月后可进行承轨槽打磨施工;打磨采用轨道板承轨槽打磨专用数控磨床,磨床自动控制系统按照布板设计对每块轨道板的承轨台槽进行打磨。

(7)轨道板检测。轨道板打磨合格进行几何尺寸及绝缘性能检测,并进行扣件预安装。之后,运往存板场按规定存放或出库。

5. 道岔板预制

混凝土道岔板分为预埋套筒式和整体预制钻孔式两种生产方式,均为非预应力结构,每组道岔板依据对应道岔线形的不同并结合制造、运输、铺设等施工工艺的需要,划分成很多块。道岔板钢筋通过预扎胎具绑扎后置入整体式模型一次浇筑混凝土成型,其外形精度主要由模型实现,生产和检测设备精度要求高,质量控制和管理过程要求严格。此外,整体预制钻孔式道岔板在预制完成且混凝土强度、弹性模量达到要求后利用钻床钻取扣件螺栓孔。主要工艺流程如下:

(1)钢筋制作。钢筋采用钢筋预扎台座集中预扎,整体入模的方式;入模后在浇筑混凝土前进行绝缘性能检测,确认电阻大于 2 MΩ。

(2)模型安装。采用拼装组合式钢模型,模型安装后采用配套仪器检测,模型外形尺寸允许误差为道岔板外形尺寸允许误差值的 1/2。

(3)混凝土制备及道岔板预制。采用自动计量强制式搅拌站制备混凝土,使用平板小车配合混凝土料斗方式运输混凝土进入制板车间;之后再用桥式起重机吊运料斗至道岔板模型位置进行混凝土浇筑作业;高频振动器振动,振捣成型后,进行刮平和拉毛。

(4)道岔板养护。混凝土浇筑完毕后采用自动蒸养系统进行养护,最高温度不超过 45 ℃,道岔板芯部温度不超过 55 ℃。之后进入水养阶段,水温不得低于 5 ℃,养护时间不少于 3 d。水养完成后将道岔板存放到存板区进行自然养护,时间不少于 14 d。

(5)道岔板钻孔及扣件套管安装。若为整体预制钻孔式道岔板,在预制道岔板养护结束且混凝土龄期达到 28 d 后，采用钻床按照道岔线形及扣件节点坐标在道岔板钻取扣件螺栓孔，之后再安装扣件套管。

10.4.1.2　轨道板(枕)运输及存放

无砟轨道工程施工对轨道板(枕)预制及安装各个环节都有严格要求，为保证运输及存放过程轨道板不损伤、不变形，需要结合轨道板(枕)的结构特点选择不同的运输及存放方案。

1. 双块式轨枕运输及存放

与轨道板相比，双块式轨枕结构相对简单，其运输及存放相对灵活。

结合现场铺设的发求，双块式轨枕一般按每 5 根 1 组并排摆放，采用专用吊具起吊、上下对齐叠放、枕与枕之间加垫硬方木、堆码成垛，每垛最高 6 层。用打包带捆扎牢固后，采用叉车或龙门吊进行转运。基地内存放，每垛不超过 12 层，临时存放，每垛不超过 6 层。

双块式轨枕一般采用平板车运输，成垛装车，最高不超过 6 层，并用强力尼龙丝固定，防止运输途中移动。施工现场，可采用龙门吊或汽车吊＋吊带装卸，可临时摆放于线路两侧，铺设时用散枕器抓取。

2. CRTSⅠ型及 CRTSⅢ型轨道板运输与存放

CRTSⅠ型(CRTSⅢ型)轨道板都采用后张预应力结构，为防止运输及存放过程产生翘曲变形，设计规定采用侧面立式存放。主要措施如下：

(1)轨道板应按左右线分类分线存放。

(2)轨道板吊装应利用轨道板两侧预埋吊装套管起吊，吊环安装时应注意上紧螺栓。

(3)轨道板优先采用侧面立放装载运输，采用特制支撑架对称存放，相邻板间用方木垫块隔离。若采用水平装载时，轨道板的混凝土龄期应不超过 7 d，堆放层数不超过 4 层，上下层轨道板间纵横向中心线应重合，纵向中心线应与车底板纵向中心线重合，偏差控制在±20 mm 以内，层间净空不小于 20 mm，并保证承垫物上下对齐。用钢丝绳＋闸瓦进行加固，保证运输过程中轨道板与运输车辆间不发生相对移动；在运输过程中，要采取措施防止轨道板倒塌或产生三点支承，不要使其遭受过大冲击。

轨道板集中存放时，应设专门存放区及存放台位。存放台位按侧面立式存放修建纵向的混凝土条型基础，存放台位两端设置支挡，通过悬臂式龙门吊和汽车吊结合的方式进行轨道板存放。

3. CRTSⅡ型轨道板运输与存放

CRTSⅡ型轨道板设计为先张预应力结构，毛坯板平放静置 28 d 待徐变变形基本完成后进行承轨槽打磨，为防止运输及存放过程产生翘曲变形，轨道板采用平放运输和存放。

CRTSⅡ型轨道板采用平板汽车运输，每层不超过 3 块，层与层轨道板间采用 4 块 20 cm 见方的硬杂木支垫，支垫硬杂木按“四点支承、三点平衡”置于轨道板两端第 2 至第 3 承轨槽之间。运输途中，在平板汽车的四周加装挡板和缓冲垫块，以保证轨道板的稳定。

CRTSⅡ型轨道板分为集中存放和沿线路存放两种方式。集中存放需建存板场并设混凝土存放台座，沿线存放设临时存放台座，存放台座按三点支承方式布置，台座顶面相对高差不大于 2 mm。考虑到地基承载力的不同，一般情况下沿线存放最高不超过 3 层，集中存放最高不超过 6 层。轨道板与承板台座、轨道板之间应按三点支承安放 4 个方木垫块，垫块要上下对齐，支点位置分别在板的第 2 个预裂缝和第 8 个预裂缝处。方木垫块的规格为 200 mm×200 mm×200 mm，承重面应平行，厚度相对误差控制在 2 mm 以内。

4. 道岔板运输与存放

道岔板运输采用平板汽车运送至各车站道岔铺设或临时存放位置。每台平板汽车可装道岔板2层，每层道岔板间加垫4块200 mm×200 mm×200 mm方垫木支垫，方木支垫与道岔板和车厢接触处采用防滑塑料垫，并在平板汽车四周加装角钢围挡，道岔板与围挡之间的间隙采用硬杂木填充，以防止道岔板在运输过程中晃动碰损。

道岔板原则上不在工地作长时间临时存放，最长存放时间不宜超过3个月。临时存放时，应保证存放台位坚固、牢靠，道岔板下支垫应符合设计要求，各支点间相对高差不大于2 mm，层与层之间加垫6块20 cm方垫木。每垛道岔板不超过3层。

5. 大号道岔运输及存放

大号道岔一般按岔枕、钢轨件和扣件零部件等分别运输和存放。岔枕运输及存放要求与双块枕相同。

钢轨件采用运板汽车平放运输，长大件可增设托梁，一般不大于2层，层与层之间支垫间距不大于4 m，采用铁丝捆扎加固。存放时场地应平整坚实，支垫顶面高差不超过10 mm，道岔基本轨尖轨、可动心轨辙叉组件最多码放两层。钢轨的码垛层数不得多于4层、钢轨件与地面间铺垫木质垫块，每层用木块垫实、垫平，木块应按高度方向垂直设置。

扣件零部件应分组装箱运输及存放，并做好防雨防潮措施。

6. 其他

无砟轨道板(枕)、钢轨件集中存放时，场地均应平整坚实，满足车辆通行和存放受力的要求，四周应做好防排水措施。运输及存放过程还应避免受到冲击、碰撞等。

10.4.1.3 底座施工

无砟轨道底座施工分为路基上水硬性支承层、路桥隧地段一般性混凝土或钢筋混凝土底座施工、CRTSⅡ无砟轨道长桥上连续底座施工等三种情况。底座质量控制的关键有四点：一是水硬性材料及混凝土配合比及施工质量；二是底座成型外观及几何尺寸；三是桥梁上底座与桥梁之间的连接质量(含两布一膜等)；四是CRTSⅡ无砟轨道长桥上连续底座张拉控制。

(1)施工准备。无砟轨道底座施工必须在线下结构沉降评估及质量验收合格后进行，测量控制网精度应满足施工精度的要求。同时，应做好线下结构及四电工程间的接口协调，做好相关的过轨管线、接地等预埋、预留工作。

(2)路基上水硬性支承层施工。当路基长度较长且支承层具备机械化施工条件时，则支承层一般采用水硬性材料结构设计，可优先采用摊铺碾压法施工。当路桥隧交替频繁致使路基长度较短或支承层不具备机械化施工条件时，可按程序变更设计为C15素混凝土结构设计，采用模筑法施工。

摊铺碾压法的主要内容包括准备工作、运输布料、摊铺作业、碾压作业、拉毛整修、切缝和养生等，过渡段施工时还需埋设销钉。

(3)混凝土或钢筋混凝土底座施工。混凝土或钢筋混凝土底座采用模筑法施工。

CRTSⅠ型无砟轨道底座表面还应设凸形挡台。凸形挡台钢筋与底座钢筋同时绑扎，混凝土在底座混凝土施工完成后进行。

(4)长桥上CRTSⅡ无砟轨道连续底座施工。长桥上CRTSⅡ型无砟轨道底座采用跨梁缝连续等厚结构设计，理论上应保证底座与梁面间相对滑动，且要避免梁端转角对底座的影响，连续底座的温度应力应能均匀地传入桥梁墩台及两端路基。

10.4.1.4　轨道板(枕)铺设

轨道板(枕)在底座混凝土强度达到 20 MPa 或水硬性支承层强度达到设计要求且底座外观及几何尺寸验收合格、CPⅢ测量控制网评估、桥面附属基本完工后进行。

1. 双块枕铺设

我国近年来的工程实践经验表明,CRTSⅠ型双块式轨枕排架法(又称"工具轨法")和轨排框架法是双块式轨枕铺设的科学合理的施工方法,CRTSⅡ型轨枕采用的机组法(旭普林)在设备投入、施工精度保证上有较多缺陷,不宜大面积推广应用。

(1)排架法施工。在基地内完成钢筋下料及预加工。底座(或支承层)施工后,通过汽车运输散料进场,轨枕就近摆放线路两侧。人工铺设底座(或支承层)与道床板间隔离层,再绑扎道床板底层钢筋。

人工配合机械散枕器进行轨枕散铺,汽车吊或龙门吊吊装工具轨就位,原位组装轨排并进行轨排的连接及粗调就位,安装精调系统(含螺杆精调器及侧向支撑)并架起轨排。轨检小车测量轨道线形,通过精调系统调整轨道中线。之后,完成道床板钢筋绑扎及模板安装,再次精调后进行道床板混凝土浇筑。

道床板混凝土采用罐车、泵送入模、捣固棒捣固、人工抹面的施工工艺,混凝土浇筑应一次成型。混凝土终凝后,应及时松开精调系统及扣件系统螺栓,避免热胀冷缩引起混凝土开裂。

(2)轨排框架法施工。轨排框架法施工特点是以轨排框架取代工具轨,用轨排框架组装双块式轨枕并按榀进行铺设和精调,将双块式轨枕"点—线"施工变为轨道板"板—线"施工,减少了工具轨的使用。有利于提高轨道组装速度和精度,方便了轨排运输的物流组织。其钢筋绑扎、模板安装、轨道精调及混凝土浇筑等施工与排架法施工相同。

2. 轨道板铺设

各型轨道板铺设施工主要分为粗铺、精调和灌浆(或自密实混凝土)等施工,后续施工主要为轨道板张拉及宽缝浇筑、凸台树脂浇筑等。

(1)轨道板粗铺及精调。轨道板粗铺在底座施工完成且测量放样后进行,采用汽车运输轨道板进场,通过龙门吊或铺板龙门吊+专用吊具按铺板计划进行轨道板的粗铺。汽车不能直接到达的,需要采用双向运板车沿线路纵向运输到位。其中,CRTSⅠ型轨道板粗铺时应铺设砂浆浇筑袋,CRTSⅡ型轨道板粗铺前应完成铺板基标、定位钉的设置,CRTSⅢ型板应铺设混凝土垫块及钢筋网片。

轨道板精调由轨道板快速精调系统和精调器配合完成,通过轨道板快速精调系统测量轨道板空间位置并计算偏差值,使用精调器调整,不断反复,将轨道线形调整到允许限差以内,轨道板精调时除保证轨道板绝对位置外,还应保证相邻轨道板的搭接偏差。轨道板精调后,应及时安装扣压装置。为保证轨道线形,在水泥乳化沥青砂浆或自密实混凝土浇筑前,应再次使用轨道板快速精调系统检测和确认轨道板线形满足要求,对不合格的轨道板应重新精调和检测。

(2)水泥乳化沥青砂浆或自密实混凝土垫层浇筑。CRTSⅠ型和 CRTSⅡ型轨道板采用水泥乳化沥青砂浆垫层结构,采用水泥乳化沥青砂浆搅拌车现场制备,通过汽车吊+线间运输车+中转仓等将砂浆运到浇筑位置后,采用重力方式按每块板一次浇筑施工。曲线地段,应从较低侧向较高侧浇筑。

CRTSⅠ型轨道板砂浆浇筑采用浇筑袋成型,浇筑袋应铺设平整,大小及厚度与轨道板规格及砂浆厚度一致。浇筑时,砂浆直接由浇筑袋灌入,待浇筑袋四周边缘饱满圆顺,即完成浇筑并封闭浇筑袋两侧注入口和排气口,待砂浆硬化后将注入口和排气口切除。

CRTSⅡ型轨道板砂浆浇筑采用模筑成型,轨道板两端通过与水泥乳化沥青砂浆材料性能相近的砂浆材料封边并捣固密实,轨道板两侧采用角钢+土工布或水泥砂浆封边,安装精调器位置不便于砂浆材料封堵的则在轨道板铺设时安装U形泡沫块,封边材料两侧应设排气孔。封边材料强度满足要求后,即在轨道板上灌浆孔安装PVC管并从中间灌浆孔内注入砂浆,排气孔排出砂浆与灌入砂浆一致时,封堵排气孔,当两端PVC管内浆面高于板面15 cm后,即可停止浇筑。砂浆变稠,舀出多余浮浆并插入S形钢筋。砂浆固化及强度达到要求后,拆除两侧封边材料。

CRTSⅢ型轨道板采用模筑法浇筑自密实混凝土。模板及钢筋安装完成且检测合格后,通过罐车运输混凝土进场,泵送经浇筑料斗注入模型内,一次浇筑成型。浇筑完成后,舀除多余浮浆,待混凝土初凝后,人工抹面并设置排水坡。混凝土终凝且强度达到要求,拆除模板及扣压装置。

(3)后续施工。CRTSⅠ型轨道板凸台树脂浇筑在水泥乳化沥青浇筑完成后进入,先安装浇筑袋,再人工搅拌并浇筑树脂材料,施工相对简单。

CRTSⅡ型轨道板在水泥乳化沥青砂浆浇筑完成后主要进行轨道板张拉及板缝浇筑、轨道板剪切连接、侧向挡块施工等。施工工艺简单,组织灵活。但轨道板张拉必须控制张拉温度及张拉顺序。侧向挡块施工时,应保证剪力钉与齿槽内预埋套筒连接良好,除弹性垫块外侧向挡块混凝土与底座及轨道板间完全隔离、无粘连。

CRTS Ⅲ 型轨道板在自密实混凝土浇筑后主要进行路基上轨道板连接及板缝浇筑。施工工艺简单,组织灵活。

3. 无砟道岔铺设

(1)长枕埋入式无砟道岔。长枕埋入式无砟道岔施工分为无砟轨道施工、道岔轨道线形调整、钢轨焊接及无缝线路锁定、工电联调、道岔使用及维护管理等内容,后几个部分施工时相互穿插,互为影响。

无砟轨道施工。线下工程主体完工且沉降变形经评估满足无砟轨道施工条件后,建立CPⅢ测量控制网,并根据CPⅢ测量控制网测量放样。模筑法施工钢筋混凝土底座,待底座强度达到75%以上后,汽车运输道岔件及轨枕进场,汽车吊配合现场组装道岔轨排并用螺杆精调器及侧向支撑系统架立道岔。之后,绑扎钢筋并安装模板。采用轨检小车测量道岔线形,通过螺杆精调器及侧向支撑系统调整和固定道岔轨排。待钢筋绝缘检测、道岔轨道线形精调、工电联调等合格后,模筑法浇筑道床板混凝土。

道岔轨道线形调整。道床板混凝土浇筑完成且强度达到要求后,利用轨检小车检测道岔轨道线形,采用调整扣件进行道岔轨道线形的调整。道岔轨道线形的调整贯穿于道床板混凝土浇筑完成至线路开通的始末,在钢轨焊接、工电联调前后都要进行道岔轨道线形调整,只有当道岔轨道线形满足各阶段的施工要求,方可进行下一阶段的施工。

钢轨焊接及无缝线路。道岔钢轨焊接在道岔轨道线形及工电联调达到一定合格要求后进行,采用铝热焊焊接。为保证道岔及前后线路无缝线路单元管理的要求,道岔钢轨焊接分为岔内焊接和岔外焊接。道岔钢轨与前后各150 m的线路共同形成一个单元的无缝线路。

工电联调。工电联调需工务与电务一起配合调试,属接口管理的范畴,是高速道岔施工的重要环节。即在满足工务质量的前提下,保证道岔电务转换设备的正确安装和使用,分为非带电状态和带电状态两个阶段。一般来说,在道岔轨排组装完成至道床混凝土浇筑和道岔钢轨焊接之前,需要将半角转辙机安装在道岔上确认道岔转换正常且各指标符合要求,否则不能进入下一阶段施工。在带电调试阶段,需要道岔在电控操作时转换正常且各指标符合要求。

(2)板式无砟道岔。板式无砟道岔分为道岔板铺设和道岔件组装及后续施工。道岔板铺设施工与CRTSⅢ型轨道板铺设施工相同。道岔件组装及后续施工与长枕埋入式无砟道岔施工一致。

4. 无砟轨道施工物流组织

无砟轨道施工不论是双块式铺设还是轨道板铺设,物流组织都是施工组织的重点之一。物流组织应在高速铁路工程开工前结合线下工程施工统筹规划。

一是为保证物流顺畅,应尽可能设置沿线贯通的运输通道,并与既有公路或便道连通,长桥地段还应设置人行步梯或采用龙门吊、汽车吊、塔吊等作为材料及机具上下的通道。隧道地段应统筹保留斜井作为无砟轨道施工通道。

二是混凝土搅拌站、钢筋加工房及生活基地等可与线下工程统筹设置,原则上混凝土及相关物流距离应不超过15 km。轨道板(枕)临时存放应结合轨道板(枕)预场生产能力和供货周期确定,尽量做好经济合理。

三是施工现场结合路桥隧结构物特点,采用人工、龙门吊、双向运板车、汽车吊、汽车泵或输送泵进行材料运输及机具转运等。当施工工期不紧时,在双线地段也可按"先施工一线,再施工另一线"的方式分别进行物流组织。当施工第一线时,可利用另一线按单向运输作为物流通道,这样可最大限度地减少第一线施工物流组织的难度,降低设备资源配备。施工第二线时,再采用上述物流组织方案。

四是无砟道岔施工一般借用线下生产生活设施,尤其是混凝土供应。长枕埋入式无砟道岔利用已有的公路或便道作为物流通道,必要时根据道岔钢轨长组件运输的要求进行局部加宽加固。道岔工厂距工地较近的,可采用汽车运输道岔钢轨进场,距工地较远的,可采用火车运输后再经公路转运到现场。为保证无砟道岔施工不受道岔件供货影响,一般应在现场设道岔存放场进行道岔、岔枕及其他钢轨件的临时存放和道岔试组装。

5. 长钢轨铺设及无缝线路

根据线下工期、工程量及铺轨工期、材料供应等统筹规划铺轨基地,铺轨基地应尽量选择靠近既有线车站附近选择地势平坦、交通运输方便的位置,尽量减少出岔难度、土石方工程量和轨道便线工程量。铺轨基地及铺架通道还应尽量避开工期控制工程。

铺轨工期应结合铺轨基地位置、线下工期规划等综合确定铺轨方向及节点工期。设备投入应先进可靠,特别是焊轨设备应提前进行工艺性试验和型式试验。

施工期间,应协调好线下施工、铺轨运输、钢轨焊接、轨道精调、四电施工的关系,确保工程整体有序推进,避免顾此失彼。

10.4.2　有砟轨道主要施工方案和方法

10.4.2.1　道砟铺设

1. 生产储存

道砟的生产运输是制约有砟轨道铺轨工程的重要因素,既影响工期,又影响成本,必须高度重视。施工中应按照工期确保、经济合理的原则从生产、储存和运输等环节组织好道砟的生产运输。

新建高速铁路有砟轨道设计采用特级或一级水洗道砟，对道砟的材质、生产、检验等要求严格，且必须按照工业产品生产的要求办理生产许可并通过铁道部上道审查。砟源的选择上，在材质满足要求的条件下，应结合运输成本首选既有砟场，必要时通过改进或添加生产设备以使其生产能力满足工期要求。其次，再新建采石场和道砟加工场。道砟加工场及设备生产能力应考虑道砟生产、运输的季节性(含国家政策影响)影响，道砟加工场的石材储备能力和设备生产能力应大于施工工期的需要。

道砟存放场的数量和规模应在综合选定道砟的公路或铁路运输方案后确定。采用公路运输的部分，存砟场应尽量沿线路均衡布置并提前存砟，以保证道砟铺设施工时运输组织的影响因素最小。采用铁路运输的部分，存砟场应靠近新建铁路车站或铺轨基地设置，以使道砟运输受铺轨因素影响最小。

通常条件下，铺轨之前可通过公路运输铺设的道砟数量约占总量的40%，铺轨后可通过新建铁路轨道运输的道砟的数量约占总量的60%。但道砟的生产和储存应尽可能地提前。

2. 道砟运输

道砟运输分为铺轨前公路运输和铺轨后轨道运输两部分，当采用轨道运输时也需要通过公路将道砟运输至紧靠铁路车站或铺轨基地的存砟场。

采用公路运输的部分，应结合线下工程施工提前规划运输通道，尤其是线下工程竣工后还能保证道砟运输能顺利进入线路，并考虑必要的会车或调车场地。建设单位应协调施工各方或地方密切配合道砟的公路运输工作。

采用铁路运输的部分，应根据道砟供应、工期特点等提前规划存砟及装车地点，组织充足的道砟运输车辆(机车和K型石砟漏斗车)，未经国家许可的非标车辆严禁上道作业。当需要通过既有铁路或铁路局道砟场运输道砟的，还应按规定向铁路部门提报运输计划。

3. 道砟铺设

底层道砟预铺时，应结合线下结构物表面高程、底砟预铺厚度提前计算道砟预铺数量，对照施工控制桩或施工里程、道砟预铺数量表控制道砟卸车数量。之后采用挖掘机或装载车完成预铺道砟的主要摊铺工作，最后再依据施工控制桩采用摊铺机或平地机将道砟摊铺到位，并使砟面平整度符合要求。摊铺完成后，再采用重载光轮压路机碾压。最后进行砟面高程、平整度以及道砟压实密度检测，检测不合格的，应重新摊铺或碾压。在公路运输成本相对较低的地段，可在底层道砟预铺时，在不影响摊铺工作的前提下尽可能多地铺设道砟。

铺轨通过且经重点整道后，应采用K型石砟漏斗车及时补充道砟。K型石砟漏斗车卸车之前，应结合线路已铺道砟情况、计划起道量等因素综合确定每次的道砟卸车数量，并严格按计划卸车。采用K型石砟漏斗车补充道砟应保证道床饱满及道床断面尺寸所需道砟、线路起道量所需道砟且卸砟时道砟不会跌落到路基边坡造成浪费。采用K型石砟漏斗车，应结合K型石砟漏斗车的周转时间(包括车辆装车、调车编组、往返运输、卸砟及必要的影响因素)、道砟计划指标等确定石砟漏斗车的数量及编组情况。一般情况下，在不需要经过既有运营铁路运输的条件下，每列石砟漏斗车应按15～20辆编组，最远单边运输距离应在100 km以内，若运输距离过远，则可采用30辆以上的大编组进行运输。石砟漏斗车的运输及卸车应纳入工程线运输管理体系，严格执行请销点制度。卸车作业时，应及时清道，作业地方及前后地段应作好施工防护。隧道内进行卸砟作业时，应做好防尘措施及应急预案。

10.4.2.2 轨料组织及长轨铺设

1. 物流组织及铺轨基地

铺轨基地是高速铁路有砟轨道施工最重要的物流基地和材料预加工基地，起着枢纽作用。一是要在铺轨开始前，铺轨基地需要完成长钢轨、轨枕、扣件及道岔材料和部分道砟材料的储存，完成轨枕锚固作业。二是大型机械化施工设备需要在铺轨基地内组装调试并完成编组、存放。三是铺轨开始后，铺轨基地既要接收和储存由外面运输进入的材料和设备，更要向铺轨前方供应材料和设备。四是铺轨基地是施工队伍的生活和办公基地。为此，除部分可以直接运输到现场的道岔或站线轨料之外，所有的轨料都需要在铺轨基地内进行中转、储存。

铺轨基地设长轨存放区，设长轨联动群吊和长轨存放台位提前进行长钢轨的装卸和存放。一是解决焊轨厂及中途运输不能保证铺轨期间长轨需求的问题；二是便于长钢轨从专用长轨运输列车向枕轨运输列车上转运；三是便于长钢轨进场后的质量检查和公差调配。

铺轨基地设轨枕存放区，通过轨行式龙门吊进行轨枕的装卸和存放。一是解决轨枕厂及中途运输不能保证铺轨期间轨枕需求的问题；二是便于轨枕从轨枕运输车辆向枕轨运输列车上转运；三是便于轨枕的锚固和质量检查；四是便于调配。

铺轨基地设短轨及道岔存放区，通过轨行式龙门吊进行短轨及道岔材料的装卸和存放，其目的与长轨存放相同。铺轨基地还设其他材料存放区。

铺轨基地还设铁路工程线和运输便道。铁路工程线至少包括铺轨基地与既有铁路的联络线或岔线、用于材料或设备存放的停车线和调车线、铺轨基地至铺轨前方的工程线以及转换道岔等。

2. 一次性铺设长钢轨

一次性铺设有砟轨道长钢轨，主要通过大型专业施工设备——长轨铺轨机组完成。长轨铺轨机组由枕轨运输列车和铺轨主机及其配属设备（含履带式钢轨拖拉机、轨枕搬运车等）组成，枕轨运输列车主要为铺轨主机运输和提供长钢轨及轨枕，铺轨主机一次可将长钢轨及轨枕铺设到位并组装成长轨线路。其作业流程如下：

(1)长轨铺轨机组提前在铺轨基地内组装、编组并调试合格后，由内燃机车推送铺轨主机到铺轨起点待命，钢轨拖拉机提前到铺轨起点待命；

(2)枕轨运输车组同时装运长钢轨和轨枕并由内燃机车牵引或推送至铺轨前方与铺轨主机连接；

(3)铺轨作业时，首先由钢轨拖拉机拖拉并铺设 1 对长钢轨，长钢轨对称于线路中心在轨枕范围之外布置；

(4)轨枕搬运车通过走行轨道在铺轨主机与枕轨运输列车上来回走行以完成从枕轨运输列车向铺轨主机转运轨枕；

(5)铺轨主机采用单枕连续法或群枕法将轨枕按设计中线、间距铺设于道床上，铺轨主机同步前进将长钢轨收入轨枕承轨槽内，人工配合组装轨枕扣件形成长钢轨线路。

一对长钢轨线路铺设完成后，继续拖拉下一对钢轨并铺设轨枕、组装线路。枕轨运输车组上的长钢轨及轨枕铺设完成后，枕轨运输车组即返回铺轨基地继续装车和运输。

为保证长轨线路铺设的精度，施工前需要测设轨道施工控制桩并预铺道床底层道砟。轨枕铺设及线路组装时，应严格控制轨道中线及轨枕间距。铺轨通过后，应及时重点整道，以保工程车辆安全通行。

为使铺轨连续进行，长轨铺轨机组一般以铺轨主机不出现停机待料为原则配套 2 列或多列枕轨运输车组。

3. 换铺法铺设长钢轨

换铺法铺设长钢轨，包括轨排铺设和长钢轨换铺两个阶段，其中长钢轨换铺应在轨排铺设后且上砟整道使道床达到初期稳定状态后进行。

轨排铺设采用常规铁路轨排铺轨机或架桥机铺架施工方式，利用 25 m 工具轨将轨枕、扣件系统和工具轨在铺轨基地内组装成轨排，通过铁路平板车将轨排运输到铺轨前方，经倒装龙门吊、铺轨机机动平车等将轨排倒入轨排铺轨机，最后由轨排铺轨机将轨排逐个铺设到道床上并连接形成线路。

轨排铺设后的线路经上砟整道达到初期稳定状态后，采用专用长轨运输列车运输长钢轨并通过人工或机械将工具轨换铺为长钢轨，工具轨通过收轨平车回收到铺轨基地重复使用。长钢轨换铺主要采用两种作业方式，一是先拆除工具轨，按推送法采用长轨推送机构将长钢轨推送到位，之后组装长钢轨线路；二是直接采用 T11 长轨运输列车将长钢轨直接卸于道床两侧，之后拆除工具轨，人工或机械将长钢轨收入承轨槽内并组装线路。

为减少工具轨的使用，换铺法铺设长钢轨必须统筹协调轨排铺设、上砟整道和长轨换铺工作，即轨排铺设后，应及时上砟整道，再及时换铺长钢轨并回收工具轨。在双线铁路条件下，通常 2 台轨排铺轨机铺轨、1 套大型整道机组整道、1 套长轨运输列车及换铺设备、2 台收轨平车进行设备配置，K 型石砟漏斗车配置满足大型整道机组施工进度。同时，轨排铺设、上砟整道和长轨换铺应各错开 15～25 km 布置，当区间长度大于 25 km 时，可在区间适当位置增设岔线。同时，工具轨应按每套轨排铺轨机不少于 45 km 配置。

工具轨的来源应综合考虑桥面护轨等因素。

10.4.2.3 上砟整道

线路铺轨后的上砟整道作业应以大型整道机组为主，人工配合为辅，分次作业、分级达标，施工过程应坚持道床饱满度满足整道作业需要的要求。上砟整道还应为后续的轨料运输、四电施工等提供施工条件。

上砟整道包括上砟和整道两个环节，为保证大型整道机组的作业进度和施工质量，首要的条件是组织道砟的供应、运输和卸车，并考虑 K 型石砟漏斗车卸车受各方施工及运输条件限制造成的效率降低。

每次大型整道机组作业前，应测量、检查和确定线路起拨道量，并对线路组装质量(含轨枕的间距和方正、扣件的完整性和准确性、扣件螺栓扭力或扣压力)等进行检查，提前消除线路组装质量对整道质量的影响，线路捣固车根据计划起拨道量进行作业，对起拨道量大的地方可加强作业次数，并及时补充道床道砟。动力稳定车跟进线路捣固作业。线路捣固车应避免大起大拨。线路达到初期稳定条件后，进行无缝线路焊接锁定，之后再进行大机整道和轨道精调，以达到工程竣工验收要求。

大型整道机组一般由 1 台或 2 台线路捣固车、1 台动力稳定车和 1 台配砟整形车配套使用。施工期间，必须加强对作业设备的使用和保养维护。道岔整道以租借铁路局道岔捣固车设备为主，道岔捣固车作业之前，应采用小机整道使道岔达到初期稳定状态。在线路精调阶段，还应配置轨检小车或轨检仪配合轨道几何尺寸的检测，加快对轨道几何不良处所及轨道精调质量的确认。

10.4.3 工程运输管理

10.4.3.1 概　　述

工程运输管理主要通过组建专门的、统一的运输管理机构，通过制定和实施工程运输管理办法及作业细则，以施工计划、调度命令的形式下达管理指令，各部门、各个工作环节要紧密联系，协同动作，相互兼顾，做到施工、行车及附属作业安全。

工程运输管理采用高度集中、统一领导和逐级负责的“军事化”管理方式，一般由建设单位或建设单位委托铺轨施工单位组建专门的工程运输管理机构（工程运输所）负责统筹协调各单位的施工和运输组织，确保新建铁路所有上道施工作业或运行的工程车辆的行车安全，相关机械设备的使用安全和人身安全，提高施工作业效率和行车设备的使用效率。

10.4.3.2 工程运输管理指挥系统

1. 工程运输管理指挥系统

建设单位作为高速铁路线路及其附属设备运用管理的主体，应成立以主管领导和相关部门、各施工和监理单位组成的工程运输管理领导小组，领导工程运输管理工作，并成立总调度室专门负责铁路工程运输的总体协调和管理工作。当建设项目只有 1 个铺轨单位时，也可将总调度室委托铺轨施工单位负责组建。

铺轨施工单位负责本标段内铁路工程运输的分段协调和调度指挥工作，并组建运输所或调度所负责本标段内的施工、运输组织和安全工作，组织、协调、指挥各单位在区间、站场的施工作业和车辆运行机制，建立各种运输管理台账，汇集施工计划，编制工程列车运行图，确定天窗，并统计分析落实情况。

铺轨施工单位以外的线下、站后施工及其他与工程运输有关的施工单位应设专兼职工程运输协调员，派驻调度室。

2. 各单位工程运输管理职责

(1)建设项目工程运输管理领导小组。负责建设项目的铁路工程运输和安全生产管理工作，并定期到现场检查和指导，协调重要事项；负责全线重大铁路运输安全事故的调查处理。

(2)总调度室（建设单位主管）。总调度室负责领导、协调和监理各区段调度室工作，负责月度或临时重点施工计划、工程列车运行图及“天窗”的审批，以及具体安排跨两个及以上区段调度室管辖分界点的施工和行车计划；负责日常管理及信息的收集汇总和问题协调，根据工程项目施工情况、进度及安全控制重点、施工计划、施工配合等召开会议，检查施工计划的落实情况。

各区段调度室应设立专职列车调度中具体负责管理段内线路及其他行车设备的运用管理和安全工作人员，组织、协调和指挥各施工单位在区间、站场内的施工作业，建立运输管理台账，收集施工实施计划，统计分析计划兑现情况；负责管理段内行车指挥和施工日常计划的审批；针对现场作业中违反安全操作规程或影响行车安全的行为，对相关单位下达整改通知书；做好信息反馈工作。

(3)铺轨施工单位。受建设单位委托负责总调度室或区段调度室的管理，协助建设单位做好施工和运输组织、协调和现场指挥工作，对本单位的施工、机械调度、行车及人身安全负责。

负责本单位相关人员的安全培训和考核，特殊工种和专业岗位人员必须持证上岗、上线作业。负责与相关施工单位签订安全配合协议。

工程进入联调联试阶段以前,负责已开设车站的行车组织管理工作,制定车站行车工作细则且报经建设单位审批后实施。

做好已接收道岔及其附属设备的成品保护,配合电务施工单位做好道岔转换设备的日常使用和养护工作。

负责与既有车站的协调,与铁路工车机电等部门签订安全配合协议,做好新到设备及材料的配送工作,确保物流通畅。

(4)其他施工单位。负责本单位施工、机械设备、行车及人身安全,对本单位相关人员进行安全培训和考核。特殊工种和专业岗位人员必须持证上岗。

主动与铺轨施工单位签订安全配合协议。负责对铺轨施工单位道岔操纵人员进行岗前培训,并按规定加强道岔手摇柄的管理。

电务施工单位负责道岔转换设备的日常维护,在车站日常行车工作中,根据车站值班员命令,由驻站联络员亲自或指派胜任人员到现场指导道岔的开、加锁和转动作业。

按规定及时提报本单位的月度施工计划,严格执行施工计划的变更、追加或取消手续。严格按列车调度员和车站值班员的组织行车和施工。

加强本单位轨行设备使用的维护,施工过程中做好安全防护;非施工作业期间,作业设备、机具和物料等不得侵限。加强信息反馈和协调沟通。

(5)监理单位。负责本单位机械设备及人员安全;负责检查监督管理段的施工机械设备和行车安全作业,检查督促施工单位按规定严格执行和落实安全预案及安全措施。

负责审核施工单位的施工安全措施和安全协议等。加强信息反馈和协调沟通,并提出整改建议和措施。协助建设单位做好管段内铁路运输安全事故的调查处理。

(6)施工和运输生产交班会制度。原则上建设单位工程运输管理领导小组或总调度室每月、各调度室每周应召开一次生产交班会,通报施工计划完成和兑现情况,总结施工和运输经验,研究下步施工计划实施准备,协调解决存在的问题。总调度室也可利用生产交班会集中审批月度施工计划、工程列车运行图及天窗计划。

遇有特别重大施工项目或采用四新技术等对工程运输产生较大影响的施工项目,建设单位工程运输管理领导小组或总调度室应重点关注。

10.4.3.3 铺轨施工单位工程运输指挥系统

(1)主要工作及任务划分。铺轨施工单位工程运输管理包括行车组织、轨行设备使用和线路设备维护等3个方面,其中行车组织和轨行设备使用由工程运输所负责,线路设备维护由线路作业队负责,道岔转换设备的使用和维护由电务施工单位配合。

(2)工程运输所。铺轨施工单位比照建设单位成立由项目经理任组长、生产副经理任常务副组长及各部门、作业队负责人组成的工程运输管理领导小组,负责领导铺轨施工工程运输全面工作。并组织工程运输所负责工程运输及施工管理,负责除整道大机、铺轨机以外的轨行设备的使用、维护管理,负责运输组织,对外协调铁路管理部门和建设单位工程运输总调度室的工作关系。

工程运输所分为行车组织、轨行设备管理两个方面,设技术调度室、机务值班室、后勤保障室等职能部门,其中,技术调度室由列车调度主任和调度员负责,机务值班室由行车组织员负责。下设机务队、铺轨基地车站、铺架前方站、中间站以及货运室等生产机构。如图10-1所示。

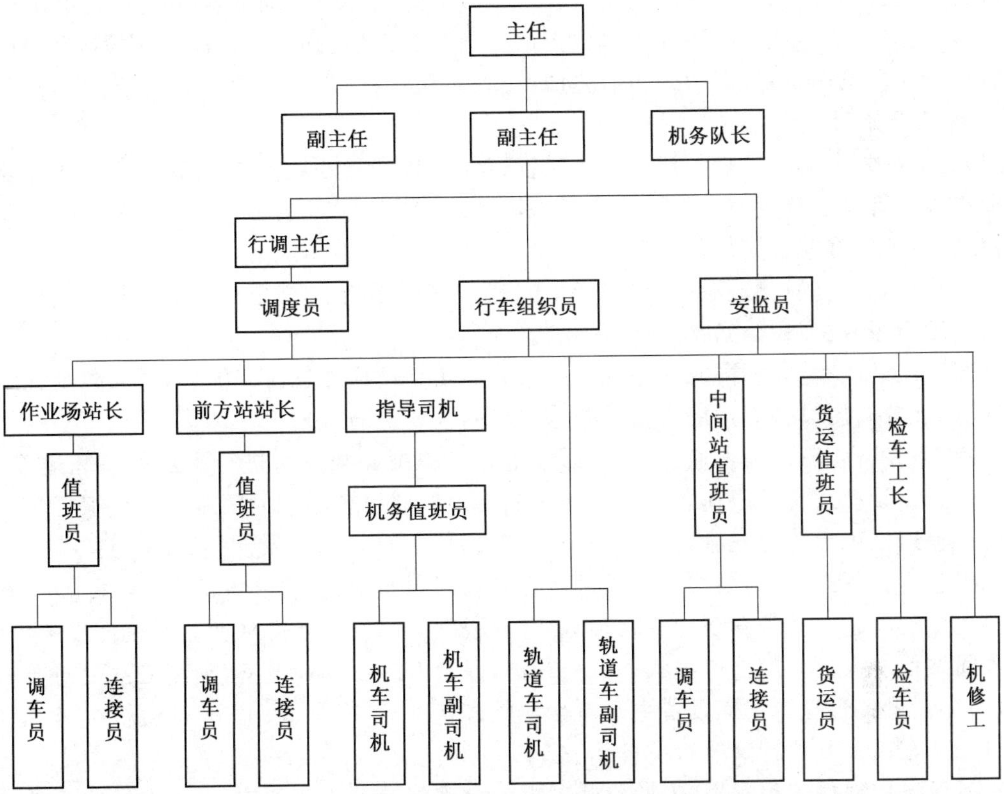

图 10-1 铺轨施工单位工程运输所组织机构示意图

10.4.3.4 工程运输作业内容

1. 铺轨开始前工作

(1)建设单位应组织各施工单位对工程运输相关作业人员进行安全教育培训,做好安全知识的宣传教育工作,并对周边居民做好铁路法等法规法律的宣传解释工作,确保施工、行车和人身安全。

(2)为确保铺轨基地建设、材料进场及后续施工准备的顺利进行,铺轨施工单位应尽早组建工程运输所,优先协调铺轨基地组建过程中工程线与既有线接轨、铺轨基地进入设备及材料配送车管理、路用车借用(租赁)等协调工作,制定专门的行车管理办法,并与相关单位签订施工配合协议。

(3)铺轨开始前,各级调度室应结合工程特点、线路平纵断面及车站布置、施工组织设计等编制《车站行车工作细则》。《车站行车工作细则》的主要内容,应包括车站技术设备的使用管理,接发列车和调车工作的组织、计划、安全操作及各项制度等,并应附有车站线路平面图。凡参加车站作业的站、段、所有关人员均应熟悉和执行《车站行车工作细则》有关规定,车站应将《车站行车工作细则》内容摘录送有关处所和单位。

(4)各施工单位应对进场的轨行设备进行保养维护,实行定人定机管理,并针对特殊货物运输、长大坡道、小半径、长大桥隧及特殊天气等制定专项运输方案,确定车辆装载加固、编组、运行、防护等特殊施工措施。

(5)铺轨开始前,各标段应由监理单位组织、各施工单位参与,对铺轨前的有砟轨道及线下结构进行检查验收。

(6)建设单位应协调解决各施工单位提出的各种施工影响因素和潜在危险源,并对施工单位的轨行设备及资源配置(含操作人员)进行检查确认。

2. 铺轨开始后工作

(1)施工计划及调度管理。建设单位工程运输管理领导小组及调度室定期召开会议确认月度或周施工计划。调度室每天召开施工协调会确定次日施工计划,公布各区段施工及行车重点,相关单位做好配合工作。

对上线作业、车辆运行及影响线路行车的施工,列车调度按规定对施工和行车组织有关作业发布调度命令,调度命令必须"一事一令"。

在同一区站或车站、相同时间内施工的所有施工单位应相互协调配合,最大限度际组织平行作业,以充分利用设备通过能力,提高作业效率。

(2)线路设备管理。铺轨通过后,上砟整道施工单位必须及时进行重点整道和道砟补充,检查确认线路设备通行或限速要求。工程车辆必须按照设备通行或限速要求组织行车。

上砟整道施工单位应安排线路养护和巡道人员。铺轨通过后应尽快安排上砟整道,为工程车辆提速运行创造条件,加快设备通过能力。同时,应加强线路养护巡守,对影响车辆通行或通行速度的问题应及时发现和整改,必要时可根据线路设备状态降低运行速度或中止行车。

中间站值守人员应加强道岔状态检查维护,保管好道岔钩锁设备,确保道岔定向准确。

(3)车辆设备管理。车辆设备主要包括各类客货列车、机车、轨道车、铺轨机组、整道机组、钢轨打磨列车以及其他特殊轨行设备。

车辆设备应根据工程规模、工期及施工组织合理配置并提前到位,进入现场的车辆设备应进行详细的检查和确认,必要时进行维修或维护,确保设备状态良好。不符合要求的设备应严禁上道使用。车辆设备使用期间,应按规定使用、检查和维护。动力设备必须实施定人定机制度。

(4)作业组织。各施工单位按下达的施工计划在调度室登记并得到调度命令,按调度命令组织行车和施工作业。利用行车间隔上道施工的,可不获得调度命令,但应登记施工,并在施工地点前后各 800 m 处设置施工防护。

施工作业完成后,应及时清理所有设备、材料及人员下道,确认线路状态良好且无设备机具侵限后方可放行工程车辆。

(5)行车作业安全。所有上道车辆必须确保状态良好,重点车辆应执行添乘制度。各类施工作业车辆必须严格按调度命令规定的时间、地点、运行速度、作业范围和内容等运行和作业,无特殊原因严禁延点或影响其他作业计划的执行。

工程列车不宜采用前推后拉的运行方式,必须采用时,应增加引导人员,司机应加强瞭望,列车前端车辆应安设抽动放风阀。

工程列车运行速度应严格根据线路状态进行,但无缝线路未焊接锁定前重车限速 20 km/h、空车限速 30 km/h,推进作业限速 15 km/h。铺轨后未整道正向过岔限速 10 km/h、侧向限速 5 km/h,整道后正向过岔限速 25 km/h、侧向限速 15 km/h。通过临时道口时重车限速 10 km/h、空车限速 20 km/h。

长大坡道重载列车通行时,工程车辆必须增加补机。并加强设备制动检查。

(6)施工机具及材料管理。所有施工设备、机具、物料和人员不得在线路上长时间放置或停留，在线路间或临近线路放置时应放置稳定、不得侵限。严禁使用易伤损钢轨或道岔的单轨车或小平车等。对需要在线路临时放置的轨行机具或设备，应做好制动或防溜措施，必要时可采用铁链或锁具将其固定于线路上。

(7)现场监控。所有上道施工单位均应执行请销点审批制度。要点施工单位向车站或调度室派驻驻站联络员，与车站值班员和施工现场负责人保持不间断联系，并在施工前后位置设置防护措施。

施工过程中遇到紧急情况时，应立即撤除妨碍行车的一切障碍物，所有施工人员迅速下道，确保行车和人身安全。

(8)车站线路和道岔管理。已铺设完成的车站线路和道岔原则上应由车站管理和使用。工程车辆在线路停留时，应做好防溜措施。

临时交由电务施工单位施工的道岔或线路，按上道施工进行管理。施工完成后的道岔，必须由车站、工务和电务施工单位共同确认道岔状态及定位后方可交还车站正常使用和管理。

所有投入使用的道岔应采用钩锁设备进行管理，道岔转换及定位必须由两人及以上人员共同确认。已完成转换设备安装的道岔，应向车站移交手摇柄，道岔转换时，各转辙机位置必须协调动作，确保道岔转换协调、稳定。

(9)通信要求。工程运输组织指挥系统应采用可靠的通信方式，设置专用的调度电话或无线对讲设备。在不具备设置条件时，可使用个人移动电话作为辅助通信设备，但必须加装可靠的录音装置。

对长隧地段电话或无线对讲设备无法使用的地段，可采用路票方式组织接发车。

10.5 安全保证措施

10.5.1 总体要求

认真贯彻“安全第一，预防为主”的方针，各级施工单位应建立健全安全管理体系，明确安全管理目标，成立安全生产委员会和专职安全管理机构，配齐安全管理要素，执行安全生产责任制，明确各级人员的安全职责，特殊工种持证上岗，确保安全生产。施工方案中应有专项安全措施，安全设施按要求配置到位，安全交底与技术交底同步进行，并加强过程中安全管理检查、整改、应急等工作。

10.5.2 施工现场

施工现场的布置符合防火、防爆、防洪、防雷电等安全规定及文明施工的要求，施工现场的生产、生活办公用房、仓库、材料堆放场、停车场、修理场等按批准的总平面布置图进行布置。

现场道路平整、坚实、保持畅通，危险地点悬挂按照《安全色》(GB 2893)和《安全标志及其使用导则》(GB 2894)规定的标牌，夜间行人经过的坑、洞应设红灯示警，施工现场设置大幅安全宣传标语。

现场的生产、生活区要设足够的消防水源和消防设施网点，消防器材有专人管理不得乱拿乱放。组成一个由15～20人的义务消防队，所有施工人员要熟悉并掌握消防设备的性能和使用方法。

各类房屋、库棚、料场等消防安全距离符合公安部门的规定,室内不得堆放易燃品;严禁在木工加工场、料库等吸烟;现场的易燃杂物,应随时清理,严禁在有火种的场所或其近旁堆放材料。

施工现场的临时用电,严格按照《施工现场临时用电安全技术规范》(JGJ 46)的规定执行。施工现场加强用电管理,严格执行我公司的临时用电安全技术措施。

施工中如发现危及地面建筑物或有危险品、文物时,应立即停止施工,待处理完毕方可施工。

10.5.3 轨道板(枕)预制

建立健全场内安全管理体系,成立安全生产领导小组,落实安全生产责任制,配齐安全生产要素,严格安全操作规程,认真执行安全监控制度和措施。

认真规划和布置场内各种管线线路、各种设备走行进出线路和停放位置、人行通道以及各种原材料、半成品和成品的运输路线和存放位置,确保场内作业整齐和人员设备合理整齐的工作环境。

进场作业人员要先经安全培训合格,电工、电焊工、行车司机、机动车及各种机械司机要经过专业培训,并经考试合格获得上岗证才可上岗。各种机械作业要有针对性的安全操作规程。现场各种安全防护(如登高作业安全护栏、危险作业的安全网和安全界限)、安全标示要齐全。

要有专职电工和修理工经常性检查电路、电器、设备等的状态,禁止使用漏电线路、电器和不良状态的设备。

各种电器、机械要专人管理使用,禁止无关人员动用机械、电器设备,禁止非工作人员攀爬龙门吊、行车、拌和站、布料机等设备。

起吊作业时,禁止在起重物下站人,辅助起吊作业人员要离开适当距离,并在起吊前检查挂钩及吊绳等是否牢靠,真空吸盘状态是否良好。

各种机械使用前,必须经检查状态良好,启动前要经检查无安全隐患,翻转机作业时禁止非工作人员靠近,布料机使用时布料斗料口必须设安全网。进场人员必须配带安全帽、登高作业要系安全绳。

10.5.4 无砟轨道现场作业措施

入场大型设备的生产(制造)许可证、产品合格证、安装验收合格证、设备操作证及设备履历证书等"四证一书"必须齐全。

桥面施工用电安全是安全控制的重点之一,必须严格执行"三级配电、二级保护"与"三相五线"制,必须确保线路无破损、横越桥面的电线必须采用硬质保护套筒保护,严禁使用花线、明插座、碘钨灯,严禁线路在钢筋上缠绕。

所有上桥通道必须有安全防护装置,有安全护栏及休息平台。工地照明设备要齐全可靠,确保隧道内及夜间施工安全。桥面上施工场面狭窄,各种机具、材料要有序堆放,严禁靠桥边缘堆放,且要预留专门的过人通道。

涉及易燃易爆材料使用及作业时,施工过程应禁止烟火。施工便道要随时平整压实并设会车通道,基坑回填要密实,防止车辆会车发生倾倒。

底座板钢筋网片吊装、轨道板吊装、钢轨件、砂浆吊装等上桥作业前一定要检查吊车的钢丝绳、吊链及吊具的安全状态，吊装过程中，吊臂范围内严禁站人，桥下及桥上要设置两名安全员全程监控，分别负责桥上与桥下的安全监管工作。

轨道板粗铺安放时，施工人员应用专用的撬杆安放，防止发生挤伤事故。熟悉和掌握水泥乳化沥青砂浆加料站以及水泥乳化沥青砂浆搅拌车的操作规程，禁止盲目操作。严禁桥上作业人员向桥下抛掷器具、材料；桥面边缘施工人员必须系好安全带。

10.5.5 轨料存放及运输

钢轨、轨枕及扣件配件等材料存放场地应坚固、平整，物料堆码应规范、整齐并符合技术条件的规定，做好逃生通道的预留。

参加起重作业的人员必须经过专项培训并持证上岗，起吊设备工装及起吊方法经检查评估符合要求后方可进行施工。

材料的装车及加固应符合相关要求，严禁超载运输，确需超限运输时，应制定专项防护方案，超限运输应征得有关部门的同意。

10.5.6 大型设备使用

大型设备必须根据产品说明书的要求，制定安全技术操作规程。

大型设备在正式使用前，应进行测试、试运转或验收检查，确认满足要求后方可使用。施工过程应正确操作，并加强维护保养，严禁带病运转或违规操作。

大型设备使用应配备必备的消防、防护等应急设施。

10.5.7 新线铁路运输

组建专门管理机构(如运输所)负责新线铁路运输与施工组织，加强设备管理，确保行车施工两不误。

加强轨行设备的维护、使用、停放等管理，做好货物装载加固和车辆连接，确保机况良好、正确操作。

加强线路设备养护管理，严格限速条件，工程道岔按规定钉闭使用。临时道口应设专人看守。加强施工防护，新线铁路上道施工必须按要求登记、封锁或限速，并做好施工防护，严禁物料侵限，车辆冒进。

10.5.8 其　　他

做好长大隧道内施工防尘、防中毒措施，确保隧道内施工安全。做好施工现场焊接、焊轨等防火工作。

10.5.9 道路交通安全

临时道路严格按照设计的标准修建，弯道、坡度以及会车道的设置满足安全行车的要求。临时道路与其他公路、人行道交叉时，在交叉道口设置警示牌，车辆人员繁忙的道口，派专人看守，并设围栏。经常组织机动车驾驶人员学习《道路交通安全法》，提高其交通安全意识。

自卸汽车在施工现场内行驶，限速 10 km/h；卸料时，先察看周围环境，确认安全后方可卸料；往坑、沟、槽内卸料时，车距坑边 10 m 处应减速行驶，在坑边 1～2 m 处卸料，卸料处设车挡;严禁机动翻斗车载人。

装运易燃、易爆和危险品的车辆符合国家有关安全规定的要求,不得搭乘其他人员。

10.6 质量保证措施

建立健全质量管理体系和管理制度,完善资源配置及责任到位。建立健全无砟轨道、有砟轨道及无缝线路工程施工图审核、技术交底、技术培训、测量复测、沉降变形观测评估、试验检验、技术资料管理、专项技术咨询等技术管理制度,严格新工艺、新设备、新技术、新软件和新材料准入制度,细化施工组织设计、开工报告和工艺试验、工序验收等审查验收制度。

加强技术管理。按照相关要求,编制作业指导书、施工作业要点卡片等技术文件统一无砟轨道作业标准。要对施工各级人员进行无砟轨道、有砟轨道及无缝线路工程施工管理和技术知识的专项培训。

施工单位要明确专职领导负责无砟轨道、有砟轨道及无缝线路工程施工,配足配强无砟轨道、有砟轨道及无缝线路工程施工专业人员,所有人员实行全员培训、持证上岗制度。

严格控制无砟轨道、有砟轨道及无缝线路工程施工边界条件,铺轨前路桥隧过渡段、软基及高路堑地段、有砟轨道与无砟轨道过渡段、道岔区等特殊地段的线下结构沉降变形评估必须达标,防排水及接触网基础等附属施工基本完成,CPⅢ测量控制网复测精度达标。

无砟轨道、有砟轨道及无缝线路工程施工必须提高专业化施工水平,推进专业化施工。要整合资源,组建相对稳定的专业化施工队伍,固定专业技术人员,配齐技术工人,配置专业施工设备,建立专业质量检验体系。

无砟轨道制造中预应力张拉、钢筋加工、混凝土浇筑、养护温度控制、打磨及施工中散枕、粗铺、精调、灌浆、铺轨、焊接、锁定等关键工序必须采用数控化、自动化的成套机械设备,有效提高作业精度和工作效率。

及时收集、整理全过程的施工数据,做好数据库维护,使无砟轨道、有砟轨道及无缝线路工程施工质量和责任可追溯。

整合开发无砟轨道施工软件,形成系统的无砟轨道施工计算和管理软件;研发轨道板(枕)成品检验的专用检具;研发 CRTSⅠ型轨道板预应力同步张拉设备和凸形挡台精确定位装置;组织对长大跨度连续梁和特殊结构桥梁无砟轨道、极端环境下充填层砂浆等技术深化研究。

无砟轨道、有砟轨道及无缝线路工程施工测量必须用 CPⅢ控制网,采用精密测量方法。要统筹部署全线 CPⅢ网测设工作,统一数据格式、平差软件、仪器精度和基桩设置。施工单位要对 CPⅢ网的基桩做好保护,并负责移交给运营接管单位。

无砟轨道、有砟轨道及无缝线路的制造和施工要推行“试验先行、样板引路”的管理方法。轨道板(枕)预制场建设要有试生产期,完成预制工艺的摸索和设备的匹配验证等工作,在试生产和上道审查通过后全面展开轨道板(枕)的预制。乳化沥青砂浆配制浇筑、精密测量、铺设、精调等关键工序要在线下进行模拟施工,经建设和监理单位审查通过后方可进行先导段施工。

混凝土或水硬性材料要按照设计要求进行配合比设计。严格控制混凝土或水硬性材料的入模温度、坍落度、切缝时机和养护工艺。底座(支承层)的顶面高程误差必须满足验标要求。

水泥乳化沥青砂浆和自密实混凝土施工必须严格按照技术条件要求进行。配合比在上道前必须经过型式试验和工艺性试验以及建设单位组织审查认可。水泥乳化沥青砂浆浇筑前必须对轨道板定位精度进行复核。

轨道板必须采用精调系统和先进的软件进行精调,精调不合格不予存盘或打印,不得进行下道工序。CRTSⅡ型轨道板的纵向连接方案必须经过设计单位认可。轨道板(道床板)的钢筋绝缘和接地端子必须符合设计要求。

在精调测量中,配置高精度的全站仪、电子水准仪、轨检小车等,测量人员进行针对性的培训并经考核合格后上岗,施工过程应加强设备的经常性校正、日常保养和维护,计量器具定期送检标定。

根据气候条件,进行严格的施工作业控制,如测量和精调应选择在温差不大、阳光不强、少风、无雨的天气。进入冬季时,应根据天气条件采取冬期施工措施。

严格按技术条件开展轨料采购、运输、储存及检验,做好成品及半成品保护,不合格材料杜绝使用。对长钢轨吊装、运输、存放必须采用专有设备并制定专项施工方案,确保钢轨件不变形、无损伤;加强对预埋套管轨枕的保护,防止杂物进入预埋套管内。

加强道砟生产检验及储存运输,对材质不合格、级配不合格、清洁不合格的道砟杜绝使用,道砟在运输、存储过程中严防二次污染。

严格轨枕螺旋道钉硫磺锚固工艺控制,经常性地开展抗拔力检验。加强大型设备的使用、维护等,确保设备机况良好,专业人员必须持证上岗并按操作规程正确操作,真正实现“设备保工艺,工艺保质量”。

铺轨前严格检查预铺底砟平整度和碾实密度,预铺底砟平整度和碾实密度是轨道后期平顺度和稳定性的基本保证。同时,预铺底砟砟面中间不得凸起,否则会导致轨枕断裂。

铺轨时严格控制轨道拼装质量,做到轨枕方正、间距正确,钢轨左右股正确,扣件安装齐全、扭矩或扣压力满足要求,轨道中心线与设计中心线一致,轨道平顺、无较大的高低起伏,为后续上砟整道创造条件。

大型整道机组作业时,道床道砟必须饱满、充足、均匀,每次作业应严格控制起拨道量,施工完毕,及时补充道砟,并检查轨道线路,以调整后续整道方案。大型整道机组不得在允许轨温范围外作业。换铺法施工无缝线路时,长轨换铺应在线路达到初期稳定条件后进行。

道岔部件在储存和运输、吊装过程中,应切实采用诸如吊梁+吊架吊装、轴线运输车+托架运输、硬化地面及轨木支垫等措施以确保道岔部件特别是钢轨件不变形、无损伤。

同一岔区的道岔、岔前线路(不长于 200 m)及道岔前后各 100 m 的线路应按同一标准进行底砟预铺、小机整道和大机整道作业,以保持道岔及前后线路道床稳定、轨道几何平顺。

严格控制底砟预铺厚度及平整度,并结合大机整道方案预留道岔起道量,大机整道时应做好道岔区与区间线路的顺接。

道岔组装采用道岔组装平台,首先保证道岔组装的内部几何质量,确保道岔部件组装正确、准确、完整,以良好的道岔内部几何状态为良好轨道线形提供保障。道岔轨排起升、拨移等采用专业施工设备,设备应安装稳固、牢靠,并缓慢操作,以保持道岔轨道线形平顺。

严格控制道岔焊接锁定及工电联调边界施工条件,焊缝打磨时应严格控制打磨方法及打磨量,避免出现过打磨,即不可恢复性打磨,如轨顶凹陷等情况。钢轨焊接接头必须逐一探伤检查。

厂焊长钢轨进场后必须逐个焊头进行外观、平直度和探伤检查,不合格焊头杜绝上道使用。长钢轨锁定后,采用轨道几何状态测量仪对轨道几何状态进行初始测量,系统分析确定轨道精调量。精调时应在锁定轨温范围内进行。扣件调高使用量不应超过调整能力的一半。

加强工程运输管理,严格控制工程线通行条件,杜绝设备掉道损伤线路部件,轨行设备严禁在道岔区段起步、制动或停机,大坡道应避免起步、制动或停机,以免损伤设备和钢轨。

10.7 环境保护措施

建立健全安全质量及环保管理体系,明确环保目标和责任,环保设施与主体工程同步建成启用。将节能、减排、环保的理念贯穿施工管理的各个方面,施工方案及工艺工法必须体现"四节一环保",并严格监督实施。

合理规划轨道板(枕)预制场、铺轨基地、道砟存放及生活生产区规划,尽量减少运输距离。运输通道、水电布置等与线下工程及后续工程统筹考虑,力争永临结合,减少耕地占用及对周围环境的破坏和扰动,临时工程尽量选用可重复使用的材料,做到节能、环保。施工完毕,及时恢复地表植被。

尽量选用低噪声的机械设备使得施工期间的噪声环境符合《声环境质量标准》(GB 3096)"二类"标准、《铁路边界噪声限值及其测量方法》(GB 12525)、《建筑施工场界环境噪声排放标准》(GB 12523)、《工业企业噪声卫生标准》等标准、法规的各项规定。

混凝土搅拌站、磨床及钢轨焊接等高噪声设备设置避开居民集中区,工作时合理安排工作人员轮班操作机械,穿插安排低噪声工作,减少接触高噪声时间,并配备耳塞,同时注意机械保养,降低噪声的声级水平。

轨枕硫磺锚固作业时,硫磺砂浆熔制应远离居民区或生活办公区并设在居民区或生活办公区的下风口。

施工现场废水的排出,必须严格执行《污水综合排放标准》(GB 8978)中的三级标准400 mg/L;废水排入自然水体,严格执行《污水综合排放标准》(GB 8978)中的二级标准150 mg/L。

预制场内设固定排放池排放施工中产生的废水,杜绝直接排出。对于含沙量大且浑浊的施工生产废水,采用沉沙池处理排放。打磨设备投入一套污水循环系统,将打磨用水进行重复利用,防止水资源浪费和废水乱排。

使用达到国家环保法规要求的施工设备,加强设备保养维护,报废设备不得使用。

厂区内运输道路硬化处理,并经常洒水,砂石及渣土等材料覆盖运输,拌和站砂石料场修建大棚覆盖,减少扬尘和灰尘污染。

生产及生活垃圾进行集中堆放,加强废品利用;施工完毕后,固定垃圾按照地方规定运到垃圾场集中处理。

严格按照使用要求检修和保养施工设备,使用合格的燃料油,以提高发动机的燃烧和工作质量,减少发动机废气对环境的污染。经常检查各种油液管路和接头,发现泄露、渗漏及时更换或维修。对擦洗机械后的油液和更换下来的废润滑油、废液压油分类回收,利用。

参考文献

[1] 铁道部工程管理中心.客运专线铁路无砟轨道施工手册.北京:中国铁道出版社,2009.

[2] 王正寿.高速铁路双块式轨枕制造关键技术研究.山西建筑,2010(18).

[3] 陈希成,等.CRTSⅡ型轨道板预应力张拉技术及配套设备.科技资讯,2010(3).

[4] 卿三惠,等.高速铁路CRTSⅡ型板式无砟轨道施工关键技术及施工技术研究.铁道工程学报,2008(7).

[5] 卿三惠,等.京津城际高速铁路无砟轨道施工技术及施装备创新.高速铁路技术,2010(4).

[6] 中铁二局集团股份公司.客运专线铁路板式无砟轨道施工技术及关键设备,2009(1).

[7] 中铁二局集团股份公司.时速350 km高速铁路CRTSⅡ型板式无砟轨道施工技术及关键设备,2008(1).

[8] 中铁二局集团股份公司.客运专线无砟轨道制造、施工成套设备及工艺研究,2011(12).

[9] 中铁二局集团股份公司.CRTSⅡ型无砟轨道板制造关键技术及成套设备研究,2010(1).

[10] 工管技〔2010〕232号 武汉城市圈城际铁路CRTSⅢ型板式无砟轨道混凝土轨道板暂行技术要求.

[11] 铁道部工程管理中心.客运专线铁路预制轨道板(枕)场建设手册.北京:中国铁道出版社,2009.

[12] 中华人民共和国铁道部.TB 10754—2010 高速铁路轨道工程质量验收标准.北京:中国铁道出版社,2011.

[13] 中华人民共和国铁道部.铁建设〔2010〕241号 高速铁路轨道工程施工技术指南.北京:中国铁道出版社,2011.

[14] 铁道部工程管理中心.工管线路函〔2012〕159号 CRTSⅢ型板式无砟轨道工程施工质量验收指导意见(试行).

[15] 湖北城际铁路有限责任公司.武汉城市圈城际铁路CRTSⅢ型板式无砟轨道工程作业指导书.

[16] 铁道部科学技术司.科技基〔2008〕173号 客运专线铁路岔区板式无砟轨道混凝土道岔板暂行技术条件.北京:中国铁道出版社,2008.

[17] 铁道部工程管理中心.工管技〔2010〕145号 关于印发《客运专线铁路预埋套管式混凝土道岔板制造及验收技术条件(试行)》的通知.

[18] 陈孟强,等.CRTSⅡ型板式大号无砟道岔铺设施工技术.铁道建筑,2008(12).

[19] 铁道部工程管理中心.客运专线铁路道岔铺设手册.北京:中国铁道出版社,2010.

[20] 陈孟强,等.京津城际铁路长枕埋入式大号无砟道岔施工技术.铁道建筑,2008(12).

[21] 铁道部工程管理中心.工管技〔2008〕8号 客运专线无砟轨道道岔铺设暂行技术条件.

[22] 京沪高速铁路有限责任公司.京沪高速铁路无砟道岔精调作业指导书.

[23] 中华人民共和国铁道部.TB 10305—2009 铁路轨道工程施工安全技术规程.北京:中国铁道出版社,2009.

[24] 中华人民共和国铁道部.铁建设〔2009〕226号 铁路工程施工组织设计指南.北京:中国铁道出版社,2009.

[25] 铁道部工程管理中心.铁工管〔2009〕206号 关于印发《客运专线铁路无砟轨道施工和高速道岔铺设标准化管理要点》的通知.

[26] 高亮.轨道工程.北京:中国铁道出版社,2010.

[27] 许利军等. DPK32 型铺轨机. 建筑机械化,2011(2).

[28] 秦明. CPG500 型无缝线路长轨条铺轨机组的研制. 铁道知识,2010(6).

[29] 纪占玲等. 长轨条铺轨机组及其施工工艺研究. 铁道标准设计,2011(11).

[30] 吴启新. 新建无缝线路的大型养路机械整道施工技术. 铁道标准设计,2004(8).

[31] 铁道部工程管理中心. 客运专线铁路技术管理手册. 北京:中国铁道出版社,2008.

[32] 杨宏伟. 有砟高速道岔铺设新技术. 铁道工程学报,2011(1).

[33] 王树国. 客运专线 18 号有砟道岔铺设及验收技术标准的研究. 铁道建筑,2007(6).

[34] 哈大铁路客运专线有限责任公司. 哈大铁路客运专线工程运输管理办法.

[35] 中华人民共和国铁道部. TB/T 1632.1—2005 钢轨焊接 第 1 部分:通用技术条件. 北京:中国铁道出版社,2005.

[36] 中华人民共和国铁道部. TB/T 1632.2—2005 钢轨焊接 第 2 部分:闪光焊接. 北京:中国铁道出版社,2005.

[37] 中华人民共和国铁道部. TB/T 1632.3—2005 钢轨焊接 第 3 部分:铝热焊接. 北京:中国铁道出版社,2005.

[38] 中华人民共和国铁道部运输局. 运基线路〔2009〕601 号 关于印发《焊接长钢轨吊运、存放规定(暂行)》的通知.

[39] 龚成光,等. 时速 350 km 高速铁路无砟轨道一次性铺设跨区间无缝线路施工工法(国家一级工法).

[40] 京沪高速铁路有限责任公司. 京沪高速铁路轨道精调作业指导书.

[41] 王文健等. 高速铁路钢轨打磨技术及其应用. 西安交通大学学报,2007(5).